Christian Brückner | Mathias Kuster
DIE GRUNDSTÜCKSGESCHÄFTE

DIE GRUNDSTÜCKSGESCHÄFTE

Schweizer Immobiliarsachenrecht für Praktiker

von

Christian Brückner
Dr. iur., em. Professor der Universität Basel
Advokat und Notar, LL.M.

und

Mathias Kuster
Lic. iur., Advokat und Notar

Schulthess § 2016

Bibliografische Information der Deutschen Nationalbibliothek
Die Deutsche Nationalbibliothek verzeichnet diese Publikation in der Deutschen National-
bibliografie; detaillierte bibliografische Daten sind im Internet über http://dnb.d-nb.de
abrufbar.

Alle Rechte, auch die des Nachdrucks von Auszügen, vorbehalten. Jede Verwertung ist ohne
Zustimmung des Verlages unzulässig. Dies gilt insbesondere für Vervielfältigungen, Über-
setzungen, Mikroverfilmungen und die Einspeicherung und Verarbeitung in elektronische
Systeme.

© Schulthess Juristische Medien AG, Zürich · Basel · Genf 2016
    ISBN 978-3-7255-7492-6 (Print)
    ISBN 978-3-7255-7598-5 (PrintPlu§)

www.schulthess.com

Vorwort

Die vorliegende Arbeit will Notarinnen, Notariatsangestellten und Rechtsanwälten als Nachschlagewerk bei der Vorbereitung und Durchführung von Grundstücksgeschäften dienen.

Der erste Teil vermittelt eine praxisbezogene Einführung in das Immobiliarsachenrecht. Die Darstellung bemüht sich um Verständlichkeit auch für Leser, die mit den sachenrechtlichen Fachausdrücken und Grundsätzen noch nicht vertraut sind.

Der zweite, umfangreichere Teil stellt die Geschäfte einzeln dar. Neben den alltäglichen Geschäften wie Kauf und Verpfändung werden auch selten verwendete Typen ausgeleuchtet. Das Werk will seinen Benützern Trittsicherheit auch ausserhalb der Routine vermitteln.

Im Fokus der Darstellung steht die grundbuchliche Eintragungsfähigkeit der Geschäfte: Wer muss welche Erklärungen abgeben, damit ein Geschäft im Grundbuch eingetragen werden kann? Welche Erklärungen müssen öffentlich beurkundet werden? Wo genügt einfache Schriftform oder konkludentes Schweigen? Welche Drittpersonen und Behörden müssen zustimmen?

Die Erklärungsinhalte werden in der Regel abstrakt benannt. Konkrete Musterformulierungen werden nur ausnahmsweise gebracht, wo sie zur Verdeutlichung nützlich sind; denn Sammlungen einschlägiger Musterurkunden sind in allen Landessprachen verfügbar und variieren überdies gemäss Ortsgebrauch.

Die Aufzählung erforderlicher und nicht erforderlicher Eintragungsbelege soll keine Notarin und kein Grundbuchamt daran hindern, im Einzelfall mehr zu liefern oder weniger zu verlangen. Aus der Sicht des Bürgers und Konsumenten ist eine kulante Notariats- und Grundbuchpraxis wüschbar, die sich auf Einfachheit und Speditivität ausrichtet und bei den Anforderungen an die Anmeldungsbelege im Rahmen der vorhandenen Ermessensspielräume den Grundsatz der Verhältnismässigkeit von Nutzen und Aufwand im Auge behält. Bei einer Angleichung der Anforderungen von Kanton zu Kanton und von Amt zu Amt – wozu dieses Buch einen Beitrag leisten mag – sollten Effizienz und Augenmass, nicht höchstmögliche Perfektion den Standard setzen.

Trotz des Bemühens um leichte Verständlichkeit ist das Werk kein Rezeptbuch für Laien zum Selbermachen. Über die teilweise komplexen sachenrechtlichen Institute haben sich im Laufe der Zeit zahlreiche öffentlichrechtliche Lenkungs-

Vorwort

und Kontrollmechanismen darübergelegt, die auch für kleine und scheinbar einfache Grundstücksgeschäfte ein hohes Mass an notarieller Professionalität verlangen.

Basel, im August 2016   Christian Brückner
                                                                                            Mathias Kuster

Inhaltsübersicht

Vorwort	V
Inhaltsverzeichnis	XI
Abkürzungsverzeichnis	XXXVII
Literaturverzeichnis	XLIII
Mitteilungen, Richtlinien und amtliche Weisungen	LXIII

Erster Teil: Rechtliche Grundlagen — 1

Erstes Kapitel: Einschlägige Gesetze und Verordnungen — 3
- § 1 Erlasse des Bundes und der Kantone — 3
- § 2 Unterscheidung von Privatrecht und öffentlichem Recht — 4

Zweites Kapitel: Sachenrechtliche Grundbegriffe — 7
- § 3 Begriff der Sache — 7
- § 4 Eigentum und Besitz — 19
- § 5 Rechte an Grundstücken — 23
- § 6 Ausübung, Übertragung, Änderung und Aufhebung von Rechten an Grundstücken — 32

Drittes Kapitel: Immobiliarsachenrecht — 34
- § 7 Wichtige Regeln des Immobiliarsachenrechts — 34
- § 8 Eigentum — 40
- § 9 Beschränkte dingliche Rechte — 56
- § 10 Vorgemerkte persönliche Rechtsverhältnisse — 101

Viertes Kapitel: Das Grundbuch — 106
- § 11 Begriff des Grundbuchs — 106
- § 12 Funktion des Grundbuchs — 107
- § 13 Nur Privatgrundstücke als Gegenstand des Grundbuchs — 108
- § 14 Anpassung des Eintragungsstands und Grundbuchberichtigung — 109
- § 15 Aufbau des Grundbuchs — 109
- § 16 Hauptbuchblatt — 112

§ 17	Teilung und Vereinigung von Grundstücken	116
§ 18	Eintragungsverfahren	118

Fünftes Kapitel: Die Inhaber von Rechten an Grundstücken ... 137

§ 19	Allgemeines und Begriffliches	137
§ 20	Besonderheiten bezüglich der eintragungsfähigen Inhaber von Rechten an Grundstücken	139
§ 21	Handeln der Inhaber von Rechten an Grundstücken	164

Sechstes Kapitel: Vertragsrecht ... 170

§ 22	Begriff des Vertrags	170
§ 23	Verpflichtungs- und Verfügungsgeschäfte	171
§ 24	Vertragsinhalt, Vertragsgrundlagen, Vertragsmotive	172
§ 25	Vertragsfreiheit und Vertragstypen; zwingendes und dispositives Recht	174
§ 26	Nichtigkeit, Anfechtbarkeit und Ungültigkeit von Verträgen	176

Siebtes Kapitel: Öffentliche Beurkundung ... 178

§ 27	Allgemeines und Begriffliches	178
§ 28	Öffentliche Beurkundung bei Grundstücksgeschäften	186
§ 29	Das Beurkundungsverfahren	191
§ 30	Gestalt der öffentlichen Urkunden; Korrekturen	198
§ 31	Berufspflichten der Urkundspersonen	201

Zweiter Teil:
Dokumentation und Vollzug von Grundstücksgeschäften 207

Achtes Kapitel: Parteien und Vertretungsverhältnisse ... 209

§ 32	Natürlich Personen als Partei	209
§ 33	Personengemeinschaften als Partei	217
§ 34	Juristische Personen des schweizerischen Privatrechts als Parteien	230
§ 35	Juristische Personen des schweizerischen öffentlichen Rechts als Parteien	233
§ 36	Kirchliche Körperschaften und Anstalten und solche des kantonalen Privatrechts als Parteien	235
§ 37	Juristische Personen ausländischen Rechts als Parteien	235
§ 38	Die Kaufmännische Vertretung	238
§ 39	Stellvertretung kraft Vollmacht	242

Inhaltsübersicht

Neuntes Kapitel: Auf Dauer angelegte dingliche Rechtsverhältnisse 250
§ 40   Miteigentum 250
§ 41   Stockwerkeigentum 267
§ 42   Unselbständiges Eigentum 295
§ 43   Grunddienstbarkeiten 301
§ 44   Nutzniessung 315
§ 45   Wohnrecht 324
§ 46   Selbständiges und dauerndes Baurecht 328
§ 47   Unselbständiges Baurecht 345
§ 48   Andere Personaldienstbarkeiten gemäss Art. 781 ZGB 346
§ 49   Grundlasten 350
§ 50   Grundpfandverschreibung 356
§ 51   Schuldbrief 364
§ 52   Mittelbare gesetzliche Pfandrechte 385

Zehntes Kapitel: Verträge zur Übertragung von Rechten an Grundstücken 393
§ 53   Kauf 393
§ 54   Vorvertrag zum Kauf 405
§ 55   Steigerungskauf 406
§ 56   Tausch 411
§ 57   Schenkung 414
§ 58   Sacheinlage 418
§ 59   Übertragung zwecks Abgeltung güterrechtlicher Ansprüche 420

Elftes Kapitel: Vorgänge mit Auswirkungen auf Rechte an Grundstücken 422
§ 60   Vorgänge bei Stiftungen 422
§ 61   Vorgänge zwischen Ehegatten und eingetragenen Partnern 426
§ 62   Erbrechtliche Vorgänge 439
§ 63   Vorgänge bei Personengesellschaften 460
§ 64   Vorgänge bei der Gemeinderschaft 476
§ 65   Umstrukturierungen nach Fusionsgesetz 478
§ 66   Vorgänge bei Trusts 486

Zwölftes Kapitel: Vormerkungen und Anmerkungen 490
§ 67   Vertragliches Vorkaufsrecht 490
§ 68   Vertragliches Kaufsrecht 501

Inhaltsübersicht

§ 69	Vertragliches Rückkaufsrecht	509
§ 70	Vormerkung von Miete und Pacht	510
§ 71	Vormerkung des Schenkungsrückfalls	515
§ 72	Vormerkung der Mitgliedschaft bei einer Genossenschaft	519
§ 73	Vormerkung gerichtlicher Anordnungen und vorläufiger Eintragungen	520
§ 74	Anmerkung privatrechtlicher Rechtsverhältnisse	520
§ 75	Anmerkung von gesetzlichen Verfügungsbeschränkungen	527
§ 76	Anmerkung von Grundbuchsperren	527

Dreizehntes Kapitel: Verfügungsbeschränkungen 528

§ 77	Gesetzliche Verfügungsbeschränkungen des Privatrechts	528
§ 78	Gesetzliche Verfügungsbeschränkungen des öffentlichen Rechts	540
§ 79	Vertragliche Verfügungsbeschränkungen	559

Vierzehntes Kapitel: Teilung und Vereinigung von Liegenschaften 560

§ 80	Teilung	560
§ 81	Vereinigung	565

Stichwortverzeichnis 571

Inhaltsverzeichnis

Vorwort	V
Inhaltsübersicht	VII
Abkürzungsverzeichnis	XXXVII
Literaturverzeichnis	XLIII
Mitteilungen, Richtlinien und amtliche Weisungen	LXIII

Erster Teil: Rechtliche Grundlagen   1

Erstes Kapitel: Einschlägige Gesetze und Verordnungen   3
§ 1   Erlasse des Bundes und der Kantone   3
§ 2   Unterscheidung von Privatrecht und öffentlichem Recht   4

Zweites Kapitel: Sachenrechtliche Grundbegriffe   7
§ 3   Begriff der Sache   7
    I. Sachbegriff des ZGB   7
    II. Ordnungsfunktion des sachenrechtlichen Sachbegriffs   7
    III. Bewegliche und unbewegliche Sachen   8
        A. Grundsatz   8
        B. Bewegliche Sachen   8
        C. Unbewegliche Sachen   9
            1. Grundstücke als unbewegliche Sachen   9
            2. Horizontale Ausdehnung der Liegenschaften   9
            3. Vertikale Ausdehnung der Liegenschaften   10
            4. Terminologie des ZGB   13
        D. Bestandteile und Zugehör   14
    IV. Anwendungsbereich des Sachenrechts auf private und öffentliche Bodenflächen und Gewässer   15
§ 4   Eigentum und Besitz   19
§ 5   Rechte an Grundstücken   23
    I. Vorbemerkung: Rechte und Freiheiten   23
    II. Derivativer Rechtserwerb – originärer Rechtserwerb   25
    III. Dingliche Rechte – obligatorische Rechte   26
    IV. Absolute Rechte – relative Rechte   28
    V. Unbeschränktes dingliches Recht (Eigentum) und beschränkte dingliche Rechte   29

	VI. Eigentum als Recht «in den Schranken der Rechtsordnung»	30
	A. Vorbehalt von Art. 641 Abs. 1 ZGB	30
	B. Nutzungs- und Verfügungsbeschränkungen	31
	C. Unmittelbare und mittelbare gesetzliche Eigentumsbeschränkungen	31
§ 6	Ausübung, Übertragung, Änderung und Aufhebung von Rechten an Grundstücken	32

Drittes Kapitel: Immobiliarsachenrecht ... 34

§ 7	Wichtige Regeln des Immobiliarsachenrechts	34
	I. Typengebundenheit der sachenrechtlichen Institute	34
	II. Nennung des Rechtsgrunds für jeden derivativen Rechtserwerb	35
	III. Absolutes und relatives Eintragungsprinzip, ausserbuchlicher Erwerb	36
	IV. Alterspriorität und Ränge der dinglichen Belastungen des Grundeigentums	37
	A. Begriffe der Alterspriorität und des Ranges	37
	B. Bedeutung der Alterspriorität und des Ranges bei der Pfandverwertung	39
	V. Rechtliche Verbundenheit von Bauten und Pflanzen mit dem Boden	40
§ 8	Eigentum	40
	I. Alleineigentum	40
	II. Miteigentum	41
	A. Allgemeines und Begriffliches	41
	B. Grundbuchliche Darstellung des Miteigentums	41
	C. Die Miteigentümergemeinschaft	42
	III. Stockwerkeigentum	43
	A. Allgemeines und Begriffliches	43
	B. Gemeinschaftliche Teile und Sonderrecht	44
	1. Gemeinschaftliche Teile	44
	2. Das Sonderrecht	45
	3. Aufteilungspläne	46
	4. Reglementarische Sondernutzungsrechte	47
	5. Exkurs: Stockwerkeigentum bei Gesamtüberbauungen	47
	6. Exkurs: Autoeinstellhallen sowie Abteile in Kellern und Estrichen	48
	C. Grundbuchliche Darstellung des Stockwerkeigentums	49
	D. Die Stockwerkeigentümergemeinschaft	51
	IV. Gesamteigentum	54

§ 9 Beschränkte dingliche Rechte ... 56
I. Dienstbarkeiten ... 56
A. Allgemeines und Begriffliches ... 56
1. Begriff der Dienstbarkeit ... 56
2. Begriffliche Einteilungen der Dienstbarkeiten ... 58
3. Inhalt der Dienstbarkeiten ... 59
   a) «Dulden» oder «Unterlassen» ... 59
   b) Duldungs- bzw. Nutzungsdienstbarkeiten («positive Servituten») ... 59
   c) Verbotsdienstbarkeiten («negative Servituten») ... 60
4. Personaldienstbarkeiten als selbständige und dauernde Rechte ... 62
5. Gesetzliche Dienstbarkeiten (Legalservituten) ... 63
6. Dienstbarkeiten aufgrund kantonaler oder kommunaler Gesetzgebung ... 64
B. Grunddienstbarkeiten ... 64
1. Begriff und Funktion der Grunddienstbarkeit ... 64
2. Belastetes und berechtigtes Grundstück ... 65
C. Personaldienstbarkeiten ... 67
1. Allgemeines und Begriffliches ... 67
2. Nutzniessung ... 68
3. Wohnrecht ... 70
4. Baurecht ... 70
5. Quellenrecht ... 73
6. Andere Personaldienstbarkeiten gemäss Art. 781 ZGB ... 74
II. Grundlasten ... 75
III. Pfandrechte ... 76
A. Allgemeines und Begriffliches ... 76
1. Begriff des Pfandrechts ... 76
2. Formen des Grundpfandrechts ... 77
3. Pfandobjekt ... 78
   a) Grundsatz ... 78
   b) Verpfändung mehrerer Grundstücke für die gleiche Schuld ... 79
4. Pfandsumme ... 81
5. Kapital- und Maximalpfandrechte ... 82
6. Pfandstellensystem der Grundpfandrechte ... 84
   a) Grundsatz: Feste Pfandstellen ... 84
   b) Abweichung vom Prinzip der festen Pfandstelle durch Nachrückensvereinbarung ... 85
   c) Abweichung vom Prinzip der festen Pfandstelle durch Rangrücktritt ... 86

	7.	Pfandbeschwerung, Pfanderleichterung	87
	8.	Pfandvermehrung, Pfandverminderung (Pfandentlassung)	88
	9.	Pfandrechtsverlegung, Totale Pfandänderung	89
	10.	Pfandrechtszerlegung, Pfandrechtszusammenlegung	90
B.	Grundpfandverschreibung		90
C.	Schuldbrief		92
	1.	Allgemeines und Begriffliches	92
	2.	Verwendung des Schuldbriefs	93
D.	Anleihensobligationen mit Grundpfandrechten		97
E.	Gesetzliche Grundpfandrechte		98

§ 10 Vorgemerkte persönliche Rechtsverhältnisse ... 101
    I. Überblick ... 101
    II. Vertragliches Vorkaufsrecht ... 101
    III. Kaufsrecht ... 103
    IV. Rückkaufsrecht ... 104
    V. Exkurs: Verkaufsrecht (Put-Option) ... 105

Viertes Kapitel: Das Grundbuch ... 106
§ 11 Begriff des Grundbuchs ... 106
§ 12 Funktion des Grundbuchs ... 107
§ 13 Nur Privatgrundstücke als Gegenstand des Grundbuchs ... 108
§ 14 Anpassung des Eintragungsstands und Grundbuchberichtigung ... 109
§ 15 Aufbau des Grundbuchs ... 109
    I. Vermessungspläne (Grundbuchpläne) ... 110
    II. Hauptbuch ... 110
    III. Belegsammlung ... 111
    IV. Tagebuch (Journal) ... 111
§ 16 Hauptbuchblatt ... 112
    I. Verweis auf den Vermessungsplan ... 112
    II. Beschreibung gewisser physischer Eigenschaften des Grundstücks ... 113
    III. Darstellung der Rechte am Grundstück ... 113
        A. Eintragungen ... 114
        B. Vormerkungen ... 114
        C. Anmerkungen ... 115
        D. Bemerkungen ... 116
        E. Rechtstatsachen, die aus dem Grundbuch nicht ersichtlich sind ... 116
§ 17 Teilung und Vereinigung von Grundstücken ... 116
§ 18 Eintragungsverfahren ... 118
    I. Grundbuchanmeldung und Verfügungserklärung ... 118

	A. Grundbuchanmeldung	118
	B. Verfügungserklärung («Eintragungsbewilligung»)	118
	C. Integration der Eintragungsbewilligung in den Vertragstext	122
II.	Widerruf der Eintragungsbewilligung und Rückzug der Grundbuchanmeldung	123
III.	Inhaltliche Anforderungen an Grundbuchanmeldung und Beilagen	124
	A. Überblick	124
	B. Ausweis über den Rechtsgrund	124
	C. Ausweis über das Verfügungsrecht	126
IV.	Erfordernis von Zustimmungen	127
	A. Die vom Grundbuchamt zu schützenden Rechte und Interessen	127
	B. Schutz von grundbuchlich eingetragenen und vorgemerkten Berechtigten	128
	1. Allgemeines	128
	2. Änderung oder Löschung von Rechten	128
	a) Dienstbarkeiten und Grundlasten	128
	b) Grundpfandrechte	129
	c) Vormerkungen	130
	3. Verminderung der Sache	130
	C. Schutz von Personen und Institutionen ausserhalb des Grundbuchs	132
	1. Kraft Anmerkungen	132
	2. Andere	132
V.	Erfordernis der Beglaubigung von Unterschriften	132
VI.	Amtstätigkeiten nach erfolgter Grundbuchanmeldung	134
	A. Allgemeines	134
	B. Prüfungsbereiche des Grundbuchamtes	135
	C. Publikations- und Anzeigepflichten	136

Fünftes Kapitel: Die Inhaber von Rechten an Grundstücken ... 137

§ 19 Allgemeines und Begriffliches ... 137

§ 20 Besonderheiten bezüglich der eintragungsfähigen Inhaber von Rechten an Grundstücken ... 139

I.	Natürliche Personen	139
	A. Handlungsfähige Personen (urteilsfähige Volljährige)	139
	B. Minderjährige	140
	C. Minderjährige und Volljährige unter Anordnungen der Kindes- und Erwachsenenschutzbehörde (KESB)	140
	D. Erbrechtliche Berechtigungen	142
	1. Gesetzliche und eingesetzte Erben, Erbengemeinschaft, Vermächtnisnehmer	142

		2.	Vorerben und Nacherben	143
		3.	Familienfideikommiss	144
	II.	Personengemeinschaften		145
		A.	Überblick	145
		B.	Eheliche Gemeinschaft und eingetragene Partnerschaft	146
			1. Vorbemerkung	146
			2. Die Güterstände	146
			a) Errungenschaftsbeteiligung	147
			b) Gütergemeinschaft	148
			c) Gütertrennung	149
			d) Exkurs: Güterstände ausländischer Ehepaare	150
		C.	Gemeinderschaft	150
		D.	Erbengemeinschaft	151
		E.	Einfache Gesellschaft	153
		F.	Kollektivgesellschaft	154
		G.	Kommanditgesellschaft	155
	III.	Juristische Personen des schweizerischen Privatrechts		156
		A.	Überblick	156
		B.	Aktiengesellschaft und Gesellschaft mit beschränkter Haftung	157
		C.	Kommanditaktiengesellschaft	158
		D.	Genossenschaft	158
		E.	Verein	159
		F.	Stiftung	160
		G.	Familienstiftung	160
		H.	Exkurs: Juristische Personen in Liquidation	161
	IV.	Juristische Personen des schweizerischen öffentlichen Rechts		162
	V.	Kirchliche Körperschaften und Anstalten und solche des kantonalen Privatrechts		163
	VI.	Juristische Personen des ausländischen Rechts		164
§ 21	Handeln der Inhaber von Rechten an Grundstücken			164
	I.	Handeln in eigenem Namen oder in fremdem Namen		164
	II.	Handeln der natürlichen Personen		165
		A.	Direktes Handeln	165
		B.	Indirektes Handeln durch Vertreter	165
	III.	Handeln der juristischen Personen		167
		A.	Direktes Handeln durch Organe und Hilfspersonen	167
		B.	Indirektes Handeln durch Stellvertreter	169

Sechstes Kapitel: Vertragsrecht ... 170

§ 22 Begriff des Vertrags ... 170

§ 23 Verpflichtungs- und Verfügungsgeschäfte ... 171

§ 24	Vertragsinhalt, Vertragsgrundlagen, Vertragsmotive	172
§ 25	Vertragsfreiheit und Vertragstypen; zwingendes und dispositives Recht	174
§ 26	Nichtigkeit, Anfechtbarkeit und Ungültigkeit von Verträgen	176

Siebtes Kapitel: Öffentliche Beurkundung 178

§ 27 Allgemeines und Begriffliches 178
    I. Öffentliche Urkunde, Urkundsperson, Notar 178
    II. Arten öffentlicher Urkunden 183
        A. Beurkundung von Willenserklärungen 184
        B. Sachbeurkundungen 184
        C. Vermerkbeurkundungen (Beglaubigungen) 185

§ 28 Öffentliche Beurkundung bei Grundstücksgeschäften 186
    I. Umfang des Formzwangs 186
        A. Grundsatz 186
        B. Anwendungsbereich des Grundsatzes 187
        C. Beurkundungsbedürftige Elemente bei Grundstücksgeschäften . 190
    II. Keine Beurkundungsbedürftigkeit personeller Änderungen in Gesamthandsverhältnissen 191
    III. Verpflichtungs- und Verfügungsgeschäft – nur ein einziges Mal beurkundungsbedürftig 191

§ 29 Das Beurkundungsverfahren 191
    I. Vorbereitung 191
    II. Beurkundungsvorgang 193
        A. Überblick 193
        B. Ort 193
        C. Ermittlung der Identität der Parteien und ihrer Vertreter ... 193
        D. Gleichzeitige Anwesenheit aller Parteien; Sukzessivbeurkundung 195
        E. Vorlesung oder Selbstlesung 195
        F. Keine wesentliche Unterbrechung 196
        G. Genehmigung 197
        H. Unterzeichnung 198
    III. Verrichtungen nach dem Beurkundungsvorgang 198

§ 30 Gestalt der öffentlichen Urkunden; Korrekturen 198
    I. Text, Papier, Schrift 198
    II. Notarunterschrift und Siegel 199
    III. Parteiunterschriften 199
    IV. Urkunden-Beilagen 199
    V. Korrekturen 200

§ 31	Berufspflichten der Urkundspersonen	201
	I. Ausstandspflicht	201
	II. Interessenwahrungspflicht	201
	III. Unparteilichkeitspflicht	202
	IV. Wahrheitspflicht	203
	V. Wahrung von Treu und Glauben im Geschäftsverkehr	204
	VI. Berufsgeheimnis	204

Zweiter Teil:
Dokumentation und Vollzug von Grundstücksgeschäften 207

Achtes Kapitel: Parteien und Vertretungsverhältnisse		209
§ 32	Natürlich Personen als Partei	209
	I. Handlungsfähige Personen (urteilsfähige Volljährige)	209
	II. Minderjährige	211
	A. Vertretungsmacht der Eltern	211
	B. Handlungsfähigkeit von Minderjährigen	213
	III. Minder- und Volljährige unter Anordnungen der Kindes- und Erwachsenenschutzbehörde	214
	A. Selbständiges Handeln der hilfsbedürftigen Person	214
	B. Vertretung durch den Beistand	214
	C. Vertretung durch die KESB	216
	D. Vorsorgevollmacht	216
§ 33	Personengemeinschaften als Partei	217
	I. Einfache Gesellschaft	217
	II. Kollektiv- oder Kommanditgesellschaft	219
	III. Erbengemeinschaft	220
	A. Selbständiges Handeln der Erbengemeinschaft	220
	B. Vertretung durch den Erbenvertreter	221
	C. Vertretung durch den Willensvollstrecker	222
	D. Vertretung durch den Erbschaftsverwalter	226
	E. Vertretung durch amtlichen Liquidator	227
	IV. Gemeinderschaft	228
§ 34	Juristische Personen des schweizerischen Privatrechts als Parteien	230
	I. Juristische Personen mit Eintrag im schweizerischen Handelsregister	230
	II. Juristische Personen ohne Eintrag im schweizerischen Handelsregister	230

	A.	Nicht im Handelsregister eingetragene Vereine	231
	B.	Familienstiftung und kirchliche Stiftungen	232

§ 35 Juristische Personen des schweizerischen öffentlichen Rechts als Parteien ... 233
    I. Juristische Personen des öffentlichen Rechts ohne Eintrag im Handelsregister 233
    II. Juristische Personen des öffentlichen Rechts mit Eintrag im Handelsregister 234

§ 36 Kirchliche Körperschaften und Anstalten und solche des kantonalen Privatrechts als Parteien 235

§ 37 Juristische Personen ausländischen Rechts als Parteien 235
    I. Dem schweizerischen Recht bekannte Rechtsformen 235
    II. Der Trust 237

§ 38 Die Kaufmännische Vertretung 238
    I. Vorbemerkung 238
    II. Zeichnungsberechtigte 238
    III. Prokuristen 240

§ 39 Stellvertretung kraft Vollmacht 242
    I. Vorbemerkung 242
    II. Vollmachtserteilung 242
        A. Form, Inhalt und Umfang der Vollmacht 242
        B. Befristung; Vollmacht über den Tod hinaus 245
        C. Besondere Konstellationen 247
            1. Untervollmacht 247
            2. Selbstkontrahieren, Doppelvertretung 247
            3. Geschäftsführung ohne Auftrag, vollmachtlose Stellvertretung 248
    III. Handeln des Bevollmächtigten 248

Neuntes Kapitel: Auf Dauer angelegte dingliche Rechtsverhältnisse 250

§ 40 Miteigentum 250
    I. Begründung von Miteigentum 250
        A. Grundstückserwerb zu Miteigentum 250
        B. Begründung von Miteigentum durch eine Allein- oder Miteigentümerin mittels Weggabe von Quoten 252
        C. Umwandlung von Gesamteigentum in Miteigentum 252
        D. Sonderfälle 253
            1. Nachbarinnen vereinigen Grundstücke und werden Miteigentümerinnen 253
            2. Begründung von Miteigentum durch die Alleineigentümerin ohne gleichzeitige Weggabe von Quoten 253

	E. Anlegen von Grundbuchblättern für die Miteigentumsparzellen	254
	F. Unterteilen von Miteigentum	254
II.	Vorkaufsrechte und Aufhebungsanspruch der Miteigentümer	255
	A. Vorkaufsrechte zwischen Miteigentümerinnen	255
	1. Die gesetzliche Vorkaufsordnung	255
	2. Änderungen oder Aufhebung der gesetzlichen Vorkaufsordnung	256
	3. Rückkehr zur gesetzlichen Vorkaufsordnung	257
	B. Gesetzlicher Aufhebungsanspruch	258
	1. Aufhebung des Aufhebungsanspruchs	258
	2. Wiederherstellung des Aufhebungsanspruchs	259
III.	Anmerkung der Nutzungs- und Verwaltungsordnung	259
	A. Begründung und Anmerkung der Nutzungs- und Verwaltungsordnung	259
	B. Änderung der Nutzungs- und Verwaltungsordnung	260
	C. Aufhebung der Nutzungs- und Verwaltungsordnung und Löschung der Anmerkung	261
IV.	Änderung von Miteigentum	261
	A. Änderungen durch Vereinbarung	261
	B. Änderung durch einseitige Verzichtserklärung einer Miteigentümerin	262
V.	Aufhebung von Miteigentum	263
	A. Überblick	263
	B. Die rechtsgeschäftliche Aufhebung von Miteigentum	264
	C. Aufhebung des Miteigentums mit Realteilung des Grundstücks	265
	D. Schliessen von Miteigentumsparzellen	266

§ 41 Stockwerkeigentum ... 267

I.	Begründung von Stockwerkeigentum	267
	A. Überblick	267
	B. Grundbuchlicher Vollzug	267
	1. Begründung von Stockwerkeigentum an Liegenschaften	267
	2. Begründung von Stockwerkeigentum an selbständigen und dauernden Baurechten	269
	C. Begründungsakt (Rechtsgrundausweis)	271
	1. Inhalt des Begründungsakts	271
	a) Wesentliche Elemente des Begründungsakts	271
	b) Begründung vor Erstellung des Gebäudes	272
	c) Aufteilungsplan	272
	d) Reglement	272
	e) Vorkaufsrecht und Einspracherecht	272
	f) Verlegung von Grundpfandrechten	273
	g) Wertangabe	274

	2. Form des Begründungsakts	274
II.	Vorkaufsrecht und Einspracherecht	275
	A. Überblick	275
	B. Gegenseitiges Vorkaufsrecht der Stockwerkeigentümerinnen	275
	1. Allgemeines und Begriffliches	275
	2. Begründung des Vorkaufsrechts	276
	3. Ausübung des Vorkaufsrechts	277
	4. Änderung des Vorkaufsrechts	277
	5. Übertragung des Vorkaufsrechts	277
	6. Löschung des Vorkaufsrechts	278
	C. Einspracherecht der Stockwerkeigentümerinnen	278
	1. Allgemeines und Begriffliches	278
	2. Begründung des Einspracherechts	279
	3. Ausübung des Einspracherechts	280
	4. Änderung des Einspracherechts	280
	5. Übertragung des Einspracherechts	281
	6. Löschung des Einspracherechts	281
III.	Anmerkungen in Stockwerkeigentumsverhältnissen	281
	A. Reglement	281
	1. Begründung und Anmerkung des Reglements	281
	2. Änderung des Reglements	282
	3. Aufhebung des Reglements und Löschung der Anmerkung	283
	B. Anmerkung «Begründung des Stockwerkeigentums vor Erstellung des Gebäudes»	283
	1. Allgemeines und Begriffliches	283
	2. Eintragung der Anmerkung «Begründung vor Erstellung des Gebäudes»	284
	3. Löschung der Anmerkung «Begründung vor Erstellung des Gebäudes»	284
	a) Überblick	284
	b) Keine Änderungen zu den ursprünglichen Aufteilungsplänen	285
	c) Abweichungen von den ursprünglichen Aufteilungsplänen	286
IV.	Änderungen an Stockwerkeigentumsanteilen	287
	A. Sonderrechtsänderung ohne Quotenänderung	287
	B. Sonderrechtsänderung mit Quotenänderungen	288
	C. Quotenänderungen ohne Sonderrechtsänderungen	290
	D. Änderung von Sondernutzungsrechten	291
	E. Änderung des Reglements	291
	F. Änderung von Zweckbestimmungen	291
V.	Aufhebung des Stockwerkeigentums	291

	A.	Überblick	291
	B.	Grundbuchlicher Vollzug	292
		1. Aufhebung von Stockwerkeigentum an Liegenschaften	292
		2. Aufhebung von Stockwerkeigentum an selbständigen und dauernden Baurechten	292
	C.	Aufhebungsakt (Rechtsgrundausweis)	293
		1. Inhalt des Aufhebungsakts	293
		2. Form des Aufhebungsakts	295

§ 42 Unselbständiges Eigentum ... 295
    I. Allgemeines und Begriffliches ... 295
    II. Begründung von unselbständigem Eigentum ... 297
        A. Verknüpfung zu einem dauernden Zweck ... 297
        B. Einfache Verknüpfung ... 298
    III. Änderung von unselbständigem Eigentum ... 299
    IV. Aufhebung von unselbständigem Eigentum ... 299
        A. Aufhebung bei Verknüpfung zu einem dauernden Zweck ... 299
        B. Aufhebung der einfachen Verknüpfung ... 300

§ 43 Grunddienstbarkeiten ... 301
    I. Errichtung der Grunddienstbarkeit ... 301
        A. Überblick ... 301
        B. Grundbuchlicher Vollzug ... 301
        C. Dienstbarkeitserrichtungsakt (Rechtsgrundausweis) ... 302
            1. Zweiseitiger Vertrag oder einseitiges Rechtsgeschäft ... 302
            2. Inhalt des Dienstbarkeitserrichtungsakts ... 302
                a) Berechtigtes und belastetes Grundstück ... 302
                b) Dingliche Belastung ... 302
                c) Obligatorische Bestimmungen ... 303
                d) Vereinbarung eines Entgelts ... 303
                e) Nebensächliche Leistungspflichten ... 304
                f) Befristungen und Bedingungen von Grunddienstbarkeiten ... 305
                g) Dienstbarkeitsplan ... 307
            3. Form des Dienstbarkeitserrichtungsakts ... 308
    II. Änderung der Grunddienstbarkeit ... 310
        A. Änderung von dinglich wirkenden Bestimmungen ... 310
        B. Änderung von obligatorisch wirkenden Bestimmungen ... 312
        C. Umwandlung einer Grunddienstbarkeit in eine Personaldienstbarkeit gemäss Art. 781 ZGB ... 312
    III. Übertragung von Rechten und Belastungen aus Grunddienstbarkeiten ... 313
    IV. Löschung der Grunddienstbarkeit ... 313

	A.	Überblick	313
	B.	Löschung infolge von Verzicht	313
	C.	Löschung infolge von Zeitablauf	314
	V.	Ausschluss des Verzichts auf eine Grunddienstbarkeit	314

§ 44 Nutzniessung ... 315
    I. Errichtung der Nutzniessung ... 315
        A. Überblick ... 315
        B. Errichtung aufgrund eines Rechtsgeschäfts unter Lebenden ... 316
            1. Grundbuchlicher Vollzug ... 316
            2. Nutzniessungserrichtungsakt (Rechtsgrundausweis) ... 317
                a) Zweiseitiger Vertrag oder einseitiges Rechtsgeschäft ... 317
                b) Inhalt des Errichtungsakts ... 317
                    aa) Belastetes Grundstück ... 317
                    bb) Berechtigte Person (Nutzniesser) ... 318
                    cc) Wirtschaftlicher Wert der Nutzniessung ... 318
                    dd) Bei Errichtung der Nutzniessung durch Vorbehalt seitens der Schenkerin ... 319
                    ee) Weitere Aspekte des Errichtungsakts ... 319
                c) Form des Errichtungsakts ... 320
        C. Letztwillig errichtete Nutzniessung an einzelnen Grundstücken ... 321
        D. Letztwillig errichtete Nutzniessung an einem Vermögen ... 321
    II. Änderung der Nutzniessung ... 322
    III. Keine Übertragung der Nutzniessung ... 322
    IV. Löschung der Nutzniessung ... 322
        A. Überblick ... 322
        B. Löschung infolge von Verzicht des Nutzniessers ... 323
        C. Löschung infolge von Zeitablauf ... 323
        D. Löschung infolge des Todes des Nutzniessers ... 323

§ 45 Wohnrecht ... 324
    I. Errichtung des Wohnrechts ... 324
        A. Überblick ... 324
        B. Gesetzlicher Verweis auf die Bestimmungen über die Nutzniessung ... 325
    II. Änderung des Wohnrechts ... 326
    III. Keine Übertragung des Wohnrechts ... 326
    IV. Löschung des Wohnrechts ... 326

§ 46 Selbständiges und dauerndes Baurecht ... 328
    I. Errichtung des selbständigen und dauernden Baurechts ... 328
        A. Überblick ... 328
        B. Grundbuchlicher Vollzug ... 328

  C. Errichtungsakt des selbständigen und dauernden Baurechts
    (Rechtsgrundausweis) 330
    1. Zweiseitiger Vertrag oder einseitiges Rechtsgeschäft 330
    2. Inhalt des Errichtungsakts 330
      a) Belastetes Grundstück 330
      b) Recht, ein Bauwerk zu errichten 332
      c) Weitere Aspekte des Baurechtsvertrags 332
      d) Sicherung des Baurechtszinses 333
    3. Form des Errichtungsakts 334
  D. Errichtungsakt des Unterbaurechts als Rechtsgrundausweis 335
 II. Vormerkungen in Baurechtsverhältnissen 335
  A. Obligatorische Bestimmungen 335
    1. Überblick 335
    2. Einschreibung der Vormerkung 335
    3. Änderung der Vormerkung 338
    4. Übertragung der Vormerkung 338
    5. Löschung der Vormerkung 338
  B. Gesetzliche Vorkaufsrechte der Baurechtsparteien 338
 III. Änderung des selbständigen und dauernden Baurechts 339
 IV. Übertragung des selbständigen und dauernden Baurechts 340
  A. Überblick 340
  B. Übertragung des selbständigen und dauernden Baurechts mit
    eigenem Grundbuchblatt 340
  C. Übertragung des selbständigen und dauernden Baurechts ohne
    eigenes Grundbuchblatt 341
  D. Sonderfall: Rückübertragung durch vorzeitigen Heimfall 342
 V. Löschung des selbständigen und dauernden Baurechts 342
  A. Löschung des selbständigen und dauernden Baurechts mit eige-
    nem Grundbuchblatt 342
    1. Löschung infolge von Zeitablauf (ordentlicher Heimfall) ... 342
    2. Löschung infolge von Verzicht 344
  B. Löschung des selbständigen und dauernden Baurechts ohne
    eigenes Grundbuchblatt 344
    1. Löschung infolge von Zeitablauf 344
    2. Löschung infolge des Verzichts des Baurechtsnehmers 345

§ 47 Unselbständiges Baurecht 345
 I. Errichtung des unselbständigen Baurechts 345
 II. Änderung des unselbständigen Baurechts 346
 III. Übertragung des unselbständigen Baurechts 346
 IV. Löschung des unselbständigen Baurechts 346

§ 48 Andere Personaldienstbarkeiten gemäss Art. 781 ZGB 346

I.	Errichtung der Personaldienstbarkeit gemäss Art. 781 ZGB	346
II.	Änderung der Personaldienstbarkeit gemäss Art. 781 ZGB	347
III.	Übertragung der Personaldienstbarkeit gemäss Art. 781 ZGB	347
IV.	Löschung der Personaldienstbarkeit gemäss Art. 781 ZGB	349
	A. Löschung infolge von Zeitablauf	349
	B. Löschung infolge von Verzicht des Berechtigten	349
	C. Löschung infolge des Todes des Berechtigten	349

§ 49 Grundlasten ... 350
    I. Errichtung der Grundlast ... 350
        A. Überblick ... 350
        B. Grundbuchlicher Vollzug ... 350
        C. Grundlasterrichtungsakt (Rechtsgrundausweis) ... 351
            1. Zweiseitiger Vertrag oder einseitiges Rechtsgeschäft ... 351
            2. Inhalt des Grundlasterrichtungsakts ... 351
                a) Belastetes Grundstück ... 351
                b) Berechtigte Person oder berechtigtes Grundstück ... 351
                c) Art der Leistungen ... 351
                d) Angabe des Gesamtwerts ... 352
                e) Obligatorische Bestimmungen ... 352
            3. Form des Errichtungsakts ... 353
    II. Änderung der Grundlast ... 353
    III. Übertragung der Grundlast ... 353
        A. Übertragung von persönlichen Grundlasten ... 353
        B. Übertragung von prädialen Grundlasten ... 354
    IV. Löschung der Grundlast ... 354
        A. Löschung infolge von Zeitablauf ... 354
        B. Löschung infolge von Ablösung ... 354
        C. Löschung infolge von Verzicht des Berechtigten ... 355
        D. Löschung infolge des Todes des Berechtigten ... 355

§ 50 Grundpfandverschreibung ... 356
    I. Errichtung der Grundpfandverschreibung ... 356
        A. Überblick ... 356
        B. Grundbuchlicher Vollzug ... 356
        C. Pfanderrichtungsakt (Rechtsgrundausweis) ... 358
            1. Inhalt des Pfanderrichtungsakts ... 358
                a) Schuldpflicht und Schuldsumme ... 358
                b) Pfandobjekt, Pfandsumme, Zins, Pfandstelle ... 358
                c) Dauer des Pfandrechts ... 359
            2. Form des Errichtungsakts über eine Grundpfandverschreibung ... 359
    II. Änderungen der Grundpfandverschreibung ... 360

A. Überblick	360
B. Auswechslung der pfandgesicherten Forderung (Pfandrechtserneuerung)	361
C. Wiedererhöhung der Schuldsumme ohne Änderung der Pfandsumme	362
D. Umwandlung der Grundpfandverschreibung	362
III. Übertragung der Grundpfandverschreibung	363
IV. Löschung der Grundpfandverschreibung	363
§ 51 Schuldbrief	**364**
I. Errichtung des Schuldbriefs	364
A. Überblick	364
B. Grundbuchlicher Vollzug	364
C. Schuldbrieferrichtungsakt (Rechtsgrundausweis)	366
1. Mehrseitiger Vertrag oder einseitiges Rechtsgeschäft	366
2. Inhalt des Schuldbrieferrichtungsakts	366
3. Form des Schuldbrieferrichtungsakts	367
II. Vormerkung des Nachrückensrechts	368
A. Begründung des Nachrückensrechts	368
B. Änderung des Nachrückensrechts	369
C. Löschung des Nachrückensrechts	369
III. Änderungen des Schuldbriefs	369
A. Überblick	369
B. Erhöhung der Pfandsumme (Pfandbeschwerung)	370
C. Reduktion der Pfandsumme (Pfanderleichterung)	371
D. Vergrösserung des Pfandobjekts (Pfandvermehrung)	371
E. Verkleinerung des Pfandobjekts (Pfandverminderung)	372
F. Pfandrechtsverlegung	373
G. Totale Pfandänderung	374
H. Pfandrechtszerlegung	374
I. Pfandrechtszusammenlegung	375
J. Umwandlung	376
1. Regelfall	376
2. Vereinfachte Umwandlung aufgrund übergangsrechtlicher Sondervorschriften	377
K. Rangänderung (Vorrücken)	378
L. Rangrücktritt	378
M. Erhöhung des Maximalzinses	378
N. Verminderung des Maximalzinses	378
O. Änderungen im Rechtsverhältnis	379
IV. Übertragung von Gläubigerrechten, Schuldpflicht und Pfandgegenstand	379
A. Überblick	379

B.	Gläubigerwechsel	380
1.	Gläubigerwechsel beim Papier-Schuldbrief	380
2.	Gläubigerwechsel beim Register-Schuldbrief	381
	a) Grundsatz: Rechtsgeschäftliche Übertragung durch Eintrag in das Grundbuch	381
	b) Ausnahme: Ausserbuchliche Übertragung	382
C.	Schuldnerwechsel, Schuldbeitritt	382
1.	Schuldnerwechsel	382
2.	Schuldbeitritt	383
V. Löschung des Schuldbriefs		384

§ 52 Mittelbare gesetzliche Pfandrechte ... 385
  I. Errichtung von mittelbaren gesetzlichen Pfandrechten ... 385
    A. Überblick ... 385
    B. Gemeinschaftspfandrecht der Stockwerkeigentümer ... 386
    C. Pfandrecht für die rückständige Heimfallentschädigung ... 387
    D. Baurechtszinsenpfandrecht ... 388
    E. Verkäuferpfandrecht ... 389
    F. Miterbenpfandrecht und Gemeinderpfandrecht ... 390
    G. Bauhandwerkerpfandrecht ... 391
  II. Änderung von mittelbaren gesetzlichen Pfandrechten ... 391
  III. Übertragung von mittelbaren gesetzlichen Pfandrechten ... 392
  IV. Löschung von mittelbaren gesetzlichen Pfandrechten ... 392

Zehntes Kapitel: Verträge zur Übertragung von Rechten an Grundstücken ... 393

§ 53 Kauf ... 393
  I. Allgemeines und Begriffliches ... 393
  II. Grundbuchlicher Vollzug ... 394
  III. Grundstückkaufvertrag (Rechtsgrundausweis) ... 395
    A. Vertragsparteien (Verkäuferin und Käufer) ... 395
    B. Inhalt des Grundstückkaufvertrags ... 396
      1. Kaufsobjekt ... 396
      2. Kaufpreis ... 399
        a) Nennung des Kaufpreises in der Urkunde ... 399
        b) Modalitäten der Kaufpreistilgung ... 399
      3. Weitere Elemente des Grundstückkaufvertrags ... 400
        a) Übergang von Nutzen und Gefahr auf den Käufer («Antritt») ... 400
        b) Rechtsgewährleistung und Sachgewährleistung ... 401
    C. Form des Grundstückkaufvertrags ... 401
      1. Erfordernis der öffentlichen Beurkundung ... 401
      2. Umfang des Formzwangs ... 403

XXVII

	a) Objektiv wesentliche Vertragspunkte	403
	b) Subjektiv wesentliche Vertragspunkte innerhalb des Rahmens des Kaufvertrags	404
§ 54	Vorvertrag zum Kauf	405
§ 55	Steigerungskauf	406
	I. Allgemeines und Begriffliches	406
	II. Die (freiwillige) öffentliche Versteigerung	407
	A. Grundbuchlicher Vollzug	407
	B. Durchführung der (freiwilligen) öffentlichen Versteigerung	408
	III. Die (freiwillige) private Versteigerung	410
§ 56	Tausch	411
	I. Allgemeines und Begriffliches	411
	II. Grundbuchlicher Vollzug	411
	III. Grundstücktauschvertrag (Rechtsgrundausweis)	412
	A. Vertragsparteien	412
	B. Inhalt des Grundstücktauschvertrags	412
	1. Tauschobjekte	412
	2. Weitere Elemente des Grundstücktauschvertrags	413
	a) Übergang von Nutzen und Gefahr («Antritt») auf den Erwerber	413
	b) Rechtsgewährleistung und Sachgewährleistung	413
	C. Form des Grundstücktauschvertrags	413
§ 57	Schenkung	414
	I. Allgemeines und Begriffliches	414
	II. Grundbuchlicher Vollzug	415
	III. Grundstückschenkungsvertrag (Rechtsgrundausweis)	415
	A. Vertragsparteien (Schenkerin und Beschenkter)	415
	B. Inhalt des Grundstückschenkungsvertrags	416
	1. Schenkungsobjekt	416
	2. Gegenleistungen und Auflagen	417
	3. Weitere Elemente des Grundstückschenkungsvertrags	417
	C. Form des Grundstückschenkungsvertrags	418
§ 58	Sacheinlage	418
	I. Allgemeines und Begriffliches	418
	II. Grundbuchlicher Vollzug	419
	III. Sacheinlagevertrag (Rechtsgrundausweis)	419
§ 59	Übertragung zwecks Abgeltung güterrechtlicher Ansprüche	420

Elftes Kapitel: Vorgänge mit Auswirkungen auf Rechte an Grundstücken 422

§ 60 Vorgänge bei Stiftungen 422
    I. Errichtung einer Stiftung 422
        A. Überblick 422
        B. Stiftungserrichtung aufgrund eines Rechtsgeschäfts unter Lebenden 422
            1. Grundbuchlicher Vollzug 422
            2. Stiftungserklärung (Rechtsgrundausweis) 423
        C. Stiftungserrichtung aufgrund einer Verfügung von Todes wegen   424
    II. Grundstücksgeschäfte bestehender Stiftungen 425

§ 61 Vorgänge zwischen Ehegatten und eingetragenen Partnern 426
    I. Allgemeines und Begriffliches 426
    II. Grundstücke in der Errungenschaftsbeteiligung 426
        A. Begründung des Güterstandes der Errungenschaftsbeteiligung .. 426
        B. Auflösung des Güterstandes der Errungenschaftsbeteiligung 426
            1. Übergang zur Gütertrennung 426
                a) Grundbuchlicher Vollzug 426
                b) Ehevertrag (Rechtsgrundausweis) 428
            2. Übergang zur Gütergemeinschaft 429
            3. Auflösung der Errungenschaftsbeteiligung durch Tod eines Ehegatten 429
    III. Grundstücke in der Gütergemeinschaft 432
        A. Begründung des Güterstandes der Gütergemeinschaft 432
            1. Grundbuchlicher Vollzug der Begründung der Gütergemeinschaft 432
            2. Ehevertrag (Rechtsgrundausweis) 433
        B. Auflösung des Güterstandes der Gütergemeinschaft 434
            1. Auflösung durch Vereinbarung eines anderen Güterstandes 434
            2. Auflösung durch Tod 435
            3. Auflösung durch Tod bei Vereinbarung der Gesamtgutszuweisung 437
    IV. Grundstücke in der Gütertrennung 439

§ 62 Erbrechtliche Vorgänge 439
    I. Allgemeines und Begriffliches 439
    II. Rechte an Grundstücken in der Erbengemeinschaft 439
        A. Begründung der Erbengemeinschaft (Erbgang) 439
            1. Grundbuchlicher Vollzug 439
            2. Erbenbescheinigung (Rechtsgrundausweis) 440
                a) Formen von Erbenbescheinigungen 440
                b) Notarielle Erbgangsbeurkundung 441
                c) Ausländische Erbfolgezeugnisse 443

		B. Änderung im Mitgliederbestand bei der Erbengemeinschaft	443
		1. Erbteilung	443
		a) Überblick	443
		b) Grundbuchlicher Vollzug	446
		c) Erbteilungsvertrag (Rechtsgrundausweis)	448
		aa) Vertragsparteien	448
		bb) Inhalt des Erbteilungsvertrags	448
		cc) Form des Erbteilungsvertrags	449
		2. Spezialfall: Abtretung des Erbanteils an einen Miterben	450
		3. Abtretung des Erbanteils an einen Nicht-Erben	450
		C. Einwerfung (Realkollation) im Rahmen der Ausgleichung	451
	III.	Vermächtnis (Legat) von Rechten an Grundstücken	452
		A. Allgemeines und Begriffliches	452
		B. Ausrichtung des Vermächtnisses durch die Erben	452
		1. Grundbuchlicher Vollzug	452
		2. Vertrag über die Ausrichtung eines Vermächtnisses (Rechtsgrundausweis)	454
		C. Ausrichtung durch Willensvollstrecker	455
	IV.	Nacherbschaft und Nachvermächtnis	456
		A. Allgemeines und Begriffliches	456
		B. Erwerb der Vorerbschaft und der Nacherbschaft	456
		1. Erwerb der Vorerbschaft	456
		2. Erwerb der Nacherbschaft	456
		C. Ausrichtung des Vorvermächtnisses und des Nachvermächtnisses	457
		1. Ausrichtung des Vorvermächtnisses	457
		2. Ausrichtung des Nachvermächtnisses	457
		D. Vormerkungen bei Nacherbschaft und Nachvermächtnis	458
		1. Vormerkung der Auslieferungspflicht	458
		2. Löschung der Vormerkung	459
		a) Löschung infolge des Todes des Nacherben oder Nachvermächtnisnehmers	459
		b) Löschung im Rahmen der Auslieferung	460
§ 63		Vorgänge bei Personengesellschaften	460
	I.	Einfache Gesellschaft	460
		A. Begründung der einfachen Gesellschaft	460
		1. Begründung anlässlich des Grundstückerwerbs	460
		2. Einbringung eines Grundstücks in eine einfache Gesellschaft («Illation»)	461
		B. Wechsel von Gesellschaftern	463
		1. Gesellschafterwechsel unter Lebenden	463
		2. Tod eines Gesellschafters	466

		a) Überblick	466
		b) Ersatzlose Löschung des Verstorbenen	467
		c) Eintragung sämtlicher Erben anstelle des Verstorbenen	467
		d) Eintragung einzelner Erben als Erbengesamthand oder von Erben als individuelle Teilhaber der Gesellschaftsgesamthand	467
	C.	Änderung der Rechtsform der Gesellschaft	468
	D.	Beendigung des Gesamteigentums der einfachen Gesellschaft an einem Grundstück	468
		1. Überblick	468
		2. Übernahme des Grundstücks durch einen einzigen bisherigen Gesellschafter	469
		3. Übernahme des Grundstücks ins Miteigentum aller oder einzelner bisheriger Gesellschafter	469
		4. Umwandlung der einfachen Gesellschaft	470
		5. Veräusserung des Grundstücks an einen Dritten	470
II.	Kollektivgesellschaft		471
	A.	Begründung der Kollektivgesellschaft	471
	B.	Wechsel im Gesellschafterbestand	471
	C.	Änderung der Rechtsform der Gesellschaft	472
	D.	Beendigung des Gesamteigentums der Kollektivgesellschaft an einem Grundstück	473
		1. Überblick	473
		2. Übernahme des Grundstücks durch einen einzigen bisherigen Gesellschafter	473
		3. Übernahme des Grundstücks ins Miteigentum aller oder einzelner bisheriger Gesellschafter	475
		4. Umwandlung der Kollektivgesellschaft	475
		5. Veräusserung des Grundstücks an einen Dritten	475
III.	Kommanditgesellschaft		475

§ 64 Vorgänge bei der Gemeinderschaft 476
   I. Begründung der Gemeinderschaft 476
  II. Wechsel im Gemeinderbestand 477
 III. Auflösung der Gemeinderschaft 477

§ 65 Umstrukturierungen nach Fusionsgesetz 478
   I. Allgemeines und Begriffliches 478
  II. Übergang von Rechten an Grundstücken bei der Fusion 480
     A. Überblick 480
     B. Fusion von im Handelsregister eingetragenen Rechtsträgern 480
     C. Fusion von nicht im Handelsregister eingetragenen Rechtsträgern 481

III. Übergang von Rechten an Grundstücken bei der Spaltung 482
   A. Aufspaltung 482
   B. Abspaltung 483
IV. Änderung der Rechtsform eines Rechtsträgers (Umwandlung) 484
V. Übergang von Rechten an Grundstücken bei der Vermögensübertragung 484

§ 66 Vorgänge bei Trusts 486
I. Allgemeines und Begriffliches 486
II. Übertragungen von Grundstücken aufgrund eines Rechtsgeschäfts unter Lebenden 488
III. Übertragung von Grundstücken aufgrund einer Verfügung von Todes wegen auf den Trustee 489

Zwölftes Kapitel: Vormerkungen und Anmerkungen 490
§ 67 Vertragliches Vorkaufsrecht 490
I. Begründung des vertraglichen Vorkaufsrechts 490
   A. Vormerkung des Vorkaufsrechts im Grundbuch 490
   B. Vorkaufsvertrag (Rechtsgrundausweis) 491
      1. Inhalt des Vorkaufsrechtsvertrags 491
         a) Kaufobjekt 491
         b) Vorkaufsberechtigter 492
         c) Erweiterung des Kreises der Vorkaufsfälle 492
         d) Angabe einer Preislimite 492
         e) Befristung 493
         f) Weitere Vertragselemente 493
      2. Form des Vorkaufsrechtsvertrags 493
II. Ausübung des vertraglichen Vorkaufsrechts 494
   A. Grundbuchlicher Vollzug der Ausübung 494
   B. Der Vorkaufsfall 496
      1. Gültiger Übertragungsvertrag 497
      2. Freiwilligkeit 497
      3. Singularsukzession 497
      4. Entgeltlichkeit 498
      5. Wirtschaftliche Betrachtungsweise? 498
III. Verzicht auf die Ausübung des vertraglichen Vorkaufsrechts 499
IV. Änderung des vertraglichen Vorkaufsrechts 499
V. Übertragung des vertraglichen Vorkaufsrechts 500
VI. Löschung des vertraglichen Vorkaufsrechts 500

§ 68 Vertragliches Kaufsrecht 501
I. Begründung des Kaufsrechts 501
   A. Vormerkung des Kaufsrechts im Grundbuch 501

	B. Kaufsrechtsvertrag (Rechtsgrundausweis)		503
	1. Inhalt des Kaufsrechtsvertrags		503
	a) Gliederung des Vertragsinhalts		503
	b) Kaufsobjekt		503
	c) Kaufsberechtigter		504
	d) Kaufpreis		504
	e) Bedingung und Befristung		505
	f) Vereinbarung der Vormerkung		505
	2. Form des Kaufsrechtsvertrags		506
	II. Ausübung des Kaufsrechts		507
	III. Änderung des Kaufsrechts		507
	IV. Übertragung des Kaufsrechts		508
	V. Löschung des Kaufsrechts		509
§ 69	Vertragliches Rückkaufsrecht		509
	I. Begründung des Rückkaufsrechts		509
	II. Ausübung des Rückkaufsrechts		509
	III. Änderung des Rückkaufsrechts		509
	IV. Übertragung des Rückkaufsrechts		509
	V. Löschung des Rückkaufsrechts		510
§ 70	Vormerkung von Miete und Pacht		510
	I. Allgemeines und Begriffliches		510
	II. Vormerkung von Miete und Pacht im Grundbuch		511
	A. Anmeldung		511
	B. Rechtsgrundausweis		511
	1. Allgemeines		511
	2. Wesentliche Vertragspunkte		512
	3. Dauer der Vormerkung		512
	4. Vormerkung der Untermiete		513
	III. Änderung der Vormerkung		514
	IV. Übertragung der Vormerkung		514
	V. Löschung der Vormerkung		514
	A. Löschung aufgrund einer Erklärung des Mieters		514
	B. Löschung aufgrund einer Erklärung der Eigentümerin		515
	C. Löschung aufgrund von Zeitablauf		515
§ 71	Vormerkung des Schenkungsrückfalls		515
	I. Allgemeines und Begriffliches		515
	II. Eintragung der Vormerkung		517
	III. Löschung der Vormerkung		517
	A. Löschung aufgrund einer Verzichtserklärung der Schenkerin		518
	B. Löschung infolge des Todes der Schenkerin		518

	C. Löschung von Amtes wegen im Rahmen des Schenkungsrückfalls	518
§ 72	Vormerkung der Mitgliedschaft bei einer Genossenschaft	519
	I. Allgemeines und Begriffliches	519
	II. Eintragung der Vormerkung	519
	III. Löschung der Vormerkung	519
§ 73	Vormerkung gerichtlicher Anordnungen und vorläufiger Eintragungen	520
§ 74	Anmerkung privatrechtlicher Rechtsverhältnisse	520
	I. Begründung des Stockwerkeigentums vor Erstellung des Gebäudes	520
	II. Anmerkung des Werkbeginns im Hinblick auf Bauhandwerkerpfandrechte	521
	III. Anmerkung von Zugehör	521
	A. Eintragung der Anmerkung	521
	B. Änderung der Anmerkung	522
	C. Löschung der Anmerkung	522
	IV. Anmerkung der vertretungsberechtigten Personen	522
	A. Eintragung der Anmerkung	522
	B. Änderung oder Löschung der Anmerkung	523
	V. Anmerkung von Trustverhältnissen	523
	A. Eintragung der Anmerkung	523
	1. Anmerkung durch den Settlor	524
	2. Anmerkung durch den Trustee	525
	B. Löschung der Anmerkung	525
	VI. Anmerkung der Zugehörigkeit eines Grundstücks zu einem Immobilienfonds	526
	A. Eintragung der Anmerkung	526
	B. Änderung oder Löschung der Anmerkung	527
§ 75	Anmerkung von gesetzlichen Verfügungsbeschränkungen	527
§ 76	Anmerkung von Grundbuchsperren	527
Dreizehntes Kapitel: Verfügungsbeschränkungen		**528**
§ 77	Gesetzliche Verfügungsbeschränkungen des Privatrechts	528
	I. Verfügungsbeschränkung betreffend die Familienwohnung	528
	A. Inhalt und Zweck der Verfügungsbeschränkung	528
	B. Voraussetzungen für das Bestehen der Verfügungsbeschränkung	529
	1. Verheiratete Person oder Person in eingetragener Partnerschaft	529
	2. Familienwohnung	529

	C. Veräusserung und Beschränkung von Rechten		530
	D. Belege bei der Veräusserung einer Familienwohnung		533
II.	Verfügungsbeschränkung betreffend Miteigentum in der Errungenschaftsbeteiligung		534
	A. Inhalt und Zweck der Verfügungsbeschränkung		534
	B. Wirkungen der Verfügungsbeschränkung		534
	C. Aufhebung der Verfügungsbeschränkung		535
III.	Verfügungsbeschränkung gemäss Art. 648 Abs. 3 ZGB		536
	A. Inhalt und Zweck der Verfügungsbeschränkung		536
	B. Anmerkung «Anteile verpfändet»		536
IV.	Vorkaufsrechte in Miteigentums- und Baurechtsverhältnissen		536
	A. Inhalt und Zweck der Verfügungsbeschränkung		536
	B. Der Vorkaufsfall		538
	C. Beleg für die Nichtausübung des Vorkaufsrechts		538
V.	Verfügungsbeschränkungen nach bäuerlichem Bodenrecht		539

§ 78 Gesetzliche Verfügungsbeschränkungen des öffentlichen Rechts ... 540
    I. Verfügungsbeschränkung gemäss BewG («Lex Koller») ... 540
        A. Inhalt und Zweck der Verfügungsbeschränkung ... 540
        B. Voraussetzungen für das Bestehen der Verfügungsbeschränkung ... 541
            1. Erwerb von Grundstücken ... 541
            2. Personen im Ausland ... 541
            3. Ausnahmen von der Bewilligungspflicht ... 543
            4. Bewilligung der kantonalen Behörde ... 545
        C. Nachweis der fehlenden Bewilligungspflicht ... 545
            1. Natürliche Personen als Erwerber ... 545
            2. Juristische Personen als Erwerberinnen ... 546
            3. Bewilligung der kantonale Behörde ... 547
    II. Verfügungsbeschränkungen nach bäuerlichem Bodenrecht ... 548
        A. Übersicht über die öffentlich-rechtlichen Beschränkungen nach BGBB ... 548
        B. Bewilligungspflicht ... 548
        C. Realteilungs- und Zerstückelungsverbot ... 549
        D. Belastungsgrenze ... 550
    III. Verfügungsbeschränkung gemäss BVG ... 550
        A. Inhalt und Zweck der Verfügungsbeschränkung ... 550
        B. Finanzierung von selbstgenutztem Wohneigentum mit Mitteln der beruflichen Vorsorge ... 550
        C. Anmerkung der Verfügungsbeschränkung gemäss BVG ... 552
            1. Eintragung der Anmerkung ... 552
            2. Löschung der Anmerkung ... 552

Inhaltsverzeichnis

	IV.	Verfügungsbeschränkung gemäss Art. 32d^{bis} USG	554
		A. Inhalt und Zweck der Verfügungsbeschränkung	554
		B. Anmerkung der Verfügungsbeschränkung gemäss Art. 32d^{bis} USG	556
		1. Eintragung der Anmerkung	556
		2. Löschung der Anmerkung	556
	V.	Verfügungsbeschränkung gemäss Art. 172 DBG	556
		A. Inhalt und Zweck der Verfügungsbeschränkung	556
		B. Voraussetzungen für das Bestehen der Verfügungsbeschränkung	557
		C. Zustimmung der kantonalen Bundessteuerverwaltung	558
	VI.	Verfügungsbeschränkung gemäss Zweitwohnungsgesetz	558
	VII.	Verfügungsbeschränkung gemäss Enteignungsrecht	559
§ 79	Vertragliche Verfügungsbeschränkungen		559

Vierzehntes Kapitel: Teilung und Vereinigung von Liegenschaften ... 560

§ 80	Teilung		560
	I. Grundbuchlicher Vollzug		560
	II. Bereinigung von Lasten und Rechten		561
	A. Überblick		561
	B. Dienstbarkeiten		562
	1. Grundsatz		562
	2. Teilung des belasteten Grundstücks		562
	3. Teilung des berechtigten Grundstücks		563
	C. Vormerkungen		563
	D. Anmerkungen		564
	E. Grundpfandrechte und Grundlasten		564
	F. Subjektiv-dinglich verknüpfte Miteigentumsanteile		564
§ 81	Vereinigung		565
	I. Grundbuchlicher Vollzug		565
	II. Bereinigung von Lasten und Rechten		566
	A. Überblick		566
	B. Dienstbarkeiten		567
	1. Grundsatz		567
	2. Vereinigung berechtigter Grundstücke		567
	3. Vereinigung belasteter Grundstücke		568
	C. Vormerkungen		569
	D. Anmerkungen		570
	E. Grundpfandrechte und Grundlasten		570

Stichwortverzeichnis ... 571

Abkürzungsverzeichnis

a.M.	anderer Meinung
AB	Aufsichtsbehörde
Abs.	Absatz
AG	Aktiengesellschaft
AJP	Aktuelle Juristische Praxis (St. Gallen)
AltlV	Verordnung vom 26. August 1998 über die Sanierung von belasteten Standorten (Altlasten-Verordnung), SR 814.680
Anm.	Anmerkung
AppGer	Appellationsgericht (gefolgt von der amtlichen Abkürzung des Kantons [Bsp.: AppGer BS])
AppHof	Appellationshof (gefolgt von der amtlichen Abkürzung des Kantons [Bsp.: AppHof BE])
Art.	Artikel
Aufl.	Auflage
BBl	Bundesblatt
Bd.	Band
BewG	Bundesgesetz vom 16. Dezember 1983 über den Erwerb von Grundstücken durch Personen im Ausland, SR 211.412.41
BezGer	Bezirksgericht
BG	Bundesgesetz
BGBB	Bundesgesetz vom 4. Oktober 1991 über das bäuerliche Bodenrecht, SR 211.412.11
BGE	Entscheidungen des Schweizerischen Bundesgerichtes, Amtliche Sammlung (Lausanne)
BGer	Schweizerisches Bundesgericht
BJ	Bundesamt für Justiz
BJM	Basler Juristische Mitteilungen (Basel)
BK	Berner Kommentar (Bern)
BN	Der bernische Notar (Langenthal)
BSK	Basler Kommentar (Basel/Genf/München)
BStPra	Basellandschaftliche Steuerpraxis; www.baselland.ch/main_praxis-htm.273783.0.html
BT	Besonderer Teil
BV	Bundesverfassung der Schweizerischen Eidgenossenschaft vom 18. April 1999 (Bundesverfassung), SR 101
BVG	Bundesgesetz vom 25. Juni 1982 über die berufliche Alters-, Hinterlassenen- und Invalidenvorsorge, SR 831.40
BVR	Bernische Verwaltungsrechtsprechung (Bern)

Abkürzungsverzeichnis

bzw.	beziehungsweise
d.h.	das heisst
DBG	Bundesgesetz vom 14. Dezember 1990 über die direkte Bundessteuer, SR 642.11
DdI	Departement des Innern (gefolgt von der amtlichen Abkürzung des Kantons [Bsp.: DdI AG])
ders.	derselbe (Autor)
dgl.	dergleichen
dies.	dieselbe (Autorin), dieselben (Autoren)
Diss.	Dissertation
E	Entwurf
E.	Erwägung
EGZGB	Einführungsgesetz zum Schweizerischen Zivilgesetzbuch (gefolgt von der amtlichen Abkürzung des Kantons [Bsp.: EGZGB ZH])
eidg.	eidgenössisch
Einl.	Einleitung
EntG	Bundesgesetz vom 20.6.1930 über die Enteignung (Enteignungsgesetz), SR 711
et al.	et alii (= und andere)
etc.	et cetera (= usw.)
evtl.	eventuell
f.	und folgende (Seite, Note usw.)
ff.	fortfolgende (Seiten, Noten usw.)
FN	Fussnote
FS	Festschrift, Festgabe
FusG	Bundesgesetz vom 3. Oktober 2003 über Fusion, Spaltung, Umwandlung und Vermögensübertragung (Fusionsgesetz), SR 221.301
G	Gesetz
GBV	Verordnung betreffend das Grundbuch vom 22. Februar 1910 (Grundbuchverordnung), SR 211.432.1
gem.	gemäss
ggf.	gegebenenfalls
GmbH	Gesellschaft mit beschränkter Haftung
gl.M.	gleicher Meinung
h.L.	herrschende Lehre
Habil.	Habilitationsschrift
HGer	Handelsgericht (gefolgt von der amtlichen Abkürzung des Kantons [Bsp.: HGer ZH])
HRegV	Handelsregisterverordnung vom 7. Juni 1937, SR 221.411

Hrsg.	Herausgeber/in
HTÜ	Haager Trust-Übereinkommen
i.A.	im Allgemeinen
i.e.S.	im engeren Sinn
i.S.v.	im Sinn von
i.V.m.	in Verbindung mit
i.w.S.	im weiteren Sinn
IPRG	Bundesgesetz vom 18. Dezember 1987 über das internationale Privatrecht, SR 291
JGK BE	Justiz-, Gemeinde- und Kirchendirektion des Kantons Bern (vormals: Justizdirektion des Kantons Bern)
Jusletter	Jusletter (Bern)
KAG	Bundesgesetz vom 23. Juni 2006 über die kollektiven Kapitalanlagen (Kollektivanlagengesetz), SR 951.31
kant.	kantonal
KESB	Kindes- und Erwachsenenschutzbehörde
KGer	Kantonsgericht (gefolgt von der amtlichen Abkürzung des Kantons [Bsp.: KGer GR])
KKV	Verordnung vom 22. November 2006 über die kollektiven Kapitalanlagen, SR 951.311
KlG	Kollektivgesellschaft
KmG	Kommanditgesellschaft
KMU	kleine und mittlere Unternehmen
KS	Kreisschreiben
lat.	lateinisch
LGVE	Luzerner Gerichts- und Verwaltungsentscheide (Luzern)
lit.	litera (= Buchstabe)
m.a.W.	mit anderen Worten
m.Bsp.	mit Beispielen
m.H.	mit Hinweis
m.w.H.	mit weiteren Hinweisen
N	Note, Randnote
NG	Notariatsgesetz (gefolgt von der amtlichen Abkürzung des Kantons [Bsp.: NG BS])
Nr.	Nummer
o.Ä.	oder Ähnliches
OGer	Obergericht (gefolgt von der amtlichen Abkürzung des Kantons [Bsp.: OGer ZH])
OR	Bundesgesetz vom 30. März 1911 über das Obligationenrecht, SR 220

Abkürzungsverzeichnis

p.a.	per annum (= pro Jahr)
PartG	Bundesgesetz vom 18. Juni 2004 über die eingetragene Partnerschaft gleichgeschlechtlicher Paare (Partnerschaftsgesetz), SR 211.231
Pra	Die Praxis (Basel)
PraxKom	Praxiskommentar
Prot.	Protokoll
recht	recht, Zeitschrift für juristische Ausbildung und Praxis (Bern)
RK	Rekurskommission (gefolgt von der amtlichen Abkürzung des Kantons [Bsp.: RK TI])
Rz	Randziffer
S.	Seite
s.	siehe
SchGG	Bundesgesetz vom 4. Dezember 1947 über die Schuldbetreibung gegen Gemeinden und andere Körperschaften des kantonalen öffentlichen Rechts, SR 282.11
SchKG	Bundesgesetz vom 11. April 1889 über Schuldbetreibung und Konkurs, SR 281.1
SchlT	Schlusstitel
SJZ	Schweizerische Juristen-Zeitung (Zürich)
sog.	sogenannt
SPR	Schweizerisches Privatrecht (Basel/Genf/München)
SR	Systematische Sammlung des Bundesrechts
SRK	Steuerrekurskommission (gefolgt von der amtlichen Abkürzung des Kantons [Bsp.: SRK BL])
ST	Der Schweizer Treuhänder (Zürich)
StBSG	St. Galler Steuerbach; www.steuern.sg.ch
successio	successio – Zeitschrift für Erbrecht (Zürich/Basel/Genf)
Syst. Teil	Systematischer Teil
u.a.	und andere; unter anderem (anderen)
u.E.	unseres Erachtens
UID	Unternehmens-Identifikationsnummer
u.U.	unter Umständen
USG	Bundesgesetz vom 7. Oktober 1983 über den Umweltschutz (Umweltschutzgesetz), SR 814.01
usw.	und so weiter
V	Verordnung
v.a.	vor allem
VAV	Verordnung vom 18. November 1992 über die amtliche Vermessung, SR 211.432.2

VBB	Verordnung vom 4. Oktober 1993 über das bäuerliche Bodenrecht, SR 211.412.110
VBN	Verband bernischer Notare
VE	Vorentwurf
vgl.	vergleiche
Vorbem.	Vorbem.
VVAG	Verordnung des Bundesgerichts vom 17. Januar 1923 über die Pfändung und die Verwaltung von Anteilen an Gemeinschaftsvermögen, SR 281.41
VwGer	Verwaltungsgericht (gefolgt von der amtlichen Abkürzung des Kantons [Bsp.: VwGer ZH])
VZG	Verordnung des Bundesgerichts vom 23. April 1920 über die Zwangsverwertung von Grundstücken, SR 281.42
WaG	Bundesgesetz vom 4. Oktober 1991 über den Wald, SR 921.0
z.B.	zum Beispiel
z.T.	zum Teil
ZBGR	Schweizerische Zeitschrift für Beurkundungs- und Grundbuchrecht (Wädenswil)
ZBJV	Zeitschrift des Bernischen Juristenvereins (Bern)
ZBl	Schweizerisches Zentralblatt für Staats- und Verwaltungsrecht (Zürich)
ZGB	Schweizerisches Zivilgesetzbuch vom 10. Dezember 1907, SR 210
Ziff.	Ziffer
zit.	zitiert
ZivGer	Zivilgericht (gefolgt von der amtlichen Abkürzung des Kantons [Bsp.: ZivGer BS])
ZK	Zürcher Kommentar (Zürich)
ZPO	Schweizerische Zivilprozessordnung vom 19. Dezember 2008 (Zivilprozessordnung), SR 272
ZSR	Zeitschrift für Schweizerisches Recht (Basel)
ZWG	Bundesgesetz vom 20.3.2015 über Zweitwohnungen (Zweitwohnungsgesetz), SR 702

Literaturverzeichnis

AEBERSOLD THOMAS, Umstrukturierung von Unternehmen durch Vermögensübertragung, in: BN 2004, 147 ff.

AEBI-MÜLLER REGINA, Aktuelle Rechtsprechung des Bundesgerichts zum Familienrecht, in: Jusletter 13. August 2012.

ALIG JONAS, Das Zweitwohnungsgesetz, in ZBl 117 (2016), 227 ff.

ARNET RUTH, Abwicklung und Absicherung der Gegenleistung, in: Jürg Schmid (Hrsg.), Der Grundstückkauf, Zürich 2010, 427 ff.

ARNET RUTH, Erbengemeinschaft im sachenrechtlichen Umfeld, in: Jürg Schmid (Hrsg.), Nachlassplanung und Nachlassteilung, Zürich 2014, 385 ff.

BAUMANN MAX, Hinweis zur Regelung von Wohnrechts- und Nutzniessungsverhältnissen, in: ZBGR 83 (2002), 193 ff.

BAUMANN MAX, Kommentar zum schweizerischen Zivilgesetzbuch, Bd. IV/2a, Nutzniessung und Wohnrecht (Art. 745–778 ZGB), (3. Aufl.) Zürich 1999.

BECK EMIL, Kommentar zum schweizerischen Zivilgesetzbuch, Bd. V.: Schlusstitel: Einführungs- und Übergangsbestimmungen (Art. 51–63 SchlT ZGB), Bern 1932.

BERETTA PIERA, in: Frank Vischer (Hrsg.), Zürcher Kommentar zum Fusionsgesetz, (2. Aufl.) Zürich 2012, zu Art- 68 Abs. 1, Vor Art. 69–77, Art. 69–72.

BESSENICH BALTHASAR, Etwas Praktisches zur Ehegattengesellschaft und zum gemeinsamen Eigentum im Allgemeinen, in: Jusletter 14. Januar 2013.

BESSON CHARLES, La promesse de vente a perdu sa raison d'être, mais pas ses conséquences néfastes, in: ZBGR 79 (1998), 236 ff.

BIBER RENÉ, Der Umgang des Willensvollstreckers mit Liegenschaften im Nachlass, in: ZBGR 86 [2005], 1 ff.

BOENTE WALTER, Zürcher Kommentar – Zivilgesetzbuch, Der Erwachsenenschutz, Die eigene Vorsorge und Massnahmen von Gesetzes wegen (Art. 360–387 ZGB), Zürich 2015.

BÖSCH PETER, Bauvorhaben und Dienstbarkeiten, in: Anwaltsrevue 3/2012, 142 ff.

BÖSCH RENÉ, in: Heinrich Honsell/Nedim Peter Vogt/Thomas Geiser (Hrsg.), Basler Kommentar, Zivilgesetzbuch II (Art. 457–977 ZGB, Art. 1–61 SchlT ZGB), (5. Aufl.) Basel 2015, zu Art. 712a–712t.

BRÄM BEAT, Beilagen zu öffentlichen Urkunden und deren Einbezug in das Beurkundungsverfahren, in: BN 2014, 216 ff.

Literaturverzeichnis

Bräm Beat, Gemeinschaftlicher Erwerb durch Ehegatten, in: Jürg Schmid (Hrsg.), Der Grundstückkauf, Zürich 2010, 375 ff.

Bräm Beat, Gemeinschaftliches Eigentum unter Ehegatten an Grundstücken, (Diss.), Bern 1997.

Bräm Verena/Hasenböhler Franz, Kommentar zum schweizerischen Zivilgesetzbuch, Bd. II/1c, Die Wirkung der Ehe im allgemeinen (Art. 169–180 ZGB), (3. Aufl.) Zürich 1997.

Brückner Christian, Eintrag von Grundbuch- und Handelsregistergeschäften trotz fehlerhafter Belege, in: BN 2012, 357 ff.

Brückner Christian, Umfang des Formzwangs, in: Jürg Schmid (Hrsg.), Der Grundstückkauf, Zürich 2010, 1 ff.

Brückner Christian, Grundstücksrecht, in: Jürg Schmid (Hrsg.), Die Belehrungs- und Beratungspflicht des Notars, Zürich 2006, 109 ff.

Brückner Christian, § 10 Verwandte Verträge (Vorvertrag, Vorkaufsvertrag, Vertrag auf Begründung eines Kaufsrechts bzw. Rückkaufsrechts), in: Alfred Koller (Hrsg.), Der Grundstückkauf, (2. Aufl.) Bern 2001, 503 ff.

Brückner Christian, Ausserbuchlicher Eigentumserwerb an Grundstücken, in: ZBGR 81 [2000], 217 ff.

Brückner Christian, Das Personenrecht des ZGB, Zürich 2000.

Brückner Christian, Rechtsgeschäftliche Errichtung von Grundpfandrechten – Umfang des Formzwangs und zeitlicher Beginn der Pfandsicherheit, in: ZBGR 77 (1996), 217 ff.

Brückner Christian, Schweizerisches Beurkundungsrecht, Zürich 1993.

Brückner Christian, Sorgfaltspflicht der Urkundsperson und Prüfungsbereich des Grundbuchführers bei Abfassung und Prüfung des Rechtsgrundausweises in: ZBGR 64 (1983), 65 ff.

Brückner Christian/Weibel Thomas, Die erbrechtlichen Klagen, (3. Aufl.) Zürich 2012.

Bucher Eugen, Berner Kommentar, Bd. I/2: Die natürlichen Personen (Art. 11–26 ZGB), Bern 1976.

Bürgi Johannes A./Nordmann Francis/ Moskric Elisabeth, in: René Bösch, François Rayroux, Christoph Winzeler, Eric Stupp (Hrsg.), Basler Kommentar, Kollektivanlagengesetz, (2. Aufl.) Basel 2016.

BÜRGI WOLFHART F./NORDMANN-ZIMMERMANN URSULA, Kommentar zum schweizerischen Zivilgesetzbuch, Bd. V/5b/3: Die Aktiengesellschaft und die Kommanditaktiengesellschaft (Art. 739–771), Zürich 1979.

BÜSSER ANDREAS/HOTZ REINHOLD, in: Schweizerischer Bauernverband Treuhand und Schätzungen (Hrsg.), Das Bäuerliche Bodenrecht, Kommentar zum Bundesgesetz über das bäuerliche Bodenrecht vom 4. Oktober 1991, (2. Aufl.) Brugg 2011.

CARLEN LOUIS, Notariatsrecht der Schweiz, Zürich 1976.

CAVIN PIERRE, in: Frank Vischer (Hrsg.), Schweizerisches Privatrecht, Bd. VII/1, Obligationenrecht Besondere Vertragsverhältnisse, Basel 1977, 1 ff.

CHAPPUIS CHRISTINE/KUONEN NICOLAS, Contenu matériel de l'acte de vente immobiliére, in: Jürg Schmid (Hrsg.), Der Grundstückkauf, Zürich 2010, 15 ff.

CHRIST BERNHARD/EICHNER MARK, in: Daniel Abt/Thomas Weibel (Hrsg.), Praxiskommentar Erbrecht, (3. Aufl.) Basel 2015, zu Art. 517–518 ZGB.

CRAMER CONRADIN, in Lukas Handschin (Hrsg.), Zürcher Kommentar – Obligationenrecht, Die Aktiengesellschaft – Allgemeine Bestimmungen (Art. 620–659b OR), (2. Aufl.) Zürich 2016, zu Art. 626–642 und 647–653i OR.

CORNUT ERIC, Die öffentliche Beurkundung im IPR – Unter Einschluss der Zuständigkeitsverweisung und des interkantonalen Konflikts, (Diss.) Basel 1987.

DEILLON-SCHEGG BETTINA, Die Anmerkung der gesetzlichen Veräusserungsbeschränkung nach Art. 80 Abs. 10 GBV zur Sicherung des Vorsorgezwecks bei mit Mitteln der beruflichen Vorsorge finanziertem Wohneigentum, in: BN 1999, 41 ff.

DESCHENAUX HENRI, Schweizerisches Privatrecht, Bd. V/3/2, Das Grundbuch, Basel/Frankfurt am Main 1989.

DESCHENAUX HENRI, Schweizerisches Privatrecht, Bd. V/3/1: Das Grundbuch, Basel/Frankfurt am Main 1988.

DRUEY JEAN NICOLAS, Das forderungsentkleidete Grundpfand und das Nachrückungsrecht, in: ZBGR 60 (1979), 201 ff.

DUBOIS THIERRY, Le rang des droits de gage immobiliers (fixation et modification), in: ZBGR 91 [2010], 201 ff.

DÜRR DAVID, Kommentar zum schweizerischen Zivilgesetzbuch, Bd. IV/2b, Das Grundpfand (Systematischer Teil und Art. 793–804 ZGB), (2. Aufl.) Zürich 2009.

DÜRR DAVID/ZOLLINGER DANIEL, Kommentar zum schweizerischen Zivilgesetzbuch, Bd. IV/2b/2, Das Grundpfand (Art. 805–823 ZGB), (2. Aufl.) Zürich 2013.

EGGEN GERHARD, Die Verbreitung von Grundlast und Gült, in: SJZ 63 (1967), 258 ff.

Literaturverzeichnis

EGGER AUGUST, Kommentar zum schweizerischen Zivilgesetzbuch, Bd. I: Einleitung – Das Personenrecht (Art. 1–89 ZGB), (2. Aufl.) Zürich 1930.

EGGER AUGUST, Kommentar zum schweizerischen Zivilgesetzbuch, Bd. II/2: Die Verwandtschaft (Art. 252–359), (2. Aufl.) Zürich 1943.

EITEL PAUL, Berner Kommentar, Bd. III/2/3: Die Ausgleichung (Art. 626–632 ZGB), Bern 2004.

EITEL PAUL, Die Vormerkung nach Art. 247 Abs. 2 OR – konstitutiv oder deklaratorisch, in: ZBGR 73 (1992), 137 ff.

EITEL PAUL, Zwei Grundstückkaufverträge und ihre (beschränkte) ausgleichungsrechtliche Tragweite, in: successio 2010, 209 ff.

EMMEL FRANK, in: Daniel Abt/Thomas Weibel (Hrsg.), Praxiskommentar Erbrecht, (3. Aufl.) Basel 2015, zu Art. 551–559 ZGB.

ENGELBERGER-KOLLER URSULA, Auflösung des gemeinschaftlichen Eigentums, in: Anwaltsrevue 8/2012, 359 ff.

ESCHER ARNOLD, Kommentar zum schweizerischen Zivilgesetzbuch, Bd. III/1: Die Erben (Art. 457–536), (3. Aufl.) Zürich 1959.

FASEL URS, Grundbuchverordnung (GBV) vom 23. September 2011, Kommentar, (2. Aufl.) Basel 2013.

FASEL URS, Grundbuchverordnung (GBV), Kommentar zur Verordnung vom 22. Februar 1910 betreffend das Grundbuch, Basel 2008.

FASEL URS, in: Heinrich Honsell/Nedim Peter Vogt/Wolfgang Wiegand (Hrsg.), Basler Kommentar, Obligationenrecht I (Art. 1–529 OR), (6. Aufl.) Basel 2015, zu Art. 216–216e.

FASSBIND PATRICK, Erwachsenenschutz, Zürich 2012.

FELLMANN WALTER, Berner Kommentar, Bd. VI/2/4: Der einfache Auftrag (Art. 394–406 OR), Bern 1992.

FELLMANN WALTER/MÜLLER KARIN, Berner Kommentar, Bd. VI/2/8: Die einfache Gesellschaft (Art. 530–544 OR), Bern 2006.

FLÜCKIGER ANDREAS, Tücken des revidierten SchKG's für die Abwicklung von Grundstückgeschäften, in: ZBGR 79 (1998), 308 ff.

FOËX BÉNÉDICT, La cédule hypothécaire de registre, in: Jürg Schmid (Hrsg.), Die Dienstbarkeiten und das neue Schuldbriefrecht – Einblick in die Revision des Immobiliarsachenrechts, Zürich 2012, 343 ff.

FOËX BÉNÉDICT, Quelques questions pratiques relatives aux droits de préemption du CC/CO, in: ZBGR 88. (2007), 1 ff.

Foëx Bénédict, Dédit et clause pénale, in: Jürg Schmid (Hrsg.), Der Grundstückkauf, Zürich 2010, 407 ff.

Foëx Bénédict, Trust et registre foncier, in: successio 2009, 259 ff.

Forstmoser Peter, Berner Kommentar, Bd. VII/ 4: Die Genossenschaft (Art. 828–926 OR), Bern 1974.

Forstmoser Peter/Meier-Hayoz Arthur/Nobel Peter, Schweizerisches Aktienrecht, Bern 1996.

Frey Hans, in Martin Zweifel/Peter Athanas (Hrsg.), Kommentar zum Schweizerischen Steuerrecht, Bd. I/2b Bundesgesetz über die direkte Bundessteuer (DBG), Art. 83–222, (2. Aufl.) Basel 2008.

Friedrich Alain, Die Abspaltung dinglicher Rechte an Grundstücken nach Fusionsgesetz, in: AJP/PJA 2013, 546 ff.

Friedrich Hans-Peter, Der Rang der Grundstücksrechte, in: ZBGR 58. (1977), 321 ff.

Friedrich Hans-Peter, Die Neuordnung des Baurechtes im Zivilgesetzbuch, in: BJM 1966, 1 ff.

Friedrich Hans-Peter, Zum Inhalte der Nutzungsdienstbarkeiten, in: Festgabe zum Schweizerischen Juristentag – Basel 1963, Basel 1963, 37 ff.

Galland Cyril, Les servitudes de concurrence – un instrument à manier avec précaution, in: ZBGR 95 [2014], 145 ff.

Gautschi Georg, Berner Kommentar, VI/2/6: Kommission, Spedition, Frachtvertrag, Prokura, Anweisung, Hinterlegung Art. 425–491 OR, Bern 1962.

Geiser Thomas, Ehegüterrecht und Bäuerliches Bodenrecht, in: Stephan Wolf (Hrsg.), Güter- und erbrechtliche Fragen zur einfachen Gesellschaft und zum bäuerlichen Bodenrecht, Bern 2005, 99 ff.

Geiser Thomas, Neues Eherecht und Grundbuchführung, in: ZBGR 68. [1987], 15 ff.

Giger Hans, Berner Kommentar, Bd. IV/2/1/3: Der Grundstückkauf, Bern 1997.

Giger Hans, Berner Kommentar, Bd. VI/2/1/4–5: Besondere Arten des Kaufes und der Tauschvertrag, Bern 1999.

Gremper Philipp, in: Thomas Geiser/Philipp Gremper (Hrsg.), Zürcher Kommentar zum Partnerschaftsgesetz, Zürich 2007, zu Art. 18–25.

Guillaume Florence, Fragen rund um die Eintragung eines im Trustvermögen befindlichen Grundstücks ins Grundbuch, in: ZBGR 90 [2009], 1 ff.

Literaturverzeichnis

GUTZWILLER MAX, Kommentar zum schweizerischen Zivilgesetzbuch, Bd. V/6/1, Genossenschaft (Art. 828–878 OR), (2. Aufl.) Zürich 1972.

HAAB ROBERT/SIMIONIUS AUGUST/SCHERRER WERNER/ZOBEL DIETER, Kommentar zum schweizerischen Zivilgesetzbuch, Bd. IV/1: Das Eigentum (Art. 641 bis 729 ZGB), (2. Aufl.) Zürich 1977.

HAAS RAPHAËL, Errichtung und Ausgestaltung des Registerschuldbriefs, in: Jürg Schmid (Hrsg.), Die Dienstbarkeiten und das neue Schuldbriefrecht – Einblick in die Revision des Immobiliarsachenrechts, Zürich 2012, 293 ff.

HÄFELIN ULRICH/MÜLLER GEORG/UHLMANN FELIX, Allgemeines Verwaltungsrecht, (5. Aufl.) Zürich 2006.

HANDSCHIN LUKAS/CHOU HAN-LI, Kommentar zum schweizerischen Zivilgesetzbuch, Bd. V/4b, Die Kollektivgesellschaft, Die Kommanditgesellschaft (Art. 552–619 OR), (4. Aufl.) Zürich 2009.

HANDSCHIN LUKAS/WYTTENBACH MICHAEL, Der Beschluss der Stockwerkeigentümerversammlung und seine Anfechtung, in: Regina E. Aebi-Müller/Monika Pfaffinger/Amédéo Wermelinger (Hrsg.), Luzerner Tag des Stockwerkeigentums vom 24. März 2011, Bern 2011, 45 ff.

HANDSCHIN LUKAS/VONZUN RETO, Kommentar zum schweizerischen Zivilgesetzbuch, Bd. V/4a, Die einfache Gesellschaft (Art. 530–551 OR), (4. Aufl.) Zürich 2009.

HÄUPTLI MATTHIAS, in: Daniel Abt/Thomas Weibel (Hrsg.), Praxiskommentar Erbrecht, (3. Aufl.) Basel 2015, zu Art. 560 und 562–579 ZGB.

HAUSHEER HEINZ, Öffentlichkeit des Grundbuchs, in: ZBGR 69 (1988), 1 ff.

HAUSHEER HEINZ/AEBI-MÜLLER REGINA, Das Personenrecht des Schweizerischen Zivilgesetzbuches, (3. Aufl.) Bern 2012.

HAUSHEER HEINZ/AEBI-MÜLLER REGINA, in: Heinrich Honsell/Nedim Peter Vogt/Thomas Geiser (Hrsg.), Basler Kommentar, Zivilgesetzbuch I (Art. 1–456 ZGB), (5. Aufl.) Basel 2014, zu Art. 181–251.

HAUSHEER HEINZ/LINDENMEYER LIEB SASKIA, Einfache Gesellschaft und Ehegüterrecht, in: Stephan Wolf (Hrsg.), Güter- und erbrechtliche Fragen zur einfachen Gesellschaft und zum bäuerlichen Bodenrecht, Bern 2005, 1 ff.

HAUSHEER HEINZ/PFÄFFLI ROLAND, Zur Bedeutung des Anwachsungsprinzips bei der einfachen Gesellschaft und bei der Gütergemeinschaft im Todesfall; zur Tragweite von BGE 119 II 119 ff. für die Grundbuchführung, in: ZBJV 130 [1994], 38 ff.

HAUSHEER HEINZ/REUSSER RUTH/GEISER THOMAS, Berner Kommentar, Bd. II/1/2: Die Wirkung der Ehe im allgemeinen (Art. 159–180 ZGB), (2. Aufl.) Bern 1999.

HAUSHEER HEINZ/REUSSER RUTH/GEISER THOMAS, Berner Kommentar, Bd. II/1/3: Das Güterrecht der Ehegatten (Art. 221–251 ZGB), Bern 1996.

HEINI ANTON/SCHERRER URS, in: Heinrich Honsell/Nedim Peter Vogt/Thomas Geiser (Hrsg.), Basler Kommentar, Zivilgesetzbuch I (Art. 1–456 ZGB), (5. Aufl.) Basel 2014, zu Art. 60–79.

HELBLING CARL, Personalvorsorge und BVG, (8. Aufl.) Bern 2006.

HENKEL HELMUT, in: Heinrich Honsell/Nedim Peter Vogt/Thomas Geiser (Hrsg.), Basler Kommentar, Zivilgesetzbuch I (Art. 1–456 ZGB), (5. Aufl.) Basel 2014, zu Art. 388–399.

HOMBERGER ARTHUR, Kommentar zum schweizerischen Zivilgesetzbuch, Bd. IV/3: Besitz und Grundbuch (Art. 919–977 ZGB), Zürich 1938.

HIGI PETER, Kommentar zum schweizerischen Zivilgesetzbuch, Bd. V 2b, Die Miete (Art. 253–265 OR), Zürich 1994.

HUBER HANS, Anmeldung und Tagebuch im schweizerischen Grundbuchrecht, in: ZBGR 59 (1978), 156 ff.

HÜRLIMANN-KAUP BETTINA, Die Änderung von Dienstbarkeiten – ausgewählte Fragen, in: BN 2013, 103 ff.

HÜRLIMANN-KAUP BETTINA, Neuerungen im Dienstbarkeitsrecht, in: Jürg Schmid (Hrsg.), Die Dienstbarkeiten und das neue Schuldbriefrecht – Einblick in die Revision des Immobiliarsachenrechts, Zürich 2012, 25 ff.

HÜRLIMANN-KAUP BETTINA, Anzeigepflicht des Grundbuchverwalters (Art. 969 ZGB und Spezialnormen), in: ZBGR 93 [2012], 1 ff.

HÜRLIMANN-KAUP BETTINA, Neuerungen beim Miteigentum und beim Stockwerkeigentum, in: Stephan Wolf (Hrsg.), Revision des Immobiliarsachenrechts, Bern 2011, 71 ff.

HÜRLIMANN-KAUP BETTINA, Grundfragen des Zusammenwirkens von Miete und Sachenrecht, Zürich 2008.

HUSER MEINRAD, Darstellung von Grenzen zur Sicherung dinglicher Rechte, in: ZBGR 94 [2013], 238 ff.

ISLER PETER R./DOMINIQUE GROSS, in: Heinrich Honsell/Nedim Peter Vogt/Thomas Geiser (Hrsg.), Basler Kommentar, Zivilgesetzbuch II (Art. 457–977 ZGB, Art. 1–61 SchlT ZGB), (5. Aufl.) Basel 2015, zu Art. 779–779l.

JAKOB DOMINIQUE/PICHT PETER, Der Trust in der Schweizer Nachlassplanung und Vermögensgestaltung, in AJP 2010, 855 ff.

Literaturverzeichnis

JEANDIN NICOLAS, Le contrat constitutif de servitude, in: Jürg Schmid (Hrsg.), Die Dienstbarkeiten und das neue Schuldbriefrecht – Einblick in die Revision des Immobiliarsachenrechts, Zürich 2012, 109 ff.

JEANDIN NICOLAS, Vente d'un immeuble loué, in: Jürg Schmid (Hrsg.), Der Grundstückkauf, Zürich 2010, 449 ff.

KARRER MARTIN/VOGT NEDIM PETER/LEU DANIEL, in: Heinrich Honsell/Nedim Peter Vogt/Thomas Geiser (Hrsg.), Basler Kommentar, Zivilgesetzbuch II (Art. 457–977 ZGB, Art. 1–61 SchlT ZGB), (5. Aufl.) Basel 2015, zu Art. 517–718, 551–559, 593–597.

KOLLER ALFRED, Auflösung von Miteigentum, dessen Anteile mit Nutzniessungsrechten belastet sind, in: BN 2014, 270 ff.

KOLLER ALFRED, Wegrechte – Auslegung, Ergänzung und verwandte Fragen, in: Jürg Schmid (Hrsg.), Die Dienstbarkeiten und das neue Schuldbriefrecht – Einblick in die Revision des Immobiliarsachenrechts, Zürich 2012, 191 ff.

KOLLER ALFRED, Baurechtszins: Formbedürftigkeit einer Änderung der ursprünglichen Zinsabrede, in: AJP/PJA 2011, 423 f.

KOLLER ALFRED, § 1 Begriff und Rechtsgrundlagen des Grundstückkaufs, in: Alfred Koller (Hrsg.), Der Grundstückkauf, (2. Aufl.) Bern 2001, 17 ff.

KOLLER ALFRED, § 7 Verkauf einer vermieteten Wohnliegenschaft, in: Alfred Koller (Hrsg.), Der Grundstückkauf, (2. Aufl.) Bern 2001, 377 ff.

KRAMER ERNST A., Berner Kommentar, Bd. VI/1/1a: Inhalt des Vertrages (Art. 19–22 OR), Bern 1991.

KRAMER ERNST A./SCHMIDLIN BRUNO, Berner Kommentar, Bd. VI/1/1: Allgemeine Einleitung in das schweizerische Obligationenrecht und Kommentar zu Art. 1–18 OR, (2. Aufl.) Bern 1986.

KRAUSKOPF FRÉDÉRIC, Grundstückkauf mit angefangener Baute, in: Jürg Schmid (Hrsg.), Der Grundstückkauf, Zürich 2010, 233 ff.

KÜNZLE HANS RAINER, Berner Kommentar, Bd. III/1/2/2: Die Willensvollstrecker (Art. 517–518 ZGB), Bern 2011.

LEEMANN HANS, Kommentar zum schweizerischen Zivilgesetzbuch, Bd. IV/2: Die beschränkten dinglichen Rechte (Art. 730–918 ZGB), Bern 1925.

LEHMANN URS/HÄNSELER PETER, in: Heinrich Honsell/Nedim Peter Vogt/Thomas Geiser (Hrsg.), Basler Kommentar, Zivilgesetzbuch I (Art. 1–456 ZGB), (5. Aufl.) Basel 2014, zu Art. 336–348.

LEUENBERGER CHRISTOPH, § 2 Abschluss des Grundstückkaufvertrages, in: Alfred Koller (Hrsg.), Der Grundstückkauf, (2. Aufl.) Bern 2001, 503 ff.

LIATOWITSCH MICHAEL/SCHÜRMANN GEORG, in: Daniel Abt/Thomas Weibel (Hrsg.), Praxiskommentar Erbrecht, (3. Aufl.) Basel 2015, zu Art. 481–483 und 487–492a ZGB.

LIVER PETER, in: Arthur Meier-Hayoz (Hrsg.), Schweizerisches Privatrecht Bd. V/1, Sachenrecht, Basel 1977, 1 ff.

LIVER PETER, Kommentar zum schweizerischen Zivilgesetzbuch, IV/2a/1: Die Grunddienstbarkeiten (Art. 730–792 ZGB), (2. Aufl.) Zürich 1980.

MABILLARD RAMON, in: Daniel Abt/Thomas Weibel (Hrsg.), Praxiskommentar Erbrecht, (3. Aufl.) Basel 2015, zu Art. 634–640 ZGB.

MARTI HANS, Notariatsprozess, Bern 1989.

MARTI HANS, Das Hauptverfahren im schweizerischen Notariatsprozess, in: ZBGR 64 (1983), 322 ff.

MEIER-HAYOZ ARTHUR, Berner Kommentar, Bd. IV/1: Systematischer Teil und Allgemeine Bestimmungen (Art. 641–654 ZGB), (5. Aufl.) Bern 1981.

MEIER-HAYOZ ARTHUR, Berner Kommentar, Bd. IV/3: Grundeigentum (Art. 680–701 ZGB), Bern 1975.

MEIER-HAYOZ ARTHUR, Berner Kommentar, Bd. IV/2: Grundeigentum (Art. 655–679 ZGB), (3. Aufl.) Bern 1974.

MEIER-HAYOZ ARTHUR, Berner Kommentar, Bd. IV/1: Systematischer Teil und Allgemeine Bestimmungen (Art. 641–654 ZGB), (4. Aufl.) Bern 1966.

MEIER-HAYOZ ARTHUR/FORSTMOSER PETER, Schweizerisches Gesellschaftsrecht, (11. Aufl.) Bern 2012.

MEIER-HAYOZ ARTHUR/REY HEINZ, Berner Kommentar, Bd. IV/5: Das Stockwerkeigentum (Art. 712a–712 t ZGB), Bern 1988.

MERZ HANS, Schweizerisches Privatrecht, Bd. I/1: Obligationenrecht – Allgemeiner Teil, Basel 1984.

MONNIER CLAUDE, Schicksal des Mietverhältnisses an einer Baurechtsbaute bei Untergang des Baurechts, in: Jusletter 3. Juni 2013.

MOOSER MICHEL, La reconnaissance intercantonale des actes authentiques, in: BN 2014, 288 ff.

MOOSER MICHEL, Les servitudes et les modifications de limites, in: Jürg Schmid (Hrsg.), Die Dienstbarkeiten und das neue Schuldbriefrecht – Einblick in die Revision des Immobiliarsachenrechts, Zürich 2012, 169 ff.

MOOSER MICHEL, Transfert de possession, transfert des risques et entrée en jouissance, in: Jürg Schmid (Hrsg.), Der Grundstückkauf, Zürich 2010, 217 ff.

MOOSER MICHEL, La fin du droit d'habitation, in: ZBGR 77 (1996), 345 ff.

MOOSER MICHEL, La description de l'assiette d'une servitude, in: ZBGR 72 (1991), 257 ff.

MÜLLER MANUEL, Die Regelung der Vorkaufsrechte nach ZGB/OR und BGBB, in: BN 1994, 221 ff.

MÜLLER MANUEL, Orientierung des Chefs des Eidg. Amtes für Grundbuch- und Bodenrecht an der Generalversammlung des Verbandes Schweizerischer Grundbuchverwalter vom 10. September 1993 in Winterthur, in: ZBGR 74 [1993], 389 ff.

NATER-BASS GABRIELLE/SEILER MORITZ, Die Anmerkung des Trustverhältnisses im Grundbuch aus praktischer Sicht, in: successio 2013, 220 ff.

NEF URS CH., Die nachträgliche Änderung des Aufteilungsplans bei Stockwerkeigentum, in: ZBGR 82 [2001], 1 ff.

NONN MICHAEL/ENGELER URS, in: Daniel Abt/Thomas Weibel (Hrsg.), Praxiskommentar Erbrecht, (3. Aufl.) Basel 2015, zu Art. 580–597 ZGB.

OSER HUGO/SCHÖNENBERGER WILHELM, Kommentar zum schweizerischen Zivilgesetzbuch, Bd. V/2: Das Obligationenrecht (Art. 184–418 OR), (2. Aufl.) Zürich 1936.

OSER HUGO, Kommentar zum schweizerischen Zivilgesetzbuch, Bd. V/1: Das Obligationenrecht (Art. 1–183 OR), (2. Aufl.) Zürich 1929.

OFTINGER KARL/BÄR ROLF, Kommentar zum schweizerischen Zivilgesetzbuch, IV/2c/1, Das Fahrnispfand (Art. 884–918 ZGB), (3. Aufl.) Zürich 1981.

OSTERTAG FRITZ, Berner Kommentar, Bd. IV/3: Besitz und Grundbuch (Art. 919–977 ZGB), Bern 1917.

PANNATIER KESSLER DELPHINE, Die Anmerkung des Trustverhältnisses und die Pflichten des Notars, in: ZBGR 92 [2011], 73 ff.

PEDUZZI ROBERTO, Die Verhandlung von Geschäftsmietverträgen, Zürich 2014.

PESTALOZZI ANTON, Der Steigerungskauf, Kurzkommentar und Zitate zu Art. 229–236 OR, Zürich 1997.

PETER HANSJÖRG, Le rang des droits réels et la réalisation des immeubles, in: ZBGR 78 (1997), 377 ff.

PFAFFINGER MONIKA, Einblick in die Architektur des Stockwerkeigentums – Rückblick auf den 1. Luzerner Tag des Stockwerkeigentums, in: Jusletter 27. Juni 2011.

PFAFFINGER MONIKA, Sicherungsübereignung und Einredeordnung beim Schuldbrief, in: Jürg Schmid (Hrsg.), Die Dienstbarkeiten und das neue Schuldbriefrecht – Einblick in die Revision des Immobiliarsachenrechts, Zürich 2012, 239 ff.

PFÄFFLI ROLAND, Entwicklungen im Sachenrecht und Bodenrecht, in: SJZ 112. [2016], 62 ff.

PFÄFFLI ROLAND, Rechtsprechung und ausgewählte Rechtsfragen 2015, in: BN 2015, 139 ff.

PFÄFFLI ROLAND, Dienstbarkeitsvertrag und grundbuchlicher Vollzug, in: Jürg Schmid (Hrsg.), Die Dienstbarkeiten und das neue Schuldbriefrecht – Einblick in die Revision des Immobiliarsachenrechts, Zürich 2012, 79 ff.

PFÄFFLI ROLAND, Teilrevision des Sachenrechts: Erste Erfahrungen, in: ZBGR 93 [2012], 372 ff.

PFÄFFLI ROLAND, Handelsregister und Grundbuch: Besonderheiten und Gemeinsamkeiten, in: BN 2012, 253 ff.

PFÄFFLI ROLAND, Handelsregister und Grundbuch: Schnittstellen und Berührungspunkte, in: REPRAX 13 [2011], 35 ff.

PFÄFFLI ROLAND, Dienstbarkeiten: Neuerungen mit besonderer Berücksichtigung des Bereinigungsverfahrens, in: ZBGR 91 [2010], 357 ff.

PFÄFFLI ROLAND, Beurkundung des Kaufpreises, in: Jürg Schmid (Hrsg.), Der Grundstückkauf, Zürich 2010, 39 ff.

PFÄFFLI ROLAND, Erbrechtliche Auswirkungen auf das Immobiliarsachenrecht, in: successio 2009, 32 ff.

PFÄFFLI ROLAND, Einfache Gesellschaft – Bekanntes und Neues, in: ZBGR 88 (2007), 410 ff.

PFÄFFLI ROLAND, Zur Revision des Dienstbarkeitsrechts, in: ZBGR 87 [2006], 31 ff.

PFÄFFLI ROLAND, Fusionsgesetz und Grundbuchführung, in: BN 2004, 236 ff.

PFÄFFLI ROLAND, Die Zuweisung von Autoeinstellplätzen und deren Sicherstellung im Grundbuch, in: Peter Ruf/Roland Pfäffli (Hrsg.), Festschrift 100 Jahre Verband Bernischer Notare, Langenthal 2003, 371 ff.

PFÄFFLI ROLAND, Der Ausweis für die Eigentumseintragung im Grundbuch (Diss.), St. Gallen 1999.

PFÄFFLI ROLAND, Die praktischen Auswirkungen im neuen bäuerlichen Bodenrecht, in: ZBGR 74 [1993], 179 ff.

PFÄFFLI ROLAND, Neuerungen im Immobiliarsachenrecht und beim Grundstückkauf, in: BN 1992, 450 ff.

PFÄFFLI ROLAND, Änderungen bei Personengesellschaften aus der Sicht der praktischen Grundbuchführung, in: ZBGR 72 (1991), 321 ff.

Literaturverzeichnis

PFÄFFLI ROLAND, Zur Vormerkung von Mietverträgen und Vorkaufsrechten, in: BN 1990, 41 ff.

PFÄFFLI ROLAND, Die Auswirkungen des neuen Ehe- und Erbrechts auf die Grundbuchführung, in: BN 1986, 281 ff.

PFÄFFLI ROLAND/BYLAND DANIELA, Vorkaufsrecht, Kaufsrecht, Rückkaufsrecht an Grundstücken, in: Anwaltspraxis 2013, 289 ff.

PFÄFFLI ROLAND/BYLAND DANIELA, Zur Revision des Immobiliarsachenrechts, in: SJZ 107. [2011], 225 ff.

PFÄFFLI ROLAND/BYLAND DANIELA, Sachenrecht und Notar: Neuerungen, in: BN 2011, 73 ff.

PFÄFFLI ROLAND/BYLAND DANIELA, Revision des Immobiliarsachenrechts: Wissenswertes für die Anwaltschaft, in: Anwaltsrevue 8/2011, 235 ff.

PFÄFFLI ROLAND/SANTSCHI KALLAY MASCHA, Die Wirkung des im Grundbuch vorgemerkten Mietvertrags, in: Jusletter 3. November 2014.

PFÄFFLI ROLAND/SANTSCHI KALLAY MASCHA, Örtlich beschränkte Ausübung von Dienstbarkeiten, in: Jusletter 23. September 2013.

PHILIPPIN EDGAR, Garantie pour les défauts: clauses particulières, in: Jürg Schmid (Hrsg.), Der Grundstückkauf, Zürich 2010, 137 ff.

PICHONNAZ PASCAL, Garantie pour les défauts: présentation générale, in: Jürg Schmid (Hrsg.), Der Grundstückkauf, Zürich 2010, 105 ff.

PIOTET DENIS, Les nouvelles dispositions relatives aux servitudes, in: Jürg Schmid (Hrsg.), Die Dienstbarkeiten und das neue Schuldbriefrecht – Einblick in die Revision des Immobiliarsachenrechts, Zürich 2012, 59 ff.

PIOTET PAUL, Schweizerisches Privatrecht, Bd. V/1/1: Sachenrecht, Basel 1977, 519 ff.

PIOTET PAUL, Schweizerisches Privatrecht, Bd. IV/2: Erbrecht, Basel/Stuttgart 1981.

PORTMANN WOLFGANG, Schweizerisches Privatrecht, Bd. II/5: Das Schweizerische Vereinsrecht, Basel 2005.

REY HEINZ, Berner Kommentar, Bd. IV/2/1: Die Grunddienstbarkeiten (Systematischer Teil und Art. 730 und 731 ZGB), Bern 1981.

REY HEINZ/STREBEL LORENZ, in: Heinrich Honsell/Nedim Peter Vogt/Thomas Geiser (Hrsg.), Basler Kommentar, Zivilgesetzbuch II (Art. 457–977 ZGB, Art. 1–61 SchlT ZGB), (5. Aufl.) Basel 2015, zu Art. 664–712, 780 20 SchlT, 56 SchlT.

RICHNER FELIX/FREI WALTER/KAUFMANN STEFAN/MEUTER HANS ULRICH, Handkommentar zum DBG (Bundesgesetz über die direkte Bundessteuer), (2. Aufl.) Zürich 2009.

RIEMER HANS MICHAEL, Personenrecht des ZGB, Bern 1995.

RIEMER HANS MICHAEL, Berner Kommentar, Bd. I/3/2: Die Vereine – Systematischer Teil und Art. 60–79 ZGB, Bern 1990.

RIEMER HANS MICHAEL, Berner Kommentar, Bd. I/3/3: Die Stiftungen – Systematischer Teil und Art. 80–89bis ZGB, Bern 1975.

REINHARDT OLIVER, Die Mischung von selbständigem und unselbständigem Miteigentum an Grundstücken, in: ZBGR 95 [2014], 289 ff.

RÜEGG ERICH, Zusicherung und Freizeichnung, in: Jürg Schmid (Hrsg.), Der Grundstückkauf, Zürich 2010, 175 ff.

RUF PETER, Der Umfang des Formzwangs beim Grundstückkauf, in ZBGR 78 (1997), 361 ff.

RUF PETER, Notariatsrecht, Langenthal 1995.

RUF PETER/JEITZINER ROLAND, Verfahrensrechtliche Vereinfachung für Umstrukturierungstatbestände, in ST 2004, 915 ff.

RUMO-JUNGO ALEXANDRA, in: Heinrich Honsell/Nedim Peter Vogt/Thomas Geiser (Hrsg.), Basler Kommentar, Zivilgesetzbuch I (Art. 1–456 ZGB), (5. Aufl.) Basel 2014, zu Art. 360–369.

SCHAETZLE MARC/WEBER STEPHAN, Kapitalisieren – Handbuch zur Anwendung der Barwerttafeln, (5. Aufl.) Zürich 2001.

SCHAUFELBERGER PETER C./KELLER LÜSCHER KATRIN, in: Heinrich Honsell/Nedim Peter Vogt/Thomas Geiser (Hrsg.), Basler Kommentar, Zivilgesetzbuch II (Art. 457–977 ZGB, Art. 1–61 SchlT ZGB), (5. Aufl.) Basel 2015, zu Art. 602–619, 634–640.

SCHMID HERMANN, Erwachsenenschutz aus dem Blickwinkel der Grundbuchführung – ein Überblick, in: ZBGR 93 [2012], 357 ff.

SCHMID JÖRG, Vollmachten und Vorsorgeauftrag, in: Jürg Schmid (Hrsg.), Nachlassplanung und Nachlassteilung, Zürich 2014, 259 ff.

SCHMID JÖRG, Neuerungen im Grundpfandrecht, in: Jürg Schmid (Hrsg.), Die Dienstbarkeiten und das neue Schuldbriefrecht – Einblick in die Revision des Immobiliarsachenrechts, Zürich 2012, 205 ff.

SCHMID JÖRG, Baurechtszins und Formzwang – Bemerkungen zum Urteil des Bundesgerichts Nr. 5A_251/2010 vom 19. November 2010, in: ZBJV 147 [2011], 392 ff.

SCHMID JÖRG, Gewährleistung, in: Jürg Schmid (Hrsg.), Der Grundstückkauf, Zürich 2010, 63 ff.

SCHMID JÖRG, § 10 Die Grundstücksversteigerung, in: Alfred Koller (Hrsg.), Der Grundstückkauf, (2. Aufl.) Bern 2001, 453 ff.

Literaturverzeichnis

SCHMID JÖRG, Die Gewährleistung beim Grundstückkauf – Ausgewählte Fragen unter Berücksichtigung von Altlasten, in: ZBGR 81 [2000], 353 ff.

SCHMID JÖRG, Zur interkantonalen Freizügigkeit öffentlicher Urkunden bei Verträgen über dingliche Rechte an Grundstücken, in: ZBGR 70 [1989], 265 ff.

SCHMID JÖRG/HÜRLIMANN-KAUP BETTINA, Sachenrecht, (3. Aufl.) Zürich 2009.

SCHMID JÜRG, Das Dienstbarkeitsrecht im Lichte der Revision des Immobiliarsachenrechts, in: ZBGR 93 [2012], 154 ff.

SCHMID JÜRG, in: Heinrich Honsell/Nedim Peter Vogt/Thomas Geiser (Hrsg.), Basler Kommentar, Zivilgesetzbuch II (Art. 457–977 ZGB, Art. 1–61 SchlT ZGB), (5. Aufl.) Basel 2015, zu Art. 942–977.

SCHMID JÜRG, Neuerungen bei den Grundpfandrechten, in: Stephan Wolf (Hrsg.), Revision des Immobiliarsachenrechts, Bern 2011, 39 ff.

SCHMID JÜRG, Kauf von Grundstücken mit angefangener Baute, in: Jürg Schmid (Hrsg.), Der Grundstückkauf, Zürich 2010, 267 ff.

SCHMID JÜRG, Formelle Aspekte der Willensäusserungen bei Miteigentum und Stockwerkeigentum, in: ZBGR 88 (2007), 439 ff.

SCHMID JÜRG, Das unselbständige Miteigentum in Theorie und Praxis, in: ZBGR 86 [2005], 277 ff.

SCHMID JÜRG, Das Dienstbarkeitsrecht im Wandel, in: ZBGR 84 (2003), 269 ff.

SCHMID JÜRG, Ehegüterrecht und grundbuchliche Aspekte, in: ZBGR 83 (2002), 321 ff.

SCHMID JÜRG, Ausgewählte Fragen zum Baurecht, Unterbaurecht und zum Überbaurecht, in: ZBGR 79 (1998), 289 ff.

SCHMID-TSCHIRREN CHRISTINA, «Prior tempore, potior iure» – Ausführungen zum sachenrechtlichen Prinzip der Alterspriorität, in: BN 2014, 316 ff.

SCHMID-TSCHIRREN CHRISTINA, Überblick über die Immobiliarsachenrechtsrevision, in: Jürg Schmid (Hrsg.), Die Dienstbarkeiten und das neue Schuldbriefrecht – Einblick in die Revision des Immobiliarsachenrechts, Zürich 2012, 1 ff.

SCHMID-TSCHIRREN CHRISTINA, «Superficies solo cedit» – Überlegungen zum sachenrechtlichen Akzessionsprinzip und seinen Ausnahmen, in: BN 2012, 301 ff.

SCHMID-TSCHIRREN CHRISTINA, Revision des Immobiliarsachenrechts: Einführung, in: Stephan Wolf (Hrsg.), Revision des Immobiliarsachenrechts, Bern 2011, 1 ff.

SCHMID-TSCHIRREN CHRISTINA, Elektronische öffentliche Beurkundung und Grundpfandrechte: Neuerungen, insbesondere der Register-Schuldbrief, in: ZBGR 92 [2011], 1 ff.

SCHMID-TSCHIRREN CHRISTINA, Gewerbe- und konkurrenzbeschränkende Dienstbarkeiten – kein Abrücken des Bundesgerichts von seiner bisherigen Praxis, in: Jusletter 6. Juli 2009.

SCHMID-TSCHIRREN CHRISTINA, Sachenrechtliche Aspekte des Fusionsgesetzes, in: ZBGR 85 [2004], 228 ff.

SCHNEIDER BENNO, Probleme des subjektiv-dinglichen Miteigentums, in: ZBGR 57 [1976], 1 ff.

SCHÖBI FELIX, § 8 Das Bundesgesetz über den Grundstückerwerb durch Personen im Ausland, in: Alfred Koller (Hrsg.), Der Grundstückkauf, (2. Aufl.) Bern 2001, 405 ff.

SCHÖBI FELIX, Privatrechtliche Beschränkungen im landwirtschaftlichen Bodenrecht, in: ZBGR 74 [1993], 151 ff.

SCHÖNLE HERBERT, Kommentar zum schweizerischen Zivilgesetzbuch, Bd. V/2a: Kauf und Schenkung (Art. 184–191 OR), (3. Aufl.) Zürich 1993.

SCHWANDER IVO, in: Heinrich Honsell/Nedim Peter Vogt/Thomas Geiser (Hrsg.), Basler Kommentar, Zivilgesetzbuch II (Art. 457–977 ZGB, Art. 1–61 SchlT ZGB), (5. Aufl.) Basel 2015, zu Art. 537–550, 560–561, 566–579, 713–729, 8b SchlT.

SCHWENZER INGEBORG/COTTIER MICHELLE, in: Heinrich Honsell/Nedim Peter Vogt/Thomas Geiser (Hrsg.), Basler Kommentar, Zivilgesetzbuch I (Art. 1–456 ZGB), (5. Aufl.) Basel 2014, zu Art. 252–263, 271–275a, 296–306.

SIEGWART ALFRED, Kommentar zum Schweizerischen Zivilgesetzbuch, Bd. V/4: Die Personengesellschaften (Art. 530–619), Zürich 1938.

SIEGWART ALFRED, Kommentar zum Schweizerischen Zivilgesetzbuch, Bd. V/5a: Die Aktiengesellschaft, Allgemeine Bestimmungen (Art. 620–659), Zürich 1945.

SIMONIUS PASCAL/SUTTER THOMAS, Schweizerisches Immobiliarsachenrecht – Bd. I: Grundlagen, Grundbuch und Grundeigentum, Basel und Frankfurt am Main 1995.

SIMONIUS PASCAL/SUTTER THOMAS, Schweizerisches Immobiliarsachenrecht – Bd. II: Die beschränkten dinglichen Rechte, Basel und Frankfurt am Main 1990.

STAEHELIN DANIEL, in: Heinrich Honsell/Nedim Peter Vogt/Thomas Geiser (Hrsg.), Basler Kommentar, Zivilgesetzbuch II (Art. 457–977 ZGB, Art. 1–61 SchlT ZGB), (5. Aufl.) Basel 2015, zu Art. 457–466, 470–476, 481–483, 842–874.

STAEHELIN DANIEL, Vertretungsverhältnis nicht genannt – öffentliche Urkunde ungültig?, in: Jusletter 2. August 2010.

STÄHLI PETER, Grundbuchliche Sicherstellung von Abstellplätzen auf fremdem Grund, in: BN 2010, 173 ff.

STAUFFER HANS-ULRICH, Berufliche Vorsorge, (2. Aufl.) Zürich 2012.

STAUFFER HANS-ULRICH, in: Jacques André Schneider/Thomas Geiser/Thomas Gächter (Hrsg.), Stämpflis Handkomentar SHK, BVG und FZG, (2. Aufl.) Bern 2010.

STAUFFER WILHELM/SCHAETZLE THEO/SCHAETZLE MARC, Barwerttafeln, (5. Aufl.) Zürich 2001.

STEINAUER PAUL-HENRI, Zürcher Kommentar, Der Schuldbrief, Die Anleihensobligation mit Grundpfandrecht (Art. 842–865 und 875 ZGB), (2. Aufl.) Zürich 2015.

STEINAUER PAUL-HENRI, Les droits réels, Bd. I: Introduction à l'étude des droits réels, Possession et registre foncier, Dispositions générales sur la propriété, Propriété par étages (5. Aufl.) Bern 2012.

STEINAUER PAUL-HENRI, Les droits réels, Bd. II: Propriété foncière, Propriété mobilière, Généraliés sur les droits réels limités, Servitudes foncières, (4. Aufl.) Bern 2012.

STEINAUER PAUL-HENRI, Les droits réels, Bd. III: Servitudes personnelles, Charges foncières, Droits de gage immobiliers, Droit de gages mobiliers, (4. Aufl.) Bern 2012.

STEINAUER PAUL-HENRI, Les nouvelles dispositions générales sur les cédules hypothécaires – Quesions choisies, in: Jürg Schmid (Hrsg.), Die Dienstbarkeiten und das neue Schuldbriefrecht – Einblick in die Revision des Immobiliarsachenrechts, Zürich 2012, 267 ff.

STEINAUER PAUL-HENRI, La renonciation au droit de préemption ou à l'exercice de ce droit, in: Jusletter 12. März 2007.

STEINAUER PAUL-HENRI, Les pluralités de copropriétés sur un même immeuble, in: ZBGR 79 (1998), 217 ff.

STEINAUER PAUL-HENRI, La nouvelle réglementation du droit de préemption, in: ZBGR 73 (1992), 4 ff.

STOLTZ THOMAS/EHRAT FELIX R./WIDMER MARKUS, in: Rolf Watter/Nedim Peter Vogt/Rudolf Tschäni/Daniel Daeniker (Hrsg.), Basler Kommentar, Fusionsgesetz, (2. Aufl.) Basel 2015.

STREBEL LORENZ, Der Ausgleichsanspruch des Miteigentümers gemäss Art. 649 Abs. 2 ZGB, in AJP/PJA 2010, 1113 ff.

STREBEL LORENZ/HOTZ REINHOLD, in: Schweizerischer Bauernverband Treuhand und Schätzungen (Hrsg.), Das Bäuerliche Bodenrecht, Kommentar zum Bundesgesetz über das bäuerliche Bodenrecht vom 4. Oktober 1991, (2. Aufl.) Brugg 2011.

STREBEL LORENZ/LAIM HERMANN, in: Heinrich Honsell/Nedim Peter Vogt/Thomas Geiser (Hrsg.), Basler Kommentar, Zivilgesetzbuch II (Art. 457–977 ZGB, Art. 1–61 SchlT ZGB), (5. Aufl.) Basel 2015, zu Art. 655–663, 19 SchlT.

STUCKI STEPHAN, Die Berücksichtigung unentgeltlicher Liegenschaftsabtretungen im Recht der Ergänzungsleistungen zur AHV/IV, in BN 2006, 241 ff.

STUDER BENNO, in: Schweizerischer Bauernverband Treuhand und Schätzungen (Hrsg.), Das Bäuerliche Bodenrecht, Kommentar zum Bundesgesetz über das bäuerliche Bodenrecht vom 4. Oktober 1991, (2. Aufl.) Brugg 2011.

STUDER BENNO/KOLLER PIUS, in: Daniel Abt/Thomas Weibel (Hrsg.), Praxiskommentar Erbrecht, (3. Aufl.) Basel 2015, zu Anhang BGBB.

SUTTER-SOMM THOMAS, Schweizerisches Privatrecht, Bd V/1: Eigentum und Besitz, Basel 2014.

TONELLA MATTIA, Die Löschung einer bedeutungslos gewordenen Dienstbarkeit, in: ZBGR 84 (2003), 198 ff.

TRAUFFER BERNHARD, in: Peter Ruf/Roland Pfäffli (Hrsg.), Festschrift 100 Jahre Verband bernischer Notare, Langenthal 2003, 461 ff.

VERBAND BERNISCHER NOTARE, Musterurkunden-Sammlung, Band I-V: Familienrecht, (5. Aufl.) Langenthal 1997, bis und mit Lieferung 34 vom November 2014 (zit. MUSTERURKUNDE).

VOGEL URS, in: Heinrich Honsell/Nedim Peter Vogt/Thomas Geiser (Hrsg.), Basler Kommentar, Zivilgesetzbuch I (Art. 1–456 ZGB), (5. Aufl.) Basel 2014, zu Art. 415–418, 421–425, 440–442.

VOGT HANS-UELI, Fusion und Umwandlung nach dem neuen Fusionsgesetz in: ZBGR 85. [2004], 141 ff.

VOGT NEDIM PETER, in: Heinrich Honsell et al. (Hrsg.), Basler Kommentar, Internationales Privatrecht, (2. Aufl.) Basel 2007, zu Art. 149a–e.

WAGNER PFEIFER BEATRICE, Neue Risiken bei Fusion, Spaltung und Unternehmenskauf als Folge neuer Bewilligungs- und Sicherstellungspflichten für Altlasten Grundstücke, in SZW 86 [2014], 136 ff.

WATTER ROLF, in: Heinrich Honsell/Nedim Peter Vogt/Wolfgang Wiegand (Hrsg.), Basler Kommentar, Obligationenrecht I (Art. 1–529 OR, (6. Aufl.) Basel 2015, zu Art. 32–40.

WEIBEL THOMAS, in: Daniel Abt/Thomas Weibel (Hrsg.), Praxiskommentar Erbrecht, (3. Aufl.) Basel 2015, zu Art. 602–618 (ohne Art. 613a) ZGB.

WEIBEL THOMAS/CRAMER CONRADIN, in: Frank Vischer (Hrsg.), Zürcher Kommentar zum Fusionsgesetz, (2. Aufl.) Zürich 2012.

WEIMAR PETER, Berner Kommentar, Bd. III/1/1: Die Verfügungsfähigkeit, die Verfügungsfreiheit, die Verfügungsarten, die Verfügungsformen (Art. 457–516 ZGB), (2. Aufl.) Bern 2009.

WENGER THOMAS/BLUM BERNHARD, Formvorschriften bei der Übertragung von Baurechtsdienstbarkeiten, in ZBGR 97 (2016), 153 ff.

WERMELINGER AMÉDÉO, Neues und Altes zum Baurecht, in: Jürg Schmid (Hrsg.), Die Dienstbarkeiten und das neue Schuldbriefrecht – Einblick in die Revision des Immobiliarsachenrechts, Zürich 2012, 139 ff.

WERMELINGER AMÉDÉO, Kommentar zum schweizerischen Zivilrecht, Bd. IV/1c: Das Stockwerkeigentum (Art. 712a-712t ZGB), Zürich 2010.

WERMELINGER AMÉDÉO, La propriété par étages «jumelée» : créativité admissible de la pratique ?, in: ZBGR 87 [2006], 369 ff.

WERMELINGER AMÉDÉO/STOLL HANSJÖRG, Sonderfragen bei Erwerb von Stockwerkeigentum, in: Jürg Schmid (Hrsg.), Der Grundstückkauf, Zürich 2010, 313 ff.

WIELAND CARL, Kommentar zum schweizerischen Zivilgesetzbuch, Bd. IV: Das Sachenrecht (Art. 641–977), Zürich 1909.

WOLF STEPHAN, in: Stephan Wolf (Hrsg.), Kommentar zum Notariatsrecht des Kantons Bern, Bern 2009.

WOLF STEPHAN, Erbschaftserwerb durch mehrere Erben und Erbteilungsrecht, Erbengemeinschaft, Erbteilung – Zusammenfassung, in: Jusletter 28. August 2006.

WOLF STEPHAN, Erb- und (immobiliar)sachenrechtliche Aspekte der einfachen Gesellschaft, insbesondere im Zusammenhang mit personellen Wechseln im Bestand der Gesellschafter, in: Stephan Wolf (Hrsg.), Güter- und erbrechtliche Fragen zur einfachen Gesellschaft und zum bäuerlichen Bodenrecht, Bern 2005, 47 ff.

WOLF STEPHAN, Verfügungsrecht und Grundbuchanmeldung – Betrachtungen zu Art. 963 ZGB, in: ZBGR 84 (2003), 1 ff.

WOLF STEPHAN, Subjektwechsel bei einfachen Gesellschaften, in: ZBGR 81 [2000], 1 ff.

WOLF STEPHAN, Zur Teilung von Namenschuldbriefen, in: ZBJV 133 (1997), 242 ff.

WOLF STEPHAN/EGGEL MARTIN, Berner Kommentar, Die Teilung der Erbschaft, (Art. 602–619 ZGB), Bern 2014.

WOLF STEPHAN/GENNA GIAN SANDRO, Schweizerisches Privatrecht, Bd. IV/1: Erbrecht, Basel 2012.

WOLF STEPHAN/GENNA GIAN SANDRO, Die Auswirkungen der eingetragenen Partnerschaft auf Notariat und Grundbuchführung, in: ZBGR 88 (2007), 157 ff.

WOLF STEPHAN/GENNA GIAN SANDRO, in: Thomas Geiser/Philipp Gremper (Hrsg.), Zürcher Kommentar zum Partnerschaftsgesetz, Zürich 2007, zu Art. 12–16.

WOLF STEPHAN/JORDI NADINE, Trust und schweizerisches Zivilrecht – insbesondere Ehegüter-, Erb- und Immobiliarsachenrecht, in: Stephan Wolf (Hrsg.), Der Trust – Einführung und Rechtslage in der Schweiz nach dem Inkrafttreten des Haager Trust-Übereinkommens, Bern 2008, 29 ff.

WOLF STEPHAN/KERNEN ALEXANDER, Übertragung, Verpfändung und weitere praktische Verwendungsmöglichkeiten des Register-Schuldbriefs, in: Jürg Schmid (Hrsg.), Die Dienstbarkeiten und das neue Schuldbriefrecht – Einblick in die Revision des Immobiliarsachenrechts, Zürich 2012, 363 ff.

WOLFER MARC, Zur Übertragung von Personaldienstbarkeiten: Übertragungsvorgang und Übertragungsbeschränkungen, in: AJP/PJA 2010, 37 ff.

WOLFHART F. BÜRGI/URSULA NORDMANN-ZIMMERMANN, Kommentar zum schweizerischen Zivilgesetzbuch, Bd. V 5b.3: Die Aktiengesellschaft und die Kommanditaktiengesellschaft (Art. 739–771), Zürich 1979.

WUNDER KILIAN/FLÜCKIGER ANDREAS, Motive und Tücken der Nacherbeneinsetzung, in: successio 2012, 82 ff.

WYSS ALEXANDER/KÖCHLI ROLAND, Vorkaufsrechte in Immobilientransaktionen, in: Jusletter 5. Dezember 2011.

ZÄCH ROGER/KÜNZLER ADRIAN, Berner Kommentar, Das Obligationenrecht, Die Stellvertretung (Art. 32–40 OR), (2. Aufl.) Bern 2014.

ZIHLER FLORIAN/KRÄHENBÜHL SAMUEL, Zeichnungsberechtigungen und Funktionen in der handelsregisterrechtlichen Praxis, in: REPRAX 12 [2010], 53 ff.

ZIMMERLI ULRICH, Das neue bäuerliche Bodenrecht – Die Grundzüge der Gesetzesrevision, in: ZBGR 74 [1993], 137 ff.

ZOBL DIETER, Grundbuchrecht, (2. Aufl.) Zürich 2004.

ZUCKER ARMIN/EICHENBERGER CHRISTIAN, Die Vormerkung des Mietverhältnisses im Grundbuch, in: AJP/PJA 2010, 834 ff.

Mitteilungen, Richtlinien und amtliche Weisungen

BUNDESAMT FÜR SOZIALVERSICHERUNGEN (BSV), Mitteilungen über die berufliche Vorsorge: Zusammenstellung der Hinweise, Stellungnahmen des BSV und der Rechtsprechung zur Wohneigentumsförderung (WEF), Stand am 12. November 2015; www.bsv.admin.ch/vollzug/storage/documents/3762/3762_1_de.pdf (zuletzt besucht am 11.5.2016; zit. Mitteilungen 2015).

BUNDESAMT FÜR JUSTIZ, AMT FÜR GRUNDBUCH UND BODENRECHT, Mitteilungen des Eidgenössischen Amtes für Grundbuch und Bodenrecht anlässlich der Tagung des Verbands Schweizerischer Grundbuchverwalter vom 10. September 2015 in Luzern, in ZBGR 96. (2015), 434 ff.

BUNDESAMT FÜR JUSTIZ, AMT FÜR GRUNDBUCH UND BODENRECHT, Wegleitung zur grundbuchlichen Behandlung von Trustgeschäften vom 28. Juni 2007, in: ZBGR 88 (2007), 377 ff.

BUNDESAMT FÜR JUSTIZ, AMT FÜR GRUNDBUCH UND BODENRECHT, GBV – Verordnung betreffend das Grundbuch, Erläuterungen zu den Artikeln 18a u.a., Bern 2005 (zit. Erläuterungen GBV 2005).

BUNDESAMT FÜR JUSTIZ, AMT FÜR GRUNDBUCH UND BODENRECHT, Ausländische Erbfolgezeugnisse als Ausweis für Eintragungen im schweizerischen Grundbuch Bern 2001, www.bj.admin.ch/dam/data/bj/wirtschaft/grundbuch/erbfolgezeugnisse-d.pdf (zuletzt besucht am 11.3.2016; zit. Erbfolgezeugnisse 2001).

BUNDESAMT FÜR JUSTIZ, AMT FÜR GRUNDBUCH UND BODENRECHT, Wohneigentumsförderung mit Mitteln der beruflichen Vorsorge – Ergänzende Richtlinie zur Weisung für die Grundbuchämter betreffend Anmerkung bzw. Löschung einer Veräusserungsbeschränkung, Bern 1995 (zit. Richtlinie 1995).

BUNDESAMT FÜR JUSTIZ, AMT FÜR GRUNDBUCH UND BODENRECHT, Wegleitung für die Grundbuchämter zum Bundesgesetz über das bäuerliche Bodenrecht und zur Teilrevision des Zivilgesetzbuches und des Obligationenrechts (Immobiliarsachenrecht, Grundstückkauf) vom Februar 1994, in: ZBGR 75 [1994], 377 ff.

BUNDESAMT FÜR JUSTIZ, AMT FÜR GRUNDBUCH UND BODENRECHT, Wohneigentumsförderung mit Mitteln der beruflichen Vorsorge – Weisung für die Grundbuchämter betreffend Anmerkung bzw. Löschung einer Veräusserungsbeschränkung, Bern 1994 (zit. Weisung 1994).

BUNDESAMT FÜR JUSTIZ, AMT FÜR GRUNDBUCH UND BODENRECHT, Erwerb von Grundstücken durch Personen im Ausland, Merkblatt, Bern 1. Juli 2009 (zit. Merkblatt 2009).

Mitteilungen, Richtlinien und amtliche Weisungen

Bundesamt für Justiz, Amt für Grundbuch und Bodenrecht, Erwerb von Grundstücken durch Personen im Ausland, Wegleitung für die Grundbuchämter, Bern 1. Juli 2009 (zit. Wegleitung 2009).

Eidgenössisches Grundbuchamt, Rechtliche Behandlung des Grundwassers und Rechtsstellung des Grundeigentümers insbesondere im Kanton Appenzell Innerrohden, in: ZBGR 58 (1977), 65 ff.

Justizdirektion des Kantons Bern, Handbuch der Justizdirektion des Kantons Bern für die praktizierenden Notare sowie die Grundbuchverwalter des Kantons Bern betreffend den Verkehr mit dem Grundbuchamt und die Grundbuchführung, Bern 1982 (zit. Handbuch 1982).

Justiz-, Gemeinde- und Kirchendirektion des Kantons Bern, Handbuch für den Verkehr mit den Grundbuchämtern und die Grundbuchführung, Stand am 14.3.2016 (zit. Handbuch 2016).

Justiz-, Gemeinde- und Kirchendirektion des Kantons Bern, Handbuch für den Verkehr mit den Grundbuchämtern und die Grundbuchführung, Stand am 23.11.2015 (zit. Handbuch 2015).

Erster Teil:
Rechtliche Grundlagen

Erstes Kapitel: Einschlägige Gesetze und Verordnungen

§ 1   Erlasse des Bundes und der Kantone

Grundstücksgeschäfte sind durch Erlasse sowohl des Bundes als auch des kantonalen Rechts geregelt.

Die *bundesrechtlichen* Erlasse sind das Schweizerische Zivilgesetzbuch (SR 210, ZGB) und das Obligationenrecht (SR 220, OR), ferner die Grundbuchverordnung (SR 211.432.1, GBV). Im ZGB sind es die Art. 641–875, die die Rechte an Grundstücken regeln, Art. 942–977 betreffend das Grundbuch und Art. 55 ff. des Schlusstitels zum ZGB, wo einige Bestimmungen über die öffentliche Beurkundung stehen. Im OR sind es die Art. 216–221, die die vertraglichen Aspekte des Grundstückkaufs und der kaufrechtlichen Optionen regeln.

Die Grundbuchverordnung konkretisiert die Bestimmungen des ZGB über das Grundbuch.

Daneben gibt es auch in anderen Erlassen manche Bestimmungen, die für die Grundstücksgeschäfte Bedeutung haben. Es sind dies insbesondere das Bundesgesetz über den Erwerb von Grundstücken durch Personen im Ausland (SR 211.412.41, BewG), das Bundesgesetz über das bäuerliche Bodenrecht (SR 211.412.11, BGBB), das Bundesgesetz über Fusion, Spaltung, Umwandlung und Vermögensübertragung (SR 221.301, FusG), das Bundesgesetz über Schuldbetreibung und Konkurs (SR 281.1, SchKG) und andere mehr.

Das im vorliegenden Zusammenhang interessierende *kantonale* Recht umfasst in den meisten Kantonen gewisse Bestimmungen im jeweiligen *Einführungsgesetz zum ZGB,* ferner ein *Notariatsgesetz* mit dazugehörigen Nebenerlassen (Notariatsverordnungen, Verordnungen über den Notariatstarif u.a.). Diese Erlasse regeln das Beurkundungsverfahren und weitere Pflichten der Urkundspersonen. Aus diesen Erlassen ergibt sich unter anderem, wie ein Grundstücksgeschäft im betreffenden Kanton beurkundet werden muss.

Sodann gibt es kantonale Verordnungen über das Grundbuch.

Die Aufteilung der Regelungskompetenzen zwischen Bund und Kantonen ergibt sich aus der Bundesverfassung und aus dem ZGB (Art. 6 ZGB). Das *Privatrecht* ist im Wesentlichen Sache des Bundes (Art. 122 BV). Dazu gehören etwa die Definition des Grundeigentums, der Pfandrechte und Dienstbarkeiten und das Vertragsrecht, z.B. über Kaufverträge an Grundstücken.

8   Gemäss Art. 55 des Schlusstitels zum ZGB fällt aber die Regelung des Beurkundungs*verfahrens* in die kantonale Gesetzgebungskompetenz. Die Regelung des Notariatswesens und die Frage, wie ein Grundstücksgeschäft notariell beurkundet wird, sind also in kantonalen Erlassen geregelt.

§ 2   Unterscheidung von Privatrecht und öffentlichem Recht

9   Der hiervor verwendete Begriff des Privatrechts gibt Anlass, den Begriff des Privatrechts und dessen Unterschied zum öffentlichen Recht zu erläutern.

10   Unter *Privatrecht* versteht man jene Teile der Rechtsordnung, die die Rechtsbeziehungen zwischen gleichgeordneten Personen regeln. Dazu gehören die Regeln über den Abschluss von Verträgen, über Ehe, Ehescheidung, Erbgang, Eigentum, Pfandrechte, Dienstbarkeiten, Vereine, Stiftungen, Aktiengesellschaften – und anderes. Statt von Privatrecht redet man ebenso häufig von *Zivilrecht*; die beiden Wörter meinen das Gleiche.

11   Unter *öffentlichem Recht* versteht man jene Teile der Rechtsordnung, die die Organisation des Staates und die Rechtsbeziehungen zwischen Staat und Bürgern regeln. Dazu gehören Polizei, Militär, Strassenbau, öffentliche Schulen, Steuern – und anderes.

12   Privatrecht und öffentliches Recht sind sodann durch *unterschiedliche Grundprinzipien* geprägt.

13   Im *Privatrecht* gilt das Prinzip der *Vertragsfreiheit und der Gestaltungsfreiheit*: Privatpersonen können ihre Rechtsbeziehungen nach ihrem willkürlichen Belieben gestalten. Sie können Verträge mit (fast) beliebigen Inhalten abschliessen oder es bleiben lassen. Sie können heiraten oder unverheiratet bleiben. Der Staat zwingt sie nicht zum einen und verbietet ihnen nicht das andere. Ein privater Händler kann die gleichen Artikel an verschiedene Kunden zu verschiedenen Preisen abgeben. Er darf sich bei seinem rechtlichen Handeln von seinem persönlichen Geschmack, von Sympathie und Antipathie leiten lassen und braucht nicht sachlich zu begründen, weshalb er einen Vertrag mit dieser und nicht mit jener Person abschliesst. Private dürfen in ihrem privatrechtlichen Handeln ganz unsachlich zu Werke gehen.

14   Von dieser Gestaltungsfreiheit gibt es allerdings einige *Ausnahmen*. Die drei wichtigsten sind die folgenden:

§ 2 Unterscheidung von Privatrecht und öffentlichem Recht

Erstens sind Verträge nichtig, wenn sie einen *widerrechtlichen* oder *unsittlichen* Inhalt haben (Art. 20 OR) oder wenn sie auf eine *übermässige Bindung* einer Partei hinauslaufen (Art. 27 Abs. 2 ZGB). Zur ersten Kategorie gehört der illegale Kauf von Drogen, zur zweiten ein auf alle Zeit unkündbar abgeschlossener Gesellschaftsvertrag. 15

Zweitens ist der *Verzicht auf Haftungsansprüche* nichtig gegenüber jemandem, der einen Vertrag grobfahrlässig oder absichtlich verletzt hat (Art. 100 OR). Aus diesem Grund pflegt man in Grundstückkaufverträgen etwa zu schreiben, der Käufer verzichte auf Gewährleistungsansprüche gegenüber der Verkäuferin, «*soweit dieser Verzicht rechtlich zulässig ist*». Mit dem genannten Vorbehalt ist die Schranke von Art. 100 OR gemeint. 16

Drittens beschränken ZGB und OR die privatrechtliche Gestaltungsfreiheit zuweilen durch die Vorgabe gesetzlich normierter «Typen». Die *Typengebundenheit* besteht beispielsweise bei den ehelichen Güterständen, wo nur zwischen Errungenschaftsbeteiligung, Gütergemeinschaft und Gütertrennung gewählt werden kann. Desgleichen gibt das ZGB die Arten der Grundpfandrechte – Grundpfandverschreibung und Schuldbrief – vor und lässt die Vereinbarung anderer Modelle nicht zu. Wer sodann seine Ziele mittels einer juristischen Person erreichen will, muss einen gesetzlich vorgegebenen Gesellschaftstyp wählen (z.B. Verein, Aktiengesellschaft, Genossenschaft etc.) und kann nicht eine Gesellschaftsform frei erfinden. 17

Im *öffentlichen Recht* gibt es kein freies Belieben. Alles staatliche Handeln bedarf direkt oder indirekt einer *gesetzlichen Grundlage* und einer *sachlichen Begründung*. Die Organe des Staates (einschliesslich der gesetzgebenden Behörden auf Ebene des Bundes und der Kantone) dürfen sich nicht willkürlich verhalten. Dieses *Willkürverbot* ist in Art. 9 der Bundesverfassung verankert und bedeutet, dass alles staatliche Handeln durch sachliche Gründe geboten sein muss. Art. 8 der Bundesverfassung postuliert sodann die *Rechtsgleichheit,* was bedeutet, dass die gesetzgebenden Behörden und die Exekutivbehörden *was gleich ist, rechtlich gleich behandeln* müssen, *was ungleich ist, entsprechend ungleich*. Die Anwendung dieses Prinzips ist insofern zuweilen schwierig, als man geteilter Meinung sein kann über die Frage, welche Gleichheiten und Ungleichheiten in einem bestimmten Zusammenhang wichtig sind. So ist die Ungleichheit der Geschlechter nach heutiger schweizerischer Auffassung belanglos bei der Regelung der Zulassung zu einem Universitätsstudium, aber bedeutsam bei der Regelung der Militärdienstpflicht. 18

19 Ein weiteres Grundprinzip des öffentlichen Rechts ist das *Verhältnismässigkeitsprinzip*. Es besagt, dass jede von der Verwaltung angeordnete Massnahme *das richtige Mittel zur Verwirklichung des im öffentlichen Interesse liegenden Zieles sein muss*. Die Massnahme muss zur Erreichung des Zwecks *geeignet* sein, sie muss dem Zweck *angemessen sein.* Die Verwaltung darf nicht mit Kanonen auf Spatzen schiessen, auch wenn sie den Auftrag hat, die Spatzen zu verscheuchen.

Zweites Kapitel: Sachenrechtliche Grundbegriffe

§ 3   Begriff der Sache

I.   Sachbegriff des ZGB

In der Umgangssprache heisst das Wort «Sache» so viel wie «Ding» oder «Angelegenheit». Im *Sachenrecht* und insbesondere im Zusammenhang mit den Grundstücksgeschäften meint das Wort «Sache» alle Gegenstände, die im Privateigentum stehen oder stehen können (ARTHUR MEIER-HAYOZ [BK 1981], Syst. Teil N 115). 20

Zu den *Sachen im Rechtssinne* gehört ein grosser Teil der körperlichen Dinge, die den Menschen umgeben: Liegenschaften, Kleider, Möbel, Bücher, Fahrzeuge und anderes. 21

Keine Sachen im Rechtssinne sind Objekte ausserhalb individueller menschlicher Beherrschbarkeit, so etwa Sonne, Mond und Sterne, die Luft über der Erdoberfläche und die unzugänglichen Bereiche des Erdinnern, ferner Menschen und Tiere, wobei Tiere rechtlich aber weitgehend den Sachen gleichgestellt werden (vgl. Art. 641a ZGB). 22

Wenn der Sachenrechtler sagt, Menschen, Sonne, Mond, fliessendes Wasser und Elektrizität seien keine Sachen, dann will er nur ausdrücken, dass es an diesen Dingen kein Eigentum geben kann (ARTHUR MEIER-HAYOZ [BK 1981], Syst. Teil N 125 ff.). Im Übrigen wird über das Wesen dieser Dinge nichts ausgesagt. Wo im Folgenden das Wort «Sache» verwendet wird, geschieht es im engen, sachenrechtlichen Sinn. 23

II.   Ordnungsfunktion des sachenrechtlichen Sachbegriffs

Das Sachenrecht des ZGB regelt die rechtliche Zuordnung von Sachen zu Personen im Sinne von einzelnen Berechtigten, insbesondere als Eigentümer, als Dienstbarkeitsberechtigte und als Grundpfandgläubiger. 24

Hauptzweck des sachenrechtlichen Begriffs der Sache ist es, zur sozialen Ordnung beizutragen und Konflikte zu vermeiden. 25

Es ist ein Gebot sozialer Ordnung, dass sich das Eigentum wie auch die beschränkten dinglichen Rechte (vgl. zur Begrifflichkeit N 131 ff.) immer auf *eine ganze Sache* beziehen (ARTHUR MEIER-HAYOZ [BK 1981], Art. 642 N 3 ff.). Wer Eigentümer eines Autos ist, muss aus Gründen der sozialen Ord- 26 nung Eigentümer des *ganzen* Autos sein. Wäre A der Eigentümer des Motors, B Eigentümer des Rests, so wären Konflikte bei der Ausübung des Eigentums unvermeidlich. Also gilt das Auto aus der Sicht des Sachenrechtlers als *eine einzige* Sache. Aus dem gleichen Grund erlaubt die Rechtsordnung nicht, dass man eine halbe Sache veräussert; will jemand den Motor seines Autos verkaufen, dann muss er diesen zuerst ausbauen, d.h. aus der ganzen Sache «Auto» zwei neue ganze Sachen – «Motor» und «Auto ohne Motor» – machen. Alsdann kann er jede dieser neuen Sachen separat veräussern.

27 Das Gleiche gilt bei den Grundstücken. Jedes Grundstück gilt als *eine einzige ganze Sache*. Wer also einen Teil seines Grundstücks verkaufen will, muss zuerst das Grundstück in zwei neue, kleinere Grundstücke aufteilen. Dann erst kann er über jede dieser neuen Sachen separat verfügen (ROBERT HAAB [ZK 1977], Art. 655 N 3).

28 Das Gesagte wird zusammengefasst in die Regel: *Das Eigentum bezieht sich auf eine einzige, ganze Sache.* Wem zwei Grundstücke gehören, der hat zwei Eigentumsrechte.

29 Im Gegensatz zu dieser sachenrechtlichen Regel können sich *Verträge* gleichzeitig auf mehrere Sachen oder auf Teile von Sachen beziehen. So kann man im gleichen Kaufvertrag mehrere Grundstücke, d.h. mehrere Eigentumsrechte an ganzen Sachen, kaufen. Man kann auch einen Kaufvertrag über die Teilfläche eines Grundstücks abschliessen; der Vertrag ist dann so zu erfüllen, dass der Verkäufer in einem ersten Schritt das Grundstück in zwei neue Grundstücke unterteilt und im zweiten Schritt den vom Vertrag erfassten Teil an den Käufer übereignet.

III. Bewegliche und unbewegliche Sachen
A. Grundsatz

30 Die dem Sachenrecht unterstehenden Sachen werden unterteilt in bewegliche und unbewegliche Sachen.

B. Bewegliche Sachen

31 Bewegliche Sachen sind feste, kohärente (in sich zusammenhängende) körperliche Gegenstände. Mit *beweglich* ist gemeint, dass diese Gegenstände nicht fest mit dem Erdboden verbunden sind (ARTHUR MEIER-HAYOZ [BK 1981], Syst. Teil N 173).

Jeder Tennisball, jedes Buch und jede Armbanduhr ist *eine* körperliche Sache. 32
Zwei Bücher sind auch dann *zwei* Sachen, wenn sie als erster und zweiter Band
eines Romans inhaltlich zusammengehören.

Solange Wasser ohne körperliche Abgrenzung frei in einem Fluss oder See 33
fliesst, ist es nicht Sache im Rechtssinn. Flüssigkeiten, Gase, Getreide, Sand und
Kies (sogenannte Mengensachen) werden zu körperlichen Sachen, indem sie in
Behältnisse gefasst und dadurch körperlich kohärent gemacht und gegenüber
andern Sachen abgegrenzt werden (ARTHUR MEIER-HAYOZ [BK 1981], Syst.
Teil N 120 ff.). Einzelne Kieselsteine und Sandkörner können als Sachen qualifiziert werden; meist unterbleibt dies aber, weil es sich um wertlose Gegenstände handelt, bei denen kein Interesse besteht, sie einzeln bestimmten Personen zuzuordnen oder rechtlich darüber zu verfügen.

Mangels Körperlichkeit sind Elektrizität, Computerprogramme, Dateien, 34
Patente und Erfindungen keine Sachen.

C. Unbewegliche Sachen

1. Grundstücke als unbewegliche Sachen

Unbewegliche Sachen sind die Grundstücke im Sinne von Liegenschaften, d.h. 35
definierte Teilflächen der Erdoberfläche (PETER LIVER [SPR 1977], 123; zur
unglücklichen Terminologie des ZGB vgl. N 56 ff.).

Die *Rechte an Liegenschaften* beziehen sich jedoch nicht nur auf die geomet- 36
rische Form, welche die Liegenschaft auf der *Erdoberfläche* hat, sondern auf
einen dreidimensionalen, in den Luftraum hinauf- und ins Erdinnere hinabreichenden *Raum*, wobei der Herrschaftsraum der berechtigten Personen allerdings nach unten und nach oben beschränkt ist (ROBERT HAAB [ZK 1977],
Art. 655 N 2).

2. Horizontale Ausdehnung der Liegenschaften

Die Liegenschaften erhalten ihre rechtliche Identität zum einen durch die 37
Bezeichnung der Grenzen an Ort und Stelle *(Vermarchung)* und zum andern
durch ihre aus der Vogelschau kartografierte *Flächen-Form* und den *Ort,* an
dem sie sich befinden (*Plan für das Grundbuch* oder – gleichbedeutend –
Grundstückspläne oder *Vermessungspläne;* vgl. N 481 f.). Sofern die Vermessungspläne mit den im Rahmen der Vermarchung gesetzten Grenzzeichen
nicht übereinstimmen, stellt das Gesetz in Art. 668 Abs. 2 ZGB eine widerlegbare Vermutung für die Richtigkeit der Vermessungspläne und die Unrichtig-

keit der Vermarchung auf (ARTHUR MEIER-HAYOZ [BK 1974], Art. 668 N 1 ff.; ROBERT HAAB [ZK 1977], Art. 668/669 N 1 ff.).

38　Die in den Vermessungsplänen und im Grundbuch angegebenen Liegenschaftsflächen (Anzahl von Quadratmetern) beziehen sich immer auf die Vogelschau von senkrecht oben. Steile Abhänge haben also im Grundbuch eine kleinere Fläche, als was die Eigentümerin errechnet, wenn sie mit dem Metermass im Gelände den Boden abmisst. Eine exakt vertikale Felswand von 100 Metern Höhe und ebensolcher Breite hätte von der Seite gesehen die Fläche von 10 000, jedoch die grundbuchliche Fläche von 0 (null) Quadratmetern.

3. Vertikale Ausdehnung der Liegenschaften

39　Nach unten und oben bestimmt sich die räumliche Ausdehnung der Liegenschaften nicht eindeutig, etwa nach einer bestimmten Anzahl von Metern oder einer Tonnage von Erdreich. Vielmehr bestimmt sich die vertikale Ausdehnung nach den konkreten privaten und öffentlichen Schutz- und Freihalteinteressen im Einzelfall. In Art. 667 ZGB wird dies mit folgenden Worten gesagt: *«Das Eigentum an Grund und Boden erstreckt sich nach oben und unten auf den Luftraum und das Erdreich, soweit für die Ausübung des Eigentums ein Interesse besteht. Es umfasst unter Vorbehalt der gesetzlichen Schranken alle Bauten und Pflanzen sowie die Quellen.»*

40　Hierbei ist unter den gesetzlichen Schranken in erster Linie die öffentliche Hoheit über die Bodenschätze und über das Grundwasser zu verstehen (vgl. N 54).

41　Denkt man sich die einzelne Liegenschaft also als ein vertikal von der Erdoberfläche nach oben und unten ausgedehntes, virtuelles Behältnis, so hat dieses Behältnis, bildhaft gesprochen, keinen klar definierten Boden und Deckel.

42　Auch die zur Liegenschaft gehörende Materie, d.h. das Erdreich, die darauf befindlichen Pflanzen und Gebäude, gehören nicht zur Identität der Liegenschaft. Vielmehr ist diese Materie austauschbar. Eine Liegenschaft behält ihre unveränderte rechtliche Identität, nämlich ihre Flächen-Form und Belegenheit, auch wenn das Erdreich bis tief in den Boden hinab ausgehoben, abtransportiert und durch anderes Erdreich ersetzt wird oder wenn Gebäude abgebrochen und neu aufgebaut werden. (Bei beweglichen Sachen wie Tennisbällen und Büchern wäre ein solcher Austausch der Materie nicht denkbar, ohne dass die Sache ihre Identität verliert.)

Der vom privaten Grundeigentum erfasste Raum bemisst sich nach oben und unten gemäss dem *schutzwürdigen Interesse der Eigentümerin*. Dieses Interesse kann ein Nutzungsinteresse oder ein Abwehrinteresse sein (ARTHUR MEIER-HAYOZ [BK 1974], Art. 667 N 7 ff.; ROBERT HAAB [ZK 1977], Art. 667 N 4 f.; PASCAL SIMONIUS/THOMAS SUTTER [Bd. I 1995], § 5 N 23 ff.). 43

Nach oben (bezüglich des Luftraums) besteht ein schutzwürdiges Abwehrinteresse bezüglich aller physischen Installationen (Brücken, Seilbahnen, Stromleitungen), die über den Boden der Grundeigentümerin gelegt werden sollen und von denen bei Unfällen gemäss der vertikalen Wirkung der Schwerkraft das Herunterfallen von Gegenständen auf die Liegenschaft der Grundeigentümerin und damit eine besondere Gefahr für die Grundeigentümerin zu befürchten ist. 44

Eine allfällige Duldungspflicht der Eigentümerin bezüglich *oberirdischer Leitungen* ist in Art. 691 ZGB und gegebenenfalls im kantonalen öffentlichen Recht (z.B. im kantonalen Enteignungsgesetz) geregelt (ARTHUR MEIER-HAYOZ [BK 1974], Art. 667 N 23). 45

Bezüglich *Seilbahnen* hat das Bundesgericht in einem älteren Entscheid (BGE 71 II 83, E. 4) das Abwehrinteresse bejaht, wenn die Bahn in geringer Höhe (weniger als 40 Meter) über die Liegenschaft geführt wird, gleichzeitig aber die Möglichkeit angetönt, dass die Seilbahnunternehmung einen Anspruch gemäss Art. 694 ZGB (Notweg) geltend machen kann. Der Entscheid bedeutet, dass die Grundeigentümerin meist keinen Abwehranspruch hat gegenüber Seilbahnen, die höher als 40 Meter über ihre Liegenschaft geführt werden. Wo die Seilbahn niedriger als 10 Meter über Grund daherkommt, hat die Eigentümerin keine Duldungspflicht (ARTHUR MEIER-HAYOZ [BK 1974], Art. 667 N 27). Entweder kauft ihr die Seilbahnunternehmung in diesem Falle den Boden oder eine Dienstbarkeit ab, oder sie enteignet den Boden (sofern sie das Enteignungsrecht hat) – oder sie verzichtet auf die Errichtung ihrer Anlagen. 46

Auch gegenüber *Flugzeugen,* welche die Liegenschaft in geringer Höhe überfliegen, hat eine Grundeigentümerin einen privatrechtlichen Abwehranspruch (BGE 134 II 49, E. 5; BGE 129 II 72, E. 2.3). Demgegenüber besteht kein solches Abwehrrecht, wenn der Überflug in grösserer Höhe stattfindet (PAUL-HENRI STEINAUER [Bd. II 2012], N 1619 ff.). 47

Nach unten hat die Grundeigentümerin ein schutzwürdiges Abwehrinteresse gegen fremde Installationen, insbesondere den Bau von *Tunnels,* sofern der Bau die Nutzung der Erdoberfläche beeinträchtigt, die bauliche Nutzung erschwert oder bestehende Bauten gefährdet (Einsturz- oder Rutschgefahr). 48

Für die Anlage von Tunnels nahe der Oberfläche muss der Tunnelbauer demgemäss das Enteignungsrecht in Anspruch nehmen und auf dem Enteignungsweg eine Dienstbarkeit oder das Grundeigentum insgesamt erwerben (vgl. hierzu BGE 122 II 246).

49 Für unterirdische *Durchleitungen* können sich Duldungspflichten analog zu den oberirdischen Leitungen (N 45) ergeben.

50 Auch das schutzwürdige *Nutzungsinteresse* reicht nicht in unbeschränkte Tiefen. Den Kantonen steht es frei, den Grundeigentümerinnen die Anlegung unterirdischer Stollen und Kavernen in grosser Tiefe zu verbieten oder unter eine besondere Nutzungs-Bewilligungspflicht (zusätzlich zur Baubewilligungspflicht) zu stellen (vgl. hierzu BGE 119 Ia 390, E. 5c).

51 Zusammenfassend lässt sich formulieren: Der Raum vertikal über und unter der Erdoberfläche, innerhalb dessen das private Grundeigentum der Berechtigten die Verbots- und die ausschliessliche Nutzungsbefugnis gewährt, ist im schweizerischen Recht relativ knapp bemessen – nach oben etwa 40 Meter in Bezug auf Seilbahnen, wohl unbeschränkt in Bezug auf Brücken (welche aber meist nicht die Höhen von Seilbahnkabeln erreichen), nach unten nur gerade so tief, wie dies für die Fundierung von Gebäuden und für die Ausbeutung der nicht dem kantonalen Bergregal unterstehenden Materialien (Sand, Kies, Grundwasser) von Interesse sein kann. Höher hinauf und tiefer hinunter greift Art. 641 Abs. 2 ZGB nicht, sondern nur noch allenfalls der Immissionsschutz gemäss Art. 679 und 684 ZGB. Das Erdreich und der Raum in der Tiefe der Erde, welcher unterhalb des Wirkungsbereichs von Art. 641 Abs. 2 ZGB liegt, ist öffentliche Sache im Sinne von Art. 664 ZGB und steht unter der Hoheit des Kantons, *nicht im Privateigentum der Eigentümerin der Erdoberfläche*.

52 Die vertikal unter der Liegenschaftsoberfläche vorhandenen *Grundwasservorkommen* liegen immer dann im Nutzungsbereich der privaten Grundeigentümerin, wenn es sich *nicht um grosse Grundwasserströme* handelt (BGE 122 III 49, E. 2a m.w.H.).

53 Die kleineren, privat nutzbaren Wasservorkommen dürfen ohne Weiteres durch Grabung (Bau von Brunnen) angezapft werden, ohne dass hierfür eine kantonale Wassernutzungskonzession erforderlich wäre. Demgegenüber gelten die grossen Grundwasserströme als öffentliche Gewässer und stehen unter kantonaler Hoheit. Ihre private Nutzung ist konzessionspflichtig. Die Kantone sind befugt, durch ihr öffentliches Recht zu bestimmen, welche Grundwasservorkommen als öffentliche Gewässer gelten (EIDG. GRUNDBUCHAMT [ZBGR

1977], 65 ff.; PASCAL SIMONIUS/THOMAS SUTTER [Bd. I 1995], § 5 N 54, PAUL-HENRI STEINAUER [Bd. II 2012], N 1682 ff.).

Gemäss Art. 98 Abs. 4 der Bundesverfassung steht den Kantonen das sogenannte *Bergregal* zu. Dieses Hoheitsrecht erlaubt den Kantonen, den Bergbau auf ihrem Hoheitsgebiet staatlich zu monopolisieren und sich die Ausbeutung der dem Bergregal unterstehenden Bodenschätze selber vorzubehalten oder durch Konzession an Private zu verleihen. Zu diesen Bodenschätzen gehören die metallischen Erze, Steinkohle, Erdöl, Salz, nicht aber Gestein (Kalk, Granit, Schiefer, Kies und Sand). Die Ausbeutung von Gestein, Kies und Sand steht der Grundeigentümerin unmittelbar gemäss Art. 641 ZGB zu. 54

Derartige Bergbau-Konzessionen zur Ausbeutung von Bodenschätzen fallen gemäss Art. 655 Abs. 2 Ziff. 3 ZGB unter den bundesrechtlichen Begriff des Grundstücks, sind also grundbuchlich eintragungsfähig und privatrechtlich übertragbar. Die Bestimmung von Art. 655 Abs. 2 Ziff. 3 ZGB soll bis heute aber nie zur Anwendung gelangt sein (vgl. PASCAL SIMONIUS/THOMAS SUTTER [Bd. I 1995], § 4 N 8), sodass die rechtlich als Grundstücke ausgestalteten Bergbaukonzessionen ihr Dasein ausschliesslich in den Kommentaren und Lehrbüchern fristen. 55

4. Terminologie des ZGB

Der Begriff der *unbeweglichen Sache* findet sich im Sachenrecht des Zivilgesetzbuches nirgends (siehe jedoch im Obligationenrecht Art. 257f und 259a OR), dies im Gegensatz zum Begriff der *beweglichen Sache* (vgl. Art. 713 ff. ZGB). 56

Das ZGB bezeichnet die vom Grundbuch erfassten Sachen vielmehr als *Grundstücke,* ausnahmsweise als *Liegenschaften.* 57

In Art. 655 Abs. 2 ZGB wird der Begriff des Grundstücks allerdings mehrdeutig definiert. Art. 655 Abs. 2 ZGB lautet: 58

Grundstücke im Sinne dieses Gesetzes sind: 1. die Liegenschaften; 2. die in das Grundbuch aufgenommenen selbständigen und dauernden Rechte; 3. die Bergwerke; 4. die Miteigentumsanteile an Grundstücken.

Nach dem Willen des Gesetzgebers soll der Begriff des Grundstücks sowohl die *Liegenschaften* als auch die *Bergwerke* und gewisse *Rechte an Liegenschaften* umfassen. Die gleichzeitige Verwendung des Wortes *Grundstück* als Oberbegriff für mehrere Kategorien von Dingen (Liegenschaften, Bergwerke, Rechte an Liegenschaften) und als Unterbegriff (Grundstück = Liegenschaft) ist missverständlich. Im Grunde genommen sind nur die Liegenschaften unbewegliche 59

Sachen und damit Gegenstand des Grundeigentums. Die anderen in Art. 655 Abs. 2 ZGB genannten Rechtsobjekte sind nicht eigentlich Grundstücke, sondern blosse Rechte, die den Grundstücken im Rechtsverkehr gleichgestellt werden (BGE 118 II 115, E. 2; THOMAS SUTTER-SOMM [SPR 2014], N 442; PETER LIVER [SPR 1977], 123; ARTHUR MEIER-HAYOZ [BK 1974], Art. 655 N 5).

60 In der vorliegenden Arbeit wird der Begriff des Grundstücks meist im Sinne des Oberbegriffs gebraucht. Für die geografisch bestimmten Teile der Erdoberfläche wird im Sinne von Art. 2 lit. a GBV der Begriff der Liegenschaft verwendet.

D. Bestandteile und Zugehör

61 Nicht alle Dinge sind in ihrer physischen Substanz so kompakt und eindeutig definiert wie ein Tennisball oder ein Stück Wiesland. Für die rechtliche Zuordnung stellt sich dann die Frage, ob alle Teile eines physischen Dings der Eigentümerin dieses Dings gehören, oder ob es Teile gibt, die einer anderen Person zu Eigentum gehören.

62 Das Zivilgesetzbuch versucht diese Frage mit den beiden Begriffen *Bestandteil* und *Zugehör* zu beantworten.

63 Vereinfacht gesagt heissen *Bestandteile* (Art. 642 Abs. 2 und Art. 643 ZGB) jene Teile, die mit der Hauptsache physisch fest verbunden sind und nicht ohne Beschädigung der Hauptsache abgetrennt werden können. Rechtlich gilt: Die Eigentümerin der Hauptsache ist immer auch Eigentümerin ihrer Bestandteile (ARTHUR MEIER-HAYOZ [BK 1981], Art. 642 N 1 ff.; PASCAL SIMONIUS/THOMAS SUTTER [Bd. I 1995], § 5 N 25 ff.).

64 *Zugehör* (Art. 644 f. ZGB) heissen jene Teile, die mit der Hauptsache nicht physisch verbunden sind, aber funktionell oder nach Ortsgebrauch zur Hauptsache gehören. Rechtlich gilt: Die Zugehör gehört der Eigentümerin der Hauptsache, sofern nichts anderes nachgewiesen werden kann (ARTHUR MEIER-HAYOZ [BK 1981], Art. 644/65 N 8; PASCAL SIMONIUS/THOMAS SUTTER [Bd. I 1995], § 5 N 61 ff.).

65 Die Begriffe der Sache sowie von Bestandteil und Zugehör lassen sich an folgendem Beispiel erläutern: Ein Mobiltelefon ist eine einzige Sache. Die Einzelteile, aus denen es zusammengesetzt ist, sind *Bestandteile*, sofern sie nicht demontiert werden können, ohne dass das Gerät dadurch zerstört oder funktionsunfähig wird. Einzelteile, die mit dem Mobiltelefon nicht fest verbunden

sind, wie beispielsweise dessen Hülle oder die Kopfhörer, heissen *Zugehör*. In diesem Sinne ist eine Pfanne und ihr Deckel Hauptsache und Zugehör.

Dies gilt auch für Liegenschaften. Bei einer mit einem Wohnhaus überbauten Liegenschaft sind also Boden und Mauern die Hauptsache, Türen und Heizkörper Bestandteile, die Schlüssel Zugehör; Möbel, Bilder und Gartengeräte sind weder Bestandteile noch Zugehör.

IV. Anwendungsbereich des Sachenrechts auf private und öffentliche Bodenflächen und Gewässer

Wenn hiervor (N 35 ff.) allgemein gesagt wurde, die Erdoberfläche zähle zu den unbeweglichen Sachen, so bedarf dies einer Präzisierung, denn das ZGB stellt nicht den gesamten Erdboden unter die sachenrechtliche Privatrechtsordnung. Vielmehr gilt Folgendes:

Das Sachenrecht des ZGB unterscheidet zwischen zwei Kategorien, nämlich zwischen dem *kultivierbaren Boden* und dem *nicht kultivierbaren Boden*. Die erste Kategorie umfasst allen Boden, der land- und forstwirtschaftlich nutzbar oder für Wohn- und gewerbliche Zwecke brauchbar ist, also die Bodenflächen des schweizerischen Unterlandes sowie der Weiden und Wälder bis hin zum Berggebiet. Die zweite Kategorie wird in Art. 664 Abs. 2 ZGB umschrieben als das *der Kultur nicht fähige Land, wie Felsen und Schutthalden, Firnen und Gletscher*.

Die zweite Kategorie, d.h. der nicht kultivierbare Boden, heisst in der gesetzlichen Terminologie *herrenloses Land* und wird durch Art. 664 ZGB von der privatrechtlichen Eigentumsordnung ausgeschlossen (vorbehältlich gewisser Ausnahmen). Die erste Kategorie – der kultivierbare Boden – kann Gegenstand des Privateigentums sein.

Der Begriff des herrenlosen Landes umfasst ausnahmsweise auch kultivierbares Land, nämlich Grundstücke, die kraft Grundbucheintrags keinen Eigentümer haben, ferner neu entstandenes kultivierbares Land, wie etwa die Wieseninsel, die in einem Fluss neu aufgeschwemmt wird. An kultivierbarem Land, das (noch) niemandem gehört, kann durch Aneignung Privateigentum begründet werden, wodurch dieses Land aufhört, herrenlos zu sein.

Der kultivierbare Boden befindet sich weitestgehend entweder im Eigentum von Privatpersonen (natürlichen Personen und juristischen Personen des Privatrechts) oder im Vermögen staatlicher Rechtsträger, d.h. der Eidgenossenschaft, eines Kantons, einer Gemeinde oder einer anderen öffentlich-rechtlichen Körperschaft oder Anstalt.

72 Soweit der kultivierbare Boden einem staatlichen Rechtsträger gehört, fällt er unter den Begriff der *öffentlichen Sache*. Es gibt drei Formen der öffentlichen Sachherrschaft:

a) Über einzelne Grundstücke ist der staatliche Rechtsträger wie ein Privateigentümer frei verfügungsberechtigt, d.h., er kann den betreffenden Grundbesitz veräussern, mit Dienstbarkeiten belasten und verpfänden. Es handelt sich um die Grundstücke, die sich im staatlichen *Finanzvermögen* befinden. Das Finanzvermögen dient dem Staat nur mittelbar zur Erfüllung öffentlicher Aufgaben, nämlich durch seinen finanziellen Ertrag oder als Vermögensreserve. So geben manche Gemeinden die zu ihrem Finanzvermögen gehörenden Grundstücke im Baurecht langfristig an Private zur Überbauung mit Einfamilienhäusern und gewerblichen Gebäuden ab, womit die Gemeinden in Gestalt des Baurechtszinses einen langfristigen Geldertrag erwirtschaften.

b) Andere kultivierbare Grundstücke wie diejenigen, auf denen sich Verwaltungsgebäude, Schulhäuser oder militärische Anlagen befinden, dienen dem Staat unmittelbar zur Erfüllung seiner öffentlichen Aufgaben. Hier spricht man vom staatlichen *Verwaltungsvermögen* (zur Funktion und Abgrenzung des Verwaltungsvermögens vgl. BGE 123 I 78, E. 3). Grundstücke im Verwaltungsvermögen sind dem Rechtsverkehr entzogen, können also nicht beliebig veräussert oder belastet werden. Hingegen hat der Staat an seinem Verwaltungsvermögen die Nutzungsbefugnisse wie ein Privateigentümer: Er bestimmt, wer in den zum Verwaltungsvermögen gehörenden Liegenschaften ein- und ausgehen darf und zu welchen Zwecken dies geschehen kann.

c) Die dritte Gruppe der kultivierbaren Grundstücke, die einem staatlichen Rechtsträger gehören, umfasst insbesondere die öffentlichen Strassen und Plätze. Sie werden als *Sachen im Gemeingebrauch* bezeichnet. Auch sie dienen unmittelbar der Erfüllung öffentlicher Aufgaben. Jedoch steht die Nutzung dieser Grundstücke jedermann frei. Vorbehalten bleiben allgemeine, für jedermann geltende Nutzungsbeschränkungen wie etwa die Strassenverkehrsregeln.

73 Will das Gemeinwesen ein im Verwaltungsvermögen oder im Gemeingebrauch stehendes Grundstück veräussern, so muss es das Grundstück zuerst durch einen staatlichen Akt – durch Verwaltungsverfügung oder eine Hand-

lung des Gesetzgebers – ins Finanzvermögen überführen. Erst anschliessend kann es über das Eigentum an dem Grundstück verfügen.

Das ZGB unterstellt den *nicht kultivierbaren Boden* weitgehend den gleichen Regeln wie die öffentlichen Strassen und Plätze im Gemeingebrauch. Gletscher, Felsen und Geröllhalden stehen jedermann bewilligungsfrei zur Nutzung offen, wobei sich diese Nutzung – mangels Kulturfähigkeit des Bodens – auf Wandern, Sport, Pflücken von Beeren und Blumen, Sammeln von Steinen und Ähnliches beschränkt (ARTHUR MEIER-HAYOZ [BK 1974] Art. 664 N 1 ff.; ULRICH HÄFELIN/GEORG MÜLLER/FELIX UHLMANN [2006], N 2346 ff.). 74

Art. 699 Abs. 1 ZGB erlaubt den Gemeingebrauch nicht nur für das nicht kultivierbare (herrenlose) Land, sondern auch für «*Wald und Weide*». Zwar stehen Wälder und Weiden meist im Privateigentum Privater, oder sie gehören zum Finanzvermögen von Gemeinden. Aber in der freiheitlich-genossenschaftlich konstituierten Schweiz sind die Eigentümerinnen von Wäldern und Weiden nicht befugt, Wanderer und Skifahrer von ihren Grundstücken wegzuweisen. – Kraft der freien Begehbarkeit der Wälder und Weiden in der Schweiz dienen diese Flächen der Gesamtbevölkerung als Erholungsgebiet. 75

Was für die nicht kultivierbaren Bodenflächen gilt, gilt auch für die *grossen Gewässer*, d.h. für die Seen, Flüsse und wasserreichen Bäche sowie Fluss- und Bachbette. Auch sie stehen jedermann bewilligungsfrei zur Nutzung für sportliche und ähnliche Zwecke offen, vorbehältlich kantonaler Ordnungsvorschriften (Art. 664 Abs. 2 und 3 ZGB). 76

Anders ist es mit den *kleinen Gewässern,* d.h. mit kleinen Bächen und Quellen auf privatem Grund. Sie stehen im Privateigentum jener Personen, denen der Boden gehört, auf dem sie fliessen (Art. 709 und 711 ZGB). 77

Auch wenn es am nicht kultivierbaren Boden und an den grossen Gewässern kein Privateigentum gibt, besteht dort kein rechtsfreier Raum. Vielmehr stehen diese Dinge – gleich wie der kultivierbare Boden – immer unter *staatlicher Hoheit,* und zwar in der Regel unter derjenigen des Kantons, in dem sich der Boden oder das Gewässer befindet (Art. 664 Abs. 1 ZGB; ferner ARTHUR MEIER-HAYOZ [BK 1974] Art. 664 N 15 ff.; ULRICH HÄFELIN/GEORG MÜLLER/FELIX UHLMANN [2006], N 2371). 78

Kraft seiner Hoheit kann das zuständige Gemeinwesen für die Sachen im Gemeingebrauch einschliesslich des nicht kultivierbaren Bodens allgemeinverbindliche Nutzungsbeschränkungen erlassen, um die öffentliche Ordnung und Sicherheit zu gewährleisten (ARTHUR MEIER-HAYOZ [BK 1974] Art. 664 79

N 189 ff.; ULRICH HÄFELIN/GEORG MÜLLER/FELIX UHLMANN [2006], N 2353 ff.). Die gleiche Regelungskompetenz besteht für die im Privateigentum befindlichen, aber jedermann zugänglichen Wälder und Weiden. Je intensiver die frei zugänglichen Bodenflächen von der Allgemeinheit genutzt werden, desto strenger sind die Reglementierungen, am strengsten bezüglich der öffentlichen Strassen.

80 Die Art. 943 und 944 ZGB verlangen sinngemäss, dass alle kultivierbaren Grundstücke ins Grundbuch aufgenommen werden müssen, soweit sie im Eigentum Privater oder im Finanzvermögen öffentlicher Rechtsträger stehen. Die staatlichen Grundstücke, die zum Verwaltungsvermögen gehören oder dem Gemeingebrauch gewidmet sind, ferner nicht kultivierbare Flächen müssen ins Grundbuch nur dann aufgenommen werden, wenn daran dingliche Rechte begründet werden sollen – man denke an private Seilbahnstationen und Hotels in den Hochalpen oder an Durchleitungsdienstbarkeiten für Kabel unter öffentlichen Strassen im Unterland. Ferner können die Kantone vorschreiben, dass Grundstücke des Verwaltungsvermögens oder solche im Gemeingebrauch generell ins Grundbuch aufzunehmen sind. Die diesbezügliche Praxis der Kantone ist nicht einheitlich.

81 Die verschiedenen Kategorien und Begriffe und die dafür geltenden Regeln können folgendermassen zusammengefasst werden:

– *Nicht kultivierbares Land* und *grosse Gewässer* stehen unter kantonaler Hoheit und sind dem Gemeingebrauch zugänglich. Es gibt daran nur ausnahmsweise Privateigentum. Die Aufnahme ins Grundbuch erfolgt, sofern Privateigentum oder andere dingliche Rechte an bestimmten Flächen dargestellt werden müssen, oder wenn ein Kanton die Aufnahme generell vorschreibt.

– *Kultivierbares Land* und *kleine Gewässer* stehen im Eigentum Privater oder sie gehören einem staatlichen Rechtsträger. Sofern sie einem Privaten oder zum staatlichen Finanzvermögen gehören, müssen sie ins Grundbuch aufgenommen werden. Die Nutzung solcher Grundstücke und Verfügungen darüber erfolgen nach den Regeln des Sachenrechts des ZGB.

– *Kultivierbares Land des Staates,* das zum staatlichen *Verwaltungsvermögen* gehört oder dem *Gemeingebrauch* gewidmet ist, ist der Sachenrechtsordnung des ZGB weitgehend entzogen. Das ZGB verlangt keine Aufnahme dieses Landes ins Grundbuch, stellt den Kantonen aber frei, die Aufnahme anzuordnen.

- Kultivierbares Land, das im Grundbuch dargestellt ist, aber laut Grundbuch keinen Eigentümer hat, und solches, das noch nicht ins Grundbuch aufgenommen ist, heisst *herrenlos* und steht, gleich wie das nicht kultivierbare Land, unter der Hoheit des Kantons, in dem es liegt.

- Einzuprägen ist zudem, dass in der geltenden sachenrechtlichen Terminologie nicht nur das dem Staat gehörende kultivierbare Land, sondern zudem das nicht kultivierbare Land insgesamt als *öffentliche Sache* bezeichnet wird, ferner dass das nicht kultivierbare Land und die kultivierbaren, aber (noch) keinem Eigentümer gehörenden Flächen unter dem Begriff der *herrenlosen Sache* zusammengefasst werden. Diese Begrifflichkeit kann verwirren. Sie führt zur Qualifikation des nicht kultivierbaren Landes als herrenlose öffentliche Sache, was nach einem Widerspruch klingt.

Die vorliegende Arbeit beschränkt sich auf Grundstücksgeschäfte mit Grundstücken im Eigentum von Privatpersonen und im Finanzvermögen staatlicher Rechtsträger, d.h. auf Geschäfte mit Grundstücken, die zwingend im Grundbuch eingetragen sein müssen. Nicht behandelt werden die Überführung von privatem Grund in staatliches Verwaltungsvermögen oder in staatliches Gemeingebrauchsvermögen und der umgekehrte Vorgang, ebensowenig die Widmung von staatlichem Finanzvermögen zu Verwaltungs- oder Gemeingebrauch oder die Ent-Widmung solcher Grundstücke. 82

§ 4 Eigentum und Besitz

Die meisten rechtlich beherrschbaren Dinge – kultivierbarer Boden und darauf befindliche Gebäude; körperliche Dinge wie Kleider, Möbel, Bücher, Fahrzeuge – stehen im Eigentum von Personen, und zwar, wie gesagt, einerseits im Eigentum staatlicher Rechtsträger – Bund, Kantone, Gemeinden –, andererseits im Eigentum privater Rechtsträger (natürliche Personen sowie juristische Personen des Privatrechts: Aktiengesellschaften, Gesellschaften mit beschränkter Haftung, Genossenschaften, Stiftungen und Vereine). 83

Bei der überwiegenden Mehrzahl der Einwohner besteht ein klares Bewusstsein für die soeben beschriebenen Unterscheidungen, nämlich erstens für jene Dinge, die niemandem gehören (Luft, Sterne), zweitens für die Dinge, die unter der Hoheit des Staates stehen, aber frei zugänglich sind (Sachen im Gemeingebrauch sowie nicht kultivierbares Land, grosse Gewässer, Weiden und Wälder) und drittens für jene Dinge, die einer Privatperson oder einem Gemeinwesen 84 so zu Eigentum gehören, dass man sie nicht ohne Erlaubnis betreten, wegnehmen oder nutzen darf.

85 Die im Privateigentum stehenden Sachen werden von jedermann problemlos als *eigene* oder als *fremde* Sachen erkannt und anerkannt. Jedermann weiss, was ihm selber gehört und also seine eigene Sache ist. Alle anderen im Privateigentum stehenden Sachen sind fremde Sachen.

86 Wem diese fremden Sachen gehören, ist oft unbekannt und im täglichen Leben fast immer belanglos. Hält man sich beim Umgang mit körperlichen Gegenständen an die Regel, fremde Liegenschaften nicht zu betreten und fremde Sachen nicht anzufassen, so braucht man keine Schelte zu befürchten. Die Unterscheidung von Sachen im Gemeingebrauch und Privatsachen und die Unterscheidung der Letzteren in eigene und fremde gehört zu den frühkindlichen Sozialisierungsleistungen des zivilisierten Menschen.

87 Zu einer etwas reiferen Sozialisierung gehört sodann bezüglich der Kategorie der fremden Sachen die zusätzliche Unterscheidung zwischen der *Nutzungsbefugnis* und der *Übertragungsbefugnis* (oder – gleichbedeutend – *Verfügungsbefugnis*).

88 Als *nutzungsbefugt* erscheinen jene Personen, die mit einer Sache normalerweise umgehen, indem sie die Schlüssel zu Häusern, Wohnungen und Fahrzeugen auf sich tragen und dort ein- und ausgehen oder indem sie Dinge wie Kleider, Bücher, Geräte und Lebensmittel mit sich führen. Dieser äussere *Anschein der Nutzungsbefugnis* hat, wie noch zu zeigen sein wird, rechtliche Bedeutung. In der Rechtssprache heisst er *Besitz* (Art. 919–941 ZGB; vgl. ausführlich zum Rechtsbegriff des Besitzes ARTHUR HOMBERGER [ZK 1938], Vorbem. zu Art. 919 N 1 ff.; HANS HINDERLING [SPR 1977], 405 ff.).

89 *Übertragungsbefugt*, d.h. zum Verkaufen oder Verschenken einer Sache befugt, sind hingegen nur jene Personen, denen die Dinge zu *Eigentum* gehören (vgl. PETER LIVER [SPR 1977], 16 ff.). Oftmals ist ohne besondere Erkundigung nicht zu erkennen, wer das ist. Niemand würde annehmen, dass die Person, die einen Haustürschlüssel am Schlüsselbund trägt oder deren Name neben der Türglocke steht, auch die Eigentümerin des betreffenden Hauses und zu dessen Verkauf befugt ist.

90 Während sich also die nutzungsbefugten Personen bezüglich jeder einzelnen Sache fast immer aufgrund der äusseren Umstände – rechtlich gesprochen: aufgrund der sichtbaren Besitzverhältnisse – erkennen lassen, bedarf die Ermittlung der übertragungsbefugten Personen, d.h. die Abklärung der (äus-

serlich nicht sichtbaren) Eigentumsverhältnisse, oft einer Erkundigung (HENRI DESCHENAUX [SPR 1988], 6 f.).

Dabei gilt: Für *unbewegliche Sachen,* d.h. für Grundstücke und die darauf stehenden Gebäude, sind das Eigentum und alle übrigen sachbezogenen Rechte (Dienstbarkeiten, Pfandrechte) aus dem Grundbuch ersichtlich. Bezüglich der Verfügungsbefugnis über Rechte an Grundstücken ist das Grundbuch die einzige relevante Informationsquelle. 91

Soweit die auf einem Grundstück ein- und ausgehenden Personen nicht die grundbuchlich ausgewiesenen Eigentümerinnen sind, wird angenommen, dass ihnen der Zugang und die Nutzung der Sache von der Eigentümerin *erlaubt* wurde. Solche Erlaubnisse werden oft auf vertraglicher Basis erteilt, etwa durch den Abschluss von Mietverträgen, in der überwiegenden Mehrzahl der Fälle aber informell, wenn jemand Familienangehörige, Arbeitnehmer und Gäste bei sich aufnimmt oder Lieferanten und Kunden zum Eintreten auffordert. 92

Generell gilt die Erfahrungsregel, dass die Personen, die zur Nutzung eines Grundstücks befugt sind, auch befugt sind, ihre Familienangehörigen, Arbeitnehmer, Gäste, Lieferanten und Kunden an dieser Nutzung teilhaben zu lassen. Dass ein Mieter von Wohn- oder Geschäftsräumen das Mietobjekt nicht nur in eigener Person nutzen darf, sondern dass er auch *seine Leute* – Familienangehörige, Arbeitnehmer, Gäste, Lieferanten und Kunden – in den gemieteten Räumen aufnehmen darf, versteht sich von selber und pflegt im Mietvertrag nicht ausdrücklich gesagt zu werden. 93

Jede Nicht-Eigentümerin weiss selber recht genau, zu welchen fremden Grundstücken, Wohn- und Geschäftsräumen sie aufgrund rechtlicher oder informeller Erlaubnis Zugang hat und zu welchem Grundstück eine solche Erlaubnis fehlt. Wo die Verhältnisse nicht klar ersichtlich sind oder wo Missverständnisse häufig vorkommen, pflegen die Eigentümerinnen Hinweisschilder mit Wörtern wie «Privat» oder «Richterliches Verbot» aufzustellen. 94

Für Eigentumsverhältnisse bei *beweglichen Sachen* gibt es keine ähnlich verlässliche Informationsquelle wie das Grundbuch. Vielmehr erlaubt die allgemeine Lebenserfahrung (und, in Übereinstimmung damit, das ZGB) eine Reihe von Annahmen (in der Rechtssprache redet man von *Vermutungen*). So wird bei beweglichen Sachen, die dem individuellen Privatgebrauch einer einzelnen erwachsenen Person dienen, wie etwa deren Kleider, die sie auf sich trägt, angenommen (vermutet), dass diese Person die Eigentümerin ist. Was Kinder auf sich tragen, gehört vermutungsweise ihren Eltern. Bei Händlern, die mit bestimmten Waren Handel treiben, wird angenommen, dass sie die 95

Eigentümer der angebotenen Ware sind oder dass sie von der Eigentümerin zum Verkauf der Ware ermächtigt sind (vgl. HANS HINDERLING [SPR 1977], 459 ff.).

96 Nicht nur bei Mietverhältnissen, sondern ganz generell gilt, wie bereits gesagt, dass die nutzungsbefugten Personen immer auch befugt sind, *ihre Leute* an dieser Nutzung teilhaben zu lassen. Man denke an Dienstbarkeitsberechtigte im Falle von Wegrechten, Nutzniessungen und Baurechten. Sie alle können auch ihre Familienangehörigen, Arbeitnehmer, Gäste, Lieferanten und Kunden in die Nutzung dieser Rechte einbeziehen.

97 Dank der Möglichkeit, dass jede Eigentümerin von beweglichen und unbeweglichen Sachen in informeller Weise einer wechselnden Zahl anderer Personen den Umgang mit ihrem Eigentum erlauben kann, verteilt sich die Nutzung der vorhandenen Sachen auf die Gesamtbevölkerung, obwohl das Eigentum insbesondere an Grundstücken und Produktionsmitteln nur einer kleinen Minderheit der Gesamtbevölkerung zusteht. 100 Prozent der Bevölkerung nutzen täglich Grundstücke, die rechtlich einer Minderheit von vielleicht etwa 10 Prozent der einheimischen Bevölkerung sowie (vor allem in Tourismusgebieten) einer wachsenden Zahl ausländischer Personen gehören. Das bedeutet, dass 90 Prozent der Bevölkerung ausschliesslich auf fremdem Grund und Boden wohnen und arbeiten, dies aber ordnungsmässig und legal gemäss vertraglicher oder informeller Erlaubnis seitens der Eigentümerinnen oder deren Stellvertreter tun.

98 Zurückkommend auf die einleitende Feststellung kann gesagt werden: Das Sachenrecht des ZGB regelt die rechtliche Zuordnung von Sachen zu Personen, ferner im Abschnitt über den *Besitz* (Art. 919–941 ZGB) die Fragen, die sich bezüglich des Anscheins der Nutzungsbefugnis und der daraus abzuleitenden Rechtsvermutungen stellen. Da insbesondere die unbeweglichen Sachen im Eigentum einer kleinen Bevölkerungsminderheit stehen, betrifft die gesetzliche Regelung nur die Rechts-Zuordnung an die relativ wenigen Berechtigten, wogegen die meist informelle Nutzungs-Zuordnung an die überwiegende Bevölkerungsmehrheit der Nicht-Eigentümerinnen gesetzlich weitgehend ungeregelt ist. Sie erfolgt überwiegend durch informelles Erlauben, in einem kleineren Umfang durch den Abschluss privater Nutzungsverträge.

99 Die vorliegende Darstellung der Grundstücksgeschäfte befasst sich ausschliesslich mit der *Begründung, Änderung, Aufhebung und Übertragung von Rechten an Grundstücken*, d.h. mit der *rechtlichen Zuordnung von Grundstücken*. Hingegen ist die Frage, auf welche Weise die Menschen als Familienangehörige,

Arbeitnehmer, Gäste, Lieferanten und Kunden den rechtmässigen Zugang zu fremden Grundstücken erhalten und welcher Umgang ihnen mit fremden Sachen gestattet ist, nicht Gegenstand dieses Buches.

§ 5 Rechte an Grundstücken

I. Vorbemerkung: Rechte und Freiheiten

Grundstücksgeschäfte drehen sich im Wesentlichen um Rechte an Grundstücken (z.B. Eigentum, Dienstbarkeiten, Pfandrechte). Meist geht es um die Übertragung, Veränderung oder Aufhebung solcher Rechte. Da diese Rechte im Zentrum der vorliegenden Arbeit stehen, ist hier eine Betrachtung am Platz zur Frage, was man unter einem *Recht* in dem hier verwendeten Sinne versteht. 100

Auf einer primitiven Stufe kann die Sozialordnung so funktionieren, wie man sie vom Strassenverkehrsrecht her kennt: Für alle Individuen gelten die gleichen allgemeinen Verhaltensregeln. Die Regeln des Rechtsvortritts an Verzweigungen und die Pflichten zur Beachtung der Ampeln und Verkehrszeichen gelten für alle Verkehrsteilnehmer gleich. In den Schranken dieser Regeln ist jedes Individuum frei, zu gehen und zu fahren, wohin es will. 101

Diese primitive Ordnung lässt sich verstehen als eine Beschränkung der individuellen Freiheit im Interesse einer effizienten und gefahrlosen gemeinsamen Benützung der öffentlichen Strassen durch alle. 102

Auf einer höheren Entwicklungsstufe der Sozialordnung werden einzelnen Individuen bestimmte *Rechte* exklusiv zugeordnet. Musterbeispiel eines solchen Rechts ist das Eigentum an einer Sache. 103

Die mit dem Eigentum verbundene exklusive Sachzuordnung ist eine Doppelnorm: *Die Eigentümerin darf mit ihrer Sache machen, was sie will/alle andern Individuen, d.h. die Nicht-Eigentümer, dürfen mit der Sache nichts machen.* 104

Das Sacheigentum und andere derartigen Rechte (z.B. Forderungsrechte, Pfandrechte, Aktionärsrechte) haben einen Geldwert und sind Bestandteile des Vermögens der Rechtsinhaber. 105

In der entwickelten Sozialordnung bewegen sich die Menschen einerseits im Rahmen der allgemeinen, für jedermann geltenden Verhaltensregeln, z.B. der Strassenverkehrsregeln, andererseits als Nutzer ihrer individuellen Rechte. Wer sein Auto während einer halben Stunde in der blauen Zone abstellt, übt kein 106

Recht aus, sondern betätigt seine Freiheit im Rahmen der für jedermann geltenden Verkehrsregeln. Wer das Auto hingegen auf seiner privaten Garageneinfahrt abstellt, übt das Recht an einem Grundstück aus, nämlich das Eigentum an einer ihm gehörenden Bodenfläche.

107 Dabei besteht die diffuse Vorstellung, Rechte an Grundstücken seien so etwas wie Holzwürfel, die man anfassen, aufspalten oder in ihrer Form verändern könnte. Schon der Begriff *Handwechsel* (zur Bezeichnung eines Grundstückkaufs) entspringt dieser Bilderwelt: Wie beim Verkauf eines Hundes die Leine von Hand zu Hand weitergereicht wird, wird beim Verkauf eines Grundstücks das Eigentum am Grundstück weitergegeben. Das Grundstück bleibt, wo es ist, nämlich unbeweglich in der Landschaft und ebenso unbewegt als Blatt im Grundbuch. Was die Hand wechselt, ist das Eigentum am Grundstück.

108 Der Bilderwelt gehört auch die Ausdrucksweise von der *Elastizität des Grundeigentums* an (ARTHUR MEIER-HAYOZ [BK 1981], Syst. Teil N 346 f.; THOMAS SUTTER-SOMM [SPR 2014], N 40); – als ob es sich beim Eigentum um eine Matratze handelte, die sich verformt, wenn man eine Kiste darauf stellt, und die dank ihrer Elastizität wieder ihre alte Form annimmt, wenn man die Kiste wegnimmt. Gemeint ist: Wenn man das Eigentumsrecht an einem Grundstück verpfändet oder eine Dienstbarkeit errichtet, dann erhalten Drittpersonen bestimmte Rechte an dem Grundstück, wogegen die Eigentümerin in ihren Befugnissen eingeschränkt wird. Das Eigentum wird also *kleiner,* gleich wie die Matratze unter einer Last ihr Volumen verkleinert. Löscht man später das Pfandrecht oder die Dienstbarkeit, dann wachsen der Eigentümerin wieder die ursprünglichen, vollständigen Eigentümerbefugnisse zu, ohne dass es dazu einer Rechtsübertragung bedarf. Mit der Beseitigung (Löschung) der Belastungen dehnt sich das Eigentumsrecht wieder zu seinem vollen Volumen aus.

109 Es ist erstaunlich, dass solche bildhaften Vorstellungen das normative Denken beeinflussen können. In dem hier gezeigten Beispiel lenkt die Vorstellung des *Belastens* – im Sinne der Kiste auf der Matratze – ab von der rechtlichen Realität, dass bei der Errichtung von Grundpfandrechten und Dienstbarkeiten Rechte von den Eigentümerinnen auf Dritte übergehen und bei der Aufhebung an die Eigentümerinnen zurückfallen. Wenn man ein Bild verwendet, wäre dasjenige der Abspaltung von Teilbefugnissen der Eigentümerin und ihrem späteren Heimfall an die Eigentümerin näher bei der normativen Wirklichkeit als dasjenige der Belastung des Eigentums. Da das schweizerische Immobiliarsachenrecht aber die Begründung und Aufhebung von Pfandrechten und Dienstbarkeiten nicht als Rechtsübertragungen, sondern als Belastungen versteht, ist das Bild der Belastung die zutreffende didaktische Hilfsvorstellung.

Mit einer gewissen Folgerichtigkeit wird daraus abgeleitet, dass die Begründung und Aufhebung von Pfandrechten und Dienstbarkeiten keine Vermögensverschiebung darstellt, die Handänderungs-, Mehrwert- oder Schenkungssteuern auslöst (vgl. aber N 258).

II. Derivativer Rechtserwerb – originärer Rechtserwerb

Die Bildhaftigkeit vom Handwechsel des Eigentums gibt eine einfache Erklärung für den *derivativen Rechtserwerb* – etwas, was in der Welt der Regeln nur schwer darzustellen ist. Mit dem derivativen Rechtserwerb (von lat. derivare = [Wasser] ableiten) ist gemeint, dass der Erwerber eines Rechts genau jenes Recht erwirbt, das zuvor sein Rechtsvorgänger hatte – nichts mehr und nichts weniger (statt vieler PETER LIVER [SPR 1977], 314 f.). Wenn also das Grundeigentum der Eigentümerin A am Grundstück X mit Dienstbarkeiten belastet ist, so bestehen die gleichen Belastungen auch, nachdem A das Grundstück an den Erwerber B verkauft hat. Das gilt selbst dann, wenn (wie dies vor der Einführung des umfassenden Grundbuchs oft der Fall war) die Dienstbarkeiten nur durch lange Übung bestehen und den Parteien des Grundstückkaufs nicht bewusst sind. 110

Kein *derivativer*, sondern ein sogenannter *originärer*, d.h. *ursprünglicher Erwerb* eines neuen, gewissermassen aus dem Nichts geschaffenen Eigentums liegt hingegen vor, wenn der Staat ein Grundstück enteignet, wie dies etwa für den Bau öffentlicher Strassen und Autobahnen nötig ist. Bei der Enteignung wird das Eigentumsrecht der bisherigen Eigentümerin vernichtet mitsamt allen Belastungen, die möglicherweise bestehen. Der Enteigner erwirbt uneingeschränktes Volleigentum. Auch die Aneignung (Art. 658 ZGB), die Bildung neuen Landes (Art. 659 ZGB) oder die Ersitzung (Art. 661 ff. ZGB) stellen Beispiele des originären Erwerbs von Grundstücken dar. 111

Ein in der Praxis kaum anzutreffender Fall ist der Verzicht und die anschliessende (originäre) private Aneignung von Grundstücken. Ein solcher Verzicht heisst *Dereliktion*. Die betreffende Sache ist anschliessend eine derelinquierte Sache. Der Verzicht auf Eigentum ist nach dem Gesetz sowohl an beweglichen Sachen (Art. 729 ZGB) als auch an Grundstücken (Art. 666 ZGB) möglich. Der Verzicht auf Grundstücke dürfte in grundbuchlich erfassten Gebieten kaum jemals vorkommen (vgl. ARTHUR MEIER-HAYOZ [BK 1974], Art. 666 N 3 ff.; ROBERT HAAB [ZK 1977], Art. 666 N 6 ff.; zum Verzicht auf einen Miteigentumsanteil an einem Grundstück vgl. N 1184 ff.; zum Verzicht auf 112 ein in das Grundbuch aufgenommenes selbständiges und dauerndes Recht vgl. N 1579 ff.).

113 Bei den im vorliegenden Buch behandelten Grundstücksgeschäften handelt es sich immer um Fälle des derivativen Rechtserwerbs.

III. Dingliche Rechte – obligatorische Rechte

114 Die meisten Rechte an Grundstücken werden zusammengefasst unter dem Oberbegriff der *dinglichen Rechte*.

115 Juristen unterscheiden *dingliche Rechte* von *persönlichen Rechten* (ARTHUR MEIER-HAYOZ [BK 1981], Syst. Teil N 235 ff.; PASCAL SIMONIUS/THOMAS SUTTER [Bd. I 1995], § 1 N 1 ff.). Dingliche Rechte sind solche, die sich auf ein Ding, genauer: auf eine Sache, beziehen. Persönliche Rechte richten sich gegen bestimmte andere Personen. (Statt von *persönlichen Rechten* wäre es genauer, von *Rechten gegen bestimmte Personen* zu sprechen.)

116 Die Bedeutung der Wörter wird klar, wenn man sich konkrete Beispiele denkt. Wer Eigentümerin eines Buches ist, hat am Buch (dem *Ding*) ein Recht. Kraft ihres Eigentumsrechts darf die Eigentümerin – sie allein, niemand sonst – mit dem Buch machen, was sie will. Sie kann es lesen, verkaufen, verbrennen.

117 Das Musterbeispiel für ein persönliches Recht ist eine Darlehensforderung. Der Gläubiger hat gegenüber dem Schuldner das Recht auf Zinszahlungen und auf Rückzahlung des Darlehensbetrags bei Fälligkeit. Dieses Recht richtet sich gegen den Schuldner und damit gegen eine bestimmte Person. Andere Menschen haben mit dem Darlehen nichts zu tun. Also gehört die Darlehensforderung zu den *persönlichen Rechten*.

118 Wenn man genau hinschaut, richten sich auch die dinglichen Rechte immer gegen Personen, nicht auf Sachen (Dinge). Dass die Eigentümerin des Buches mit dem Buch machen kann, was sie will, ist eine Handlungsfreiheit, die keine rechtliche Regelung voraussetzt. Wenn Robinson auf seiner Insel allein ist und dort ein Buch in der Hand hält, dann kann er damit machen, was er will, auch ohne dass es einen Gesetzgeber und den Begriff des Eigentums braucht. Rechtsordnung und Rechte, d.h. der Staat mit seiner Gesetzgebung, beginnen erst eine Rolle zu spielen, wenn eine Autorität – eben z.B. der Staat – die Regel proklamiert, die Eigentümerin *und niemand sonst* dürfe mit dem Buch machen, was sie will. Die Aussperrung aller anderen Menschen vom Umgang mit dem Buch beruht auf einer rechtlichen Regelung in der Welt des Sozialen. Wer allein

auf einer Insel lebt, braucht zum konfliktfreien Umgang mit den dort vorhandenen Sachen keine Eigentumsordnung.

Die Rechtsnorm, die allen anderen Menschen verbietet, sich an dem besagten Buch zu schaffen zu machen, richtet sich gegen Personen, nicht gegen Dinge. Das Recht der Eigentümerin an ihrem Ding ist also nichts anderes als der Reflex der gesetzlichen Aussperrung aller anderen Menschen von diesem Ding. Das dingliche Recht der einen ist gleichbedeutend mit der persönlichen Aussperrung aller andern. 119

In der juristischen Bilderwelt ist aber die Vorstellung vorherrschend, bei den dinglichen Rechten stehe die berechtigte Person jeweils unmittelbar einem Ding gegenüber, auf welches sich das Recht bezieht. In diesem Bild sind die anderen Menschen – die Ausgesperrten – ausgeblendet. 120

Die Bildersprache leuchtet auch irgendwie ein. Wenn die Eigentümerin ihrem Nachbarn das Buch wegnimmt und sagt: «Gib mir das Buch, es gehört mir!» – dann wird sichtbar ein Recht am Ding geltend gemacht. Wenn der Gläubiger dem Schuldner sagt, er solle das Darlehen zurückzahlen, dann ist kein solches Ding ersichtlich. Die Aufforderung geht an eine bestimmte Person, weil diese die Darlehensschuldnerin ist. 121

Das Eigentum als dingliches Recht (z.B. an einem Buch) kann gegenüber jeder beliebigen Person geltend gemacht werden, die das Buch, das ihr nicht gehört, ohne Erlaubnis in die Hand nimmt. Die Eigentümerin kann ihr Eigentum überall herausholen, wo sie es findet. – Der Darlehensgläubiger kann das Darlehen nur gegenüber jener einzigen Person geltend machen, die das Darlehen ehemals empfangen hat und deshalb zur Rückzahlung verpflichtet ist. 122

Weil die persönlichen Rechte meist auf einer persönlichen Schuldpflicht beruhen und weil persönliche Schuldpflichten im schweizerischen Recht als *Obligationen* bezeichnet werden (daher der Begriff *Obligationenrecht* für das Gesetz über die Schuldverhältnisse), nennt man die persönlichen Rechte zuweilen auch *obligatorische Rechte*. In diesem Zusammenhang bezeichnet obligatorisch nicht den Gegensatz zu fakultativ oder freiwillig, sondern den Gegensatz zu *dinglich*. Das Begriffspaar lautet also auf der einen Seite *dingliche Rechte,* auf der andern *persönliche Rechte* oder – gleichbedeutend – *obligatorische Rechte*. 123

Unter den persönlichen Rechten gibt es solche, die im Grundbuch *vorgemerkt* werden können, beispielsweise die vertraglichen Kaufs-, Vorkaufs- und Rückkaufsrechte (Art. 216a OR) oder die Miete eines Wohnungsmieters (Art. 261b OR). Durch die Vormerkung im Grundbuch erhalten diese persönlichen 124

Rechte eine verstärkte Wirkung, indem sie nicht nur jene Grundeigentümerin verpflichten, mit der der Vorkaufs- oder der Mietvertrag abgeschlossen wurde, sondern auch jeden späteren Erwerber des Grundstücks, und zwar auch dann, wenn dieser nicht in das Vertragsverhältnis eintreten möchte. Da die vorgemerkten obligatorischen Rechte gewissermassen am Grundstück, d.h. an der Sache, haften, nennt man sie auch *realobligatorische* Rechte oder *Realobligationen* (vom lateinischen Wort *res*=Sache und *realis*=sachlich; ARTHUR MEIER-HAYOZ [BK 1981], Syst. Teil N 270; PASCAL SIMONIUS/THOMAS SUTTER [Bd. I 1995], § 2 N 1 ff.).

125 Die verstärkte Wirkung der realobligatorischen Rechte besteht konkret darin, dass sie gemäss Art. 959 Abs. 2 ZGB jedem später erworbenen obligatorischen oder dinglichen Recht im Range (vgl. dazu hinten, N 169 ff.) vorgehen (BGE 114 III 18, E. 3; PASCAL SIMONIUS/THOMAS SUTTER [Bd. I 1995], § 8 N 17 ff.) und auch im Falle einer späteren Pfändung des Grundstücks bestehen bleiben (BGE 104 II 170, E. 5).

126 Voraussetzung dafür, dass ein persönliches Recht im Grundbuch vorgemerkt werden kann, ist, dass die Vormerkbarkeit des Rechts im Gesetz ausdrücklich vorgesehen ist (Art. 959 Abs. 1 ZGB). Man spricht diesbezüglich vom *numerus clausus* der vormerkbaren Rechte, was ungenau ist, weil nicht deren Zahl, sondern die privatrechtliche Gestaltungsfreiheit beschränkt ist (vgl. auch PASCAL SIMONIUS/THOMAS SUTTER [Bd. I 1995], § 8 N 16.; ARTHUR HOMBERGER [ZK 1938], Art. 959 N 1 ff.).

IV. Absolute Rechte – relative Rechte

127 Ein ähnliches Begriffspaar ist dasjenige der *absoluten* und der *relativen* Rechte.

128 Unter *absoluten Rechten* versteht man solche, die gegen beliebige Dritte (bzw. gegen jedermann) wirken und meist auch einen Konkurs überdauern. Ein absolutes Recht ist also ein drittwirksames und konkursfestes Recht. Alle dinglichen Rechte gehören zu den absoluten Rechten (ARTHUR MEIER-HAYOZ [BK 1981], Syst. Teil N 242 ff.).

129 Unter *relativen Rechten* versteht man die persönlichen (d.h. die obligatorischen) Rechte, weil sie eine rechtliche Beziehung *(Relation)* zwischen mindestens zwei Personen darstellen (ERNST A. KRAMER/BRUNO SCHMIDLIN [BK 1986], Einl. N 43 ff.). Der Darlehensgläubiger steht zur Schuldnerin in der Rechtsbeziehung oder der Relation des Darlehensverhältnisses. Also nennt man die Darlehensforderung ein relatives Recht.

Die Begriffe des absoluten und des relativen Rechts sind verwirrend, weil die 130
Adjektive hier abweichend vom allgemeinen Sprachgebrauch verwendet werden. Namentlich die häufigste Bedeutung des Wortes *relativ,* nämlich verhältnismässig, passt nicht auf die relativen Rechte. Relative Rechte sind keine verhältnismässigen Rechte, sondern *persönliche Rechte* im Rahmen der Rechtsbeziehung zwischen zwei oder mehreren Personen.

V. Unbeschränktes dingliches Recht (Eigentum) und beschränkte dingliche Rechte

Bei den dinglichen Rechten gibt es sodann eine Unterteilung in zwei Gruppen, 131
nämlich das *Eigentum* einerseits und die *beschränkten dinglichen Rechte* andererseits.

Im Gebiet des Immobiliarsachenrechts gibt es drei Untergruppen von 132
beschränkten dinglichen Rechten, nämlich die Dienstbarkeiten (oder – gleichbedeutend – Servituten), die Grundlasten und die Grundpfandrechte.

Das *Eigentum* ist das (einzige) unbeschränkte dingliche Recht (ARTHUR 133
MEIER-HAYOZ [BK 1981], Syst. Teil N 306 ff.). *Unbeschränkt* bedeutet: Die Eigentümerin kann mit der ihr gehörenden Sache alles Beliebige tun, was ihr gefällt (PAUL-HENRI STEINAUER [Bd. II 2012], N 1690). Beim Grundeigentum heisst das: Die Grundeigentümerin kann auf ihrem Grundstück pflügen, wohnen etc., wie es ihr gefällt.

Demgegenüber haben die Inhaber *beschränkter dinglicher Rechte* keine umfas- 134
senden Befugnisse.

Dienstbarkeitsberechtigte dürfen fremdes Eigentum in einem beschränkten 135
Umfang nutzen oder dem fremden Eigentümer bestimmte Nutzungen seines Eigentums verbieten. Pfandberechtigte Gläubiger können das Pfandobjekt bei Zahlungsrückstand des Schuldners zur Zwangsverwertung (Versteigerung) bringen und sich aus dem Steigerungserlös präferenziell befriedigen, auch wenn andere Gläubiger des gleichen Schuldners leer ausgehen.

Die beschränkten dinglichen Rechte belasten Rechte an Grundstücken. Nur 136
indirekt belasten sie Liegenschaften, d.h. körperliche Bodenflächen. Die beschränkten dinglichen Rechte können sowohl das Alleineigentum als auch Miteigentumsanteile und Stockwerkeigentumsanteile belasten, ferner Baurechte und Quellenrechte, sofern diese als selbständige und dauernde Rechte ausgestaltet sind. Die Auffassung, durch beschränkte dingliche Rechte sei direkt der Boden belastet, ist verbreitet, aber ungenau.

VI. Eigentum als Recht «in den Schranken der Rechtsordnung»
A. Vorbehalt von Art. 641 Abs. 1 ZGB

137 Wenn hiervor (N 133) gesagt wurde, das Eigentum sei das umfassende dingliche Recht an einer Sache und die Eigentümerin könne mit ihr alles tun, was ihr in den Sinn kommt, so bedarf diese Aussage einer Einschränkung. Art. 641 Abs. 1 ZGB sagt: «*Wer Eigentümer einer Sache ist, kann in den Schranken der Rechtsordnung über sie nach seinem Belieben verfügen.*»

138 Damit ist gesagt, dass die Eigentümerin mit der Sache nicht völlig frei alles machen kann, was ihr gefällt. Vielmehr ist ihre *Nutzungs- und Verfügungsbefugnis* durch zahlreiche Normen von der Rechtsordnung eingeschränkt (ARTHUR MEIER-HAYOZ [BK 1981], Art. 641 N 33 ff.; THOMAS SUTTER-SOMM [SPR 2014], N 687 ff.; PAUL-HENRI STEINAUER [Bd. II 2012], N 1690 ff.).

139 *Nicht* gemeint sind in Art. 641 Abs. 1 ZGB die allgemeinen, für jedermann geltenden *Freiheitsbeschränkungen*, die nichts mit der Nutzung bestimmter Sachen zu tun haben. So ist es beispielsweise verboten, andere Menschen zu töten. Aus dieser allgemeinen Freiheitsbeschränkung ergibt sich das Verbot, mit einer Pistole auf andere Menschen zu schiessen oder auf seinem Grundstück in der Wohnzone eine Bombe explodieren zu lassen. Aber diese Beschränkungen regeln das Verhalten innerhalb der menschlichen Gesellschaft, nicht die Eigentumsausübung an Pistolen und Grundstücken. Das Verbot, auf andere Menschen zu schiessen, gilt für jedermann, der eine geladene Pistole in der Hand hält, unabhängig davon, ob er Eigentümer der Waffe ist oder nicht. Demgegenüber meint der Vorbehalt von Art. 641 ZGB nur jene Beschränkungen, welche die Befugnisse der Eigentümerin im Umgang mit ihrer Sache beschränken.

140 Ebenfalls nicht gemeint sind diejenigen Beschränkungen des Eigentumsrechts, welche die Eigentümerin sich freiwillig auferlegt (*gewillkürte Eigentumsbeschränkungen*). Hierzu zählen die Dienstbarkeiten, die Pfandrechte, die Vorkaufs-, Kaufs- und Rückkaufsrechte sowie einige andere mehr (PAUL-HENRI STEINAUER [Bd. II 2012], N 1692 ff.).

141 Die in Art. 641 Abs. 1 ZGB anvisierten gesetzlichen Eigentumsbeschränkungen lassen sich nach ihrer Wirkung *in Nutzungs- und Verfügungsbeschränkungen* einteilen, ferner nach ihrer Entstehung in *unmittelbare und mittelbare gesetzliche Eigentumsbeschränkungen* (vgl. ARTHUR MEIER-HAYOZ [BK 1981], Art. 641 N 43 ff.).

B. Nutzungs- und Verfügungsbeschränkungen

Zu den *(gesetzlichen) Nutzungsbeschränkungen* zählen etwa die nachbarrechtlichen Bestimmungen in den Art. 684 ff. ZGB oder die kantonalen Zonenvorschriften, wonach in der Landwirtschaftszone die Eigentümerinnen auf ihren Grundstücken nur landwirtschaftliche Gebäude bauen dürfen, keine anderen Wohnhäuser und keine Fabriken (vgl. auch PAUL-HENRI STEINAUER [Bd. II 2012], N 1769 f.), ferner die Nutzungsbeschränkungen nach dem Bundesgesetz vom 20.3.2015 über Zweitwohnungen (N 2748 ff.). 142

(Gesetzliche) Verfügungsbeschränkungen finden sich in den unterschiedlichsten Bereichen des Bundesrechts, so etwa 143

- im Eherecht (Art. 169, 178 Abs. 3 und 201 Abs. 2 ZGB, Art. 14 und 22 Abs. 2 PartG, Art. 55 Abs. 1 GBV; vgl. ausführlich zum Zustimmungserfordernis des Ehegatten bei Veräusserungen der Familienwohnung N 2598 ff.);
- im Erwachsenenschutzrecht (Art. 395 Abs. 4 ZGB);
- im Sachenrecht (Art. 681 ff. ZGB; vgl. ausführlich zum gesetzlichen Vorkaufsrecht in Miteigentums- und Baurechtsverhältnissen N 2633 ff.);
- im Bundesgesetz über die berufliche Vorsorge (Art. 30e BVG, Art. 331e Abs. 8 OR, Art. 55 Abs. 2 GBV; N 2703 ff.);
- im Schuldbetreibungs- und Konkursrecht (Art. 176 Abs. 2, Art. 296, Art. 319 und Art. 345 SchKG, Art. 55 Abs. 3 GBV);
- in dem als *Lex Koller* bezeichneten Bundesgesetz über den Erwerb von Grundstücken durch Personen im Ausland (Art. 14 Abs. 3 BewG; N 2652 ff.);
- im Bundesgesetz über das bäuerliche Bodenrecht (insbesondere Art. 25, 40, 42 ff., 58 ff. und 73 ff. BGBB; N 2691 ff.);
- im Bundesgesetz über den Umweltschutz (Art. 32d^{bis} USG; N 2724 ff.);
- im Bundesgesetz über die Enteignung (Art. 43 EntG);
- im Bundesgesetz über den Wald (Art. 25 WaG).

C. Unmittelbare und mittelbare gesetzliche Eigentumsbeschränkungen

Die *unmittelbaren gesetzlichen Eigentumsbeschränkungen* (so etwa Art. 169, 201 Abs. 2 und 681 ff. ZGB) bestehen bereits aufgrund des Gesetzes und wir- 144 ken deshalb auch ohne Eintrag ins Grundbuch (ARTHUR MEIER-HAYOZ [BK 1981], Syst. Teil N 341). Teilweise werden sie jedoch durch Anmerkungen (vgl. N 510 ff.) im Grundbuch erkennbar gemacht, ohne dass dies eine rechtliche Tragweite hat.

145 Demgegenüber gewähren die *mittelbaren gesetzlichen Eigentumsbeschränkungen* (so etwa Art. 178 Abs. 3, 395 Abs. 4 ZGB) den Berechtigten gegenüber der Eigentümerin bloss einen gerichtlich durchsetzbaren Anspruch auf Einräumung eines Rechts an deren Sache. Das Recht wird entweder freiwillig eingeräumt, wofür die Formen für die vertragliche Begründung des Rechts einzuhalten sind (ARTHUR MEIER-HAYOZ [BK 1981], Syst. Teil N 342), oder durch richterliches Urteil.

§ 6 Ausübung, Übertragung, Änderung und Aufhebung von Rechten an Grundstücken

146 Beim Eigentum an einem Grundstück wie auch bei beschränkten dinglichen Rechten an Grundstücken kann man unterscheiden zwischen der Ausübung des Rechts einerseits und der Übertragung, Änderung und Aufhebung des Rechts andererseits.

147 Wenn beispielsweise die Bäuerin ihren Acker pflügt, dann *übt sie das Eigentumsrecht aus.* Immer, wenn die Eigentümerin mit ihrer Sache körperlich umgeht, also die Sache benützt, verändert, zerstört, übt sie ihr Eigentumsrecht aus.

148 Ausübung liegt auch vor, wenn die Eigentümerin einer anderen Person den körperlichen Umgang gestattet. Wer auf seinem Grundstück Gäste empfängt und ihnen erlaubt, auf dem Grundstück umherzugehen, übt durch dieses Erlauben ebenfalls sein Eigentumsrecht aus. Desgleichen übt er das Eigentumsrecht aus, wenn er fremden Leuten verbietet, auf sein Grundstück zu treten.

149 Der Ausübung des Rechts (auch *Rechtsausübung* genannt) ist ein anderer Begriff gegenüberzustellen, nämlich derjenige der *Verfügung über das Recht.* Wer sein Recht auf eine andere Person überträgt oder wer das Recht ändert oder aufhebt, zum Beispiel indem er auf das Recht verzichtet, verfügt über das Recht.

150 Wenn jemand *über das Recht verfügt,* dann befasst er sich mit dem Recht, nicht mit der Sache. Wenn die Bäuerin also anlässlich einer notariellen Beurkundung ihren Acker an den Nachbarn verkauft, dann verpflichtet sie sich, das

Eigentumsrecht auf den Käufer zu übertragen. Der Acker wird dabei nicht berührt. Keine der Parteien geht aufs Feld und fasst den Acker mit der Hand an. Am Acker als einer physischen Sache ändert sich nichts. Mit dem Vollzug des Kaufvertrags ändert sich hingegen die Zuordnung des Eigentumsrechts. Die bisherige Eigentümerin überträgt dieses Recht auf den neuen Eigentümer.

Man kann über sein Grundeigentum auch verfügen, indem man das Recht bloss ändert, ohne es ganz aus der Hand zu geben. Beispiel: Wer sein Grundstück verpfändet, verschafft dem Pfandgläubiger eine privilegierte Stellung in der Zwangsvollstreckung. Das betrifft die Zwangsverwertung des Eigentumsrechts, nicht das Grundstück als körperliche Sache. Das Gleiche gilt für die Grundeigentümerin, die ihrem Nachbarn eine Dienstbarkeit einräumt, beispielsweise ein Wegrecht, kraft dessen der Nachbar fortab an einer bestimmten Stelle über das Grundstück der Dienstbarkeits-Geberin gehen darf, ohne um Erlaubnis fragen zu müssen. Mit dem Wegrecht wird ein Teil der Eigentümerbefugnisse auf den Nachbarn übertragen und das Eigentum der belasteten Grundeigentümerin dadurch geändert, nämlich eingeschränkt. 151

Die Unterscheidung zwischen der Ausübung des Rechts und der Verfügung über das Recht ist wichtig, weil es bei den Grundstücksgeschäften *immer und ausschliesslich* um die Verfügung über Rechte an Grundstücken geht, nie um die Ausübung von Rechten an Grundstücken. 152

Das Zivilgesetzbuch bemüht sich um eine volkstümliche Sprache und macht keine solchen Unterscheidungen. In Art. 641 Abs. 1 ZGB werden die Ausübung des Eigentumsrechts und die Verfügung darüber einfachheitshalber in einen Topf geworfen. Das Gesetz müsste genau genommen folgendermassen lauten: 153

«Wer Eigentümer einer Sache ist, kann in den Schranken der Rechtsordnung (a) mit der Sache nach seinem Belieben umgehen und (b) über sein Eigentumsrecht nach seinem Belieben verfügen.»

Wer über Rechte verfügt, handelt in der Sphäre des Rechts. Er oder sie gestaltet Rechte. Solches Rechtshandeln erfordert Handlungsfähigkeit des Handelnden im Sinne von Art. 12–14 ZGB (Urteilsfähigkeit und Volljährigkeit). Das bedeutet, dass an Grundstücksgeschäften immer nur urteilsfähige und volljährige Personen teilnehmen können. Ist eine Grundeigentümerin dement, so muss an ihrer Stelle ein urteilsfähiger Stellvertreter handeln. 154

Zur Ausübung des Eigentums ist hingegen keine Handlungsfähigkeit erforderlich. Eine demente Bäuerin handelt rechtmässig, wenn sie ihren Acker pflügt, darauf sät und erntet. Sie ist auch befugt, ihre Besitzesrechte auszuüben, indem sie etwa fremde Leute wegweist, die auf ihr Grundstück eindringen. 155

Drittes Kapitel: Immobiliarsachenrecht

§ 7 Wichtige Regeln des Immobiliarsachenrechts

I. Typengebundenheit der sachenrechtlichen Institute

156 Das Prinzip der Typengebundenheit der sachenrechtlichen Institute besagt, dass an beweglichen und unbeweglichen Sachen nur dingliche Rechte bestehen können, welche vom Gesetz ausdrücklich vorgesehen sind (BGE 116 II 275, E. 3b). In Betracht kommen somit nur Eigentum, Dienstbarkeiten, Grundlasten und Pfandrechte (ROBERT HAAB [ZK 1977], Einl. N 59; ARTHUR MEIER-HAYOZ [BK 1981], Syst. Teil N 78 ff.).

157 Die Typengebundenheit der sachenrechtlichen Institute wird häufig mit dem Begriff «*numerus clausus*» gleichgesetzt. Das kann verwirren, weil man unter *numerus clausus* im allgemeinen Sprachgebrauch eine zahlenmässig bestimmte Begrenzung meint, nicht die Bindung privater Gestaltungsfreiheit an gesetzlich vorgesehene Institute. Der Gesetzgeber ist frei, jederzeit neue sachenrechtliche Institute zu schaffen, ohne diesbezüglich einer zahlenmässigen Begrenzung zu unterliegen.

158 Im Immobiliarsachenrecht erstreckt sich das Prinzip der Typengebundenheit zusätzlich auf die grundbuchlichen Vormerkungen und Anmerkungen (HENRI DESCHENAUX [SPR 1988], 336 und 408).

159 Eng mit dem Prinzip der Typengebundenheit verbunden ist der *Grundsatz der Typenfixierung*. Dieser Grundsatz besagt, dass den einzelnen sachenrechtlichen Instituten jene Inhalte zukommen, die ihnen von Gesetz und Praxis verliehen sind (ARTHUR MEIER-HAYOZ [BK 1981], Syst. Teil N 86 ff.; PASCAL SIMONIUS/THOMAS SUTTER [Bd. I 1995], § 3 N 7 ff.).

160 Das wird an folgendem Beispiel deutlich: Art. 712b Abs. 1 ZGB bestimmt, dass die zu Sonderrecht ausgeschiedenen Teile beim Stockwerkeigentum «mit eigenem Zugang in sich abgeschlossen» sein müssen. Da eine Dachterrasse zum Himmel hin offen ist, ist sie nicht «abgeschlossen». Das Grundbuchamt müsste die Anmeldung der Dachterrasse als Stockwerkeigentumsparzelle abweisen. – Als anderes Beispiel sei Art. 730 Abs. 2 ZGB erwähnt, der vorschreibt, dass Grunddienstbarkeiten nur mit solchen Handlungspflichten verbunden werden dürfen, die im Verhältnis zur Dienstbarkeitsbelastung «nebensächlich» sind. Würde ein Wegrecht begründet, bei dem der belastete Eigentümer verpflichtet ist, den Dienstbarkeitsweg zu asphaltieren und im Winter von Schnee freizu-

halten, so wären diese Handlungspflichten mehr als bloss «nebensächlich», das Wegrecht also im Grundbuch nicht eintragbar.

Da die Beteiligten nicht selten grundstücksbezogene Berechtigungen und Pflichten begründen möchten, die ausserhalb der gesetzlichen Typen liegen, ist es für den Praktiker wichtig, die typenkonformen Rechte und Pflichten zu unterscheiden von den ausserhalb der Typen liegenden. Die erstgenannten können mit dinglicher Wirkung mit den betreffenden Grundstücken dauerhaft verbunden werden. Die Letzteren sind nur obligatorisch wirksam, d.h. als vertragliche Rechte und Pflichten zwischen den Vertragsparteien. Beim erwähnten Dienstbarkeitsweg kann in der gleichen Urkunde die Belastung des Grundstücks X zugunsten des Nachbargrundstücks Y mit dem Wegrecht und ausserdem die Verpflichtung der heutigen Eigentümerin A gegenüber dem Nachbarn B zur Asphaltierung und Schneeräumung vereinbart werden. Die Belastung von X zugunsten Y hat dingliche Wirkung, die Verpflichtung von A gegenüber B nur obligatorische (vertragliche). Es dient der Klarheit, in solchen Urkunden ausdrücklich klarzustellen, welche Absprachen nur obligatorische Wirkung haben. 161

II. Nennung des Rechtsgrunds für jeden derivativen Rechtserwerb

Jede Übertragung von Rechten an Grundstücken muss auf einem gültigen Rechtsgrund beruhen (ARTHUR MEIER-HAYOZ [BK 1981], Syst. Teil N 88 ff.; BGE 55 II 302, E. 2; zum Begriff des Rechtsgrundes vgl. N 549 ff.). Mit anderen Worten muss jedes sachenrechtliche Verfügungsgeschäft auf einem gültigen Verpflichtungsgeschäft beruhen, um wirksam zu sein (zu den Begriffen des Verpflichtungs- und Verfügungsgeschäfts vgl. N 778 ff.). 162

Sodann muss dieser Rechtsgrund (z.B. Kauf, Schenkung, Sacheinlage etc.) bei jeder Übertragung von Rechten an Grundstücken angegeben werden (Art. 965 Abs. 1 ZGB; ferner ARTHUR HOMBERGER [ZK 1938], Art. 965 N 14 ff.). Es genügt nicht, dem Grundbuch eine Grundstücksübertragung von A an B anzumelden mit dem Inhalt, A übertrage ihr Eigentum am Grundstück G auf den Erwerber B. Vielmehr sind alle wesentlichen Leistungen und Gegenleistungen zu nennen, in deren Rahmen die Rechte an Grundstücken übertragen werden. 163

Das Erfordernis der Nennung des Rechtsgrundes wird mit dem Begriff *Kausalitätsprinzip* (von lat. causa = Grund) bezeichnet. Das Erfordernis gilt ausnahmslos bei jeder Übertragung von Grundeigentum (vgl. Art. 974 Abs. 2 164

ZGB). Hingegen wird bei der Begründung und Löschung von Dienstbarkeiten meist nicht angegeben, ob Gegenleistungen erbracht werden.

III. Absolutes und relatives Eintragungsprinzip, ausserbuchlicher Erwerb

165 Grundeigentum wird mittels Kauf-, Tausch-, Schenkungs- und anderen Verträgen erst dann erworben, wenn der Erwerb im Grundbuch eingetragen wird (Art. 656 Abs. 1 ZGB), d.h., der Grundbucheintrag ist für den Rechtsübergang *konstitutiv*. Im Zeitraum zwischen dem Vertragsschluss und dem Grundbucheintrag bleibt die Veräusserin Eigentümerin. Die Abhängigkeit des Rechtserwerbs vom Grundbucheintrag wird als *absolutes Eintragungsprinzip* bezeichnet (ARTHUR MEIER-HAYOZ [BK 1974], Art. 656 N 1, 7 ff.; THOMAS SUTTER-SOMM [SPR 2014], N 482 ff.). Das Prinzip gilt auch für die vertragliche Begründung von Grundpfandrechten und Dienstbarkeiten (ausführlich hierzu LORENZ STREBEL/HERMANN LAIM [BSK 2015], Art. 656 N 4 ff.).

166 In einigen speziellen Fällen erlangt der Erwerber hingegen schon vor der Grundbucheintragung das Eigentum, kann aber im Grundbuch erst dann über das Grundstück verfügen, wenn die Eintragung erfolgt ist (Art. 656 Abs. 2 ZGB). Der Rechtserwerb, der in diesen Fällen zeitlich schon vor dem Grundbucheintrag, d.h. ausserhalb des Grundbuchs, erfolgt, heisst *ausserbuchlicher Erwerb*. Die Grundbucheintragung des Erwerbers hat rein *deklaratorische* Wirkung. Da die Eintragung spätestens dann nötig wird, wenn der Erwerber über das Grundstück verfügen möchte, spricht man in diesen Fällen vom *relativen Eintragungsprinzip* (ARTHUR MEIER-HAYOZ [BK 1974], Art. 656 N 2, 66 ff.; THOMAS SUTTER-SOMM [SPR 2014], N 483).

167 Zu diesen Fällen zählen insbesondere der Erbgang, die Versteigerung im Rahmen einer Zwangsvollstreckung und die Zusprechung des Eigentums durch ein gerichtliches Urteil (Art. 656 Abs. 2 ZGB), ferner die Begründung des Güterstandes der Gütergemeinschaft, der Wechsel von Mitgliedern in Personengesellschaften (BGE 102 Ib 321, E. 5; STEPHAN WOLF [ZBGR 2000], 1 ff.; CHRISTIAN BRÜCKNER [ZBGR 2000], 226 ff.), Abtretungen mittels Zession (Art. 164 ff. OR) sowie die Rechtsübergänge infolge Fusion, Spaltung und Vermögensübertragung (ausführlich zum relativen Eintragungsprinzip HENRI DESCHENAUX [SPR 1988], 307 ff.; LORENZ STREBEL/HERMANN LAIM [BSK 2015], Art. 656 N 36 ff.).

168 Im Rahmen des relativen Eintragungsprinzips ist es denkbar, dass hintereinander mehrere Rechtsübergänge eines Grundstücks ausserbuchlich erfolgen.

So ist es beispielsweise möglich, dass ein Grundstück, das durch Begründung der Gütergemeinschaft ausserbuchlich vom Alleineigentum der Ehefrau ins Gesamteigentum beider Ehegatten übergegangen ist, ausserbuchlich in das Alleineigentum des Ehemanns übergeht, wenn die Ehefrau stirbt und sie als ihren einzigen Erben den Ehemann hinterlässt. Will der Ehemann nun über das Grundstück als Alleineigentümer verfügen, so muss er aufgrund von Art. 656 Abs. 2 ZGB beide ausserbuchlichen Rechtsübergänge belegen, d.h. die Begründung der Gütergemeinschaft durch den Ehevertrag und den Erbgang durch die Erbenbescheinigung. Ebenso ist es denkbar, dass eine Aktiengesellschaft das Eigentum an einem Grundstück im Zuge der Fusion mit einer GmbH erwirbt, die ihrerseits das Grundstück mittels Vermögensübertragung nach FusG von einem im Handelsregister eingetragenen Einzelunternehmen erworben hat; dabei kann die Aktiengesellschaft das Eigentum bereits zu einem Zeitpunkt erwerben, in dem die vorangegangene Vermögensübertragung im Grundbuch noch nicht eingetragen war.

IV. Alterspriorität und Ränge der dinglichen Belastungen des Grundeigentums

A. Begriffe der Alterspriorität und des Ranges

Unter *Alterspriorität* versteht man im Immobiliarsachenrecht den Grundsatz, dass Belastungen, die auf das Grundeigentum gelegt werden, in jener Reihenfolge, d.h. mit jener Priorität, wirksam werden und bleiben, in der sie im zeitlichen Ablauf im Grundbuch eingetragen wurden (Art. 972 Abs. 1 ZGB; BGE 132 III 539, E. 3.1; ARTHUR MEIER-HAYOZ [BK 1981], Syst. Teil N 95 ff.). 169

Das Prinzip der Alterspriorität gilt sowohl unter den beschränkten dinglichen Rechten (d.h. Grundpfandrechten, Dienstbarkeiten und Grundlasten) als auch im Verhältnis zu den vorgemerkten Rechten (JÜRG SCHMID [BSK 2015], Vor Art. 942–977 N 21; PETER LIVER [ZK 1980], Einl. N 49 f.; ARTHUR HOMBERGER [ZK 1938], Art. 972 N 3). 170

Wird beispielsweise am ersten Tag ein Wegrecht und am zweiten Tag ein Pfandrecht eingetragen, so muss der Pfandgläubiger das Wegrecht akzeptieren, obwohl es eine Entwertung des Pfandobjekts darstellt. Das Pfandrecht bezieht sich bei dieser zeitlichen Reihenfolge auf das wegrechtsbelastete Pfandobjekt. Wird hingegen am ersten Tag das Pfandrecht und am zweiten Tag das Wegrecht eingetragen, so behält der Pfandgläubiger sein Recht am unbelasteten Objekt. Das Pfandrecht hat die Priorität gegenüber dem Wegrecht mit der Folge, dass 171 das Wegrecht im Falle einer Pfandverwertung des Grundstücks gelöscht wird, sofern dies nötig ist, um dem Pfandgläubiger Befriedigung zu verschaffen (Art. 812 Abs. 2 ZGB).

172 Die Geltungskraft von Belastungen des Grundeigentums gemäss der zeitlichen Reihenfolge ihres Eintrags, d.h. gemäss ihrer Alterspriorität, führt zum Begriff des *Ranges*. Die ältere Belastung steht gegenüber der später eingetragenen in einem vorderen oder niedrigeren Rang (ROBERT HAAB [ZK 1977], Einl. N 65).

173 Bei den *Grundpfandrechten* führt die Rangfolge zu einem klar definierten Ablauf bei der Pfandverwertung. Der Erlös aus der Versteigerung des Pfandobjekts wird an die Grundpfandgläubiger in der Reihenfolge ihres Ranges verteilt (Art. 817 Abs. 1 ZGB). Wenn es nicht für alle reicht, sind es die höheren Ränge, die leer ausgehen.

174 Bei *Dienstbarkeiten* führt die Alterspriorität dazu, dass die aus einer früheren Dienstbarkeit berechtigte Person ein Klagerecht auf Unterlassung von Verhaltensweisen gegenüber jeder Berechtigten aus einer späteren Dienstbarkeit hat, soweit diese die Ausübung der älteren Dienstbarkeit beeinträchtigen (PETER LIVER [ZK 1980], Einl. N 37 ff.). Dasselbe gilt bei den Grundlasten.

175 Das Prinzip der Alterspriorität schliesst nicht aus, dass Rechte gleicher oder verschiedener Art im *gleichen Rang* stehen. Vielmehr ergibt sich aus Art. 972 Abs. 1 ZGB, dass Rechte, die im gleichen Zeitpunkt beim Grundbuch angemeldet werden und für welche die Anmeldenden keine Rangfolge bestimmt haben, den gleichen Rang (Nebenrang) haben (ARTHUR HOMBERGER [ZK 1938], Art. 972 N 16). Für die Gleichrangigkeit ist jedoch Voraussetzung, dass die nebeneinanderstehenden Rechte zur gleichen Zeit und mit gleichartiger Befugnis ausgeübt werden können (HANS-PETER FRIEDRICH [ZBGR 1977], 331 ff.). Dies ist etwa in folgenden Konstellationen ohne Weiteres der Fall:

- mehrere Pfandrechte im gleichen Rang;
- mehrere Unterlassungsdienstbarkeiten im gleichen Rang;
- Pfandrechte und Grundlasten im gleichen Rang.

176 Das Prinzip der Alterspriorität gilt *nicht uneingeschränkt*. So gilt unter den Grundpfandrechten der *Grundsatz der festen Pfandstellen,* was zu Abweichungen vom Prinzip der Alterspriorität führen kann (vgl. hierzu N 369 ff.). Sodann können die beteiligten Personen durch Vereinbarungen vom Prinzip der Alterspriorität abweichen, etwa indem der Eigentümer seinem ersten Gläubiger ein Grundpfandrecht im zweiten Rang gibt und sich den ersten Rang als

sogenannte *leere Pfandstelle* für die künftige Errichtung einer ersten Hypothek freihält (Art. 813 Abs. 2 ZGB). Ferner können Pfand- und Dienstbarkeitsberechtigte mit ihren älteren Rechten hinter später begründete Rechte zurücktreten. Man spricht in diesem Fall von *Rangrücktritt* (zum Begriff des Rangrücktritts vgl. N 377 ff.; zur Rangrücktrittserklärung vgl. N 1791 ff.). Schliesslich gehen die *gesetzlichen Pfandrechte* (N 430 ff.) – beispielsweise zur Sicherung gewisser Steuerforderungen – allen vertraglichen Pfandrechten im Range vor.

B. Bedeutung der Alterspriorität und des Ranges bei der Pfandverwertung

Jedes Grundpfandrecht steht in einem bestimmten Rang (zum Verbot des gebrochenen Ranges vgl. N 382). Der Rang des Grundpfandrechts bestimmt, in welcher Reihenfolge die Forderungen der Grundpfandgläubiger im Falle der Pfandverwertung befriedigt werden. Der Grundpfandgläubiger des ersten Ranges erhält Befriedigung, bevor Geld an die Gläubiger der höheren Ränge fliesst (Art. 817 Abs. 1 ZGB). In diesem Sinne spricht man von Grundpfandrechten oder Hypotheken im ersten, zweiten und in höheren Rängen, oder im Volksmund von «erster» und «zweiter» Hypothek etc. 177

Entsprechend der Rangfolge bei der Pfandverwertung ist das Verlustrisiko der Grundpfandgläubiger umso grösser, je höher der Rang ihres Pfandrechts ist. Entsprechend dem höheren Gläubigerrisiko sind meist auch die Zinssätze für höherrangige Hypotheken höher. 178

Aus dem Prinzip der Alterspriorität und der Rangordnung dinglicher Belastungen des Grundeigentums ergibt sich auch, dass das Pfandrecht eines Grundpfandgläubigers nicht durch spätere Belastungen beeinträchtigt werden darf. Deshalb sieht Art. 812 Abs. 2 ZGB vor, dass der Grundpfandgläubiger nötigenfalls die Löschung von späteren Belastungen verlangen kann, sofern er durch deren Bestand bei der Pfandverwertung geschädigt wird. Der Grundpfandgläubiger kann dies mithilfe des *Doppelaufrufverfahrens* nach Art. 142 SchKG erreichen. 179

Der Doppelaufruf bedeutet, dass das Grundstück zunächst mitsamt der nachrangigen Belastung zur Versteigerung ausgeboten wird. Reichen die eingehenden Kaufsangebote aus, um den Grundpfandgläubiger zu befriedigen, dann wird das Objekt mit der Belastung versteigert. Reichen die Angebote nicht aus, dann wird das Objekt in einer zweiten Runde nochmals ohne die Belastung ausgeboten. Beim Zuschlag wird die nachrangige Belastung gelöscht. 180

181 Zu den Belastungen, die zum Doppelaufruf berechtigen, gehören nach Art. 104 VZG sowohl die *Dienstbarkeiten* und *Grundlasten* als auch die im Grundbuch *vorgemerkten persönlichen Rechte*, d.h. insbesondere die Vorkaufs-, Kaufs-, Rückkaufsrechte (vgl. zu den vormerkbaren persönlichen Rechten N 505 ff.).

V. Rechtliche Verbundenheit von Bauten und Pflanzen mit dem Boden

182 Im Immobiliarsachenrecht gilt das Prinzip, dass Bauwerke, die mit dem Erdboden fest verbunden sind, sowie Pflanzen, die im Boden wurzeln, dem Eigentümer des Grundstücks gehören, worauf sie stehen (Art. 667 Abs. 2 ZGB; ARTHUR MEIER-HAYOZ [BK 1981], Syst. Teil N 98 f.; PASCAL SIMONIUS/THOMAS SUTTER [Bd. I 1995], § 3 N 23). Da die Pflanzen und Bauten im Zeitpunkt ihrer Entstehung der Eigentümerin rechtlich gewissermassen anwachsen, d.h. zum physischen Gegenstand ihres Eigentumsrechts hinzutreten, spricht man in diesem Zusammenhang vom *Akzessionsprinzip* (von lat. accedere = hinzutreten).

183 Das Akzessionsprinzip wird durchbrochen, wenn Bau- und Pflanzungsrechte vereinbart werden. Solche Rechte werden als separate Eigentumsrechte an Gebäuden und Pflanzen verstanden (Art. 675 Abs. 1, 678 Abs. 2 und 779 ff. ZGB; ARTHUR MEIER-HAYOZ [BK 1974], Art. 667 N 30 ff.).

§ 8 Eigentum

I. Alleineigentum

184 Der Grundtatbestand ist derjenige, dass ein Grundstück einer einzigen Eigentümerin allein gehört.

185 Lasten auf dem Grundstück keine beschränkten dinglichen Rechte, so kann die Eigentümerin mit dem Grundstück machen, was sie will. Ferner kann sie über ihr Eigentumsrecht verfügen, wie sie will, beides, wie vorn gesagt (N 137 ff.), «in den Schranken der Rechtsordnung» (Art. 641 Abs. 1 ZGB).

II. Miteigentum
A. Allgemeines und Begriffliches

Miteigentum (Art. 646–651a ZGB) ist jene Form des gemeinschaftlichen Eigentums, bei der eine einzige Sache zwei oder mehr Personen gehört, wobei die Berechtigungen der Miteigentümerinnen nach Bruchteilen (Quoten) bestimmt sind (THOMAS SUTTER-SOMM [SPR 2014], N 148 ff.; ROBERT HAAB [ZK 1977], Vorbem. Art. 646–654 N 3).

186

Jede Miteigentümerin kann über ihre Quote selbständig verfügen, d.h. sie veräussern oder verpfänden (Art. 646 Abs. 1 ZGB; ARTHUR MEIER-HAYOZ [BK 1981], Art. 646 N 54 ff.). Diese Verfügungsbefugnis wird durch das Gesetz jedoch teilweise eingeschränkt. Von besonderer praktischer Tragweite ist das gesetzliche Vorkaufsrecht der Miteigentümerinnen gemäss Art. 682 Abs. 1 ZGB (vgl. N 2633 ff.), ferner das Zustimmungserfordernis des anderen Errungenschafts-Ehegatten (vgl. N 2622 ff.).

187

B. Grundbuchliche Darstellung des Miteigentums

Beim Miteigentum werden sämtliche Miteigentümerinnen mit ihren Quoten in der Eigentumsspalte des Grundbuchs eingetragen (ROBERT HAAB [ZK 1977], Art. 646 N 9; ARTHUR HOMBERGER [ZK 1938], Art. 946 N6).

188

Um Verfügungen über einzelne Miteigentumsanteile zu erleichtern, erlaubt das Gesetz den Miteigentümerinnen, für ihre Miteigentumsanteile separate Grundbuchblätter eröffnen zu lassen (Art. 655 Abs. 2 Ziff. 4 ZGB; ARTHUR MEIER-HAYOZ [BK 1981], Art. 646 N 33 ff.; zum Anlegen von Miteigentumsparzellen vgl. N 1135 ff.). Ein Miteigentumsanteil kann grundbuchlich wie ein Grundstück behandelt und also auf einem eigenen Grundbuchblatt dargestellt werden (Art. 23 GBV).

189

Werden für Miteigentumsanteile separate Grundbuchblätter erstellt, dann müssen pro Grundstück alle daran bestehenden Miteigentumsanteile je ihr eigenes Blatt, sogenannte *Miteigentumsparzellen*, erhalten. Das ursprüngliche Blatt wird nicht aufgehoben, sondern besteht weiter. Dieses Blatt wird *Stammgrundstück* (Art. 23 Abs. 3 GBV) oder auch *Stammparzelle* genannt (HENRI DESCHENAUX [SPR 1988], 85; ARTHUR MEIER-HAYOZ [BK 1981], Art. 646 N 36.). Beim hälftigen Miteigentum an einer Liegenschaft bestehen nachher also drei Grundbuchblätter, nämlich das ursprüngliche Blatt für die ganze Liegenschaft, nun als Stammparzelle bezeichnet, und die beiden neuen Blätter für je einen Miteigentumsanteil an der Liegenschaft, die Miteigentumsparzellen.

190

Es ist zweckmässig, in einem solchen Fall alle Belange, welche die physischen Aspekte des Grundstücks betreffen, z.B. die Art der Bebauung (z.B. mit Einfamilienhaus), ferner rechtliche Belange, die ihrer Natur nach das Grundstück insgesamt betreffen (z.B. Wegrechte, Näherbaurechte etc.) auf der Stammparzelle darzustellen. Auf den Miteigentumsparzellen werden jene Dinge dargestellt, die nur die einzelnen Anteile betreffen.

191 Zwingend werden Miteigentumsanteile als separate Grundbuchblätter aufgenommen, wenn sie mit Grundpfandrechten belastet werden (Art. 23 Abs. 1 GBV). Ferner erfolgt die Anlegung von separaten Grundbuchblättern häufig im Zusammenhang mit Autoeinstellplätzen. Bietet etwa eine Liegenschaft Raum für vier Parkplätze, so kann das Eigentum daran in vier Miteigentumsanteile zu je einem Viertel aufgeteilt werden. Die Zuweisung des einzelnen Parkplatzes erfolgt in einer Nutzungs- und Verwaltungsordnung (N 1170 ff.). Möchte eine Miteigentümerin ihren Parkplatz veräussern, so erfolgt dies durch den Verkauf ihrer Miteigentumsparzelle.

192 Sofern für die einzelnen Miteigentumsanteile eigene Grundbuchblätter bestehen, ist es möglich, dass eine Miteigentumsparzelle mit einem anderen Grundstück derart verknüpft wird, dass die jeweilige Eigentümerin des einen Grundstücks (*Hauptgrundstück, dominierendes Grundstück*) gleichzeitig Eigentümerin des anderen Grundstücks ist (Art. 655a ZGB). Bei dieser subjektiv-dinglichen Verknüpfung teilt das *verknüpfte* oder *beherrschte (dominierte) Grundstück* das rechtliche Schicksal des dominierenden Hauptgrundstücks und kann während der Dauer der Verknüpfung nicht gesondert veräussert, verpfändet oder belastet werden (N 1345 ff.).

C. Die Miteigentümergemeinschaft

193 Die Miteigentümergemeinschaft entsteht ohne Weiteres, wenn zwei oder mehr Personen eine Sache zu Miteigentum halten. Die Miteigentümergemeinschaft ist die notwendige Nutzungs- und Verwaltungsgemeinschaft bezüglich der im Miteigentum gehaltenen Sache (ROBERT HAAB [ZK 1977], Art. 647 N 1 ff.). Wenn die gleichen Personen mehrere Sachen zu Miteigentum halten, bilden sie bezüglich jeder Sache eine separate Miteigentümergemeinschaft. Die Gemeinschaft ist die Folge des Miteigentums.

194 Die Miteigentümerinnen sind gemäss ihren Quoten nicht nur wertmässig berechtigt, sondern auch zur Tragung der mit dem Grundstück verbundenen Lasten verpflichtet (Art. 649 Abs. 1 ZGB). Zu den Lasten gehören Unter-

haltskosten, grundstückbezogene Steuern, Gebäudeversicherungsbeiträge und anderes.

Bezüglich der Ausübung des Miteigentums macht das Gesetz den Miteigentümerinnen keine Vorschriften. Jede Miteigentümerin ist grundsätzlich befugt, die Sache körperlich zu nutzen (Art. 648 Abs. 1 ZGB). Wie die Miteigentümerinnen diese Nutzung untereinander aufteilen, unterliegt ihrer freien Absprache (ARTHUR MEIER-HAYOZ [BK 1981], Art. 648 N 11 ff.). So können sie in einem Vertrag vereinbaren, dass die eine die Sache in der ersten Jahreshälfte, die andere in der zweiten Jahreshälfte allein nutzen darf. Oder sie können miteinander vereinbaren, dass die eine die nördliche Hälfte, die andere die südliche Hälfte nutzt. Wenn sich die Miteigentümerinnen nicht einigen können, müsste schlimmstenfalls das Gericht die Nutzung zuordnen, wobei der Wert der Nutzung mit der Quote der betreffenden Miteigentümerin übereinstimmen sollte. Wenn also eine Miteigentümerin 75%, die andere 25% Miteigentum hat, ist die Erstgenannte bei zeitlicher Aufteilung befugt, das Grundstück während drei Vierteln der Zeit zu nutzen, die zweite während eines Viertels. 195

Um klare Verhältnisse zu schaffen, ist es deshalb bei länger dauernden Miteigentumsverhältnissen von Personen, die einander nicht familiär oder freundschaftlich nahestehen, üblich, eine Nutzungs- und Verwaltungsordnung (Art. 647 ZGB) zu vereinbaren. Es ist dies eine Art Reglement, das die konkreten Nutzungs- und Verwaltungsbefugnisse und die Pflichten der verschiedenen Miteigentümerinnen regelt (zur Anmerkung der Nutzungs- und Verwaltungsordnung im Grundbuch vgl. N 1170 ff.). 196

Die Miteigentümergemeinschaft ist weder vermögens- noch handlungsfähig, dies im Gegensatz zur Stockwerkeigentümergemeinschaft, der eine beschränkte Vermögens- und Handlungsfähigkeit zukommt (vgl. Art. 712l ZGB; N 230 ff.). 197

III. Stockwerkeigentum

A. Allgemeines und Begriffliches

Das Stockwerkeigentum (Art. 712a-t ZGB) ist eine besondere Form des Miteigentums (vgl. PASCAL SIMONIUS/THOMAS SUTTER [Bd. I 1995], § 15 N 12). Beim Stockwerkeigentum haben mehrere Personen Eigentumsrechte an einem Grundstück mitsamt den darauf stehenden Gebäuden. Meist handelt es sich um ein einziges Gebäude vom Typ des Mehrfamilienhauses (zum Stockwerkeigentum an mehreren Gebäuden auf einem Grundstück vgl. N 215 ff.). Bei den 198 folgenden Ausführungen ist an diesen häufigsten Fall eines einzelnen Mehrfamilienhauses zu denken.

199 Das Recht jeder Stockwerkeigentümerin umfasst zwei Elemente, nämlich

– einen Miteigentumsanteil am ganzen Grundstück mitsamt dem ganzen Gebäude, ferner

– ein Sonderrecht an bestimmten Räumen innerhalb des Gebäudes.

200 So ist es bei einem Mehrfamilienhaus, das beispielsweise vier Stockwerke mit je einer Wohnung umfasst, möglich, vier unterschiedlichen Personen je eine der Wohnungen als Stockwerkeigentum zuzuordnen.

201 In physischer Hinsicht wird unterschieden zwischen den zu *Sonderrecht* ausgeschiedenen Stockwerken und den übrigen Teilen. Die zweitgenannten, d.h. die nicht zu Sonderrecht ausgeschiedenen Teile, heissen *gemeinschaftliche Teile*. Die gemeinschaftlichen Teile stehen grundsätzlich allen Stockwerkeigentümerinnen zur Nutzung zu (ARTHUR MEIER-HAYOZ/HEINZ REY [BK 1988], Vorbem. Art. 712a–712t N 31 f.). Üblich ist es, bei der Begründung des Stockwerkeigentums dem Errichtungsakt *Aufteilungspläne* beizulegen, in denen die zu Sonderrecht ausgeschiedenen Stockwerke mit unterschiedlichen Farben gekennzeichnet und die gemeinschaftlichen Teile uneingefärbt belassen werden.

202 Bei den gemeinschaftlichen Teilen gibt es solche, die notwendigerweise allen Stockwerkeigentümerinnen dienen, beispielsweise die Fundamente des Gebäudes und das Treppenhaus. Andere gemeinschaftliche Teile, z.B. die zum Grundstück gehörende Gartenfläche, können durch das Reglement einzelnen Stockwerkeigentümerinnen zur ausschliesslichen Nutzung zugewiesen werden. Solche *reglementarischen Sondernutzungsrechte* werden insbesondere an Teilen der Liegenschaft begründet, die mangels Abgeschlossenheit nicht als Sonderrechte ausgestaltet werden können.

B. Gemeinschaftliche Teile und Sonderrecht
1. Gemeinschaftliche Teile

203 Die gemeinschaftlichen Teile umfassen die Gebäudeteile, Anlagen und Einrichtungen, an welchen kein Sonderrecht besteht. Das Gesetz erklärt in Art. 712b Abs. 2 ZGB gewisse Teile als zwingend gemeinschaftlich. Ferner steht es der Stockwerkeigentümergemeinschaft frei, darüber hinaus weitere Bestandteile als gemeinschaftlich zu erklären (Art. 712b Abs. 3 ZGB).

Gemeinschaftlich müssen von Gesetzes wegen immer folgende Elemente sein 204
(AMÉDÉO WERMELINGER [ZK 2010], Art. 712b N 113 ff.; ARTHUR MEIER-
HAYOZ/HEINZ REY [BK 1988], Art. 712b N 8 ff.):

- der Erdboden (Art. 712b Abs. 2 Ziff. 1 ZGB);
- die tragenden Elemente des Gebäudes, ohne die das Gebäude insgesamt architektonisch nicht bestehen kann, d.h. alles, was zur Stabilität des Gebäudes nötig ist: das Fundament, die tragenden Mauern, Säulen, die Böden zwischen den Stockwerken, ferner das Dach, die Aussenmauern, der Kamin sowie die Elemente in der äusseren Gestalt des Gebäudes wie die Fassade mit Aussenverputz, Balkone, Terrassen, Fenster, Rundfunk- und Fernsehantennen etc. (Art. 712b Abs. 2 Ziff. 2 ZGB);
- die gemeinschaftlich zu nutzenden Treppen, Gänge und Korridore, die Waschküche, der Heizungsraum, der Zugang zum Gebäude von der Strasse her, die Haustür (Art. 712b Abs. 2 Ziff. 3 ZGB).

2. Das Sonderrecht

Zu Sonderrecht können den Stockwerkeigentümerinnen nur Räume zugeordnet werden, die *auf allen Seiten abgeschlossen* sind (Art. 712b Abs. 1 ZGB), und zwar mit stabiler Architektur, nicht bloss mit einem Drahtgeflecht. Das Vorhandensein von Türen und Fenstern steht dem Begriff des Abgeschlossenseins nicht im Wege. Statt abgeschlossen sagt man deshalb genauer *abschliessbar* (AMÉDÉO WERMELINGER [ZK 2010], Art. 712b N 34 ff.; ARTHUR MEIER-HAYOZ/HEINZ REY [BK 1988], Art. 712b N 47 ff.). 205

Eine weitere Regel von Art. 712b Abs. 1 ZGB sagt: Jedes Stockwerk muss entweder von der Allmend (der öffentlichen Strasse) oder von gemeinschaftlichen Teilen her (z.B. vom zentralen Treppenhaus her) zugänglich sein (AMÉDÉO WERMELINGER [ZK 2010], Art. 712b N 42 ff.; ARTHUR MEIER-HAYOZ/HEINZ REY [BK 1988], Art. 712b N 61 ff.). 206

Es ist unzulässig, einen Raum als selbständiges Stockwerk zu definieren, der nur durch ein anderes Stockwerk hindurch erreicht werden kann. Wenn man vom Treppenhaus her in den Raum A und von diesem Raum in den dahinterliegenden Raum B gelangt, dann können die Räume A und B nur zusammen als ein einziges Stockwerk definiert werden. 207

Während es im Gesetz zwingende Regeln gibt, wonach gewisse Teile von Grundstück und Gebäude gemeinschaftlich bleiben müssen (N 204), besteht kein Zwang, alle abschliessbaren Räume zu Stockwerken (d.h. zu Sonderrecht) 208

3. Aufteilungspläne

209 Meist werden die Sonderrechte und die gemeinschaftlichen Teile in einem *Aufteilungsplan* dargestellt, der von allen Eigentümern unterzeichnet und als Beilage zum Begründungsakt dem Grundbuch eingereicht wird (BEAT BRÄM [BN 2014], 221 f.). Dies ist jedoch nur bei der Eintragung vor Erstellung des Gebäudes zwingend (vgl. Art. 69 Abs. 1 GBV; ferner N 1291 ff.). In allen übrigen Fällen ist auch denkbar, die räumliche Lage, die Abgrenzung und die Zusammensetzung der einzelnen Sonderrechte in Worten zu umschreiben (RENÉ BÖSCH [BSK 2015], Art. 712d N 11; AMÉDÉO WERMELINGER [ZK 2010], Art. 712d N 93; ARTHUR MEIER-HAYOZ/HEINZ REY [BK 1988], Art. 712d N 50).

210 Beim Aufteilungsplan handelt es sich meist um den von einem Architekten gezeichneten Plan des Gebäudes, worin die einzelnen Stockwerke in der Aufsicht von oben her dargestellt werden. Mit farbigen Strichen werden die Innenkonturen der Wohnungen und der separaten Einzelräume im Keller, Estrich, Toiletten in Treppenhäusern und dergleichen gezeichnet und die Flächen schraffiert, die die einzelnen Stockwerke darstellen. Gestützt auf den Aufteilungsplan weiss jede Stockwerkeigentümerin, welche Räume in ihrem Sonderrecht stehen.

211 Die Aufteilungspläne haben keine konstitutive Wirkung. Das Sonderrecht der Stockwerkeigentümerin besteht an der Wohnung, die kraft des Begründungsakts und der Pläne bestimmt oder bestimmbar ist; der räumliche Umfang der Wohnung bestimmt sich sowohl horizontal wie vertikal nach den physischen Gegebenheiten im Gebäude. Die Aufteilungspläne haben also nicht die Rechtswirkungen, die den Vermessungsplänen für die Begrenzungen von Liegenschaften zukommt, sondern sind ein meist unvollständiges und oft ungenaues Abbild der rechtlich relevanten physischen Gegebenheiten (BGE 132 III 9, E. 3; AMÉDÉO WERMELINGER [ZK 2010], Art. 712d N 104 ff.). Die Unvollständigkeit ist schon dadurch gegeben, dass die Aufteilungspläne in der Regel die vertikale Ausdehnung der Wohnungen nicht zeigen. Divergieren Aufteilungsplan und Bausubstanz, so ist nicht die Baute an den Plan, sondern gegebenenfalls der Plan an die Baute anzupassen. Da die Aufteilungspläne für die Willensbildung der Beteiligten insbesondere beim Erwerb von Stockwerkeigentum eine wesentliche Rolle spielen können, müssen sie die bauliche Realität einigermassen zutreffend abbilden.

4. Reglementarische Sondernutzungsrechte

Zuweilen werden Teile von Grundstücken und Gebäuden, an denen mangels Abschliessbarkeit kein Sonderrecht begründet werden kann (vgl. N 204), durch das Reglement den jeweiligen Eigentümerinnen bestimmter Stockwerkeigentumsparzellen zur ausschliesslichen Nutzung zugewiesen, so insbesondere Dachterrassen den Attika-Stockwerken oder Gartenflächen den im Parterre gelegenen Stockwerken (ARTHUR MEIER-HAYOZ/HEINZ REY [BK 1988], Art. 712g N 44 ff.; AMÉDÉO WERMELINGER [ZK 2010], Vorbem. Art. 712a-712t N 176 ff.; zur Begründung, Änderung und Löschung von reglementarischen Sondernutzungsrechten vgl. N 1275 ff.).

212

Solche Sondernutzungsrechte gleichen den Grunddienstbarkeiten. Sie erhöhen den Wert der berechtigten Stockwerke. Denn bei der Veräusserung der betreffenden Stockwerke gehen auch die Sondernutzungsrechte auf die Erwerber über. Hingegen können Sondernutzungsrechte nach der hier vertretenen Auffassung nicht separat veräussert werden. Ihre Übertragung von der einen Stockwerkeigentumsparzelle auf eine andere braucht eine Reglementsänderung (ARTHUR MEIER-HAYOZ/HEINZ REY [BK 1988], Art. 712g N 47 f.). Entgegen dieser Auffassung ist es nach der bundesgerichtlichen Rechtsprechung möglich, dass die Stockwerkeigentümerinnen ihre Sondernutzungsrechte untereinander austauschen und übertragen können, ohne dass für die diesbezügliche Reglementsänderung die Zustimmung der übrigen Stockwerkeigentümer erforderlich ist (BGE 122 III 145, E. 4c = ZBGR 1998, 324 ff. mit kritischen Bemerkungen; ferner AMÉDÉO WERMELINGER [ZK 2010], Vorbem. Art. 712a–712t N 194 ff.). Die Übertragung von Sondernutzungsrechten an Nicht-Stockwerkeigentümer ist ausgeschlossen (offengelassen jedoch in BGE 115 II 340).

213

Die reglementarischen Sondernutzungsrechte stehen unter dem Schutz der Eigentumsgarantie und können den sondernutzungsberechtigten Stockwerkeigentümern nicht ohne deren Zustimmung weggenommen werden (AMÉDÉO WERMELINGER [ZK 2010], Vorbem. Art. 712a-712t N 196 ff.).

214

5. Exkurs: Stockwerkeigentum bei Gesamtüberbauungen

Das Wort Stockwerkeigentum legt nahe, dass diese Form des Eigentums nur möglich ist bei einzelnen Häusern mit mehreren Stockwerken. So ist es aber nicht. Es ist rechtlich ebenso zulässig, Stockwerkeigentum an Grundstücken zu begründen, auf denen sich mehrere Ein- oder Mehrfamilienhäuser befinden.

215

216 So kann man beispielsweise auf einem einzelnen Grundstück zwei Einfamilienhäuser nebeneinander bauen und das Grundstück in zwei Stockwerkeigentumsparzellen aufteilen. Hierbei gewähren die beiden Stockwerkeigentumsparzellen je das Sonderrecht an den Innenräumen des einen und des anderen Hauses.

217 Diese Form des Stockwerkeigentums ändert jedoch nichts an der grundlegenden Ordnung, wonach gewisse Teile gemeinschaftlich bleiben müssen und somit nicht der zwingenden Zuständigkeit aller Stockwerkeigentümerinnen entzogen werden können (vgl. hiervor N 204). So sind die einzelnen Stockwerkeigentümerinnen etwa für die Bewirtschaftung der Aussenmauern, des Dachs und des Umschwungs auf den Konsens mit den anderen Stockwerkeigentümerinnen in den anderen Gebäuden angewiesen.

218 In der Regel besteht kein Interesse daran, nebeneinander stehende bauliche Einheiten wie Einfamilienhäuser im Stockwerkeigentum zusammenzufassen. Die gegenseitige Abhängigkeit der Stockwerkeigentümer entwertet die einzelnen Objekte, verglichen mit dem autonomen Alleineigentum jedes Grundeigentümers an seinem Haus und seinem Umschwung. Wo trotzdem aus bestimmten Gründen nebeneinanderstehende Bauten zu Stockwerkeigentum verbunden werden müssen, versucht man, die notwendige Konsensbildung durch die Begründung von Untergemeinschaften zu erleichtern. Im Rahmen des Begründungsaktes oder durch nachträglichen Beschluss der Stockwerkeigentümerversammlung werden in einem solchen Fall so viele Untergemeinschaften gebildet, wie es eigenständige Häuser auf dem Grundstück gibt. Sodann werden der einzelnen Untergemeinschaft jene Aufgaben und Zuständigkeiten übertragen, die die Belange ihres Bereiches betreffen (ARTHUR MEIER-HAYOZ/HEINZ REY [BK 1988], Art. 712b N 82 ff.; AMÉDÉO WERMELINGER [ZK 2010], Art. 712l N 151 ff.).

6. Exkurs: Autoeinstellhallen sowie Abteile in Kellern und Estrichen

219 Bei grösseren Überbauungen mit *Autoeinstellhallen* sind die Einstellplätze für die Fahrzeuge häufig durch Markierungen am Boden oder durch Drahtgeflechte abgegrenzt und nummeriert. Mangels Abgeschlossenheit können solche Plätze nicht als Stockwerkeigentumsparzellen ausgestaltet werden. Ist das Grundstück in Stockwerkeigentum aufgeteilt, so wird die dazugehörende Autoeinstellhalle meist als ein Stockwerk definiert und dieses seinerseits in so viele Miteigentumsanteile aufgeteilt, als in dem Gebäude Wohnungen und in der Einstellhalle markierte Plätze vorhanden sind (ROLAND PFÄFFLI [2003], 377 ff.). Sodann ist es zweckmässig, das gesetzliche Vorkaufsrecht der Miteigen-

tümerinnen aufzuheben oder die Miteigentumsanteile an der Autoeinstellhalle mit den Wohnungen subjektiv-dinglich zu verknüpfen (vgl. dazu N 1345 ff., insb. N 1354 ff.). Im Miteigentümerreglement für die Autoeinstellhalle werden die nummerierten Einstellplätze den einzelnen Wohnungen zugewiesen. Im Reglement sollte zweckmässigerweise vorgesehen werden, dass die Miteigentümerinnen ihre Einstellplätze untereinander austauschen und übertragen können, wobei für die diesbezüglichen Reglementsänderungen die Zustimmung der unmittelbar Beteiligten genügt.

Eine Alternative besteht darin, die Autoeinstellhalle als gemeinschaftlichen Gebäudeteil zu definieren und den Eigentümern der Wohnungen reglementarische Sondernutzungsrechte an den einzelnen Einstellplätzen zuzuteilen oder Nutzungsdienstbarkeiten daran zu begründen (ROLAND PFÄFFLI [2003], 373 ff.; PETER STÄHLI [BN 2010], 173 ff.). Die beiden soeben gezeigten Alternativen sind rechtlich gleichwertig. 220

Die gleichen Gestaltungsmöglichkeiten stehen zur Verfügung für die individuelle Zuteilung von nicht ummauerten *Abteilen in Kellern und Estrichen:* Entweder werden die durch Markierungen oder Drahtgeflechte in Abschnitte unterteilten Keller- und Estrichräume insgesamt als Stockwerkeigentumsparzellen definiert, den Wohnungsinhabern zu Miteigentum überlassen und im Miteigentümerreglement abschnittweise zur individuellen Nutzung zugewiesen, oder die Räume bleiben gemeinschaftlich und werden durch das Stockwerkeigentümerreglement abschnittweise zur Sondernutzung zugewiesen. 221

C. Grundbuchliche Darstellung des Stockwerkeigentums

Die grundbuchliche Darstellung der Rechtsverhältnisse an einem Grundstück, das zu Stockwerkeigentum aufgeteilt worden ist, geschieht so, dass das Grundstück, wie es *vor* der Aufteilung in Stockwerkeigentum auf einem Grundbuchblatt mit einer Parzellennummer dargestellt war, auch nachher bestehen bleibt (ARTHUR MEIER-HAYOZ/HEINZ REY [BK 1988], Art. 712d N 15 ff.). Dieses Blatt heisst ab der Aufteilung in Stockwerkeigentum fortab das *Stammgrundstück* (Art. 23 Abs. 4 lit. a GBV) oder die *Stammparzelle*. 222

Anschliessend wird für jede *Stockwerkeigentumsparzelle* ein eigenes Grundbuchblatt eröffnet (Art. 23 Abs. 4 lit. b GBV). In einzelnen Kantonen nimmt die Nummerierung der Stockwerkeigentumsparzelle Bezug auf die Stammparzelle, d.h., die Nummer jeder Stockwerkeigentumsparzelle enthält vorweg die Nummer der Stammparzelle und, mit einem Bindestrich angehängt, eine fortlaufende Nummer für jede einzelne Stockwerkeigentumsparzelle. 223

224 *Stockwerkeigentumsparzellen* sind einzeln, d.h. separat, verkäuflich (im Gegensatz zu den Wohnungen in einem Mehrfamilienhaus, das nicht in Stockwerkeigentumsparzellen aufgeteilt ist und demgemäss als eine einzige Sache nur gesamthaft verkauft werden kann). Stockwerkeigentumsparzellen können separat verpfändet und mit gewissen Dienstbarkeiten belastet werden (ARTHUR MEIER-HAYOZ/HEINZ REY [BK 1988], Art. 712a N 83 ff.).

225 In einer laienhaften Betrachtungsweise ist man geneigt, das Grundbuchblatt für die Stammparzelle als Darstellung des Erdbodens und der gemeinschaftlichen Teile zu verstehen, die Grundbuchblätter der Stockwerkeigentumsparzelle als Darstellung der Sonderrechte bzw. der einzelnen Wohnungen. Diese Betrachtungsweise ist naheliegend und anschaulich, aber sie ist juristisch falsch, ebenso wie es falsch ist, beim blossen Miteigentum anzunehmen, dass es separat von den Miteigentumsanteilen noch eine «Sache selbst» gibt, die Gegenstand des Rechtsverkehrs sein könnte.

226 Die *Stammparzelle* umfasst rechtlich alles, was auf diesem Grundstück vorhanden ist, einschliesslich der Stockwerke. Die Gesamtheit der Stockwerkeigentumsparzellen umfasst ebenfalls alles, was vorhanden ist. Der vorhandene Boden und das Gebäude werden im Grundbuch also doppelt dargestellt, einmal insgesamt durch das Blatt der Stammparzelle, ein zweites Mal nochmals insgesamt durch die Blätter der Stockwerkeigentumsparzellen.

227 Die Stammparzelle ist jener Ort, wo alle physischen und rechtlichen Belange dargestellt werden können und sollen, die für alle Stockwerkeigentümer gemeinsam gelten. Deshalb sind die Grundbucheinträge auf der Stammparzelle nur unter Mitwirkung und mit der Zustimmung aller Stockwerkeigentümer möglich (vgl. in diesem Sinne auch Art. 648 Abs. 2 ZGB).

228 Auf den Grundbuchblättern der *Stockwerkeigentumsparzellen* wird alles, aber auch nur das festgehalten, was für jeden einzelnen Stockwerkeigentümer individuell gilt.

229 Es ist also nicht so, dass die Stockwerkeigentümerinnen Miteigentümerinnen an den gemeinschaftlichen Teilen und Alleineigentümerinnen an ihren Sonderrechten sind. Vielmehr sind sie alle zusammen Miteigentümerinnen am ganzen Gebäude samt Boden, und jede einzelne von ihnen ist Inhaberin eines Sonderrechts an ihrem Stockwerk. Auch die zu Sonderrecht ausgeschiedenen Stockwerkeigentumsparzellen stehen im gemeinschaftlichen Miteigentum aller Stockwerkeigentümerinnen.

D. Die Stockwerkeigentümergemeinschaft

Die Gesamtheit aller Stockwerkeigentümerinnen bildet von Gesetzes wegen die *Stockwerkeigentümergemeinschaft*. Die Stockwerkeigentümergemeinschaft ist berufen, den gemeinschaftlichen Willen der Stockwerkeigentümerinnen für die Nutzung und Verwaltung der gemeinschaftlichen Teile und weitere Belange zu bilden und zu protokollieren (ARTHUR MEIER-HAYOZ/HEINZ REY [BK 1988], Vorbem. zu Art. 712a-712t N 47 ff.; AMÉDÉO WERMELINGER [ZK 2010], Art. 712l N 7 ff.). 230

Solange der Betrieb einvernehmlich läuft und keine baulichen Massnahmen anstehen, beschränken sich die Aufgaben der Stockwerkeigentümergemeinschaft auf die Wahl eines Verwalters und seine jährliche Wiederwahl, wenn man mit ihm zufrieden ist, ferner auf die Genehmigung des vom Verwalter beantragten Budgets und der periodischen Einzahlungen in den Erneuerungsfonds, schliesslich auf die Genehmigung der vom Verwalter erstellten Jahresrechnung des Vorjahrs. 231

Der *Verwalter* ist der Geschäftsführer der Stockwerkeigentümergemeinschaft (Art. 712q–712t ZGB). Die Bestellung eines Verwalters ist vom Gesetz nicht zwingend vorgeschrieben, ist aber bei grösseren Stockwerkeigentümergemeinschaften die Regel. Zu den Aufgaben des Verwalters gehört die Einberufung und Leitung der Stockwerkeigentümerversammlung sowie die Vertretung der Stockwerkeigentümergemeinschaft gegenüber Dritten, etwa beim Abschluss von Werkverträgen über die Sanierung gemeinschaftlicher Teile, ferner bei der Grundbuchanmeldung von eintragungsfähigen Beschlüssen der Stockwerkeigentümerversammlung. Seine Vertretungsmacht belegt der Verwalter entweder mit dem Protokoll über den Beschluss seiner Ernennung durch die Stockwerkeigentümerversammlung oder mit einer von allen Stockwerkeigentümern unterzeichneten Vollmacht. Der Umfang seiner Vertretungsbefugnis ergibt sich ohne anders lautenden Beschluss direkt aus dem Gesetz (vgl. AMÉDÉO WERMELINGER [ZK 2010], Art. 712t N 1 ff.) 232

Die wichtigste für den Grundbuchverkehr relevante Zuständigkeit der Stockwerkeigentümergemeinschaft besteht darin, das Reglement der Stockwerkeigentümerinnen zu erlassen, zu ändern und aufzuheben. Das *Reglement* ist das schriftlich abgefasste Regelwerk, mit dem die Verwaltung und die Benutzung des Stockwerkeigentums sowie die Organisation der Stockwerkeigentümergemeinschaft festgelegt werden (AMÉDÉO WERMELINGER, [ZK 2010], Art. 712g N 96 ff.; ARTHUR MEIER-HAYOZ/HEINZ REY [BK 1988], Art. 712g N 78 ff.). 233

234 Das Gesetz schreibt weder einen zwingenden Inhalt noch Mindestanforderungen an ein Reglement vor (AMÉDÉO WERMELINGER [ZK 2010], Art. 712g N 148 ff.). Die Stockwerkeigentümer geniessen deshalb eine grosse Freiheit in der Ausgestaltung und der Formulierung des Reglements. Typischerweise finden sich die folgenden Punkte im Reglement (vgl. auch AMÉDÉO WERMELINGER [ZK 2010], Art. 712g N 151; ARTHUR MEIER-HAYOZ/HEINZ REY [BK 1988], Art. 712g N 98):

- Bestimmungen über die *Nutzung und den Unterhalt sowie die Sonderrechte;*
- Bestimmung über die *Benutzung von gemeinschaftlichen Teilen* (Garten, Veloraum, Eingangshalle etc.) sowie die Einräumung von *reglementarischen Sondernutzungsrechten* (z.B. Gartensitzplatz, Dachterrasse etc.);
- Verlegung der *gemeinschaftlichen Kosten;*
- Einrichtung und Speisung («Äufnung») eines *Erneuerungsfonds;*
- Bestimmungen betreffend die *Stockwerkeigentümerversammlung* (Einberufung, Beschlussfähigkeit, Quoren, Ausübung des Stimmrechts etc.);
- Bestimmungen betreffend den *Verwalter* (Ernennung, Abberufung, Aufgaben, Kompetenzen etc.);
- *Gerichtsstands- oder Schiedsgerichtsklauseln* sowie Bestimmungen über das Zustellungsdomizil der Stockwerkeigentümergemeinschaft oder die Pflicht der einzelnen Stockwerkeigentümerinnen, ein Zustellungsdomizil mitzuteilen.

235 Die Stockwerkeigentümergemeinschaft fasst ihre *Beschlüsse* mit den Quoren und Mehrheiten, die im Gesetz (insb. Art. 712g ZGB) vorgeschrieben sind. Im Einzelnen gilt:

236 Eine *einfache Mehrheit* ist in allen Fällen ausreichend, in denen weder das Gesetz noch ein allfällig vorhandenes Reglement ein anderes Stimmquorum festlegen (LUKAS HANDSCHIN/MICHAEL WYTTENBACH [2011], 67; AMÉDÉO WERMELINGER [ZK 2010], Art. 712m N 166 ff.; ARTHUR MEIER-HAYOZ/HEINZ REY [BK 1988], Art. 712m N 110). Die Berechnung des einfachen Mehrs erfolgt aufgrund der anwesenden oder vertretenen Stockwerkeigentümerinnen, und zwar nach der herrschenden Lehre auch in den Fällen von Art. 647a Abs. 2, 647c, 649b Abs. 2, 712c Abs. 2 ZGB; hierbei ist vom *Kopfstimmrecht* auszugehen (LUKAS HANDSCHIN/MICHAEL WYTTENBACH [2011], 68; AMÉDÉO WERMELINGER [ZK 2010], Art. 712m N 186 ff.; ARTHUR MEIER-HAYOZ/HEINZ REY [BK 1988], Art. 712m N 63).

Beim *qualifizierten Mehr* braucht es die einfache Mehrheit der anwesenden oder vertretenen Stockwerkeigentümerinnen und zusätzlich die Zustimmung von mehr als der Hälfte aller Wertquoten. Im Gegensatz zu den erforderlichen Kopfstimmen ist hinsichtlich der Wertquoten nicht auf die anwesenden und vertretenen Wertquoten, sondern auf alle Wertquoten des gesamten Stockwerkeigentums abzustellen (LUKAS HANDSCHIN/MICHAEL WYTTENBACH [2011], 69; AMÉDÉO WERMELINGER [ZK 2010], Art. 712m N 171 ff.). Ein Beschluss mit qualifiziertem Mehr ist von Gesetzes wegen insbesondere erforderlich für den Erlass, die Änderung und Aufhebung des Reglements (Art. 712g Abs. 3 ZGB; vgl. ferner LUKAS HANDSCHIN/MICHAEL WYTTENBACH [2011], 69; AMÉDÉO WERMELINGER [ZK 2010], Art. 712m N 172; ARTHUR MEIER-HAYOZ/HEINZ REY [BK 1988], Art. 712m N 103 ff.).

237

Das Erfordernis der *Einstimmigkeit* besteht zum einen immer dann, wenn eine Stockwerkeigentumsgemeinschaft bloss aus zwei Stockwerkeigentümerinnen besteht. Einstimmigkeit ist ferner insbesondere erforderlich (vgl. auch LUKAS HANDSCHIN/MICHAEL WYTTENBACH [2011], 70 f.; AMÉDÉO WERMELINGER [ZK 2010], Art. 712m N 175 ff.; ARTHUR MEIER-HAYOZ/HEINZ REY [BK 1988], Art. 712m N 93 ff.)

238

- für Änderung der Zweckbestimmung des Stockwerkeigentums oder eines einzelnen Stockwerkanteils, so z.B., wenn eine zum Wohnen bestimmte Liegenschaft oder ein zum Wohnen bestimmtes Stockwerk der gewerblichen Nutzung zugeführt werden soll (Art. 648 Abs. 2 ZGB; BGer 5C.168/2003 vom 17.2.2004, E. 4.2.1);
- für die Festlegung von gemeinschaftlichen Teilen (Art. 712b Abs. 3 ZGB);
- für die Begründung, Änderung und Aufhebung des gesetzlichen, unbefristeten Vorkaufsrechts der Stockwerkeigentümerinnen gemäss Art. 712c Abs. 1 ZGB;
- für die Begründung, Änderung und Aufhebung eines Einspracherechts der Stockwerkeigentümerinnen (Art. 712c Abs. 2 ZGB);
- für die Auflösung des Stockwerkeigentums (Art. 712f Abs. 2 ZGB);
- für die Änderung der gesetzlichen Kompetenzen für Verwaltungshandlungen oder bauliche Massnahmen (Art. 712g Abs. 2 ZGB).

Ungeachtet der vom Gesetz oder dem Reglement geforderten Quoren und Mehrheiten ist für die Änderung und Aufhebung von Sondernutzungsrechten und für die Änderung von Wertquoten stets die *Zustimmung der individuell betroffenen Stockwerkeigentümerinnen* notwendig (vgl. N 1315, 1319, 1286).

239

IV. Gesamteigentum

240 Gesamteigentum (Art. 652 ff. ZGB) ist jene Form des gemeinschaftlichen Eigentums, bei der eine einzige Sache einer Gesamthandsgemeinschaft gehört (ROBERT HAAB [ZK 1977], Art. 652–654 N 2 ff.; ARTHUR MEIER HAYOZ [BK 1981], Art. 652 N 1; THOMAS SUTTER-SOMM [SPR 2014], N 403). Im schweizerischen Privatrecht gibt es sechs Formen von Gesamthandsgemeinschaften, nämlich

- Ehepaare in Gütergemeinschaft (Art. 221 ff. ZGB; N 669 ff.),
- die Gemeinderschaft (Art. 336 ff. ZGB; N 678 ff.),
- die Erbengemeinschaft (Art. 602 ff. ZGB; N 684 ff.),
- die einfache Gesellschaft (Art. 530 ff. OR; N 693 ff.),
- die Kollektivgesellschaft (Art. 552 ff. OR; N 696 ff.) und
- die Kommanditgesellschaft (Art. 594 ff. OR; N 704 ff.).

241 Bei allen diesen Gemeinschaftsverhältnissen steht die Gemeinschaft im Vordergrund. Sowohl die Ausübung des Eigentumsrechts am gemeinschaftlich gehaltenen Grundstück als auch die Verfügung über das Eigentumsrecht erfolgen nach den Regeln des jeweiligen Gemeinschaftsverhältnisses gemeinsam. Kein Beteiligter kann individuell und separat, ohne die Mitwirkung der Übrigen, das Eigentum am Grundstück ausüben. Keiner von ihnen kann individuell und separat über das Eigentum verfügen (ARTHUR MEIER HAYOZ [BK 1981], Art. 652 N 3; ROBERT HAAB [ZK 1977], Art. 652–654 N 18).

242 Der *Unterschied zwischen Miteigentum und Gesamteigentum* kann bildhaft verdeutlicht werden. Denkt man sich das Eigentumsrecht als das rechtliche Band zwischen der Eigentümerin und ihrer Sache, so gibt es beim Miteigentum so viele Bänder wie Miteigentümerinnen; jede Miteigentümerin hält ein solches Band in ihrer Hand und kann selbständig darüber verfügen. Beim Gesamteigentum gibt es nur ein einziges Band. Die Mitglieder der Gemeinschaft halten dieses Band gemeinsam, d.h. gesamthänderisch, und sie können nur gemeinsam darüber verfügen.

243 Die *Teilhaberinnen einer Gesamthandsgemeinschaft* sind mit bestimmten Quoten an den Aktiven und Passiven der Gemeinschaft beteiligt. Meist sind die Quoten vertraglich festgelegt. Durch Vertragsänderungen können die Quoten verändert werden, oder einzelne Teilhaberinnen können aus der Gemeinschaft ausscheiden, oder neue Teilhaberinnen können aufgenommen werden. Da die Quoten aber blosse vertragliche Berechtigungen, nicht Sachen im Rechtssinne

sind, können sie nicht wie Sachen veräussert und verpfändet werden. Scheidet eine Teilhaberin aus der Gemeinschaft aus, so ist sie anschliessend am Gemeinschaftsvermögen nicht mehr berechtigt; die Quoten der übrigen Teilhaberinnen werden entsprechend grösser. Rechtlich bezeichnet man den Vorgang als *Anwachsung* oder *Akkreszenz*. Den Verbleibenden wächst die Quote des Ausscheidenden an (THOMAS SUTTER-SOMM [SPR 2014], N 405; ARTHUR MEIER HAYOZ [BK 1981], Art. 652 N 9 f.). Auch das Umgekehrte gilt: Tritt eine neue Teilhaberin ein, so wird sie am Gemeinschaftsvermögen mit ihrer vertraglichen Quote kraft Anwachsung mitberechtigt. Die Quoten der übrigen Teilhaberinnen werden entsprechend kleiner. Für das Kleinerwerden gibt es aber keinen eingebürgerten Begriff; das Wort *Dekreszenz* beschreibt den Vorgang am besten (ARTHUR MEIER HAYOZ [BK 1981], Art. 652 N 11 f.).

Das Gesagte gilt auch für Rechte an Grundstücken. Miteigentums- und Stockwerkeigentumsanteile werden als Sachen übertragen, und zwar kraft Art. 657 Abs. 1 ZGB meist aufgrund von Verträgen in öffentlicher Urkunde. Gesamthandsanteile (Quoten von Teilhabern) werden nicht übertragen, sondern verändern sich durch Akkreszenz (Anwachsung) und Dekreszenz. Die diesbezüglichen Vertragsänderungen gelten nicht als Eigentumsübertragungen gemäss Art. 657 Abs. 1 ZGB und werden nicht öffentlich beurkundet, und zwar auch dann nicht, wenn der Vorgang nicht die Gesellschaft insgesamt, sondern nur ein einzelnes Grundstück betrifft. Die gebräuchlichen Begriffe heissen *Ausscheiden aus dem Eigentum* und *Übernahme von Eigentum* (z.B.: Die Gesamthänder A, B und C scheiden aus dem Eigentum an der Parzelle P aus; D übernimmt die Parzelle als Alleineigentümer). 244

Der Unterschied zwischen der Veräusserung einer Sache und dem Ausscheiden aus Gesamthandsanteilen zugunsten eines Übernehmers kann an folgendem Beispiel verdeutlicht werden: Wenn A und B ein Grundstück je zur Hälfte zu Miteigentum halten, so kann A ihren Miteigentumsanteil an B übertragen, wozu die öffentliche Beurkundung eines Vertrags (Kauf oder Schenkung) erforderlich ist (vgl. N 1197 ff.). Halten A und B das Grundstück als einfache Gesellschafter mit hälftigen Beteiligungsquoten, so können die beiden vereinbaren, dass A aus dem Eigentum ausscheidet und B es als Alleineigentümer übernimmt. Hierzu genügt einfache Schriftform (vgl. N 2258 ff.). 245

Ein weiterer Unterschied ist bemerkenswert. Die Übertragung des Miteigentumsanteils geschieht nicht bereits durch den Vertragsschluss, sondern erst durch den Grundbucheintrag (THOMAS SUTTER-SOMM [SPR 2014], N 174). 246

247 Demgegenüber erfolgt das Ausscheiden aus einer Gesamthand (und jede andere Veränderung der Quoten der Teilhaber) durch den Vertragsschluss. Hier bewirkt die Anmeldung beim Grundbuch lediglich die Anpassung des Eintragungsstands an die veränderten Verhältnisse. Es handelt sich um einen ausserbuchlichen Vorgang (vgl. dazu vorn, N 165 ff.). Akkreszenz (Anwachsung) und Dekreszenz von Rechten an Grundstücken sind ausserbuchliche Vorgänge, obwohl sie in Art. 656 Abs. 2 ZGB nicht ausdrücklich als solche erwähnt sind (LUKAS HANDSCHIN/RETO VONZUN [ZK 2009], Art. 542 N 13; WALTER FELLMANN/KARIN MÜLLER [BK 2006], Art. 542 N 37).

248 Im Übrigen wird auf die Ausführungen zu den einzelnen Gesamthandsverhältnissen verwiesen.

§ 9 Beschränkte dingliche Rechte

I. Dienstbarkeiten

A. Allgemeines und Begriffliches

1. Begriff der Dienstbarkeit

249 Dienstbarkeit heisst der meist langfristige Verzicht der Grundeigentümerin auf bestimmte Nutzungsrechte an ihrem Grundstück zugunsten einer andern Person. Die verzichtende Grundeigentümerin ist die *Belastete*. Die andere Person heisst *Dienstbarkeitsberechtigte*. Kraft der Dienstbarkeit hat die berechtigte Person entweder gewisse Nutzungsrechte am fremden Grundstück – so z.B. im Falle eines Wegrechts –, oder sie kann der Belasteten bestimmte Nutzungsarten verbieten – so z.B. im Falle einer Bauverbotsdienstbarkeit.

250 Die Dienstbarkeiten werden unterteilt in die *Grunddienstbarkeiten* und die *Personaldienstbarkeiten*.

251 Bei den *Grunddienstbarkeiten* ist keine namentlich genannte Person, sondern die jeweilige Eigentümerin eines andern Grundstücks als Berechtigte definiert (Art. 730 Abs. 1 ZGB). Meist handelt es sich um die Eigentümerin eines Nachbargrundstücks. Man bezeichnet das Grundstück, dessen jeweilige Eigentümerin eine Dienstbarkeitsberechtigung geniesst, als das *berechtigte* oder *herrschende* Grundstück, das andere Grundstück als das *belastete* oder *dienende*. Veräussert die Eigentümerin des einen oder andern Grundstücks ihren Grundbesitz, so tritt der Erwerber ohne Weiteres in das Dienstbarkeitsverhältnis ein. Die Grunddienstbarkeit überdauert den Handwechsel des berechtigten und

des belasteten Grundstücks (PAUL PIOTET [SPR 1977], 546; PASCAL SIMONIUS/THOMAS SUTTER [Bd. II 1990], § 1 N 31).

Grunddienstbarkeiten haben ihre wirtschaftliche Rechtfertigung meist in der räumlichen Nähe der beteiligten Grundstücke. Durch Grunddienstbarkeiten werden Teile der Nutzungsbefugnisse einer Eigentümerin dauerhaft auf die Eigentümerinnen benachbarter oder nahe gelegener Grundstücke verschoben. 252

Personaldienstbarkeiten heissen jene Dienstbarkeiten, die einer namentlich genannten Person zustehen und ihr Befugnisse an einem fremden Grundstück – dem belasteten Grundstück – verleihen. Hier gibt es nur die berechtigte Person, kein berechtigtes Grundstück (PAUL PIOTET [SPR 1977], 546; PASCAL SIMONIUS/THOMAS SUTTER [Bd. II 1990], § 1 N 31 ff.). 253

Personaldienstbarkeiten werden meist im Sinne von Nutzungsrechten an Nicht-Nachbarn erteilt. Der Zweck solcher Nutzungsrechte besteht – abgesehen von den Sonderfällen der Nutzniessung, des Wohnrechts und des Quellenrechts – meist darin, dem Nicht-Nachbarn eine dauerhafte nebensächliche Nutzung zu ermöglichen (z.B. das Verlegen von Leitungen). 254

Grunddienstbarkeiten entziehen der belasteten Grundeigentümerin meist nur einen kleinen Teil ihrer Nutzungsmöglichkeiten, wogegen einzelne Personaldienstbarkeiten die Belastete schwerer beeinträchtigen, indem sie ihr nur noch einen geringen oder überhaupt keinen Nutzen ihres Grundstücks übrig lassen. Die schwer beeinträchtigenden («grossen») Personaldienstbarkeiten – Nutzniessung, Wohnrecht, Baurecht – widersprechen dem ungeschriebenen Prinzip, dass die Eigentümerin den hauptsächlichen Nutzen ihres Eigentums haben soll; sie sind vom Gesetzgeber zeitlich beschränkt worden: Nutzniessungen und Wohnrechte natürlicher Personen können nur auf Lebenszeit der Berechtigten bestellt werden, Baurechte auf höchstens hundert Jahre. Die Beschränkung auf hundert Jahre gilt auch für Nutzniessungen zugunsten juristischer Personen (PASCAL SIMONIUS/THOMAS SUTTER [Bd. II 1990], § 1 N 36 ff.). Für andere Personaldienstbarkeiten gemäss Art. 781 ZGB und für Grunddienstbarkeiten gibt es keine zwingenden Befristungen; sie gelten ohne anderweitige Abmachung der Parteien *ewig* (vgl. N 1402 ff.). Aus der Möglichkeit ewiger Geltung ist abzuleiten, dass solche Dienstbarkeiten das Eigentum nicht in einem so weiten Umfang belasten dürfen, wie es Nutzniessung, Wohn- und Baurecht tun. Richtigerweise werden Personaldienstbarkeiten gemäss Art. 781 ZGB mit Zurückhaltung und nur für langfristige bauliche Teil-Nutzungen des belasteten Grundstücks erteilt. 255

256 Die Errichtung einer Dienstbarkeit wird in der einschlägigen juristischen Denkweise als *Belastung des Grundeigentums,* nicht als Abspaltung und Übertragung von Eigentümerbefugnissen verstanden (vgl. hiervor N 108; ferner PAUL PIOTET [SPR 1977], 523; PETER LIVER [ZK 1980], Einl. N 7 f.).

257 Diese Anschauung wird auch von der gebräuchlichen *Terminologie* zum Ausdruck gebracht: Dienstbarkeitsrechte werden nicht auf den Berechtigten übertragen, sondern sie werden zu seinen Gunsten *bestellt* oder ihm *eingeräumt.* Endet eine Dienstbarkeit, so redet man nicht von der Rückübertragung der Dienstbarkeitsrechte auf den Eigentümer. Vielmehr wird der Vorgang als *Verzicht* des Berechtigten bezeichnet, kraft dessen seine Dienstbarkeitsrechte *erlöschen* oder an den Eigentümer *heimfallen,* womit der Eigentümer fortab wieder das «unbelastete» Eigentum innehat. (Die gleiche Anschauung und Terminologie gilt auch für die Pfandrechte.)

258 **Zum Steuerrecht:** Die Anschauung der Belastung des Grundeigentums führt – wie bereits erwähnt (N 109) – dazu, dass die Errichtung einer Dienstbarkeit keine Steuern auslöst, weder Handänderungs- noch Grundstückgewinn- noch Schenkungssteuern. Das kantonale Steuerrecht macht jedoch insbesondere bei grossen Dienstbarkeiten zuweilen eine Ausnahme, indem etwa der bei Begründung und Beendigung von Baurechten erfolgende Übergang von Gebäuden als steuerbare Vermögensverschiebungen betrachtet und der Handänderungssteuer unterworfen wird. Steuerfrei ist auch das Erlöschen der Dienstbarkeit.

2. Begriffliche Einteilungen der Dienstbarkeiten

259 Die Dienstbarkeiten werden in verschiedener Richtung begrifflich in Gruppen unterteilt. Auf die Unterscheidung von *Grund- und Personaldienstbarkeiten* wurde bereits hingewiesen.

260 Bei den Personaldienstbarkeiten gibt es drei begriffliche Untergruppen, nämlich die regulären, die irregulären und die anderen Dienstbarkeiten (PETER LIVER [ZK 1980], Einl. N 60). Als *reguläre* gelten die zwingend unübertragbaren und unvererblichen Dienstbarkeiten, nämlich die Nutzniessung und das Wohnrecht. Als *irreguläre* gelten die üblicherweise übertragbaren und vererblichen Dienstbarkeiten, nämlich das Baurecht und das Quellenrecht. Alle übrigen Dienstbarkeiten heissen *andere Dienstbarkeiten* (vgl. Art. 781 ZGB) und werden in der vorliegenden Arbeit als Personaldienstbarkeiten gemäss Art. 781 ZGB bezeichnet. Sie sind vorbehältlich einer gegenteiligen Vereinbarung unübertragbar und unvererblich.

Ferner unterscheidet man die Dienstbarkeiten nach ihrem Inhalt in *Duldungs-* 261
dienstbarkeiten (N 263 f.) und *Verbotsdienstbarkeiten* (N 265 ff.). Der Begriff
der Duldungsdienstbarkeit beschreibt das Rechtsverhältnis aus der Sicht des
belasteten Eigentümers. Aus der Sicht des Dienstbarkeitsberechtigten wird das
gleiche Rechtsverhältnis auch Nutzungsdienstbarkeit genannt.

3. Inhalt der Dienstbarkeiten

a) «Dulden» oder «Unterlassen»

Inhalt einer Dienstbarkeit ist immer ein Dulden oder Unterlassen (PETER LIVER 262
[ZK 1980], Art. 730 N 4). Ein positives Tun kann hingegen grundsätzlich nicht
Inhalt einer Dienstbarkeit sein. Eine Ausnahme bilden die von Art. 730 Abs. 2
ZGB vorgesehene Verpflichtung zur Vornahme bloss nebensächlicher Leistungen (N 1395 ff.) sowie die in Art. 741 ZGB geregelte Unterhaltslast.

b) Duldungs- bzw. Nutzungsdienstbarkeiten («positive Servituten»)

Bei den Duldungsdienstbarkeiten muss die belastete Grundeigentümerin dul- 263
den, dass der Dienstbarkeitsberechtigte auf dem Grundstück der Eigentümerin gewisse Dinge tut, die ihm die Grundeigentümerin ohne die Dienstbarkeit andernfalls verbieten könnte (PETER LIVER [ZK 1980], Art. 730 N 4). Die
Duldungsdienstbarkeit ist eine Erlaubnis an den Dienstbarkeitsberechtigten,
das belastete Grundstück in bestimmter Weise zu nutzen. Weil der Dienstbarkeitsberechtigte bei den Duldungsservituten einen positiven Nutzen hat, nennt
man die Duldungsdienstbarkeiten auch *positive Servituten*. Die typischen Duldungsdienstbarkeiten sind (PASCAL SIMONIUS/THOMAS SUTTER [Bd. II 1990],
§ 1 N 19):

– die Nutzniessung (Art. 745 ff. ZGB; N 294 ff.), nämlich das Recht, das
  Grundstück zu benützen und die Früchte aus dem Grundstück zu ziehen;
– das Wohnrecht (Art. 776 ff. ZGB; N 303 ff.), nämlich das Recht, ein auf dem
  Grundstück befindliches Gebäude (oder Teile davon) zu bewohnen;
– das Baurecht (Art. 779 ff. ZGB; N 306 ff.), nämlich das Recht, auf dem
  Grundstück ein Gebäude zu errichten und zu nutzen oder ein bereits bestehendes Gebäude weiter zu nutzen;
– Fussweg- und Fahrwegrechte (Art. 695 ZGB), nämlich die Berechtigungen, das Grundstück an einer bestimmten Stelle in einer bestimmten Weise
  zu durchqueren, entweder nur zu Fuss oder im Falle des Fahrwegrechts
  mit Fahrzeugen. Die Fussweg- und Fahrwegrechte (kurz auch Wegrechte

genannt) können mit dem Recht des Berechtigten verbunden sein, auf der belasteten Liegenschaft einen Weg zu erstellen; hingegen kann es nicht die Dienstbarkeitspflicht der Eigentümerin des belasteten Grundstücks sein, selber den Weg zu bauen; ihre Pflicht beschränkt sich auf das Dulden, dass der Berechtigte das Grundstück nutzt und darauf einen Weg baut;

- das Durchleitungsrecht (Art. 691 ff. ZGB), nämlich das Recht, bestimmte Leitungen oder Kabel durch das belastete Grundstück zu führen;
- das Überbaurecht (Art. 674 Abs. 2 ZGB), nämlich das Recht, Gebäudeteile auf das Nachbargrundstück hinüberragen zu lassen.

264 Die Aufzählung ist nicht abschliessend. Es gibt in Bezug auf den Inhalt von Dienstbarkeiten keinen numerus clausus bzw. keine Typenfixierung (PASCAL SIMONIUS/THOMAS SUTTER [Bd. II 1990], § 1 N 21; PETER LIVER [ZK 1980], Einl. N 65; HANS-PETER FRIEDRICH [1963], 54 f.).

c) Verbotsdienstbarkeiten («negative Servituten»)

265 Bei den Verbotsdienstbarkeiten (oder – gleichbedeutend – *Unterlassungsdienstbarkeiten*) muss der belastete Grundeigentümer gewisse Nutzungen seines Grundstücks unterlassen (PETER LIVER [ZK 1980], Art. 730 N 4).

266 Typische Verbotsdienstbarkeiten sind (PASCAL SIMONIUS/THOMAS SUTTER [Bd. II 1990], § 1 N 20):

- das Bauverbot, nämlich das Recht des Dienstbarkeitsberechtigten, der Eigentümerin des belasteten Grundstücks das Bauen auf ihrem Grundstück insgesamt oder in einem bestimmten Umfang zu verbieten; damit ist gesagt, dass der Dienstbarkeitsberechtigte auf Anfrage hin im Einzelfall der Dienstbarkeitsbelasteten das Bauen hinterher auch erlauben kann;
- das Gewerbeverbot, nämlich das Recht des Dienstbarkeitsberechtigten, der Eigentümerin des belasteten Grundstücks das Betreiben bestimmter Gewerbe auf dem belasteten Grundstück zu verbieten.

267 Die Verbotsdienstbarkeiten können der jeweiligen Eigentümerin des belasteten Grundstücks nur Einschränkungen in ihrem Umgang mit dem Grundstück auferlegen, wie das Bauen oder den Betrieb von Gewerben, die für die Nachbarn lästig sein können oder den Charakter einer Nachbarschaft (z.B. als Wohngegend) verändern. Hingegen können mit Unterlassungsdienstbarkeiten keine Eingriffe in die übrigen Freiheiten der Grundeigentümerin vorgenommen werden (PETER LIVER [ZK 1980], Art. 730 N 106 ff.; HEINZ REY [BK

1981], Art. 730 N 32; PASCAL SIMONIUS/THOMAS SUTTER [Bd. II 1990], § 2 N 7 ff.).

So ist ein dienstbarkeitsrechtliches Verbot zulässig bei Nutzungsarten, die typischerweise bestimmte Immissionen verursachen (Geruch, Lärm, nächtliches Licht), wie dies bei Bäckereien und Konditoreien, Hotels, Restaurants, Sport- und Schiessplätzen der Fall ist. Bei Bordellen, Gassenküchen, Betreuungsstellen für Drogenabhängige und ähnlichen Betrieben erklärt der Begriff der *sozialen Immission* die Zulässigkeit einer Verbotsdienstbarkeit. Auch solche Betriebe prägen den Charakter einer Liegenschaft (ausführlich hierzu JÜRG SCHMID [ZBGR 2003], 273 ff.). 268

Von einer Prägung kann aber keine Rede sein, wenn die Nutzung immissionsfrei geschieht und andere Personen nicht in ihrer Eigenschaft als Nachbarn, sondern als wirtschaftliche Konkurrenten oder als politisch oder religiös Andersdenkende stört. So wäre es unzulässig und im Grundbuch nicht eintragbar, wenn die Eigentümerin des Grundstücks A, auf dem eine Druckerei und ein Zeitungsverlag betrieben werden, der Eigentümerin des benachbarten Grundstücks B mittels einer Dienstbarkeit garantieren würde, auf dem Grundstück A keine religiösen Texte zu drucken und zu verlegen. Desgleichen ist es nach der hier vertretenen Meinung unzulässig, Konkurrenzverbote in der Form von Verbotsdienstbarkeiten mit einem Grundstück zu verbinden. Unter dem Aspekt nachbarlicher Immissionen ist ein Konkurrenzbetrieb die am wenigsten schädliche Nachbarschaft, die sich denken lässt. Niemand kann sich als Grundeigentümerin gestört fühlen, wenn die Nachbarin das Gleiche tut wie sie selber. 269

Das Bundesgericht ist diesbezüglich anderer Meinung (BGer 5A.171/2008 vom 13.5.2008, E. 3.1, betreffend das Verbot des Handels mit Treibstoffen, Schmiermitteln und ähnlichen Produkten; BGE 114 II 314, E. 3, betreffend das Verbot des Betriebs einer Bäckerei und Konditorei), sodass solche Konkurrenzverbote dank höchstrichterlicher Genehmigung in der Vergangenheit immer wieder in den Grundbüchern in der Schweiz eingetragen worden sind, dies entgegen der überzeugenden Kritik in der Literatur (vgl. PETER LIVER [ZK 1980], Art. 730 N 118, 131 ff.; HEINZ REY [BK 1981], Art. 730 N 118, 87 ff.; PASCAL SIMONIUS/THOMAS SUTTER [Bd. II 1990], § 2 N 7 ff.; CHRISTINA SCHMID-TSCHIRREN [2009], N 42 ff.; CYRIL GALLAND [ZBGR 2014], 145 ff.; ROLAND PFÄFFLI [BN 2015], 163 ff.). 270

Dass man sich durch einen Vertrag in weiter gehendem Masse in seiner Handlungsfreiheit einschränken kann, ist selbstverständlich. So können Konkur- 271 renzverbote gültig vereinbart werden, aber nur zwischen namentlich genannten Vertragsparteien, nicht mit der jeweiligen Eigentümerin eines bestimmten Grundstücks (vgl. auch die Fallgruppen bei PETER LIVER [ZK 1980], Art. 730 N 127 ff.; HEINZ REY [BK 1981], Art. 730 N 91 ff.).

4. Personaldienstbarkeiten als selbständige und dauernde Rechte

272 Personaldienstbarkeiten können als separate Parzellen in das Grundbuch aufgenommen werden, wenn sie als selbständige und dauernde Rechte ausgestaltet sind (Art. 655 Abs. 3 ZGB; PETER LIVER [SPR 1977], 124; PAUL PIOTET [SPR 1977], 547).

273 Die Aufnahme in das Grundbuch hat zur Folge, dass das Dienstbarkeitsrecht (fast) gleich wie ein Eigentumsrecht behandelt wird (JÖRG SCHMID/BETTINA HÜRLIMANN-KAUP [2009], N 1333; DIETER ZOBL [2004], N 193), d.h., dass es seinerseits mit Grundpfandrechten und mit Dienstbarkeiten belastet werden kann (PASCAL SIMONIUS/THOMAS SUTTER [Bd. II 1990], § 1 N 33) und dass darauf auch Vormerkungen und Anmerkungen eingetragen werden können. Am häufigsten werden Baurechte als eigenständige Grundstücke in das Grundbuch aufgenommen. Aber auch andere Dienstbarkeiten (z.B. das Benutzungsrecht für einen Parkplatz oder das Recht eines Schützenvereins, seine Mitglieder während der Schiesstage über fremde Grundstücke schiessen zu lassen) können als eigenständige Grundstücke in das Grundbuch aufgenommen werden, sofern die beiden Voraussetzungen der Selbständigkeit und der Dauerhaftigkeit erfüllt sind (vgl. Art. 655 Abs. 3 ZGB).

274 Ein Recht heisst *selbständig,* wenn die Parteien es als ein frei übertragbares Recht vereinbart haben. Die Praxis toleriert allerdings gewisse Einschränkungen der freien Übertragbarkeit, ohne dass deswegen die Selbständigkeit verloren geht (LORENZ STREBEL/HERMANN LAIM [BSK 2015], Art. 655 N 13 ff.). Das Recht ist auch dann ein selbständiges, wenn der Berechtigte bei der Veräusserung des Rechts die Zustimmung des Grundeigentümers einholen muss, wobei diese Zustimmung aber *nur aus einem wichtigen Grund verweigert* werden darf. Würde vereinbart, dass der Grundeigentümer die Zustimmung nach freiem Ermessen oder ohne Grundangabe verweigern darf, dann wäre das Dienstbarkeitsrecht kein selbständiges und könnte nicht auf einem separaten Grundbuchblatt dargestellt werden.

275 Ein Recht heisst *dauernd,* wenn es auf eine Geltungsdauer von mindestens 30 Jahren vereinbart wird (Art. 655 Abs. 3 Ziff. 2 ZGB).

Sind die Voraussetzungen der Selbständigkeit und der Dauerhaftigkeit erfüllt, 276
so kann die Eröffnung eines separaten Grundbuchblatts für die Dienstbarkeit
entweder bei ihrer Errichtung oder jederzeit später aufgrund eines schriftlichen Begehrens der Inhaberin des Rechts erfolgen (Art. 22 Abs. 1 GBV). Die
Zustimmung der belasteten Grundeigentümerin ist nicht erforderlich (ARTHUR
MEIER HAYOZ [BK 1974], Art. 655 N 27 ff.; JÜRG SCHMID [ZBGR 1998], 301).

5. Gesetzliche Dienstbarkeiten (Legalservituten)

Meist kann die Eigentümerin frei bestimmen, ob und zu welchen Bedingungen 277
sie ihr Grundstück mit einer Dienstbarkeit belasten möchte. Nur in bestimmten Ausnahmefällen kann eine Grundeigentümerin von Gesetzes wegen verpflichtet sein, zur Errichtung einer Dienstbarkeit Hand zu bieten. Es sind dies
(JÖRG SCHMID/BETTINA HÜRLIMANN-KAUP [2009], N 1220; HEINZ REY [BK
1981], Vorbem. Art. 730–736 N 33):

- Art. 674 Abs. 3 ZGB: Überbaurecht;
- Art. 691 Abs. 1 ZGB: Durchleitungsrecht;
- Art. 694 Abs. 1 ZGB: Notweg;
- Art. 710 Abs. 1 ZGB: Notbrunnen;
- Art. 121 Abs. 3 ZGB: befristetes Wohnrecht des geschiedenen Ehegatten;
- Art. 219 Abs. 1, 224 Abs. 2 und 612a Abs. 2 ZGB: Nutzniessung oder Wohnrecht des überlebenden Ehegatten nach Ehe- und Erbrecht.

Die gesetzlichen Dienstbarkeiten (auch *Zwangsdienstbarkeiten* genannt) sind 278
sogenannte mittelbare gesetzliche Eigentumsbeschränkungen (N 145). Dies
bedeutet, dass dem Berechtigten bloss ein Anspruch auf Einräumung einer
Dienstbarkeit zusteht. Die Dienstbarkeit entsteht also nicht von Gesetzes
wegen (ausserbuchlich), sondern erst mit der Eintragung in das Grundbuch
gestützt auf einen entsprechenden Dienstbarkeitsvertrag in einfacher Schriftform oder gestützt auf ein richterliches Urteil (N 1420; ferner PETER LIVER
[ZK 1980], Einleitung N 87 ff.).

Da die gesetzlichen Dienstbarkeiten in die Freiheit der Eigentümerin eingreifen, spricht das Bundesgericht von einer *privatrechtlichen Enteignung* (BGE 114 279
II 230 E. 4a; 136 III 130, E. 3.1) und bejaht den Anspruch auf Einräumung
insbesondere der im Sachenrecht verankerten Legalservituten (Überbaurecht,
Durchleitungsrecht, Notwegrecht, Notbrunnenrecht) nur in eigentlichen *Notlagen* (BGE 136 III 130, E. 3.1; 105 II 178 E. 3b).

6. Dienstbarkeiten aufgrund kantonaler oder kommunaler Gesetzgebung

280 In den kantonalen oder kommunalen Baugesetzen finden sich gelegentlich Regelungen, wonach unter gewissen Voraussetzungen von den allgemeinen Bauvorschriften abgewichen werden darf. So kann es zulässig sein, die gesetzlich vorgeschriebenen Grenzabstände von Bauten zu Nachbargrundstücken zu unterschreiten. Möchte sich eine Eigentümerin diese Möglichkeit sichern, so verlangt das Gesetz eine entsprechende Vereinbarung zwischen den Eigentümerinnen der betroffenen Grundstücke und unter Umständen die Eintragung einer Grunddienstbarkeit im Grundbuch (vgl. z.B. § 16 Abs. 4, § 21 oder § 29 Abs. 4 des Bau- und Planungsgesetzes des Kantons Basel-Stadt oder § 62 des Planungs- und Baugesetzes des Kantons Schwyz).

281 In diesen Fällen können die Eigentümerinnen aber nicht völlig frei vereinbaren, was ihnen am besten gefällt. Die Vereinbarung darf die Schranken der kantonalen Gesetzgebung nicht überschreiten. Über die Einhaltung dieser Gesetzgebung wacht die entsprechende Behörde – im Fall eines Näherbaurechts die Baubewilligungsbehörde. Damit diese ihre Aufgabe wahrnehmen kann, pflegen die kantonalen Bau- und Planungsgesetze zu verlangen, dass der dinglich wirkende Teil der Dienstbarkeitsvereinbarung nicht ohne die Zustimmung der zuständigen Bewilligungsbehörde begründet, abgeändert oder aufgehoben werden darf. Sowohl bei der Errichtung als auch bei jeder Änderung und bei der Löschung der Dienstbarkeit muss die Bewilligungsbehörde mitwirken (kritisch in Bezug auf solche Dienstbarkeiten, PETER LIVER [ZK 1980], Art. 730 N 153).

B. Grunddienstbarkeiten

1. Begriff und Funktion der Grunddienstbarkeit

282 Bei den Grunddienstbarkeiten gilt als berechtigte Person, wie vorn gesagt (N 251), nicht eine namentlich genannte natürliche oder juristische Person, sondern die jeweilige Eigentümerin eines bestimmten Grundstücks. Gewisse Dienstbarkeiten werden sinnvollerweise als Grunddienstbarkeiten errichtet, so das schon mehrfach erwähnte Wegrecht, aber auch Bauverbote und Gewerbeverbote (zur Errichtung der Grunddienstbarkeit vgl. N 1376 ff.).

2. Belastetes und berechtigtes Grundstück

Als Grundsatz gilt, dass sowohl das Alleineigentum als auch Miteigentums- und Stockwerkeigentumsanteile sowie die selbständigen und dauernden Rechte mit Dienstbarkeiten belastet und mit Dienstbarkeitsberechtigungen verbunden werden können (so sinngemäss PETER LIVER [ZK 1980], Art. 730 N 16 f.; PAUL-HENRI STEINAUER [Bd. I 2012], N 2200). Dieser Grundsatz gilt entgegen dem Wortlaut in Art. 655a Abs. 1 ZGB ungeachtet dessen, ob ein Grundstück subjektiv-dinglich mit einem anderen verknüpft ist oder nicht (PAUL-HENRI STEINAUER [Bd. I 2012], N 2200c; zur subjektiv-dinglichen Verknüpfung vgl. N 1345 ff.).

283

Ist das Eigentum in Miteigentums- oder in Stockwerkeigentumsanteile aufgeteilt, so können Dienstbarkeitslasten und -berechtigungen, die *die Nutzung der Liegenschaft betreffen,* nur gemeinsam zulasten und zugunsten aller Anteile bestehen; sie werden in diesen Fällen auf der Stammparzelle eingetragen.

284

Hingegen lassen sich zulasten von *einzelnen Miteigentumsanteilen* keine Grunddienstbarkeiten begründen, weil Dienstbarkeitslasten immer die körperliche Nutzung der Liegenschaft betreffen und weil der einzelne Miteigentumsanteil keinen Anspruch auf eine bestimmte körperliche Nutzung verleiht. Die einzelne Miteigentümerin kann niemandem eine bestimmte Nutzung der Liegenschaft zusichern, auf die sie selber keinen dinglichen Anspruch hat. Die Belastung einzelner Miteigentumsanteile mit Grunddienstbarkeiten ist auch dann ausgeschlossen, wenn diese als eigene Grundstücke im Sinne von Art. 655 Abs. 2 Ziff. 4 ZGB mit eigenen Grundbuchblättern ausgestaltet sind (so auch ARTHUR MEIER-HAYOZ [BK 1966], Art. 646 N 43; PETER LIVER [ZK 1980], Einl. N 18 f.; THOMAS SUTTER-SOMM [SPR 2014], N 178; PAUL PIOTET [SPR 1977], 548; teilweise a.M. ARTHUR MEIER-HAYOZ [BK 1981], Art. 646 N 63; HEINZ REY [BK 1981], Syst. Teil N 204 ff.; zur Möglichkeit der Belastung von Miteigentumsanteilen mit einer Nutzniessung vgl. N 1462).

285

Anders verhält es sich mit der Belastung von *einzelnen Stockwerkeigentumseinheiten:* Hier ist die Belastung mit Grunddienstbarkeiten möglich, wenn die Dienstbarkeit in räumlicher Hinsicht ausschliesslich das mit der Stockwerkeinheit verbundene Sonderrecht betrifft, wie dies bei einem Wegrecht als Notausgang durch ein anderes Stockwerk der Fall sein kann (ARTHUR MEIER-HAYOZ [BK 1981], Art. 646 N 64; PETER LIVER [ZK 1980], Art. 730 N 22; HEINZ REY [BK 1981], Syst. Teil N 216 ff.; PAUL PIOTET [SPR 1977], 548).

286

Soll eine Grunddienstbarkeit (z.B. ein Wegrecht) auf ein Grundstück gelegt werden, das mit einem *selbständigen und dauernden Baurecht* belastet ist, so

287

wird der Zweck nur dann dauerhaft erreicht, wenn sowohl die Bodenparzelle als auch die Baurechtsparzelle belastet werden. Würde nur die Bodenparzelle belastet, so könnte der Bauberechtigte den Dienstbarkeitsberechtigten von der Baurechtsfläche wegweisen. Würde nur die Baurechtsparzelle belastet, so müsste das Dienstbarkeitsrecht beim Heimfall des Baurechts erlöschen. Immerhin kann die nur während der Baurechtsdauer am Baurecht bestehende Dienstbarkeit für den Berechtigten sinnvoll sein, auch wenn der Bodeneigentümer die permanente Belastung seines Eigentums ablehnt. Für den Fall, dass eine Grunddienstbarkeit ausschliesslich zulasten des Baurechts bestellt werden soll, ist die Zustimmung der Baurechtsgeberin notwendig, sofern ein solches Zustimmungserfordernis im Baurechtsvertrag ausdrücklich vereinbart wurde.

288 Da die beschränkten dinglichen Rechte direkt das Eigentumsrecht, nur indirekt die körperliche Liegenschaft ergreifen, kann es keine Dienstbarkeiten geben, die blosse Teilflächen einer Liegenschaft berechtigen oder belasten. Die in der Dienstbarkeit enthaltenen Berechtigungen sind Berechtigungen der Eigentümerin des herrschenden Grundstücks, nicht Berechtigungen ihrer Liegenschaft und erst recht nicht Berechtigung einer Teilfläche ihrer Liegenschaft. Dasselbe gilt für die in der Dienstbarkeit enthaltenen Lasten. Die Duldungspflichten und Nutzungsverbote beschränken die belastete Grundeigentümerin in ihrem Eigentumsrecht; sie belasten nicht ihre Liegenschaft und erst recht nicht blosse Teilflächen derselben (vgl. N 136; ferner PETER LIVER [ZK 1980], Art. 730 N 28 f.). Die Dienstbarkeit belastet und berechtigt demgemäss das Grundstück immer als Ganzes (PETER LIVER [ZK 1980], Art. 730 N 24; PAUL-HENRI STEINAUER [Bd. I 2012], N 2200), und zwar auch dann, wenn sich die Belastung auf die blosse Teilfläche einer Liegenschaft bezieht (wie z.B. bei einem Weg- oder Überbaurecht).

289 Aus dem Grundprinzip, wonach die in der Dienstbarkeit enthaltene Berechtigung eine Berechtigung der Eigentümerin des herrschenden Grundstücks ist, ergibt sich, dass es bei einer Dienstbarkeit immer nur ein einziges berechtigtes Grundstück geben kann. Werden in einem Dienstbarkeitsvertrag mehrere Grundstücke als berechtigte Grundstücke bezeichnet, so handelt es sich um mehrere einzelne Dienstbarkeiten, und zwar um so viele, als berechtigte Grundstücke bestehen (PETER LIVER [ZK 1980], Art. 730 N 28). Jede dieser gleichlautenden Dienstbarkeiten besteht eigenständig und kann unabhängig von den anderen geändert oder aufgehoben werden.

290 Wurden zugunsten von mehreren Grundstücken gleichlautende Dienstbarkeiten errichtet (z.B. ein Bauverbot zugunsten mehrerer Grundstücke, deren Aussicht beeinträchtigt würde, oder ein Durchfahrtsrecht zugunsten mehre-

rer Grundstücke, die wegen ihrer Lage davon profitieren können), so kommt es vor, dass mit solchen Dienstbarkeiten eine gemeinschaftliche Vorrichtung verbunden ist (z.B. im Falle des Durchfahrtsrechts ein von allen Berechtigten benützter Weg oder eine Abflussleitung). Für diesen Fall legt die dispositive Bestimmung von Art. 740a ZGB fest, dass die Regelungen über das Miteigentum sinngemäss anwendbar sind. Dies bedeutet, dass ohne anderslautende Vereinbarung alle zu gleichen Teilen an der Vorrichtung berechtigt und verpflichtet sind. Ferner hat der Verweis auf die Regelungen des Miteigentums zur Folge, dass die Berechtigten eine Nutzungs- und Verwaltungsordnung erstellen und diese im Grundbuch anmerken können (vgl. Art. 647 ZGB; ETIENNE PETITPIERRE [BSK 2015], Art. 740a N 1; ferner zur Anmerkung der Nutzungs- und Verwaltungsordnung N 1170 ff.). Schliesslich sieht Art. 740a Abs. 2 ZGB analog zum Aufhebungsverbot des Miteigentums die Möglichkeit vor, das Recht jedes Berechtigten, durch Verzicht aus der Gemeinschaft auszuscheiden, auf höchstens 30 Jahre auszuschliessen und für diese Dauer im Grundbuch vorzumerken (N 1443 ff.; ferner PAUL-HENRI STEINAUER [Bd. II 2012], N 2283c). Die entsprechende Vereinbarung bedarf der öffentlichen Beurkundung und der Zustimmung aller durch die Dienstbarkeit berechtigten Parteien.

C. Personaldienstbarkeiten

1. Allgemeines und Begriffliches

Als Personaldienstbarkeit (auch Personalservitut oder persönliche Dienstbarkeit genannt) gilt, wie vorn gesagt (N 253 ff.), eine Dienstbarkeit, bei der eine namentlich genannte natürliche oder juristische Person berechtigt ist. 291

Wenn bei den Personaldienstbarkeiten gesagt wird, berechtigt sei eine bestimmte Person, so ist dies nicht völlig genau; denn die Berechtigung gilt nicht ausschliesslich für diese Person. Besteht beispielsweise ein Benutzungsrecht für einen Autoeinstellhallenplatz zugunsten einer berechtigten Person, so kann - wie einleitend schon gesagt wurde (N 89 ff.) - nicht nur die berechtigte Person selbst diesen Parkplatz benutzen, sondern auch ihre Familienangehörigen, Arbeitnehmer, Gäste, Lieferanten und Kunden. Schlagwortartig gesagt dienen Dienstbarkeiten dem Berechtigten und seinen Leuten. 292

Vier Typen von Personaldienstbarkeiten sind im Gesetz speziell definiert und z.T. mit zwingenden Bestimmungen geregelt, von denen die Parteien nicht abweichen können, nämlich die Nutzniessung (Art. 745 ff. ZGB; N 294 ff.), das Wohnrecht (Art. 776 ff. ZGB; N 303 f.), das Baurecht (Art. 779 ff. ZGB; N 306 ff.) und das Quellenrecht (Art. 780 ZGB; N 320 ff.). Die anderen Per- 293 sonaldienstbarkeiten gemäss Art. 781 ZGB (N 323 ff.) sind im Gesetz nicht typenspezifisch geregelt.

2. Nutzniessung

294 Die Nutzniessung (Art. 745–775 ZGB) ist das Recht, eine bewegliche oder unbewegliche Sache zu benützen und ihre Erträgnisse zu beziehen. Der Nutzniesser darf das Nutzniessungsgut beliebig nutzen, jedoch nicht in einer Weise, durch die das Nutzniessungsgut verbraucht oder beschädigt wird (vgl. PASCAL SIMONIUS/THOMAS SUTTER [Bd. II 1990], § 3 N 1 ff.; MAX BAUMANN [ZK 1999], Art. 745 N 1 ff.; ferner zur Errichtung der Nutzniessung vgl. N 1452 ff.).

295 Die Nutzniessung ist *unübertragbar und unvererblich*. Gemäss Art. 758 Abs. 1 ZGB kann jedoch die Ausübung der Nutzniessung übertragen werden. Dies bedeutet, dass der Nutzniesser das Nutzniessungsgut vermieten oder unentgeltlich an Drittpersonen zur Nutzung überlassen kann (MAX BAUMANN [ZK 1999], Art. 758 N 1 ff.). Die herrschende Lehre hält sogar für möglich, dass der Nutzniesser Miet- und Pachtverträge begründet, die über seine Nutzniessungsdauer zeitlich hinausreichen. Einzige Schranke sei das Verbot des Rechtsmissbrauches, so zum Beispiel, wenn der Nutzniesser am letzten Tag seiner Berechtigung einen langfristigen Mietvertrag abschliesst (MAX BAUMANN [ZK 1999], Art. 758 N 7 ff.; ferner zur ausserordentlichen Kündigungsmöglichkeit der Eigentümerin bei Beendigung der Nutzniessung vgl. N 1493). – Dieser Lehre ist entgegenzuhalten, dass sie dem Nutzniesser erlaubt, in die Rechte des Eigentümers einzugreifen. Der heutige Mieterschutz und vor allem der gesetzliche Schutz des landwirtschaftlichen Pächters verleiht Mietern und Pächtern Rechte, die den Verkehrswert des Eigentums auf lange Frist schwer beeinträchtigen können. Der landwirtschaftliche Pächter hat zudem ein gesetzliches Vorkaufsrecht zu einem niedrigen Wert am Pachtgegenstand, was ebenfalls die Verkäuflichkeit erschwert und den Verkehrswert vermindert. Angesichts dieser Lehre ist zu empfehlen, bei der Begründung von Nutzniessungsverhältnissen ein Vetorecht der Eigentümerin gegen Miet- und Pachtverträge ausdrücklich zu vereinbaren, sofern die Eigentümerin derartige Eingriffe in ihre Rechte nicht von vornherein akzeptieren möchte (MAX BAUMANN [ZBGR 2002], 198 f.).

296 Unzulässig ist eine Überlassung des Nutzniessungsrechts nur dann, wenn die Nutzniessung zu einem höchstpersönlichen Gebrauch bestellt wurde. Dieser Vorbehalt spielt aber bei Nutzniessungen an Grundstücken kaum jemals eine Rolle.

Gemäss Art. 745 Abs. 2 ZGB hat der Nutzniesser den *vollen Genuss der Sache*, 297
was bedeutet, dass während der Dauer der Nutzniessung nur der Nutzniesser,
nicht auch die Eigentümerin oder eine andere Person, die Sache nutzen darf.
Art. 745 Abs. 3 ZGB erlaubt jedoch, die Ausübung der Nutzniessung an einem
Grundstück auf einen bestimmten Teil der Liegenschaft oder des Gebäudes zu
beschränken. Damit ist gesagt, dass die Nutzniessungsdienstbarkeit als dingliches Recht zwar das Eigentumsrecht der ganzen Sache belastet (vgl. auch
N 288), wogegen die Ausübung der Nutzniessung auf bestimmte physische
Teile der Sache eingeschränkt werden kann. Wurde die Ausübung der Nutzniessung auf einen physischen Teil der Liegenschaft beschränkt, so können
neue Dienstbarkeiten, die andere physische Teile betreffen, ohne Zustimmung
des Nutzniessers errichtet werden.

Bei der Ausübung seines Rechts hat der Nutzniesser nach den Regeln einer 298
sorgfältigen Wirtschaft zu verfahren (Art. 755 Abs. 2 ZGB). Mit dieser etwas
altertümlich anmutenden Formulierung will der Gesetzgeber zum Ausdruck
bringen, dass der Nutzniesser die Sache zwar gebrauchen, nicht aber verbrauchen oder veräussern darf. Das Sachnutzungsrecht des Nutzniessers bringt
dessen Pflicht mit sich, für die Verwaltung der Sache besorgt zu sein (MAX
BAUMANN [ZK 1999], Art. 755 N 25).

Die natürlichen Früchte sowie die Gelderträge des Nutzniessungsgutes (Miet- 299
und Pachtzinsen) gehören dem Nutzniesser (Art. 756 f. ZGB).

Der Nutzniesser hat auf eigene Kosten für den *gewöhnlichen Unterhalt* der 300
Sache besorgt zu sein (Art. 764 ZGB). Bei Grundstücken geht die Unterhaltspflicht des Nutzniessers deutlich weiter als diejenige eines Mieters. So ist der
Nutzniesser für die Erhaltung des Grundstückes verantwortlich, wie sie eine
vernünftig wirtschaftende Eigentümerin besorgen würde (statt vieler MAX
BAUMANN [ZK 1999], Art. 764–765 N 6 ff.) Nach der hier vertretenen Auffassung ist der Nutzniesser einer Stockwerkeinheit – mangels gegenteiliger Vereinbarung – verpflichtet, die Beiträge an den Erneuerungsfonds zu leisten.

Neben den Unterhaltskosten hat der Nutzniesser auch für Versicherungsprä- 301
mien sowie für die das Nutzniessungsgut betreffenden Steuern und Abgaben aufzukommen (Art. 765 und 767 ZGB). Wird die Nutzniessung an einem
bereits hypothekarisch belasteten Grundstück errichtet, dann obliegt dem
Nutzniesser gemäss Art. 765 ZGB – mangels gegenteiliger Vereinbarung – die
Bezahlung der Hypothekarzinsen (MAX BAUMANN [ZK 1999], Art. 764–765
N 17 ff.). Die Zinszahlungspflicht für später errichtete Hypotheken obliegt der

Pfandgeberin, nicht dem Nutzniesser (zur Verpfändung eines mit einer Nutzniessung belasteten Grundstücks vgl. N 1652/1696).

302 Nutzniessungsverhältnisse werden meist nur in Konstellationen begründet, in denen Eigentum kraft Schenkung oder Erbgang die Hand wechselt, während der Gebrauch der Sache der bisherigen Eigentümerin oder einer ihr nahestehenden Person bis zu deren Lebensende vorbehalten bleibt. Ausserhalb von Schenkungen und Erbgängen hat die Errichtung einer Nutzniessung meist keinen Sinn, weil in kommerziellen Kontexten der Wert der Nutzniessung durch eine Geldzahlung abzugelten, die Preisbestimmung angesichts der ungewissen Dauer bei auf Lebzeiten bestellten Nutzniessungen aber spekulativ wäre. Zwischen unverbundenen Dritten ist eine langfristige Miete die bessere Lösung als der «Kauf» einer Nutzniessung. Da typischerweise nicht nur das Nutzniessungsrecht unentgeltlich erworben wird, sondern auch das Nutzniessungsgut der belasteten Eigentümerin unentgeltlich zufällt, ist die normale Aufgabenteilung diejenige, dass der Nutzniesser sich um alles kümmert und die Eigentümerin sich nicht einmischt.

3. Wohnrecht

303 Das Wohnrecht (Art. 776–778 ZGB) ist das Recht, ein auf dem Grundstück befindliches Gebäude oder Teile davon zu bewohnen (zur Errichtung des Wohnrechts vgl. N 1496 ff.).

304 Das Wohnrecht kann *nur von der berechtigten Person selber ausgeübt* werden; dem Berechtigten ist zwar gestattet, Hausgenossen aufzunehmen (Art. 777 Abs. 2 ZGB), nicht jedoch, aus der Wohnung auszuziehen und sie an Dritte zu vermieten oder unentgeltlich zu verleihen. Muss der Berechtigte die Wohnrechtswohnung endgültig verlassen, etwa weil er in ein Pflegeheim übersiedelt, dann endet das Wohnrecht (MAX BAUMANN [ZK 1999], Art. 776 N 18). Auch Hausgenossen müssen die Wohnung dann verlassen.

305 Wohnrechte werden sinnvollerweise vor allem bei Nachlassregelungen bestellt, wenn die Erblasserin bestimmten Personen (Witwer, Angehörigen, Hausangestellten) das lebenslängliche, durch die Erben nicht kündbare Recht geben will, in ihrer bisherigen Umgebung weiter zu wohnen.

4. Baurecht

306 Im Immobiliarsachenrecht gilt, dass Bauwerke, die mit dem Erdboden fest verbunden sind, dem Eigentümer der Liegenschaft gehören, auf der sie stehen; das Gleiche gilt für die Pflanzen, die im Boden wurzeln (vgl. hierzu, N 182 f.).

Von dieser Regel kann durch die Vereinbarung einer Baurechtsdienstbarkeit (Art. 779–779l ZGB) abgewichen werden. Die Kernbestimmung bezüglich des Baurechts befindet sich in Art. 675 Abs. 1 ZGB. Mit dem Baurechtsvertrag erhält die berechtigte Person das Recht, auf dem belasteten Grundstück eine Baute zu errichten (hiervon das Wort «Baurecht» = Recht, zu bauen) und dieses Gebäude anschliessend selber zu Eigentum zu besitzen. 307

Der Baurechtsnehmer baut also nicht bloss ein Haus auf fremdem Boden – jeder Architekt oder Baumeister, der für einen Kunden auf dessen Grundstück ein Haus baut, baut auf fremdem Boden –, sondern der Baurechtsnehmer wird unmittelbar der Eigentümer des von ihm auf fremdem Boden gebauten Gebäudes. Das führt dazu, dass Boden und Baute in der Folge verschiedene Eigentümer haben. 308

Das Baurecht wird meist als Personaldienstbarkeit zugunsten natürlicher oder juristischer Personen bestellt. Dies ist jedoch nicht zwingend. Baurechte lassen sich nach einhelliger Lehre auch als Grunddienstbarkeiten errichten (PAUL-HENRI STEINAUER [Bd. III 2012], N 2518a; PASCAL SIMONIUS/THOMAS SUTTER [Bd. II 1990], § 4 N 9), was insbesondere bei Baurechten vorkommt, die sich bloss auf einen kleineren Teil des belasteten Grundstücks erstrecken und einem bestimmten (meist benachbarten) Grundstück dienen. 309

Wird das Baurecht als Personaldienstbarkeit begründet, so kann es entweder als unselbständiges oder als selbständiges Recht ausgestaltet sein. 310

Das *unselbständige Baurecht* unterliegt den Bestimmungen über die anderen Personaldienstbarkeiten gemäss Art. 781 ZGB (vgl. hierzu hinten, N 323 ff.). Als unübertragbare und unvererbliche Rechte können sie auf unbestimmte Zeit begründet werden (vgl. Art. 779l Abs. 2 ZGB; ferner zur Begründung des unselbständigen Baurechts vgl. N 1585 ff.). 311

Das *selbständige Baurecht* ist zwingend frei übertragbar. Wurde es für eine Dauer von mindestens 30 Jahren bestellt, so kann es als selbständiges und dauerndes Recht mit eigenem Blatt (Baurechtsparzelle) in das Grundbuch aufgenommen werden (vgl. hierzu vorn, N 272 ff., ferner zur Begründung des selbständigen und dauernden Baurechts vgl. N 1510 ff.). 312

Selbständige und dauernde Baurechte werden fast ausschliesslich zulasten von Grundstücken errichtet, die im Eigentum juristischer Personen oder des Gemeinwesens stehen. Natürliche Personen haben kaum einen Anlass, ihr Grundeigentum über eine so lange Dauer – was häufig über die eigene Lebenszeit hinausginge – mit einem Baurecht zu belasten. 313

Drittes Kapitel: Immobiliarsachenrecht

314 Die längste zulässige Geltungsdauer für selbständige und dauernde Baurechte ist 100 Jahre (Art. 779l Abs. 1 ZGB), wobei das Baurecht jederzeit mit seinem bisherigen Rang (gegenüber anderen Rechten) auf eine neue Dauer von insgesamt höchstens 100 Jahren verlängert werden kann (Art. 779l Abs. 2 ZGB; PETER R. ISLER/DOMINIQUE GROSS [BSK 2015], Art. 779l N 10). Ist die Baurechtsdauer abgelaufen, so ist das Baurecht erloschen und kann nicht rückwirkend mit seinem alten Rang verlängert werden.

315 Die Rechte und Pflichten der Parteien beim selbständigen und dauernden Baurecht sind meist so, dass der Berechtigte während der Baurechtsdauer die ausschliessliche Nutzung des Bodens hat. Dem Baurechtsnehmer gehören alle Gebäude und Pflanzen auf diesem Grundstück. Die Eigentümerin der Bodenparzelle hat gemäss Baurechtsvertrag meist einen Anspruch auf einen wiederkehrenden Baurechtszins (entsprechend einem Mietzins für die Benützung des Bodens), im Übrigen aber keine weiteren Rechte am Boden. Die Eigentümerin der Bodenparzelle ist während der Dauer des Baurechts auch nicht befugt, ihr Grundstück zu betreten. Wollte sie dies, dann würde sie dadurch (bildhaft gesprochen) vorweg auf die Baurechtsparzelle treten, die wie ein Teppich über die ganze Fläche der Bodenparzelle gespannt zu denken ist. Damit würde sie auf einen fremden Teppich treten, was sie ohne die Erlaubnis des Eigentümers der Baurechtsparzelle eben nicht tun darf.

316 Die Errichtung eines selbständigen und dauernden Baurechts bedeutet meist eine *Wertminderung*. Die Summe der Werte des belasteten Grundstücks und des darauf lastenden Baurechtes ist geringer als der Wert des unbelasteten Grundstücks. Als Faustregel kann gesagt werden, dass mit der Errichtung des Baurechts ca. 10% des Grundstückwertes verloren gehen. Dieser Minderwert rührt daher, dass die gegenseitige Bindung von Baurechtsgeberin und Baurechtsnehmer die Entscheidungsmöglichkeiten beider Parteien bezüglich des Umgangs mit dem Grundstück einschränkt (CHRISTIAN BRÜCKNER [2006], 156).

317 **Zur Terminologie:** Das Zivilgesetzbuch betrachtet das Baurecht als ein Recht des Bauberechtigten und als eine Belastung der Liegenschaftseigentümerin (d.h. als Last auf der Bodenparzelle). Zwischen dem Berechtigten und dem Belasteten besteht bildlich gesehen ein hierarchisches Gefälle. Der Berechtigte steht oben. Die Belastete steht unten. Da die meisten Baurechte von staatlichen Stellen und grossen Stiftungen verliehen werden und da die Bauberechtigten – meist Privatpersonen – regelmässig zur Zahlung von Baurechtszinsen verpflichtet sind, wird das hierarchische Gefälle in der Realität umgekehrt wahrgenommen.

Demgemäss ist für die belastete Partei der Begriff der Baurechtsgeberin, für die berechtigte Partei derjenige des Baurechtsnehmers üblich geworden.

Zum Steuerrecht: Geht bei der Errichtung des Baurechts ein bereits bestehendes Gebäude ins Eigentum des Baurechtsnehmers über und wird hierfür eine Geldentschädigung bezahlt, so werden Handänderungs- und Grundstückgewinnsteuer in den meisten Kantonen wie bei einem Kauf erhoben. Das Gleiche gilt bei späteren Übertragungen des Baurechts. Hingegen wäre es falsch, den Barwert künftiger Baurechtszinse in die Steuerbemessung einzubeziehen. 318

Zur wirtschaftlichen Tragweite des Heimfalls: Die Abgabe von Bauland im Baurecht hat sich in der Schweiz ab ca. 1950 ausgebreitet. Manche seither errichteten Baurechtsbauten sind nach 100 Jahren voraussichtlich Abbruchobjekte. Die in vielen Baurechtsverträgen enthaltene Bestimmung, der Baurechtsnehmer müsse das Gebäude beim Heimfall nach Wahl der Baurechtsgeberin entweder in gutem Zustand übergeben oder abräumen und das Erdreich säubern, kann sich als frommer Wunsch herausstellen. Wird ein Baurecht nicht frühzeitig um einen weiteren Lebenszyklus des Gebäudes verlängert, so wird der Baurechtsnehmer gegen Ende der Baurechtsdauer nur noch den minimalen Unterhalt finanzieren. Ist der letzte Baurechtsnehmer für Räumung und Reinigung des Grundstücks nicht solvent, so kann der Heimfall für die Baurechtsgeberin zu einer schweren Last werden. 319

5. Quellenrecht

An den grossen Gewässern, d.h. an den Flüssen und Seen sowie am Grundwasser, gibt es in der Schweiz kein Privateigentum (vgl. N 76 ff.). Diese Gewässer stehen unter der Hoheit des jeweiligen Kantons. Die Kantone haben daran aber kein Privateigentum, sondern öffentlich-rechtliche Hoheitsrechte, d.h. sogenannte polizeiliche Gewalt. 320

Kleine Gewässer, Weiher und kleine Bäche stehen hingegen im Privateigentum jener Grundeigentümer, auf deren Grundstücken sich die Gewässer befinden (vgl. N 53). Dasselbe gilt für die Quellen, das heisst die Wasservorkommen, die an einer bestimmten Stelle an die Erdoberfläche treten (ausführlich zum Begriff der Quelle vgl. THOMAS SUTTER-SOMM [SPR 2014], N 876 ff.). 321

Der Grundeigentümer kann einem Dritten, insbesondere seinem Nachbarn, ein Recht auf die Ableitung dieses Quellwassers einräumen im Sinne einer Grund- oder Personaldienstbarkeit (Art. 780 ZGB). Wird das Quellenrecht als Personaldienstbarkeit ausgestaltet, so kann es gleich wie ein Baurecht selbständig und dauernd bestellt werden (vgl. vorn N 272 ff.). In diesem Falle wird ein 322 eigenes Grundbuchblatt eröffnet (Art. 655 Abs. 3 ZGB). Das Quellenrecht wird dadurch nicht nur frei handelbar, sondern auch verpfändbar. Das Quellenrecht kann auf unbegrenzte Zeit begründet werden; es ist, im Gegensatz zum Baurecht, nicht auf 100 Jahre beschränkt.

6. Andere Personaldienstbarkeiten gemäss Art. 781 ZGB

323 Gemäss Art. 781 ZGB können abgesehen von Nutzniessung, Wohnrecht, Baurecht und Quellenrecht auch Dienstbarkeiten mit anderem Inhalt zugunsten von natürlichen oder juristischen Personen an einem Grundstück bestellt werden, z.B. Wegrechte, Leitungsrechte, Nutzungs- oder Benutzungsrechte (CARL WIELAND [ZK 1909], Art. 781 N 2; HANS LEEMANN [BK 1925], Art. 781 N 29 ff.; zur Errichtung der Personaldienstbarkeit gemäss Art. 781 ZGB vgl. N 1594 ff.).

324 Will man den Anwendungsbereich von Art. 781 ZGB sinnvoll eingrenzen, so müssen diese Dienstbarkeiten dazu bestimmt sein, einem Nicht-Nachbarn eine dauerhafte, aber (aus der Sicht der belasteten Eigentümerin) nebensächliche bauliche Nutzung zu ermöglichen, etwa wenn einem Netzbetreiber das Verlegen von Leitungen oder einem Stromerzeuger die Installation von Solaranlagen auf fremdem Eigentum gestattet wird. Der im Gesetz genannte Veranstalter von Schiessübungen baut auf und neben den Dienstbarkeitsgrundstücken Schiessstand, Scheibenstand und Sicherheitsmauern. Dazu braucht er eine langfristige rechtliche Sicherheit, wie sie ihm ein Mietvertrag nicht geben kann. Hingegen sind für alle nichtbaulichen Nutzungen durch Nicht-Nachbarn kündbare Miet-, Pacht- und Leihverträge die zweckmässigen rechtlichen Gestaltungen. Dienstbarkeiten, die der Eigentümerin ohne zeitliche Befristung die Nutzung ihres gesamten Grundstücks vollständig verunmöglichen und damit das Recht der Eigentümerin ohne Befristung vollständig aushöhlen, müssen als unzulässig gelten (man denke an unbefristete Dienstbarkeitsberechtigungen, das belastete Grundstück als Biotop, Weideland oder Lagerfläche zu benützen).

325 Die Personaldienstbarkeiten gemäss Art. 781 Abs. 2 ZGB sind unübertragbar und unvererblich, sofern nichts anderes vereinbart wird (CARL WIELAND [ZK 1909], Art. 781 N 4; ETIENNE PETITPIERRE [BSK 2015], Art. 781 N 18). Im Übrigen verweist Art. 781 Abs. 3 ZGB auf die Bestimmungen über die Grunddienstbarkeiten. Demgemäss hat die Errichtung in öffentlicher Urkunde zu erfolgen (ausführlich zur Errichtung vgl. N 1594 ff.). Wird eine solche Dienstbarkeit ohne zeitliche Befristung vereinbart, so dauert sie unbeschränkt, d.h. bis zum Eintritt eines Beendungsgrundes (Verzicht des Berechtigten u.a.).

Gemäss Art. 655 Abs. 3 ZGB können die Dienstbarkeiten dieser Gruppe, 326
sofern ihre Übertragbarkeit und eine mindestens dreissigjährige Dauer vereinbart wurden, auf separaten Grundbuchblättern dargestellt werden (N 272 ff.).

Ist Übertragbarkeit vereinbart, aber kein separates Grundbuchblatt eröffnet 327
worden, so erfolgt die Abtretung nach den Regeln der Zession, d.h. aufgrund eines schriftlichen Übertragungsvertrags (PASCAL SIMONIUS/THOMAS SUTTER [Bd. II 1990], § 1 N 65, DIETER ZOBL [2004], N 194). An solchen Personaldienstbarkeiten lassen sich Forderungspfandrechte gemäss Art. 899 ZGB bestellen (KARL OFTINGER/ROLF BÄR [ZK 1981], Art. 899 N 64).

Ist die Dienstbarkeit auf einem separaten Grundbuchblatt dargestellt, so wird 328
sie wie Grundeigentum nach den Regeln von Art. 657 ZGB übertragen, d.h. durch öffentlich beurkundeten Vertrag (Kauf, Tausch, Schenkung). Die Verpfändung erfolgt nach den Regeln über das Grundpfandrecht (vgl. N 334 ff.).

II. Grundlasten

Unter Grundlast (Art. 782–792 ZGB) versteht man eine mit dem Grundei- 329
gentum verknüpfte Leistungspflicht zugunsten eines Berechtigten, wobei der Berechtigte den Schuldner nicht zur Erbringung der Leistung rechtlich zwingen kann, sondern, falls er nicht leistet, dessen Grundstück wie ein Grundpfand verwerten lassen und sich aus dem Verwertungserlös Ersatz für die ausgebliebene Leistung verschaffen kann (HANS LEEMANN [BK 1925], Vorbem. Art. 782–792 N 1 ff.; PAUL-HENRI STEINAUER [Bd. III 2012], N 1578 ff.; zur Errichtung der Grundlasten vgl. N 1609 ff.).

Art. 782 Abs. 3 ZGB erlaubt Grundlasten nur für Leistungen, die sich aus der 330
wirtschaftlichen Natur des belasteten Grundstücks ergeben oder die für die wirtschaftlichen Bedürfnisse eines berechtigten Grundstücks bestimmt sind. Die wirtschaftliche Natur des belasteten Grundstücks verweist auf Leistungen, die im Wesentlichen natürlich (z.B. Erdwärme) oder kraft technischer Installationen (z.B. Heizanlagen), höchstens nebensächlich durch menschliche Arbeit generiert werden. Als Beispiel sei eine Überbauung genannt, deren Einheiten von einer zentral gelegenen automatisierten Heizanlage beheizt werden. Auf dem Grundstück mit der Heizanlage wird die Grundlast zur Heisswasserlieferung zugunsten der übrigen Grundstücke eingetragen. Auf den übrigen Grundstücken wird die anteilige Zahlungspflicht bezüglich der anfallenden Heizkosten eingetragen. Die Pflicht zur Lieferung von Wärme ergibt sich aus der wirtschaftlichen Natur des Heizungs-Grundstücks, die Geldzahlungspflicht daraus, dass sie für die wirtschaftlichen Bedürfnisse der beheiz-

ten Grundstücke bestimmt ist. Unzulässig wäre hingegen die Errichtung einer Grundlast auf landwirtschaftlichem Grund, die dem Verpflichteten die Lieferung landwirtschaftlicher Produkte auferlegt; denn solche Produkte entstehen im Wesentlichen nicht aus der Natur des belasteten Grundstücks, sondern aus der menschlichen Arbeit.

331 Das Besondere der Grundlast liegt darin, dass sie als Leistungspflicht fest mit dem Grundeigentum verbunden ist. Wer das belastete Grundstück erwirbt, wächst ohne Weiteres in die Leistungspflicht hinein, ohne dass er eine Schuldübernahme vereinbart. Insofern hat die Grundlast eine Ähnlichkeit mit der mittelalterlichen Leibeigenschaft, wo der Bauer kraft seines Eigentums verpflichtet war, dem Landesherrn einen Teil der Ernte abzuliefern oder Fronarbeit oder Kriegsdienst zu leisten. Wer den Acker erbte oder kaufte, wuchs in diese Pflichten hinein, ob er wollte oder nicht (vgl. CARL WIELAND [ZK 1909], Art. 782 N 2).

332 Mit der Aufklärung und der Französischen Revolution hat sich in Europa die Meinung ausgebreitet, dass solche mit dem Grundeigentum verbundenen Leistungspflichten menschenunwürdig sind. Aus diesem politischen Grund sind auch im schweizerischen Recht die mittelalterlichen Grundlasten weitestgehend abgeschafft worden, aber nicht vollständig. Art. 782 Abs. 1 ZGB enthält bis heute die gesetzliche Grundlage für Grundlasten mit den erwähnten Einschränkungen.

333 Die praktische Bedeutung von Grundlasten ist heute gering (vgl. ausführlich bei GERHARD EGGER (1967), 285 ff.). Im baselstädtischen Grundbuch sind derzeit rund 70 Grundlasten eingetragen, wovon sich die überwiegende Mehrheit auf die Lieferung von Energie, insbesondere von Heizwasser, bezieht.

III. Pfandrechte
A. Allgemeines und Begriffliches
1. Begriff des Pfandrechts

334 Pfandrecht heisst das Recht eines Gläubigers, bei Fälligkeit und Nichtbezahlung seiner Forderung einen bestimmten Gegenstand zu verwerten und sich aus dem Verwertungserlös für seine Forderung bezahlt zu machen (vgl. Art. 816 Abs. 1 ZGB; ferner HANS LEEMANN [BK 1925], Vorbem. Art. 793 N 1; PAUL-HENRI STEINAUER [Bd. III 2012], N 2619 ff.).

335 Der besagte Gegenstand wird *Pfandgegenstand* oder *Pfandobjekt* genannt.

Das Pfandobjekt gehört meist zum Vermögen des Schuldners. Das ist aber nicht notwendigerweise so. Wenn eine der A gehörende Sache für eine Schuld des B verpfändet wird, spricht man von einem *Drittpfand* (nämlich dem von einer Drittperson – nicht vom Schuldner und nicht vom Gläubiger – gegebenen Pfand). 336

Der wirtschaftliche Sinn des Pfandrechts wird verständlich, wenn man sich die Situation des Gläubigers mit und ohne Pfandrecht vorstellt. *Ohne* Pfandrecht muss der Gläubiger, solange seine Forderung noch nicht fällig ist, tatenlos zusehen, wenn der Schuldner sein Vermögen ruiniert. Hat der Gläubiger hingegen an einem bestimmten Objekt des Schuldners, z.B. an einem Grundstück, ein Pfandrecht, dann ist ihm der Verwertungserlös aus diesem Grundstück sicher, auch wenn der Schuldner sein Vermögen im Übrigen ruiniert. Verspielt der Schuldner sein Geld im Casino und möchte er das verpfändete Grundstück verkaufen, um sich noch mehr Bargeld fürs Spielen zu verschaffen, dann kann er das zwar tun. Aber das Pfandrecht haftet weiterhin an dem Grundstück. Der Käufer wird für das Grundstück also nur einen geringeren Preis bezahlen, nämlich einen Betrag in der Höhe des Grundstückwerts abzüglich der pfandgesicherten Forderung. 337

Macht der Schuldner Konkurs, so wird zwar sein gesamtes Vermögen einschliesslich der verpfändeten Objekte zugunsten seiner sämtlichen Gläubiger verwertet. Aber die pfandgesicherten Gläubiger haben in diesem Fall ein Vorrecht am Verwertungserlös der Objekte, die ihnen verpfändet waren (Art. 219 Abs. 1 SchKG). 338

Pfandrechte sichern fast ausschliesslich Geldforderungen ab, meist Darlehensforderungen von Banken (KARL OFTINGER/ROLF BÄR [ZK 1981], Art. 884 N 118 ff.). 339

Bei den Pfandrechten wird zwischen *Fahrnispfandrechten* und *Grundpfandrechten* unterschieden. Während das Fahrnispfandrecht sich auf Eigentumsrechte an Sachen sowie auf Ansprüche aus Forderungen bezieht, können Grundpfandrechte nur an Eigentumsrechten an Grundstücken im Sinne von Art. 655 ZGB errichtet werden (KARL OFTINGER/ROLF BÄR [ZK 1981], Syst. Teil N 9 ff.). In der vorliegenden Arbeit wird auf das Fahrnispfandrecht nicht weiter eingegangen. 340

2. Formen des Grundpfandrechts

Das Gesetz nennt als zulässige Formen für die Grundpfandrechte nur die *Grundpfandverschreibung* und den *Schuldbrief* (Art. 793 ZGB). Es gibt somit einen 341 numerus clausus der zulässigen Grundpfandrechte (PAUL-HENRI STEINAUER [Bd. III 2012], N 2617 f., 2628; HANS LEEMANN [BK 1925], Art. 793 N 36 ff.; CHRISTINA SCHMID-TSCHIRREN [BSK 2015], Art. 793 N 11 ff.).

342 Die *Grundpfandverschreibung* (Art. 825 ff. ZGB; vgl. ferner N 397 ff.) ist ein reines Sicherungsgrundpfand *(Sicherungsrecht)*. Das Pfandrecht an einem Grundstück besteht immer nur soweit, als die damit gesicherte Geldforderung besteht. Ist die Forderung untergegangen, geht auch das Pfandrecht unter. Das im Grundbuch eingetragene Pfandrecht besteht bloss noch formell bis zu seiner Löschung weiter (PAUL-HENRI STEINAUER [Bd. III 2012], N 2630 ff.; HANS LEEMANN [BK 1925], Art. 793 N 3 ff.).

343 Der *Schuldbrief* (Art. 842 ff. ZGB; vgl. ferner N 404 ff.) ist ein Wertpapier, das eine grundpfändlich gesicherte Geldforderung ausweist. Diese im Titel ausgewiesene Geldforderung heisst *Schuldbriefforderung* (oder – gleichbedeutend – *Pfandforderung*). Bis zur Höhe der Schuldbriefforderung und des im Titel verbrieften Zinses ist der Schuldbriefgläubiger grundpfändlich gesichert (PAUL-HENRI STEINAUER [Bd. III 2012], N 2634 ff.; HANS LEEMANN [BK 1925], Art. 793 N 12 ff.). Die Schuldbriefforderung besteht eigenständig und zusätzlich zur damit gesicherten Geldforderung *(Forderung aus dem Grundverhältnis)*. Der Schuldbriefschuldner wird jedoch insofern geschützt, als es ihm erlaubt ist, die Zahlung aufgrund der Schuldbriefforderung zu verweigern und gegenüber dem Gläubiger diejenigen Einreden geltend zu machen, die sich aus dem Grundverhältnis ergeben (vgl. ausführlich hierzu in N 412 ff.; ferner DANIEL STAEHELIN [BSK 2015], Art. 842 N 65 ff.; CHRISTINA SCHMID-TSCHIRREN [BSK 2015], Art. 793 N 7).

344 In der Praxis ist der Schuldbrief heute weitaus häufiger als die Grundpfandverschreibung. Vor fünfzig Jahren war es umgekehrt.

3. Pfandobjekt

a) Grundsatz

345 Als Grundsatz gilt, dass sowohl das Alleineigentum als auch Miteigentums- und Stockwerkeigentumsanteile sowie die selbständigen und dauernden Rechte mit Grundpfandrechten belastet werden können (so sinngemäss PASCAL SIMONIUS/THOMAS SUTTER [Bd. II 1990], § 5 N 24 ff.; PAUL-HENRI STEINAUER [Bd. III 2012], N 2652). Voraussetzung für die Errichtung eines Grundpfandrechts ist, dass diese Rechte an Grundstücken in das Grundbuch aufgenommen sind (Art. 796 Abs. 1 ZGB). Ferner gibt es gewisse Einschränkungen der Verpfändbarkeit in Bezug auf Grundstücke, die im Eigentum von Bund, Kan-

tonen oder Gemeinden stehen und unmittelbar der Erfüllung öffentlicher Aufgaben dienen (Art. 796 Abs. 2 ZGB; Art. 9 SchGG; ferner CHRISTINA SCHMID-TSCHIRREN [BSK 2015], Art. 796 N 7 ff.; PAUL-HENRI STEINAUER [Bd. III 2012], N 2653 ff.).

Ist das Eigentum in Miteigentumsanteile aufgeteilt, so kann jede Miteigentümerin ihren Miteigentumsanteil selbständig verpfänden. Die Verpfändung eines einzelnen Miteigentumsanteils ist auch dann noch möglich, wenn auf der Stammparzelle bereits Pfandrechte eingetragen sind. Zur Vermeidung praktischer Schwierigkeiten bei der Pfandverwertung schreibt Art. 648 Abs. 3 ZGB hingegen vor, dass auf der Stammparzelle keine neuen Pfandrechte mehr eingetragen werden können, sofern nicht alle Gläubiger der verpfändeten Miteigentumsanteile zustimmen (N 2630 ff.; ferner THOMAS SUTTER-SOMM [SPR 2014], N 173; PAUL-HENRI STEINAUER [Bd. III 2012], N 2655a f.). Diese Zustimmung hat in der Form einer Rangrücktrittserklärung zu erfolgen (vgl. N 1791 ff.). Dasselbe gilt auch für den Fall, dass das Eigentum in Stockwerkeigentumsanteile aufgeteilt ist (ARTHUR MEIER-HAYOZ/HEINZ REY [BK 1988], Art. 712a N 97). 346

Da die beschränkten dinglichen Rechte direkt das Eigentumsrecht, nur indirekt die körperliche Liegenschaft ergreifen, kann es keine Grundpfandrechte geben, die blosse Teilflächen einer Liegenschaft belasten (vgl. N 136). Art. 797 Abs. 2 ZGB hält dies ausdrücklich fest. 347

b) Verpfändung mehrerer Grundstücke für die gleiche Schuld

Art. 798 ZGB redet von zwei Möglichkeiten, wie man eine einzige Schuld durch die Verpfändung mehrerer Grundstücke sichern kann: Das *Gesamtpfandrecht* (Art. 798 Abs. 1 ZGB) und die *Verteilung der Pfandhaft* (*Pfandhaftverteilung*; Art. 798 Abs. 2 und 3 ZGB). Von diesen beiden Möglichkeiten trifft man in der Praxis meist nur die Erste an, und auch diese eher selten. Die Letztere spielt kaum eine Rolle und wird hier nicht behandelt (zur Pfandhaftverteilung vgl. etwa CHRISTINA SCHMID-TSCHIRREN [BSK 2015], Art. 798 N 18 ff.; ferner SAMUEL ZOGG [BSK 2015], Art. 833 N 1 ff.). 348

Was zuweilen vorkommt, ist das Gesamtpfand an mehreren Liegenschaften für die Sicherung des Baukredits während der Bauphase (Art. 798 Abs. 1 ZGB) oder von mehreren Stockwerkeigentumsparzellen, wenn etwa Wohnung und Autoeinstellhallenplatz in separaten Stockwerkeinheiten ausgesondert sind. 349

Unter *Gesamtpfandrecht* versteht man ein Pfandrecht an mehreren Pfandobjekten zur Sicherung einer einzigen Forderung. Wird die Schuld bei Fälligkeit nicht 350 bezahlt, so betreibt der Gläubiger auf Pfandverwertung. Bei Gesamtpfandverhältnissen versteigert das Betreibungsamt aber nur so viele Grundstücke, wie nötig sind, um die Schuld samt Zins zu tilgen (Art. 816 Abs. 3 ZGB).

351 Voraussetzung für die Errichtung eines Gesamtpfandrechts ist, dass die Grundstücke entweder *derselben Eigentümerin* gehören oder dass sich die verschiedenen Eigentümerinnen solidarisch als Schuldnerinnen gegenüber dem Grundpfandgläubiger verpflichten (Art. 798 Abs. 1 ZGB; PAUL-HENRI STEINAUER [Bd. III 2012], N 2664 ff.). Sodann ist die Errichtung eines Gesamtpfandrechtes, das sich sowohl auf landwirtschaftliche als auch auf nicht landwirtschaftliche Grundstücke erstreckt, in jedem Fall ausgeschlossen (Art. 74 Abs. 2 BGBB).

352 Das Gesamtpfandrecht an mehreren Stockwerkeigentumsparzellen kommt meist in der Bauphase, und zwar so zustande, dass die Bauherrin in einem ersten Schritt das Grundstück für den Baukredit verpfändet, mit dem sie ein Mehrfamilienhaus bauen möchte. Später teilt sie das Objekt rechtlich in mehrere Stockwerkeigentumsparzellen auf, wobei sie bis auf Weiteres noch immer die Alleineigentümerin ist. Mit der Aufteilung ändert sich an der bisherigen Pfandbelastung grundsätzlich nichts. Das Baugrundstück, das bisher insgesamt als Pfand haftete, haftet auch weiterhin, wenn es in Teilobjekte, nämlich in mehrere Stockwerkeigentumsparzellen, aufgeteilt wird. Bloss haften anschliessend die einzelnen Stockwerkeigentumsparzellen. Man kann sich den Vorgang bildhaft so vorstellen, dass die Pfandhaft zunächst das Baugrundstück erfasst hatte wie eine Schlinge, die um ein Stück Brennholz gebunden ist. Die Aufteilung des Grundstücks in Stockwerkeigentumsparzellen entspricht dem Aufspalten des Holzes in eine Mehrzahl dünnerer Hölzer. Das Band der Pfandhaft bleibt auch um dieses Bündel satt geschnürt. Das Band umfasst nachher das gleiche Objekt wie vorher, bloss war das Objekt zu Beginn kompakt, am Schluss aufgeteilt in mehrere kleinere Objekte.

353 Teilt die Eigentümerin das verpfändete Baugrundstück in mehrere Stockwerkeigentumsparzellen auf, ohne sich um das Schicksal des Pfandrechts zu kümmern, so bleibt das Pfandrecht auf der *Stammparzelle* weiterhin eingetragen. Wie in N 222 gesagt, ist die Stammparzelle der Ort, an dem jene Dinge ausgewiesen werden, die für alle Stockwerkeigentumsparzellen gemeinsam und einheitlich gelten. Das auf der Stammparzelle eingetragene Pfandrecht belastet also alle Stockwerkeigentumsparzellen gemeinsam – eben als Gesamtpfandrecht. Aber auf den Grundbuchblättern für die einzelnen Stockwerkeigentumsparzellen sieht man dieses Pfandrecht nicht. Um das Pfandrecht zu erkennen, muss man das Grundbuchblatt der Stammparzelle konsultieren.

Da ein solcher Eintragungsstand nicht transparent ist, empfiehlt es sich, dass die Eigentümerin anlässlich der Aufteilung ihres Baugrundstücks in Stockwerkeigentum das Pfandrecht von der Stammparzelle auf die einzelnen Stockwerkeigentumsparzellen überträgt und auf der Stammparzelle löscht. Dann erfasst das Pfandrecht *sichtbar* die Stockwerkeigentumsparzellen als Gesamtpfand. 354

Dieser – transparente – Eintragungsstand ermöglicht es, dass die Eigentümerin jedes Mal, wenn sie eine Stockwerkeigentumsparzelle verkauft, einen Teil des Kaufpreises dazu verwendet, den Bankkredit im entsprechenden Umfang zu reduzieren und von der Bank die Löschungsbewilligung für das Pfandrecht auf der verkauften Stockwerkeigentumsparzelle zu bekommen. Der Käufer der Stockwerkeigentumsparzelle erwirbt auf diese Weise ein pfandrechtsfreies Objekt (das er nun selber mit Pfandrechten belasten kann, um gegenüber seiner eigenen Bank den Kredit zur Finanzierung des Kaufs zu sichern). Gegenüber der Bank der Bauherrin haften fortab nur noch die in der Hand der Bauherrin verbliebenen übrigen Stockwerkeigentumsparzellen, und zwar weiterhin als Gesamtpfänder. 355

4. Pfandsumme

Bei Grundpfändern muss immer eine *Geldsumme in Schweizer Franken* (Art. 794 Abs. 1 ZGB) vereinbart und im Grundbuch eingetragen werden, bis zu der das Pfandobjekt, d.h. das verpfändete Grundstück, dem Pfandgläubiger Sicherheit bietet. Diese Geldsumme heisst *Pfandsumme* oder *Kapital*. 356

Die Parteien können die Höhe der Pfandsumme frei vereinbaren. Es gibt im ZGB keine Bestimmungen über eine maximale Belastungsgrenze (so noch in Art. 843 ZGB in der bis zum 31.12.2011 geltenden Fassung). 357

Eine gesetzliche Belastungsgrenze findet sich heute noch im bäuerlichen Bodenrecht mit dem Zweck, die Überschuldung von landwirtschaftlichen Betrieben zu vermeiden. Nach Art. 73 Abs. 1 BGBB dürfen landwirtschaftliche Grundstücke nur bis zu einem Wert belastet werden, der der Summe des um 35% erhöhten landwirtschaftlichen Ertragswerts (Art. 10 Abs. 1 BGBB) und des einfachen Ertragswerts der nichtlandwirtschaftlichen Teile (Art. 10 Abs. 3 BGBB) entspricht. Die Schätzung der jeweiligen Ertragswerte erfolgt durch die gemäss Art. 87 BGBB zuständige Behörde (ANDREAS BÜSSER/EDUARD HOFER [BGBB 2011], Art. 87 N 1 ff.). 358

Massgeblich für die Frage, ob die *Belastungsgrenze* erreicht wird, sind alle Pfandrechte, die im Grundbuch eingetragen oder vorgemerkt sind mit Aus- 359 nahme jener gemäss Art. 75 Abs. 1 BGBB (PAUL-HENRI STEINAUER [Bd. III 2012], N 2677b ff.; CHRISTINA SCHMID-TSCHIRREN/MANUEL MÜLLER [BGBB 2011], Art. 73 N 22 ff.). Massgebend sind die im Grundbuch eingetragenen oder einzutragenden Pfandsummen, wobei es keine Rolle spielt, ob es sich um Kapital- oder Maximalhypotheken handelt (vgl. zu diesen Begriffen hiernach, N 362 ff.). Ebensowenig von Bedeutung ist der bei Kapitalhypotheken pfandgesicherte Zinssatz.

360 Die Belehnung landwirtschaftlicher Grundstücke oberhalb der Belastungsgrenze ist ausnahmsweise zulässig, wenn sie entweder nach den Bestimmungen von Art. 77 f. BGBB durch die zuständige kantonale Behörde bewilligt wurde oder wenn das durch das Grundpfandrecht gesicherte Darlehen durch eine im Sinne von Art. 79 BGBB vom Bund anerkannte Institution zinslos gewährt oder verbürgt wurde (Art. 76 Abs. 1 BGBB; ausführlich hierzu bei PAUL-HENRI STEINAUER [Bd. III 2012], N 2679 ff.; CHRISTINA SCHMID-TSCHIRREN/MANUEL MÜLLER [BGBB 2011], Art. 76 N 1 ff.).

361 Untersteht ein Grundstück dem bäuerlichen Bodenrecht, so hat das Grundbuchamt somit bei jeder Errichtung oder Erhöhung des Grundpfandrechts zu prüfen (CHRISTINA SCHMID-TSCHIRREN/MANUEL MÜLLER [BGBB 2011], Art. 73 N 12 ff.), ob die Belastungsgrenze eingehalten ist oder ob die für ihre Überschreitung erforderliche Bewilligung vorliegt. Dies bedeutet, dass die Pfandgeberin dem Grundbuchamt mit den Anmeldungsbelegen die aktuelle Belastungsgrenze sowie gegebenenfalls die Bewilligung zu deren Überschreitung nachweisen muss (CHRISTINA SCHMID-TSCHIRREN/MANUEL MÜLLER [BGBB 2011], Art. 73 N 11).

5. Kapital- und Maximalpfandrechte

362 Grundpfandrechte werden als *Kapitalpfandrechte* oder als *Maximalpfandrechte* begründet.

363 Beim *Kapitalpfandrecht* wird vereinbart, dass das Grundpfand dem Gläubiger Sicherheit gibt für eine bestimmte Forderungssumme und zusätzlich für die aufgelaufenen Zinsen im grundbuchlich eingetragenen und gesetzlich zulässigen Rahmen. Das *Maximalpfandrecht* (unjuristisch auch Maximalhypothek genannt) gibt dem Gläubiger Sicherheit für seine Forderung einschliesslich Zinsen, und zwar für beides zusammen bis zu einem grundbuchlich eingetragenen Maximalbetrag, wobei für die Zinsen abgesehen vom Maximalbetrag keine Beschränkungen gelten (PASCAL SIMONIUS/THOMAS SUTTER [Bd. II 1990], § 5 N 18 ff.; HANS LEEMANN [BK 1925], Art. 794 N 10 ff.).

Die beim Kapitalpfandrecht geltenden Schranken bezüglich der Pfandsicherheit für die Zinsen ergeben sich aus Art. 818 Abs. 1 Ziff. 3 ZGB. Dort heisst es: 364

«Das Grundpfand gibt Sicherheit für drei zur Zeit der Konkurseröffnung oder des Pfandverwertungsbegehrens verfallene Jahreszinse und den seit dem letzten Zinstag laufenden Zins.»

Pfandgesichert sind damit höchstens die vertraglich vereinbarten Zinsen, und zwar höchstens bis zur Höhe des im Grundbuch eingetragenen Zinssatzes. Wurde im Grundbuch kein Zinssatz eingetragen, so ist der vertragliche Zinssatz bis zu höchstens 5% pfandgesichert (CHRISTINA SCHMID TSCHIRREN [BSK 2015], Art. 818 N 10). 365

Wurde also ein Grundpfand als Kapitalpfandrecht über CHF 400 000 mit Zins bis 7% im Grundbuch eingetragen, im Darlehensvertrag zwischen den Parteien aber ein Zinssatz von 4% vereinbart, und sind die Zinsen seit fünfeinhalb Jahren rückständig, so erhält der Gläubiger aus dem Steigerungserlös des Pfandobjekts sein Forderungskapital von CHF 400 000 zuzüglich CHF 56 000 Zins (4% für 3,5 Jahre). Für die seit längerer Zeit rückständigen Zinsen von CHF 32 000 geniesst der Kreditgeber kein Pfandrecht, sondern muss dafür auf Pfändung betreiben oder sich im Konkurs der Pfandschuldnerin in dritter Klasse kollozieren lassen. Es nützt ihm dabei nichts, dass der im Grundbuch eingetragene Zinssatz 7% beträgt; dieser höhere Satz hätte ihm zwar eine höhere Deckung gewährt, aber nur, wenn er mit der Schuldnerin tatsächlich einen höheren Zins vereinbart hätte (Art. 818 Abs. 1 Ziff. 3 ZGB; OGer ZH 28.6.2013 [ZBGR 2014], 318 ff.). 366

Wurde ein Grundpfand als Maximalpfandrecht über CHF 400 000 eingetragen, ein Darlehen von CHF 300 000 gewährt und im Darlehensvertrag zwischen den Parteien ein Zinssatz von 7% vereinbart, so erhält der Gläubiger bei fünfjährigem Rückstand der Zinszahlungen aus dem Steigerungserlös Deckung für seinen vollen Forderungsbetrag von CHF 300 000 zuzüglich CHF 100 000 für die rückständigen Zinsen. Ein Zinsenüberschuss von CHF 5000 geht ihm verloren (7% für 5 Jahre ≈ CHF 105 000). 367

Maximalpfandrechte sind üblich zur Sicherung von Baukrediten, d.h. von Darlehen, die in der Bauphase gemäss Baufortschritt etappenweise ausbezahlt werden und deren endgültige Höhe nicht von Anfang an feststeht, ferner ganz allgemein zur Sicherung von Kontokorrentforderungen mit wechselnden Saldi. Die maximale Pfandsumme pflegt mit einer Sicherheitsmarge für den Gläubiger im Grundbuch höher eingetragen zu werden, als was der Gläubiger als maximalen Forderungssaldo gewärtigt. 368

6. Pfandstellensystem der Grundpfandrechte

a) Grundsatz: Feste Pfandstellen

369 Wird ein Grundstück mit mehreren Grundpfandrechten belastet, so erhalten die Pfandrechte aufeinanderfolgende Ränge gemäss ihrer Alterspriorität (vgl. N 169 ff.), sofern nichts anderes vereinbart wird (vgl. Art. 813 Abs. 2 ZGB). Das zuerst eingetragene Pfandrecht steht im 1. Rang, die später eingetragenen Pfandrechte der Reihe nach im 2. Rang und in höheren Rängen. Jedes Pfandrecht wird mit einer Pfandsumme und mit dem pfandgesicherten Zinssatz eingetragen (sofern dieser mit mehr als 5% vereinbart wurde), beispielsweise das erstrangige Pfandrecht mit CHF 400 000 und Zins zu 6%, der 2. Rang mit CHF 200 000 und Zins zu 7%, der 3. Rang mit CHF 150 000 und Zins zu 8%.

370 Wird nichts anderes vereinbart, so werden durch den Eintrag der Pfandrechte von Gesetzes wegen feste Pfandstellen definiert, die bestehen bleiben, wenn ein Pfandrecht gelöscht wird (Art. 814 Abs. 1 ZGB; ferner PASCAL SIMONIUS/THOMAS SUTTER [Bd. II 1990], § 5 N 58). Wird im gegebenen Beispiel das Pfandrecht im 1. Rang gelöscht, so bleibt das nächstfolgende Pfandrecht weiterhin im 2. Rang. Anstelle des gelöschten Pfandrechts im 1. Rang entsteht eine *leere Pfandstelle* im 1. Rang. Die leere Pfandstelle steht der Grundeigentümerin zur Verfügung, um später erneut eine 1. Hypothek von maximal CHF 400 000 aufzunehmen.

371 Bildlich gesprochen verhalten sich die Grundpfandrechte in ihren Pfandstellen wie die Schubladen in einem Schrank. Man kann eine untere Schubladen herausnehmen (im Bild: z.B. ein erstrangiges Pfandrecht löschen) und anschliessend eine andere Schublade in das gleiche Fach wieder hineinschieben (das Grundstück im ersten Rang neu verpfänden). Das Bild vom Schrank und den Schubladen macht deutlich, dass die später hineingeschobene Schublade nicht grösser sein kann als die frühere. Einen leeren 1. Rang von CHF 300 000 mit Zins bis 6% kann man später nur wieder mit einem Grundpfandrecht von maximal CHF 300 000 und Zins bis 6% neu belehnen.

372 Das Prinzip der festen Pfandstelle gilt ausschliesslich für Grundpfandrechte und findet keine (analoge) Anwendung auf Dienstbarkeiten oder Grundlasten (HANS LEEMANN [BK 1925], Art. 813–814 N 4).

373 Eine Besonderheit ist die Figur des *Nebenrangs* (DAVID DÜRR/DANIEL ZOLLINGER [ZK 2013], Art. 813 N 79 ff.; PASCAL SIMONIUS/THOMAS SUTTER [Bd. II 1990], § 5 N 57; PAUL-HENRI STEINAUER [Bd. III 2012], N 2768). Es ist möglich, zwei oder mehr Grundpfandrechte nebeneinander im 1. Rang einzutra-

gen, z.B. ein Pfandrecht für CHF 100 000 und ein weiteres für CHF 300 000. Der 1. Rang hat in diesem Fall einen Betrag von CHF 400 000. Wird das so verpfändete Grundstück verwertet und resultiert ein Steigerungserlös von z.B. CHF 280 000 Franken, so erhält der eine Pfandgläubiger CHF 70 000, der andere CHF 210 000, wobei sich die quotenmässige Zuteilung des Steigerungserlöses ausschliesslich nach der aktuellen Belehnung, nicht nach den grundbuchlich eingetragenen Pfandsummen der Grundpfänder bemisst (Art. 817 Abs. 2 ZGB; DAVID DÜRR/DANIEL ZOLLINGER [ZK 2013], Art. 817 N 52 ff.; HANS LEEMANN [BK 1925], Art. 817 N 7 f.).

b) Abweichung vom Prinzip der festen Pfandstelle durch Nachrückensvereinbarung

Durch Vereinbarung zwischen den Parteien kann vom Prinzip der festen Pfandstelle abgewichen werden. Dies geschieht dadurch, dass die Grundeigentümerin und Pfandgeberin dem Pfandgläubiger in einem hinteren Rang das *Recht des Nachrückens* bei Verminderung von Vorrängen oder Nebenrängen einräumt (PASCAL SIMONIUS/THOMAS SUTTER [Bd. II 1990], § 5 N 65 ff.; HANS LEEMANN [BK 1925], Art. 794 N 40 ff.). Diese Vereinbarung, die im Grundbuch *vorgemerkt* werden kann (Art. 814 Abs. 3 ZGB; ausführlich hierzu N 1711 ff.), besagt, dass bei der Verminderung oder Löschung des im Range vorhergehenden Pfandrechts das nachfolgende Pfandrecht in den niedrigeren Rang nachrückt. Wird also im vorherigen Beispiel dem Pfandgläubiger im 2. Rang das Nachrücken eingeräumt und wird anschliessend das Grundpfandrecht im 1. Rang gelöscht, nachdem das Darlehen dem erstrangigen Gläubiger abbezahlt worden ist, dann wird das bisher zweitrangige Pfandrecht ohne Weiteres zum Pfandrecht im 1. Rang.

374

Wird das Nachrücken vereinbart, dann verhalten sich die in mehreren Rängen hintereinander stehenden Pfandrechte nicht wie die Schubladen in einem Schrank, sondern wie aufgestapelte Bücher. Wenn man das unterste Buch (den ersten Rang) herauszieht, bewegen sich die oberen Bücher nach unten.

375

Auch das Überholen ist möglich (DAVID DÜRR/DANIEL ZOLLINGER [ZK 2013], Art. 814 N 76 ff.). Hat nur das Pfandrecht im 3. Rang das Nachrücken und wird das Pfandrecht im 1. Rang gelöscht, so rückt der Gläubiger des 3. Ranges in den 1. Rang. Das Überspringen ist allerdings dann nicht möglich, wenn in diesem Beispiel das Pfandrecht im 3. Rang im 1. Rang keinen Platz findet (so auch DAVID DÜRR/DANIEL ZOLLINGER [ZK 2013], Art. 814 N 85 ff.)

376

c) Abweichung vom Prinzip der festen Pfandstelle durch Rangrücktritt

377 Eine weitere Möglichkeit zur Durchbrechung des Prinzips der festen Pfandstelle besteht darin, dass die Eigentümerin und der Grundpfandgläubiger miteinander vereinbaren, dass der Pfandgläubiger mit seinem Recht hinter ein anderes Recht zurücktritt (DAVID DÜRR/DANIEL ZOLLINGER [ZK 2013], Art. 812 N 54 ff., Art. 813 N 89 ff.).

378 Im grundbuchlichen Vollzug erfolgt der Rangrücktritt durch eine einseitige Erklärung des Gläubigers in einfacher Schriftform (vgl. N 1791 ff.). Diese Erklärung wird als *Rangrücktrittserklärung* oder *Nachgangserklärung* bezeichnet (DAVID DÜRR/DANIEL ZOLLINGER [ZK 2013], Art. 812 N 55). Der Rangrücktritt ist eine vom verfügungsbefugten Gläubiger an das Grundbuchamt gerichtete Erklärung. Wird sie an die Pfandgeberin adressiert, so ist das unschädlich. Die Wirksamkeit tritt aber erst ein, wenn die Erklärung dem Grundbuch zugeht.

379 Rangrücktritte können nicht nur durch Gläubiger von Grundpfandrechten gegenüber anderen Grundpfandrechten, sondern auch gegenüber Dienstbarkeiten, Grundlasten oder Vormerkungen erfolgen. Alle diese Berechtigten können auch untereinander oder gegenüber Grundpfandrechten Rangrücktritte erklären (DAVID DÜRR/DANIEL ZOLLINGER [ZK 2013], Art. 812 N 64 ff.; HANS LEEMANN [BK 1925], Art. 812 N 21; PAUL-HENRI STEINAUER [Bd. II 2012], N 2162; CHRISTINA SCHMID-TSCHIRREN [BN 2014], N 322 f.).

380 Ist beispielsweise ein Grundstück an eine Bank verpfändet und will die Eigentümerin zu einem späteren Zeitpunkt dem Nachbarn ein Wegrecht einräumen, dann kann sie die Bank bitten, bezüglich ihres Grundpfandrechts den *Rücktritt hinter das neu zu errichtende Wegrecht* zu erklären. Wenn die Bank eine solche Rücktrittserklärung abgibt, ist damit das Grundpfandrecht gegenüber dem neuen Wegrecht *nachrangig*. Kommt es zur Grundpfandverwertung, dann gibt es keinen Doppelaufruf, auch wenn die Steigerungsangebote nicht genügen, um die Pfandforderung der Bank zu decken. In jedem Fall wird nun das Grundstück dem Ersteigerer zugeschlagen, wobei das Wegrecht auch weiterhin zu respektieren ist (zum Doppelaufrufverfahren vgl. N 179 ff.).

381 Sodann ergibt sich zuweilen ein Klärungs- und Regelungsbedarf, in welchen Rängen verschiedene Rechte stehen, wenn mehrere bisher unterschiedlich belastete Grundstücke vereinigt oder wenn Grenzveränderungen vorgenommen oder neue Rechte eingetragen werden. Denn oft ist die Rangfolge gemäss Alterspriorität (N 169 ff.) nicht sinnvoll und würde bei der Zwangsverwertung des Grundstücks zu einem Durcheinander und zu unerwünschten Ergebnissen

führen. Die Vereinbarung zwischen den Beteiligten über eine von der Alterspriorität abweichende Rangfolge wird *Rangabklärung* genannt.

Unzulässig sind alle Vereinbarungen und Grundbucheintragungen, die zu gebrochenen Rängen führen würden (CHRISTINA SCHMID-TSCHIRREN [BSK 2015], Art. 812 N 20; MANUEL MÜLLER [ZBGR 1993], 404; HANS-PETER FRIEDRICH [ZBGR 1977], 341 f.; HANSJÖRG PETER [ZBGR 1997], 387 f.; teilweise a.m. DAVID DÜRR/DANIEL ZOLLINGER [ZK 2013], Art. 812 N 92 ff. und Art. 813 N 82 ff.; a.M. THIERRY DUBOIS [ZBGR 2010], 213 f.). Unter *gebrochenem Rang* versteht man, dass ein beschränktes dingliches Recht einem anderen Recht im Rang teilweise vorgeht, teilweise nachgeht (HEINZ REY [BK 1981], Syst. Teil N 273). Ein (unzulässiger) gebrochener Rang würde etwa entstehen, wenn im Jahr 2011 ein Grundpfandrecht für CHF 100 000 im ersten Rang errichtet wird, im Jahr 2012 ein Wegrecht, das dem Grundpfand nun im Range nachgeht, worauf im Jahr 2013 das Grundpfandrecht auf CHF 150 000 erhöht wird, ohne dass der Dienstbarkeitsberechtigte um Zustimmung angefragt wird. Bei dieser zeitlichen Abfolge der Eintragungen wären kraft Alterspriorität die ersten CHF 100 000 des Grundpfands im 1. Rang, die Dienstbarkeit im 2. Rang und die letzten CHF 50 000 des Grundpfands im 3. Rang. – Ein solches Grundpfandrecht mit gebrochenem Rang wäre in der Pfandverwertung nicht vernünftig handhabbar (vgl. DAVID DÜRR/DANIEL ZOLLINGER [ZK 2013], Art. 813 N 82 ff.). Deshalb darf es nicht entstehen. Im vorliegenden Beispiel kann das Grundpfand nach dem Jahr 2012 nur erhöht werden, wenn entweder der Grundpfandgläubiger den Rücktritt hinter das Wegrecht für den vollen Betrag seines Grundpfands erklärt oder wenn der Wegberechtigte den Rücktritt hinter das erhöhte Grundpfand erklärt. Gibt niemand den Rücktritt, dann kann der Grundeigentümer nicht das Pfandrecht im 1. Rang erhöhen, sondern er muss ein neues Pfandrecht über CHF 50 000 im 2. Rang hinter dem Wegrecht errichten. 382

7. Pfandbeschwerung, Pfanderleichterung

Unter *Pfandbeschwerung* versteht man die Erhöhung der Pfandsumme (vgl. N 1726 ff.; ferner DAVID DÜRR/DANIEL ZOLLINGER [ZK 2013], Art. 799 N 274 ff.). Besteht ein Schuldbrief im ersten Rang über CHF 300 000 und soll diese Pfandsumme auf CHF 400 000 erhöht werden (womit der Schuldbrief anschliessend ein Schuldbrief über CHF 400 000 ist), so nennt man diesen Vorgang eine Pfandbeschwerung. Die Vorstellung ist die, dass das durch das Pfandrecht belastete Grundstück durch den Vorgang zusätzlich belastet oder eben beschwert wird. 383

384 Der gegenteilige Vorgang, nämlich die Reduktion der Pfandsumme, heisst *Pfanderleichterung* (vgl. N 1733 ff.; ferner DAVID DÜRR/DANIEL ZOLLINGER [ZK 2013], Art. 799 N 289 ff.).

8. Pfandvermehrung, Pfandverminderung (Pfandentlassung)

385 *Pfandvermehrung* ist die Ausdehnung des Pfandrechts auf bisher nicht mitverpfändete Grundstücke (im Sinne eines Gesamtpfandrechts) oder die Vergrösserung des verpfändeten Grundstücks (vgl. N 1739 ff.; ferner DAVID DÜRR/ DANIEL ZOLLINGER [ZK 2013], Art. 799 N 283 ff.).

386 *Pfandverminderung (Pfandentlassung)* ist die Entlassung einzelner Grundstücke aus einem Gesamtpfandrecht oder die Verkleinerung des einzeln verpfändeten Grundstücks (vgl. N 1746 ff.; ferner DAVID DÜRR/DANIEL ZOLLINGER [ZK 2013], Art. 799 N 293 ff.). Pfandvermehrungen und Pfandverminderungen sind also die notwendigen Begleiterscheinungen, wenn ein verpfändetes Grundstück vergrössert oder verkleinert (mutiert) wird (N 2754 ff.).

387 Besitzt jemand ein Grundstück von einer Hektar Grösse, das bisher mit einem Schuldbrief im 1. Rang über CHF 300 000 belastet ist, und erwirbt diese Grundeigentümerin von ihrem Nachbarn einen Streifen von 2 Metern Breite, den sie fortab zu ihrem eigenen Grundstück dazuschlägt, so vergrössert sich ihr Grundstück von bisher einer Hektar auf beispielsweise eine Hektare und 200 Quadratmeter.

388 Da sich die Grundpfandrechte immer auf die ganze Parzelle beziehen müssen, muss auch der neu dazugekommene Landstreifen dem bestehenden Pfandrecht unterworfen werden. Denn in der Pfandverwertung kann man nur das Grundstück als Ganzes versteigern.

389 Mit dem Einverleiben der neuen 200 Quadratmeter in das bisherige, verpfändet gewesene Grundstück geht das Pfandrecht nicht ohne Weiteres auf den neuen Streifen über. Vielmehr verlangt das ZGB, dass die Eigentümerin des bisherigen Pfandobjekts die Verpfändung des neu dazugekommenen Streifens von 200 Quadratmetern in einer öffentlichen Urkunde ausdrücklich erklärt. Sie muss diesen neu dazugekommenen Landstreifen also ausdrücklich ebenfalls verpfänden.

390 Wenn man beim bisherigen Beispiel bleibt und annimmt, dass jener Nachbar, der den Streifen von 200 Quadratmetern abtritt, sein eigenes Grundstück bisher ebenfalls verpfändet hatte, aber an eine andere Bank und zu einer anderen Pfandsumme, so erkennt man, dass der Gläubiger jenes Pfandrechts das

Abtrennen von 200 Quadratmetern von dem Grundstück, an dem er pfandberechtigt ist, nicht gegen seinen Willen hinzunehmen braucht. Denn durch das Abtrennen eines Landstreifens verringert sich der Wert des Pfandobjekts.

Meist verlangt der Pfandgläubiger, wenn das Pfandobjekt in dieser Weise vermindert wird, dass ein entsprechender Teil des pfandgesicherten Darlehens zurückbezahlt wird. Im Gegenzug gibt der Pfandgläubiger die Zustimmung zur Pfandverminderung. Auf der Seite des Nachbarn, der 200 Quadratmeter weggibt und gleichzeitig einen Teil der pfandgesicherten Forderung zurückbezahlt, findet demgemäss ein doppelter Vorgang statt, nämlich die Pfandverminderung (Verkleinerung des Pfandobjekts) und die entsprechende Pfanderleichterung (Verminderung der Pfandsumme). Pfandverminderung und Pfanderleichterung brauchen aber nicht gleichzeitig stattzufinden. Rechtlich sind die beiden Dinge unabhängig voneinander. 391

9. Pfandrechtsverlegung, Totale Pfandänderung

Pfandrechtsverlegung heisst der Vorgang, bei dem ein verpfändetes Grundstück in Miteigentum oder Stockwerkeigentum aufgeteilt wird, wobei das auf der ursprünglichen Parzelle eingetragene Pfandrecht auf alle neuen Miteigentums- oder Stockwerkeigentumsparzellen umgebucht wird (vgl. N 1754 ff.). Diese Umbuchung erfolgt so, dass das Pfandrecht die neu gebildeten Parzellen als Gesamtpfandrecht erfasst und auf diesen Parzellen als Gesamtpfandrecht eingetragen wird. Der hier verwendete Begriff der Pfandrechtsverlegung ist nicht zu verwechseln mit der *Verlegung der Pfandrechte* im Rahmen der Güterzusammenlegung unter Aufsicht oder Mitwirkung der Behörden gemäss Art. 802 ff. ZGB. 392

Totale Pfandänderung heisst der Vorgang, bei dem ein Grundstück (als Pfandobjekt) durch ein anderes Grundstück ausgetauscht wird, während das Schuldverhältnis und der Pfandtitel nicht gelöscht werden, sondern die gleichen bleiben (vgl. N 1759 ff.). Das neue Pfandobjekt kann der bisherigen Pfandgeberin oder einer anderen Eigentümerin gehören. Die Eigentümerin des Ersatzobjektes erklärt dessen Verpfändung in öffentlicher Urkunde. Bestehen auf dem Ersatzobjekt bereits Pfandrechte, so schliesst das infolge der totalen Pfandänderung begründete Pfandrecht hinten an. Der bisherige Pfandtitel – Grundpfandverschreibung oder Schuldbrief – wird bloss nachgeführt, nicht durch einen neuen ersetzt. 393

Der Vorteil einer totalen Pfandänderung gegenüber der Löschung des alten Pfandverhältnisses und Begründung eines neuen liegt einzig darin, dass 394 gewisse kantonale Gebührenordnungen geringere Kosten bei einer totalen Pfandänderung vorsehen.

10. Pfandrechtszerlegung, Pfandrechtszusammenlegung

395 Die Aufteilung eines Pfandrechts in mehrere Pfandrechte, z.B. eines Pfandrechts für CHF 300 000 in drei Pfandrechte für je CHF 100 000, heisst *Pfandrechtszerlegung* (vgl. N 1764 ff.).

396 Der umgekehrte Vorgang, bei dem mehrere dem gleichen Gläubiger zustehende Pfandrechte am gleichen Pfandobjekt zu einem einzigen Pfandrecht zusammengefasst werden, heisst *Pfandrechtszusammenlegung* (vgl. N 1770 ff.).

B. Grundpfandverschreibung

397 Die Grundpfandverschreibung wird errichtet durch den Vertragsschluss zwischen der Grundeigentümerin, die ihr Grundeigentum verpfändet, und dem Gläubiger (zum Begriff der Grundpfandverschreibung vgl. N 342; zu deren Errichtung vgl. 1644 ff.). Die Grundeigentümerin ist die *Pfandgeberin*. Vertragspartner ist die natürliche oder juristische Person (meist eine Bank), zu deren Gunsten das Pfandrecht bestellt wird. Man spricht vom *Pfandgläubiger*.

398 Nach Abschluss des Pfandvertrags und seiner Eintragung im Grundbuch besteht das Grundpfand anschliessend als beschränktes dingliches Recht des Pfandgläubigers, und zwar ohne zeitliche Begrenzung. Das fortdauernde Grundpfandverhältnis wird nun nicht mehr als ein Vertragsverhältnis verstanden, sondern als ein beschränktes dingliches Recht des Pfandgläubigers am verpfändeten Grundstück (HANS LEEMANN [BK 1925], Art. 824 N 24). Die Grundeigentümerin und ursprüngliche Pfandgeberin verschwindet aus dem Blickfeld. Ob sie stirbt, Konkurs macht, ihr Grundstück verkauft, ist belanglos. Immer haftet das Grundpfand am verpfändeten Grundeigentum, unabhängig von der Person der jeweiligen Grundeigentümerin. Die Grundeigentümerin tritt nur dann wieder ins Bild, wenn sie zu Pfandbeschwerungen und Pfandvermehrungen ihre Zustimmung geben soll.

399 Die Grundpfandverschreibung bezieht sich notwendigerweise immer auf eine Schuldpflicht, die durch das Grundpfand abgesichert wird. Das Grundpfand ist ein Sicherungsrecht, das nur im Zusammenhang mit einer zu sichernden Schuldpflicht Sinn hat (HANS LEEMANN [BK 1925], Art. 824 N 15 ff.).

400 Bei der Grundpfandverschreibung gehören Pfandrecht und Schuldpflicht so eng zusammen, dass man sagt, das Pfandrecht könne ohne die Schuldpflicht

nicht bestehen. Juristen haben für diesen notwendigen Zusammenhang das Wort *akzessorisch* geprägt (vom lateinischen accedere = hinzutreten: Das Pfandrecht tritt zu einer Schuldpflicht hinzu und sichert diese für den Fall, dass der Schuldner insolvent wird). So wird gesagt, die Grundpfandverschreibung gehöre immer akzessorisch zu einer Schuldpflicht (SAMUEL ZOGG [BSK 2015], Art. 824 N 10 ff.).

Trotz dieser Akzessorietät ist es kraft einer ausdrücklichen Gesetzesbestimmung möglich, Grundpfandverschreibungen bereits zu einem Zeitpunkt zu errichten, in dem die abzusichernde Schuldpflicht noch gar nicht existiert. Art. 824 Abs. 1 ZGB sagt nämlich: 401

«Durch die Grundpfandverschreibung kann eine beliebige, gegenwärtige oder zukünftige oder bloss mögliche Forderung pfandrechtlich sichergestellt werden.»

Daraus ergibt sich die Möglichkeit, Grundpfandverschreibungen gewissermassen auf Vorrat zu errichten, nämlich zu einem Zeitpunkt, in welchem die Pfandgeberin gegenüber dem Pfandgläubiger noch nichts schuldet (HANS LEEMANN [BK 1925], Art. 824 N 23 ff.). 402

Aus dem Grundsatz der Akzessorietät der Grundpfandverschreibung wird zudem abgeleitet, dass sich die Pfandsumme in dem Umfang verringert, in dem die Schuld abbezahlt wird. Sollen Schuld und Pfandrecht durch eine spätere Wiederauszahlung auf den ursprünglichen Betrag erhöht werden, so ist vorweg eine Pfanderleichterung, anschliessend eine Pfandbeschwerung zu dokumentieren, Letztere in öffentlicher Urkunde, wobei die vorgängige Pfanderleichterung das Nachrücken von nachrückensberechtigten Pfandgläubigern auslöst und die Pfandgeberin gegebenenfalls zwingt, für die Pfandbeschwerung entweder deren Rangrücktritte einzuholen oder das Pfandrecht nachrangig neu zu bestellen. Da manche Banken und Bankkunden glauben, die Grundpfandverschreibung sichere, gleich wie der Schuldbrief, mit einer fest verbrieften Pfandsumme den wechselnden Schuldsaldo des Darlehenskontos, erfolgen Wiederauszahlungen zuweilen stillschweigend, d.h. ohne Benachrichtigung des Grundbuchamts und der nachrückensberechtigten Gläubiger, und zwar in der irrigen Meinung, auch der wiederausbezahlte Betrag sei von der ursprünglichen Grundpfandverschreibung gesichert. Um die lästigen Umständlichkeiten der Akzessorietät bei der Wiederauszahlung zu vermeiden, ist es zweckmässig, Grundpfandsicherheit ausschliesslich mit Schuldbriefen zu schaffen, oder, wenn dies nicht gewünscht wird, in der Grundpfandverschreibung von Anfang an eine Pfandschuld zu beurkunden, die auswechselbar und wiederauszahlbar ist, z.B. mit der Formulierung: «Für diese Schuld, ihre allfällige spätere Wiederauszahlung oder eine andere, zwischen Gläubigerin und Schuldner 403 künftige vereinbarte Schuld bestellt der Schuldner hiermit ein Maximalpfandrecht über CHF X als Grundpfandverschreibung im 1. Rang auf seiner Parzelle Y ...». – Nachrückensberechtigte Pfandgläubigerinnen haben zwar keinen Anspruch darauf, dass ein im Range vorgehendes Pfandrecht nach Tilgung der Pfandschuld gelöscht wird (JEAN NICOLAS DRUEY [ZBGR 1979], 208 ff.), aber sie brauchen mangels beurkundeter Wiederauszahlungsklausel nicht zu akzeptieren, dass die getilgte Pfandschuld erneut ausbezahlt und dass hierfür das vorrangige Pfandrecht beansprucht wird, wenn dies in der ursprünglich beurkundeten Bezeichnung der Pfandschuld nicht ausdrücklich vorgesehen ist.

C. Schuldbrief

1. Allgemeines und Begriffliches

404 Der Schuldbrief ist das am häufigsten verwendete Grundpfand in der Schweiz (zum Begriff des Schuldbriefs vgl. N 343; zu dessen Errichtung vgl. N 1687 ff.).

405 Beim Schuldbrief kommt der Schuldner (Bankkunde und Notariatsklient) zur Urkundsperson zur Beurkundung einer Verpfändungserklärung, genau gleich wie dies bei der Grundpfandverschreibung beschrieben wurde. Der wichtigste Unterschied ist der, dass im Errichtungsakt nicht gesagt wird, der Schuldner errichte hiermit ein Grundpfand als Grundpfandverschreibung, sondern er errichtet «ein Grundpfand als Schuldbrief».

406 Ein weiterer Unterschied zur Grundpfandverschreibung besteht darin, dass bei der Schuldbrieferrichtung und im Schuldbrief selber kein Schuldgrund genannt werden darf. Man darf also nicht schreiben, der Schuldner schulde dem Gläubiger «*aus Darlehen*» den Betrag X. Man darf und muss nur schreiben: «*Der Schuldner schuldet dem Gläubiger den Betrag X*». Weshalb er das Geld schuldet, darf nicht gesagt werden. Andernfalls wäre der Schuldbrief ungültig (vgl. Art. 846 Abs. 1 ZGB, ferner DANIEL STAEHELIN [BSK 2015], Art. 842 N 13 f.).

407 Man nennt eine Schuldverpflichtung, bei der kein Schuldgrund genannt wird, eine *abstrakte* Schuldverpflichtung. Man sagt demgemäss, die Schuldbriefforderung sei abstrakt. (In der Rechtssprache ist der Gegensatz zum Wort «abstrakt» nicht etwa «konkret», sondern «kausal». Kausal heissen Rechtsgeschäfte, wenn der Grund [lateinisch: causa] der Verpflichtungen genannt wird und gültig sein muss, damit die Verpflichtungen gültig sind.)

408 Der Schuldbrief wird entweder als Papier-Schuldbrief oder als Register-Schuldbrief ausgestaltet (Art. 843 ZGB). Während Register-Schuldbriefe immer auf

einen namentlich genannten Gläubiger lauten, kommen Papier-Schuldbriefe sowohl als Namen-Schuldbriefe als auch als Inhaber-Schuldbriefe vor.

Der *Papier-Schuldbrief* ist ein Wertpapier im Sinne von Art. 965 OR. Er dokumentiert in einem Formulartext mit dem Briefkopf des Grundbuchamtes folgenden typischen Inhalt: 409

Variante Namen-Papier-Schuldbrief: «Schuldbrief. – X schuldet der Bank B den Betrag von CHF 500 000, verzinslich bis zu maximal 10%. Zur Sicherheit für diese Schuld, Kapital und Zinsen besteht ein Pfandrecht im 1. Rang auf der Liegenschaft Parzelle P in Basel. Unterschrift: Grundbuchverwalter Basel-Stadt.

Variante Inhaber-Papier-Schuldbrief: «Schuldbrief. – X schuldet dem Inhaber des Schuldbriefs den Betrag von CHF 500 000 …» (Rest wie oben).

Der *Register-Schuldbrief* ist eine Form des Grundpfands, das dem Papier-Schuldbrief ähnlich ist, bei dem jedoch kein physisches Wertpapier hergestellt wird. Beim Register-Schuldbrief handelt es sich also um ein reines Buchrecht (Daniel Staehelin [BSK 2015], Art. 843 N 2). Der Pfandgläubiger erhält lediglich eine schriftliche Bestätigung (Eintragungsbestätigung), dass er als Schuldbriefgläubiger im Grundbuch eingetragen ist. Diese Bestätigung ist kein Wertpapier. Der Register-Schuldbrief ist einfacher in der Handhabung als der Papier-Schuldbrief, da das Risiko entfällt, dass ein Wertpapier verloren geht und gerichtlich kraftlos erklärt werden muss. 410

Sowohl im Papier-Schuldbrief als auch im Register-Schuldbrief wird der Name des Schuldners zwar genannt. Wichtig am Schuldbrief ist jedoch das Pfandrecht an der im Schuldbrief genannten Parzelle. Der berechtigte Gläubiger (beim Namensschuldbrief im vorstehenden Beispiel die Bank B, beim Inhaber-Schuldbrief der jeweilige Inhaber des Schuldbriefs) kann bei Verfall die Forderung gegenüber dem jeweiligen Schuldner geltend machen und bei Nichtbezahlung die Pfandverwertung des im Schuldbrief genannten Grundstücks verlangen. Dabei spielt es keine Rolle, ob die Eigentümerin dieses Grundstücks auch der Schuldner des Schuldbriefs ist. Die beiden Personen brauchen nicht identisch zu sein. 411

2. Verwendung des Schuldbriefs

Das gesetzliche Erfordernis der abstrakten Schuldbriefformulierung (N 406 f.) gilt, weil der Schuldbrief als frei handelbares Wertrecht werthaltig sein soll, ohne dass sich die Erwerber von Schuldbriefen um die Grundverhältnisse zu kümmern brauchen. Wer einen Schuldbrief mit der Schuldbriefforderung von CHF 100 000 erwirbt, soll gewiss sein, dass er vom Schuldbriefschuldner CHF 412

100 000 einfordern und bei Zahlungsunfähigkeit das Grundpfand verwerten kann, ohne sich entgegenhalten lassen zu müssen, angesichts früherer Grundverhältnisse zwischen dem Schuldbriefschuldner und früheren Besitzern des Schuldbriefs schulde der Schuldbriefschuldner nichts.

413 Das gesetzliche Erfordernis der abstrakten Formulierung des Schuldbriefs ändert aber nichts an der Tatsache, dass Geldschulden zwischen dem Schuldbriefschuldner und seinem *ersten Schuldbriefgläubiger,* d.h. demjenigen, der den Schuldbrief vom Schuldbriefschuldner ausgehändigt erhält, nur aufgrund eines Grundverhältnisses – z.B. eines Darlehens – bestehen können. Zwischen dem Schuldbriefschuldner und seinem ersten Schuldbriefgläubiger liegt der Rechtsgrund der Schuld stets in dem zwischen diesen Parteien bestehenden persönlichen Rechtsverhältnis. Dieses persönliche Rechtsverhältnis bzw. Grundverhältnis entsteht durch ausdrückliche oder stillschweigende Parteivereinbarung zwischen dem Schuldbriefschuldner und der Person, der er den Schuldbrief aushändigt, etwa durch die Vereinbarung, dass der ausgehändigte Schuldbrief zur Sicherung eines bereits bestehenden oder eines künftig auszubezahlenden Darlehens dienen soll (PAUL-HENRI STEINAUER [ZK 2015], Art. 842 N 164 ff.; DANIEL STAEHELIN [BSK 2015], Art. 842 N 43 ff.). Auf diesen Fall passt der Wortlaut von Art. 842 Abs. 2 ZGB:

«Die Schuldbriefforderung tritt neben die zu sichernde Forderung, die dem Gläubiger gegenüber dem Schuldner aus dem Grundverhältnis gegebenenfalls zusteht […].»

414 Gemeint ist mit dieser Bestimmung, dass die im Schuldbrief abstrakt ausgewiesene Forderung neben die Darlehensforderung tritt. Man bezeichnet diese Art der Hingabe des Schuldbriefs als *Sicherungsverwendung* (oder – gleichbedeutend – *Sicherungsübereignung* beim Papier-Schuldbrief und *Sicherungseintragung* beim Register-Schuldbrief). Der Schuldbrief sichert gemäss Vereinbarung zwischen den Parteien die Forderung aus einem zwischen ihnen bestehenden Grundverhältnis.

415 Solange sich der (sicherungsübereignete) Schuldbrief in der Hand jenes ersten Schuldbriefgläubigers befindet, der den Titel vom Schuldbriefschuldner ausgehändigt erhielt, bestehen zwei Forderungen nebeneinander, nämlich die abstrakte Schuldbriefforderung aus dem Schuldbrief und die Darlehensforderung aus dem Darlehen. Aber der Gläubiger kann seine Forderung nur ein einziges Mal eintreiben; das ergibt sich aus Art. 842 Abs. 3 ZGB:

«Der Schuldner kann sich bezüglich der Schuldbriefforderung gegenüber dem Gläubiger sowie gegenüber Rechtsnachfolgern, die sich nicht in gutem Glauben befinden, auf die sich aus dem Grundverhältnis ergebenden persönlichen Einreden berufen.»

Wurde also das Darlehen entgegen den ursprünglichen Absichten der Parteien nie ausbezahlt oder hat der Schuldner das Darlehen zurückbezahlt und macht der Gläubiger anschliessend die abstrakte Schuldbriefforderung geltend, so kann ihm der Schuldner einredeweise entgegenhalten, der Schuldbrief sei zur Sicherung eines Darlehens übereignet worden. Da aus diesem Darlehen keine Zahlungspflicht bestehe, habe der Gläubiger auch aus dem Schuldbrief kein Geld zugut (BGer 5A_295/2012, E. 4.2.1; BGE 136 III 288, E. 3). 416

Wenn der erste Schuldbriefgläubiger den ihm vom Schuldbriefschuldner übergebenen Titel später an eine andere Person veräussert, kann dies auf zwei Arten geschehen, nämlich entweder mit oder ohne Abtretung des Grundverhältnisses. Wird die durch den Schuldbrief gesicherte Darlehensforderung an den Erwerber des Schuldbriefs abgetreten mit der Massgabe, dass der Schuldbrief diese Darlehensforderung sichere, dann kann auch der neue Schuldbriefgläubiger vom Schuldbriefschuldner nur den Darlehensbetrag einfordern, nicht die allenfalls höhere Schuldbriefforderung. 417

Veräussert der Schuldbriefgläubiger den Schuldbrief aber mit der Massgabe, dass der Schuldbrief für die volle im Titel ausgewiesene Schuldbriefforderung geltend gemacht werden könne, ohne dass der Erwerber des Schuldbriefs Einreden des Schuldbriefschuldners aus einem früheren Grundverhältnis zu befürchten brauche, so ist der Erwerber des Schuldbriefs gutgläubig im Sinne von Art. 842 Abs. 3 ZGB und kann die volle Schuldbriefforderung einfordern. (Hatte der Veräusserer des Schuldbriefs fälschlicherweise erklärt, der Schuldbrief könne mit seinem vollen Betrag geltend gemacht werden, so wird er gegenüber dem Schuldbriefschuldner schadenersatzpflichtig, falls dieser in der Zwangsverwertung des Schuldbriefs mehr bezahlen muss, als was er dem ersten Empfänger des Schuldbriefs aus dem Grundverhältnis schuldete.) 418

Die Sicherungsübereignung von Schuldbriefen mit dem kumulativen Bestand von Schuldbriefforderung und Forderung aus dem Grundverhältnis ist die typische Konstellation, wenn Schuldbriefe langfristig beim ersten Schuldbriefgläubiger bleiben und von diesem nicht veräussert, sondern irgendwann an den Schuldbriefschuldner zurückgegeben werden. In dieser Konstellation sichert der Schuldbrief nur die Forderung aus dem Grundverhältnis und höchstens bis zur Höhe der Schuldbriefforderung. 419

Die Veräusserung von Schuldbriefen mit gleichzeitiger Abtretung der Forderungen aus den ursprünglichen Grundverhältnissen ist eine Seltenheit und wird hier nicht weiter erörtert. 420

Drittes Kapitel: Immobiliarsachenrecht

421 Will der erste Schuldbriefgläubiger, der den Schuldbrief vom Schuldbriefschuldner empfangen hatte, den Schuldbrief später weiterveräussern, dann ist die gleichzeitige Zession von Forderungen aus einem Grundverhältnis unbequem. Der Schuldbrief würde in diesem Fall seinen Zweck als frei handelbares Wertpapier nicht erfüllen. Um die freie Handelbarkeit zu erreichen, ist eine entsprechende Vereinbarung zwischen den ursprünglichen Parteien erforderlich. Schuldet der Bankkunde beispielsweise den Betrag von CHF 100 000 aus Darlehen, so kann er der Bank einen Schuldbrief über CHF 100 000 aushändigen und vereinbaren, dass dadurch das Darlehen getilgt werde und dass der Schuldner fortab nur noch aufgrund des Schuldbriefs schulde. Die Schuldbriefforderung tritt in diesem Falle an die Stelle der früheren Darlehensforderung und ersetzt diese. In der Rechtssprache bezeichnet man den Vorgang als *Neuerung* oder *Novation*. Mit der Vereinbarung der Neuerung verzichtet der Schuldbriefschuldner auf Einreden aus dem bisherigen Grundverhältnis und schuldet fortab ausschliesslich aufgrund des Schuldbriefs.

422 Die Neuerungsvereinbarung ist das, was Art. 842 Abs. 1 ZGB mit den Worten «*wenn nichts anderes vereinbart ist*» anspricht: Der Schuldbriefgläubiger kann vom Schuldbriefschuldner nur die Forderung aus dem Grundverhältnis einfordern, sofern «nichts anderes», d.h. keine Neuerung, vereinbart wurde. – Wurde eine Neuerung vereinbart, so liegt keine Sicherungsübereignung des Schuldbriefs vor. Vielmehr verkörpert der Schuldbrief in diesem Falle die im Titel verbriefte Schuldbriefforderung. Der Schuldbriefgläubiger hat für die Schuldbriefforderung ein *direktes Pfandrecht am verpfändeten Grundstück*. Man spricht in diesem Fall von der Hingabe des Schuldbriefs als *direktes Grundpfand* (ausführlich hierzu Paul-Henri Steinauer [ZK 2015], Art. 842 N 59 ff.).

423 Neben der Sicherungsübereignung von Schuldbriefen und der (selteneren) Hingabe als direktes Grundpfand kraft Neuerungsabsprache ist es auch möglich, den Schuldbrief als körperliches Wertpapier – vergleichbar einer Aktie – zu verpfänden, und zwar zur Sicherung der Forderung aus einem persönlichen Grundverhältnis zwischen Gläubiger und Schuldner. Diese (auch als *Forderungsverpfändung* bezeichnete) Vorgehensweise führt bei Zahlungsunfähigkeit des Schuldners zu einer Vollstreckung in zwei Schritten. Im ersten Schritt wird der Schuldbrief wie ein Faustpfand versteigert. Im zweiten Schritt kann der Ersteigerer des Schuldbriefs auf das im Schuldbrief verpfändete Grundstück greifen (Paul-Henri Steinauer [ZK 2015], Art. 842 N 114 ff.). Der Ersteigerer kann dabei allerdings nicht die im Schuldbrief ausgewiesene Schuldbriefforderung geltend machen, sondern nur jene Forderung, die dem bisherigen Besitzer des Schuldbriefs aus seinem Grundverhältnis zustand (vgl. Art. 156

Abs. 2 SchKG; ferner PAUL-HENRI STEINAUER [ZK 2015], Art. 842 N 121 ff.). Aufgrund der geschilderten Zweistufigkeit spricht man bei der Verpfändung des Schuldbriefs als Wertpapier auch vom *indirekten Grundpfand*.

Da sich die Banken beim indirekten Grundpfand üblicherweise die Befugnis zur freihändigen Verwertung des verpfändeten Schuldbriefs ausbedingen, erwerben sie den Schuldbrief in der Faustpfandverwertung sogleich selber zum Preis, der der grundpfändlich vollstreckbaren Forderung aus dem Grundverhältnis entspricht, und schreiten anschliessend – nun als Eigentümerinnen des Schuldbriefs – zur Verwertung des Grundpfands. (Den in der Faustpfandverwertung für den Schuldbrief bezahlten Preis bezahlt die Bank faktisch an sich selber, sodass sie durch die Faustpfandverwertung nichts gewinnt und nichts verliert. Erst in der anschliessenden Grundpfandverwertung kommt Geld von dritter Seite, womit die Bank Deckung für ihre offene Forderung aus dem Grundverhältnis erhält.) 424

Die Verwendung von Schuldbriefen als indirektes Grundpfand erfolgt insbesondere im Verhältnis unter Banken, wenn die Hypothekarkreditbank das dem Kunden gewährte Darlehen bei einer anderen Bank refinanziert (hierzu DAVID DÜRR [ZK 2009], Syst. Teil N 436 ff). 425

D. Anleihensobligationen mit Grundpfandrechten

Unter einer Anleihe versteht man ein in Teilbeträge aufgeteiltes Darlehen, wobei für die einzelnen Teilbeträge einheitliche Bedingungen (Zinssatz, Ausgabepreis, Laufzeit etc.) gelten. Gestützt auf die Anleihensbedingungen schliesst der Anleihensnehmer mit einer Vielzahl von Darleihern selbständige Einzelverträge ab, wobei er für die Rückforderung jedes Teilbetrags dem Darleiher ein Wertpapier (Anleihensobligation) begibt (PAUL-HENRI STEINAUER [ZK 2015], Art. 875 N 5; URS LEHMANN [BSK 2015], Art. 875 N 2; BGE 113 II 283, E. 5a). 426

Anleihen werden zu Anleihensobligationen mit Pfandrecht, wenn sie mit einem Grundpfand sichergestellt werden (Art. 875 ZGB). 427

Mit der grundpfandgesicherten Anleihensobligation wollte der Gesetzgeber ein Institut schaffen, das die Vorteile der Grundpfandrechte und der Anleihensobligationen verbindet und gleichzeitig deren Nachteile eliminiert: Grundpfandrechte werden meist zur Deckung hoher Schuldbeträge errichtet, stellen dafür eine relativ sichere Vermögensanlage für die Gläubiger dar. Anleihensobligationen haben meist einen geringen Nennwert und stehen damit einem brei- 428 ten Publikum offen. Sie bieten jedoch keine pfandrechtliche Sicherheit (URS LEHMANN [BSK 2015], Vor Art. 875–883 N 2).

429 Die grundpfandgesicherte Anleihensobligation hat jedoch kaum praktische Bedeutung erlangt, da sich einfachere und kostengünstigere Formen (insbesondere jene des Immobilien-Anlagefonds) entwickelt haben, die eine ähnliche wirtschaftliche Funktion erfüllen (URS LEHMANN [BSK 2015], Vor Art. 875–883 N 4 f.; ferner PAUL-HENRI STEINAUER [ZK 2015], Art. 875 N 15 ff.).

E. Gesetzliche Grundpfandrechte

430 Gesetzliche Grundpfandrechte sind Pfandrechte, die aufgrund gesetzlicher Anordnung und eventuell gegen den Willen des Eigentümers auf ein Grundstück gelegt werden. Man unterscheidet zwischen den *unmittelbaren* und den *mittelbaren gesetzlichen Pfandrechten* (HANS LEEMANN [BK 1925], Art. 837 N 2 ff.; JÖRG SCHMID/BETTINA HÜRLIMANN-KAUP [2009], N 1653 ff.).

431 *Unmittelbare gesetzliche Pfandrechte* sind solche, die nach Bundesrecht (z.B. Art. 808 Abs. 3, Art. 810 Abs. 2 und Art. 819 ZGB) oder nach kantonalem Recht *ohne Eintragung in das Grundbuch entstehen,* wenn die im Gesetz genannten Voraussetzungen erfüllt sind (JÖRG SCHMID/BETTINA HÜRLIMANN-KAUP [2009], N 1654 ff.).

432 Bei den *mittelbaren gesetzlichen Pfandrechten* erhält der Gläubiger von Gesetzes wegen unter bestimmten Voraussetzungen einen Anspruch auf Eintragung einer Grundpfandverschreibung in das Grundbuch (ARTHUR MEIER-HAYOZ [BK 1975], Art. 680 N 66; JÖRG SCHMID/BETTINA HÜRLIMANN-KAUP [2009], N 1664 ff.).

433 Es gibt gesetzliche Grundpfandrechte des Bundesrechts (insbesondere Art. 837 ff. ZGB), ferner gesetzliche Grundpfandrechte, die ihre Grundlage im kantonalen öffentlichen Recht haben (vgl. den Vorbehalt in Art. 836 ZGB). Die bundesrechtlichen gesetzlichen Pfandrechte sind vorwiegend privatrechtliche Pfandrechte, diejenigen aus kantonalem Recht öffentlich-rechtliche. Das bedeutet: Die gesetzlichen Pfandrechte gemäss ZGB dienen dazu, Sicherungsbedürfnisse Privater zu befriedigen (HANS LEEMANN [BK 1925], Art. 837 N 4 ff.). Die kantonalrechtlichen gesetzlichen Pfandrechte dienen bestimmten Sicherungsbedürfnissen des Staates, meist des betreffenden Kantons (HANS LEEMANN [BK 1925], Art. 836 N 4 ff.).

434 Es gibt sieben privatrechtliche gesetzliche Grundpfandrechte gemäss ZGB, nämlich:

- Art. 712i für rückständige Beitragsforderungen der Stockwerkeigentümer *(Gemeinschaftspfandrecht der Stockwerkeigentümer)*; Gläubigerin ist die Stockwerkeigentümergemeinschaft; Pfandobjekt ist die Stockwerkeigentumsparzelle des säumigen Stockwerkeigentümers (N 1838 ff.);
- Art. 779d für die rückständige Heimfallentschädigung des Baurechtsnehmers gegenüber der Baurechtsgeberin; Pfandobjekt ist das Grundstück, auf dem sich die heimgefallene Baurechtsbaute befindet (N 1843 ff.);
- Art. 779i für rückständige oder künftige Baurechtszinsen *(Baurechtszinsenpfandrecht)*; Gläubigerin ist die Baurechtsgeberin, Schuldner der Baurechtsnehmer, Pfandobjekt die Baurechtsparzelle (N 1847 ff.);
- Art. 820 für rückständige oder künftige Beiträge an Bodenverbesserungsmassnahmen; Gläubigerin ist die juristische Person (z.B. Kanton, Gemeinde), die die Massnahmen durchführt und von den einbezogenen Grundeigentümern Beiträge erhebt; Pfandobjekte sind die durch die Massnahmen aufgewerteten Grundstücke;
- Art. 837 Abs. 1 Ziff. 1 für den rückständigen Kaufpreis nach Übereignung des verkauften Grundstücks *(Verkäuferpfandrecht)*; Pfandobjekt ist das verkaufte Grundstück (N 1854 ff.);
- Art. 837 Abs. 1 Ziff. 2 für rückständige Heraus-Schulden übernehmender Erben und Gemeinder aus der Übernahme von Grundstücken in Erb- und Gemeinderschaftsteilungen *(Miterbenpfandrecht)*; Gläubiger sind die aus dem Eigentum ausgeschiedenen Erben und Gemeinder je einzeln für die ihnen noch zustehenden Beträge; Pfandobjekte sind die übernommenen Grundstücke (N 1862 ff.);
- Art. 837 Abs. 1 Ziff. 3 für rückständige Forderungen von Handwerkern *(Bauhandwerkerpfandrecht* oder kurz auch *Baupfandrecht* genannt); Pfandobjekte sind die durch die Leistungen der Handwerker aufgewerteten Grundstücke (N 1867 ff.).

Ausserdem gibt es das Miterbengewinnanteilspfandrecht an landwirtschaftlichen Grundstücken, die von einem Erben zum landwirtschaftlichen Ertragswert übernommen wurden. Gemäss Art. 34 des Bundesgesetzes über das bäuerliche Bodenrecht (BGBB, SR 211.412.11) haben die übrigen Erben einen Anspruch am Grundstückgewinn, falls der Übernehmer binnen 25 Jahren seit der Erbteilung einen solchen erzielt. Sie können das Pfandrecht zulasten des übernehmenden Erben ab erfolgter Erbteilung ohne Angabe einer Pfandsumme vorläufig vormerken und binnen drei Monaten seit Kenntnisnahme

435

des Verkaufs zulasten des Käufers auf dem verkauften Grundstück definitiv eintragen lassen. Fehlte es an der Vormerkung, so braucht sich der Käufer die definitive Eintragung nicht gefallen zu lassen.

436 Die gesetzlichen Pfandrechte für Stockwerkeigentümerbeiträge, Heimfallentschädigungen, Baurechtszinsen, Bodenverbesserungsbeiträge, Herausschulden übernehmender Erben und Gemeinder sowie das Verkäuferpfandrecht treffen die schuldnerischen Grundeigentümerinnen. Das Miterbengewinnanteilspfandrecht, meist auch das Bauhandwerkerpfandrecht und manche kantonalrechtlichen Pfandrechte sind hingegen Drittpfandrechte, d.h., sie treffen Grundeigentümerinnen, die selber nicht Schuldnerinnen der Pfandforderungen sind; dies lässt die Pfandrechte in den Augen der nichtschuldnerischen Betroffenen zuweilen als problematisch erscheinen.

437 Alle diese privatrechtlichen gesetzlichen Pfandrechte entstehen erst durch ihren Eintrag im Grundbuch (HANS LEEMANN [BK 1925], Art. 837 N 2). Die Pfandrechte bestehen nur in dem Umfange, in dem sie eingetragen sind.

438 Ihren Rang erhalten diese Pfandrechte mit der Eintragung im Grundbuch gemäss Alterspriorität (N 169 ff.), d.h. gemäss dem Zeitpunkt ihrer vorläufigen Vormerkung oder, bei deren Fehlen, gemäss dem Zeitpunkt, in dem die definitive Eintragungsbewilligung des Grundeigentümers oder das Gerichtsurteil beim Grundbuchamt angemeldet wird (CHRISTOPH TURNHERR [BSK 2015], Art. 837/838 N 27).

439 Jedoch haben die Bauhandwerker bei der Versteigerung des betreffenden Grundstücks ein Vorrecht am Verwertungserlös, soweit dieser den Mehrwerten entspricht, die die Bauhandwerker durch ihre Tätigkeit am Pfandobjekt geschaffen haben (Art. 841 ZGB); dieses Vorrecht bedeutet eine Abweichung vom Prinzip der Alterspriorität.

440 Die *gesetzlichen Pfandrechte des kantonalen öffentlichen Rechts* umfassen namentlich Pfandrechte für rückständige Grundstückgewinnsteuern, sofern die Veräusserin eines Grundstücks im Ausland wohnt und die Steuerforderung bei ihr nicht eingetrieben werden kann. Dann kann die Steuerverwaltung ein sogenanntes Steuerpfandrecht im Grundbuch eintragen lassen. Dieses Pfandrecht geht (obwohl dies im Gesetz nicht ausdrücklich steht) wohl allen anderen Pfandrechten im Range vor, steht also gewissermassen im nullten Rang. Das Pfandrecht besteht aber ebenfalls nur, wenn und soweit es rechtzeitig im Grundbuch eingetragen wurde. Der Antrag erfolgt durch die Steuerverwaltung des Kantons oder einer Gemeinde. Es braucht dazu kein Gerichtsurteil und keine Eintragungsbewilligung des Grundeigentümers.

§ 10 Vorgemerkte persönliche Rechtsverhältnisse

I. Überblick

Gewisse persönliche Rechte bzw. Rechtsverhältnisse können im Grundbuch vorgemerkt werden, wodurch das Rechtsverhältnis auch jedem späteren Erwerber des Grundstücks gegenüber wirksam wird (vgl. N 505 ff.). 441

Hierzu gehört die Vormerkung von vertraglichen Vorkaufsrechten, Rückkaufsrechten und Kaufsrechten, von Miet- und Pachtverhältnissen, des Rückfallrechts der Schenkerin, des Nachrückensrechts von Grundpfandgläubigern sowie die Vormerkung von statutarischen Bestimmungen einer Genossenschaft. Ferner fallen in diese Kategorie die Vormerkungen bei Miteigentumsverhältnissen, bei Stockwerkeigentumsverhältnissen, bei Baurechtsverhältnissen sowie die Vormerkung über den Ausschluss der Verzichtsmöglichkeit bei Dienstbarkeitsverhältnissen. 442

Im Zusammenhang mit Grundstücksgeschäften kommt insbesondere den vertraglichen Vor-, Rück- und Kaufsrechten eine besondere Bedeutung zu. Es ist deshalb angebracht, in diesem Grundlagenteil auf die kaufsrechtlichen Optionen vertieft einzugehen. Die übrigen Vormerkungen werden im zweiten Teil über die Dokumentation und den Vollzug von Grundstücksgeschäften behandelt. 443

II. Vertragliches Vorkaufsrecht

Mit dem Vorkaufsrecht erhält der Vorkaufsberechtigte das Recht, in einem Vorkaufsfall das Grundstück anstelle des ursprünglichen Käufers zu erwerben (Paul-Henri Steinauer [Bd. II 2012], N 1719 ff.; Pierre Cavin [SPR 1977], 156; zur Begründung und Vormerkung des vertraglichen Vorkaufsrechts vgl. N 2384 ff.). 444

Ein Vorkaufsfall liegt vor, wenn ein Kaufvertrag über das vorkaufsbelastete Grundstück abgeschlossen wird, ferner beim Abschluss jedes andern Rechtsgeschäfts, das wirtschaftlich einem Verkauf gleichkommt (so Art. 216c Abs. 1 OR; die Auslegung dieser Bestimmung kann schwierig sein; vgl. ferner N 2415 ff.). Wurde das Vorkaufsrecht bloss an einem Grundstücksteil begründet (N 2392), so bildet auch der Verkauf des ganzen Grundstücks einen Vorkaufsfall (BGE 81 II 502, E. 5). 445

Meldet die Grundeigentümerin das Geschäft unter dem Titel «Kauf» oder «Verkauf» beim Grundbuch an, so gilt dies als Anerkennung des Vorkaufsfalls 446 und es steht der Eintragung des Vorkaufsberechtigten, der die Ausübung seines Rechtes nachweist, nichts im Wege, auch wenn der Vorkaufsfall zweifelhaft ist, etwa weil die Grundeigentümerin der Meinung ist, entgegen der Bezeichnung als «Kauf» liege die Einbringung in eine Gesellschaft oder ein anderes Geschäft vor, das keinen Vorkaufsfall darstelle. Bestreitet die Verkäuferin nach Abschluss des Veräusserungsvertrags, aber vor dessen Grundbuchanmeldung den Vorkaufsfall, so muss sich der Vorkaufsberechtigte ans Gericht wenden und auf Zusprechung des Eigentums, Zug um Zug gegen Entrichtung des Kaufpreises, klagen (PAUL-HENRI STEINAUER [Bd. II 2012], N 1739 ff.).

447 Nicht um ein Vorkaufsrecht im Sinne von Art. 216c Abs. 1 OR handelt es sich, wenn der Kreis der Vorkaufsfälle (N 2415 ff.) vertraglich erweitert wird (z.B. die Einräumung eines Optionsrechts, das bei einem Tausch, bei einer Schenkung oder schon auf blosse Verkaufsofferte hin ausübbar ist). Die Vereinbarung eines solchen Rechts ist aufgrund der Vertragsfreiheit zwar zulässig. Aufgrund der Typengebundenheit der vormerkbaren Rechte (vgl. N 158) ist ein solches Optionsrecht jedoch nicht im Grundbuch vormerkbar. Demgegenüber ist die Vormerkung eines Vorkaufsrechts, bei dem der Kreis der Vorkaufsfälle eingeschränkt wird, zulässig (CHRISTIAN BRÜCKNER [2001], N 43 f.; a.M. BÉNÉDICT FOËX [ZBGR 2007], 13 f.).

448 Vorkaufsrechte reduzieren den Verkehrswert der davon betroffenen Grundstücke unter Umständen erheblich, indem sie die freie Verkäuflichkeit einschränken. Das Vorkaufsrecht wird erst ausgelöst, wenn der interessierte Dritte einen Kaufvertrag in notarieller Form rechtswirksam abgeschlossen hat. Es müssen also nicht nur die Spesen des Vertragsschlusses finanziert werden, sondern der Dritte muss auch die Finanzierung des Kaufs vollumfänglich bereitstellen. Sofern er das Grundstück zu Überbauungs- oder betrieblichen Zwecken erwirbt, muss er auch die diesbezügliche Planung so weit vorantreiben, dass er sein Preisangebot und den Kaufentscheid vernünftig gestalten kann. Besteht das Risiko, dass anschliessend ein Vorkaufsberechtigter das Grundstück an sich zieht, so wird ein dritter Interessent diese Vorarbeiten kaum auf sich nehmen mit dem Effekt, dass die vom Vorkaufsrecht belastete Eigentümerin für ihr Grundstück keine ernsthaften Kaufsinteressenten findet.

449 Beim vertraglichen Vorkaufsrecht unterscheidet man das unlimitierte (oder nicht limitierte) vom limitierten (oder qualifizierten) Vorkaufsrecht (PIERRE CAVIN [SPR 1977], 156).

450 Beim *unlimitierten Vorkaufsrecht* gibt es keine Preislimite, d.h., der Vorkaufsberechtigte muss als Vorkaufspreis ohne Obergrenze jeden Preis akzeptieren,

den die ursprünglichen Vertragsparteien miteinander vereinbart haben. Wenn dieser Preis dem Vorkaufsberechtigten zu teuer ist, muss er auf die Ausübung seines Vorkaufsrechts notgedrungen verzichten.

Beim *limitierten Vorkaufsrecht* wird im Vorkaufsvertrag festgelegt, dass der Vorkaufsberechtigte das Objekt entweder genau zum Preis X oder zum Preis des ursprünglichen Kaufvertrags, höchstens aber zum Preis X an sich ziehen kann. Der Vorkaufsberechtigte profitiert hier also von einer Preislimite zu seinen Gunsten. Die vorne dargestellte wertvermindernde Auswirkung des Vorkaufsrechts ist im Falle seiner Limitierung für den belasteten Grundeigentümer noch heftiger. 451

III. Kaufsrecht

Das Kaufsrecht gibt dem Berechtigten die Befugnis, den Kaufsrechtsgegenstand von der Eigentümerin zu den im Kaufsrechtsvertrag vereinbarten Konditionen zu kaufen (PIERRE CAVIN [SPR 1977], 153; HANS GIGER [BK 1997], Art. 216 N 43 ff.). Diese Befugnis kann während der ganzen Kaufsrechtsdauer oder während vereinbarter Zeitfenster ausgeübt werden. Der Kaufsberechtigte kann das Kaufsrecht während seiner ganzen Laufzeit unausgeübt lassen (zur Begründung und Vormerkung des Kaufsrechts vgl. N 2446 ff.). 452

Während Kaufsrechte an der Wertschriftenbörse (dort unter der Bezeichnung *Call-Optionen*) etwas Häufiges sind, kommen sie im Grundstückverkehr nur selten vor. Kaufsrechte werden etwa bestellt, wenn ein Unternehmen sich für künftige Erweiterungen seines Betriebs in unmittelbarer Nachbarschaft des Firmengeländes Landreserven sichert, ohne die Reservegrundstücke schon auf Vorrat zu kaufen und zu bezahlen. 453

Während das Interesse des Kaufsberechtigten an einer kostengünstigen Sicherung von Landreserven leicht zu verstehen ist, ist weniger leicht zu begreifen, weshalb die Grundeigentümerin jemandem ein Kaufsrecht einräumen soll. Das mit einem Kaufsrecht belastete Grundstück ist während der Kaufsrechtsdauer praktisch unverkäuflich. Mit der Hergabe des Kaufsrechts begibt sich die Grundeigentümerin in die Wartestellung einer Stillhalterin, die über ihr Grundeigentum nicht mehr frei verfügen kann. Sie verliert die Chance von Wertsteigerungen des Grundstücks (sofern das Grundstück bis zur Ausübung des Kaufsrechts an Wert zulegt und dann den Kaufsrechtspreis übersteigt), behält aber das Risiko des Wertverlustes: Fallen die Grundstückpreise unter den vereinbarten Kaufsrechtspreis, so wird der Kaufsberechtigte die Kaufsrechtsgeberin auf dem Wertverlust sitzen lassen und das Kaufsrecht nicht aus- 454 üben. Die Einräumung eines Kaufrechts zwischen Parteien, die einander nicht verwandtschaftlich oder in anderer Weise persönlich nahestehen, kann kommerziell nur sinnvoll sein, wenn für die Einräumung des Kaufrechts eine substanzielle Geldsumme bezahlt wird, welche die Stillhaltepflicht und die einseitige Verlagerung von Chancen und Risiken abgilt. Kommt die Bestellung eines Kaufrechts zur öffentlichen Beurkundung und ist die Kaufrechtsgeberin eine geschäftlich unerfahrene Privatperson, so obliegt es der Urkundsperson im Rahmen der notariellen Belehrung, auf diese Dinge hinzuweisen und die Kaufrechtsgeberin aus dem möglicherweise bestehenden Irrtum zu wecken, die Einräumung des Kaufrechts belaste sie nicht und könne deswegen aus blosser Gefälligkeit an eine fernstehende Drittperson gewährt werden.

455 Eine andere Konstellation liegt vor, wenn jemand mit Testament oder Erbvertrag ein Kaufrecht einräumt. So kommt es vor, dass jemand ein Grundstück zu Lebzeiten nicht aus der Hand geben will, aber bereit ist, den Interessenten ein Kaufrecht zu geben, das ausübbar wird, sobald der Kaufrechtsgeber gestorben ist. Will die Erblasserin dem Kaufsberechtigten nicht bloss eine Option zukommen lassen, sondern ihn zudem begünstigen, so kann sie das Kaufsrecht mit der Massgabe zuwenden, dass der Begünstigte bei der Ausübung des Kaufrechts einen Preis bezahlen muss, der unter dem Verkehrswert liegt.

IV. Rückkaufsrecht

456 Die Inhaberin eines Rückkaufsrechts an einem Grundstück hat die Befugnis, das Grundstück, das sie verkauft hat, vom Käufer und neuen Eigentümer während der Laufzeit des Rückkaufsrechts wieder zurückzukaufen (PIERRE CAVIN [SPR 1977], 155; HANS GIGER [BK 1997], Art. 216 N 62 ff.; zur Begründung des Rückkaufsrechts vgl. 2484 ff.).

457 Rückkaufsrechte sind äusserst selten und haben nur einen Sinn, wenn sie auf bestimmte Ereignisse oder auf das Ausbleiben bestimmter Ereignisse hin vereinbart und bezüglich ihrer Ausübbarkeit bedingt und befristet werden. Der Kauf eines Grundstücks mit der Möglichkeit, dass der Verkäufer es nach freiem Ermessen schon in nächster Zukunft oder erst nach 24 Jahren zurückkauft, hätte für den Käufer keinen Sinn. Es ist Aufgabe der Urkundsperson, die Parteien zu sinnvollen vertraglichen Regelungen hinzuführen bezüglich der Voraussetzungen und Fristen, binnen derer das Rückkaufsrecht ausgeübt werden kann, desgleichen zu einer klaren Regelung des Rückkaufspreises. Wird ein Rückkaufspreis vereinbart, so ist die Preisvereinbarung beurkundungsbedürftig. Wird kein Rückkaufspreis vereinbart, so gilt der ursprüngliche Verkaufspreis

auch als Rückkaufspreis im Sinne einer Rückgängigmachung des ursprünglichen Kaufvertrags (PIERRE CAVIN [SPR 1977], 155), und zwar ungeachtet der Wertverschiebungen, die sich durch Geldentwertung, Grundstückpreissteigerungen und allfällige wertvermehrende Investitionen des Rückkaufsverpflichteten ergeben.

Das unausgeübt gebliebene Rückkaufsrecht erlischt mit dem Ablauf der Zeitdauer, auf die es vereinbart wurde. Zum Rückkaufsrecht gelten weitgehend dieselben Ausführungen wie zum Kaufsrecht (N 452 ff.). 458

Der Vertrag, mit dem der Käufer das Recht erhält, von der Verkäuferin zu verlangen, das gekaufte Grundstück wieder zurückzukaufen *(Rückverkaufsrecht)*, ist im Gegensatz zum hier beschriebenen Rückkaufsrecht nicht im Gesetz geregelt und kann auch nicht im Grundbuch vorgemerkt werden (PAUL-HENRI STEINAUER [Bd. II 2012], N 1717b). 459

V. Exkurs: Verkaufsrecht (Put-Option)

Das im Wertpapierhandel an den Effektenbörsen gebräuchliche Verkaufsrecht *(Put Option)* hat im Liegenschaftshandel kaum Bedeutung. 460

Der Vertrag, mit dem sich eine Partei verpflichtet, von der andern Partei ein Grundstück zu kaufen, sobald die andere Partei dies verlangt, ist im Gegensatz zu den hiervor beschriebenen Vorkaufs-, Rückkaufs- und Kaufsrechten nicht im Gesetz geregelt und kann auch nicht im Grundbuch vorgemerkt werden. 461

Will sich eine Eigentümerin die Option sichern, ihr Grundstück zu einem bestimmten Zeitpunkt und zu einem bestimmten Preis verkaufen zu können, so lässt sich dieses Ziel dadurch erreichen, dass die Eigentümerin mit dem potenziellen Käufer einen Kaufvertrag in öffentlicher Urkunde abschliesst, wobei die Parteien den Antritts- und Fertigungstermin auf das Ende der Laufzeit der Option legen und der Eigentümerin das Recht einräumen, bis unmittelbar vor dem vereinbarten Antritts- und Fertigungstermin vom Kaufvertrag zurückzutreten. 462

Viertes Kapitel: Das Grundbuch

§ 11 Begriff des Grundbuchs

463 Das Wort «Grundbuch» hat eine doppelte Bedeutung. Im engeren Sinne meint man damit etwas Körperliches, nämlich *den Datenträger, in dem die Grundstücke und die Rechte daran dargestellt sind* (Arthur Homberger [ZK 1938], Vorbem. zu Art. 942 N 2). Ehemals war dieser Datenträger eine Sammlung grosser, ledergebundener Folianten mit Seiten aus festem Papier, die in Basel-Stadt bis zu 17 kg wogen. Später ging man zu einem Loseblattsystem über, bei dem die einzelnen Parzellen auf losen Blättern in Registerkästen aufbewahrt wurden. Heute wird das Grundbuch elektronisch auf Informatiksystemen geführt. In einem weiteren Sinne versteht man unter dem Grundbuch die *staatliche Organisation,* d.h. die Amtsstelle, die gemäss Art. 4 GBV für die Führung des körperlichen Registers verantwortlich ist (Henri Deschenaux [SPR 1988], 2 f.).

464 Wenn im Folgenden vom *Grundbuch* gesprochen wird, dann ist damit die körperliche Einrichtung zur Darstellung der Rechte an Grundstücken gemeint. Wird jene kantonale Dienstabteilung gemeint, die das Grundbuch führt, so wird vom *Grundbuchamt* gesprochen. Wird jene Dienstabteilung gemeint, die für die Bodenvermessung zuständig ist, so wird vom *Vermessungsamt* gesprochen.

465 Sowohl das Register in seinem körperlichen Bestand als auch die Amtsstelle mit ihrer Struktur und ihren personellen Hierarchien wird durch das Bundesrecht, insbesondere durch die vom Bundesrat erlassene Grundbuchverordnung, geregelt. Aber der Vollzug der Grundbuchverordnung obliegt den Kantonen, sodass die Grundbuchführung in den verschiedenen Kantonen unterschiedlich ist.

466 Das *Eidgenössische Grundbuchamt* in Bern ist eine Abteilung des Bundesamtes für Justiz. Es führt kein Register über einzelne Grundstücke, sondern hat eine Aufsichtsfunktion über die in den Kantonen befindlichen Grundbuchämter (Art. 6 GBV).

§ 12 Funktion des Grundbuchs

Das Grundbuch ist ein öffentliches Register, das Auskunft über die dinglichen Rechte an Grundstücken sowie über die Vormerkungen und Anmerkungen gibt (Art. 2 lit. b GBV; PAUL-HENRI STEINAUER [Bd. I 2012], N 526 ff.). 467

Das Grundbuch ist aber nicht bloss ein Archiv oder eine Bibliothek, in dem man sich über die bestehenden Grundstücksgrenzen, Eigentumsverhältnisse, Pfandrechte und Dienstbarkeiten orientieren kann. Vielmehr bestehen die Grundstücksgrenzen und die Rechte an Grundstücken so und nur so, wie sie in den grundbuchlichen Plänen und Eintragungen ausgewiesen sind (Art. 971 ZGB). 468

Das bedeutet praktisch: Wenn zwei Nachbarn die Grenze zwischen ihren Grundstücken verschieben wollen, genügt es nicht, dass sie die Grenzmauer verschieben. Vielmehr müssen sie die Grenzverschiebung in den grundbuchlichen Plänen vornehmen lassen. Solange sie hierzu nicht die erforderlichen Anträge gestellt und die erforderlichen Beilagen eingereicht haben, bestehen ihre Grundstücke trotz der Verlegung der Grenzmauern weiterhin in den alten Grenzen. 469

Hinzu kommt, dass kraft gesetzlicher Anordnung der Inhalt des Grundbuchs als jedermann bekannt gilt (Art. 970 Abs. 4 ZGB). Wer also ein Grundstück kauft, kann nachher nicht geltend machen, er habe aufgrund des Verlaufs der Grenzmauern einen grösseren als den im Grundbuchplan ausgewiesenen Umfang des Grundstücks angenommen oder er habe in Unkenntnis der im Grundbuch eingetragenen Dienstbarkeiten irrtümlich einen zu hohen Preis bezahlt. 470

Das Gesagte kann zusammengefasst werden im Grundsatz, dass der Inhalt des Grundbuchs als wahr, vollständig und allgemein bekannt gilt. In der Rechtssprache redet man von der *positiven und negativen Rechtskraft* und vom *öffentlichen Glauben des Grundbuchs* (ausführlich hierzu vgl. PAUL-HENRI STEINAUER [Bd. I 2012], N 881 ff.; HENRI DESCHENAUX [SPR 1989], 728 ff.; JÜRG SCHMID [BSK 2015] Art. 973 N 6 ff.; ARTHUR HOMBERGER [ZK 1938], Vorbem. zu Art. 919 N 12 ff.). 471

Unter *positiver Rechtskraft* wird verstanden, dass alle Grundbucheinträge als rechtswirksam gelten (ARTHUR HOMBERGER [ZK 1938], Vorbem. zu Art. 919 N 14 ff.). Mit dem Begriff der *negativen Rechtskraft* ist gemeint, dass nicht eingetragene Rechte nicht bestehen (ARTHUR HOMBERGER [ZK 1938], Vorbem. zu Art. 919 N 13). Als *öffentlicher Glaube* wird schliesslich die gesetzliche Ver- 472 mutung bezeichnet, dass der rechtliche Bestand der eingetragenen Dinge sowie der Nichtbestand nicht eingetragener Dinge allgemein bekannt ist (ARTHUR HOMBERGER [ZK 1938], Vorbem. zu Art. 919 N 20 ff.). Von diesen Grundsätzen gibt es einige Ausnahmen, namentlich bezüglich jener Rechtsänderungen, die ohne Grundbucheintrag erfolgen wie etwa beim ausserbuchlichen Erwerb (vgl. N 166 f.).

473 Das Grundbuch ist der *Öffentlichkeit* nicht frei zugänglich. Für legitimierte Personen wie Urkundspersonen und gewisse Amtsstellen sind manche Informationen mit Passwortschutz über das Internet abrufbar. Im Übrigen erteilt das Grundbuchamt auf Anfrage hin Auskunft (Art. 970 ZGB). Man spricht deshalb von der *beschränkten Öffentlichkeit* des Grundbuchs (vgl. ausführlich hierzu JÜRG SCHMID [BSK 2015], Art. 970 N 1 ff.; HENRI DESCHENAUX [SPR 1988], 158 ff.; HEINZ HAUSHEER [ZBGR 1988] 1 ff.).

474 *Ohne Interessennachweis* kann gemäss Art. 970 Abs. 2 ZGB jedermann Auskunft verlangen über die Beschreibung eines Grundstücks, die Identität des Eigentümers und die Eigentumsform (Alleineigentum, Miteigentum, Stockwerkeigentum, Gesamteigentum), ferner über den Bestand und die Bezeichnung von Dienstbarkeiten.

475 Bezahlte Kaufpreise sind aus den beim Grundbuch aufbewahrten Verträgen ersichtlich. Sie werden in einzelnen Kantonen bei jedem Eintrag eines Grundstückkaufs im Amtsblatt publiziert. In anderen Kantonen ist diese Information – richtigerweise – nicht öffentlich zugänglich (vgl. auch HENRI DESCHENAUX [SPR 1988], 169 f.). Es liegt auf der Hand, dass manche Grundstückkäufer gerne wissen möchten, zu welchen Preisen ihre Rechtsvorgänger oder Nachbarn gekauft haben.

§ 13 Nur Privatgrundstücke als Gegenstand des Grundbuchs

476 Das Grundbuch hat seine Rechtskraft und den öffentlichen Glauben nur bezüglich jener Grundstücke, die im Privateigentum stehen. Von einigen Ausnahmen abgesehen (vgl. insb. Art. 944 ZGB) gibt das Grundbuch hingegen keine Auskunft über jene Flächen des Kantonsgebiets, die als herrenloses Land oder als öffentliche Sache gelten, d.h. über öffentliche Strassen, Plätze, nicht kultivierbares Land, Flüsse und Seen (vgl. N 67 ff.; ferner ausführlich hierzu HENRI DESCHENAUX [SPR 1988], 76 ff.; BETTINA HÜRLIMANN-KAUP/FABIA NYFFELER [ZBGR 2016] 81 ff.). Weder gibt es im Grundbuch diesbezügliche Ver-

messungspläne noch gibt es Einträge über Eigentum, Pfandrechte und Dienstbarkeiten an der Allmend. Eigentum und Benützung der Allmend richten sich ausschliessliche nach öffentlichem Recht, nicht nach Grundbucheinträgen.

§ 14 Anpassung des Eintragungsstands und Grundbuchberichtigung

In den Fällen des ausserbuchlichen Rechtserwerbs (vgl. vorn, N 166 f.) ändert sich die Rechtslage, ohne dass die Änderung im Grundbuch sogleich sichtbar wird. Dann muss das Grundbuch *nachgeführt,* d.h. an die neue Rechtslage angepasst, werden. Oder es gibt Grundbucheinträge, die fehlerhaft gemacht wurden *(Eintragungsfehler).* Dann müssen sie nachträglich wieder *berichtigt* werden (vgl. Art. 977 ZGB; Art. 140 ff. GBV).

477

Ein Beispiel für den ersten Fall ist der Tod einer Grundeigentümerin. Mit ihrem Tod erwerben die Erben das Grundeigentum augenblicklich, schon bevor dieser Erwerb im Grundbuch dargestellt wird. Damit wird der Grundbucheintrag, der die Verstorbene weiterhin als Eigentümerin des Grundstücks ausweist, falsch. Hier besteht eine Pflicht der Erben, das Grundbuch nachführen zu lassen, d.h. dem Grundbuch den Tod der bisherigen Eigentümerin und die Identität der Erben nachzuweisen.

478

Wurde ein Eintragungsfehler gemacht – wurde beispielsweise als Käufer eines Grundstücks Paul Müller eingetragen, während im Kaufvertrag eine Pauline Möller als Käuferin ausgewiesen war –, dann muss das Grundbuch nachträglich berichtigt werden. Jede Grundbuchberichtigung, die nicht bloss auf einem offensichtlichen Versehen beruht, bedarf entweder der schriftlichen Einwilligung der Beteiligten oder eines Gerichtsurteils. Die durch das Grundbuch ausgewiesenen Rechte an Grundstücken werden vom Gesetzgeber als derart bedeutsam angesehen, dass Grundbuchbeamte nicht nach ihrem eigenen Ermessen Fehler korrigieren dürfen (vgl. ausführlich hierzu JÜRG SCHMID [BSK 2015], Art. 977 N 1 ff.; HENRI DESCHENAUX [SPR 1989], 889 ff.).

479

§ 15 Aufbau des Grundbuchs

Damit das Grundbuch seine Funktion als Boden-Informationssystem erfüllen kann, braucht es verschiedene Teile *(Register).* Diese Register werden heute

480

in den meisten Kantonen elektronisch geführt. Die vier wichtigsten sind (vgl. Art. 942 Abs. 2 ZGB):

a) die Vermessungspläne;
b) das Hauptbuch;
c) die Belegsammlung und
d) das Tagebuch (Journal).

I. Vermessungspläne (Grundbuchpläne)

481 Die auf den Daten der amtlichen Vermessung basierenden Grundbuchpläne dokumentieren die topografische Lage, die genaue Form und Ausdehnung aller ins Grundbuch aufgenommenen Grundstücke im Verhältnis zu ihren Nachbarliegenschaften und zur Allmend (Art. 668 Abs. 1 ZGB; Art. 950 ZGB; Art. 7 VAV; ferner Jürg Schmid [BSK 2015], Art. 942 N 6 ff.; Henri Deschenaux [SPR 1988], 61 f.). Die Allmend, d.h. die öffentlichen Strassen und Plätze, die grossen Gewässer etc., wird in den Vermessungsplänen zwar dargestellt; sie ist aber, wie bereits erwähnt (N 476 ff.), nicht Teil des Grundbuchs.

482 In der Grundbuchverordnung wird statt *Grundbuchplan* einheitlich der Begriff *Plan für das Grundbuch* verwendet. Er bedeutet das Gleiche (vgl. Art. 2 lit. f GBV).

II. Hauptbuch

483 Das Hauptbuch ist der Kern des Grundbuchs. Es enthält für jedes ins Grundbuch aufgenommene Grundstück *(Parzelle)* ein Blatt oder eine Datei mit der Parzellennummer, wo in standardisierter Terminologie einige Angaben über den physischen Bestand des Grundstücks enthalten und alle dinglichen Rechte am Grundstück dargestellt sind (Jürg Schmid [BSK 2015], Art. 942 N 5 ff.; Henri Deschenaux [SPR 1988], 61). Das Hauptbuchblatt enthält zudem Hinweise auf gewisse weitere Rechtsverhältnisse (vgl. im Einzelnen hinten, N 495 ff.).

484 Die eminente Bedeutung des Hauptbuchs besteht darin, dass die dinglichen Rechte an Grundstücken so und nur so bestehen, wie sie im Hauptbuch eingetragen sind. Das Hauptbuch ist keine blosse Referenzdatei mit orientierendem Charakter, sondern es verkörpert die Rechte an den Grundstücken (vgl. N 471 f.).

III. Belegsammlung

485 Gemäss der Grundbuchverordnung wird *Beleg* als Sammelbegriff für die Grundbuchanmeldung, den Rechtsgrundausweis (vgl. N 549 ff.) sowie die Beilagen dazu, insbesondere Vollmachten, Zustimmungserklärungen und Bewilligungen verwendet (Art. 2 lit. g GBV; ferner JÜRG SCHMID [BSK 2015], Art. 942 N 10 ff.; HENRI DESCHENAUX [SPR 1988], 64 f.).

486 Die Belege werden mit *chronologischer Nummerierung* gemäss dem Zeitpunkt der Grundbuchanmeldungen archiviert. In der Belegsammlung kann der Interessierte beispielsweise Aufschluss erhalten, auf welcher topografischen Fläche des Grundstücks eine im Hauptbuch mit dem blossen Stichwort «Wegrecht» bezeichnete Dienstbarkeit besteht und zu welchen Zwecken sie benützt werden darf (zur beschränkten Öffentlichkeit des Grundbuchs vgl. N 473 ff.).

IV. Tagebuch (Journal)

487 Das Tagebuch (auch Journal genannt) ist ein chronologisches Protokoll über die Geschäfte, die beim Grundbuch angemeldet werden (vgl. Art. 948 ZGB; Art. 2 lit. e GBV; ferner JÜRG SCHMID [BSK 2015], Art. 942 N 20, Art. 948 N 1 ff.; HENRI DESCHENAUX [SPR 1988], 65). Im Tagebuch werden alle dem Grundbuch überbrachten Dokumente zeitgerecht, d.h. unter Angabe von Tag, Stunde und Minute des Eingangs, registriert (vgl. Art. 81 GBV; ferner HENRI DESCHENAUX [SPR 1988], 250).

488 Vom Eingang eines Geschäfts bis zu der daraus resultierenden Eintragung im Hauptbuch verstreichen oft mehrere Tage, bei Grundbuchämtern mit Rückständen Wochen, Monate, unter Umständen sogar mehr als ein Jahr, weil Grundbuchbeamte das angemeldete Geschäft zunächst prüfen, allfällige Fehler oder Lücken abklären und Ergänzungen anfordern.

489 Erst wenn dies alles geschehen ist, macht der Grundbuchbeamte die entsprechenden Eintragungen auf dem Hauptbuchblatt.

490 Wenn die Eintragung auf dem Hauptbuchblatt wegen eines Mangels der Anmeldungsbelege, der nicht mehr korrigiert werden kann, gar nicht stattfindet, dann bleibt der Verkäufer definitiv der Eigentümer und der Käufer wird nicht Eigentümer, obwohl das Geschäft zunächst einmal angemeldet worden war (vgl. N 607).

491 Damit wegen der Wartezeit von der im Tagebuch minutengenau festgehaltenen Anmeldung bis zum Vollzug des Geschäftes auf dem Hauptbuchblatt niemand

zu Schaden kommt, gilt die gesetzliche Regel (Fiktion), der Hauptbucheintrag sei in der Minute der Grundbuchanmeldung erfolgt. In anderen Worten: Die Rechtswirkungen des Hauptbucheintrags werden zeitlich auf den Tagebucheintrag zurückbezogen (Art. 972 Abs. 2 ZGB; ferner Jürg Schmid [BSK 2015], Art. 972 N 28 ff., Art. 948 N 1 ff.; Henri Deschenaux [SPR 1989], 608 ff.).

492 Hierin liegt die Bedeutung des Tagebuchs. Fällt also der Verkäufer eines Grundstücks nach der Grundbuchanmeldung, aber vor dem Vollzug des Verkaufs auf dem Hauptbuchblatt, in Konkurs, so geht beim Grundbuchamt das Eintragungsverfahren unbeirrt weiter. Kommt es zum Vollzug des Geschäfts auf dem Hauptbuchblatt, dann gilt rückwirkend, dass das Grundstück schon vor dem Konkursausbruch auf den Käufer übergegangen ist und diesem unwiderruflich gehört. Kommt es aber zu einer berechtigten Beanstandung des angemeldeten Geschäftes und unterbleibt aus diesem Grund der Hauptbucheintrag, dann fällt das Grundstück in die Konkursmasse des Verkäufers. Hat der Käufer den Kaufpreis bereits bezahlt, dann muss er für seine Schadenersatzforderung wegen des gescheiterten Geschäfts als Gläubiger in dritter Klasse anstehen und kommt möglicherweise zu Verlust.

493 In der praktischen Wirklichkeit werden die betroffenen Rechte also in der Minute übertragen oder verändert, in der das angemeldete Geschäft in den Briefkasten des (zuständigen) Grundbuchamts fällt. Dann wird der Journaleintrag gemacht. Fällt der Verkäufer nachher in Konkurs, so schadet dies dem Käufer nicht.

494 Wegen der konkursrechtlichen Bedeutung des Tagebucheintrags ist es wichtig, dass die Urkundspersonen die von ihnen beurkundeten Grundstücksgeschäfte rasch nach der Fertigstellung der Urkunde beim Grundbuch anmelden – wenn möglich am gleichen Tag. Ein Notar, der eine fertiggestellte Urkunde ohne anderweitige Instruktion der Parteien nicht umgehend anmeldet, sondern während mehrerer Tage oder gar Wochen liegen lässt, kann haftbar werden, wenn wegen dieser Verzögerung einer Partei Schaden erwächst.

§ 16 Hauptbuchblatt

I. Verweis auf den Vermessungsplan

495 Im Hauptbuch wird für jede Parzelle ein Blatt (oder eine elektronische Datei) geführt, worauf stichwortartig die bestehenden und gelöschten Rechtsverhältnisse an der betreffenden Parzelle dokumentiert sind (Art. 2 lit. d GBV; ferner

HENRI DESCHENAUX [SPR 1988], 99 f.). Hauptbuchblatt und dazugehöriger Vermessungsplan (Art. 21 GBV; N 481 f.) tragen die gleiche Parzellennummer. Demzufolge kann man vom Hauptbuchblatt leicht zum dazugehörigen Vermessungsplan gelangen. Der Vermessungsplan enthält die Information über die topografischen Eigenschaften des Grundstücks.

II. Beschreibung gewisser physischer Eigenschaften des Grundstücks

Das Hauptbuchblatt enthält eine stichwortartige *Beschreibung* gewisser (nicht aller) physischer Eigenschaften des Grundstücks, insbesondere seiner Bebauung. Zu den typischen Stichwörtern gehört etwa: «Wiesland», «Wald», «mit Einfamilienhaus und Garage» und dergleichen (Art. 20 GBV; ferner JÜRG SCHMID [BSK 2015], Art. 942 N 11 ff.; HENRI DESCHENAUX [SPR 1988], 63). 496

Hingegen wird im Hauptbuchblatt nicht angegeben, ob das Grundstück flach oder geneigt, trocken oder sumpfig ist. Auch werden die Eigenschaften der Gebäude nicht näher beschrieben, also nicht angegeben, wie hoch und wie lang ein Gebäude ist, wie viele Wohnungen oder Zimmer es enthält. 497

Da die Urkundsperson im Grundbuchnotariat gegenüber der Klientschaft eine Informationspflicht über alles hat, was aus dem Grundbuch entnommen werden kann, pflegt die Urkundsperson den Klienten einen Ausdruck des Hauptbuchblatts vorzulegen und sie auf diese Weise zu informieren. Hingegen ist es nicht Aufgabe der Urkundsperson, sich über die physischen Eigenschaften des Grundstücks kundig zu machen. Die Urkundsperson geht nicht auf das Grundstück, um zu schauen, wie gross und wie modern, wie gut oder wie schlecht unterhalten die dort vorhandenen Gebäude sind. Das muss der Käufer einer überbauten Parzelle selber machen. Bei der Tätigkeit der Urkundsperson kommen diese Aspekte kaum jemals zur Sprache. Sie betreffen die Urkundsperson nicht. 498

III. Darstellung der Rechte am Grundstück

Das Hauptbuchblatt enthält eine Darstellung aller (privatrechtlichen) Rechte am Grundstück (Art. 9 GBV). Auf die öffentlich-rechtliche Rechtslage (Zoneneinteilung und andere öffentlich-rechtliche Eigentumsbeschränkungen) wird zuweilen im Hauptbuchblatt mit Anmerkungen hingewiesen (JÜRG SCHMID [BSK 2015], Art. 946 N 48 ff.). Aber das ist nicht notwendigerweise so. Das Hauptbuchblatt gibt grundsätzlich nur über die privatrechtlichen Rechtsverhältnisse Auskunft. 499

500 Die privatrechtlichen Rechte am Grundstück betreffen in erster Linie die dinglichen Rechte (Eigentum, Dienstbarkeiten, Grundlasten, Grundpfandrechte; Art. 946 ZGB). Diese Rechte werden auf dem Hauptbuchblatt *eingetragen*. Das Wort *Eintragung* hat beim Grundbuch eine spezifische Bedeutung (HENRI DESCHENAUX [SPR 1988], 100 ff.). Gemeint ist damit die Registrierung eines dinglichen Rechts am Grundstück.

501 Ferner gibt es sogenannte persönliche oder vertragliche Rechte, die durch ihre Registrierung im Grundbuchamt Wirksamkeit auch gegenüber gewissen Drittpersonen erhalten. Solche Rechte, die nicht dinglich sind, werden im Grundbuch *vorgemerkt*. Das Wort *Vormerkung* hat im Grundbuchrecht diese spezifische Bedeutung (vgl. N 505 ff.).

502 Schliesslich werden auf dem Hauptbuchblatt Dinge registriert, die keine rechtliche Bedeutung haben, sondern bloss orientierungshalber mitgeteilt werden, wie beispielsweise der Hinweis auf öffentlich-rechtliche Eigentumsbeschränkungen (z.B. eine temporäre Planungszone, welche die Verfügung oder die Nutzung des Grundstücks während einer gewissen Zeit einschränkt). Solche orientierenden Angaben auf dem Hauptbuchblatt heissen – wie bereits erwähnt – *Anmerkungen* (vgl. N 510 ff.). Die betreffenden Tatsachen werden im Grundbuch angemerkt.

503 Die drei Begriffe *Eintragung, Vormerkung* und *Anmerkung* haben beim Grundbuch also immer diese speziellen Bedeutungen. Hierzu im Einzelnen:

A. Eintragungen

504 Die Eintragungen (der dinglichen Rechte am Grundstück) sind im Art. 946 ZGB und in den Art. 25–52 GBV geregelt. Auf dem Hauptbuchblatt werden die Eintragungen in den drei Rubriken für das Eigentum, die Dienstbarkeiten und Grundlasten sowie die Grundpfandrechte dargestellt.

B. Vormerkungen

505 Als (grundbuchliche) Vormerkung wird der Hinweis auf ein vertragliches oder anderes grundstücksbezogenes Rechtsverhältnis ohne dinglichen Charakter bezeichnet. Die Vormerkung verleiht dem betreffenden Rechtsverhältnis keinen dinglichen Charakter, bewirkt aber, dass das Rechtsverhältnis jedem späteren Erwerber des Grundstücks gegenüber wirksam ist (FRITZ OSTERTAG [BK 1917], Art. 959 N 3 ff.; ARTHUR HOMBERGER [ZK 1938], Art. 959 N 17 ff.). Die aus dem vorgemerkten Rechtsverhältnis – z.B. einer Wohnungs-

miete – entspringenden Vertragspflichten des Grundeigentümers gehen also bei der Veräusserung des Grundstücks kraft der Vormerkung ohne Weiteres und zwingend auf den Erwerber über, ohne dass es einer ausdrücklichen Schuldübernahme bedarf. Derartige Vertragspflichten werden Realobligationen genannt, weil sie (die Obligationen) mit einer Sache (lateinisch: res) verknüpft sind.

Vormerkbar sind nur Rechtsverhältnisse, für die das Gesetz den Vormerkungsschutz ausdrücklich vorsieht (vgl. N 158). 506

Die Vormerkungen sind in erster Linie geregelt in Art. 959 – 961a ZGB sowie in Art. 77–79 GBV. Hinzu kommen verschiedene Einzelbestimmungen des Bundesrechts. 507

Die vormerkbaren Tatbestände lassen sich im Wesentlichen in drei Kategorien einteilen (vgl. auch HENRI DESCHENAUX [SPR 1988], 115 ff.): 508

– persönliche Rechte (Art. 959 ZGB);
– Verfügungsbeschränkungen (Art. 960 ZGB); und
– vorläufige Eintragungen (Art. 961 ZGB).

Im Zusammenhang mit Grundstücksgeschäften spielt insbesondere die Vormerkung persönlicher Rechte eine wichtige Rolle (vgl. hierzu N 441 ff.). Demgegenüber wird die Vormerkung von Verfügungsbeschränkungen und von vorläufigen Eintragungen in der vorliegenden Arbeit nicht behandelt. 509

C. Anmerkungen

Als (grundbuchliche) Anmerkung (Art. 80 GBV) wird der Hinweis auf eine Rechtstatsache verstanden, die unabhängig vom Grundbuch besteht. Die Anmerkung hat keine rechtliche Wirkung. Sie dient lediglich der Information der Benützer des Grundbuches (HENRI DESCHENAUX [SPR 1988], 120). Anmerkbar sind nur die im Gesetz vorgesehenen Tatbestände. 510

Anmerkungen haben ihre rechtliche Grundlage einerseits im Bundeszivilrecht (insb. Art. 962 und 962a ZGB), anderseits im kantonalen öffentlichen Recht (vgl. HENRI DESCHENAUX [SPR 1988], 124 ff.). Die meisten kantonalen Anmerkungen finden sich im Rahmen des öffentlichen Baurechts (z.B. Anmerkung von Planungszonen, Umlegungsverfahren, Mehrwertabgaben, Erschliessungsbeiträgen etc.). 511

512 Der Rechtsgrundausweis für eine Anmerkung bedarf der schriftlichen Form, es sei denn, das Gesetz schreibe die öffentliche Beurkundung ausdrücklich vor (Art. 80 Abs. 1 GBV).

D. Bemerkungen

513 Als Bemerkungen werden die Hinweise auf besondere rechtserhebliche Umstände von einzelnen Eintragungen bezeichnet (Art. 130 GBV). Beispiele von Bemerkungen finden sich insbesondere in den Art. 102, 103, 105, 106 und 110 GBV; vgl. auch PAUL-HENRI STEINAUER (Bd. I 2012), N 632.

E. Rechtstatsachen, die aus dem Grundbuch nicht ersichtlich sind

514 Nicht alle privatrechtlichen Rechtstatsachen, die ein Grundstück betreffen, sind aus dem Grundbuch ersichtlich. Das gilt insbesondere für die gesetzlichen Verfügungsbeschränkungen des Privatrechts wie namentlich für die gesetzlichen Vorkaufsrechte in Miteigentums- und Baurechtsverhältnissen gemäss Art. 682 ZGB (N 2633 ff.), die privatrechtlichen Beschränkungen im bäuerlichen Bodenrecht (N 2648 ff.), die Verfügungsbeschränkung betreffend die Familienwohnung gemäss Art. 169 ZGB (N 2598 ff.), die Verfügungsbeschränkung betreffend Miteigentum in der Errungenschaftsbeteiligung gemäss Art. 201 Abs. 2 ZGB (N 2622 ff.) sowie einige andere mehr.

§ 17 Teilung und Vereinigung von Grundstücken

515 Grundstücksflächen können verändert werden entweder durch die *Teilung* (Parzellierung) oder durch die *Vereinigung* von Grundstücken. Beide Vorgänge werden unter dem Oberbegriff der *Mutation* zusammengefasst.

516 Mutationen gibt es nur für Grundstücke im Sinne von Art. 655 Abs. 2 Ziff. 1 ZGB, d.h. für die *Liegenschaften* (ALFRED KOLLER [BN 2014], 272 ff.). Keine Mutationen sind möglich bei Miteigentumsanteilen, da diese nur eine rechtliche Eigentumsquote, nicht eine Grundstücksfläche darstellen (N 1181 ff.). Bei Baurechtsverhältnissen kann die Bodenparzelle mutiert werden, nicht aber die Baurechtsparzelle. Flächenveränderungen der Baurechtsparzelle werden durch eine Änderung des Baurechtsvertrags (N 1556 ff.), nicht durch eine Mutation

bewirkt. Stockwerkeigentumsparzellen werden durch einen Nachtrag zum Begründungsakt verändert (N 1311 ff.).

Sowohl bei der Teilung als auch bei Vereinigung ist erforderlich, dass vorgängig der amtliche Vermessungsplan (Plan für das Grundbuch; N 481 f.) durch die Erstellung von *Mutationsplänen* unter Mitwirkung des Geometers angepasst werden. 517

Bei der *Teilung von Liegenschaften (Zerstückelung)* wird ein Grundstück in zwei oder mehrere Grundstücke aufgeteilt (N 2757 ff.). Die Teilung führt dazu, dass das bisherige Hauptbuchblatt für den einen Teil weitergeführt und neue Hauptbuchblätter für den oder die anderen Teile eröffnet werden, es sei denn, der abgetrennte Teil werde mit einem angrenzenden Grundstück vereinigt (vgl. Art. 153 Abs. 1 und 2 GBV; nachfolgend N 520 f.; ferner HENRI DESCHENAUX [SPR 1988], 89 f.). Wird ein neues Hauptbuchblatt eröffnet, so wird der neuen Parzelle eine neue Parzellennummer zugewiesen. Die Nummer derjenigen Parzelle, für die das Hauptbuchblatt weitergeführt wird, bleibt dieselbe. Einzelne Kantone sehen für das Hauptbuchblatt, das weitergeführt wird, vor, die erfolgte Mutation mit einer Indexzahl anzuzeigen. 518

Bei der *Vereinigung von Liegenschaften* werden mehrere angrenzende Grundstücke, die derselben Eigentümerin gehören, zu einem einzigen Grundstück zusammengelegt (N 2782 ff.; ferner HENRI DESCHENAUX [SPR 1988], 95 f.). Die Vereinigung *(Zusammenlegung)* führt dazu, dass eines der bisherigen Hauptbuchblätter weitergeführt und das andere oder die anderen geschlossen werden (vgl. Art. 158 Abs. 2 GBV). Mit der Schliessung des jeweiligen Hauptbuchblattes wird gleichzeitig die entsprechende Parzellennummer gelöscht. Einen Sonderfall der Vereinigung stellt die *Zuschreibung* dar. Sie kommt insbesondere vor, wenn zu einem Grundstück eine Bodenfläche zugemessen wird, die zuvor nicht Teil des Grundbuchs war (insbesondere Zuschreibungen von Allmend oder – gleichbedeutend – *Impropriation*). Auf die Zuschreibungen kommen dieselben Regeln wie für die Vereinigung zur Anwendung. 519

Teilung und Vereinigung von Grundstücken werden oft miteinander verknüpft, so bei der Abtretung eines Grenzstreifens an einen Nachbarn *(Abtrennung)* oder bei der Vereinigung zweier benachbarter Grenzflächen zu einem neuen dritten Grundstück. 520

In beiden erwähnten Fällen erfolgen die Teilungen gedanklich zuerst, die Vereinigung anschliessend. Eine Vereinigung ist nur möglich, wenn die zu vereinigenden Flächen der gleichen Eigentümerin gehören. Gehören die beiden 521

Grundstücke verschiedenen Eigentümerinnen, dann umfasst der Vorgang vorab eine Übertragung von Grundeigentum.

§ 18 Eintragungsverfahren

I. Grundbuchanmeldung und Verfügungserklärung

A. Grundbuchanmeldung

522 Das Grundbuchamt wird nur tätig, wenn ein Eintragungsbegehren – die *Grundbuchanmeldung* – von einer dazu zuständigen Person gestellt wird und wenn das Begehren inhaltlich und formell korrekt ist (vgl. ausführlich hierzu N 546 ff.). Es gilt das *Antragsprinzip* (oder – gleichbedeutend – Anmeldungsprinzip; Art. 46 Abs. 1 GBV; JÜRG SCHMID [BSK 2015] Art. 963 N 3; ARTHUR HOMBERGER [ZK 1938], Art. 963 N 1).

523 Oft werden mit der gleichen Grundbuchanmeldung mehrere Amtshandlungen beantragt, z.B. der Eintrag eines Grundstückskaufs, die Löschung der bisherigen Grundpfandrechte und die Errichtung neuer Grundpfandrechte seitens des Käufers zugunsten seiner Bank. Gemäss Art. 47 Abs. 2 GBV ist in einem solchen Falle jede vorzunehmende Eintragung (womit auch Löschungen gemeint sind) in der Grundbuchanmeldung einzeln aufzuführen, im genannten Beispiel also etwa mit dem Wortlaut: «Zur Eintragung im Grundbuch X wird betreffend Parzelle P hiermit angemeldet: (1.) Kauf, (2.) Löschung von zwei Grundpfandverschreibungen, (3.) Errichtung von drei Schuldbriefen.»

B. Verfügungserklärung («Eintragungsbewilligung»)

524 Bei allen Geschäften, bei denen jemand über ein grundbuchlich ausgewiesenes Recht verfügt, indem er es auf eine andere Person überträgt oder zu fremden Gunsten belastet oder darauf verzichtet, muss der Berechtigte eine ausdrückliche, ans Grundbuchamt gerichtete Willenserklärung abgeben (vgl. Art. 963 Abs. 1 und 964 Abs. 1 ZGB; ferner HENRI DESCHENAUX [SPR 1988], 267 ff.; JÜRG SCHMID [BSK 2015] Art. 973 N 10). Diese *Verfügungserklärung* wird in den Kantonen unterschiedlich als Eintragungsermächtigung, Eintragungsbewilligung, Fertigungsermächtigung oder anders bezeichnet. Bei der Beendigung von Dienstbarkeiten und Grundpfandrechten spricht man meist von *Löschungsbewilligungen*.

Zuweilen wird die Verfügungserklärung mit dem Begriff der Grundbuchanmeldung vermengt oder verwechselt. Das ZGB trägt zu diesem Missverständnis bei, indem es die von den Art. 963 und 964 geforderten Verfügungserklärungen unter die Überschrift «Anmeldungen» stellt. Die GBV fördert das Missverständnis, indem sie in Art. 2 lit. g das Wort «Beleg» als Sammelbegriff für die Grundbuchanmeldung und deren alle Beilagen definiert. Manche Grundbuchämter huldigen einer nochmals anderen Terminologie, indem sie unter «Grundbuchanmeldung» ein vom betreffenden Amt entwickeltes Formular verstehen, das als Deckblatt für jedes angemeldete Geschäft zu verwenden ist (eine Anforderung, für die es keine gesetzliche Grundlage gibt; so JÜRG SCHMID [BSK 2015] Art. 963 N 7). 525

In der vorliegenden Arbeit werden *Grundbuchanmeldung* und *Verfügungserklärung* unterschieden. 526

Die *Verfügungserklärung* wird mit dem in der bernischen Praxis üblichen Begriff der «Bewilligung» bezeichnet, und zwar in den beiden Formen der Eintragungsbewilligung (für die Begründung, Übertragung und Änderung von Rechten sowie für die Begründung und Änderung von Vormerkungen und Anmerkungen) und der Löschungsbewilligung (für die Beendigung von Dienstbarkeits- und Grundpfandrechten, Vormerkungen und Anmerkungen). 527

Unter *Grundbuchanmeldung* oder kurz *Anmeldung* wird in der vorliegenden Arbeit das Begehren verstanden, mit dem jemand vom Grundbuchamt eine Änderung des Eintragungsstandes, d.h. meist eine Eintragung oder Löschung, verlangt, also ein rechtlicher Akt, nicht ein Papier. Zwar ergeht jede Grundbuchanmeldung in Schriftform auf Papier. Aber als *anmeldende Person* wird in der vorliegenden Arbeit nicht jemand verstanden, der ein Formular unterzeichnet, sondern die Person, die für die Stellung des Eintragungsbegehrens zuständig ist und kraft dieser Zuständigkeit das Begehren stellt. 528

Der in Art. 2 lit. g GBV verwendete Sammelbegriff des Belegs, der Grundbuchanmeldung, Rechtsgrundausweis sowie weitere Beilagen umfasst, wird im Zusammenhang der vorliegenden Arbeit nur selten verwendet. Aus der Sichtweise der Urkundsperson umfassen die Eingaben ans Grundbuchamt typischerweise die Grundbuchanmeldung und deren Beilagen. Die Beilagen enthalten meist einen oder mehrere Rechtsgrundausweise (vgl. N 549 ff.) sowie weitere Beilagen (Vollmachten, Zustimmungserklärungen, Bewilligungen etc.). 529

Es gibt auch Grundbuchanmeldungen ohne Beilagen, ferner Grundbuchanmeldungen, deren Beilagen keine Rechtsgrundausweise umfassen (z.B. bei der Anmeldung von Anmerkungen, die weder Rechtsgründe noch Rechts- 530 wirkungen haben). Als typische Grundbuchanmeldung ohne Beilage sei die Löschungsbewilligung für eine Dienstbarkeit erwähnt: Das vom Dienstbarkeitsberechtigten in Briefform ans Grundbuchamt gerichtete Begehren, die Dienstbarkeit zu löschen, umfasst auf einem einzigen Papier und in einem einzigen Satz die Grundbuchanmeldung, den Rechtsgrundausweis und die Verfügungserklärung.

531 Meldet hingegen die Urkundsperson einen Grundstückkauf an (vgl. Art. 963 Abs. 3 ZGB), so enthält die von ihr unterzeichnete Grundbuchanmeldung nur das Eintragungsbegehren; die Beilagen umfassen den Rechtsgrundausweis und eventuell weitere Beilagen wie Zustimmungserklärungen und Bewilligungen. Die Verfügungserklärung (Eintragungsbewilligung) des Verkäufers ist in diesem Fall nicht in der Grundbuchanmeldung enthalten, sondern muss anderweitig dokumentiert sein; meist wird sie in den Kaufvertrag integriert (vgl. auch STEPHAN WOLF [ZBGR 2003], 15 f.).

532 Will man die Kasuistik der Grundbuchverordnung und die Praxis der Grundbuchämter bezüglich der Anmeldungs- und Verfügungskompetenzen auf allgemeine Regeln zurückführen, so lassen sich diese etwa folgendermassen formulieren:

533 Zur Grundbuchanmeldung, d.h. *zur Stellung des Eintragungsbegehrens,* ist jede Person befugt, die am Vollzug des Geschäfts ein rechtlich schützenswertes Interesse hat, bei öffentlich beurkundeten Geschäften ausserdem meist auch die Urkundsperson aufgrund eines von den Parteien stillschweigend erteilten Auftrags zum grundbuchlichen Vollzug oder einer entsprechenden kantonalrechtlichen Amtspflicht (vgl. Art. 963 Abs. 3 ZGB).

534 Bezieht sich die Grundbuchanmeldung (auch) auf Geschäfte, bei denen über Rechte an Grundstücken rechtsgeschäftlich verfügt wird, so muss entweder die *Grundbuchanmeldung von allen verfügenden Personen (mit)unterzeichnet* werden, *oder die Eintragungs- und Löschungsbewilligungen müssen in Beilagen* belegt sein, die von ihnen unterzeichnet sind (Art. 965 ZGB, ferner N 558 ff.).

535 Eingriffe in Rechte an Grundstücken können ohne Eintragungs- und Löschungsbewilligungen der Betroffenen durch Dritte angemeldet werden, wo das Gesetzes- und Verordnungsrecht des Bundes und der Kantone dies vorsieht. Zuständig für die Anmeldung sind in diesen Fällen die von Gesetz oder Verordnung bezeichneten Amtsstellen und Privatpersonen.

Im 2. Teil der vorliegenden Arbeit wird bei den einzeln behandelten Geschäften jeweils die Zuständigkeit zur Grundbuchanmeldung angegeben *(Anmeldende Person(en))*. Dabei gilt folgende Darstellungsweise: 536

- Wo die Anmeldungszuständigkeit aus der Verfügungsbefugnis abgeleitet wird (Art. 963 Abs. 1 und 964 Abs. 1 ZGB), lautet der Hinweis «*Anmeldende (verfügende) Person(en)*».

- Wird über keine Rechte verfügt und in keine Rechte eingegriffen, wie dies etwa bei der Anmeldung eines Erbgangs der Fall ist, dann lautet der Hinweis kurz «*Anmeldende Person(en)*». Die Anmeldungszuständigkeit stützt sich in diesen Fällen meist nicht auf eine ausdrückliche gesetzliche Grundlage, sondern ergibt sich aus dem rechtlich schützenswerten Interesse der anmeldenden Person(en) am grundbuchlichen Vollzug des Geschäfts.

- Unerwähnt bleibt bei der Behandlung der einzelnen Geschäfte im 2. Teil die generelle Regel, dass sich die zuständigen Personen stets durch bevollmächtigte Stellvertreter vertreten lassen können (JÜRG SCHMID [BSK 2015], Art. 963 N 33; HENRI DESCHENAUX [SPR 1988], 274 ff.; ARTHUR HOMBERGER [ZK 1938], Art. 963 N 15). Dies gilt sowohl bezüglich der Grundbuchanmeldung als auch bezüglich der Abgabe von Eintragungs- und Löschungsbewilligungen. *Stellvertreter,* die zur Veräusserung oder zur Verpfändung eines Grundstücks ermächtigt sind, sind ohne Weiteres auch zur Erteilung der Eintragungsbewilligung und zur Grundbuchanmeldung befugt.

- Ebenfalls unerwähnt bleibt schliesslich, dass bei öffentlich beurkundeten Rechtsgeschäften *in manchen Kantonen auch die Urkundspersonen zur Anmeldung generell zuständig* sind, und zwar ungeachtet des Umstands, dass sie am Vollzug des Geschäfts kein rechtlich geschütztes Interesse haben (vgl. Art. 963 Abs. 3 ZGB, ausführlich JÜRG SCHMID [BSK 2015], Art. 963 N 38 ff.; ARTHUR HOMBERGER [ZK 1938], Art. 963 N 28 ff.). Die Betrauung einer Urkundsperson mit der Beurkundung kann als stillschweigender Auftrag gewertet werden, das Geschäft beim Grundbuchamt anzumelden. In manchen Kantonen ergibt sich eine entsprechende Amtspflicht der Urkundspersonen zusätzlich aus dem kantonalen Gesetzes- und Verordnungsrecht. Allerdings beschränkt sich die Kompetenz von Urkundspersonen auf die Grundbuchanmeldung. Sie umfasst nicht auch die Abgabe von Eintragungs- und Löschungsbewilligungen gemäss Art. 963 Abs. 1 und 964 Abs. 1 ZGB, dies im Gegensatz zu Stellvertretern, die namens der Parteien rechtsgeschäftliche Willenserklärungen abgeben. Bei der Überbringung von Eintragungs- und Löschungsbewilligungen an das Grundbuchamt handelt die Urkundsperson als Botin, nicht als Stellvertreterin der erklärenden Parteien, da sie kraft ihrer Unparteilichkeitspflicht nicht befugt ist, die Parteien bei der Abgabe von Willenserklärungen zu vertreten.

C. Integration der Eintragungsbewilligung in den Vertragstext

537 Die Verfügungserklärung bzw. Eintragungsbewilligung wird bei Grundstückkäufen und anderen Verträgen meist in den Vertragstext integriert. Steht die Eintragungsbewilligung im Vertragstext, so ist sie von der Unterschrift der verfügenden Person abgedeckt. Die Eintragungsbewilligung kann stattdessen, wie gesagt, auch in die Grundbuchanmeldung integriert sein, sofern diese von der verfügenden Person unterschrieben wird, oder sie kann von der verfügenden Person als separate Erklärung in einfacher Schriftform abgegeben und der Grundbuchanmeldung beigelegt werden.

538 Bittet ein Grundpfandgläubiger das Grundbuchamt in einem Brief, das zu seinen Gunsten eingetragene Pfandrecht zu löschen, so ist der Brief zugleich Grundbuchanmeldung und Verfügungserklärung (Löschungsbewilligung gemäss Art. 964 Abs. 1 ZGB). Wird eine ausserbuchlich erfolgte Rechtsänderung wie z.B. ein Erbgang oder die Änderung im Mitgliederbestand bei einer einfachen Gesellschaft angemeldet, so handelt es sich um eine Grundbuchanmeldung ohne Verfügungserklärung, weil niemand über Rechte an Grundstücken verfügt.

539 Während die Grundbuchanmeldung an ein bestimmtes Grundbuchamt adressiert sein muss, ist dies für die Eintragungsbewilligung des verfügenden Rechtsinhabers nicht nötig. Es genügt, dass die Eintragungsbewilligung (auch) als Willenserklärung gegenüber dem zuständigen Grundbuchamt ausgelegt werden kann. Bittet der Grundpfandgläubiger den Pfandschuldner in einem Brief, er solle das Grundpfand löschen, so lässt sich die an den Pfandschuldner gerichtete Bitte auch als Eintragungsbewilligung an das Grundbuchamt auslegen. In diesem Fall kann der Pfandschuldner eine von ihm unterzeichnete Grundbuchanmeldung an das zuständige Grundbuchamt senden und den Brief des Gläubigers als Beleg beifügen. Stattdessen kann der Grundpfandgläubiger auch selber, wie vorn dargestellt, das Grundbuchamt schriftlich auffordern, das Pfandrecht zu löschen; diese Aufforderung ist zugleich Grundbuchanmeldung und Eintragungsbewilligung.

II. Widerruf der Eintragungsbewilligung und Rückzug der Grundbuchanmeldung

Da die Eintragungsbewilligung eine einseitige Erklärung des bisherigen Berechtigten an das Grundbuchamt ist (und zwar auch dann, wenn diese Ermächtigung in einen Vertrag integriert ist, der von beiden Parteien unterschrieben wurde), kann diese Erklärung auch einseitig von der bisherigen Berechtigten (beim Grundstückkauf: von der Verkäuferin) zurückgezogen oder widerrufen werden. Der Widerruf ist so lange möglich, als das Geschäft noch nicht beim Grundbuchamt angemeldet wurde (BGer 5A_455/2013 vom 16.10.2013, E. 4.3; BGE 115 II 21, E. 5; HENRI DESCHENAUX [SPR 1988], 282 f.; PETER LIVER [SPR 1977], 139 f.). 540

Wenn die Akten bei der Urkundsperson liegen, die sie gemäss Absprache mit den Parteien beim Grundbuch anmelden soll, und wenn vor dem Gang zum Grundbuchamt der Widerruf der Eintragungsbewilligung von der Verkäuferin bei der Urkundsperson eintrifft, dann darf sie das Geschäft nicht mehr zum Grundbuch bringen, sondern muss warten, bis sich die Parteien über das weitere Vorgehen geeinigt haben oder bis – im Streitfall – der Käufer ein Gerichtsurteil gegen die Verkäuferin erwirkt hat, das den zwangsweisen Grundbucheintrag anordnet. 541

Für den Widerruf der Eintragungsbewilligung gibt es keine Formvorschriften. Da der Widerruf dem Sinne nach eine Erklärung der bisherigen (und noch immer) Berechtigten gegenüber dem Grundbuchamt ist, sichert sich die Widerrufende den Beweis am besten dadurch, dass sie den Widerruf direkt an das zuständige Grundbuchamt sendet. Wenn der Widerruf beim Grundbuchamt eintrifft, bevor das Geschäft dort angemeldet ist, dann kann das Amt das Geschäft nicht behandeln, falls es in der Folge trotzdem angemeldet wird. 542

Der hier beschriebene Widerruf der Eintragungsbewilligung nach Unterzeichnung eines Geschäfts ist allerdings etwas derart Seltenes, dass die meisten Urkundspersonen damit nie zu tun haben. 543

Will demgegenüber der Käufer das unterzeichnete Geschäft stoppen, bevor es beim Grundbuch angemeldet ist, so muss er entweder die Verkäuferin zum Stillhalten überreden oder das Geschäft gerichtlich anfechten. Liegt das Geschäft zur Anmeldung bei der Urkundsperson, so wird diese mit der Anmeldung zuwarten und allenfalls der Verkäuferin überlassen, die Anmeldung gestützt auf ihr Vertragsdoppel im Alleingang zu tätigen. Denn die Urkundsperson ist bezüglich der Grundbuchanmeldung die gemeinsame Beauftragte beider Parteien und kann nur tätig sein, solange die Zustimmung beider Parteien vorliegt. 544

545 Wurde das Geschäft angemeldet, so kann es mit Zustimmung aller Beteiligten vom Grundbuchamt zurückgezogen werden, solange der Hauptbucheintrag noch nicht erfolgt ist (Jürg Schmid [BSK 2015], Art. 963 N 23; Henri Deschenaux [SPR 1988], 282 f.).

III. Inhaltliche Anforderungen an Grundbuchanmeldung und Beilagen

A. Überblick

546 Grundbuchanmeldungen und Eintragungsbewilligungen bedürfen der schriftlichen Form (Art. 48 Abs. 1 GBV). Sie müssen bedingungslos formuliert und unverzüglich vollziehbar sein (Art. 47 GBV; Jürg Schmid [BSK 2015], Art. 963 N 11; Henri Deschenaux [SPR 1988], 448). Das Grundbuchamt nimmt keine Geschäfte entgegen, bei denen der Grundbucheintrag vom Eintritt einer Bedingung abhängt oder auf ein in der Zukunft liegendes Datum verlangt wird.

547 Aus der Grundbuchanmeldung und den Beilagen muss sowohl der *Rechtsgrund* für die angemeldeten Verfügungen als auch der Nachweis hervorgehen, dass die verfügende(n) Person(en) gemäss grundbuchlichem Eintragungsstand *verfügungsberechtigt* sind (Art. 965 ZGB). Nur wenn diese beiden Nachweise erbracht sind (man spricht diesbezüglich auch vom *doppelten Ausweis*), darf die beantragte Eintragung durch das Grundbuchamt vorgenommen werden.

548 Dies bedeutet, dass zu allen rechtlichen Verfügungen in der Grundbuchanmeldung selber oder in deren Beilagen die formgültigen Rechtsgrundausweise eingereicht werden müssen. Die Grundbuchanmeldungen müssen von Personen unterzeichnet sein, die dafür zuständig sind. Rechtliche Verfügungen müssen von den verfügungsbefugten Personen unterzeichnet sein. Im Falle ihrer Vertretung muss in den Anmeldungsbelegen die Vertretungsmacht schriftlich dokumentiert sein.

B. Ausweis über den Rechtsgrund

549 Unter *Rechtsgrund* versteht man jeden natürlichen und jeden rechtsgeschäftlichen Vorgang, der eine rechtliche Folge auslöst. Als solche rechtsgeschäftliche Vorgänge kommen der Abschluss eines Vertrages, die Abgabe einer einseitigen Willenserklärung, amtliche Verfügungen, gerichtliche Entscheide und die Verwirklichung gesetzlich definierter Vorgänge infrage (vgl. auch Jürg Schmid [BSK 2015], Art. 965 N 9).

So ist der Tod eines Eigentümers der Rechtsgrund dafür, dass sein Eigentum 550
auf die Erben übergeht. Der Kaufvertrag ist der Rechtsgrund dafür, dass das
Eigentum an der verkauften Sache von der Verkäuferin auf den Käufer übergeht. Die Verzichtserklärung *(Löschungsbewilligung)* eines Grundpfandgläubigers ist der Rechtsgrund für die Löschung seines Pfandrechts (vgl. ausführlich
die Aufzählungen und Ausführungen bei JÜRG SCHMID [BSK 2015], Art. 965
N 11 ff.; ARTHUR HOMBERGER [ZK 1938], Art. 965 N 21 ff.).

Da das Grundbuchamt nicht eigenmächtig handeln darf, muss jede Grund- 551
bucheintragung auf zureichende Rechtsgründe abgestützt sein.

Das Grundbuchamt macht seine Eintragungen aber nicht aufgrund der Rechts- 552
gründe. Vielmehr muss jeder Rechtsgrund in einem schriftlichen oder öffentlich beurkundeten Dokument belegt werden, das beim Grundbuchamt eingereicht, dort bearbeitet und anschliessend archiviert wird. Diese Belege heissen
Rechtsgrundausweise.

So ist der Tod eines Grundeigentümers zwar der Rechtsgrund dafür, dass seine 553
Nachkommen als Erben das Grundstück erwerben, das bisher dem Verstorbenen gehört hatte. Der Tod als natürliche Tatsache und damit als Rechtsgrund
für den Erbgang berührt das Grundbuchamt aber nicht. Vielmehr braucht das
Grundbuchamt eine Erbenbescheinigung (vgl. N 2117 ff.) – eben einen schriftlichen Rechtsgrundausweis –, damit der Erbgang im Grundbuch eingetragen
werden kann.

Das meiste, was die Urkundspersonen im Bereich des Grundbuchnotariats 554
herstellen, sind Rechtsgrundausweise für das Grundbuch. Das gilt insbesondere für Grundstückkaufverträge. Der gültig abgeschlossene Kaufvertrag ist in
den Augen der Parteien ein Vertrag oder Rechtsgeschäft, mit dem sich die Parteien zu gegenseitigen Leistungen verpflichten. In den Augen des Grundbuchs
ist der gleiche Vertrag ein Rechtsgrundausweis, der dem Amt ermöglicht, den
Verkäufer als Eigentümer zu löschen und den Käufer als neuen Eigentümer des
Grundstücks einzutragen.

Die Rechtsgrundausweise müssen so formuliert sein, dass sie im Zeitpunkt 555
der Grundbuchanmeldung sogleich vollziehbar sind. Vereinbaren die Parteien, dass ihr Geschäft erst beim Eintritt einer Bedingung oder nach Ablauf
einer Frist vollzogen werden soll, so müssen sie mit der Grundbuchanmeldung
zuwarten, bis alle Voraussetzungen für den Vollzug erfüllt sind. Das gilt auch
im Falle vorbehaltener Zustimmungen Dritter: Braucht z.B. die Baurechtsänderung über ein staatliches Grundstück eine Genehmigung des Regierungsrates, so kann das beurkundete Geschäft erst beim Grundbuch angemeldet wer-

den, wenn die Genehmigung vorliegt. Wurde das Geschäft vorher angemeldet, so muss es zurückgezogen und beim Vorliegen der Genehmigung erneut angemeldet werden.

556 Sofern der Rechtsgrund der verlangten Eintragung durch die blosse Grundbuchanmeldung belegt ist – etwa, wenn ein Grundpfandgläubiger gegenüber dem Grundbuchamt die Löschung seines Pfandrechts beantragt –, handelt das Grundbuchamt aufgrund der blossen Anmeldung.

557 In den meisten Fällen, beispielsweise bei Grundstückkäufen, stützen sich die verlangten Einträge aber auf weitere Dokumente, die der Grundbuchanmeldung als Beilagen beigefügt werden. Werden anlässlich eines Grundstückkaufs die bisherigen Grundpfandrechte gelöscht und vom Käufer neue Grundpfandrechte begründet, so pflegt das Geschäft mit einer einzigen, von der Urkundsperson unterzeichneten Grundbuchanmeldung ans Grundbuchamt gesandt zu werden. Kaufvertrag, Löschungsbewilligungen für die bisherigen und Errichtungsakte für die neuen Grundpfandrechte sind die gleichzeitig eingereichten Beilagen.

C. Ausweis über das Verfügungsrecht

558 Art. 965 ZGB hält ausdrücklich fest, dass die Eintragungsbewilligung *(Verfügungserklärung)* durch diejenige Person zu erfolgen hat, der die Befugnis zukommt, eine Einschreibung in das Grundbuch zu verlangen (ARTHUR HOMBERGER [ZK 1938], Art. 965 N 1).

559 Diese Befugnis steht bei den Vorgängen, bei denen über Rechte an Grundstücken rechtsgeschäftlich verfügt wird, der jeweiligen im Grundbuch eingetragenen Eigentümerin zu (ARTHUR HOMBERGER [ZK 1938], Art. 965 N 3).

560 Geht die Verfügung nicht von der im Grundbuch eingetragenen Eigentümerin oder Berechtigten aus, so ist dem Grundbuchamt der Nachweis der Verfügungsberechtigung zu erbringen. Bei Vertretungsverhältnissen und Verfügungen von Willensvollstreckern, Liquidatoren etc. kann dieser Nachweis bereits im Rechtsgrundausweis enthalten sein (z.B. im Falle eines Kaufvertrags). Bei Verfügungen von Eigentümerin oder Berechtigter, die aufgrund eines vorgängigen ausserbuchlichen Rechtserwerbs noch nicht im Grundbuch eingetragen sind (z.B. aufgrund Erbgang, Zession, Gläubigerwechsel bei Papier-Schuldbriefen; zum ausserbuchlichen Erwerb vgl. ferner N 160 f.), müssen sämtliche vorgängigen Rechtsübergänge bis zur ursprünglichen, im Grundbuch eingetragenen Eigentümerin oder Berechtigten anhand von Belegen nachgewiesen

werden (z.B. indossierter Namen-Papier-Schuldbrief, Erbenschein, Zessionsvertrag).

IV. Erfordernis von Zustimmungen
A. Die vom Grundbuchamt zu schützenden Rechte und Interessen

Das Grundbuchamt wacht darüber, dass Löschungen und Änderungen von Einschreibungen im Grundbuch nur erfolgen, wenn die Einwilligung derjenigen Personen vorliegt, deren *Rechte* teilweise oder vollständig gelöscht werden sollen (Art. 964 ZGB; FRITZ OSTERTAG [BK 1917], Art. 964 N 1 ff.; ARTHUR HOMBERGER [ZK 1938], Art. 964 N 1 ff.). 561

Darüber hinaus schützt das Grundbuchamt in bestimmten Fällen die *Interessen von Drittpersonen,* die von einem Grundstücksgeschäft mittelbar betroffen werden, indem das Amt den Eintrag des Geschäftes von der Zustimmung dieser Dritten abhängig macht. 562

Während dieser Schutz von Interessen Dritter seine ordnungspolitischen Vorzüge hat, haftet ihm andererseits der Makel einer gewissen Misslichkeit an. Denn durch seine Weigerungshaltung (im Sinne: *ohne Zustimmung kein Eintrag*) ergreift das Amt die Partei des Dritten und stellt sich gegen den eingetragenen Eigentümer, dessen Interessewahrer das Amt doch in erster Linie sein sollte. 563

Die Misslichkeit wird insbesondere dort fühlbar, wo das Grundbuchamt als Zwangsmittel zur Durchsetzung gesellschaftspolitischer und staatlicher, insbesondere fiskalischer Interessen missbraucht wird, so wenn eine Grundeigentümerin ihre Liegenschaften nicht ohne die Zustimmung von Ehegatten und eingetragener Partnerin, Lex-Koller-Bewilligungsbehörden, Steuerämtern, Bauinspektoraten etc. veräussern oder belasten kann. 564

Begriffliche Erläuterung: Wird eine Zustimmung *nach* Abschluss des Geschäftes erklärt, so wird sie meist *Genehmigung* genannt. In der vorliegenden Arbeit wird der Begriff der *Zustimmung* als Oberbegriff für vorgängige und nachträgliche Einverständniserklärungen verwendet. Sofern eine solche Erklärung zwingend vor dem Geschäftsabschluss erteilt werden muss oder gültig nur nachher erteilt werden kann, wird speziell darauf hingewiesen. 565

B. Schutz von grundbuchlich eingetragenen und vorgemerkten Berechtigten

1. Allgemeines

566 Das Grundbuchamt schützt nur den Bestand der eingetragenen Rechtspositionen, nicht deren wirtschaftliche Werthaltigkeit (vgl. etwa Art. 808 ff. ZGB).

2. Änderung oder Löschung von Rechten

a) Dienstbarkeiten und Grundlasten

567 Zur *Löschung oder Teillöschung von Grunddienstbarkeiten* bedarf es der schriftlichen Zustimmung (Löschungsbewilligung) der Eigentümerin des berechtigten Grundstücks. Die Eigentümerin des berechtigten Grundstücks kann jedoch auf solche Dienstbarkeitsrechte nur verzichten, wenn jene dinglich Berechtigten (insbesondere *Grundpfandgläubiger, Nutzniesser, Baurechtsnehmer und weitere aufgrund einer Dienstbarkeit Nutzungsberechtigte*) zustimmen, die bei der Begründung ihrer Rechte auf das Vorhandensein des Dienstbarkeitsrechtes vertrauen durften. Wird während der Bestandesdauer eines Pfandrechts, einer Nutzniessung oder eines Baurechts, d.h. nachträglich, eine Grunddienstbarkeit als Recht begründet, so kann die Eigentümerin des berechtigten Grundstücks auf dieses Recht später wieder verzichten, ohne die alterspioritären beschränkten dinglich Berechtigten fragen zu müssen (JÜRG SCHMID [BSK 2015], Art. 964 N 13; PETER LIVER [ZK 1980], Art. 734 N 36 ff.; HANS LEEMANN [BK 1925], Art. 734 N 5; ferner BGer vom 26.10.2000 [ZBGR 2002] 248 ff.; a.M. CARL WIELAND [ZK 1909], Art. 964 N 5a; ARTHUR HOMBERGER [ZK 1938], Art. 964 N 10; HENRI DESCHENAUX [SPR 1988], 303).

568 Die Anzahl der in Betracht fallenden dinglichen Berechtigten kann im Einzelfall gross sein. Das Grundbuchamt soll die Anforderung an die Vollständigkeit der Zustimmungen nicht überspannen (PETER LIVER [ZK 1980], Art. 734 N 32 ff.; HENRI DESCHENAUX [SPR 1988], 302 f.).

569 Keine Zustimmung ist erforderlich von Nutzniessern und Bauberechtigten, wenn deren Rechte oder wenn die Ausübung ihrer Rechte auf Teile des herrschenden Grundstücks beschränkt sind, denen das zu löschende Dienstbarkeitsrecht nicht gedient hat (ARTHUR HOMBERGER [ZK 1938], Art. 964 N 10; PETER LIVER [ZK 1980], Art. 734 N 29).

570 Werden *Grunddienstbarkeitslasten vergrössert*, so müssen die nachrangigen Pfandgläubiger, die in der Zwangsverwertung nicht durch den Doppelaufruf geschützt sind, zustimmen (PASCAL SIMONIUS/THOMAS SUTTER [Bd. II 1990],

§ 1 N 62; PAUL PIOTET [SPR 1977], 568; ferner zum Doppelaufrufverfahren vgl. N 179 ff.). Denn die *Änderung einer Dienstbarkeit ändert deren Rang nicht* (BETTINA HÜRLIMANN-KAUP [BN 2013], 106). Wird eine Dienstbarkeit ausgedehnt (vgl. die Beispiele in N 1426) und bestehen dingliche Rechte am belasteten Grundstück, die der Grunddienstbarkeit im Rang nachgehen, so sind die Zustimmungserklärungen allfälliger nachrangiger Grundpfandgläubiger und anderer nachrangiger Berechtigter aus anderen Dienstbarkeiten und Grundlasten dem Grundbuchamt einzureichen (PASCAL SIMONIUS/THOMAS SUTTER [Bd. II 1990], § 1 N 62; PAUL PIOTET [SPR 1977], 568). Diese Ausführungen gelten auch für die *Personaldienstbarkeiten*.

Bei der *Löschung oder Teillöschung von Personaldienstbarkeiten* bestehen Zustimmungserfordernisse einzig bei denjenigen Rechten, die im Sinne von Art. 655 Abs. 3 ZGB als selbständige und dauernde Rechte in das Grundbuch aufgenommen worden sind. In diesem Fall haben diejenigen Personen ihre Zustimmung zu erteilen, die an dem in das Grundbuch aufgenommenen Recht dinglich berechtigt sind (BGE 127 III 300, E. 5aa; 118 II 115, E. 2; ARTHUR HOMBERGER [ZK 1938], Art. 965 N 11; HENRI DESCHENAUX [SPR 1988], 302; ARTHUR MEIER-HAYOZ [BK 1974], Art. 666 N 18; PAUL-HENRI STEINAUER [Bd. III 2012], N 2557a; PETER R. ISLER/DOMINIQUE GROSS [BSK 2015], Art. 779d N 6). 571

Dies gilt analog auch für die *Grundlasten*. 572

b) Grundpfandrechte

Bei Grundpfandrechten ergeben sich Unterscheidungen je nach der Form des Grundpfandrechts. 573

Bei *Grundpfandverschreibungen* bedarf es zur Löschung neben der Bewilligung des Grundpfandgläubigers und eines allfällig im Grundbuch eingetragenen Forderungsgläubigers *keiner weiteren Zustimmungen*. Auch wenn die Schuldnerin nicht Eigentümerin des Pfandobjekts ist, bedarf es zur Löschung der Grundpfandverschreibung keiner Einwilligung der Grundeigentümerin (ARTHUR HOMBERGER [ZK 1938], Art. 965 N 12; a.M. CARL WIELAND [ZK 1909], Art. 964 N 5c). 574

Anders beim *Schuldbrief*: Hier bedarf die Löschung der *Zustimmung der Eigentümerin des Grundpfandes*, weil diese gemäss Art. 853 ZGB einen Anspruch auf Übertragung des unentkräfteten Titels hat (ARTHUR HOMBERGER [ZK 1938], Art. 965 N 13; CARL WIELAND [ZK 1909], Art. 964 N 5d). 575

c) Vormerkungen

576 Bei der Löschung *vorgemerkter persönlicher Rechte* ist die Löschungsbewilligung des Berechtigten (Vor-, Rück- und Kaufsberechtigter sowie rückfallberechtigte Schenkerin) beizubringen (ARTHUR HOMBERGER [ZK 1938], Art. 959 N 26). Bestehen die vorgemerkten persönlichen Rechte nicht zugunsten einer Person, sondern zugunsten des jeweiligen Eigentümers eines anderen Grundstücks, so sind – analog zu den Grunddienstbarkeiten – auch die *Zustimmungen von etwaigen Inhabern von Grundpfandrechten* am vormerkungsgeschützten Grundstück (nicht aber von Nutzniessungsberechtigten) erforderlich (HENRI DESCHENAUX [SPR 1988], 363 f.). Richtigerweise wird dieses Zustimmungserfordernis eingeschränkt auf jene Grundpfandgläubiger, die ihre Pfandrechte nach dem Datum der Vormerkung und also im Vertrauen auf deren Bestand und Wert erhalten haben.

577 Dasselbe gilt bei der Änderung der gesetzlichen Vorkaufsordnung bei Miteigentumsverhältnissen (vgl. N 1143 ff.) und bei den selbständigen und dauernden Baurechten. Die Pfandgläubiger haben jenen Änderungen zuzustimmen, die ihre Stellung verschlechtern, d.h. jenen Änderungen, die die Vorkaufsberechtigungen der Pfandgeberin einschränken oder die Vorkaufsbelastung des Pfandobjekts ausdehnen. Dabei kann es keine Rolle spielen, ob Einschränkungen der Berechtigung durch Erleichterungen der Belastung aufgewogen werden (oder umgekehrt). Denn die konkrete Tragweite einer Änderung ist kaum objektivierbar.

578 Wird die abgeänderte Vorkaufsordnung später wieder aufgehoben, so ist erneut die Zustimmung derjenigen Pfandgläubiger notwendig, deren Stellung verschlechtert wird.

3. Verminderung der Sache

579 Zum rechtlichen Bestand von Liegenschaften gehört die durch den grundbuchlichen Vermessungsplan gewährleistete *Fläche*. Dasselbe gilt für die in das Grundbuch aufgenommenen selbständigen und dauernden Rechte. Zum rechtlichen Bestand von Miteigentumsanteilen gehört deren *Quote* an der Liegenschaft oder am selbständigen und dauernden Recht. Sind die Miteigentumsanteile zu Stockwerkeigentum ausgestaltet, so umfasst der rechtliche Bestand neben der Wertquote auch das *Sonderrecht*.

580 Nicht zum rechtlichen Bestand gehört hingegen die Nutzungsart des Grundstücks; diese wird nicht durch den Grundbucheintrag verkörpert und gewähr-

leistet, auch wenn auf diese in der grundbuchlichen Grundstückbeschreibung hingewiesen wird (z.B. Einfamilienhaus oder Weideland etc.).

Verringert die Eigentümerin den rechtlichen Bestand ihres Grundstücks, indem sie die Fläche ihrer Liegenschaft, die Quote ihres Mit- oder Stockwerkeigentums verringert oder die ihr im Sonderrecht zustehenden Räume durch eine Änderung des beim Grundbuch vorhandenen Aufteilungsplanes verringert, so hat sie die Zustimmungen der daran *dinglich Berechtigten* (insbesondere Pfandgläubiger, Nutzniesser, Wohnberechtigte und Baurechtsnehmer) einzuholen. 581

Nicht notwendig ist demgegenüber die Zustimmung der *Inhaber von vorgemerkten Rechten,* und zwar aus folgendem Grund: 582

Werden persönliche bzw. obligatorische Rechte im Grundbuch vorgemerkt, so schützt die Vormerkung den Berechtigten dagegen, dass die verpflichtete Person ihr Grundeigentum auf eine Drittperson überträgt, ohne dieser die Verpflichtung zu überbinden. Die Vormerkung verdinglicht die betreffende Verpflichtung in dem Sinne, dass das Grundeigentum nicht ohne die vorgemerkte Verpflichtung übertragen werden kann (ARTHUR HOMBERGER [ZK 1938], Art. 959 N 3). Der Berechtigte braucht kraft der Vormerkung nicht zu befürchten, sein Recht anlässlich eines Handwechsels des Grundstücks zu verlieren. Kurz gesagt bewirkt die Vormerkung den *Schutz vor Rechtsverlust bei einem Handwechsel.* 583

Die Vormerkung bietet nur diesen, keinen andern Schutz, insbesondere keinen Schutz vor anderweitigen Vertragsverletzungen und vor Schlechterfüllung durch den Verpflichteten, denn durch die Vormerkung kann nicht etwas Rechtswirksamkeit erhalten, das über das persönliche Recht hinausgeht (ARTHUR HOMBERGER [ZK 1938], Art. 959 N 17 ff.). 584

So können vorgemerkte Kaufs-, Vorkaufs- und Rückkaufsberechtigte nicht verhindern, dass die belastete Eigentümerin ihr Grundstück zerstückelt oder mit Dienstbarkeiten und Pfandrechten belastet. Da ihnen die Vertragsbeziehung zur Eigentümerin keine solche Verhinderungsbefugnis gibt, kann diese auch nicht durch grundbuchliche Vormerkung entstehen. Daraus ergibt sich, dass die Belastung kaufs-, vor- und rückkaufsbelasteter Grundstücke durch Dienstbarkeiten und Grundpfandrechte keiner Zustimmung der genannten Berechtigten bedarf, auch wenn deren Rechte im Grundbuch vorgemerkt sind. Das Gleiche gilt für vorgemerkte Mieter und Pächter. Werden ihre vertraglichen Rechte durch später begründete Dienstbarkeiten verletzt, so müssen sie sich beim Zivilgericht zur Wehr setzen. 585

C. Schutz von Personen und Institutionen ausserhalb des Grundbuchs

1. Kraft Anmerkungen

586 In einer praxisorientierten Betrachtungsweise können die Anmerkungen unterteilt werden in solche, die bloss der Information dienen, die Eigentümerinnen aber in ihrer Verfügungsfreiheit nicht behindern, und in solche, die die Eigentümerinnen behindern, indem sie ihre Verfügungen von der Zustimmung der anmerkungsbegünstigten Dritten abhängig machen. Zur ersten, nicht behindernden Gruppe gehören die Anmerkungen von Nutzungs- und Verwaltungsordnungen in Miteigentumsverhältnissen, von Reglementen in Stockwerkeigentumsverhältnissen und andere. Zur zweiten Gruppe gehören jene zahlreichen Anmerkungen gesetzlicher Verfügungsbeschränkungen, die in N 2591 ff. zusammengestellt sind, ferner die Anmerkung «Zugehörigkeit zu einem Trust», Anmerkungen gemäss dem Bundesgesetz über Zweitwohnungen und andere.

2. Andere

587 Das Erfordernis der Zustimmung weiterer Personen und Institutionen, deren Namen im Grundbuch nicht vermerkt sind, ergibt sich aus den in N 2598 ff. zusammengestellten gesetzlichen Verfügungsbeschränkungen, ferner aus manchen Steuererlassen der Kantone.

V. Erfordernis der Beglaubigung von Unterschriften

588 Wenn vom Grundbuchamt Einschreibungen verlangt werden, die die Rechtslage von Personen verändern, muss sich das Grundbuchamt von der Zuständigkeit der Antragsteller und von der Echtheit ihrer Unterschriften vergewissern. Die wichtigste Testfrage ist, ob ein Schaden entstehen könnte, wenn eine Unterschrift gefälscht wäre. In diesen Fällen gilt Art. 86 GBV: Kann das Grundbuchamt die Zuständigkeit einer Unterzeichnerin und die Echtheit ihrer Unterschrift nicht ohne Weiteres erkennen, so verlangt es meist den Nachweis der Zuständigkeit und die Beglaubigung der Unterschrift (Art. 86 Abs. 1 GBV).

589 Unterschriftsbeglaubigungen sind insbesondere bezüglich jener Personen nötig, die über Rechte an Grundstücken verfügen (vgl. zur notariellen Beglaubigung N 833 ff.).

590 Werden vom Grundbuchamt Einschreibungen oder Löschungen verlangt, die bloss informativen Gehalt haben und an niemandes Rechtslage etwas ändern,

so braucht sich das Grundbuchamt um Zuständigkeiten und um die Echtheit von Unterschriften nicht zu kümmern. Unterschriftsbeglaubigungen sind in diesen Fällen nicht nötig. So braucht etwa die Unterschrift einer Person nicht beglaubigt zu werden, die einen Erbgang anmeldet und diesen mit einer *Erbenbescheinigung* (N 2117 ff.) belegt, oder einer Grundeigentümerin, die die Löschung einer befristeten Dienstbarkeit infolge Zeitablaufs verlangt (vgl. auch die weiteren Ausnahmen bei JGK BE [Handbuch 2016], Ziff. 2.2.2.2.).

Keiner Beglaubigung bedürfen sodann die Unterschriften auf *Versammlungsprotokollen und Zirkularbeschlüssen* (z.B. Protokoll der Stockwerkeigentümerversammlung über die Zustimmung zu einer Quotenänderung oder Protokoll des Verwaltungsrates). 591

Die meisten Grundbuchämter verlangen ferner keine Beglaubigung bei Unterschriften von Behörden und Amtsstellen. Ebenfalls wird bei Erklärungen von Grundpfandgläubigern (Rücktrittserklärungen, Löschungsbewilligungen, Zustimmungserklärungen etc.) meist auf das Erfordernis einer Beglaubigung verzichtet. 592

Der verbreitete Verzicht auf die Beglaubigung der Unterschriften von Grundpfandgläubigern lässt sich kaum sachlich begründen. Er entstammt vielmehr einem praktischen Bedürfnis von Banken, Versicherungen und Vorsorgeeinrichtungen nach einfachen und raschen Abläufen. Der Verzicht auf das Beglaubigungserfordernis lässt sich jedoch nicht generell auf alle Grundpfandgläubiger ausweiten (so aber JGK BE [Handbuch 2016], Ziff. 2.2.2.2. lit. d.–g.), sondern müsste auf den Kreis der Banken, Versicherungen und Vorsorgeeinrichtungen beschränkt bleiben. 593

Sind Zuständigkeit und Unterschriftenechtheit von einer Urkundsperson im Rahmen eines Beurkundungsverfahrens geprüft und bezeugt worden, so hat sich das Grundbuch nur bei Lücken in der Beglaubigungskette und bei offensichtlichen Irrtümern der Urkundsperson um diese Belange zu kümmern (so sinngemäss Art. 86 Abs. 2 GBV). 594

Werden dem Grundbuchamt mehrere Beilagen eingereicht, die von derselben Person unterzeichnet sind, so reicht es aus, wenn die Unterschrift auf einem der eingereichten Dokumente beglaubigt ist. Bestehen zwischen mehreren Unterschriften der gleichen Person auffallende Unterschiede, so sind alle Unterschriften zu beglaubigen. 595

Bei der *Delegation von Kompetenzen* muss der Nachweis lückenlos für alle Delegationsstufen erbracht werden. Verkauft beispielsweise eine Erbengemein- 596 schaft ein Nachlassgrundstück und lässt sie sich dabei von einer Maklerfirma vertreten, die den Vollzug des Geschäfts einem Rechtsanwalt vor Ort übergibt, so müssen die Unterschriften der Erben auf der Vollmacht an die Maklerfirma beglaubigt sein, ferner die Unterschriften der Zeichnungsberechtigten der Maklerfirma auf der Untervollmacht an den Rechtsanwalt, schliesslich die Unterschrift des Rechtsanwalts auf dem Kaufvertrag. Dass die Erben zur Erteilung der Vollmacht zuständig sind, erkennt das Grundbuchamt aufgrund seiner vorhandenen Akten, nicht jedoch die Echtheit der Erbenunterschriften; sie müssen also beglaubigt werden. Die Existenz der Maklerfirma und die Zeichnungsbefugnis ihrer Organe werden von jener Urkundsperson geprüft und bezeugt, die auch die Echtheit der Unterschriften der Organe beglaubigt. Die Identität des Rechtsanwalts und die Echtheit seiner Unterschrift werden von der Urkundsperson geprüft und bezeugt, die den Kaufvertrag beurkundet. Werden Unterschriften im Ausland beglaubigt, so müssen die Zuständigkeiten und Unterschriften der ausländischen Beglaubigungsbeamten durch eine Apostille oder eine schweizerische diplomatische Dienststelle überbeglaubigt werden (vgl. dazu N 1057 ff.).

VI. Amtstätigkeiten nach erfolgter Grundbuchanmeldung
A. Allgemeines

597 Das Grundbuchamt registriert den Zeitpunkt jeder eingegangenen Grundbuchanmeldung im Tagebuch minutengenau. Diese Genauigkeit ist wichtig wegen der Alterspriorität der angemeldeten Vorgänge (vgl. N 169 ff. und N 487 ff.).

598 Anschliessend prüfen Grundbuchbeamte das Geschäft auf formelle und inhaltliche Vollständigkeit und Fehlerlosigkeit.

599 Ist das Geschäft umfassend geprüft worden, so tätigt ein Grundbuchbeamter die entsprechenden Einträge im Hauptbuch.

600 Nach erfolgter Eintragung werden sodann die dem Grundbuchamt zum Visum eingereichten Doppel mit dem amtlichen Eintragungsstempel versehen, visiert, d.h. von einem Beamten unterschrieben, und an die anmeldende Person zugestellt. Das Gleiche gilt für die vom Amt ausgefertigten Schuldbriefe.

601 Die Gebührenrechnung des Amtes wird an die anmeldende Person adressiert, sofern aus der Grundbuchanmeldung nichts anderes ersichtlich ist.

B. Prüfungsbereiche des Grundbuchamtes

Das Grundbuchamt nimmt eine formelle und materielle Prüfung der Anmeldungsbelege vor. 602

In *formeller Hinsicht* wird insbesondere geprüft, ob die Bezeichnung der Parteien und ihrer Vertretungsverhältnisse klar ist, ob die Unterschriften aller Beteiligten vorliegen, die bei den angemeldeten Geschäften mitwirken mussten, und ob die in den Rechtsgrundausweisen belegten Erklärungen alle einzutragenden Vorgänge vollständig abstützen. Soweit ein Akt dem Formzwang der öffentlichen Beurkundung unterliegt, wird auch das Vorhandensein einer einwandfreien öffentlichen Urkunde geprüft (CHRISTIAN BRÜCKNER [ZBGR 1983], 68 f.). 603

Neben der formellen Prüfung hat eine *inhaltliche Prüfung* der einzelnen Beilagen durch das Grundbuchamt zu erfolgen. Geprüft werden drei Aspekte: 604

– das Verfügungsrecht der verfügenden Person(en) (Art. 965 Abs. 1 ZGB);

– das Vorliegen der notwendigen Bewilligungen zur Vornahme der zu vollziehenden Eintragungen und Löschungen (vgl. N 561 ff.);

– der Inhalt des Rechtsgrundausweises.

In Bezug auf die beiden erstgenannten Aspekte hat das Grundbuchamt *umfassende Kognition*. Die Prüfungsbefugnis und Prüfungspflicht der Grundbuchbeamten ist immerhin insofern eingeschränkt, als sie auf die von Urkundspersonen beurkundeten Sachverhalte abzustellen haben, sofern keine begründeten Zweifel an deren Richtigkeit bestehen (CHRISTIAN BRÜCKNER [ZBGR 1983], 70). 605

Die *inhaltliche Prüfung* beschränkt sich auf die Frage offensichtlicher Nichtigkeit einschliesslich der Formnichtigkeit von Rechtsgeschäften, wenn nicht alle beurkundungsbedürftigen Punkte formgültig beurkundet wurden (BGE 114 II 324, E. 2a; 108 II 549 E. 4; 107 II 211, E. 1; 99 Ib 247, E. 3; ARTHUR HOMBERGER [ZK 1938], Art. 965 N 43 f.), sowie auf die Frage der Eintragungsfähigkeit der zum Eintrag angemeldeten Personen (vgl. hinten, N 613 ff.), Geschäfte und Rechte (BGE 114 II 324, E. 2a; 107 II 211, E. 1). 606

Ergibt die Prüfung, dass die Anmeldungsbelege die Eintragungsvoraussetzungen nicht erfüllen, so hat das Grundbuchamt die Anmeldung abzuweisen (Art. 966 Abs. 1 ZGB; ferner JÜRG SCHMID [BSK 2015], Art. 966 N 4 ff.; ARTHUR HOMBERGER [ZK 1938], Art. 966 N 1 ff.). 607

608 Bürgernahe und dienstleistungsorientierte Grundbuchämter beanstanden nur wesentliche Fehler der Anmeldungsakten, d.h. solche, die keinen richtigen, vollständigen und rechtmässigen Registereintrag erlauben. Sind solche Fehler korrigierbar, indem die Mängel nur an den eingereichten Belegen oder am Fehlen notwendiger Belege liegen, so setzen solche Grundbuchämter der anmeldenden Person eine kurze Nachfrist und verlangen die Korrektur oder die Ergänzung der Belege (CHRISTIAN BRÜCKNER [BN 2012], 357 ff.).

609 Die amtliche Prüfung der Anmeldungsakten erfolgt nach dem Vieraugenprinzip meist in zwei Arbeitsgängen. Ein Sachbearbeiter prüft das Geschäft ein erstes Mal und konzipiert den vorzunehmenden Hauptbucheintrag. Eine andere Beamtin überprüft die Sache.

C. Publikations- und Anzeigepflichten

610 Das Amt publiziert alle erfolgten Eintragungen im Kantonsblatt, soweit dazu eine gesetzliche Pflicht besteht.

611 Verschiedene Bestimmungen des Bundesrechts und teilweise des kantonalen Rechts sehen vor, dass das Grundbuchamt gewisse Personen oder Amtsstellen (insbesondere die kantonalen Steuerbehörden) über die vorgenommenen Einschreibungen ins Grundbuch zu unterrichten hat (HENRI DESCHENAUX [SPR 1988], 542).

612 Eine solche Anzeigepflicht besteht aufgrund von Art. 969 ZGB bei Änderungen von Rechten im Grundbuch, die ohne das Wissen der berechtigten Personen erfolgt sind. So ist das Grundbuchamt verpflichtet, einem Grundpfandgläubiger die Eigentumsübertragung in Bezug auf das verpfändete Grundstück anzuzeigen. Eine Anzeigepflicht besteht auch zugunsten des Vorkaufsberechtigten bei der Übertragung eines Grundstücks, das Objekt eines gesetzlichen oder eines vorgemerkten vertraglichen Vorkaufsrechts ist (vgl. zu den Anzeigepflichten im Einzelnen HENRI DESCHENAUX [SPR 1988], 543 ff.; JÜRG SCHMID [BSK 2015], Art. 969 N 6 ff.; ARTHUR HOMBERGER [ZK 1938], Art. 969 N 1 ff.; BETTINA HÜRLIMANN-KAUP [ZBGR 2012], 1 ff.).

Fünftes Kapitel: Die Inhaber von Rechten an Grundstücken

§ 19 Allgemeines und Begriffliches

Ein wichtiger Teil der notariellen und der grundbuchlichen Arbeit besteht in der Identifikation und genauen Benennung der Personen und Rechtsgebilde, die als Inhaber von Rechten im Grundbuch eingetragen werden sollen. Das rechtfertigt es, der Rechtsinhaberschaft ein eigenes Kapitel zu widmen. 613

Mit *Inhaberschaft* wird die Zuordnung eines Rechts zu einer Person bezeichnet. Berechtigt sein heisst, Inhaber eines Rechts zu sein. Die Grundstückseigentümerin ist Inhaberin des Eigentumsrechts am Grundstück. Der Darlehensgläubiger ist Inhaber eines Forderungsrechts gegen den Schuldner. 614

Im Grundbuch sind die Inhaber von Rechten an Grundstücken eingetragen, d.h. Eigentümerin, Grundpfandgläubiger, Dienstbarkeitsberechtigte und Inhaber anderer Rechte. 615

Bei jedem Eintrag ist zu prüfen, ob die angemeldete Erwerberin nach den Regeln des Grundbuchrechts überhaupt eingetragen werden kann, d.h., ob sie als Berechtigte an Grundstücken eintragungsfähig ist. Dabei gilt: 616

Eintragungsfähig sind alle *natürlichen Personen* (N 627 ff. und 938 ff.), d.h. alle Menschen, ungeachtet ihres Alters, ihrer Handlungsfähigkeit, ihrer Nationalität und ihres Wohnsitzes. Auch Kinder und Geisteskranke können Rechte an Grundstücken erwerben und als solche im Grundbuch eingetragen werden. 617

Eintragungsfähig sind sodann alle *juristischen Personen* (N 709 ff. und 1029 ff.) des schweizerischen und ausländischen Privatrechts und öffentlichen Rechts. Unter juristischen Personen versteht man Vereine, Stiftungen, Aktiengesellschaften, Genossenschaften und andere Gebilde, die kraft rechtlicher (juristischer) Regelung als Personen anerkannt sind und wie Menschen am Rechtsverkehr teilnehmen. Für die juristischen Personen ist typisch, dass ihre Rechte und Pflichten ihnen zustehen, nicht ihren Mitgliedern. Das Grundeigentum einer Immobilien-AG gehört der Immobilien-AG, nicht deren Aktionären. 618

Eintragungsfähig sind schliesslich schweizerische *Kollektivgesellschaften* (N 696 ff.) und *Kommanditgesellschaften* (N 704 ff.), obwohl ihnen die juristische Persönlichkeit fehlt, sofern sie mit eigener Firma in einem Handelsregister eingetragen sind. Das Fehlen der juristischen Persönlichkeit bedeutet bei diesen Gebilden, dass die Rechte und Pflichten rechtlich den Mitgliedern zustehen und dass die Mitglieder persönlich für alle Gesellschaftsschulden haf- 619 ten. Solange aber kein Konkurs eröffnet ist, treten Kollektiv- und Kommanditgesellschaften im Rechtsverkehr wie juristische Personen auf und werden mit ihrer Firma als Grundeigentümerinnen im Grundbuch eingetragen. Die Gesellschafter werden nicht eingetragen, obwohl sie die gesamthänderischen Eigentümer des Grundbesitzes der Gesellschaft sind.

620 Unter der Voraussetzung des Handelsregistereintrags mit eigener Firma sind auch analoge Rechtsträger des ausländischen Rechts eintragungsfähig.

621 Nicht eintragungsfähig sind andere Gebilde wie z.B. der *angelsächsische Trust* (vgl. N 1064 ff.) und Gruppen von natürlichen oder juristischen Personen, die sich nicht zu einer juristischen Person oder einer eintragungsfähigen Kollektiv- oder Kommanditgesellschaft zusammengeschlossen haben. Nicht eintragungsfähig ist demgemäss die *einfache Gesellschaft* gemäss Art. 530 ff. OR; statt der einfachen Gesellschaft müssen ihre Mitglieder eingetragen werden (Art. 90 Abs. 1 lit. c GBV; ferner die Hinweise in N 984). Dasselbe gilt für die Gemeinderschaft.

622 Ebenfalls nicht eintragungsfähig sind Sammelbegriffe wie die Erben des Paul Müller, der Staat oder der Novartis-Konzern, weil sie keine bestimmten Personen, sondern ganze *Gruppen von Personen oder von Konzerngesellschaften* benennen. Stattdessen müssen in diesen Beispielen alle Erben des Paul Müller einzeln genannt werden, oder es muss beispielsweise die «Einwohnergemeinde der Stadt Basel» oder die «Novartis Pharma AG, Basel» angegeben werden.

623 Nicht eintragungsfähig sind ferner Organe und *Abteilungen juristischer Personen*. Dazu gehören die Parlamente von Bund und Kantonen (Grosser Rat, National- und Ständerat), die Regierungen und Departemente des Bundes und der Kantone, die meisten öffentlichen Schulen, Spitäler und Verwaltungsabteilungen (z.B. «Bundesamt für Strassen ASTRA»), auch wenn solche Gebilde mit eigenen Briefköpfen und Logos in der Öffentlichkeit auftreten und weiterum bekannt sind. Einzutragen ist vielmehr die jeweilige juristische Person des privaten oder öffentlichen Rechts, der die Organe oder Abteilungen angehören. Bei den juristischen Personen des öffentlichen Rechts ist es immerhin möglich, mit einer Bemerkung auf die Zugehörigkeit einer bestimmten Verwaltungsabteilung hinzuweisen (z.B. «Schweizerische Eidgenossenschaft, in Bern – Bundesamt für Strassen ASTRA»; vgl. ARTHUR HOMBERGER [ZK 1938]), Art. 946 N 9; JÜRG SCHMID [BSK 2015], Art. 946 N 7).

624 Nicht eintragungsfähig sind die *Zweigniederlassungen* juristischer Personen. Eingetragen wird vielmehr nur der Hauptsitz (JÜRG SCHMID [BSK 2015], Art. 946 N 6). Kauft die X-AG mit Hauptsitz in Zürich für ihre Zweignieder-

lassung in Genf (eingetragen im Handelsregister von Genf unter der Bezeichnung X-SA Succursale de Genève) ein Grundstück in Genf, so muss als Käuferin die X-AG auftreten. Zwei kollektivzeichnungsberechtigte Direktoren der Zweigniederlassung können nur dann den Kaufvertrag ohne Weiteres unterschreiben, wenn sie laut Handelsregistereintrag befugt sind, für das Gesamtunternehmen, nicht bloss für die Zweigniederlassung, zu handeln.

Nicht eintragungsfähig ist sodann das *Einzelunternehmen* (*Einzelfirma*). Vielmehr wird stets der Inhaber des Einzelunternehmens als natürliche Person eingetragen (ROLAND PFÄFFLI [Diss. 1999], 75; JÜRG SCHMID [BSK 2015], Art. 946 N 5). 625

Für die Urkundsperson ist es zuweilen anstrengend, der Klientschaft begreiflich zu machen, dass kommerziell geläufige Bezeichnungen (Clariant Agrochemicals, Küchlin Theater) unmassgeblich sind, wenn es um Grundbucheinträge geht. Für die Klienten kann es anstrengend sein, nachzudenken darüber, welche juristische Person als Erwerberin auftreten soll und wie deren Existenz und die Zeichnungsberechtigung ihrer Organe nachgewiesen werden kann. Besonders schwierig ist diese Ermittlung, wenn es um juristische Personen einer ausländischen Rechtsordnung geht, die kein Handelsregister in unserem Sinne kennt (z.B. USA). 626

§ 20 Besonderheiten bezüglich der eintragungsfähigen Inhaber von Rechten an Grundstücken

I. Natürliche Personen

A. Handlungsfähige Personen (urteilsfähige Volljährige)

Als (voll) handlungsfähig bezeichnet Art. 13 ZGB jene Personen, die volljährig und urteilsfähig sind. Gemäss Art. 14 ZGB ist volljährig, wer das 18. Lebensjahr vollendet hat. Urteilsfähig ist jede Person, der nicht wegen ihres Kindesalters, infolge von geistiger Behinderung, psychischer Störung, Rausch oder ähnlicher Zustände die Fähigkeit fehlt, vernunftgemäss zu handeln (Art. 16 ZGB). 627

Urteilsfähige Volljährige handeln bei Grundstücksgeschäften selbständig (N 938 ff.). 628

B. Minderjährige

629 Minderjährig sind Kinder und Jugendliche, die das 18. Lebensjahr noch nicht vollendet haben (Art. 14 ZGB). Sie sind gemäss Art. 17 ZGB handlungsunfähig. Im Rahmen ihrer Urteilsfähigkeit kommt den Minderjährigen die beschränkte Fähigkeit zu, beliebige Rechtsgeschäfte gültig zu tätigen, sofern sie die eingegangenen Verpflichtungen mit den Mitteln des freien Kindesvermögens (insbesondere zulasten der Ersparnisse aus eigenem Arbeitserwerb) zu tilgen vermögen, also insbesondere alle kleineren Geschäfte des täglichen Bedarfs (Kauf von Nahrungsmitteln, Kleidungsstücken, Zeitungen, kleineren Geräten, Eintrittskarten etc.). Grundstücksgeschäfte fallen nicht darunter.

630 Minderjährige stehen unter elterlicher Sorge (Art. 296 Abs. 1 ZGB). Im Umfang der elterlichen Sorge haben die Eltern von Gesetzes wegen die Vertretung für ihre minderjährigen Kinder gegenüber Drittpersonen (Art. 304 Abs. 1 ZGB). Diese Vertretung kommt bei allen Grundstücksgeschäften von Kindern unter elterlicher Sorge zum Zuge (N 947 ff.).

C. Minderjährige und Volljährige unter Anordnungen der Kindes- und Erwachsenenschutzbehörde (KESB)

631 Das ZGB kennt für Minderjährige die Vormundschaft (Art. 327a-327c ZGB), für Volljährige vier Formen der Beistandschaft und ausserdem die Vorsorgebevollmächtigung kraft einer Vorsorgevollmacht. Die vier Formen der Beistandschaft sind in aufsteigender Reihenfolge gemäss der Schwere des Eingriffs:

1. Begleitbeistandschaft (Art. 393 ZGB);
2. Mitwirkungsbeistandschaft (Art. 396 ZGB);
3. Vertretungsbeistandschaft (Art. 394 ZGB);
4. umfassende Beistandschaft (Art. 398 ZGB).

632 Bei der *Begleitbeistandschaft* (Art. 393 ZGB) ist die betroffene Person selber voll handlungsfähig (N 938 ff.). Der Beistand hat eine bloss beratende Funktion. Er tritt im Rechtsverkehr nicht in Erscheinung (HELMUT HENKEL [BSK 2014], Art. 393 N 20).

633 Bei der *Mitwirkungsbeistandschaft* (Art. 396 ZGB) handelt die betroffene Person allein. Der Beistand muss jedoch seine Zustimmung geben, wobei diese an keine Form gebunden ist (HELMUT HENKEL [BSK 2014], Art. 396 N 21) und entweder als vorgängige Ermächtigung oder als nachträgliche Genehmigung erteilt werden kann.

Bei der *Vertretungsbeistandschaft* (Art. 394 ZGB) sind die Kompetenzen nach 634
Geschäftsfeldern oder Geschäftstypen aufgeteilt. Für eine Gruppe von Geschäften ist die betroffene Person, für die übrigen der Beistand zuständig, und zwar je allein. Es sind auch überlappende Zuständigkeiten möglich, d.h. Belange, bei denen sowohl die betroffene Person als auch der Beistand je allein wirksam handeln können. Das Handeln von betroffener Person oder Beistand innerhalb ihrer Kompetenzen ist von der Urkundsperson durch Einsichtnahme in den (mit Rechtskraftbescheinigung versehenen) Anordnungsentscheid der Kindes- und Erwachsenenschutzbehörde zu ermitteln (HELMUT HENKEL [BSK 2014], Art. 394 N 23 ff.).

Bei der *umfassenden Beistandschaft* (Art. 398 ZGB) entfällt die Handlungsfä- 635
higkeit der betroffenen Person vollständig. Dem Beistand kommt die umfassende gesetzliche Vertretung der betroffenen Person zu (N 963 ff.).

Mit dem hier ausserdem zu erwähnenden *Vorsorgeauftrag* (Art. 360 ff. ZGB) 636
nominiert eine handlungsfähige Person auf den Zeitpunkt ihrer Handlungsunfähigkeit hin eine oder mehrere natürliche oder juristische Personen als Vorsorgebeauftragte. Soweit der Auftrag die Vertretung im Rechtsverkehr umfasst, gilt er im Verhältnis zu Dritten als Ermächtigung, d.h. als Vorsorgebevollmächtigung oder Vorsorgevollmacht. Nach der Validierung durch die Erwachsenenschutzbehörde entfaltet der Vorsorgeauftrag die gleiche Rechtswirkung wie ein gemäss Art. 394 ff. OR erteilter Auftrag, der mit einer General- oder Spezialvollmacht verbunden ist.

Die Vorsorgebevollmächtigung ist in jedem Einzelfall von der Urkundsper- 637
son auf ihren Inhalt zu prüfen; meist verleiht sie dem Vorsorgebeauftragten die Kompetenzen der umfassenden Beistandschaft, da an der Verleihung beschränkter Kompetenzen aus der Sicht der Auftraggeberin nur ausnahmsweise ein praktisches Interesse besteht. Ob die Regel von Art. 396 Abs. 3 OR, wonach der Beauftragte zum Veräussern und Belasten von Grundeigentum nur befugt ist, wenn dies im Auftrag ausdrücklich vorgesehen ist, auch für den Vorsorgeauftrag gilt, wird in der Literatur unterschiedlich beantwortet. Es ist deshalb vorsichtig, anlässlich der Formulierung von Vorsorgeaufträgen die Ermächtigung des Vorsorgebeauftragten zum Verkauf und zur Belastung von Liegenschaften ausdrücklich zu erwähnen, wenn das Vermögen der Auftraggeberin Grundstücke umfasst.

D. Erbrechtliche Berechtigungen

1. Gesetzliche und eingesetzte Erben, Erbengemeinschaft, Vermächtnisnehmer

638 Stirbt eine natürliche Person, so werden ihre Erben im Zeitpunkt des Todes ohne Weiteres, d.h. ohne irgendwelche Formalitäten, zu (Gesamt-)Eigentümern des gesamten Nachlasses und zu (Solidar-)Schuldnern der nachgelassenen Schulden, beides unter dem Vorbehalt der Erbausschlagung (Art. 560 ZGB; PAUL PIOTET [SPR 1981], 648 ff.). Die Erben wachsen in das (Gesamt-)Eigentum auch dann hinein, wenn sie vom Tod der Erblasserin und von deren Grundeigentum nichts wissen. Sie werden so bald wie möglich vom zuständigen Erbschaftsamt kontaktiert und über den Erbgang informiert.

639 Beerben mehrere Erben die Erblasserin, so bilden sie bis zur Erbteilung eine Gemeinschaft zu gesamter Hand als Erbengemeinschaft (Art. 602 ZGB; vgl. N 684 ff.).

640 Das ZGB bestimmt die Personen, die am Erbe beteiligt sind – nämlich den Ehegatten, die Nachkommen und eventuell noch weitere Blutsverwandte (Art. 457 ff. ZGB). Das Gesetz bestimmt auch, wie die Anteile der Erben zu berechnen sind. Wer aufgrund der gesetzlichen Regelung erbt, heisst *gesetzlicher Erbe*.

641 Die Erblasserin kann durch eine Verfügung von Todes wegen, d.h. durch Testament oder Erbvertrag, in die gesetzliche Erbfolge eingreifen und sie ändern, wobei sie an die Schranken des gesetzlichen Pflichtteilsschutzes gebunden ist. Setzt sie natürliche oder juristische Personen zu Erben ein, die nicht zum Kreis der gesetzlichen Erben gehören, so heissen diese von der Erblasserin bestimmten Personen *eingesetzte Erben*.

642 Wendet die Erblasserin in einem Testament oder Erbvertrag jemandem eine bestimmte Nachlasssache oder einen Geldbetrag zu, so heisst die Zuwendung *Vermächtnis* oder *Legat* (Art. 484 ZGB). Der Begünstigte heisst Vermächtnisnehmer oder Legatar.

643 Während die Unterscheidung zwischen gesetzlichen und eingesetzten Erben von geringer Tragweite ist und kaum Probleme schafft (STEPHAN WOLF/GIAN SANDRO GENNA [SPR 2012], 135 ff.), ist die Unterscheidung zwischen Erben und Vermächtnisnehmern von Bedeutung: Im Gegensatz zu den Erben, die mit dem Tod der Erblasserin von Gesetzes wegen das Eigentum an den Nachlassgegenständen erlangen, erwirbt ein Vermächtnisnehmer nur einen obligatorischen Anspruch gegenüber der Erbengemeinschaft auf Ausrichtung

des Vermächtnisses (Art. 562 ZGB; STEPHAN WOLF/GIAN SANDRO GENNA [SPR 2012], 238 ff.). Kraft dieses Anspruchs müssen die Erben dem Vermächtnisnehmer den vermachten Nachlassgegenstand zu Eigentum oder gegebenenfalls zu Nutzniessung übertragen.

Ist aufgrund des Wortlauts des Testaments oder des Erbvertrags nicht klar, ob die Erblasserin eine Person als Erbin einsetzen oder als Vermächtnisnehmerin begünstigen wollte, so ist auf den mutmasslichen Willen der Erblasserin abzustellen. Bei der Ermittlung dieses Willens darf auf die Auslegungshilfe in Art. 483 Abs. 2 ZGB abgestellt werden, der festlegt, dass im Falle einer Begünstigung auf die gesamte Erbschaft oder auf einen Bruchteil derselben eine Erbeinsetzung anzunehmen ist, auch wenn die Erblasserin die Zuwendung als Vermächtnis bezeichnet hat (vgl. hierzu ausführlich MICHAEL LIATOWITSCH/GEORG SCHÜRMANN [PraxKom 2015], Art. 483 N 10; ARNOLD ESCHER [ZK 1959], Art 483 N 3 ff.). 644

Zusammenfassend kann gesagt werden, dass mit dem Tod der Erblasserin der oder die Erben unverzüglich zu Eigentümern des ganzen Nachlasses einschliesslich der vermachten Grundstücke werden. Gleichzeitig werden sie (im Falle von Vermächtnissen) zu Schuldnern gegenüber den Vermächtnisnehmern, denen sie die vermachten Sachen übereignen müssen. Vermächtnisnehmer werden Eigentümer der vermachten Grundstücke, sobald sie im Grundbuch eingetragen sind. 645

2. Vorerben und Nacherben

Wer durch Erbgang und Erbteilung eine Sache zu Alleineigentum erworben hat, kann über die Sache nach seinem Belieben verfügen. Er kann sie nutzen, verbrauchen, veräussern oder seinen Erben weitervererben. 646

Das Gesetz erlaubt eine Abweichung von diesem Normalfall, indem es jeder Erblasserin die Möglichkeit gibt, durch eine Verfügung von Todes wegen zu bestimmen, dass der Erbe die geerbten Sachen nicht definitiv zur freien Verfügung erhält, sondern dass er diese Sachen bei seinem Tod an eine von der heutigen Erblasserin im Voraus bestimmte andere Person weitervererben muss (Art. 488 Abs. 1 ZGB). Bei einer solchen letztwilligen Anordnung heisst derjenige, welcher als Erster erbt, *Vorerbe*, der zweite Erbe *Nacherbe*. 647

Rechtlich versteht man die Sache so, dass die Vorerbschaft beim Tod des Vorerben virtuell nochmals an die frühere Erblasserin zurückfällt und von dieser ein zweites Mal vererbt wird, nun an den Nacherben. Diese Konstruktion ist eigentlich befremdlich, da im Erbrecht der Grundsatz gilt, dass nur erbt, 648 wer den Tod der Erblasserin erlebt (Art. 542 Abs. 1 ZGB), wogegen die Erblasserin im Zeitpunkt des Nacherb-Anfalls nicht mehr lebt. Aus der besagten Konstruktion ergibt sich aber, dass beide, Vor- und Nacherbe, als Erben der ursprünglichen Erblasserin betrachtet werden (PETER WEIMAR [BK 2009], Vorbem. Art. 488 N 13 ff.; STEPHAN WOLF/GIAN SANDRO GENNA [SPR 2012], 298 f.). Beide bezahlen die Erbschaftssteuer demgemäss zu jenem Steuersatz, der für das Verwandtschaftsverhältnis gegenüber der ursprünglichen Erblasserin Geltung hat.

649 Eine Vorerbschaft wird denn auch insbesondere zum Zwecke der Steuerersparnis angeordnet. Soll in einer kinderlosen Ehe die überlebende Ehefrau das ganze Mannesvermögen – z.B. eine vom Mann in die Ehe eingebrachte Familienfirma – erben, dieses Erbe bei ihrem Tod aber an den Bruder des Ehemannes, d.h. an ihren Schwager, weitervererben, so ermöglicht die Nacherbeneinsetzung, dass der Nacherbe den Erbanfall zum günstigen Steuersatz versteuern muss, der für Erbgänge zwischen Geschwistern gilt. Weniger günstig wäre der Steuersatz, wenn der Erbanfall von der Schwägerin käme.

650 Die Möglichkeit einer Zweitbegünstigung besteht auch bezüglich Vermächtnissen (Art. 488 Abs. 3 ZGB). Die Erblasserin kann durch Verfügung von Todes wegen eine Sache – z.B. einen Rebberg – als Vorvermächtnis dem derzeitigen Pächter und als Nachvermächtnis der Ortsgemeinde zuwenden.

3. Familienfideikommiss

651 Das Familienfideikommiss ist eine mittelalterliche Form der vorausbestimmten, generationenüberdauernden Erbfolge, bei der ein Nachkomme allein ein bestimmtes Vermögen erbt und wie eine Vorerbschaft als anvertrautes Gut nutzen kann. Er darf es nicht veräussern. Bei seinem Tod geht das betreffende Vermögen auf den vorausbestimmten Erben der nächsten Generation über. Das Familienfideikommiss ist keine juristische Person. Der Erbe des betreffenden Vermögens *(Familienfideikommissar)* ist als natürliche Person der Alleineigentümer und der alleinige Schuldner der mit dem Vermögen verbundenen Schulden (vgl. HAROLD GRÜNINGER [BSK 2014], Art. 335 N 14 ff.).

652 Familienfideikommisse stehen im Widerspruch zu zwingenden Regeln des heutigen Erbrechts, insbesondere zu den Pflichtteilsvorschriften. Bestehende Familienfideikommisse werden vom ZGB als Relikte aus früherer Zeit toleriert. Es dürfen aber keine neuen Fideikommisse errichtet werden (Art. 335 Abs. 2 ZGB). Dem Vernehmen nach gibt es in der Schweiz heute noch zwei solche Gebilde. Sofern sie sich an Grundstücksgeschäften beteiligen, sind ihre Grün-

dungsdokumente und die Belege zu prüfen, aus denen sich die Ernennung und die Befugnisse der handelnden Personen ergeben.

II. Personengemeinschaften
A. Überblick

Das schweizerische Recht kennt neben dem Zusammenschluss von Personen mit juristischer Persönlichkeit auch weitere *Personengemeinschaften ohne juristische Persönlichkeit:* Im OR ist dies die einfache Gesellschaft. Im ZGB finden sich die eheliche Gemeinschaft, die Gemeinderschaft und die Erbengemeinschaft. Sofern solche Gemeinschaften Grundeigentum haben, werden nicht die Gemeinschaften, sondern ihre Mitglieder im Grundbuch eingetragen. In der grundbuchlichen Eigentums-Spalte sind dann mehrere Personen als Eigentümer des betreffenden Grundstücks verzeichnet. 653

Sodann gibt es zwei Typen von Personengemeinschaften, die zwar keine juristischen Personen sind, aber im Rechtsverkehr weitgehend wie juristische Personen behandelt werden. Dies sind die bereits erwähnte *Kollektivgesellschaft* und die *Kommanditgesellschaft.* Sie werden als Grundeigentümerinnen unter ihrer Firma im Grundbuch eingetragen. Ihre Mitglieder werden nicht eingetragen. Solange die Gesellschaften zahlungsfähig sind, treten sie im Rechtsverkehr wie juristische Personen auf. Erst im Konkurs erweist sich das Fehlen der juristischen Persönlichkeit, und zwar dadurch, dass nach Verwertung der Gesellschaftsaktiven ein allfälliger Passivenüberschuss von den Gesellschaftern in solidarischer Haftung zu tragen ist. 654

Bei allen sechs Gesamthandsgemeinschaften (eheliche Gütergemeinschaft, Gemeinderschaft, Erbengemeinschaft, einfache Gesellschaft, Kollektivgesellschaft, Kommanditgesellschaft) können die Teilhaber neben ihrem Anteil am Gemeinschaftsvermögen auch Eigenvermögen haben. Über das Gemeinschaftsvermögen wird nur gemeinschaftlich verfügt, über das Eigenvermögen hingegen individuell. Bei Zahlungsunfähigkeit der Gemeinschaft kann die Haftung auch das Eigenvermögen (Privatvermögen) der Teilhaber erfassen, allerdings in unterschiedlicher Weise je nach Typ der Gemeinschaft und Art der Gemeinschaftsschulden; diese Haftungsfragen spielen im vorliegenden Zusammenhang keine Rolle. 655

Bei den juristischen Personen gibt es keine Haftung der Mitglieder für die Schulden der juristischen Person. Die Gläubiger einer Aktiengesellschaft können sich mit ihren Konkursverlusten nachher nicht an die Aktionäre halten, 656 sondern müssen ihre Verluste wegstecken, auch wenn die Aktionäre als Privatpersonen weiterhin über gefüllte Kassen verfügen.

657 Schliesslich sind der Vollständigkeit halber die *Miteigentümergemeinschaft* und die *Stockwerkeigentümergemeinschaft* zu erwähnen. Auf diese beiden Gemeinschaften wird nachfolgend nicht speziell eingegangen, weil deren Mitglieder ihre Mit- und Stockwerkeigentumsanteile individuell, nicht als Partner einer Gemeinschaft halten (vgl. zur Miteigentümergemeinschaft N 193 ff. und zur Stockwerkeigentümergemeinschaft N 230 ff.).

B. Eheliche Gemeinschaft und eingetragene Partnerschaft

1. Vorbemerkung

658 Ehegatten und eingetragene Partner gleichgeschlechtlicher Paare können, gleich wie die Teilhaber anderer Gemeinschaften, Grundstücke entweder individuell oder gemeinschaftlich halten.

659 Handeln sie individuell – etwa wenn nur die Ehefrau ein Grundstück kauft und der Ehemann sich an dem Geschäft nicht beteiligt –, dann stellt sich für die Gegenpartei und die Urkundsperson die Frage, ob diese Ehefrau fähig und berechtigt ist, das Geschäft ohne Mitwirkung des Ehemannes zu tätigen. Tun sie es gemeinschaftlich, dann fragt sich, von welcher Art die Gemeinschaft ist. Je nach dem ehelichen oder partnerschaftlichen Güterstand können die Antworten andere sein.

2. Die Güterstände

660 Das ZGB offeriert für die vermögensrechtlichen Beziehungen zwischen *Ehegatten* drei alternative rechtliche Strukturmodelle, die Güterstände. Jedes Ehepaar in der Schweiz lebt in einem dieser drei Güterstände. Die Güterstände heissen Errungenschaftsbeteiligung, Gütergemeinschaft und Gütertrennung. Ehepaare, die nicht durch Ehevertrag einen andern Güterstand wählen, befinden sich ohne Weiteres im Güterstand der Errungenschaftsbeteiligung. Dieser heisst deshalb auch der ordentliche Güterstand. Mittels eines notariellen Ehevertrags gemäss Art. 181 ff. ZGB können sie stattdessen die Gütergemeinschaft oder die Gütertrennung wählen. Ferner besteht die Möglichkeit, bei Vorliegen eines wichtigen Grundes die Gütertrennung vom Gericht anorden zu lassen (Art. 185 ZGB).

Für *eingetragene Partnerschaften* gilt als ordentlicher Güterstand die Güter- 661
trennung, als vertraglich wählbare Alternative die Errungenschaftsbeteiligung.
Die Gütergemeinschaft steht ihnen nicht zur Verfügung.

Die überwiegende Mehrheit der Ehepaare in der Schweiz lebt im ordentlichen 662
Güterstand der Errungenschaftsbeteiligung. Ehepaare wählen die Gütertrennung ausnahmsweise dann, wenn jede Vermischung der Aktiven und Passiven beider Seiten strikte vermieden werden soll, was vor allem bei selbständig erwerbenden Unternehmern und bei Senioren-Ehen zwischen vermögenden Personen vorkommt. Eher selten sind hingegen die Anwendungsfälle für eine Gütergemeinschaft.

a)   Errungenschaftsbeteiligung

In der Errungenschaftsbeteiligung (Art. 196 ff. ZGB) hat jeder Ehegatte zwei 663
Vermögensmassen, nämlich sein Eigengut und seine Errungenschaft (HEINZ
HAUSHEER/REGINA E. AEBI-MÜLLER [BSK 2014], Art. 196 N 1 ff.).

Eigengut ist, was jeder Gatte bei der Heirat in die Ehe mitbringt, ferner was 664
jeder Gatte während der Ehe unentgeltlich (insbesondere durch Erbgang oder
Schenkung) erwirbt (Art. 198 ZGB). Errungenschaft ist, was jeder Gatte während der Ehe aus Arbeitserwerb oder Vermögensertrag anspart (Art. 197 ZGB).
Der Vermögensertrag des Eigenguts eines Ehegatten fällt in seine Errungenschaft, wogegen Wertvermehrungen der Eigenguts-Sachwerte und Kapitalgewinne bei ihrer Veräusserung dem Eigengut zugeordnet bleiben. Bei Auflösung der Ehe durch Ehescheidung oder Tod nimmt jede Seite ihr Eigengut,
soweit noch vorhanden, zurück; an den Errungenschaften partizipieren beide
Seiten je zur Hälfte. Ist eine Errungenschaft im Minus, was auch vorkommen
kann, dann trägt der betreffende Gatte den Verlust allein, hat aber trotzdem
Anspruch auf das hälftige Plus aus der Errungenschaft des andern.

Das rechnerische Plus, ausgedrückt als Geldbetrag, heisst *Vorschlag* (Art. 210 665
Abs. 1 ZGB). Das Minus heisst *Rückschlag*. Demgemäss lässt sich die Teilungsregel zusammenfassen im Satz, jeder Ehegatte (oder seine Erben) sei hälftig am
Vorschlag des andern beteiligt, nicht aber an einem allfälligen Rückschlag des
andern (vgl. Art. 215 ZGB). Beizufügen ist, dass die meisten Ehepaare keine
Buchhaltung führen, die ihnen am Ende der Ehe eine saubere Abrechnung
gemäss den gesetzlichen Teilungsregeln erlaubt. Meist begnügt man sich bei
güterrechtlichen Auseinandersetzungen deshalb mit Vermutungen und summarischen Schätzungen, was bei Todesfällen meist friedlich abläuft, bei Ehe-

scheidungen mit Streit über schwer zu beweisende Behauptungen verbunden sein kann.

666 Im Rechtsverkehr tritt jeder Ehegatte selbständig auf. Erwirbt er ein Grundstück, dann bezahlt er den Preis entweder aus seinem Eigengut oder aus seiner Errungenschaft oder aus Mitteln, die er zum Teil aus der einen, zum Teil aus der andern Masse nimmt. Vielleicht bezahlt er den Kaufpreis auch ganz oder teilweise mit Geld, das vom andern Gatten oder von einer Bank stammt. Das alles braucht die Gegenpartei und die Urkundsperson nicht zu kümmern, sondern betrifft ausschliesslich das interne Verhältnis zwischen den Ehegatten. Im Grundbuch wird der als alleiniger Erwerber auftretende Ehegatte als Alleineigentümer eingetragen, ungeachtet der Frage, woher er das Geld für die Bezahlung des Kaufpreises genommen hat.

667 Wollen Errungenschafts-Ehegatten ein Grundstück gemeinschaftlich erwerben, dann müssen sie im Vertrag (Kauf, Tausch, Schenkung) angeben, in welcher Eigenschaft sie das zu erwerbende Grundstück gemeinschaftlich besitzen wollen. Zwei Möglichkeiten stehen ihnen offen: Entweder bilden sie eine einfache Gesellschaft gemäss Art. 530 OR und erwerben *zu gesamter Hand,* oder sie erwerben das Grundstück als *Miteigentümer,* wobei sie in diesem Fall ihre Quoten angeben müssen.

668 Auch beim gemeinschaftlichen Erwerb geht es die Gegenpartei und die Urkundsperson nichts an, aus welchen güterrechtlichen Vermögensmassen die Ehegatten das Geld nehmen, mit dem sie den Kaufpreis bezahlen.

b) Gütergemeinschaft

669 Die Gütergemeinschaft (Art. 221 ff. ZGB) ist ein «Eintopf». Alle Aktiven und Passiven beider Ehegatten bilden eine einzige Vermögensmasse. Sie heisst Gesamtgut. Die Ehegatten sind an den Aktiven als Gesamteigentümer (intern je zur Hälfte) beteiligt. Für die Passiven haften sie solidarisch (Heinz Hausheer/Regina E. Aebi-Müller [BSK 2014], Art. 221 N 3 ff.).

670 Neben dem Gesamtgut gibt es noch die beidseitigen Eigengüter. Sie sind aus der Solidarhaftung ausgespart und haften nur für die Passiven des einzelnen Ehegatten. Die Eigengüter spielen aber in der Praxis kaum eine Rolle. Sie umfassen von Gesetzes wegen die Dinge des persönlichen Gebrauchs (Kleider, Zahnbürste, Rasierapparat), ferner ausnahmsweise weitere Dinge, die im Ehevertrag ausdrücklich als Eigengut ausgeschieden wurden.

Im Rechtsverkehr treten die Gütergemeinschafts-Ehegatten meist gemeinsam 671
auf (Art. 228 ZGB). Sie erwerben und halten ihre Grundstücke zu gesamter
Hand, und zwar als Teile ihres Gesamtguts.

Will ein Gütergemeinschafts-Ehegatte ein Grundstück allein erwerben, dann 672
muss er erklären, dass er das Grundstück zu Eigengut erwirbt. Da die Gegenpartei und die Urkundsperson nicht wissen können, ob der Erwerb vom bestehenden Ehevertrag als Eigenguts-Erwerb abgedeckt ist, muss der andere Ehegatte mitwirken und in der öffentlichen Kaufsurkunde seine Zustimmung (zum Kauf zu Eigengut) erklären. Die öffentlich beurkundete Zustimmung bestätigt oder bewirkt die eheverträgliche Aussonderung des erworbenen Objekts als Eigengut des Erwerbers. Aus welchen güterrechtlichen Vermögensmassen der Kaufpreis entnommen wird, spielt für die Gegenpartei und die Urkundsperson keine Rolle und braucht nicht überprüft zu werden.

Will ein Gütergemeinschafts-Ehegatte allein, aber ohne die Zustimmung des 673
andern kaufen, so kann er dies in betrügerischer Weise dadurch tun, dass er
gegenüber der Gegenpartei und der Urkundsperson entweder sich als unverheiratete Person oder als Errungenschaftsbeteiligungs-Ehegatte ausgibt. Gegenpartei und Urkundsperson hätten im einen und im andern Fall keine Möglichkeit, den Betrug zu erkennen. Die Erfahrung zeigt aber, dass das Verschweigen von Ehe und Gütergemeinschaft nicht vorkommt. Es braucht keine Schutzvorkehren, um diesbezüglichen Schaden zu verhüten.

c) Gütertrennung

Bei der Gütertrennung (Art. 247 ff. ZGB) hat jeder Ehegatte sein Vermögen – 674
Aktiven und Passiven – getrennt von demjenigen des andern, wie wenn die
beiden nicht verheiratet wären (HEINZ HAUSHEER/REGINA E. AEBI-MÜLLER [BSK 2014], Art. 247 N 1 ff.). (In mittelständischen Verhältnissen hat die
Gütertrennung den Nachteil, dass ein nichterwerbstätiger Ehegatte an den
Ersparnissen des andern nicht partizipiert. Die Gütertrennung kann deshalb
nur empfohlen werden, wenn beide Ehegatten über genügende Einkommensquellen verfügen oder sehr begütert sind.)

Im Rechtsverkehr tritt jeder Ehegatte allein auf. 675

Wollen Gütertrennungs-Ehegatten ein Grundstück gemeinschaftlich erwerben, 676
dann verhalten sich die Dinge gleich wie in der Errungenschaftsbeteiligung.
Sie können sich entweder als einfache Gesellschafter gemäss Art. 530 ff. OR
miteinander verbinden oder das Grundstück zu Miteigentum erwerben.

d) Exkurs: Güterstände ausländischer Ehepaare

677 Ausländische Ehepaare mit Wohnsitz in der Schweiz unterstehen bezüglich des Ehegüterrechts dem schweizerischen Recht, leben also meist im Güterstand der Errungenschaftsbeteiligung. Von der Errungenschaftsbeteiligung können Gegenpartei und Urkundsperson bei Grundstücksgeschäften ausgehen, wenn nichts Abweichendes angegeben wird. Ausländische Ehepaare können jedoch gemäss Art. 52 Abs. 2 IPRG anstatt einer der drei Güterstände des ZGB einen Güterstand ihres Heimatrechts wählen. In diesem Fall beantwortet sich die Frage, ob ein Ehegatte individuell handeln darf oder ob die Ehegatten ein Grundstücksgeschäft nur gemeinschaftlich tätigen dürfen, nach dem anwendbaren ausländischen Recht.

C. Gemeinderschaft

678 Die Gemeinderschaft (Art. 336 ff. ZGB; N 1026 ff.) ist ein *vertraglicher Zusammenschluss von Personen* zu einem gemeinsamen Bestreben mit gesamthänderischem Eigentum aller Teilhaber an den gemeinschaftlichen Sachen und solidarischer Haftung für die Gemeinschaftsschulden (URS LEHMANN/PETER HÄNSELER [BSK 2014], Art. 336 N 4).

679 Bei der Gemeinderschaft gruppieren sich die Teilhaber um ein *ererbtes Familienvermögen,* das sie gemeinsam langfristig bewirtschaften wollen (AUGUST EGGER [ZK 1943], Art. 336 N 5). Als Teilhaber sind nur natürliche Personen zugelassen, und nur solche, die miteinander familiär verbunden sind. Blutsverwandtschaft ist nicht erforderlich, sofern die Teilhabe dem Gemeinder durch Ehegüterrecht oder Erbgang zugekommen ist.

680 Die Gemeinderschaft kann ihr Haupt im Handelsregister eintragen lassen (Art. 341 Abs. 3 ZGB; Art. 150 HRegV). Obwohl sie sich zum Zwecke des Handelsregistereintrags einen Namen geben muss, werden im Grundbuch die einzelnen Gemeinder, nicht der Name der Gemeinderschaft eingetragen.

681 Art. 342 ZGB lässt die gesetzliche Idealvorstellung erkennen, wonach die Gemeinder ihre ganze Arbeitskraft und ihr ganzes Vermögen in die Gemeinderschaft einbringen und ausserhalb der Gemeinderschaft höchstens über kleine Eigengüter verfügen. Diese an mittelalterliche Klostergemeinschaften mahnende Form des Zusammenlebens ist heute nicht mehr zeitgemäss, sodass Gemeinderschaften am ehesten noch zu beschränkten Zwecken, etwa zur gemeinsamen Nutzung eines ererbten Ferienhauses, verwendet werden,

wo der Gesamthandsanteil jedes Gemeinders nur einen kleinen Teil seines Gesamtvermögens ausmacht.

Aus dem Gemeinderschaftsvertrag ergibt sich die interne Beteiligungsquote jedes Teilhabers. Wird diesbezüglich nichts vereinbart, dann haben alle Teilhaber gleiche Rechte und gleiche Pflichten – d.h. gleich grosse Quoten. 682

Die Grundidee der Gemeinderschaft, nämlich die gemeinsame Nutzung eines ererbten Familienvermögens, schliesst nicht aus, dass einzelne Aktiven verkauft oder dass neue Aktiven – auch Grundstücke – dazugekauft werden. Werden aus der Bewirtschaftung des Gemeinderschaftsgutes Ersparnisse getätigt, dann ist es selbstverständlich, dass diese in neuem Grundbesitz angelegt werden können. Aber für die Gültigkeit von Erwerbsgeschäften der Gemeinderschaft kann es nicht darauf ankommen, ob die Preise aus solchen Ersparnissen oder anderen Quellen bezahlt werden. Das Gesetz verwehrt den Teilhabern nicht, aus ihren Privatvermögen zusätzliche Mittel in die Gemeinderschaft einzuschiessen, und es verwehrt der Gemeinderschaft nicht, Kredite bei Teilhabern oder bei Dritten aufzunehmen und zu diesem Zweck Grundstücke zu verpfänden. Gegenparteien und Urkundspersonen brauchen sich im Umgang mit Gemeinderschaften nicht darum zu kümmern, wie die Gemeinderschaft die Kaufpreise finanziert und wozu sie das aus Hypothezierungen fliessende Geld verwendet. 683

D. Erbengemeinschaft

Die Erbengemeinschaft (Art. 602 ff. ZGB) umfasst als Teilhaber alle gesetzlichen Erben, ferner die durch Testament oder Erbvertrag eingesetzten Erben einer verstorbenen Person (vgl. N 638 ff.). Der Nachlass der Erblasserin ist das Vermögen der Erbengemeinschaft. Zweck der Erbengemeinschaft ist die Verwaltung und Verteilung des Nachlasses an die Erben und – sofern vorhanden – an die Vermächtnisnehmer (PAUL PIOTET [SPR 1978], 15 f.). 684

Da der Zweck der Erbengemeinschaft nur die Verwaltung und Verteilung des Nachlasses umfasst, sind die für die Erbengemeinschaft typischen Grundstücksgeschäfte in erster Linie die Zuweisung von Nachlassgrundstücken an einzelne Erben auf dem Wege der Erbteilung, in zweiter Linie die Übertragung von Grundstücken von der Erbengemeinschaft an Vermächtnisnehmer auf dem Wege der Ausrichtung von Vermächtnissen, in dritter Linie der Verkauf aller jener Grundstücke, die weder von einem Erben noch von einer Vermächtnisnehmerin übernommen werden. Ebenfalls zum Kreise der typischen und problemlos möglichen Geschäfte gehören die Belastung von Nachlassgrund- 685 stücken mit Dienstbarkeiten und Grundpfandrechten sowie die Vormerkung persönlicher Rechte wie Kaufs- und Vorkaufsrechte.

686 Hingegen können Erbengemeinschaften wegen ihres Zwecks grundsätzlich keine Grundstücke neu erwerben. Immerhin können sie im Rahmen konservativer Vermögensverwaltung an Erwerbsgeschäften teilnehmen, die zur Erhaltung oder Vermehrung des Wertes von Nachlassgrundstücken beitragen können, ferner an Landumlegungen und Arrondierungen von Nachlassgrundstücken (in diesem Sinne wohl ROBERT HAAB [ZK 1977], Art. 652–654 N 39). Ausserdem können sie die im Nachlass befindlichen Vorkaufs- und Kaufsrechte ausüben, selbst wenn sie sich dabei verschulden müssen (VGer BE vom 13.8.2009 [BN 2009], 82 ff.). Erbengemeinschaften sind, im Gegensatz zu amtlichen Liquidatoren, die Eigentümer des Nachlasses und sind in dieser Eigenschaft frei, mit ihrem Eigentum in beliebiger Weise umzugehen. Während Liquidatoren die Amtspflicht haben, das ihnen anvertraute (fremde) Vermögen beförderlich zu liquidieren, haben die Erben keine solche Pflicht; denn die Erbschaft gehört ihnen, und sie können sie so lange ungeteilt lassen, wie es ihnen beliebt.

687 Sobald der Kreis der Erben feststeht und mit dem nötigen Beleg beim Grundbuch angemeldet wurde, werden alle Erben im Grundbuch als Eigentümer der Nachlassgrundstücke eingetragen (vgl. N 2110 ff.). Der Name der Erblasserin wird gestrichen.

688 Um diese Nachführung des Grundbuchs an den bereits eingetretenen Rechtszustand zu bewirken, sind der Tod der eingetragenen Eigentümerin und die Zusammensetzung der Erbengemeinschaft nachzuweisen. Erst wenn das Grundbuch nachgeführt ist und die Erben als neue Eigentümer eingetragen sind, können die Erben über die Nachlassgrundstücke verfügen (Art. 656 Abs. 2 ZGB), indem sie Grundstücke mit einem Erbteilungsvertrag einzelnen Erben zuweisen, vermachte Grundstücke an die Vermächtnisnehmer übertragen oder die Grundstücke an Dritte verkaufen.

689 Die *Organisation* der Erbengemeinschaft ist gemäss der gesetzlichen Grundidee einstufig. Die Erben handeln im Verkehr mit Dritten gemeinsam. Rechtsgeschäfte der Erbengemeinschaft werden von allen Erben unterzeichnet (Art. 602 Abs. 2 ZGB; PAUL PIOTET [SPR 1981], 660 f.; vgl. zum selbständigen Handeln der Erbengemeinschaft N 994 ff.).

690 Ist eine grössere Zahl von Erben an einem grossen Nachlass beteiligt, dann ist die einstufige Organisation allerdings unzweckmässig. Besser ist dann die Zweistufigkeit. Sie wird erreicht durch die Einsetzung einer geschäftsführen-

den Person (PAUL PIOTET [SPR 1981], 661 ff.). Dies kann alternativ auf drei Wegen erfolgen, nämlich erstens dadurch, dass die Erblasserin bereits zu Lebzeiten in ihrem Testament oder in einem Erbvertrag einen *Willensvollstrecker* (Art. 518 ZGB; N 1001 ff.) einsetzt, zweitens dadurch, dass die Erben gemeinsam nach Eröffnung des Erbgangs mittels Vollmachten einen *gemeinsamen Bevollmächtigten* bestellen (Art. 32 OR; N 753 ff.), drittens dadurch, dass die zuständige Behörde auf Antrag einzelner Erben einen *Erbenvertreter* ernennt (Art. 602 Abs. 3 ZGB; N 999 ff.).

Auch wenn ein Willensvollstrecker oder ein Erbenvertreter vorhanden ist, erfolgt die Zuweisung von Nachlassgrundstücken an einzelne Erben durch einen Erbteilungsvertrag, der von allen Erben oder ihren Bevollmächtigten unterzeichnet wird (N 2130 ff.). Verweigern einzelne Erben die Unterschrift, dann braucht es ein Gerichtsurteil, das das Grundstück dem übernehmenden Erben zuweist, und zwar auch dann, wenn das Grundstück durch eine testamentarische Teilungsvorschrift dem betreffenden Erben zuerkannt ist. 691

Für die Übertragung von Nachlassgrundstücken an Vermächtnisnehmer (N 2172 ff.) und für den Verkauf von Nachlassgrundstücken an Dritte genügt die Unterschrift des Willensvollstreckers oder Erbenvertreters, sofern ein solcher Funktionsträger vorhanden ist (N 1004 f.). Das Gleiche gilt für die Einräumung beschränkter dinglicher Rechte und für die Vormerkung persönlicher Rechte zugunsten von Vermächtnisnehmern und Dritten. 692

E. Einfache Gesellschaft

Die einfache Gesellschaft (Art. 530 ff. OR) ist die vertragsmässige Verbindung von zwei oder mehreren Personen zur Erreichung eines gemeinsamen Zweckes mit gemeinsamen Kräften oder Mitteln. Die Gesellschafter werden auch als Teilhaber oder Partner bezeichnet. Sie haben gesamthänderisches Eigentum an allen gemeinschaftlichen Sachen und haften solidarisch für die Vertragsschulden der Gemeinschaft. Sie gruppieren sich um ein vereinbartes Ziel, das sie zum Zwecke des Gelderwerbs oder zu anderen Zwecken gemeinsam erreichen wollen; meist handelt es sich um ein zeitlich begrenztes Projekt, nach dessen Verwirklichung die Gesellschaft wieder aufgelöst wird (WALTER FELLMANN/KARIN MÜLLER [BK 2006], Vorbem. Art. 530–551 N 8 ff.). Entsprechend der typischerweise begrenzten Dauer der einfachen Gesellschaft verwehrt ihr der Gesetzgeber den Eintrag im Handelsregister und die Annahme eines registerrechtlich geschützten Namens (LUKAS HANDSCHIN/RETO VONZUN [ZK 2009], Art. 530 N 14 ff.). 693

694 Als Teilhaber (Gesellschafter) sind natürliche und juristische Personen zugelassen (statt aller WALTER FELLMANN/KARIN MÜLLER [BK 2006], Art. 530 N 371). Ferner kann auch eine einfache Gesellschaft oder eine andere Gesamthandsgemeinschaft (wie z.B. die Erbengemeinschaft) Mitglied einer einfachen Gesellschaft sein (WALTER FELLMANN/KARIN MÜLLER [BK 2006], Art. 530 N 371 ff.; STEPHAN WOLF [ZBGR 2000], 3).

695 Bei Grundstücksgeschäften müssen stets sämtliche Gesellschafter gemeinschaftlich handeln (N 982 ff.).

F. Kollektivgesellschaft

696 Die Kollektivgesellschaft (Art. 552 ff. OR) ist keine juristische Person, sondern ein vertraglicher Zusammenschluss von Personen zu einem gemeinsamen Bestreben mit gesamthänderischem Eigentum aller Teilhaber an den gemeinschaftlichen Sachen und solidarischer Haftung für die Gemeinschaftsschulden. Die Teilhaber gruppieren sich um ein Unternehmen, das sie zum Zwecke des Gelderwerbs gemeinsam aufbauen und (meist) ohne zeitliche Begrenzung betreiben wollen (ARTHUR MEIER-HAYOZ/PETER FORSTMOSER [2011], § 13 N 2; LUKAS HANDSCHIN/HAN-LIN CHOU [ZK 2009], Art. 552–553 N 1 ff.).

697 Um zu verhindern, dass die Gesellschafter der persönlichen Solidarhaftung ausweichen, indem sie dürftig kapitalisierte juristische Personen als Teilhaberinnen vorschieben, lässt das OR als Teilhaber von Kollektivgesellschaften nur natürliche Personen zu (Art. 552 Abs. 1 OR).

698 Die Kollektivgesellschaft wird unter ihrer Firma (z.B. «Müller & Co. Holzhandel» oder «Müller Holzhandel KlG») im Handelsregister eingetragen (Art. 41 Abs. 1 lit. a. HRegV). Unter dieser Firma ist die Kollektivgesellschaft handlungs-, betreibungs- und prozessfähig (ARTHUR MEYER-HAYOZ/PETER FORSTMOSER [2012], § 13 N 24 ff., § 14 N 16 f.).

699 Im Rechtsverkehr tritt die Gesellschaft also unter ihrer Firma als Partei auf (vgl. N 988 ff.). Existenz der Gesellschaft und *Unterschriftsbefugnis ihrer Organe* können im Handelsregister nachgesehen werden, sodass anlässlich des Vertragsschlusses keine weiteren Belege einzufordern sind (LUKAS HANDSCHIN/HAN-LIN CHOU [ZK 2009], Art. 563 N 32 ff.).

700 Erwirbt die Kollektivgesellschaft Grundeigentum, so wird die Gesellschaft im Grundbuch als Eigentümerin eingetragen. Die Teilhaber werden dem Grundbuchamt nicht gemeldet und werden nicht eingetragen (Art. 90 Abs. 1 lit. b

GBV; Arthur Homberger [ZK 1938]), Art. 946 N 8; Jürg Schmid [BSK 2015], Art. 946 N 6).

Die *nichtkommerzielle Kollektivgesellschaft gemäss Art. 553 OR* weist als einzigen Unterschied zur Kollektivgesellschaft gemäss Art. 552 OR die Besonderheit auf, dass sich die Teilhaber nicht um ein gewinnstrebiges Unternehmen gruppieren, sondern um ein Vermögen, das sie gemeinsam längerfristig verwalten und nutzen wollen. 701

Die Vorschrift von Art. 553 OR, wonach die nichtkommerzielle Kollektivgesellschaft erst mit dem Handelsregistereintrag entsteht, ist so zu verstehen, dass die gemeinschaftliche Vermögensverwaltung durch mehrere Personen in der Form der einfachen Gesellschaft erfolgt, solange sich die Beteiligten nicht dazu entschliessen, einen Kollektivgesellschaftsvertrag miteinander abzuschliessen und ihre Kollektivgesellschaft im Handelsregister einzutragen. Nach dem Gesagten können sie diesen Schritt nur tun, wenn alle Teilhaber natürliche Personen sind. Andernfalls müssen sie einfache Gesellschafter gemäss Art. 530 OR bleiben. 702

Bezüglich aller übrigen Belange unterscheidet sich die nichtkommerzielle Kollektivgesellschaft gemäss Art. 553 OR nicht von der kommerziellen Kollektivgesellschaft gemäss Art. 552 OR. 703

G. Kommanditgesellschaft

Die Kommanditgesellschaft (Art. 594 ff. OR) ist keine juristische Person, sondern ein vertraglicher Zusammenschluss von Personen zu einem gemeinsamen Bestreben mit gesamthänderischem Eigentum aller Teilhaber an den gemeinschaftlichen Sachen und solidarischer Haftung für die Gemeinschaftsschulden. Die Teilhaber gruppieren sich um ein Unternehmen, das sie zum Zwecke des Gelderwerbs gemeinsam aufbauen und ohne zeitliche Begrenzung betreiben wollen (Arthur Meier-Hayoz/Peter Forstmoser [2011], § 14 N 2; Lukas Handschin/Han-Lin Chou [ZK 2009], Art. 594 N 1 ff.). 704

Die Kommanditgesellschaft wird, gleich wie die Kollektivgesellschaft, unter ihrer Firma (z.B. «Müller Meyer & Co. Holzhandel» oder «Müller Meyer Holzhandel KmG») im Handelsregister eingetragen (Art. 41 Abs. 1 lit. a. HRegV). 705

Der Unterschied zur Kollektivgesellschaft besteht darin, dass es in der Kommanditgesellschaft neben den geschäftsführenden und zugleich voll haftenden Teilhabern noch mindestens einen weiteren Gesellschafter gibt, der einen bestimmten Geldbetrag als Risikokapital zur Verfügung stellt, ohne sich an der 706

Geschäftsführung zu beteiligen. Der zur Verfügung gestellte Geldbetrag heisst Kommandite. Der betreffende Gesellschafter heisst Kommanditär. Der Kommanditär verliert im Konkurs der Gesellschaft seine Kommandite; sofern er sie bis dahin noch nicht einbezahlt hat, muss er sie in die Konkursmasse einzahlen. Bis zum Betrag der Kommandite (die im Handelsregister angegeben wird) haftet er für die Gesellschaftsschulden solidarisch mit den übrigen Gesellschaftern mit seinem ganzen Vermögen. Über den Betrag der Kommandite hinaus haftet er nicht.

707 Die voll haftenden Gesellschafter heissen Komplementäre. Als Komplementäre sind nur natürliche Personen zugelassen. Kommanditärin kann auch eine juristische Person sein (Art. 594 Abs. 2 OR).

708 Die Kommanditgesellschaft nimmt am Rechtsverkehr unter ihrer Firma als Partei teil (vgl. N 988 ff.) und wird unter ihrer Firma als Grundeigentümerin im Grundbuch eingetragen (Art. 90 Abs. 1 lit. b GBV; ferner die Hinweise in N 700).

III. Juristische Personen des schweizerischen Privatrechts
A. Überblick

709 *Juristische Personen* sind Gebilde, die – gleich wie Menschen – Rechte und Pflichten haben können, selber aber keine Menschen sind. Die Bezeichnung «juristische Person» meint, dass diese Gebilde ihre Rechtsfähigkeit aus der Rechtsordnung, d.h. aus etwas Juristischem, ableiten, dies im Gegensatz zu den Menschen, die ihre Rechtsfähigkeit aus ihrer menschlichen Natur ableiten und deshalb auch als «natürliche Personen» bezeichnet werden.

710 Das schweizerische Recht hat verschiedene Typen juristischer Personen geschaffen, z.B. den Verein, die Aktiengesellschaft oder die Genossenschaft. Mit Hauptsitz in der Schweiz kann es nur juristische Personen geben, die einem der gesetzlichen Typen des schweizerischen Rechts entsprechen (WERNER VON STEIGER [SPR 1976], 239 ff.). Man kann nicht neue Typen von juristischen Personen erfinden oder gesetzliche Typen miteinander kombinieren. Hingegen können ausländische juristische Personen, die keinem schweizerischen Typ entsprechen, trotzdem am Rechtsverkehr in der Schweiz teilnehmen und sich hier als Grundeigentümerinnen im Grundbuch eintragen lassen.

B. Aktiengesellschaft und Gesellschaft mit beschränkter Haftung

Aktiengesellschaft (AG; Art. 620 ff. OR) und Gesellschaft mit beschränkter Haftung (GmbH; Art. 772 ff. OR) sind juristische Personen mit dem Zweck, durch die Führung eines Unternehmens ohne zeitliche Begrenzung Geld zu verdienen, und zwar zugunsten ihrer Teilhaber, denen die Gewinne ihrer Gesellschaft zur Verfügung stehen (ARTHUR MEIER-HAYOZ/PETER FORSTMOSER [2011], § 16 N 12, § 18 N 8). Die Teilhaber heissen bei der AG *Aktionäre*, bei der GmbH *Gesellschafter*. Ihre Beteiligungen an der Gesellschaft sind übertragbare Wertrechte; bei der AG heissen sie *Aktien* und können als Wertpapiere ausgestaltet und an Börsen anonym gehandelt werden; bei der GmbH heissen sie *Stammanteile*, können nicht als Wertpapiere ausgestaltet werden, sondern nur durch Zessionsvertrag abgetreten werden. 711

AG und GmbH müssen im Handelsregister eingetragen sein (Art. 640 und 778 OR). Sie nehmen unter ihrer eingetragenen Unternehmenskennzeichnung *(Firma)* am Rechtsverkehr teil und werden bezüglich ihres Grundbesitzes als Grundeigentümerinnen im Grundbuch eingetragen (Art. 90 Abs. 1 lit. b GBV). Existenz und Zweck einer AG oder GmbH ergeben sich aus dem Handelsregister, desgleichen die Organe, die für die Gesellschaft unterschriftsberechtigt sind. 712

Erwirbt eine Aktiengesellschaft oder eine GmbH Grundeigentum, so wird die Gesellschaft im Grundbuch als Eigentümerin eingetragen (Art. 90 Abs. 1 lit. b GBV). Die Aktionäre und GmbH-Gesellschafter werden gegenüber dem Grundbuchamt nicht bekannt gegeben. 713

Wenn solche Gesellschaften ihr Vermögen überwiegend in Grundstücken anlegen, werden sie als Immobiliengesellschaften bezeichnet (CHRISTOPH VON GREYERZ [SPR 1982], 54 f.). Wird die Mehrheit der Aktien oder Stammanteile an einer Immobiliengesellschaft gleichzeitig auf einen neuen Inhaber übertragen, dann kommt dies wirtschaftlich der Übertragung des Grundbesitzes der Gesellschaft gleich. In den meisten Kantonen wird dieser Vorgang wie ein Grundstückserwerb mit der Handänderungssteuer belastet. Aus der Sicht von Urkundspersonen und Grundbuchämtern handelt es sich aber nicht um ein Grundstücksgeschäft, sondern um die Übertragung von Aktien oder Stammanteilen. Hierfür ist keine öffentliche Beurkundung erforderlich. 714

C. Kommanditaktiengesellschaft

715 Die Kommanditaktiengesellschaft (Art. 764 ff. OR) kann von zwei Seiten her beschrieben werden. Einerseits kann sie als eine Kommanditgesellschaft beschrieben werden, deren Kommanditen als frei handelbare Aktien ausgestaltet sind. Andererseits kann sie als Aktiengesellschaft beschrieben werden, deren Geschäftsführer für die Gesellschaftsschulden persönlich und solidarisch haften (ARTHUR MEIER-HAYOZ/PETER FORSTMOSER [2011], § 17 N 2). Beide Beschreibungen meinen das Gleiche.

716 Zweck der Gesellschaft und Unterschriftsberechtigung der handelnden Organe sind aus dem Handelsregister ersichtlich.

717 Kommanditaktiengesellschaften kommen ähnlich selten vor wie Gemeinderschaften und nichtkommerzielle Kollektivgesellschaften. Die meisten Urkundspersonen und Grundbuchbeamten haben lebenslang mit keinem dieser Gebilde zu tun.

D. Genossenschaft

718 Die Genossenschaft (Art. 828 ff. OR) ist darauf ausgerichtet, bestimmte wirtschaftliche Interessen ihrer Mitglieder in gemeinsamer Selbsthilfe zu fördern (ARTHUR MEIER-HAYOZ/PETER FORSTMOSER [2011], § 19 N 2). Mit dem Wort «bestimmte» ist gesagt, dass es nicht ums Geldverdienen, sondern um andere Interessen geht, beispielsweise um den gemeinsamen Wareneinkauf (Einkaufsgenossenschaften) oder Produkteverkauf (Verkaufsgenossenschaften) (MAX GUTZWILLER [ZK 1972], Einl. N 52 ff.). Das statutenändernde und wählende Organ heisst Generalversammlung (Art. 879 ff. OR). Das Leitungsorgan heisst Verwaltung (Art. 894 ff. OR). Die Verwaltung der Genossenschaft kann, gleich wie der Verwaltungsrat der Aktiengesellschaft, eine Direktion für die Führung des Tagesgeschäftes einsetzen (Art. 898 OR). Der Zweck einer Genossenschaft und die Unterschriftsberechtigung der für sie handelnden Organe sind aus dem Handelsregister ersichtlich.

719 Während der gewerbsmässige Handel mit Grundstücken kaum zu den Zwecken einer Genossenschaft gehören kann, ist die Vermögensanlage in Grundeigentum das traditionelle Kerngeschäft der *Wohngenossenschaften*. Wohngenossenschaften erwerben Wohneigentum und vermieten dieses an ihre Genossenschafter. Sofern die Genossenschafter sich beim Eintritt in den Wert des Genossenschaftsvermögens einkaufen müssen, ist die Miete niedrig und

deckt nur den laufenden Unterhalt und die Verwaltungskosten der Genossenschaft.

Der Unterschied zwischen einer Wohngenossenschaft und einer Stockwerkeigentümergemeinschaft ist der, dass die Wohngenossenschaft die Eigentümerin der Wohnungen ist; ihre Bewohner sind Mieter. Beim Stockwerkeigentum sind die Bewohner die Eigentümer ihrer Stockwerke. Die Genossenschafter können beim Austritt aus der Genossenschaft eventuell eine Abfindungszahlung von der Genossenschaft beanspruchen. Aber sie haben nicht teil an allfälligen Wertsteigerungen ihrer Wohnung. Stockwerkeigentümer können ihre Wohnungen zu Marktpreisen verkaufen und dabei im günstigen Falle Grundstückgewinne realisieren. Dieser Unterschied erklärt auch, dass Mehrfamilienhäuser der Luxusklasse meist zu Stockwerkeigentum ausgestaltet sind, wogegen bei Genossenschaftswohnungen (und bei Mietwohnungen ganz allgemein) kein Luxus angestrebt wird. 720

Eine Variante sind die *Wohnbaugenossenschaften*. Sie beschränken die genossenschaftliche Selbsthilfe der Mitglieder auf die Bauphase. Mittels der Genossenschaft kaufen die Genossenschafter ein Stück Bauland, lassen dort eine Serie von Einfamilienhäusern oder von Stockwerkeigentumswohnungen bauen, die sie dann ins individuelle Privateigentum übernehmen. So besitzen sie am Schluss je ihre eigenen Häuser oder Wohnungen als Eigentümer, nicht als Mieter, aber zu niedrigeren Einstandspreisen, als wenn jeder auf eigene Faust gebaut oder das Objekt von einem Immobilienunternehmer gekauft hätte. 721

E. Verein

Der Verein (Art. 60 ff. ZGB) ist auf ideelle, d.h. auf nichtwirtschaftliche Zwecke ausgerichtet. Vereine mit wirtschaftlichem Zweck oder wirtschaftlicher Tätigkeit sind zwar zulässig, aber sie kommen selten vor (ARTHUR MEIER-HAYOZ/ PETER FORSTMOSER [2011], § 20 N 3; HANS MICHAEL RIEMER [BK 1990], Syst. Teil N 265 ff.). 722

Statutenänderndes und wählendes Organ ist die Vereinsversammlung (Art. 64 ff. ZGB; oft auch Mitgliederversammlung genannt). Sie wählt das Leitungsorgan. Dieses heisst beim Verein Vorstand (Art. 69 ZGB). Bei grossen Vereinen mit Tausenden von Mitgliedern findet die Mitgliederversammlung zuweilen in der Form einer Delegiertenversammlung statt, oder der Verein ist unterteilt in Sektionen, die ihrerseits wieder Vereine sind. 723

724 Beim Verein ist der Handelsregistereintrag meist fakultativ (Art. 61 ZGB; ferner vgl. HANS MICHAEL RIEMER [BK 1990], Art. 61 N 9 ff.).

725 Im Grundbuch wird der Verein unter Angabe seines Namens und seines Sitzes eingetragen (Art. 90 Abs. 1 lit. b GBV).

F. Stiftung

726 Die Stiftung (Art. 80 ff. ZGB) ist ein rechtlich verselbständigtes Vermögen, das einem ideellen oder einem wirtschaftlichen Zweck gewidmet ist und vom Leitungsorgan, dem Stiftungsrat, verwaltet wird (HANS MICHAEL RIEMER [BK 1990], Syst. Teil N 13 ff.).

727 Insbesondere grosse Pensionskassen pflegen einen Teil ihres Vermögens langfristig in Renditeliegenschaften anzulegen, vor allem in Mehrfamilienhäusern mit gut vermietbaren Privatwohnungen. Die Pensionskassen können als professionelle Teilnehmer am Grundstücksverkehr gelten.

728 Mit Ausnahme der sehr seltenen Familienstiftungen (N 730 f.) und der noch selteneren kirchlichen Stiftungen müssen alle Stiftungen im Handelsregister eingetragen sein (Art. 81 Abs. 2 ZGB).

729 Im Grundbuch wird die Stiftung unter Angabe ihres Namens und ihres Sitzes eingetragen (Art. 90 Abs. 1 lit. b GBV).

G. Familienstiftung

730 Die Familienstiftung (Art. 335 ZGB) ist eine Stiftung mit der Besonderheit, dass ihr Vermögen der Finanzierung von Erziehung, Ausstattung oder Unterstützung der Angehörigen einer bestimmten Familie gewidmet ist. Familienstiftungen sind bisher nur ausnahmsweise im Handelsregister eingetragen, werden in den kommenden Jahren voraussichtlich aber eintragungspflichtig. Sie unterstehen keiner staatlichen Aufsicht. Gleich wie die Stiftung gemäss Art. 80 ff. ZGB wird die Familienstiftung von einem Stiftungsrat geleitet, der seine Mitglieder meist durch Kooptation (Zuwahl durch den Stiftungsrat selber) ernennt.

731 Aus der gesetzlichen Einschränkung des Zwecks – Erziehung, Ausstattung und Unterstützung von Familienangehörigen – hat die Gerichtspraxis den Grundsatz abgeleitet, dass Stiftungsleistungen zu weiteren Zwecken, etwa zur Hebung des Wohlstandes und Komforts von Familienangehörigen, unzulässig seien und dass Stiftungen, deren Stiftungsstatut solche weiteren Leistungen

erlaubt (sogenannte Genuss-Stiftungen), anfechtbar oder sogar nichtig seien. – Im Rechtsverkehr brauchen sich Gegenparteien und Urkundspersonen jedoch um diese Problematik nicht zu kümmern.

H. Exkurs: Juristische Personen in Liquidation

Unter Liquidation eines Vermögens wird der Verkauf aller Aktiven und die gleichzeitige Tilgung aller Passiven verstanden. Übersteigt der Erlös der Aktiven die Summe der Passiven, dann verbleibt ein Aktivenüberschuss in Form von Geld, d.h. von Liquidität (daher das Wort «Liquidation»). Je nach Grösse und Komplexität des Vermögens kann die Liquidation in kurzer Zeit erfolgen oder sich über Jahre und Jahrzehnte hinziehen. 732

Die im Handelsregister eingetragenen juristischen Personen und Personengesellschaften können ihre Existenz *freiwillig* beenden, indem das statutenändernde Organ die Auflösung beschliesst. Mit dem Auflösungsbeschluss wird der bisherige statutarische Zweck aufgehoben; fortab beschränkt sich der Unternehmenszweck auf die Liquidation. Diese Zweckänderung geht einher mit einer Änderung des Namens oder der Firma, dem fortab der Zusatz «in Liquidation» oder abgekürzt «in Liq.» beigefügt wird. Das bisherige Leitungsorgan oder andere Personen werden zu Liquidatoren ernannt. 733

Es gibt auch Konstellationen, in denen eine juristische Person ihr Vermögen nicht freiwillig liquidiert, sondern zwangsweise aufgrund einer amtlichen Anordnung, insbesondere im Falle von Insolvenzen, wenn das Vermögen überschuldeter Rechtsinhaber durch staatliche Konkursverwalter und amtlich eingesetzte Liquidatoren liquidiert wird. 734

Die häufigsten Grundstücksgeschäfte, mit denen Liquidatoren befasst sind, sind der Verkauf von Grundstücken, die Tilgung von Grundpfandschulden und die Einholung der Löschungsbewilligungen seitens der Grundpfandgläubiger. 735

Im Falle *freiwilliger Liquidationen* können aber auch Grundstücke erworben und beliebige andere Grundstücksgeschäfte getätigt werden (für die AG vgl. PETER BÖCKLI [2009], § 17 N 37; WOLFHART F. BÜRGI/URSULA NORDMANN-ZIMMERMANN [ZK 1979] Art. 744 N 2). Die Abrundung des Vermögens kann dem Zweck einer erfolgreicheren Liquidation dienen. Die Liquidatoren handeln hier im Interesse der Eigentümer und mit der Freiheit von Eigentümern, die unter keiner Rechtspflicht stehen, Kasse zu machen, erst recht nicht, dies bald zu tun. Gegenparteien und Urkundspersonen brauchen sich nicht um die 736

Motive zu kümmern, aus denen Liquidatoren Rechte an Grundstücken erwerben.

737 Im Falle *amtlicher Liquidationen* haben die Liquidatoren keine Kompetenz, Erwerbsgeschäfte zu tätigen. Aufgabe der Liquidatoren ist es in diesen Fällen, ein ihnen anvertrautes fremdes Vermögen im Interesse Dritter – primär im Interesse von Gläubigern, erst sekundär im Interesse von Eigentümern – ohne zeitliche Verzögerungen in Bargeld zu verwandeln und das Geld zu verteilen (Art. 319 Abs. 3 SchKG). Amtliche Liquidatoren sollen nicht Geld in Sachanlagen binden, auch nicht vorübergehend zwecks Wertvermehrung der Liquidationsmasse. Als Ausnahme mag die Teilnahme an Landumlegungen, Grenzregulierungen und ähnlichen Geschäften gelten, die klarerweise ausschliesslich der Werterhaltung oder -vermehrung des Liquidationsvermögens dienen. Hingegen sind amtliche Liquidatoren nicht befugt, Kaufs- und Vorkaufsrechte auszuüben, die in der Liquidationsmasse vorhanden sind, und zwar auch dann nicht, wenn der Ausübungspreis aus vorhandenen Barmitteln bezahlt werden kann.

IV. Juristische Personen des schweizerischen öffentlichen Rechts

738 Die vermögensfähigen (und damit grundbuchlich eintragungsfähigen) Gebilde des schweizerischen öffentlichen Rechts haben ihre Grundlagen in den Verfassungen oder Gesetzen des Bundes und der Kantone. Dem Bundesrecht gehören die Schweizerische Eidgenossenschaft und die Kantone an. Dem kantonalen Recht gehören die Einwohner- und Bürgergemeinden sowie andere Korporationen an. Soweit solche Gebilde demokratisch organisiert sind (was bei allen hier genannten der Fall ist), fallen sie unter den Oberbegriff der *Körperschaften* (ULRICH HÄFELIN/GEORG MÜLLER/FELIX UHLMANN [2006], N 1288 ff.; ARTHUR MEIER-HAYOZ/PETER FORSTMOSER [2011], § 1 N 29 ff.). Körperschaften heissen juristische Personen, die in bildhafter Anschauung aus einem Körper demokratisch verbundener, stimmberechtigter Mitglieder bestehen.

739 Daneben gibt es juristische Personen, die unter den Oberbegriff der *Anstalten* fallen. Unter einer Anstalt versteht man ein rechtlich verselbständigtes Vermögen oder Unternehmen, das von einem Leitungsorgan geleitet wird, jedoch keine demokratisch verbundenen, stimmberechtigten Mitglieder hat (ULRICH HÄFELIN/GEORG MÜLLER/FELIX UHLMANN [2006], N 1314 ff.). Zu den Anstalten des öffentlichen Rechts des Bundes gehören etwa die SBB, die Schweizerische Post und die Hochschulen des Bundes. Zu den Anstalten des kantonalen Rechts gehören die kantonalen Verkehrsbetriebe, Beamtenpensi-

onskassen, Hochschulen und Spitäler, soweit sie aus den Kantonsverwaltungen ausgegliedert sind.

Manche dieser Gebilde haben einen ausgedehnten Grundbesitz und tätigen Grundstücksgeschäfte in grosser Zahl, jedoch nicht mit dem Zweck, Geldgewinn zu erwirtschaften, sondern mit dem Zweck, den öffentlichen Bedarf an Grund und Boden zu decken oder Finanzreserven langfristig anzulegen. Zuweilen werden Käufe auch aus politischen, insbesondere raumplanerischen Gründen getätigt. Die Verwirklichung raum- und städteplanerischer Ziele durch den staatlichen Ankauf von Grundstücken und die Durchsetzung von Dienstbarkeiten, insbesondere von Bauverboten, aus planerischen Gründen, ist nichts Seltenes, unter dem Gesichtswinkel der Verfassungsmässigkeit jedoch fragwürdig, da das rechtsgeschäftliche Handeln des Staates am Grundstücksmarkt, soweit es mit Mitteln des Finanzvermögens geschieht, der parlamentarischen Kontrolle entzogen ist. 740

Die meisten öffentlich-rechtlichen Gebilde sind im Handelsregister *nicht* eingetragen. 741

Öffentlich-rechtliche Körperschaften und Anstalten können Grundstücke durch notariell beurkundeten Vertrag, aber auch in öffentlich-rechtlichen Formen, insbesondere auf dem Wege der Expropriation, d.h. der zwangsweisen Enteignung, ferner auf dem gegenteiligen Weg der Impropriation, schliesslich in der Form des öffentlich-rechtlichen Vertrags veräussern und erwerben. In diesen Fällen findet keine öffentliche Beurkundung statt. Vielmehr besteht der Rechtsgrundausweis für den Grundbucheintrag aus einer Verfügung der zuständigen Amtsstelle (zur Enteignung vgl. ausführlich ULRICH HÄFELIN/ GEORG MÜLLER/FELIX UHLMANN [2006], N 2069 ff.). 742

Im Grundbuch werden die öffentlich-rechtlichen Körperschaften und Anstalten wie die juristischen Personen des Privatrechts unter Angabe ihrer Bezeichnung und – sofern vorhanden – ihres Sitzes eingetragen (Art. 90 Abs. 1 lit. b GBV). 743

V. Kirchliche Körperschaften und Anstalten und solche des kantonalen Privatrechts

Art. 59 ZGB erwähnt kirchliche Körperschaften und Anstalten, ferner Allmendgenossenschaften und ähnliche Körperschaften des kantonalen (Privat-) Rechts (ARTHUR MEIER-HAYOZ/PETER FORSTMOSER [2011], § 21 N 2 ff.). 744

745 Auch diese Gebilde werden im Handelsregister nicht eingetragen, sondern müssen bei der Tätigung von Grundstücksgeschäften ihre Existenz, die Kompetenz der handelnden Organe zum Abschluss des Geschäftes und die Unterschriftsbefugnis der handelnden Personen einzelfallweise belegen.

746 Im Grundbuch werden die kirchlichen Körperschaften und Anstalten wie die juristischen Personen des Privatrechts unter Angabe ihrer Bezeichnung und – sofern vorhanden – ihres Sitzes eingetragen (Art. 90 Abs. 1 lit. b GBV).

VI. Juristische Personen des ausländischen Rechts

747 Juristische Personen des ausländischen öffentlichen und Privatrechts können Grundeigentum in der Schweiz erwerben und veräussern. Zu diesen juristischen Personen gehören alle ausländischen Staaten, ferner ausländische Aktiengesellschaften, Genossenschaften, Stiftungen und zahlreiche weitere Formen einschliesslich solcher, die dem schweizerischen Recht fremd sind.

748 Im Grundbuch werden die juristischen Personen des ausländischen Rechts unter Angabe ihrer Firma oder ihres Namens sowie ihres Sitzes eingetragen (Art. 90 Abs. 1 lit. b GBV).

§ 21 Handeln der Inhaber von Rechten an Grundstücken

I. Handeln in eigenem Namen oder in fremdem Namen

749 Die für einen Grundbucheintrag erforderlichen Belege werden stets von Menschen, d.h. von natürlichen Personen, unterzeichnet. Die Unterzeichner handeln in einer von zwei Formen, nämlich entweder in eigenem Namen, d.h. mit Rechtswirkung für sich selber, oder in fremdem Namen, d.h. mit Rechtswirkung für jemand anderes. Ausnahmsweise kommt es vor, dass jemand in einer Doppelrolle handelt, nämlich gleichzeitig in eigenem *und* in fremdem Namen (vgl. N 1109 f.).

750 Wer in eigenem Namen auftritt, ist *Partei* des Geschäftes. Wer in fremdem Namen auftritt, ist *Vertreter einer Partei*. Ob eine Unterzeichnerin als Partei oder als Vertreterin gehandelt hat, muss aus dem unterzeichneten Beleg zweifelsfrei erkennbar sein. (Das Wort «Partei» passt besonders gut bei Vertragsschlüssen, bei denen man von Vertragsparteien redet. Es wird im vorliegenden Zusammenhang aber auch bei Geschäften mit nur einer einzigen beteiligten Person wie Testaments- und Stiftungserrichtung gebraucht.)

Um einen Beleg in eigenem oder fremdem Namen wirksam unterzeichnen zu können, muss die Unterzeichnerin *handlungsfähig* im Sinne von Art. 13 ZGB (d.h. volljährig und urteilsfähig, vgl. N 627 ff.) sein. 751

II. Handeln der natürlichen Personen
A. Direktes Handeln

Natürliche Personen können als Parteien ihre Verträge und weiteren Rechtsgeschäfte selber unterzeichnen, wenn sie *rechtlich handlungsfähig* sind (N 938 ff.). 752

B. Indirektes Handeln durch Vertreter

Die Vertretung natürlicher Personen geschieht in zwei Formen, nämlich entweder durch einen Bevollmächtigten kraft Vollmacht oder durch einen gesetzlichen Vertreter gemäss gesetzlicher oder behördlich verliehener Kompetenz. 753

Beim *Handeln kraft Vollmacht* (vgl. N 1086 ff.) unterzeichnet die Partei eine schriftliche Vollmacht zugunsten des Stellvertreters (z.B. mit den Worten: «Die Unterzeichnerin A. ermächtigt den B., in ihrem Namen und auf ihre Rechnung das Grundstück X. zum Preis von CHF 300 000 zu kaufen»). Man spricht hier von *gewillkürter Stellvertretung,* weil das Vertretungsverhältnis im Willen – in der Willkür – der Vollmachtgeberin begründet ist. Der Bevollmächtigte heisst «Stellvertreter». Mit der Erteilung einer Vollmacht dispensiert sich die Vollmachtgeberin davon, bei der Unterzeichnung selber anwesend zu sein. 754

Die gewillkürte Stellvertretung hat ihre gesetzliche Grundlage in Art. 32 OR (ROGER ZÄCH/ADRIAN KÜNZLER [BK 2014], Vorbem. Art. 32–40 N 6). Der Bevollmächtigte hat (nur) jene Befugnisse, die in der Vollmacht angegeben sind. Sieht die Vollmacht den Kauf des Grundstücks X vor, dann kann der Bevollmächtigte nicht das Grundstück Y kaufen. Ist der Preis in der Vollmacht auf CHF 300 000 beschränkt, dann kann der Bevollmächtigte nicht zu CHF 350 000 kaufen. Heisst es in der Vollmacht, sie gelte nur bis zu einem bestimmten Datum, dann erlischt sie an diesem Datum und kann anschliessend nicht mehr gebraucht werden. Überschreitet der Bevollmächtigte die in der Vollmacht verliehenen Befugnisse, dann kommt das Geschäft nicht zustande. 755

Gewillkürte Stellvertreter können sich ihrerseits untervertreten lassen, wenn dies in der Vollmacht so vorgesehen ist (etwa mit der Floskel: «B wird ermächtigt, V zu vertreten; er ist auch ermächtigt, Untervollmacht zu erteilen …»). 756

Damit erspart sich der Stellvertreter, selber beim Geschäftsschluss anwesend sein zu müssen (N 1107 ff.).

757 Die gewillkürte Stellvertretung ist aus beurkundungsrechtlicher Sicht eine Ungereimtheit (so auch ROGER ZÄCH/ADRIAN KÜNZLER [BK 2014], Art. 33 N 57), und zwar aus folgendem Grund: Handeln natürliche Personen selber, so muss die Urkundsperson ihre Handlungsfähigkeit prüfen und die Beurkundung ablehnen, wenn sie an der Handlungsfähigkeit einer Partei zweifelt. Dieser notarielle Schutz entfällt bei gewillkürter Stellvertretung. Zwar muss die Vollmachtgeberin ihre Unterschrift auf der Vollmacht notariell beglaubigen lassen. Aber anlässlich der Unterschriftsbeglaubigung prüft und bezeugt die Urkundsperson nur die Echtheit der Unterschrift, nicht die Handlungsfähigkeit der Unterzeichnerin. Des Weiteren erhält die Partei anlässlich der Beglaubigung ihrer Unterschrift auf der Vollmacht keine notarielle Belehrung über das Geschäft. Zwar kann man von der Hypothese ausgehen, dass der Bevollmächtigte die ihm von der Urkundsperson vor Ort erteilte Belehrung zeitgleich an die Vollmachtgeberin weiterleitet, sodass auch diese den Übereilungsschutz geniesst, der dem Bevollmächtigten seitens der Urkundsperson zuteil wird und dem die öffentliche Beurkundung (unter anderem) dient. Aber es erscheint doch als eine Inkonsequenz, dass der Gesetzgeber für Grundstücksgeschäfte die öffentliche Beurkundung mit persönlicher Anwesenheit der Beteiligten vorschreibt, andererseits aber die Abwesenheit der Parteien und deren Stellvertretung durch Bevollmächtigte erlaubt.

758 *Gesetzliche Vertretung* liegt vor, wenn Eltern für ihre minderjährigen Kinder (N 947 ff.) oder wenn Vertretungsbeistände für verbeiständete Personen handeln (N 963 ff.; vgl. auch ROGER ZÄCH/ADRIAN KÜNZLER [BK 2014], Vorbem. Art. 32–40 N 45), ferner wenn ein Gericht gestützt auf Art. 666a Abs. 2 ZGB einen Vertreter für eine unauffindbare Eigentümerin ernennt. In diesen Fällen spricht man nicht von Stellvertretern und Stellvertretung, sondern von *Vertretern* und *Vertretung*. Die gesetzliche Vertretung entspringt nicht dem Willen des Vertretenen, ja läuft diesem zuweilen zuwider. Gesetzliche Vertreter haben nicht den Willen des Kindes oder der verbeiständeten Person zu verwirklichen, sondern aus eigenem Willen die objektiven Interessen der vertretenen Person zu wahren.

759 Auch gesetzliche Vertreter können sich durch gewillkürte Stellvertreter vertreten lassen. Damit ersparen sie sich, persönlich zur Vertragsunterzeichnung erscheinen zu müssen. Wird eine Vollmacht erteilt, dann hat der Bevollmächtigte nur jene Befugnisse, die in der Vollmacht angegeben sind.

III. Handeln der juristischen Personen
A. Direktes Handeln durch Organe und Hilfspersonen

Die juristischen Personen und die weiteren grundbuchfähigen Gebilde, die nicht natürliche Personen sind, nehmen am Rechtsverkehr durch ihre Organe und Hilfspersonen teil. Organe und Hilfspersonen sind Menschen, die als Verwaltungsräte, Arbeitnehmer oder in einer anderen dauerhaften Funktion für die juristische Person tätig sind und deren Betrieb angehören. 760

Organ heisst jede Person und Personengruppe, die effektiv und in entscheidender Weise an der Bildung des Willens der juristischen Person teilhat (BGE 101 Ib 422, E. 5; ARTHUR MEIER-HAYOZ/PETER FORSTMOSER [2011], § 2 N 31). Massgebendes Kriterium für die Abgrenzung gegenüber untergeordneten Angestellten ohne Organqualität bildet der (relativ hohe) Grad selbständiger Entscheidungsbefugnis in einem wesentlichen Aufgabenbereich der juristischen Person. 761

Hilfspersonen unterscheiden sich von den Organen dadurch, dass sie nicht selbständig entscheiden, sondern nach erteilten Weisungen handeln. 762

Der Begriff des Organs hat eine doppelte Bedeutung. Zum einen meint er Gremien, die Beschlüsse fassen und dadurch den inneren Willen der juristischen Person festlegen, wie Generalversammlungen, mehrköpfige Verwaltungsräte etc. Zum andern meint er einzelne Menschen, die die juristische Person im Rechtsverkehr gegenüber Dritten vertreten, wie Verwaltungsratsmitglieder, Direktoren etc. (ARTHUR MEIER-HAYOZ/PETER FORSTMOSER [2011], § 2 N 29). 763

In der Praxis wird davon ausgegangen, dass alle Hierarchiestufen vom Vizedirektor aufwärts (Vizedirektoren, Direktoren, Geschäftsführer, Verwaltungsräte) Organqualität haben, wogegen die tieferen Hierarchiestufen, nämlich die Prokuristen (Art. 458 OR) und die (im Handelsregister nicht eintragungsfähigen) Handlungsbevollmächtigten (Art. 462 OR) sowie alle nichtzeichnungsberechtigten Angestellten keine Organqualität haben. 764

Im Rechtsverkehr vereinfacht sich die Fragestellung allerdings. Ob jemand, der namens einer im Handelsregister eingetragenen Firma ein Rechtsgeschäft unterzeichnen will, Organ oder Hilfsperson ist, braucht nicht abgeklärt zu werden. Wichtig ist allein, ob die Person im Handelsregister als *Zeichnungsberechtigte* (N 1068 ff.) oder als *Prokuristin* (N 1077 ff.) eingetragen ist. 765

766 Wer im Handelsregister mit einer Funktionsstufe als Verwaltungsrat, Geschäftsführer, Direktor oder Vizedirektor eingetragen ist und die Unterschriftsberechtigung hat, ist Zeichnungsberechtigter mit umfassender Abschlussbefugnis. Das Gleiche gilt für Personen, die ohne Angabe einer Funktionsstufe als «Zeichnungsberechtigte» eingetragen sind. Wer als Prokurist eingetragen ist, hat nur die beschränkte Abschlussbefugnis, die vom Gesetz für Prokuristen vorgesehen ist (Art. 459 Abs. 1 OR).

767 Für das rechtsgeschäftliche Handeln von Organen und Hilfspersonen gelten jeweils Regelungen, die festlegen, ob jemand einzeln oder kollektiv zeichnungsbefugt ist. Kollektivunterschrift zu zweien ist der Normalfall wegen des heute verbreiteten Vieraugenprinzips. Einzelunterschrift und Kollektivunterschrift zu dreien oder zu mehreren kommen vor, sind aber Ausnahmen.

768 Bei den grundbuchfähigen Gebilden des schweizerischen Privatrechts (Ausnahmen: Familienstiftungen und Vereine) sind die unterschriftsberechtigten Personen im Handelsregister eingetragen, desgleichen die Art ihrer Zeichnungsbefugnis (einzeln oder kollektiv zu zweien oder anderswie).

769 Die aus dem Handelsregister ersichtliche Zeichnungsbefugnis wird *kaufmännische Vollmacht* oder *kaufmännische Vertretung* genannt (vgl. N 1068 ff.). Der Umfang der Vertretungsbefugnis umfasst hier alle Geschäfte, «die der Zweck der Gesellschaft mit sich bringen kann» (so Art. 459, 564, 718a Abs. 1 und 899 OR; vgl. ARTHUR MEIER-HAYOZ/PETER FORSTMOSER [2011], § 2 N 33). Der Zweck der Gesellschaft (oder allgemeiner: des im Handelsregister eingetragenen Rechtsträgers) ergibt sich aus der statutarischen, im Handelsregisterauszug wiedergegebenen Zweckklausel. Wann immer in der Zweckklausel steht, die Gesellschaft könne auch Liegenschaften erwerben und veräussern, entfalten die Unterschriften ihrer Organe bei Grundstücksgeschäften Rechtswirkung für und gegen die von ihnen vertretene juristische Person oder Gesellschaft. Mit dem Wort «kann» ist der Kreis der rechtswirksam möglichen Grundstücksgeschäfte aber noch weiter gezogen. Es genügt, dass der Erwerb von Rechten an Grundstücken indirekt als ein Mittel zur Erreichung des Unternehmenszweckes oder – bei Gebilden mit grossem Eigenkapital – als Mittel zur Anlage von Vermögensreserven erscheint. So können bei Forschungsunternehmen Betriebsgrundstücke für Laboratorien, bei Pensionskassen Renditeliegenschaften für die Vermögensanlage geeignet sein, den Forschungs- und den Versicherungszweck zu fördern. Daraus ergibt sich, dass die im Handelsregister eingetragenen Zeichnungsberechtigten meist alle denkbaren Grundstücksgeschäfte tätigen können, mit Ausnahme der seltenen Fälle, in denen eine Partei geradezu absurde Geschäfte tätigen möchte, die mit einer statu-

tenkonformen Geschäftstätigkeit nichts zu tun haben können und auch nicht als Geschäfte im Rahmen der Vermögensanlage und -verwaltung verständlich sind (ARTHUR MEIER-HAYOZ/PETER FORSTMOSER [2011], § 9 N 56 f.). Solche Absurditäten kommen nicht vor, sodass es keine Reglementierungen zu ihrer Verhütung braucht.

B. Indirektes Handeln durch Stellvertreter

Auch juristische Personen und andere Gebilde können sich durch gewillkürte Stellvertreter gemäss Art. 32 OR vertreten lassen, beispielsweise durch einen Immobilienfachmann oder einen Rechtsanwalt (ARTHUR MEIER-HAYOZ/ PETER FORSTMOSER [2011], § 2 N 35). Damit ersparen sich die Organe und Hilfspersonen, d.h. die Verwaltungsräte, Direktoren, staatlichen Beamten etc., persönlich zur Vertragsunterzeichnung erscheinen zu müssen. 770

Wird eine Vollmacht erteilt (vgl. N 1086 ff.), dann muss diese von zeichnungsberechtigten Personen unterschrieben sein. Die Unterzeichner der Vollmacht können den Stellvertreter höchstens zu solchen Rechtshandlungen ermächtigen, zu deren Vornahme die Unterzeichner selber befugt wären, insbesondere also nur zu Rechtshandlungen, die von der statutarischen Zweckklausel gedeckt sind. 771

Sechstes Kapitel: Vertragsrecht

772 Nachfolgend werden die Regeln und Begriffe des Vertragsrechts dargestellt, soweit sie für das Verständnis und die Durchführung von Grundstücksgeschäften bedeutsam sind.

§ 22 Begriff des Vertrags

773 Der Vertrag ist ein Rechtsgeschäft zwischen zwei oder mehr Parteien, durch das die Parteien ihre gegenseitigen Rechtsbeziehungen mit gegenseitig verpflichtender Wirkung gestalten (PETER JÄGGI [ZK 1973], Art. 1 N 62 ff.). Der Vertrag kommt zustande durch gegenseitige übereinstimmende *Willensäusserung* (Art. 1 OR).

774 Die Willensäusserungen der Parteien können *ausdrücklich* erfolgen, d.h. verbal durch einen Wortwechsel. Der Wortwechsel kann mündlich oder schriftlich erfolgen. Sodann können Willensäusserungen auch *wortlos* geschehen, etwa durch Kopfnicken, Handschlag oder durch die Ausführung der von der Gegenseite erwarteten Leistung (PETER JÄGGI [ZK 1973], Art. 1 N 139 ff.; ERNST A. KRAMER/BRUNO SCHMIDLIN [BK 1986], Art. 1 N 7 ff.).

775 Bei Grundstücksgeschäften spielen nur schriftliche und öffentlich beurkundete Verträge eine Rolle. Der stillschweigende Vertragsschluss kommt hier nicht vor.

776 Manche Verträge begründen gegenseitige *Verpflichtungen* der Parteien. Musterbeispiel ist der Kaufvertrag. Beim Grundstückkauf verpflichtet sich die Verkäuferin, dem Käufer das Eigentum an einem bestimmten Grundstück zu verschaffen. Der Käufer verpflichtet sich, der Verkäuferin den Kaufpreis zu bezahlen. Mit dem Abschluss des Grundstückkaufvertrags vor der Urkundsperson entstehen also vorerst lediglich die gegenseitigen Verpflichtungen. Im Übrigen hat sich nichts bewegt. Das Grundeigentum liegt nach dem Vertragsschluss noch immer bei der Verkäuferin, das Geld für die Bezahlung des Kaufpreises beim Käufer.

777 Die *Erfüllung* des Kaufvertrags geschieht meist durch Tathandlungen der Parteien. Im erwähnten Beispiel läuft die Erfüllung so ab, dass die Verkäuferin gegenüber dem zuständigen Grundbuchamt den Antrag stellt, der Käufer sei als neuer Eigentümer des verkauften Grundstücks einzutragen. Damit hat die Verkäuferin den Grundstückkaufvertrag ihrerseits erfüllt. Der Käufer instruiert seine Bank, den Kaufpreis auf das Konto der Verkäuferin zu überweisen.

Damit hat der Käufer den Grundstückkaufvertrag ebenfalls erfüllt. Nachdem beide Parteien ihre Pflichten erfüllt haben, ist der Vertrag erfüllt.

§ 23 Verpflichtungs- und Verfügungsgeschäfte

In der Rechtssprache werden Verpflichtungsgeschäfte und Verfügungsgeschäfte unterschieden. Die beiden Begriffe bedeuten, vereinfacht und bildhaft ausgedrückt, Folgendes: *Beim Verpflichtungsgeschäft werden Pflichten geschultert. Beim Verfügungsgeschäft werden Rechte aus der Hand gegeben.* Oder genauer: 778

Ein *Verpflichtungsgeschäft* ist ein Rechtsgeschäft, durch das sich jemand zu einer Leistung verpflichtet. Das Geschäft führt – bilanziell gesprochen – zur Vermehrung der Passiven des Verpflichteten, d.h. des Schuldners (PETER JÄGGI [ZK 1973], Art. 1 N 53). 779

Ein *Verfügungsgeschäft* ist ein Rechtsgeschäft, durch das ein Recht übertragen, belastet, geändert oder aufgehoben wird. Es führt in der Regel zur Verminderung der Aktiven des Verfügenden (PETER JÄGGI [ZK 1973], Art. 1 N 52). 780

In dem hiervor dargestellten Beispiel war der Abschluss des Kaufvertrags das Verpflichtungsgeschäft. Die Grundbuchanmeldung und die Bezahlung des Kaufpreises waren die Verfügungsgeschäfte. Verfügungsgeschäfte über Grundeigentum liegen nicht nur vor, wenn die Eigentümerin das Eigentum auf eine andere Person überträgt, sondern auch, wenn sie der Belastung ihres Eigentums durch Grundpfandrechte und Dienstbarkeiten zustimmt. Verfügungsgeschäfte von Nicht-Eigentümern liegen vor, wenn ein Grundpfandgläubiger auf sein Pfandrecht verzichtet, indem er gegenüber dem Grundbuchamt die Löschung des Pfandrechts beantragt, oder wenn der Inhaber eines Dienstbarkeitsrechts dessen Löschung im Grundbuch beantragt. 781

Der Begriff der *Verfügung* hat neben der hier dargestellten Bedeutung noch andere Bedeutungen. Aus dem jeweiligen Zusammenhang ergibt sich, was gemeint ist. So wird von der Verfügung über Grundeigentum geredet, wo die Begründung von Verpflichtungen gemeint ist; in gleichem Sinne spricht man von der verfügenden Partei, wenn man die Partei meint, die sich zur Weggabe von Rechten verpflichtet. Im Erbrecht ist der Begriff «letztwillige Verfügung» gleichbedeutend mit «Testament». (Der Oberbegriff «Verfügung von Todes wegen» umfasst das Testament und den Erbvertrag; die Begriffe «Testament» und «letztwillige Verfügung» sind gleichbedeutend, wobei das Wort «Testament» der Umgangssprache angehört und im ZGB nicht vorkommt.) Im 782 öffentlichen Recht meint der Begriff der Verfügung eine staatliche Anordnung im Einzelfall (im Gegensatz zu den Gesetzen und Verordnungen, die für unbestimmt viele Fälle gelten).

§ 24 Vertragsinhalt, Vertragsgrundlagen, Vertragsmotive

783 *Vertragsinhalt* ist die Gesamtheit der Leistungen, die die Parteien einander versprechen, d.h. die Regelung dessen, was jede Partei zu tun, zu lassen oder zu dulden verpflichtet ist. In juristischem Sinne fallen auch vertraglich zugesicherte Unterlassungen, etwa ein Konkurrenz- oder ein Bauverbot, unter den Begriff der Leistung (PETER JÄGGI [ZK 1973], Art. 1 N 84 ff.).

784 *Vertragsgrundlagen* sind äussere Umstände, die von allen Parteien als notwendige Voraussetzung des Vertrags betrachtet werden, die aber von keiner Partei als Leistung versprochen werden und meist auch gar nicht geleistet werden können, weil sie ausserhalb des Einflussbereichs der Parteien liegen (vgl. etwa BGE 109 II 105, E. 4). So kann beim Kauf eines Baugrundstücks die rechtliche Zulässigkeit der Überbauung eine Vertragsgrundlage sein. Daran würde es etwa fehlen, wenn das Grundstück in einer Grundwasserzone mit allgemeinem Bauverbot liegt.

785 Bei den für den Käufer wichtigen Rahmenbedingungen, die entweder vorhanden oder nicht vorhanden sind, nicht aber von der Verkäuferin beeinflusst werden können, haben die Parteien die Wahl, die Sache entweder als *Vertragsgrundlage* in der Kaufsurkunde zu erwähnen oder stattdessen zu vereinbaren, dass die Verkäuferin für den vom Käufer gewünschten Umstand *Gewähr leistet*. Zeigt sich nach dem Vertragsschluss, dass es an der gewünschten Rahmenbedingung fehlt, dann kann der Käufer in der ersten Alternative unter Berufung auf Grundlagenirrtum vom Vertrag zurücktreten. In diesem Falle schulden die Parteien einander gegenseitig keinen Schadenersatz. Leistet die Verkäuferin hingegen Gewähr, dann schuldet sie dem Käufer gegebenenfalls Schadenersatz in Höhe des positiven Vertragsinteresses, wenn es an der zugesicherten Eigenschaft fehlt. Als Vorsichtsmassregel bei der Gestaltung von Grundstückkaufverträgen gilt deshalb, dass die Verkäuferin keine Eigenschaften des Grundstücks zusichern und für keine Umstände Gewähr leisten sollte, von deren Vorhandensein sie keine sichere Kenntnis hat und die sie selber nicht beeinflussen kann. Statt zu schreiben, die Verkäuferin leiste Gewähr dafür, dass das Grundstück in keiner Grundwasserzone liege, ist es vorsichti-

ger zu schreiben, die Verkäuferin habe keine Kenntnis von einer Unterschutzstellung des Grundstücks.

Ist ein solcher Punkt für den Käufer wesentlich, so kann er sich im Vertrag ein Rücktrittsrecht ausbedingen für den Fall, dass sich binnen einer bestimmten Frist herausstellt, dass der betreffende Umstand nicht gegeben ist, z.B. dass das Grundstück wegen Einweisung in eine Schutzzone oder Verweigerung einer Baubewilligung nicht überbaut werden kann. Kommt es zum Rücktritt, dann werden die bereits ausgetauschten Leistungen zurückerstattet, jedoch kein Schadenersatz bezahlt. 786

Die Anfechtung eines Vertrags wegen Grundlagenirrtums ist meist nur möglich, wenn die Grundlage, über die die Parteien geirrt haben, schon *im Zeitpunkt des Vertragsschlusses* gefehlt hat (INGEBORG SCHWENZER [BSK 2015], Art. 24 N 18 f.). Nachträgliche Änderungen äusserer Umstände gelten hingegen als das Risiko des Erwerbers und berechtigen ihn nicht zur Anfechtung des Vertrags. Wird die Rückabwicklung des Vertrags vereinbart für den Fall, dass sich bestimmte Verhältnisse später ändern, so liegt ein Rückverkauf vor, für den in jedem Fall dann erneut eine Handänderungssteuer zu bezahlen ist, wenn der ursprüngliche Vertrag durch Anmeldung beim Grundbuch bereits vollzogen worden ist. 787

Vertragsmotive sind die Ziele, die die Parteien mit dem Vertrag verfolgen. Beim Grundstückkauf will die eine Partei ihren Grundbesitz in Geld umwandeln. Die andere Partei will sich die Möglichkeit zum Wohnen verschaffen, oder sie hat mit dem Grunderwerb andere Ziele im Sinn. Die Motive der Parteien stimmen meist nicht überein, ja sind gegenläufig. Erweist sich nachträglich, dass eine Partei ihr Ziel nicht erreichen kann und dass der Vertrag für sie also nutzlos ist, dann ist sie deswegen meist nicht zur Anfechtung berechtigt. Denn es ist das individuelle Risiko jeder Partei, dass ihr der Vertrag nicht das bringt, was sie bezweckt hat (INGEBORG SCHWENZER [BSK 2015], Art. 24 N 28 f.). 788

Bei der Formulierung von Verträgen ist es ein Gebot der Klugheit, die von den Parteien zu erbringenden *Leistungen* sorgfältig und einigermassen vollständig zu beschreiben, über die *Motive* vollständig zu schweigen und *Grundlagen* nur dann zu erwähnen, wenn klargestellt werden soll, dass ihr Vorhandensein für die eine oder andere Partei eine *Bedingung* für den Vertragsschluss war und der Vertrag beim Fehlen der Grundlage – etwa der Überbaubarkeit eines Grundstücks – rückgängig gemacht werden soll. 789

Bei notariellen Verträgen, insbesondere beim Grundstückkauf, hat sich die Notariatspraxis dahin entwickelt, nicht nur die Leistungen der Parteien und 790 wesentliche Vertragsgrundlagen zu beschreiben, sondern die Urkunden aufzublähen durch eine Fülle zusätzlicher Angaben informativer Natur im Sinne einer Protokollierung dessen, worüber die Parteien von der Urkundsperson belehrt worden sind. – In der Beurkundungspraxis ist es wichtig zu wissen, dass nur die von den Parteien gewollten und versprochenen Leistungen, d.h. der Vertragsinhalt, vom Formzwang erfasst sind und beurkundet werden müssen. Vertragsgrundlagen und notarielle Hinweise dürfen in die Urkunde aufgenommen werden, müssen es aber nicht.

§ 25 Vertragsfreiheit und Vertragstypen; zwingendes und dispositives Recht

791 Das schweizerische Privatrecht steht auf der Grundlage der Vertragsfreiheit. Vertragsfreiheit ist die rechtlich geschützte Freiheit des Individuums, selber zu entscheiden, ob, mit wem und mit welchem Inhalt es einen Vertrag abschliessen will (ERNST A. KRAMER [BK 1991], Art. 19–20 N 17 ff.). Die Vertragsfreiheit ist durch gewisse allgemeine Schranken begrenzt (vgl. vorn, N 14 ff.), ferner im Bereich der gesetzlich geregelten Vertragstypen durch die für jeden Typ gesetzlich normierten zwingenden Regeln.

792 Neben der vorn, N 17, erwähnten Typengebundenheit bestimmter Gestaltungen wie der ehelichen Güterstände und der Grundpfandrechte gibt es auch im Vertragsrecht verschiedene Typen, deren Inhalte vom Gesetzgeber (teilweise) zwingend vorgeschrieben werden, in dem Sinne, dass zwar jedermann frei ist, einen Vertrag des betreffenden Typs, z.B. einen Arbeitsvertrag, abzuschliessen oder es bleiben zu lassen, dass aber im Falle des Abschlusses die gesetzlichen Vorschriften – z.B. über die minimale Feriendauer – einzuhalten sind. Hierzu im Einzelnen:

793 Der Gesetzgeber hat aus der unendlichen Menge möglicher Vertragsinhalte einige besonders häufige Typen herausgegriffen und im Besonderen Teil des Obligationenrechts (abgekürzt OR BT) speziell geregelt. Es handelt sich um 19 Vertragstypen, zum Teil mit Varianten. Ihnen sind die Titel 6–23 (Art. 184–551) des OR gewidmet. Die Serie dieser «besonderen Vertragsverhältnisse» beginnt mit den Typen Kauf, Tausch und Schenkung und also gerade mit Typen, die für Grundstücksgeschäfte wichtig sind.

794 Bei der Regelung dieser Vertragstypen hielt sich der Gesetzgeber an folgende Methode: Für jeden Vertragstyp beschreibt das Gesetz zunächst den typischen

§ 25 Vertragsfreiheit und Vertragstypen; zwingendes und dispositives Recht

Inhalt. So heisst es beim «Kaufvertrag»: «Durch den Kaufvertrag verpflichtet sich der Verkäufer, dem Käufer den Kaufgegenstand zu übergeben und ihm das Eigentum daran zu verschaffen, und der Käufer, dem Verkäufer den Kaufpreis zu bezahlen.» – Diese Beschreibung bedeutet nicht, dass irgendjemand einen Kaufvertrag abschliessen müsste oder dass die gegenseitigen Verpflichtungen nicht anders gestaltet werden dürften. Angesichts der Vertragsfreiheit steht es im Belieben der Parteien, ihre gegenseitigen Leistungspflichten anders zu gestalten, also statt eines Austauschs von Sach-Eigentum gegen Geld etwa den Austausch von Sach-Eigentum gegen Arbeit zu vereinbaren (Beispiel: A veräussert dem B ein Grundstück, wogegen B sich verpflichtet, A bis zu dessen Lebensende zu verköstigen und zu betreuen). Aus der Methodik des OR ergibt sich lediglich, dass jede Vereinbarung, bei der zwei Parteien sich den Austausch von Sach-Eigentum gegen Geld versprechen, unter den Begriff des Kaufvertrags fällt, wie er im 6. Titel des OR, Art. 184–236 OR, geregelt ist.

Fällt eine getroffene Vereinbarung unter den Begriff des Kaufvertrags, dann gelten für dieses Geschäft die Bestimmungen von Art. 184–236 OR. Die Methodik des Gesetzes macht nun eine Unterscheidung zwischen «zwingenden» und nichtzwingenden («dispositiven») Bestimmungen. *Zwingend* heissen jene Bestimmungen, von denen die Parteien eines Kaufvertrags nicht abweichen können. *Dispositiv* heissen jene Gesetzesbestimmungen, die nur zum Zuge kommen, wenn die Parteien nicht ausdrücklich etwas anderes vereinbaren. Mit anderen Worten werden den Parteien die betreffenden Gesetzesbestimmungen zur Disposition gestellt, wobei es ihnen freigestellt bleibt, etwas anderes miteinander zu vereinbaren. 795

In der gesetzlichen Regelung des Kaufvertrags sind die meisten Bestimmungen dispositiv. Zuweilen ist dies im Gesetz ausdrücklich gesagt, so z.B. in Art. 219 Abs. 1 OR: «Der Verkäufer eines Grundstückes hat unter Vorbehalt anderweitiger Abrede dem Käufer Ersatz zu leisten, wenn das Grundstück nicht das Mass besitzt, das im Kaufvertrag angegeben ist.» – Mit den Worten «… unter Vorbehalt anderweitiger Abrede …» ist gesagt, dass die Parteien etwas anderes vereinbaren können, als was das Gesetz vorsieht. 796

Bei anderen Gesetzesbestimmungen ergibt sich der dispositive Charakter von selber, ohne dass das Gesetz ausdrücklich darauf hinweist. Ein Beispiel ist Art. 219 Abs. 3 OR: «Die Pflicht zur Gewährleistung für die Mängel eines Gebäudes verjährt mit dem Ablauf von fünf Jahren, vom Erwerb des Eigentums an gerechnet.» Diese Bestimmung ist dispositiv, ohne dass das im Gesetz ausdrücklich gesagt ist. Den Parteien steht es frei, die Gewährleistungsfrist zu verkürzen oder zu verlängern, indem sie beispielsweise im Kaufvertrag verein- 797 baren, dass der Verkäufer während zehn Jahren für Mängel des Gebäudes haftet.

798 Wo der Gesetzgeber einer Bestimmung zwingenden Charakter geben will, hebt er dies oft, aber nicht immer, durch einen ausdrücklichen Hinweis im Gesetz hervor. Als Beispiel diene Art. 100 Abs. 1 OR: «Eine zum Voraus getroffene Verabredung, wonach die Haftung für rechtswidrige Absicht oder grobe Fahrlässigkeit ausgeschlossen sein würde, ist nichtig.» – Mit der Anordnung der Nichtigkeit macht der Gesetzgeber klar, dass es sich um eine zwingende Norm handelt. Parteiabreden, die von Gesetzes wegen nichtig sind, können nicht durch Parteiabrede gültig gemacht werden. Stünde in einem Grundstückkauf also etwa die Klausel, dass der Verkäufer auch für solche Gebäudemängel keine Haftung übernimmt, die er selber im Zeitraum zwischen Vertragsschluss und Besitzübergabe böswillig verursacht, so wäre die Klausel nichtig (wirkungslos). Nichtig wäre auch die Klausel «Art. 100 Abs. 1 OR ist auf die vorliegende Vereinbarung nicht anwendbar». Die Parteien können die zwingenden Normen des Gesetzes nicht wegbedingen.

§ 26 Nichtigkeit, Anfechtbarkeit und Ungültigkeit von Verträgen

799 Unter *Nichtigkeit* eines Vertrags versteht man seine anfängliche und definitive Wirkungslosigkeit (ERNST A. KRAMER [BK 1991], Art. 19–20 N 308 ff.). Der nichtige Vertrag braucht nicht angefochten zu werden. Er ist und bleibt ein Nichts. Beruft sich später eine Partei auf den nichtigen Vertrag und verlangt sie von der Gegenpartei die versprochene Leistung, dann genügt es, dass sich die Gegenpartei auf die Nichtigkeit beruft. Erbringt sie die Leistung, dann erfüllt sie eine Nicht-Schuld. – Zu den nichtigen Geschäften gehören die rechts- und sittenwidrigen Verträge (Art. 20 OR).

800 Die Nichtigkeit betrifft nicht immer den ganzen Vertrag, sondern zuweilen bloss einzelne Teile davon (ERNST A. KRAMER [BK 1991], Art. 19–20 N 326 ff.). Ist der nicht nichtige Rest noch ein sinnvolles Ganzes, dann spricht man von Teilnichtigkeit des Vertrags. Als Beispiel sei ein Grundstückverkauf erwähnt, in dem es heisst, der Käufer verzichte auf alle Ansprüche aus Sachmängeln des Grundstücks. – Soweit diese Absprache über die Schranke von Art. 100 OR hinausgeht, ist sie nichtig. Da es sich aber um einen Nebenpunkt handelt, bleibt der Vertrag im Übrigen gültig, d.h., er ist nur teilnichtig.

§ 26 Nichtigkeit, Anfechtbarkeit und Ungültigkeit von Verträgen

Ein Vertrag heisst *anfechtbar*, wenn er an Mängeln leidet, die weniger gravierend sind als im Falle seiner Nichtigkeit, und die seinen Bestand zunächst nicht infrage stellen. Hingegen fällt der Vertrag dahin, wenn die vom Mangel betroffene Partei den Vertrag innert der gesetzlichen Frist und in der vom Gesetz verlangten Form anficht. – Unterbleibt die fristgerechte Anfechtung, dann wird der Vertrag unanfechtbar gültig. Man spricht von der Heilung des Mangels. – Anfechtbar sind Verträge namentlich, wenn sich eine Partei beim Vertragsschluss in einem Willensmangel befand, d.h. unter dem Eindruck eines wesentlichen Irrtums, einer Täuschung oder einer Drohung gehandelt hat (Art. 24 ff. OR). 801

Der Begriff der *Ungültigkeit* wird sowohl gleichbedeutend mit Anfechtbarkeit als auch als Oberbegriff für Nichtigkeit und Anfechtbarkeit gebraucht. 802

Bei den Grundstücksgeschäften gehört es zu den Pflichten der Urkundspersonen, dafür zu sorgen, dass keine nichtigen Verträge geschlossen werden, ferner auch dafür, dass mögliche Anfechtungsgründe beseitigt werden, insbesondere dass wesentliche Irrtümer der Parteien geklärt werden. 803

Erkennt die Urkundsperson, dass der von den Parteien gewollte Kauf nichtig wäre – z.B. der unbewilligte Kauf eines Grundstücks durch eine Person im Ausland –, dann muss sie die Beurkundung ablehnen (CHRISTIAN BRÜCKNER [1993], N 826 ff.). Erkennt das Grundbuchamt einen Nichtigkeitsgrund, der der Urkundsperson entgangen ist, so muss es den Grundbucheintrag ablehnen (ARTHUR HOMBERGER [ZK 1938], Art. 965 N 43). 804

Um *Anfechtungsgründe* hat sich das Grundbuchamt hingegen nicht zu kümmern. Ob die anfechtungsberechtigte Partei den Vertrag anficht, ist deren freier Entscheid und geht das Grundbuchamt nichts an. Es ist auch nicht Sache des Grundbuchamtes, eine unwissende Partei darauf aufmerksam zu machen, dass sie den Vertrag anfechten kann (ARTHUR HOMBERGER [ZK 1938], Art. 965 N 44). 805

Siebtes Kapitel: Öffentliche Beurkundung

§ 27 Allgemeines und Begriffliches

806 Nachfolgend werden die Regeln und Begriffe des Beurkundungsrechts dargestellt, soweit sie für Grundstücksgeschäfte bedeutsam sind.

I. Öffentliche Urkunde, Urkundsperson, Notar

807 Öffentliche Urkunde (vgl. Art. 9 ZGB) heisst ein Dokument, in dem rechtsgeschäftliche Willenserklärungen und/oder rechtlich erhebliche Tatsachen durch ein von der Gesetzgebung hierzu als zuständig bezeichnetes Organ (meist durch einen Notar), unter Einhaltung der hierfür vorgeschriebenen Form schriftlich festgehalten werden (CHRISTIAN BRÜCKNER [1993], N 79; ARTHUR MEIER-HAYOZ [BK 1974], Art. 657 N 92; EMIL BECK (1932), Art. 55 SchlT N 4; ERNST A. KRAMER/BRUNO SCHMIDLIN [BK 1986], Art. 11 N 86 ff.).

808 Dieser traditionelle Begriff der öffentlichen Urkunde wird neuerdings erweitert durch die elektronische öffentliche Urkunde, nämlich die elektronische Kopie (Datei) einer Papierurkunde, wobei die besagte Datei in einer bestimmten Weise verschlüsselt und authentifiziert sein muss (Art. 55a SchlT ZGB).

809 Der Begriff der *Urkundsperson* meint eine von einem Kanton ernannte Person, die zur Herstellung öffentlicher Urkunden befugt ist (CHRISTIAN BRÜCKNER [1993], N 181). Da das Beurkundungswesen gemäss Art. 55 SchlT ZGB in der Kompetenz der Kantone, nicht in der Kompetenz der Eidgenossenschaft liegt, sind es die Kantone, die in ihrem Hoheitsgebiet bestimmten Personen die Beurkundungsbefugnis verleihen (EMIL BECK [BK 1932], Art. 55 SchlT N 17). Wer die Beurkundungsbefugnis hat, ist Urkundsperson.

810 Unter dem Begriff des *Notars* wird eine Urkundsperson verstanden, die gemäss kantonaler Gesetzgebung oder kantonaler Tradition noch bestimmte weitere hoheitliche oder nichthoheitliche Funktionen hat (CHRISTIAN BRÜCKNER [1993], N 183 ff.). Der Begriff «Notar» ist also weiter als der Begriff «Urkundsperson». Jeder Notar ist (auch) Urkundsperson. Nicht alle Urkundspersonen sind Notare.

811 Urkundspersonen können ihre Beurkundungstätigkeit nur innerhalb des Kantons ausüben, der ihnen die Beurkundungsbefugnis verliehen hat. Ihre Amtsgewalt ist eine kantonale (Art. 55 Abs. 1 SchlT ZGB; JÜRG SCHMID [BSK 2015], Art. 55 SchlT N 18; HANS MARTI [ZBGR 1983], 323).

Auf dem Gebiet des Kantons, welcher der Urkundsperson die Beurkundungsbefugnis verliehen hat, kann die Urkundsperson alle Geschäfte beurkunden, die kein hoheitliches Handeln ausserhalb des Kantons erfordern (CHRISTIAN BRÜCKNER [1993], N 701 f.). Das hoheitliche Handeln umfasst 812

a) die Leitung des Beurkundungsvorgangs bei der Beurkundung von Willenserklärungen,
b) die Vornahme von Wahrnehmungen in amtlicher Eigenschaft, insbesondere die Sachverhaltsermittlung (Protokollaufnahme) bei den zu protokollierenden Erklärungen und Vorgängen sowie
c) bei allen Beurkundungen die Beisetzung der Notarunterschrift und die Siegelung der Urkunde.

Zum nichthoheitlichen Handeln gehören alle übrigen Amtstätigkeiten von Urkundspersonen, so beispielsweise die Entgegennahme der Klienteninstruktion, die Beratung, die Anmeldung beurkundeter Geschäfte bei Registerämtern und das Einholen von Information im Hinblick auf die Beurkundung bestehender Rechtstatsachen (CHRISTIAN BRÜCKNER [1993], N 703 ff.). 813

Die meisten Kantone verbieten ihren Grundbuchämtern, Urkunden über Grundstücksgeschäfte entgegenzunehmen, die von ausserkantonalen Urkundspersonen beurkundet wurden. Einzelne Kantone verbieten ihren Grundbuchämtern sogar die Entgegennahme von Erbenbescheinigungen, die ausserhalb des Kantons ausgestellt wurden. Diese Beschränkung wird als *fehlende Freizügigkeit der öffentlichen Urkunden im Grundbuchnotariat* bezeichnet. In der Literatur wird die fehlende Urkundenfreizügigkeit zuweilen mit örtlicher Unzuständigkeit auswärtiger Urkundspersonen begründet, etwa wenn gesagt wird, ein waadtländischer Notar sei örtlich nicht zuständig, in seiner Waadtländer Kanzlei den Kauf eines bernischen Grundstücks zu beurkunden. – Die im Gange befindliche Revision von Art. 55 SchlT ZGB wird möglicherweise die interkantonale Urkundenfreizügigkeit für Grundstücksgeschäfte einführen (BJ [ZBGR 2015], 434 f.; ferner MICHEL MOOSER [BN 2014], 288 ff.). Für Handelsregistergeschäfte besteht sie seit jeher. 814

Die momentan geltende Rechtslage und Praxis kann folgendermassen zusammengefasst werden: 815

– *Verträge über Rechte an Grundstücken* (Käufe, Tausch- und Schenkungsverträge, Errichtung von Grundpfandrechten und Dienstbarkeiten) müssen von Urkundspersonen des Kantons beurkundet werden, in dem das Grundstück liegt. Wurde die Beurkundung ausserhalb des Kantons vorgenommen, so sind die Verträge grundbuchlich nicht eintragungsfähig und gerichtlich nicht durchsetzbar (BGE 113 II 501, E. 3; BGE 47 II 383; BGE 46 II 391).

- *Vorverträge über Rechte an Grundstücken* sind grundbuchlich in keinem Kanton eintragungsfähig, sofern sie – wie dies dem Wesen des Vorvertrags entspricht – nicht den abschliessenden Parteikonsens dokumentieren. Enthält ein Vorvertrag aber alle gemäss Art. 1 OR wesentlichen Vertragspunkte, so kann er gerichtlich durchgesetzt werden, auch wenn er von einer ausserkantonalen schweizerischen Urkundsperson beurkundet wurde (OG BL vom 9.5.2000 [ZBGR 2002], 278 ff.; Louis Carlen [1976], 70 f.; a.M. BGE 47 II 383). Das Gerichtsurteil ist gültiger Rechtsgrundausweis gegenüber dem Grundbuchamt am Ort des Grundstücks.

- *Sachbeurkundungen mit Auswirkungen auf Grundstücke*, insbesondere Erbenbescheinigungen, können von jeder Urkundsperson in der Schweiz erstellt werden (Hans Marti [1989], 53) und werden auch von den meisten Grundbuchämtern entgegengenommen. In jedem Fall muss das Grundbuchamt eine Sachbeurkundung entgegennehmen, wenn die Urkundsperson – ungeachtet ihres in- oder ausländischen Amtssitzes – eine hinlängliche Sachnähe zu dem beurkundeten Sachverhalt hat. Ist eine Person mit Grundbesitz in Grindelwald mit letztem Wohnsitz in Basel oder in Berlin verstorben, so sollte das Grundbuchamt in Interlaken richtigerweise die Erbenbescheinigungen einer Basler oder Berliner Urkundsperson oder Nachlassbehörde akzeptieren; es dürfte nicht verlangen, dass die auswärtige Erbenbescheinigung noch von einer bernischen Urkundsperson (gebührenpflichtig) dupliziert wird. – Dies gilt leider (noch) nicht überall.

- *Sachbeurkundungen im Sinne von Art. 104 Abs. 3 FusG* können von jeder Urkundsperson in der Schweiz erstellt werden (Thomas Weibel/Conradin Cramer [ZK 2012], Art. 104 N 26; Thomas Stolz/Felix R. Ehrat/Markus Widmer [BSK 2015], Art. 104 N 28).

- *Stiftungserrichtungen, Testamente, Ehe- und Erbverträge sowie die für das Handelsregister bestimmten Urkunden* können ungeachtet des Wohnsitzes oder Sitzes der Parteien von Urkundspersonen beliebiger Kantone beurkundet werden. Soweit solche Urkunden zu Grundbucheinträgen führen, sollten sie von den Grundbuchämtern aller Kantone akzeptiert werden (so auch Emil Beck [BK 1932], Art. 55 SchlT N 21 ff., Arthur Meier-Hayoz [BK 1974], Art. 657 N 100 ff.; Christian Brückner [1993], N 719 ff.; Louis Carlen [1976], 69 f.; Eric Cornut [Diss. 1987], 22 ff.; Jörg Schmid [ZBGR 1989], 268 ff.; Stephan Wolf/Aron Pfammatter

[NG BE 2009], Art. 22 NG N 13 ff.; HANS MARTI [1989], 52). Demgegenüber hat das Bundesgericht befunden, dass eine kantonale Vorschrift zulässig sei, wonach für die öffentliche Beurkundung von Verträgen, die zu einer Übertragung von Grundeigentum führen, nur Urkundspersonen am Ort der gelegenen Sache zuständig seien (BGE 113 II 501, E. 3b).

- Mit Art. 70 Abs. 2 FusG besteht eine spezielle Zuständigkeitsregelung für *Vermögensübertragungen nach Art. 69 ff. FusG.* Nach dieser Bestimmung genügt eine einzige öffentliche Urkunde auch dann, wenn die von der Vermögensübertragung betroffenen Grundstücke in verschiedenen Kantonen liegen. Zuständig ist eine Urkundsperson am Sitz des übertragenden Rechtsträgers.

Die öffentliche Urkunde besteht normalerweise aus Papier und enthält immer einen *Text*, d.h. einen mit dem Mittel der Sprache zum Ausdruck gebrachten gedanklichen Inhalt (CHRISTIAN BRÜCKNER [1993], N 1331 ff.). 816

Sie kann zusätzlich auch *nichtverbale Teile* umfassen, z.B. mathematische Formeln oder Pläne und Zeichnungen, wo solche als die zweckmässige Form zur Mitteilung des Parteiwillens erscheinen. Pläne und Zeichnungen sind namentlich bei Mutationen (Änderung von Grundstücksflächen) zweckmässig, ferner bei der Errichtung von Dienstbarkeiten auf einem Teil eines Grundstücks, schliesslich beim Stockwerkeigentum vor Errichtung des Gebäudes, wo eine grafische Darstellung der einzelnen Stockwerke, d.h. ein Plan, unabdingbar ist. 817

Mit der Errichtung einer öffentlichen Urkunde wird sogenannter *öffentlicher Glaube* geschaffen. Das bedeutet: Die öffentliche Urkunde erbringt den vollen *Beweis* der darin enthaltenen Tatsachen-Behauptungen, solange nicht deren Unrichtigkeit nachgewiesen ist (CHRISTIAN BRÜCKNER [1993], N 2 ff.). Diese Beweiskraft der öffentlichen Urkunde ist durch den Gesetzgeber in Art. 9 ZGB angeordnet. Kraft gesetzlicher Anordnung ist die öffentliche Urkunde von den Teilnehmern des Rechtsverkehrs *als wahr zu akzeptieren*. Dass die Urkunde tatsächlich wahr *ist,* ist damit nicht gesagt. Der Beweis ihrer Unwahrheit steht jedermann frei. Auch das ergibt sich aus Art. 9 ZGB. 818

Die gesetzlich angeordnete Wahrheitsgeltung öffentlicher Urkunden erstreckt sich sodann nur auf jene Inhalte, die den Charakter von Tatsachen-Behauptungen haben, also nicht auf Werturteile, Fragestellungen, Aufzählungen von Alternativen und dergleichen. 819

Die Wahrheitsgeltung erstreckt sich schliesslich nur auf jene Tatsachen-Behauptungen, *zu deren Belegung das Gesetz die öffentliche Beurkundung ver-* 820 *langt,* nicht auf weitere Tatsachen-Behauptungen, die freiwillig in die Urkunde hineingeschrieben werden. Beispiel: Der Grundstückkauf ist beurkundungsbedürftig, weil der Gesetzgeber will, dass die Parteien die wesentlichen Vertragselemente mit notarieller Hilfe vollständig und klar festlegen und formulieren. Also muss der Parteiwille bezüglich des verkauften Grundstücks und des Preises in der Urkunde enthalten sein. Der beurkundete Parteiwille gilt als wahr. Die Urkunde beweist die Tatsache, dass die Parteien das in der Urkunde genannte Grundstück zum genannten Preis verkaufen wollten. Hingegen dient die Kaufsurkunde nicht dazu, die Eigenschaften des verkauften Grundstücks zu beweisen. Bezüglich des Flächenmasses, der Überbauung und der Hausnummer erbringt die Kaufsurkunde keinen Beweis, auch wenn diese Dinge in der Urkunde erwähnt sind. Bei unrichtigen Angaben zu solchen Punkten entsteht allenfalls der Verdacht, dass sich die Parteien beim Vertragsschluss über wichtige Punkte geirrt haben.

821 Die öffentlichen Urkunden haben insbesondere bei den Ämtern, bei denen sie eingereicht werden, nämlich beim Grundbuchamt und beim Handelsregisteramt, *Belegwirkung* (ARTHUR MEIER-HAYOZ [BK 1974], Art. 657 N 3 f.). Die öffentlichen Urkunden belegen den Parteiwillen in einer Form, die es der Amtsstelle erlaubt, anschliessend die Registereinträge vorzunehmen (CHRISTIAN BRÜCKNER [1993], N 240 ff.).

822 Äusserlich sichtbares Zeichen der amtlichen Beurkundungstätigkeit ist die Beisetzung der Notar-Unterschrift und des Amtssiegels der Urkundsperson unter der Urkunde (CHRISTIAN BRÜCKNER [1993], N 1258 ff.). Wenn die Urkundsperson nicht in amtlicher Funktion tätig ist, darf sie das Siegel nicht verwenden.

823 Das Beurkundungswesen beruht rechtlich in der Schweiz auf drei Säulen (vgl. CHRISTIAN BRÜCKNER [1993], N 5 ff.), nämlich

- auf dem Zivilrecht des Bundes (ZGB und OR): Diese beiden Bundesgesetze legen fest, welche Geschäfte beurkundungsbedürftig sind. Sie legen auch fest, in welchem Umfang beurkundungsbedürftige Geschäfte notariell beurkundet werden müssen, um wirksam zu sein («Umfang des Formzwangs»). Das Bundesrecht enthält sodann in Art. 55 SchlT ZGB die Delegation an die kantonalen Gesetzgeber, das Beurkundungsverfahren und die Organisation des Notariats zu regeln;
- auf den kantonalen und einigen wenigen bundesrechtlichen Vorschriften über das Beurkundungsverfahren;
- auf den kantonalen Vorschriften über die Organisation des Notariats.

Die kantonalen Vorschriften zum Beurkundungsverfahren und zur Organisation des Notariats sind heute in den meisten Kantonen in den Notariatsgesetzen niedergelegt.

824

Die Teilung der Gesetzgebungszuständigkeit auf zwei verschiedene Instanzen, nämlich auf die Kantone bezüglich des Beurkundungsverfahrens und auf den Bund bezüglich der Umschreibung der beurkundungsbedürftigen Geschäfte und des Umfangs des Formzwangs, hat in der Schweiz zu einer beurkundungsrechtlichen Begrifflichkeit geführt, die für Personen aus dem Ausland, auch ausländische Juristen und Gerichte, schlechterdings unverständlich ist. In der Schweiz wurde der Begriff der «Entstehung der öffentlichen Urkunde» entwickelt, um die Frage zu beantworten, ob eine Urkunde in Übereinstimmung mit den kantonalen Verfahrens- und Formvorschriften erstellt worden ist. Die korrekt erstellte Urkunde ist eine «entstandene» öffentliche Urkunde. Damit ist aber die Frage noch nicht beantwortet, ob die Urkunde alle Elemente des Geschäftes enthält, die nach Bundesrecht beurkundet sein müssen. Fehlt beispielsweise in einer nach kantonalem Recht korrekt erstellten Urkunde über einen Grundstückkauf die Angabe des Preises, so ist zwar die öffentliche Urkunde «entstanden», der Kaufvertrag aber von Bundesrechts wegen nicht gültig abgeschlossen worden. – Da in den umliegenden Ländern die Gesetzgebung für Vertragsrecht und Beurkundungsrecht einheitlich bei den nationalen Gesetzgebern, nicht bei den Bundesländern liegt, beschränkt sich dort die Fragestellung darauf, ob das Geschäft gültig beurkundet wurde. Die Vorfrage nach der «Entstehung der öffentlichen Urkunde» wird im Ausland weder gestellt noch verstanden.

825

Zurzeit ist eine vom Bundesamt für Justiz angestossene Revision des Schlusstitels des ZGB im Gange. Das Bundesamt für Justiz möchte die elektronische öffentliche Urkunde sowie die generelle Urkundenfreizügigkeit in der ganzen Schweiz einführen und ausserdem wesentliche Elemente des Beurkundungsverfahrens aus der Gesetzgebungskompetenz der Kantone herausnehmen und bundesrechtlich regeln. Wann und in welchem Umfang eine solche Revision des ZGB stattfindet und in Kraft tritt, ist heute nicht absehbar.

826

II. Arten öffentlicher Urkunden

Es gibt zwei Hauptkategorien öffentlicher Urkunden, wobei die zweite Hauptkategorie in zwei Unterkategorien zerfällt. Die erste Hauptkategorie ist die *Beurkundung von Willenserklärungen,* die zweite Hauptkategorie ist diejenige der *Sachbeurkundungen.* Die Sachbeurkundungen werden unterteilt in die

827

Beurkundung von *Vorgängen* einerseits, die Beurkundung *bestehender Rechtstatsachen* andererseits (vgl. CHRISTIAN BRÜCKNER [1993], N 678 ff.; HANS MARTI [1989], 25).

A. Beurkundung von Willenserklärungen

828 Unter die Urkunden-Kategorie der Willenserklärungen fallen die Beurkundungen von Verträgen, insbesondere von Grundstückkaufverträgen, Dienstbarkeitsverträgen, Grundpfanderrichtungs-Verträgen, ferner die Beurkundung von Stiftungs-Errichtungen und von letztwilligen Verfügungen (Testamenten), schliesslich von Ehe- und Erbverträgen (vgl. CHRISTIAN BRÜCKNER [1993], N 2084 ff.; HANS MARTI [1989], 26). Bei diesen Beurkundungen ermittelt die Urkundsperson den wirklichen Willen der erklärenden Personen. In die Urkunde dürfen nur Erklärungen Eingang finden, die nach der Überzeugung der Urkundsperson dem wirklichen Willen der Erklärenden entsprechen. Hat die Urkundsperson Anhaltspunkte dafür, dass eine Erklärung nicht ernst gemeint oder bewusst unrichtig abgegeben wird, indem z.B. ein anderer Grundstückkaufpreis als der von den Parteien wirklich gewollte genannt wird, so darf sie die Beurkundung nicht vornehmen.

B. Sachbeurkundungen

829 Bei den Sachbeurkundungen unterscheidet man zwischen Beurkundung von Vorgängen (vgl. CHRISTIAN BRÜCKNER [1993], N 2689 ff.; HANS MARTI [1989], 28) und der Beurkundung von bestehenden Rechtstatsachen (vgl. CHRISTIAN BRÜCKNER [1993], N 3052 ff.; HANS MARTI [1989], 27).

830 Die häufigste *Beurkundung eines Vorgangs* ist die Beurkundung von Generalversammlungsbeschlüssen und gewissen Verwaltungsratsbeschlüssen von Aktiengesellschaften. Bei der Beurkundung von Versammlungen und Versammlungsbeschlüssen spricht man häufig von «Protokollierung». Zwar werden auch an Versammlungen Willenserklärungen geäussert, z.B. Anträge gestellt und Abstimmungsvoten abgegeben, aber die öffentlich beurkundeten Protokolle haben hier nicht den Anspruch, den wirklichen inneren Willen der Votanten wiederzugeben, sondern nur ihr äusserlich wahrnehmbares Sprech- und Abstimmungsverhalten während der Versammlung. Insofern unterscheidet sich die Protokollierung von Vorgängen von der Beurkundung vertraglicher Willenserklärungen. Die Beurkundung von Vorgängen spielt im Grundbuchnotariat keine Rolle.

Die häufigste *Beurkundung von bestehenden Rechtstatsachen* (auch *Rechtsla-* 831
genbescheinigung oder *Feststellungsbeurkundung* genannt) ist die Erbgangsbeurkundung (N 2119 ff.). Sie belegt den Tod eines Grundeigentümers und die Identität seiner Erben, beispielsweise mit den Worten: «Hiermit wird beurkundet, dass X, Eigentümer des Grundstücks Y, am Datum D gestorben ist und die Erben A, B und C hinterlassen hat. – Datum, Unterschrift und Siegel der Urkundsperson».

Weitere Beispiele für diese Urkunden-Kategorie sind die meisten Beglaubigungen. 832

C. Vermerkbeurkundungen (Beglaubigungen)

Bei den Beglaubigungen handelt es sich um *Vermerkbeurkundungen,* d.h. um 833
Vermerke, die von der Urkundsperson auf einem bestehenden Dokument beigefügt werden. Die beiden häufigsten Vermerkbeurkundungen sind die *Unterschriftsbeglaubigungen* und die *Kopienbeglaubigungen* (vgl. CHRISTIAN BRÜCKNER [1993], N 3213 ff.).

Bei der *Unterschriftsbeglaubigung* bezeugt die Urkundsperson die Echtheit 834
einer Unterschrift, d.h. die Tatsache, dass die auf einem Dokument vorhandene Unterschrift von der in der Beglaubigung angegebenen Person beigesetzt wurde.

Bei *Firmenunterschriften* muss die Beglaubigung auch die Zeichnungsbefugnis 835
der unterzeichnenden natürlichen Personen bezeugen.

Bei der *Kopienbeglaubigung* bezeugt die Urkundsperson, dass eine Fotoko- 836
pie die getreue Kopie des der Urkundsperson vorliegenden Originals ist. (Die Beglaubigung von handgefertigten Abschriften – was von der Urkundsperson einen sorgfältigen Textvergleich erfordert – ist in manchen Notariatserlassen erwähnt, gehört aber weitgehend der Vergangenheit an. Für den Ausnahmefall der Kopien von Nicht-Originalen gelten besondere Regeln.)

§ 28 Öffentliche Beurkundung bei Grundstücksgeschäften

I. Umfang des Formzwangs

A. Grundsatz

837 Im Bereich der Grundstücksgeschäfte schreibt der Bundesgesetzgeber die öffentliche Beurkundung dann vor, wenn ein Grundeigentümer sein Eigentum oder einzelne daraus fliessende Befugnisse preisgibt (so insb. Art. 657 ZGB). Das Erfordernis der öffentlichen Beurkundung ist im Wesentlichen zu verstehen als ein Schutz des Grundeigentümers vor leichtfertiger Preisgabe seines Eigentums (ARTHUR MEIER-HAYOZ [BK 1974], Art. 657 N 2 ff.; CHRISTIAN BRÜCKNER [2010], 3).

838 Dieser besondere Schutz des Grundeigentümers ist historisch begründet. Zu früheren Zeiten galten nur jene Personen als Vollbürger und freie Mitglieder der Gesellschaft, die Grundeigentum besassen. Wer kein eigenes Land hatte, war Knecht oder Magd. In solchen Gesellschaftsordnungen war die Preisgabe von Grundeigentum demzufolge mit sozialem Abstieg und mit gravierenden Konsequenzen für die betreffende Person und ihre Familie verbunden. Solche gravierenden Schritte sollte nur tun, wer die Sache reiflich überlegt hatte. Das Erfordernis der öffentlichen Beurkundung schützte vor übereiltem Handeln (CHRISTIAN BRÜCKNER [1993], N 288 ff.).

839 Bei der Übertragung von Grundeigentum etwa durch Kauf, Tausch und Schenkung ist meist das *ganze* Geschäft unter Einbezug aller Parteien und aller wesentlichen Vertragspunkte beurkundungsbedürftig (ERNST A. KRAMER/ BRUNO SCHMIDLIN [BK 1986], Art. 11 N 92 ff.; ARTHUR MEIER-HAYOZ [BK 1974], Art. 657 N 84 ff.; CHRISTIAN BRÜCKNER [2010], 7 ff.). Bei allen übrigen Grundstücksgeschäften unterliegen nur die Erklärungen des Grundeigentümers dem Formzwang, und dies nur insoweit als sie die Preisgabe oder Einschränkung von Eigentümerbefugnissen zum Gegenstand haben (CHRISTIAN BRÜCKNER [2010], 4).

840 So wird bei der Errichtung von Grundpfandrechten gemäss der Praxis mancher deutschschweizerischer Kantone nur jene Vertragspartei ins Beurkundungsverfahren einbezogen, die ihr Grundeigentum belastet, und es werden nur ihre diesbezüglichen Willenserklärungen beurkundet, während die Gegenpartei am Beurkundungsverfahren nicht teilnimmt und ihre vertraglichen Leistungsversprechen in einfacher Schriftform oder mündlich abgibt (vgl.

N 1710; ferner PAUL-HENRI STEINAUER [ZK 2015], Art. 857 N 101 ff.; DAVID DÜRR [ZK 2009], Art. 799 N 231 ff.).

Bei der Errichtung von Dienstbarkeiten pflegen beide Parteien am Beurkundungsverfahren teilzunehmen, aber die Leistungsversprechen beider Parteien nicht mit gleicher Vollständigkeit beurkundet zu werden. Vollständig und genau müssen nur die Erklärungen der Eigentümerin beurkundet werden, soweit sie auf die Belastung ihres Eigentums gerichtet sind. Allfällige Gegenleistungen der Dienstbarkeitsberechtigten werden nicht notwendigerweise beurkundet. 841

B. Anwendungsbereich des Grundsatzes

Der Gesetzgeber hat den Kerngedanken des Übereilungsschutzes des Grundeigentümers bezüglich der Preisgabe von Rechten weitestgehend konsequent umgesetzt. 842

So bedarf nach der Basisnorm von Art. 657 ZGB jeder Vertrag auf *Eigentumsübertragung an einem Grundstück* der öffentlichen Beurkundung. 843

Beurkundungsbedürftig ist der *Kauf* (Art. 216 Abs. 1 OR), der *Tausch* (Art. 237 i.V.m 216 Abs. 1 OR), die *Schenkung* (Art. 243 Abs. 2 OR) und die *Vermögensübertragung* (Art. 70 Abs. 2 FusG), sofern bei diesen Geschäften Grundstücke im Sinne von Art. 655 Abs. 2 ZGB übertragen werden. Dasselbe gilt für die Sacheinlage. Ebenfalls beurkundungsbedürftig sind nach Art. 22 und Art. 216 Abs. 2 OR die entsprechenden *Vorverträge* (LORENZ STREBEL/HERMANN LAIM [BSK 2015], Art. 657 N 10 ff.; ARTHUR MEIER-HAYOZ [BK 1974], Art. 657 N 14 ff.; ROBERT HAAB [ZK 1977], Art. 657 N 4; PAUL-HENRI STEINAUER [Bd. II 2012], N 1547). 844

Nicht beurkundungsbedürftig ist hingegen – und hierin liegt eine Inkonsequenz – die nachträgliche Aufhebung eines solchen Vertrags durch Übereinkunft zwischen den Vertragsschliessenden oder der Verzicht auf einzelne vertraglich vereinbarte Rechte. Als Beispiel denke man an die Grundstücksverkäuferin, die nachträglich auf einen Teil des Kaufpreises verzichtet. Dieser Verzicht erschwert ihre Situation, ohne dass sie bezüglich dieser Erschwernis des Übereilungsschutzes durch ein Beurkundungsverfahren teilhaftig wird. Sie kann den Kaufpreisrabatt gemäss Art. 115 OR nachträglich jedoch formlos erteilen (teilweise a.M. BGE 78 II 221, E. 1.c; ERNST A. KRAMER/BRUNO SCHMIDLIN [BK 1986], Art. 11 N 103 ff.; ARTHUR MEIER-HAYOZ [BK 1974], Art. 657 N 86; PIERRE CAVIN [SPR 1977], 131, Anm. 15). Ebenso bedarf gemäss 845

Art. 12 OR die vollständige nachträgliche Aufhebung eines beurkundungsbedürftigen Vertrages durch Übereinkunft zwischen den Vertragsschliessenden keiner besonderen Form (BGer 4A_49/2008 vom 9.4.2008, E. 2).

846 Wenn der Grundeigentümer einem Dritten Kaufs-, Rückkaufs- oder Vorkaufsrechte einräumt, so gibt er Teilbefugnisse aus seinem Eigentumsrecht preis. Die in Art. 216 OR geforderte öffentliche Beurkundung ist systemkonform. Auch die Ausnahme des Dispenses von der öffentlichen Beurkundung beim unlimitierten Vorkaufsrecht ist verständlich, wenn man annimmt, der Gesetzgeber habe ein unlimitiertes Vorkaufsrecht als nicht belastend betrachtet.

847 Das Beurkundungserfordernis besteht sodann für die *Errichtung von Dienstbarkeiten* (Art. 732 Abs. 1 und 779a Abs. 1 ZGB) *und von Grundpfändern* (Art. 799 Abs. 2 ZGB). In beiden Fällen gibt der Grundeigentümer bestimmte Befugnisse preis, die ihm wegen seines Grundeigentums bisher zustanden. Hingegen ist die *nachträgliche Aufhebung* solcher Dienstbarkeiten und Pfandrechte nicht beurkundungsbedürftig, weil hier die Dinge in der Gegenrichtung bewegt werden: Dem Grundeigentümer wachsen gewisse Befugnisse wieder zu. Nur die Eigentümer sind Schützlinge des Formzwangs, nicht die Dienstbarkeitsberechtigten und Grundpfandgläubiger. Der Verzicht auf das Formerfordernis entspricht Art. 115 OR, wonach ein Rechtsgeschäft ganz oder teilweise formlos aufgehoben werden kann, auch wenn zu seiner Begründung eine Form zu beachten war.

848 Beurkundungsbedürftig sind *nachträgliche Änderungen von Pfandrechten,* wenn sie zu einer Mehrbelastung des Grundeigentümers führen, nicht jedoch, wenn sie zu einer Entlastung des Grundeigentümers führen (HANS LEEMANN [BK 1925], Art. 799 N 52 ff.; DAVID DÜRR [ZK 2009], Art. 799 N 274 ff.). Dasselbe gilt für die *nachträglichen Änderungen von Dienstbarkeiten* (BETTINA HÜRLIMANN-KAUP [2012], 34 f.; JÜRG SCHMID [ZBGR 2012], 155).

849 *Änderungen an selbständigen und dauernden Baurechten,* die ihrerseits unter den Begriff des Grundstücks gemäss Art. 655 Abs. 2 ZGB fallen, sind demgegenüber meist eine Belastung des einen oder anderen Grundeigentümers, d.h. des Eigentümers der Bodenparzelle oder des Eigentümers des Baurechts. Sie sind grundsätzlich immer beurkundungsbedürftig. Das Gesagte ist insofern zu präzisieren, als nur Änderungen am dinglichen Inhalt des Baurechtsverhältnisses, insbesondere bezüglich der Dienstbarkeitsfläche, beurkundungsbedürftig sind, nicht aber Änderungen nicht im Grundbuch vorgemerkter obligatorischer Absprachen wie etwa solche, die den Baurechtszins betreffen.

§ 28 Öffentliche Beurkundung bei Grundstücksgeschäften

Wenn Miteigentümer auf ihr *gesetzliches gegenseitiges Vorkaufsrecht verzichten* oder es ändern, dann geben sie eine aus ihrem Miteigentum fliessende Befugnis preis. Dieser Vorgang ist beurkundungsbedürftig (Art. 680 Abs. 2 ZGB). Dasselbe gilt für die Änderung und Aufhebung des gesetzlichen Vorkaufsrechts in Baurechtsverhältnissen. 850

Desgleichen ist die Reaktivierung des Miteigentümer-Vorkaufsrechts im Stockwerkeigentumsverhältnis beurkundungsbedürftig, weil dieses Vorkaufsrecht jeden einzelnen Stockwerkeigentümer (auch) belastet. Dass die Belastung mit einem Vorteil in umgekehrter Richtung verbunden ist, spielt keine Rolle. 851

Ob spätere *Änderungen am Stockwerkeigentumsverhältnis* beurkundungsbedürftig sind, beurteilt sich wiederum nach der Frage, ob einzelne oder alle Stockwerkeigentümer gewisse Eigentümerbefugnisse preisgeben. Keine Rolle kann spielen, ob sie als Gegenleistung gleichwertige oder sogar höherwertige Befugnisse zugeteilt erhalten. Denn die Frage der Beurkundungsbedürftigkeit kann nicht abhängen von der oft unklaren oder kontroversen Beurteilung, ob die Preisgabe von Eigentümerbefugnissen auf der einen Seite und die dagegen eingetauschten Vorteile auf der andern Seite gleichwertig sind. So hängt auch beim Grundstückkauf oder -tausch die Beurkundungsbedürftigkeit nicht davon ab, ob der Grundeigentümer, der sein Eigentum preisgibt, hierfür eine gleichwertige Gegenleistung empfängt. Der Übereilungsschutz soll dem Grundeigentümer zuteil werden unabhängig davon, ob er bei der Preisgabe von Rechten ein gutes oder schlechtes Geschäft macht und ob er dabei vernünftig oder unvernünftig handelt. Das Beurkundungserfordernis will ihn nicht vom rechtsgeschäftlichen Handeln abhalten. Er darf durchaus Rechte an Grundstücken preisgeben, auch zu ungünstigen Konditionen. Bloss soll er es aufgrund reiflicher Überlegung, nicht übereilt tun. 852

Bei nachträglichen *Quotenänderungen im Mit- oder Stockwerkeigentum* wird immer (auch) auf Rechte an Grundeigentum verzichtet. Also braucht es die öffentliche Beurkundung. 853

Das Gleiche gilt für Absprachen, durch die im *Sonderrecht* stehende Gebäudeteile verkleinert oder ausgetauscht werden. Die aus dem Stockwerkeigentum fliessende Rechtsposition umfasst nicht nur die Miteigentumsquote, sondern auch das Sonderrecht. Der Stockwerkeigentümer, der dieses Sonderrecht ganz oder teilweise preisgibt, verdient den Schutz der öffentlichen Beurkundung. Dabei spielt es keine Rolle, ob die Preisgabe zugunsten eines anderen Stockwerkeigentümers oder zur Vergrösserung der gemeinschaftlichen Teile erfolgt. Die Vergrösserung des gemeinschaftlichen Treppenhauses bei gleichzeitiger 854

Verkleinerung der im Sonderrecht stehenden Räume ist eine beurkundungsbedürftige Preisgabe von Befugnissen des betroffenen Stockwerkeigentümers.

855 Anders ist es bei der Begründung und der Aufhebung reglementarischer Sondernutzungsrechte (beispielsweise von individuell zugeordneten Benutzungsrechten am gemeinschaftlichen Garten der Stockwerkeigentums-Liegenschaft). Da der reglementarisch zur Sondernutzung Berechtigte ein bloss reglementarisches Recht erhält, ist er diesbezüglich nicht in einer Eigentümerposition. Solche nicht eigentumsgleichen Rechte an Grundstücken können ohne den Schutz des Beurkundungsverfahrens begründet, geändert und aufgehoben werden.

C. Beurkundungsbedürftige Elemente bei Grundstücksgeschäften

856 Dem Formzwang unterliegen in erster Linie die objektiv begriffswesentlichen Vertragspunkte (ERNST A. KRAMER/BRUNO SCHMIDLIN [BK 1986], Art. 11 N 99).

857 Bei den Grundstücksgeschäften, die die *Übertragung von Eigentumsrechten* zum Inhalt haben, sind dies das betroffene Grundstück und die Gegenleistung (ARTHUR MEIER-HAYOZ [BK 1974], Art. 657 N 84); ferner alle Bestimmungen, welche die Leistung und Gegenleistung präzisieren oder die Leistungspflicht bekräftigen (ROBERT HAAB [ZK 1977], Art. 657 N 17), wozu etwa die Vereinbarungen über die Bezahlung des Kaufpreises, das Versprechen einer Konventionalstrafe oder eines Reuegelds zählen (ARTHUR MEIER-HAYOZ [BK 1974], Art. 657 N 85; ferner CHRISTIAN BRÜCKNER [1993], 2500 ff.).

858 Bei Grundstücksgeschäften, die eine *Belastung des Eigentumsrechts* zum Inhalt haben, unterliegen dem Formzwang die Bezeichnung des von der Belastung betroffenen Grundstücks sowie die Art und der Umfang der Belastung (z.B. die dinglich wirkende Dienstbarkeitslast, Art und Höhe des Grundpfandrechts; Inhalt und Umfang des vorgemerkten persönlichen Rechts etc.). Demgegenüber unterlegt bei diesen Geschäften eine zwischen den Parteien vereinbarte Gegenleistung nicht dem Beurkundungszwang (PETER LIVER [ZK 1980], Art. 732 N 44; PAUL-HENRI STEINAUER [Bd. II 2012], N 2229; BGer 5A.171/2008 vom 13.5.2008, E. 3.2; a.M. BETTINA HÜRLIMANN-KAUP [2012], 30; NICOLAS JEANDIN [2012], 118 ff.).

II. Keine Beurkundungsbedürftigkeit personeller Änderungen in Gesamthandsverhältnissen

Da Gesamthandsgemeinschaften ihr Grundeigentum kollektiv halten, gelten der Eintritt und das Ausscheiden von Mitgliedern nicht als Verfügungen über Grundeigentum, sondern als personeller Wechsel im Mitgliederbestand. Solche Wechsel sind nicht beurkundungsbedürftig, obwohl in einer wirtschaftlichen Betrachtungsweise Grundeigentum verschoben wird. Auch Vertragsänderungen, bei denen Gesellschafter ihre Beteiligungsquoten an Vermögen, Gewinn und Verlust der Gesellschaft verändern, bedürfen bezüglich des Grundbesitzes der Gesellschaft keiner öffentlichen Beurkundung (ARTHUR MEIER-HAYOZ [BK 1991], Art. 652 N 72 ff.; ROLAND PFÄFFLI [ZBGR 2007], 411; STEPHAN WOLF [ZBGR 2000], 6 f.; BEAT BRÄM [Diss. 1997], 67). 859

III. Verpflichtungs- und Verfügungsgeschäft – nur ein einziges Mal beurkundungsbedürftig

Wo die Preisgabe von Grundeigentum in den beiden Schritten eines Verpflichtungs- und eines anschliessenden Verfügungsgeschäftes erfolgt (z.B. Abschluss des Kaufvertrags; zu einem späteren Zeitpunkt erteilte Eintragungsbewilligung des Verkäufers an das Grundbuchamt), ist nur das Verpflichtungsgeschäft beurkundungsbedürftig. Die Eintragungsbewilligung kann, wenn sie nicht bereits in der notariell gefertigten Kaufurkunde enthalten ist, später in einfacher Schriftform erteilt werden. Das gesetzliche Ziel des Übereilungsschutzes wird erreicht, wenn der Grundeigentümer anlässlich des Verpflichtungsgeschäftes von einer Urkundsperson begleitet ist. 860

§ 29 Das Beurkundungsverfahren

Im Folgenden wird das Beurkundungsverfahren dargestellt, soweit es sich auf die Beurkundung von Grundstückkaufverträgen und anderen Verträgen des Liegenschaftsverkehrs bezieht. 861

I. Vorbereitung

Die Urkundsperson nimmt von den Parteien deren Geschäftswillen entgegen (CHRISTIAN BRÜCKNER [1993], N 1671 ff.; PETER RUF [1995], N 1376 ff.). Dies geschieht auf dem Korrespondenzweg oder mündlich über das Telefon oder in 862

Besprechungen. Die Parteien teilen der Urkundsperson mit, was sie machen wollen. Bei Grundstückkäufen und bei der Errichtung von Grundpfändern kann die Klienteninstruktion summarisch erfolgen. Bei den Grundpfändern kommt sie meist von der kreditgebenden Bank, d.h. vom künftigen Grundpfandgläubiger.

863 Für einen Grundstückkauf genügt es als Instruktion, dass die Parteien (oder eine von ihnen) der Urkundsperson telefonisch mitteilen, welches Grundstück verkauft wird und welches der Preis sein soll. Individuelle Angaben gibt es ausserdem fast immer bezüglich der Terminierung des Leistungsaustauschs (Zeitpunkte für die Bezahlung des Kaufpreises, die Grundbuchanmeldung und den Antritt des Grundstücks mit Nutzen und Gefahr durch den Käufer). Für alle übrigen Vertragsbestimmungen werden oft Standardformulierungen verwendet, die die Urkundsperson ihrer Mustersammlung entnimmt.

864 Als nächstes verfasst die Urkundsperson den Entwurf der öffentlichen Urkunde (Christian Brückner [1993], N 1830 ff.) und stellt diese gleichzeitig beiden Parteien zu mit der Bitte um Stellungnahme. Entweder sind die Parteien mit dem Entwurf einverstanden oder sie verlangen Änderungen. Die Urkundsperson ändert den Entwurf gemäss den übereinstimmenden Begehren der Parteien.

865 Sobald der Entwurf zu einer Fassung gediehen ist, mit der beide Parteien einverstanden sind, kann der Beurkundungsvorgang durchgeführt werden.

866 Professionelle Teilnehmer am Liegenschaftsverkehr und anwaltlich begleitete Parteien erteilen die Instruktion an die Urkundsperson zuweilen durch Übersendung eines vollständig ausformulierten Vertragsentwurfs. In solchen Fällen obliegt der Urkundsperson die Prüfung, ob der Entwurf keine wesentlichen Lücken oder Widersprüche enthält und ob er grundbuchlich eintragungsfähig ist. Denn eine Kernverantwortung der Urkundsperson liegt in der Gewährleistung eintragungsfähiger Rechtsgrundausweise, auch und gerade wenn die Entwürfe von Anwälten vorbereitet werden, die mit den Gebräuchen des zuständigen Grundbuchamtes nicht vertraut sind. Stammen ausformulierte Entwürfe von der einen Partei, so muss die Urkundsperson aufgrund ihrer Unparteilichkeitspflicht auch dafür sorgen, dass die Gegenpartei, die an der Redaktion des Entwurfs nicht beteiligt war, den Entwurf in vollem Umfange richtig versteht.

II. Beurkundungsvorgang

A. Überblick

Damit eine rechtlich wirksame öffentliche Urkunde entsteht, muss der Beurkundungsvorgang nach bestimmten Regeln durchgeführt werden. Diese lassen sich folgendermassen zusammenfassen: 867

Der Urkundenentwurf wird in gleichzeitiger Anwesenheit aller Parteien und der Urkundsperson ohne wesentliche Unterbrechung gelesen, von den Parteien genehmigt und allseits unterzeichnet. Der Urkundenentwurf muss auch dann gelesen werden, wenn die Parteien sich vorgängig intensiv damit befasst haben und den Inhalt genau kennen. Die Lesung dient der nochmaligen Bewusstmachung des Inhalts in den Köpfen der Parteien und zugleich der Kontrolle, ob der zur Unterzeichnung gelangende Text vollständig und richtig wiedergibt, was die Parteien miteinander ausgehandelt und an die Urkundsperson mitgeteilt hatten. 868

B. Ort

Ort der Beurkundung ist meist ein Raum in der Kanzlei der Urkundsperson (CHRISTIAN BRÜCKNER [1993], N 1870 ff.). Der Raum muss während der Beurkundung so geschlossen sein, dass Dritte nicht mithören können. Nur ausnahmsweise geht die Urkundsperson zu einer Beurkundung an einen Ort ausserhalb ihrer Kanzlei, wo eventuell auch die Abschottung gegen Lärm und der Ausschluss Dritter nur unvollständig durchsetzbar sind, wie etwa im Spitalzimmer einer bettlägerigen Partei. In jedem Fall muss dieser Ort innerhalb des Kantons liegen, von dem die Urkundsperson die Beurkundungsbefugnis verliehen erhielt. 869

C. Ermittlung der Identität der Parteien und ihrer Vertreter

Spätestens zu Beginn des Beurkundungsvorgangs muss die Urkundsperson die sogenannte *Identität jeder Partei* ermitteln (PETER RUF [1995], N 1380 ff.). Darunter werden jene Personalangaben verstanden, die zur administrativen Identifizierung der Person und als Grundlage für den Eintrag in das Grundbuch (N 945) dienen, also insbesondere der Name (Vor- und Familienname), das Geburtsdatum, der Wohnort und der Bürgerort (bei Ausländern die Nationalität statt eines Bürgerorts). Der im Ausland zuweilen anzugebende Geburtsort wird im schweizerischen Beurkundungswesen nicht ermittelt. 870

Siebtes Kapitel: Öffentliche Beurkundung

871 Ausserdem muss die Identität aller weiteren natürlichen Personen ermittelt werden, die am Beurkundungsvorgang Erklärungen abgeben, d.h. der allfälligen Stellvertreter von Parteien und der Organe juristischer Personen.

872 Die bei der Identitätsermittlung von juristischen Personen festzuhaltenden Angaben umfassen den Namen oder die Firma, die Unternehmens-Identifikationsnummer oder die ausländische Firmennummer und den Ort (d.h. die Gemeinde) ihres Hauptsitzes (vgl. N 989, 1030, 1052 und 1061).

873 Die Ermittlung der Identität natürlicher Personen geschieht durch Einsichtnahme in ein amtliches Ausweispapier mit Foto und Unterschrift der Ausweisträgerin.

874 Wenn die Urkundsperson die Klientin bereits kennt, gibt es nichts zu ermitteln. Da aber die Personalien und ein amtliches Ausweispapier in der Urkunde anzugeben sind, müssen auch solche Klientinnen den Pass oder die Identitätskarte mitbringen.

875 Die Urkundsperson oder eine ihrer Hilfspersonen fertigt von den relevanten Seiten des Ausweispapiers eine Fotokopie an, die im Dossier der Urkundsperson verbleibt.

876 Die Ausweisprüfung kann von der Urkundsperson selber oder von einer ihrer Hilfspersonen vorgenommen werden. Sie kann während des Beurkundungsvorgangs oder schon vorher vorgenommen werden. Die Modalitäten der Ausweisprüfung werden in der Urkunde nicht erwähnt. Auch muss das von der Urkundsperson eingesehene Ausweispapier in der Urkunde nicht konkret beschrieben werden. Die Angabe «ausgewiesen durch ein amtliches Ausweispapier» genügt.

877 Die Urkundsperson darf abgelaufene Ausweispapiere akzeptieren, wenn an der Echtheit des Ausweises kein Zweifel besteht, insbesondere, wenn ein glaubhafter Grund angegeben wird, weshalb die Klientin über kein gültiges Ausweispapier mehr verfügt. Ein solcher Grund kann bei betagten Klientinnen darin liegen, dass wegen fortgeschrittener Immobilität keine Auslandreisen mehr möglich sind und damit der Bedarf an einem Pass oder einer Identitätskarte entfällt.

878 In der Urkunde ist lediglich das Ausweispapier anzugeben (z.B. «Pass») und in einzelnen Kantonen zusätzlich die Nummer des Ausweispapiers (z.B. «Pass Nr. X00 175 332»). Nicht anzugeben ist die ausfertigende Stelle und die Laufzeit des Ausweises.

«Vor mir, dem Notar N, sind erschienen X, ausgewiesen durch seinen Pass Nr. ..., und Y, ausgewiesen durch ihre Identitätskarte Nr. ...»

Bei Personen, die der Urkundsperson bereits bekannt sind, darf die Urkundsperson auf ihr bestehendes eigenes Wissen abstellen und in der Urkunde schreiben: 879

«Vor mir, dem Notar, ist erschienen der mir persönlich bekannte X (Ausweispapier: Pass Nr. ...)»

Ausweispapiere ohne Foto und Unterschrift (wie etwa der Familienausweis und das Dienstbüchlein) genügen nicht. Auch AHV-Ausweis, Bahnabonnemente und Mitgliederausweise privater Organisationen genügen nicht. 880

D. Gleichzeitige Anwesenheit aller Parteien; Sukzessivbeurkundung

Die gleichzeitige Anwesenheit aller Parteien oder ihrer Vertreter oder Stellvertreter und der Urkundsperson während des Beurkundungsvorgangs ist eine Bedingung für die Entstehung der öffentlichen Urkunde (CHRISTIAN BRÜCKNER [1993], N 1879 ff.; PETER RUF [1995], N 1477 ff.). 881

Als Abweichung von der gleichzeitigen Anwesenheit aller Parteien ist die sogenannte Sukzessivbeurkundung zugelassen, d.h. jenes Verfahren, bei dem beispielsweise der Verkäufer heute, der Käufer an einem späteren Datum vor der Urkundsperson erscheint und in Anwesenheit der Urkundsperson die Urkunde liest und unterschreibt. Solche Sukzessivbeurkundungen sind in Basel-Stadt namentlich üblich bei den Baurechtsverträgen mit dem Staat, weil hier die private Partei zur Urkundsperson kommt, hier liest und unterschreibt, woraufhin die Urkundsperson an einem späteren Datum zur staatlichen Amtsstelle geht, dort den Vertrag nochmals zum Lesen gibt und die Unterschrift des zuständigen Beamten einholt. 882

Richtigerweise wird bei der Sukzessivbeurkundung jede Unterschrift einzeln datiert. Die Urkundsperson unterschreibt unmittelbar nach der letztunterschreibenden Partei. Das Urkundendatum ist dasjenige der Unterschrift der Urkundsperson (CHRISTIAN BRÜCKNER [1993], N 1862 ff.). 883

E. Vorlesung oder Selbstlesung

Die Lesung des Urkundenentwurfs während des Beurkundungsvorgangs kann in allen Kantonen nach dem Verfahren der Vorlesung, in einzelnen Kantonen 884 ausserdem auch nach dem Verfahren der Selbstlesung erfolgen (CHRISTIAN BRÜCKNER [1993], N 1890 ff.; HANS MARTI [ZBGR 1983], 327).

885 Bei der Vorlesung liest die Urkundsperson die Urkunde den Anwesenden mit lauter Stimme vor; die Anwesenden können die Vorlesung auf ausgeteilten Fotokopien mitverfolgen, müssen dies aber nicht tun.

886 Bei der Selbstlesung erhalten alle Personen, die Erklärungen abgeben, Fotokopien ausgehändigt, die sie in Anwesenheit der übrigen Beteiligten und der Urkundsperson selber still durchlesen. Während der Lesung sitzt die Urkundsperson schweigend am Tisch. Sie hat den originalen Urkundenentwurf vor sich und hält sich bereit, allfällige Fragen der Lesenden zu beantworten. Bei der Selbstlesung ist es nicht nötig, dass die Urkundsperson den Urkundenentwurf ebenfalls mitliest.

887 In den Kantonen, in denen die Selbstlesung zugelassen ist, ist diese Verfahrensform die am häufigsten angewandte.

F. Keine wesentliche Unterbrechung

888 Der Beurkundungsvorgang muss ohne wesentliche Unterbrechung vor sich gehen. Die Beteiligten müssen sich während des Beurkundungsvorgangs ganz dem betreffenden Geschäft widmen. Zulässig sind die üblichen kleinen Pausen, die dem Wohlbefinden der Beteiligten dienen. Keine Unterbrechung liegt vor, wenn die Beteiligten zum Urkundentext Fragen stellen, sich von der Urkundsperson oder von der Gegenpartei Erläuterungen geben lassen oder wenn sie offene Fragen zur Geschäftsabwicklung wie Ort und Zeit der Schlüsselübergabe, Aktenübergabe etc. besprechen. Der Beurkundungsvorgang dient gerade dazu, dass solche Dinge besprochen und klargestellt werden.

889 Zulässig ist auch, dass die Parteien während des Beurkundungsvorgangs Änderungen an der Urkunde vornehmen. Die Urkundsperson kann die von den Parteien gemeinsam verlangten Änderungen unverzüglich am PC einfügen und das betreffende Blatt neu ausdrucken oder durch eine Hilfsperson einfügen und ausdrucken lassen. Das ist keine Unterbrechung des Beurkundungsvorgangs.

890 Auch eine Auszeit («Time-out») der Parteien, die eine Meinungsverschiedenheit entdecken und sich zu einer kurzen Nachverhandlung zurückziehen, ist unschädlich, etwa wenn eine Partei während der Lesung des Urkundenentwurfs entdeckt, dass die von ihr abgegebene Garantie gemäss dem Wortlaut der Urkunde weiter geht, als was sie gewähren will. Es schadet in einem sol-

chen Falle auch nichts, wenn sich die Parteien zur Nachverhandlung in ein anderes Zimmer begeben, wo sie ohne Beisein der Urkundsperson miteinander sprechen können oder wenn die Urkundsperson das Beurkundungslokal verlässt, damit die Parteien für die Bereinigung offener Vertragspunkte allein sein können.

Unzulässig ist die Unterbrechung des Beurkundungsvorgangs mit dem Zweck, dass sich einzelne Parteien oder die Urkundsperson zwischendurch anderen Geschäften widmen können. Die Urkundsperson darf nicht verschiedene Klientschaften in verschiedenen Sitzungszimmern lesen lassen, hier einen Liegenschaftskauf, dort einen Ehevertrag, und wie ein vielbeschäftigter Zahnarzt vom einen zum andern Sprechzimmer zirkulieren und nacheinander hier und dort die Unterschriften entgegennehmen. Auch die Parteien dürfen nicht in solcher Weise zirkulieren. Wenn die gleichen Parteien einen Liegenschaftskauf und einen Erbvertrag miteinander abschliessen, so ist zuerst das eine Geschäft fertig zu lesen und zu unterschreiben, dann das andere. 891

Während des Beurkundungsvorgangs sind die Mobiltelefongeräte grundsätzlich auszuschalten. Als Ausnahme gilt, dass Urkundsperson und Partei Telefongespräche führen, Mails und Internet konsultieren können, sofern die Kontakte mit dem beurkundeten Geschäft zusammenhängen. So darf ein bevollmächtigter Stellvertreter während des Beurkundungsvorgangs mit dem Vollmachtgeber telefonischen Kontakt aufnehmen, um über das in Beurkundung befindliche Geschäft zu sprechen. Das ist keine schädliche Unterbrechung. 892

G. Genehmigung

Nach der Lesung des Urkundenentwurfs müssen die Parteien den von ihnen gelesenen Inhalt vorbehaltlos genehmigen (HANS MARTI [ZBGR 1983], 328). Das bedeutet, dass sie gegenseitig und gegenüber der Urkundsperson in geeigneter Weise zum Ausdruck bringen müssen, dass sie mit dem Inhalt der Urkunde einverstanden sind und dass die Urkunde ihren Geschäftswillen richtig zum Ausdruck bringt. Für diese Genehmigung gibt es keine besonderen Formvorschriften. Die Urkundsperson kann etwa sagen, falls die Parteien mit der gelesenen Urkunde einverstanden seien, sollen sie jetzt unterschreiben. Dann kommt die Genehmigung durch die stillschweigende Beisetzung der Parteiunterschriften zum Ausdruck. 893

H. Unterzeichnung

894 Der letzte Akt ist die Unterzeichnung der Urkunde durch die Parteien, anschliessend durch die Urkundsperson mit Beisetzung des amtlichen Siegels (HANS MARTI [1989], 143). Gegebenenfalls ist die Urkunde auch durch die Beurkundungszeugen zu unterzeichnen, wobei es solche meist nur bei Geschäften von Todes wegen, d.h. bei Testamenten und Erbverträgen braucht.

895 Die Unterschriften werden in der Reihenfolge Parteien/Urkundsperson beigesetzt, und zwar in unmittelbarer zeitlicher Abfolge in Gegenwart aller Beteiligten. Zweckmässigerweise unterschreiben die Parteien in der gleichen Reihenfolge, in der sie im Ingress der Urkunde genannt sind.

III. Verrichtungen nach dem Beurkundungsvorgang

896 Nachdem die Parteien und die Urkundsperson die Urkunde unterschrieben haben und die Parteien weggegangen sind, stellt die Urkundsperson die Urkunde fertig oder lässt sie durch eine Hilfsperson fertigstellen. Zu dieser Fertigstellung gehört in erster Linie die Siegelung. Anschliessend werden vom gesiegelten Original die nötigen Fotokopien gemacht und allenfalls beglaubigt.

897 Die Urkundsperson hat in einzelnen Kantonen das Original *(Urschrift)*, in andern Kantonen eine Kopie der Urkunde in ihrer Urkundensammlung aufzubewahren (HANS MARTI [1989], 152 ff.). Wenn eine Urkundsperson altershalber ihre Praxis aufgibt, muss ihre Urkundensammlung ins kantonale Notariatsarchiv verbracht werden, wo sie zeitlich unbeschränkt aufbewahrt wird.

§ 30 Gestalt der öffentlichen Urkunden; Korrekturen

I. Text, Papier, Schrift

898 Die öffentliche Urkunde ist in der Sprache abzufassen, in der die Lesung oder Vorlesung während des Beurkundungsvorgangs stattfindet. Für Grundstücksgeschäfte ist dies meist eine Amtssprache des Kantons oder Bezirks, in dem die Beurkundung vorgenommen wird. Von Beurkundungsrechts wegen sind grundsätzlich alle Sprachen als Urkundensprachen zugelassen, die die Urkundsperson und die Parteien als Mutter- oder als Fremdsprache verstehen (LOUIS CARLEN [1976], 96 f.; CHRISTIAN BRÜCKNER [1993], N 1281 ff.).

Der Text ist aus Gründen der Fälschungssicherheit ohne grössere Leerstellen und Auslassungen aufs Papier zu bringen. Aus dem gleichen Grund soll die Urkunde schrifttechnisch aus einem Guss sein, d.h. von vorn bis hinten mit dem gleichen Schreibgerät und in der gleichen Schrift geschrieben oder gedruckt sein (Louis Carlen [1976], 103; Christian Brückner [1993], N 1334 ff.). 899

Das Papier soll farblos bzw. weiss, von guter Qualität und in einem üblichen Format sein – normalerweise A4 (Christian Brückner [1993], N 1331 ff.). 900

Umfasst die Urkunde zwei Seiten, so erspart die Benützung von Vorder- und Rückseite des gleichen Blattes das Schnüren. 901

Die Schrift muss radierfest und dauerhaft haltbar sein. Schriftgrösse und Schrifttyp sollen in der gleichen Urkunde überall gleich sein. 902

II. Notarunterschrift und Siegel

Alle öffentlichen Urkunden einschliesslich der Beglaubigungsvermerke müssen die Unterschrift und das Siegel der Urkundsperson enthalten. Im Text der Urkunde sind Name und Amtssitz der Urkundsperson anzugeben (Louis Carlen [1976], 103, 107 f.; Christian Brückner [1993], N 1258 ff., 1264 ff.). 903

III. Parteiunterschriften

Urkunden, die einen Vertrag enthalten (z.B. Grundstückkäufe, Errichtung von Grundpfandrechten, Baurechtsverträge etc.) müssen von den vor der Urkundsperson erschienenen Parteien oder ihren Stellvertretern unterzeichnet sein (Louis Carlen [1976], 105; Christian Brückner [1993], N 1946 ff.). 904

Ausnahmen sind zulässig, wenn eine erschienene Person wegen Lese- oder Schreibunfähigkeit nicht unterschreiben kann (etwa, wenn jemand wegen eines Armbruchs die rechte Hand im Gips trägt). Dann kommen besondere Beurkundungsformen zum Zuge, die hier nicht dargestellt werden (Christian Brückner [1993], N 2007 ff.). 905

IV. Urkunden-Beilagen

Urkunden-Beilagen heissen jene Dokumente, die der öffentlichen Urkunde mit Schnur und Siegel hinter den Parteiunterschriften und der Notarunterschrift beigefügt werden, die also durch die Schnur und das Siegel mit dem vorderen 906

Teil der Urkunde (der Haupturkunde) fest verbunden, jedoch nicht von den Unterschriften gedeckt sind.

907 Bei den Beilagen kann es sich um Vollmachten, Grundbuchauszüge, Pläne und andere Dokumente handeln.

908 Die Beilagen brauchen während des Beurkundungsvorgangs weder gelesen noch vorgelesen zu werden. Die Beilagen haben bloss einen orientierenden Charakter. Sie erleichtern einem Urkundenleser später die Beurteilung, ob die nötigen Vollmachten vorhanden waren. Sie informieren auch über andere Dinge.

909 Alle jene Erklärungen, die von Gesetzes wegen öffentlich beurkundet werden müssen, müssen im Hauptteil der Urkunde vor den Unterschriften enthalten sein, nicht bloss in Beilagen. Es genügt auch nicht, dass ein beurkundungsbedürftiger Inhalt in einer Beilage enthalten ist, die während des Beurkundungsvorgangs gelesen oder vorgelesen wird. Der betreffende Text muss vor den Unterschriften stehen.

V. Korrekturen

910 Korrekturen sind Einfügungen oder Streichungen an dem schrifttechnisch aus einem Guss hergestellten Dokument. Korrekturen zerstören also immer die schrifttechnische Einheitlichkeit des Dokuments.

911 Um die rechtmässige Korrektur von der widerrechtlichen Urkundenfälschung abzugrenzen, müssen Korrekturen als solche erkennbar und für den Urkundenleser nachvollziehbar gemacht werden.

912 Werden während des Beurkundungsvorgangs handschriftliche Einfügungen und Streichungen vorgenommen, so sind diese an Ort und Stelle durch die für die betreffende Urkunden-Passage verantwortlichen Personen zu visieren. Die verantwortlichen Personen sind:

– bezüglich des Urkundeningresses und des Beurkundungsvermerks: die Urkundsperson allein,

– bezüglich der Parteierklärungen: die Parteien und die Urkundsperson gemeinsam.

913 Die während des Beurkundungsvorgangs angebrachten Korrekturen sind nicht zu datieren.

Solche handschriftlichen Korrekturen müssen von einer Angabe begleitet sein, wie viele Wörter an der korrigierten Stelle gestrichen und wie viele Wörter neu beigefügt wurden. 914

Statt handschriftlich an der ausgedruckten Urkunde herumzukorrigieren (wodurch das äussere Ansehen des Dokuments hässlich wird), ist es heute üblich geworden, während des Beurkundungsvorgangs das betreffende Blatt im Computer zu korrigieren und anschliessend in makellosem Ausdruck neu auszufertigen. In diesem Fall gibt es keine Korrektur. Das neu ausgefertigte Blatt ist den Parteien nochmals vorzulegen, damit sie es nochmals lesen oder mindestens überfliegen können. Unzulässig ist es, dass die Urkundsperson nach Abschluss des Beurkundungsvorgangs, d.h. nach dem Weggehen der Klientschaft, Seiten austauscht, etwa indem sie handschriftlich korrigierte Seiten im PC neu schreiben lässt und dann die bereinigten Seiten in makellosem Ausdruck einfügt. Würde so vorgegangen, dann gäbe es in der Urkunde einzelne Blätter, die von den Parteien während des Beurkundungsvorgangs nicht gelesen wurden. 915

Das nachträgliche Anbringen von Korrekturen an der fertig gesiegelten Urkunde ist nur ganz ausnahmsweise und in engem Rahmen zulässig. Auf diese Sachverhalte wird hier nicht eingetreten. 916

§ 31 Berufspflichten der Urkundspersonen

Von den zahlreichen Berufspflichten der Urkundspersonen sind hier namentlich die folgenden erwähnenswert: 917

I. Ausstandspflicht

Die Urkundsperson befindet sich im Ausstand und darf nicht tätig werden in eigenen Angelegenheiten und in den Angelegenheiten von Personen, die ihr nahestehen (LOUIS CARLEN [1976], 117; CHRISTIAN BRÜCKNER [1993], N 774 ff.; PETER RUF [1995], N 716 ff., 784 ff.). 918

II. Interessenwahrungspflicht

Die Urkundsperson hat die Interessen aller Beteiligten am gültigen Zustandekommen des beurkundeten Geschäfts, an zügiger Abwicklung und an kosten- 919 günstiger Gestaltung zu wahren (LOUIS CARLEN [1976], 123 f.; CHRISTIAN BRÜCKNER [1993], N 887 ff.; PETER RUF [1995], N 988 ff.).

920 Die notarielle Interessenwahrungspflicht umfasst nicht die kommerziellen und finanziellen Interessen der Parteien. Diese Interessen stehen sich bei Austauschverträgen (beispielsweise beim Grundstückkauf) regelmässig diametral entgegen. Es ist nicht Aufgabe der Urkundsperson, in die kommerzielle Gestaltung des Geschäfts, namentlich in die Festsetzung des Preises, einzugreifen (PETER RUF [1995], N 1014).

921 Nur ausnahmsweise, wenn unerfahrene Parteien zu unangemessenen Konzessionen überredet werden und wenn das Missverhältnis von Leistung und Gegenleistung in die Nähe eines Betrugs führt, wo die eine Partei die andere über den Tisch zieht, obliegt der Urkundsperson ein Hinweis, dass das Geschäft von marktüblichen Konditionen stark abweicht (CHRISTIAN BRÜCKNER [1993], N 891 f.).

922 Es ist jedoch nicht Aufgabe der Urkundsperson, eine Partei daran zu hindern, der andern Partei entgegenzukommen und günstige Vertragskonditionen zu konzedieren. Die Urkundsperson ist nicht Vormund der Klientschaft. Es ist nicht die Aufgabe der Urkundsperson, einer Partei, die im Begriffe steht, ein schlechtes Geschäft zu machen, dies zu verbieten oder einer erfahrenen Partei, die im Begriffe ist, ein gutes Geschäft abzuschliessen, dieses Geschäft zu vermiesen, indem die Urkundsperson der Gegenpartei aufzeigt, dass das Geschäft für sie ungünstig ist und sie das gleiche Grundstück problemlos zu einem höheren Preis verkaufen könnte.

III. Unparteilichkeitspflicht

923 Die Urkundsperson ist der unparteiliche Interessewahrer aller Beteiligten (CHRISTIAN BRÜCKNER [1993], N 895 ff.).

924 Bei Mehrparteiengeschäften sucht die Urkundsperson deshalb den direkten und gleichzeitigen Kontakt zu allen Beteiligten, sofern das möglich ist. Wird die Urkundsperson vom Grundstück-Käufer angegangen, so stellt die Urkundsperson den ersten Urkundenentwurf sogleich auch dem Verkäufer zu.

925 Die Unparteilichkeitspflicht wird verletzt, wenn die Urkundsperson das Geschäft mit einer Partei abschlussreif ausarbeitet und erst in der Schlussphase oder im Extremfall erst während des Beurkundungsvorgangs gegenüber der Gegenpartei offenlegt.

IV. Wahrheitspflicht

Die Urkundsperson hat bei ihrer Beurkundungstätigkeit nach bestem Wissen und Gewissen Wahrheit anzustreben (LOUIS CARLEN [1976], 120 ff.; CHRISTIAN BRÜCKNER [1993], N 1078 ff.). Sie darf nur solche Tatsachen in der Gestalt ihres eigenen Zeugnisses, d.h. als eigene Aussage, beurkunden, von deren Wahrheit sie überzeugt ist, also beispielsweise die anhand des Passes überprüften Personalien, nicht dagegen den ehelichen Güterstand der Klienten, da die Urkundsperson den Güterstand nie wirklich überprüfen kann. 926

Aus diesem Grund ist im Urkundeningress beispielsweise zu schreiben: 927

«Vor mir ... ist erschienen Herr Peter Muster, von und in Basel, geboren 31.12.1952, ausgewiesen durch seinen Pass, nach seiner eigenen Erklärung in Errungenschaftsbeteiligung verheiratet mit Frau Pia Muster geborene Heinimann ...»

Bei dieser Art der Formulierung wird klar, dass die Urkundsperson den Güterstand nicht überprüft hat und also nicht mit eigener Wahrheitsgewähr behauptet, die Errungenschaftsbeteiligung sei wirklich der Güterstand der Klienten. 928

Keine vorbehaltlose notarielle Wahrheitsbezeugung kann es geben bezüglich des Inhaltes der Parteierklärungen. Dass die Parteien das wollen, was sie in der Urkunde als ihren Geschäftswillen erklären – beispielsweise den Verkauf des Grundstückes X zum Preise Y – kann die Urkundsperson letztlich nicht wissen. Denn es handelt sich um psychische Tatsachen in den Köpfen der Klienten. Die Urkundsperson kann lediglich die äussere Tatsache der Erklärungsabgabe mit eigenen Sinnen wahrnehmen und als ihre Überzeugung mitbeurkunden. Die Urkundsperson darf aber davon ausgehen, dass die Klienten bei der Instruktion und im Beurkundungsvorgang aufrichtig sind und gegenüber der Urkundsperson nur Dinge erklären, die die Parteien selber meinen und wirklich wollen. 929

Hat die Urkundsperson ernsthafte Zweifel an der Aufrichtigkeit der Parteierklärungen, dann muss sie nachforschen und, wenn sie die Zweifel nicht zerstreuen kann, die Beurkundung ablehnen. So kann sie nicht schreiben, der Kaufpreis sei «gemäss Aussage der Parteien» X Franken. Eine solche Formulierung würde als Hinweis der Urkundsperson verstanden, dass sie den wirklichen Sachverhalt nicht überprüft hat und für die Wahrheit des angegebenen Kaufpreises keine Gewähr übernimmt. Das wäre ein Formfehler des beurkundeten Geschäfts. 930

V. Wahrung von Treu und Glauben im Geschäftsverkehr

931 Die Pflicht zur Wahrung von Treu und Glauben im Geschäftsverkehr verbietet der Urkundsperson, zu Geschäften Hand zu bieten, die mit Recht und guter Sitte unvereinbar sind (CHRISTIAN BRÜCKNER [ZBGR 1983], 66).

932 Die Wahrung von Treu und Glauben ist den Urkundspersonen nicht in allen Kantonen mit gleicher Ausdrücklichkeit vorgeschrieben (vgl. CHRISTIAN BRÜCKNER [1993], N 1119 ff.). Besonders streng ist etwa Basel-Stadt (§ 17 Abs. 3 NG BS). Die baselstädtischen Urkundspersonen haben in ihrem Bereich nach Kräften dafür zu sorgen, dass im Rechtsleben Treu und Glauben gewahrt wird. Wenn also der Verkäufer A mit dem Käufer B heute bei der Urkundsperson das Grundstück X zum Preise 100 verkauft mit der Massgabe, dass die Grundbuchanmeldung und die Kaufpreiszahlung erst in zwei Monaten erfolgen sollen, und wenn der gleiche Verkäufer A übermorgen mit einem neuen Käufer C zur Urkundsperson kommt und das gleiche Grundstück zum Preise von 150 an C verkauft, dann darf die Urkundsperson zu diesem zweiten Geschäft nicht Hand bieten, weil dadurch die Vertragspflichten des A gegenüber seinem ersten Käufer verletzt würden. (In anderen Kantonen ist das anders. Dort betrachten sich die Urkundspersonen in dem hier beschriebenen Falle als verpflichtet, auch den zweiten Verkauf zu beurkunden.)

VI. Berufsgeheimnis

933 Die Urkundspersonen gehören zu den in Art. 320 und 321 StGB erwähnten Trägern eines Amts- oder Berufsgeheimnisses. Die Verletzung des Berufsgeheimnisses ist strafbar.

934 Die von der Geheimhaltungspflicht erfasste Information umfasst alles, was die Urkundsperson im Hinblick auf eine Beurkundung von den Beteiligten erfährt, ferner alles, was die Urkundsperson bei der Vorbereitung, Durchführung und beim Vollzug des beurkundeten Geschäfts aus Mitteilungen der Beteiligten oder durch eigene Sachverhaltsermittlung erfährt (LOUIS CARLEN [1976], 126 ff.; CHRISTIAN BRÜCKNER [1993], N 1136 ff.).

935 Die Urkundsperson darf die geheimnisgeschützte Information auch nicht für sich selber brauchen. Erkundigt sich also jemand bei einer Urkundsperson, ob sie ein bestimmtes Geschäft beurkunden könne, und erfährt die Urkundsperson im Zuge dieser Erkundigung, dass ein bestimmtes Grundstück zu sehr billigem Preis verkauft werden soll, so darf sie weder selber dieses Grundstück

kaufen noch darf sie ihre Bekannten auf die Möglichkeit eines vorteilhaften Kaufs hinweisen.

Das Berufsgeheimnis der Urkundspersonen besteht nicht gegenüber dem Grundbuchamt für die dort anzumeldenden Tatsachen (CHRISTIAN BRÜCKNER [1993], N 1140 ff.). 936

Der Geheimhaltungspflicht unterstehen auch die Mitarbeiterinnen und Mitarbeiter der Urkundsperson (LOUIS CARLEN [1976], 127; CHRISTIAN BRÜCKNER [1993], N 1147 ff.). 937

Zweiter Teil:
Dokumentation und Vollzug von Grundstücksgeschäften

Achtes Kapitel: Parteien und Vertretungsverhältnisse

§ 32 Natürlich Personen als Partei

I. Handlungsfähige Personen (urteilsfähige Volljährige)

Die Handlungsfähigkeit natürlicher Personen (vgl. dazu N 627 ff.) wird in den Urkunden im Zusammenhang mit Grundstücksgeschäften nicht ausdrücklich erwähnt (zur Identifizierung natürlicher Personen durch die Urkundsperson vgl. N 870 ff.). 938

Die Volljährigkeit ergibt sich aus der Angabe des Geburtsdatums. 939

Die Urteilsfähigkeit wird vermutet (JACQUES-MICHEL GROSSEN [SPR 1967], 320; EUGEN BUCHER [BK 1976], Art. 16 N 125; AUGUST EGGER [ZK 1930], Art. 16 N 16). 940

Erweckt also eine volljährige Person nicht durch absonderliches Verhalten Zweifel an ihrer Handlungsfähigkeit und macht sie keine Andeutungen bezüglich einer Erwachsenenschutz-Anordnung, so dürfen und müssen Dritte auf ihre Handlungsfähigkeit vertrauen. Es kann kein Nachweis für das Fehlen von Anordnungen des Erwachsenenschutzes verlangt werden (vgl. aber N 943). 941

Dabei besteht ein allgemeines, nicht vermeidbares Risiko der Handlungsunfähigkeit jedes Menschen infolge einer verborgenen, während der geschäftlichen Kontakte nicht erkennbaren Geisteskrankheit. Ist jemand handlungsunfähig, ohne dass dies von Geschäftspartnern wahrgenommen wird, so bleiben die Rechtshandlungen der handlungsunfähigen Person trotzdem wirkungslos (EUGEN BUCHER [BK 1976], Vorbem. Art. 12 N 44 ff.; MARGRITH BIGLER-EGGENBERGER/ROLAND FANKHAUSER [BSK 2014], Art. 16 N 44). Die von ihr abgegebenen Erklärungen und Unterschriften gelten als nicht erfolgt, die von ihr unterzeichneten Verträge als nicht abgeschlossen. Erleidet eine Gegenpartei dadurch Schaden, so ist dies ihr Risiko. Sie kann den Schaden nicht auf die handlungsunfähige Person überwälzen. Denn das Institut der Handlungsunfähigkeit dient dem Schutz der handlungsunfähigen Person. Wäre die Überwälzung des Schadens möglich, dann wäre der Schutz illusorisch. – Für geschädigte Dritte kann in dieser Regelung eine Härte liegen. 942

Allerdings ist das Risiko gering. Die handlungsunfähigen Menschen sind geschäftlich meist nicht aktiv. Auch kommt kaum vor, dass eine solche Person bestehende Anordnungen verschweigt und Dritte diesbezüglich zu täuschen versucht. Insofern darf die in einzelnen Kantonen geltende Praxis kritisch hin- 943 terfragt werden, wonach routinemässig vor Abschluss eines beurkundungsbedürftigen Grundstücksgeschäfts eine Bestätigung der zuständigen Erwachsenenschutzbehörde eingeholt werden muss, dass keine Beistandschaft besteht (vgl. etwa KS OG ZH vom 27.5.2002 [ZBGR 2002], 375 f.).

944 Hat die Urkundsperson hingegen begründete Zweifel an der Urteilsfähigkeit einer Partei oder eines Stellvertreters, so muss sie bis zur Beseitigung dieser Zweifel die Beurkundung ausstellen. Hingegen hat sich das Grundbuchamt bei öffentlich beurkundeten Geschäften mit der Frage der Urteilsfähigkeit nicht zu befassen (vgl. CHRISTIAN BRÜCKNER [1993], N 986 ff.; HERMANN SCHMID [ZBGR 2012], 359 f.).

945 Erwirbt oder veräussert eine natürliche Person Rechte an Grundstücken, so müssen gemäss Art. 51 Abs. 1 lit. a GBV die *Anmeldungsbelege für das Grundbuch* den Namen, die Vornamen, das Geburtsdatum, das Geschlecht, den Wohnort sowie den Heimatort oder die Staatsangehörigkeit enthalten. Bei Personen mit mehreren Vornamen empfiehlt sich, alle im fotokopierten Ausweispapier angegebenen Vornamen zu nennen. Sind die Vornamen bezüglich des Geschlechts eindeutig oder kann das Geschlecht in der Urkunde durch die Worte «Herr» oder «Frau» bestimmt werden, so erübrigt sich der ausdrückliche Hinweis «Geschlecht: weiblich» oder «Geschlecht: männlich».

946 Beim Erwerb und bei Veräusserung von Rechten an Grundstücken durch eine natürliche Person sind unter Umständen gewisse *Verfügungs- oder Erwerbsbeschränkungen* zu beachten. Von praktischer Tragweite sind insbesondere folgende Fälle:

– Erwirbt oder veräussert eine natürliche Person, die verheiratet ist, Rechte an Grundstücken, so muss im Anmeldungsbeleg entweder angegeben werden, dass die Partei mit ihrem Ehegatten *nicht unter einem Gemeinschaftsgüterstand* (Güterstand der Gütergemeinschaft nach ZGB, vgl. N 669 ff., oder einem Gemeinschaftsgüterstand nach anwendbarem ausländischem Recht, vgl. N 677) lebt, oder der Ehegatte muss bei dem Geschäft mitwirken. Die Angabe der Verheiratung und des Güterstandes im Beleg erfolgt aufgrund der blossen Aussage (Behauptung) seitens der Partei oder ihrer Vertreterin. Belege werden weder eingefordert noch in der Urkunde angegeben (in diesem Sinne auch THOMAS GEISER [ZBGR 1987], 27).

– Ist die Person, die über Rechte an Grundstücken verfügen möchte, verheiratet oder lebt sie in einer eingetragenen Partnerschaft, so ist entweder die schriftliche *Zustimmung des Ehegatten oder der eingetragenen Partnerin* beizubringen (mit beglaubigter Unterschrift) oder andernfalls ein Beleg zu nennen, aus dem sich ergibt, dass das Grundstück nicht die Familienwohnung der Veräusserin enthält (Art. 169 ZGB; Art. 14 PartG; für weitere Einzelheiten N 2598 ff.).

– Hat die natürliche Person, die über Rechte an Grundstücken verfügen möchte, ihren *Wohnsitz im Ausland,* so kann das Geschäft beim Grundbuch erst angemeldet werden, wenn die Zustimmung der kantonalen Steuerverwaltung gemäss Art. 172 DBG vorliegt (vgl. N 2739 ff.). Diese Zustimmung gehört zu den Anmeldungsbelegen.

– Ist die Person, die Rechte an Grundstücken erwirbt, keine Schweizer Staatsbürgerin, so sind die *Erwerbsbeschränkungen der Lex Koller* zu beachten (N 2652 ff.; bezüglich des Belegs, dass kein bewilligungspflichtiger Erwerb vorliegt, vgl. N 2677 ff.). Ist der Erwerb bewilligungspflichtig, so gehört die rechtskräftige Bewilligung zu den Anmeldungsbelegen.

II. Minderjährige
A. Vertretungsmacht der Eltern

Minderjährige stehen unter elterlicher Sorge (Art. 269 Abs. 1 ZGB). Im Umfang dieser elterlichen Sorge haben die Eltern von Gesetzes wegen die Vertretung für ihre minderjährigen Kinder gegenüber Drittpersonen (Art. 304 Abs. 1 ZGB). In ihrer Eigenschaft als gesetzliche Vertreter handeln die *Eltern selbständig und direkt.* Fehlt es an Elternteilen, die die elterliche Sorge ausüben, so muss ein von der Kindes- und Erwachsenenschutzbehörde (KESB) ernannter Vormund als gesetzlicher Vertreter für das Kind handeln (Art. 327a ff. ZGB). 947

Dem Gesetz liegt die Annahme zugrunde, dass die Eltern die elterliche Sorge gemeinsam und einvernehmlich ausüben (Art. 296 Abs. 2 ZGB), und zwar unabhängig vom Zivilstand der Eltern (INGEBORG SCHWENZER/MICHELLE COTTIER [BSK 2014], Art. 296 N 8b). Die Ausübung der gemeinsamen elterlichen Sorge bedeutet jedoch nicht, dass beide Eltern nur gemeinschaftlich und gleichzeitig handeln müssen. Vielmehr kann jeder Elternteil mit vorheriger oder nachträglicher, ausdrücklicher oder stillschweigender Zustimmung des anderen Elternteils die elterliche Sorge allein ausüben (INGEBORG SCHWENZER/MICHELLE COTTIER [BSK 2014], Art. 296 N 8b). Sodann dürfen Dritte auf dieses Einvernehmen vertrauen (Art. 304 Abs. 2 ZGB). Daraus folgt, dass im Aussenverhältnis gegenüber Vertragsparteien, Urkundspersonen und Amtsstellen *jeder Elternteil allein vertretungsbefugt* ist, ohne dass er die Zustimmung des andern Elternteils nachzuweisen braucht (teilweise a.M. 948

INGEBORG SCHWENZER/MICHELLE COTTIER [BSK 2014], Art. 304/305 N 11; ferner ZBGR 2014, 441 f.). Dritte dürfen auf die Wahrheit der Angaben vertrauen, solange keine Indizien vorliegen, die eine Täuschung vermuten lassen.

949 Der Nachweis der *Vertretungsbefugnis* erfolgt bei verheirateten Eltern durch das Familienbüchlein oder den Familienausweis (CHRISTIAN BRÜCKNER [1993], N 1051) und bei unverheirateten Eltern durch eine behördliche Bestätigung (Gerichtsurteil, Entscheid der Kindesschutzbehörde) über die Zuweisung der elterlichen Sorge mit Rechtskraftbescheinigung (HENRI DESCHENAUX [SPR 1988], 452; ferner zur Vertretungsbefugnis des Beistands vgl. N 963 ff; zur Identifizierung natürlicher Personen vgl. N 870 ff.).

950 Die Vertretungsbefugnis der Eltern entfällt bei *Interessenkollisionen* (Art. 306 Abs. 3 ZGB), und zwar nicht nur bei tatsächlichen Interessengegensätzen, sondern auch dann, wenn ein solcher Gegensatz bei abstrakter Betrachtungsweise als möglich erscheint (BGer 5A.743/2009 vom 4.3.2010, E. 2.1). Typische Konflikts-Konstellationen sind Rechtsgeschäfte zwischen Eltern und Kindern (z.B. Kauf, Erbteilung, aber unter Umständen auch Schenkung), ferner Rechtsgeschäfte zwischen dem Kind und einer Drittperson, die dem handelnden Elternteil nahesteht (z.B. mit einem anderen Kind, einem Geschwister oder einem Gesellschafter des Elternteils; vgl. INGEBORG SCHWENZER/MICHELLE COTTIER [BSK 2014], Art. 306 N 4 f.). Bei Interessenskollisionen muss anstelle der Eltern ein von der Kindesschutzbehörde ernannter Beistand (analog zur Vertretungsbeistandschaft; siehe N 963 ff.) oder die Kindesschutzbehörde selber handeln (Art. 306 Abs. 2 ZGB).

951 Die Vertretungsmacht der Eltern umfasst alle Rechtshandlungen im Rahmen der Verwaltung des Kindsvermögens (Art. 318 Abs. 1 ZGB).

952 Klarerweise innerhalb der elterlichen Vertretungsmacht nach Art. 318 Abs. 1 ZGB liegen Rangabklärungen bezüglich beschränkter dinglicher Rechte, Grenzbereinigungen, öffentlich-rechtlich gebotene Abtretungen zur Allmend und andere derartige Geschäfte, für die ein objektiver äusserer Anlass ersichtlich ist. Grundstücksverkäufe können zur Verwaltung gehören, wenn der Grundbesitz für das Kind belastend und eine andere Vermögensanlage vorteilhafter ist. Bei Grundstückkäufen ist die elterliche Vertretungsmacht im Allgemeinen zweifelhaft. Klarerweise ausserhalb der blossen Vermögensverwaltung und damit ausserhalb der elterlichen Vertretungsmacht liegen das Verschenken von Kindesvermögen, der Abschluss spekulativer Geschäfte und der Grundstückshandel.

953 Überschreitet ein Geschäft die Verwaltung von Kindesvermögen im Sinne von Art. 318 Abs. 1 ZGB oder kann die Urkundsperson einen Interessenkonflikt

zwischen den handelnden Eltern und dem von ihnen vertretenen Kind nicht ausschliessen, so hat sie den gesetzlichen Vertreter aufzufordern, eine *Unbedenklichkeitsbestätigung* seitens der zuständigen Kindesschutzbehörde beizubringen (CHRISTIAN BRÜCKNER [1993], N 1054).

Betreffend die *Angaben über die verfügende Person und die erwerbende Person* in den Anmeldungsbelegen für das Grundbuch sowie über die zu beachtenden *Verfügungs- und Erwerbsbeschränkungen* bei der Übertragung von Rechten an Grundstücken kann auf das in N 945 f. Gesagte verwiesen werden. 954

B. Handlungsfähigkeit von Minderjährigen

Die vorstehenden Ausführungen gelten für die nicht urteilsfähigen Minderjährigen absolut. Urteilsunfähige Kinder können rechtsgeschäftlich nur durch ihre gesetzlichen Vertreter handeln (INGEBORG SCHWENZER/MICHELLE COTTIER [BSK 2014], Art. 304/305 N 2). 955

Demgegenüber sind urteilsfähige Kinder beschränkt handlungsfähig. Sie können etwa selbständig, d.h. ohne Mitwirkung ihres gesetzlichen Vertreters, Rechtsgeschäfte tätigen, aus denen sie nur Vorteile erlangen (Art. 305 Abs. 1 i.V.m. Art. 19 ZGB; HEINZ HAUSHEER/REGINA AEBI-MÜLLER [2012], N 07.63 ff.; EUGEN BUCHER [BK 1976], Art. 19 N 155 ff.). Von praktischer Tragweite ist in erster Linie die Annahme von Schenkungen, wobei diese durch das Ablehnungsrecht des gesetzlichen Vertreters gemäss Art. 241 Abs. 2 OR eingeschränkt wird. 956

Nach einem Teil der Lehre ist es möglich, dass ein urteilsfähiger Minderjähriger bei einer *Grundstücksschenkung* als Beschenkter selbständig handelt, sofern die Schenkung ohne jegliche Auflagen und Bedingungen erfolgt und sofern dem Beschenkten keinerlei Pfandrechte überbunden werden (HEINZ HAUSHEER/ REGINA AEBI-MÜLLER [2012], N 07.66 ff.; EUGEN BUCHER [BK 1976], Art. 19 N 161 ff.). Demgegenüber vertritt ein anderer Teil der Lehre sowie das Bundesgericht die Ansicht, dass eine Grundstücksschenkung dem unmündigen Kind meist nicht ausschliesslich Vorteile bringt, sodass auch in diesen Fällen ein eigenständiges Handeln des urteilsfähigen Minderjährigen ausgeschlossen ist (INGEBORG SCHWENZER/MICHELLE COTTIER [BSK 2014], Art. 306 N 5; CHRISTIAN BRÜCKNER [2000], N 23; BGer 5A.743/2009 vom 4.3.2010, E. 2.3). 957

Im Sinne der Rechtssicherheit ist vom Grundsatz auszugehen, dass bei Grundstücksgeschäften auch urteilsfähige Minderjährige stets durch ihre gesetzlichen Vertreter handeln müssen. 958

III. Minder- und Volljährige unter Anordnungen der Kindes- und Erwachsenenschutzbehörde

959 Erklärt jemand, es bestehe eine Anordnung der Kindes- und Erwachsenenschutzbehörde (KESB) oder tritt jemand gegenüber der Urkundsperson auf mit der Massgabe, er oder sie handle kraft einer Erwachsenenschutz-Massnahme als Beistand oder Vorsorgebeauftragter für eine Partei, so muss sich die Urkundsperson vergewissern, dass die behauptete Massnahme besteht und die für das beabsichtigte Geschäft erforderliche Kompetenz verleiht.

A. Selbständiges Handeln der hilfsbedürftigen Person

960 Bei Anordnung einer *Begleitbeistandschaft* handelt die betroffene Person selbständig und allein. Es kann auf das in N 938 ff. Gesagte verwiesen werden. Die Begleitbeistandschaft ist somit für Dritte (einschliesslich Urkundspersonen und Grundbuchämter) belanglos (N 632).

961 Ebenfalls selbständig handelt eine betroffene Person unter Anordnung einer *Vertretungsbeistandschaft* im Rahmen der ihr verbliebenen Kompetenzfelder (N 634). Innerhalb dieser Kompetenzfelder kann die betroffene Person beliebige Geschäfte selbständig und allein tätigen. Es gilt das in N 938 ff. Gesagte.

962 Bei der *Mitwirkungsbeistandschaft* handelt die betroffene Person zwar ebenfalls allein (vgl. N 938 ff.). Der Beistand muss jedoch seine Zustimmung geben, wobei diese an keine Form gebunden ist und entweder als vorgängige Ermächtigung oder als nachträgliche Genehmigung erteilt werden kann (vgl. N 633). Um bei Grundstücksgeschäften keine Unsicherheit entstehen zu lassen, ist die Zustimmung in Schriftform zu verlangen; wird das Geschäft öffentlich beurkundet, dann sind die Echtheit der Unterschrift des Beistands und seine amtliche Funktion zu prüfen und in der Urkunde zu bestätigen. Der Kreis der zulässigen Geschäfte ist unbeschränkt: Eine Person unter Mitwirkungsbeistandschaft kann also auch Schenkungen und spekulative Geschäfte tätigen. Eine Zustimmung der Erwachsenenschutzbehörde im Sinne von Art. 416 ZGB ist nicht notwendig (URS VOGEL [BSK 2014], Art. 416/417 N 7).

B. Vertretung durch den Beistand

963 Wird die Handlungsfähigkeit der unter einer *Vertretungsbeistandschaft* (N 634) stehenden Person durch die Erwachsenenschutzbehörde eingeschränkt oder wurde eine *umfassende Beistandschaft* (N 635) angeordnet, so handelt der Beistand allein (Art. 19 Abs. 1 ZGB i.V.m. Art. 394 ZGB; zur Identifizierung natür-

licher Personen vgl. N 870 ff.). Die Mitwirkung der betroffenen Person ist nicht notwendig, aber unschädlich.

Der Nachweis der *Vertretungsbefugnis des Beistands* erfolgt durch den Anordnungsentscheid der Erwachsenenschutzbehörde mit Rechtskraftbescheinigung (HELMUT HENKEL [BSK 2014], Art. 394 N 18; ferner zur Möglichkeit der grundbuchlichen Anmerkung der Vertretungsbefugnis vgl. N 2562 ff.). 964

Der Beistand hat die *Vertretungsmacht* der betroffenen Person im Umfang der im Anordnungsentscheid übertragenen Aufgabenbereiche (HELMUT HENKEL [BSK 2014], Art. 391 N 6 ff.). 965

Art. 416 Abs. 1 ZGB enthält eine Aufzählung von Geschäften, die zu ihrer Gültigkeit der *Zustimmung der Erwachsenenschutzbehörde* bedürfen. 966

So unterliegen gemäss Art. 416 Abs. 1 Ziff. 4 ZGB *Erwerb, Veräusserung, Verpfändung und andere dinglichen Belastungen von Grundstücken* der Zustimmung der Erwachsenenschutzbehörde. Aber auch die *Begründung, Änderung, Aufhebung und Ausübung von Kaufs-, Vorkaufs- oder Rückkaufsrechten* sowie der Verzicht darauf fallen unter das Zustimmungserfordernis von Art. 416 Abs. 1 Ziff. 4 ZGB (URS VOGEL [BSK 2014], Art. 416/417 N 20). 967

Ferner sieht das Gesetz ein Zustimmungserfordernis vor für die *Annahme oder Ausschlagung einer Erbschaft,* wenn dafür eine ausdrückliche Erklärung erforderlich ist, sowie für *Erbverträge, für Erbteilungsverträge* (Art. 416 Abs. 1 Ziff. 3 ZGB) und für eine Reihe weiterer Rechtsgeschäfte. 968

Schliesslich gilt für den Beistand das absolute Verbot, zulasten des Vermögens der ihm anvertrauten Person *Schenkungen* auszurichten (Art. 412 Abs. 1 ZGB). Solche Schenkungen wären auch dann ungültig, wenn sie (unzulässigerweise) von der Erwachsenenschutzbehörde genehmigt worden wären. 969

Die Zustimmung der Erwachsenenschutzbehörde ist *Gültigkeitsvoraussetzung.* Bis zum Vorliegen dieser Zustimmung ist das Rechtsgeschäft in der Schwebe. Der Beistand handelt in diesen Fällen also unter Vorbehalt der rechtskräftigen Zustimmung der Erwachsenenschutzbehörde. Es ist zweckmässig, aber rechtlich nicht erforderlich, diesen Vorbehalt in der Urkunde zu erwähnen, wann immer er zutrifft. 970

Voraussetzung für die Zustimmung der Erwachsenenschutzbehörde ist das Vorliegen eines gültigen und abgeschlossenen Rechtsgeschäfts sowie eines meist schriftlichen Antrags des Beistands (URS VOGEL [BSK 2014], Art. 416/417 N 45). 971

972 Die Zustimmung der Behörde erfolgt in einer schriftlichen, anfechtbaren Verfügung (URS VOGEL [BSK 2014], Art. 416/417 N 48 ff.). Die Anfechtbarkeit der Verfügung ist insofern relevant, als gemäss Art. 450 ZGB nicht nur der Beistand, sondern auch Personen, die der hilfsbedürftigen Person nahestehen oder die ein rechtlich geschütztes Interesse an der Aufhebung oder Änderung der Verfügung haben, zur Beschwerde legitimiert sind.

973 Die Zustimmung der Behörde ist mitsamt Rechtskraftsbescheinigung dem Grundbuch im Original oder in beglaubigter Kopie einzureichen.

C. Vertretung durch die KESB

974 Art. 392 ZGB sieht die Möglichkeit vor, dass die Erwachsenenschutzbehörde von sich aus das Erforderliche vorkehrt oder einer Drittperson für eine spezifische Aufgabe direkt einen Auftrag erteilt, anstatt eine Beistandschaft zu errichten.

975 Die Erwachsenenschutzbehörde wird namentlich in den Fällen direkt tätig, bei denen keine aufwendigen Abklärungen oder Verhandlungen und auch keine besonderen Sachkenntnisse erforderlich sind (HELMUT HENKEN [BSK 2015], Art. 392 N 1). Zu denken ist etwa an eine Zustimmungserklärung zu Rangabklärungen oder an die Erteilung einer Löschungsbewilligung für den Fall, dass ein urteilsunfähiger Wohnberechtigter sein Wohnrecht nach Umzug in ein Altersheim aufgrund irreversibler Pflegebedürftigkeit auf Dauer nicht mehr ausüben kann. Die Rechtshandlung erfolgt durch einen Entscheid der Erwachsenenschutzbehörde mit Rechtskraftbescheinigung. Eine zusätzliche Genehmigung im Sinne von Art. 416 ZGB erübrigt sich (ADRIAN MÜHLEMATTER/ STEPHAN STUCKI [2016], 163).

976 Sind umfassendere Abklärungen notwendig, so hat die Erwachsenenschutzbehörde die Möglichkeit, eine natürliche oder juristische Person mit der Abwicklung eines Geschäftes zu beauftragen (HELMUT HENKEN [BSK 2015], Art. 392 N 22 ff.). Hinsichtlich der Vertretungsbefugnis und der Vertretungsmacht der beauftragten Person gelten die zur Beistandschaft gemachten Ausführungen in N 964 ff. analog.

D. Vorsorgevollmacht

977 Der Vorsorgebevollmächtigte handelt als *gesetzlicher Vertreter* der betroffenen Person (Art. 19 Abs. 1 ZGB i.V.m. Art. 398 ZGB; zum Begriff von Vorsorgeauf-

trag und Vorsorgevollmacht vgl. N 636 f.; zur Identifizierung natürlicher Personen vgl. N 870 ff.).

Der Nachweis der *Vertretungsbefugnis* des Vorsorgebevollmächtigten erfolgt durch den Anordnungsentscheid der Erwachsenenschutzbehörde mit Rechtskraftbescheinigung (zur Möglichkeit der grundbuchlichen Anmerkung der Vertretungsbefugnis vgl. N 2562 ff.). 978

Der Vorsorgebevollmächtigte hat die *Vertretungsmacht* im Umfang der im Anordnungsentscheid (Legitimationsurkunde) übertragenen Aufgabenbereiche (ALEXANDRA RUMO-JUNGO [BSK 2014], Art. 363 N 29; WALTER BOENTE [ZK 2015], Art. 363 N 217 ff.). 979

Umfasst der Vorsorgeauftrag die allgemeine, unbeschränkte Vermögensvorsorge, fehlt es aber an einer ausdrücklichen Ermächtigung zur Veräusserung und Belastung von Grundstücken, so steht dies dem Abschluss solcher Geschäfte nicht im Wege. Die für den Generalbevollmächtigten eines voll handlungsfähigen Auftraggebers geltende Einschränkung von Art. 396 Abs. 3 OR hat im Vorsorgerecht keinen Raum, da der Vorsorgebevollmächtigte bei der Aktualisierung seines Auftrags vom Auftraggeber keine Ergänzung der Vollmacht mehr einholen kann, sondern auf sich allein gestellt ist. Die Bestimmungen des Erwachsenenschutzrechts gehen als Spezialnormen Art. 396 Abs. 3 OR vor (WALTER BOENTE [ZK 2015], Art. 365 N 51 ff.; JÖRG SCHMID [2014], 290; ALEXANDRA RUMO-JUNGO [BSK 2014], Art. 365 N 8; a.M. PATRICK FASSBIND [2012], 180). 980

Geschäfte, die kraft eines Vorsorgeauftrages vorgenommen werden, bedürfen *keiner Zustimmung der Erwachsenenschutzbehörde* gemäss Art. 416 ZGB (WALTER BOENTE [ZK 2015], Art. 365 N 94; ALEXANDRA RUMO-JUNGO [BSK 2014], Art. 365 N 4; JÖRG SCHMID [2014], 290; PATRICK FASSBIND [2012], 305 f.). 981

§ 33 Personengemeinschaften als Partei

I. Einfache Gesellschaft

Im Rechtsverkehr tritt nicht die einfache Gesellschaft als Partei auf, sondern es treten alle ihre Teilhaber auf, wobei sie erklären, dass sie als einfache Gesellschafter handeln (zum Begriff der einfachen Gesellschaft vgl. N 693 ff.; zur Identifizierung natürlicher Personen vgl. N 870 ff.; zur Begründung, Änderung und Auflösung der einfachen Gesellschaft vgl. N 2214 ff.). 982

983 Gegenparteien und Urkundspersonen brauchen sich um die Belange der betreffenden Gesellschaft (Gesellschaftsvertrag, Gesellschaftsbeschlüsse etc.) nicht zu kümmern. Wenn zwei oder mehr Personen erklären, sie seien die alleinigen Mitglieder einer einfachen Gesellschaft und handelten in dieser Eigenschaft, dann darf dieser Erklärung vertraut werden, ohne dass weitere Fragen zu stellen oder Belege einzufordern wären.

984 Erwirbt die einfache Gesellschaft Grundeigentum, so werden im Grundbuch alle Teilhaberinnen als Gesamteigentümerinnen eingetragen mit dem Vermerk, dass sie einfache Gesellschafter sind (Art. 90 Abs. 1 lit. c GBV; LUKAS HANDSCHIN/RETO VONZUN [ZK 2009], Art. 530 N 21 ff.; WALTER FELLMANN/KARIN MÜLLER [BK 2006], Art. 531 N 150; ALFRED SIEGWART [ZK 1938], Art. 544 N 12).

985 Dementsprechend müssen die Anmeldungsbelege bei einem Erwerb von Rechten an Grundstücken durch eine einfache Gesellschaft die Angaben gemäss Art. 51 Abs. 1 lit. c GBV bezüglich aller an der einfachen Gesellschaft beteiligten Personen enthalten. Für natürliche Personen sind das gemäss Art. 51 Abs. 1 lit. a GBV der Name, die Vornamen, das Geburtsdatum, das Geschlecht, der Wohnort, der Heimatort oder die Staatsangehörigkeit (vgl. N 945). Für juristische Personen sind das gemäss Art. 51 Abs. 1 lit. b GBV die Firma oder der Name, der Sitz, die Rechtsform, wenn diese nicht aus der Firma oder dem Namen hervorgeht, sowie die Unternehmens-Identifikationsnummer (vgl. N 1030).

986 Für den Erwerb oder die Veräusserung von Rechten an Grundstücken durch eine einfache Gesellschaft ist unerheblich, ob eine an ihr beteiligte Person verheiratet ist oder in eingetragener Partnerschaft lebt und welcher Güterstand für sie gilt (vgl. N 2027). Ferner kommt bei der Veräusserung eines Grundstücks durch eine einfache Gesellschaft, an der bloss einer der Ehegatten oder bloss einer der eingetragenen Partner beteiligt ist, die Verfügungsbeschränkung über die Familienwohnung nicht zur Anwendung (Art. 169 ZGB; Art. 14 PartG; N 2598 ff.). In all diesen Fällen ist somit die *Mitwirkung des Ehegatten oder des Partners nicht erforderlich.*

987 Demgegenüber sind unter Umständen beim Erwerb und der Veräusserung von Rechten an Grundstücken durch eine einfache Gesellschaft gewisse *Verfügungs- oder Erwerbsbeschränkungen* zu beachten. Von praktischer Tragweite sind insbesondere folgende Fälle:

– Will eine einfache Gesellschaft über Rechte an Grundstücken verfügen und hat eine der an der einfachen Gesellschaft beteiligten Personen ihren Sitz oder Wohnsitz im Ausland, so ist die *Verfügungsbeschränkung gemäss Art. 172 DBG zur Sicherung der direkten Bundessteuer* zu beachten (N 2739 ff.). Das bedeutet, dass das Geschäft beim Grundbuch erst angemeldet werden kann, wenn die Zustimmung der kantonalen Steuerverwaltung vorliegt. Diese Zustimmung gehört zu den Anmeldungsbelegen.

- Will eine einfache Gesellschaft, an der eine Person beteiligt ist, die nicht über die Schweizer Staatsbürgerschaft verfügt, Rechte an Grundstücken erwerben, so sind die *Erwerbsbeschränkungen der Lex Koller* zu beachten (N 2652 ff.; bezüglich des Belegs, dass kein bewilligungspflichtiger Erwerb vorliegt, vgl. N 2677 ff.). Ist der Erwerb bewilligungspflichtig, so gehört die rechtskräftige Bewilligung zu den Anmeldungsbelegen.

II. Kollektiv- oder Kommanditgesellschaft

Die Kollektivgesellschaft (vgl. dazu N 696 ff.) wie auch die Kommanditgesellschaft (vgl. dazu N 704 ff.) handelt durch die im Handelsregister eingetragenen Zeichnungsberechtigten (N 698; N 1068 ff.). Ist die Kollektivgesellschaft nicht im Handelsregister eingetragen (N 702), so müssen (analog zur einfachen Gesellschaft, vgl. N 982 ff.) alle Gesellschafter gemeinsam handeln (zur Begründung, Änderung und Auflösung der Kollektiv- und Kommanditgesellschaft vgl. N 2273 ff.). 988

Erwirbt eine Kollektiv- oder Kommanditgesellschaft Rechte an Grundstücken, so müssen gemäss Art. 51 Abs. 1 lit. b GBV die *Anmeldungsbelege für das Grundbuch* folgende Angaben enthalten: die Firma, den Sitz, die Rechtsform, wenn diese nicht aus der Firma hervorgeht, sowie die Unternehmens-Identifikationsnummer. 989

Kollektiv- und Kommanditgesellschaft werden *unter ihrer Firma* (und nicht unter dem Namen der einzelnen Gesellschafter) ins Grundbuch eingetragen (vgl. N 700). 990

Das bedeutet, dass die Urkundsperson die Identität aller Gesellschafter im Hinblick auf die *Lex Koller* ermitteln und prüfen muss. Gilt einer von ihnen als eine *Person im Ausland,* so muss die Urkundsperson dafür sorgen, dass die Bewilligung eingeholt oder auf den Erwerb verzichtet wird (N 2652 ff.; bezüglich des Belegs, dass kein bewilligungspflichtiger Erwerb vorliegt, vgl. N 2677 ff.). 991

Im Übrigen gelten die Ausführungen in N 986 f. auch für die Kollektivgesellschaft und die Kommanditgesellschaft. 992

III. Erbengemeinschaft

993 Von Gesetzes wegen (Art. 602 Abs. 2 ZGB) handeln bei der Erbengemeinschaft (vgl. dazu N 684 ff.) alle Erben gemeinsam. Einzelne oder alle Erben können individuelle Vollmachten gemäss Art. 32 OR erteilen, wobei als Bevollmächtigte sowohl Miterben als auch andere natürliche und juristische Personen infrage kommen (N 1086 ff.). Gesetzliche Vertretungs- und Verwaltungsbefugnisse für die Gemeinschaft insgesamt stehen dem Erbenvertreter (N 999 ff.), dem Willensvollstrecker (N 1001 ff.), dem Erbschaftsverwalter (N 1016 ff.) sowie dem amtlichen Liquidator (N 1021 ff.) zu.

A. Selbständiges Handeln der Erbengemeinschaft

994 Wer Miterbe ist und somit an der Erbengemeinschaft teilhat, ist dem Grundbuch mit einer *Erbenbescheinigung* nachzuweisen (N 2117 ff.; ferner zur Identifizierung von natürlichen Personen vgl. N 870 ff.). Gestützt auf diesen Nachweis werden die Erben im Grundbuch als Rechtsnachfolger der Erblasserin eingetragen.

995 Erst wenn dieser Eintrag im Grundbuch erfolgt ist, können die Erben als neue Eigentümer über Rechte an den Nachlassgrundstücken verfügen (Art. 656 Abs. 2 ZGB). Diese Einschränkung bezieht sich jedoch nur auf das Verfügungsgeschäft, nicht auch auf den Abschluss des Verpflichtungsgeschäfts. Es ist also möglich, dass die Erbengemeinschaft z.B. einen Kaufvertrag oder einen Erbteilungsvertrag abschliesst, bevor alle Erben im Grundbuch eingetragen sind. Die Eintragung erfolgt dann jeweils zusammen mit dem Verfügungsgeschäft, d.h. mit der Anmeldung des Kaufvertrags oder des Erbteilungsvertrags beim Grundbuch.

996 Die Notwendigkeit der *Mitwirkung aller Erben* ergibt sich aus der Notwendigkeit des vertraglichen Konsenses aller. Die Miterben können weder mehrheitlich noch einstimmig Beschlüsse fassen, durch die zukünftige Rechtsgeschäfte im Voraus unwiderruflich autorisiert werden (Paul Piotet [SPR 1981], 660 f.). Jeder Erbe kann das Geschäft im Alleingang verhindern, wenn er am Tag des Vertragsschlusses seine Unterschrift verweigert oder eine erteilte Vollmacht widerruft (Thomas Weibel [PraxKom 2015], Art. 602 N 33, m.w.H.).

997 Da der Zweck der Erbengemeinschaft auf das Verteilen und Liquidieren gerichtet ist, beschränken sich die zulässigen Grundstücksgeschäfte auf Übertragungen von Grundstücken an Vermächtnisnehmer und einzelne Erben sowie

Verkäufe von Grundstücken an Dritte. Der *Zukauf von Grundstücken liegt ausserhalb des rechtlichen Könnens* der Erbengemeinschaft (vgl. auch N 685 f.).

Für die Veräusserung von Rechten an Grundstücken durch eine Erbengemeinschaft ist unerheblich, ob eine an ihr beteiligte Person verheiratet ist oder in eingetragener Partnerschaft lebt, desgleichen welcher Güterstand für sie gilt. So kommt bei der Veräusserung eines Grundstücks durch eine Erbengemeinschaft auch die Verfügungsbeschränkung über die Familienwohnung nicht zur Anwendung (Art. 169 ZGB; Art. 14 PartG; N 2598 ff.). Die Mitwirkung des Ehegatten oder des Partners ist somit nicht erforderlich. Demgegenüber sind unter Umständen gewisse andere *Verfügungsbeschränkungen* zu beachten. Von praktischer Tragweite sind insbesondere folgende Fälle: 998

- Die Verfügungsmacht der Erbengemeinschaft ist eingeschränkt, wenn zur Verwaltung und Abwicklung des Nachlasses ein *Willensvollstrecker* (N 1001 ff.), ein *Erbschaftsverwalter* (N 1016 ff.) oder ein *amtlicher Liquidator* (N 1021 ff.) eingesetzt wurde.

- Möchte die Erbengemeinschaft über Rechte an Grundstücken in der Schweiz verfügen und hat einer der Erben seinen Wohnsitz im Ausland, so ist die *Verfügungsbeschränkung gemäss Art. 172 DBG zur Sicherung der direkten Bundessteuer* zu beachten (N 2739 ff.). Das bedeutet, dass das Geschäft beim Grundbuch erst angemeldet werden kann, wenn die Zustimmung der kantonalen Steuerverwaltung vorliegt. Diese Zustimmung gehört zu den Anmeldungsbelegen.

B. Vertretung durch den Erbenvertreter

Das Erfordernis des konsensualen Mitwirkens aller Miterben bei den Rechtsgeschäften der Erbengemeinschaft gibt jedem Erben die Möglichkeit, die Dinge zu blockieren und damit auf die übrigen Miterben Druck auszuüben. Bleiben auch die übrigen hart, dann wird die Erbengemeinschaft bewegungsunfähig. Um diesen Zustand überwinden zu können, gibt Art. 602 Abs. 3 ZGB jedem Miterben das Recht, die amtliche Ernennung eines Vertreters für die Erbengemeinschaft (eines Erbenvertreters) zu verlangen. Zuständig für die Ernennung ist die nach Art. 28 Abs. 2 ZPO zuständige kantonale Nachlassbehörde (CHRISTIAN BRÜCKNER/THOMAS WEIBEL [2012], N 281 ff.; THOMAS WEIBEL [PraxKom 2015], Art. 602 N 61 ff.). 999

Wenn ein Erbenvertreter an Grundstücksgeschäften teilnimmt, so gehört eine Kopie des Ernennungsbeschlusses der gemäss Art. 28 Abs. 2 ZPO örtlich und 1000 sachlich zuständigen Behörde zu den Anmeldungsbelegen. Der Umfang der Vertretungsmacht des Erbenvertreters entspricht jener des Willensvollstreckers (N 1003 ff.; HANS RAINER KÜNZLE [BK 2011], Vorbem. Art. 517–518 N 23; PETER C. SCHAUFELBERGER/KATRIN KELLER LÜSCHER [BSK 2015], Art. 602 N 47). Die Ausführungen in N 1010 ff. gelten somit auch für den Erbenvertreter.

C. Vertretung durch den Willensvollstrecker

1001   Die Erblasserin kann mit einer letztwilligen Verfügung (Testament) oder erbvertraglich eine oder mehrere handlungsfähige natürliche oder juristische Personen mit der Vollstreckung ihres letzten Willens beauftragen (Art. 517 Abs. 1 ZGB). Der Willensvollstrecker (umgangssprachlich auch *Testamentsvollstrecker* genannt) setzt den Willen der Erblasserin um, ist also der über den Tod hinaus wirkende, verlängerte Arm der Erblasserin, nicht der Beauftragte der Erben. Die Erben können den Willensvollstrecker nicht absetzen.

1002   Der Willensvollstrecker wird nach Eröffnung des Testaments oder Erbvertrags von der zuständigen Nachlassbehörde angefragt, ob er bereit ist, das Amt anzutreten (BERNHARD CHRIST/MARK EICHNER [PraxKom 2015], Art. 517 N 15 ff.). Er kann auf seine Annahmeerklärung später jederzeit zurückkommen und das Amt wieder ablegen. Während der Dauer seines Amtes hat der Willensvollstrecker ein selbständiges Verwaltungs- und Verfügungsrecht in Bezug auf den Nachlass, wogegen die Erben grundsätzlich vom Besitz und der Verfügungsmacht ausgeschlossen sind (vgl. N 1010).

1003   Aufgabe des Willensvollstreckers ist die Behändigung aller Nachlassaktiven, die Bezahlung der Schulden und Steuern sowie die Ausrichtung der Vermächtnisse. Ferner gehört es zur Aufgabe des Willensvollstreckers, bei der der Erbteilung vorgelagerten güterrechtlichen Auseinandersetzung als Vertreter der Erbengemeinschaft mitzuwirken (HANS RAINER KÜNZLE [BK 2011], Vorbem. Art. 517–518 N 1 ff., Art. 517–518, N 282 ff.; BERNHARD CHRIST/MARK EICHNER [PraxKom 2015], Art. 518 N 8 ff.).

1004   Solange nicht alle Nachlassaktiven veräussert oder verteilt sind, ist der Willensvollstrecker für deren Verwaltung zuständig. Seine diesbezügliche Kompetenz umfasst alle Handlungen, die der ordentlichen Erbschaftsliquidation dienen; dies schliesst das Recht ein, Grundstücke, die zum Nachlass gehören, zu veräussern oder dinglich zu belasten (Art. 50 Abs. 1 lit. a GBV) sowie Vermächtnisse auszurichten (Art. 50 Abs. 1 lit b GBV; N 2185 ff.).

Demgegenüber ist der Willensvollstrecker nicht befugt, Teilungshandlungen 1005
vorzunehmen (BGE 102 II 197, E. 2). Die Erbteilung, d.h. die Zuweisung von
Aktiven (einschliesslich Rechten an Grundstücken) und Passiven an einzelne
Erben, erfolgt aufgrund eines von allen Erben unterzeichneten Erbteilungsvertrags oder – im Streitfall – aufgrund eines Gerichtsurteils. Dies gilt auch dann,
wenn das Testament Teilungsvorschriften enthält, die bestimmte Aktiven an
bestimmte Erben zuweisen. Solche Teilungsvorschriften geben den Erben zwar
u.U. gerichtlich durchsetzbare Ansprüche auf eine testamentskonforme Teilung, verpflichten sie aber nicht dazu, gemäss Testament zu teilen, wenn sie einvernehmlich anders teilen wollen. Solche Teilungsvorschriften verleihen demgemäss dem Willensvollstrecker auch keine Befugnis, ohne Zustimmung aller
Erben bestimmte Aktiven an einzelne Erben zuzuweisen (BERNHARD CHRIST/
MARK EICHNER [PraxKom 2015], Art. 518 N 72 ff.).

Der Willensvollstrecker belegt seine *Vertretungsbefugnis* durch die von der 1006
kantonal zuständigen Nachlassbehörde ausgestellte Bestätigung (*Willensvollstreckerzeugnis* oder *Willensvollstreckerbescheinigung*) oder eine amtliche Erbbescheinigung, aus welcher der Erbgang und die Einsetzung des Willensvollstreckers hervorgeht, nicht jedoch die Identität der Erben (BERNHARD CHRIST/
MARK EICHNER [PraxKom 2015], Art. 517 N 19 ff.; MARTIN KARRER/NEDIM
PETER VOGT/DANIEL LEU [BSK 2015], Art. 517 N 18 ff.); in einzelnen Kantonen reicht als Nachweis auch bloss eine amtlich beglaubigte Abschrift der letztwilligen Verfügung (ROLAND PFÄFFLI [Diss. 1999], 68 f.; RENÉ BIBER [ZBGR
2005], 7).

Ist eine Erblasserin mit letztem Wohnsitz im Ausland verstorben, so untersteht 1007
die Tätigkeit des Willensvollstreckers gewöhnlich dem ausländischen Recht.
Der Willensvollstrecker erhält von ausländischen Behörden eine Bescheinigung und wird von ausländischen Aufsichtsbehörden überwacht (HANS RAINER KÜNZLE [BK 2011], Vorbem. Art. 517–518 N 106 ff.). Zur Prüfung der
durch eine ausländische Behörde ausgestellten Willensvollstreckerbescheinigungen können die vom Bundesamt für Justiz erarbeiteten Regeln über die
Anerkennung von ausländischen Erbfolgezeugnissen für die Eintragung im
schweizerischen Grundbuch herangezogen werden (vgl. N 2128 f.; ferner
HANS RAINER KÜNZLE [BK 2011], Vorbem. Art. 517–518 N 109).

Sind *mehrere Personen kumulativ* (d.h. nebeneinander) mit der Willensvoll- 1008
streckung beauftragt, so stellt Art. 50 Abs. 2 GBV die Vermutung auf, dass diese
nur gemeinschaftlich handeln können. Diese Vermutung fällt dahin, wenn sich
aus dem Willensvollstreckerzeugnis die Befugnis der mehreren Willensvollstrecker ergibt, je allein zu handeln. Es ist Sache des zuständigen Erbschaftsam-

tes, nicht der Urkundsperson oder des Grundbuchamts, diesbezüglich das Testament auszulegen (a.M. URS FASEL [2013], Art. 50 N 17 ff.).

1009 Der Willensvollstrecker kann seine Vertretungsbefugnis auf einzelnen oder allen in der Schweiz gelegenen Nachlassgrundstücken *anmerken* lassen (Art. 962a ZGB; vgl. auch N 2562 ff.). Damit verhindert er, dass die bereits im Grundbuch eingetragenen Erben solche Grundstücke hinter seinem Rücken selbständig veräussern. Die grundbuchliche Anmerkung signalisiert das Misstrauen des Willensvollstreckers gegenüber den Erben; sie mag in Ausnahmefällen gerechtfertigt sein.

1010 Die *Verfügungsmacht* über den Nachlass steht dem Willensvollstrecker *exklusiv* zu. Hat also ein Willensvollstrecker sein Amt angenommen, so werden die Erben grundsätzlich vom Besitz und der Verfügungsmacht über den Nachlass ausgeschlossen. Ein selbständiges Handeln der Erben ist bis zur Beendigung des Amtes des Willensvollstreckers nicht möglich (HANS RAINER KÜNZLE [BK 2011], Art. 517–518, N 200 ff.; MARTIN KARRER/NEDIM PETER VOGT/ DANIEL LEU [BSK 2015], Art. 518 N 6; BERNHARD CHRIST/MARK EICHNER [PraxKom 2015], Art. 517 N 22). Hieraus ergibt sich, dass der Willensvollstrecker über ein Grundstück auch ohne Zustimmung der Erben verfügen kann (MARTIN KARRER/NEDIM PETER VOGT/DANIEL LEU [BSK 2015], Art. 518 N 50; ROLAND PFÄFFLI [Diss. 1999], 68 f.; teilweise a.M. RENÉ BIBER [ZBGR 2005], 11).

1011 Der Willensvollstrecker hat bei der Ausübung seiner umfassenden Handlungsbefugnis eine Reihe von Pflichten – insbesondere Rechenschafts-, Sorgfalts- und Treuepflichten – zu beachten, die zwar nicht sein rechtliches Können im Verhältnis gegenüber Dritten beschränken, bei deren Verletzung er aber gegenüber den Erben schadenersatzpflichtig wird (vgl. BERNHARD CHRIST/MARK EICHNER [PraxKom 2015], Art. 518 N 27 ff.). So verletzt etwa ein Willensvollstrecker, der eine Erbschaftssache verkauft, ohne das Einverständnis der Erben zum Preis einzuholen oder den Erben die Möglichkeit einzuräumen, dass einer von ihnen die Sache zum offerierten Preis übernimmt, seine Pflichten (vgl. BGE 108 II 535, E. 2). – Ob der Willensvollstrecker bei der Veräusserung und Belastung von Nachlassaktiven seine Pflichten richtig erfüllt oder ob er erbrechtliche Ansprüche von Erben und Vermächtnisnehmern verletzt, ist von der Urkundsperson und vom Grundbuchamt nicht zu prüfen (MARTIN KARRER/NEDIM PETER VOGT/DANIEL LEU [BSK 2015], Art. 518 N 45, m.w.H.).

Beim rechtsgeschäftlichen Handeln wird der Willensvollstrecker mit seinem 1012
Namen und seinen Vornamen (juristische Personen mit ihrem Namen oder
ihrer Firma) aufgeführt, jeweils mit einem Zusatz «handelnd als Willensvollstrecker der XY», wobei Name, Vorname der Erblasserin, wenn möglich auch
deren Todesdatum und letzter Wohnsitz anzugeben sind. Nicht erforderlich
sind die Nennung des Testaments oder Erbvertrags, woraus sich die Kompetenzen des Willensvollstreckers ableiten, ebenso wenig die Nennung der Erben.

Der Willensvollstrecker kann, gleich wie die Erben (vgl. N 995 f.), über Rechte 1013
an Nachlassgrundstücken erst verfügen, wenn alle Erben namentlich im
Grundbuch eingetragen sind (ROLAND PFÄFFLI [Diss. 1999], 69; RENÉ BIBER
[ZBGR 2005], 8 ff.). Der Eintrag der Erben belegt, dass das massgebliche Testament oder der Erbvertrag den Erben eröffnet worden ist und dass der Willensvollstrecker das Risiko einer Ungültigkeitsklage beurteilen und sein Handeln
danach richten kann. Vorsichtigerweise veräussert er keine Nachlassgrundstücke, solange eine erfolgreiche Testamentsanfechtung zu befürchten ist.
Urkundspersonen und Grundbuch brauchen sich um das Anfechtungsrisiko
nicht zu kümmern.

Besteht Ungewissheit über die Existenz von Erben, etwa bei nachrichtloser 1014
Abwesenheit oder Unklarheit über eheliche und ausserehliche Nachkommenschaften verstorbener Blutsverwandter, so rechtfertigt sich die Inkaufnahme
eines nicht quantifizierbaren Anfechtungsrisikos, damit die Abwicklung des
Nachlasses nicht während unbestimmter Zeit blockiert bleibt. Eine pragmatische Grundbuchpraxis geht dahin, in solchen Fällen die Erben der verstorbenen Grundeigentümerin ohne Namensnennung einzutragen, worauf der Willensvollstrecker ohne Einschränkung befugt ist, über die Nachlassgrundstücke
zu verfügen (vgl. MEIER-HAYOZ [BK 1981], Art. 646 N 53; PAUL PIOTET [SPR
1981], 654; ARTHUR HOMBERGER [ZK 1938], Art. 946 N 7, ferner MARTIN
KARRER/NEDIM PETER VOGT/DANIEL LEU [BSK 2015], Art. 518 N 45). Der
Umgang mit dem Risiko unbekannter Erben ist Sache des Willensvollstreckers
und betrifft Urkundspersonen und Grundbuchamt nicht (vgl. in diesem Sinne
BezGer Meilen 6.6.1983 [ZBGR 1986], 207 ff.; ferner ARTHUR HOMBERGER
[ZK 1938], Art. 946 N 7). – Die Eintragung der Erben ohne Nennung individueller Namen erfolgt aufgrund einer Erbenbescheinigung, die die bekannten
Erben namentlich aufführt und zugleich die bestehenden Ungewissheiten aufzeigt. Im Grundbuch werden als neue Eigentümer die «Erben der XY» oder
die «Erbengemeinschaft der XY» eingetragen (vgl. auch Art. 94 Abs. 2 GBV).

1015 Bei der Veräusserung von Rechten an Grundstücken durch den Willensvollstrecker sind gewisse *Verfügungsbeschränkungen* zu beachten. Von praktischer Tragweite sind insbesondere folgende Fälle:

– Sofern der Willensvollstrecker nicht nachweisen kann, dass *alle Erben ihren Wohnsitz in der Schweiz* haben, kann er eine grundbuchliche Übertragung von Grundstücken erst vornehmen, nachdem die Zustimmung der Steuerverwaltung gemäss Art. 172 DBG vorliegt (N 2739 ff.). Daraus ergibt sich, dass zwar nicht gegenüber dem Grundbuchamt, aber gegenüber den Steuerbehörden doch meist alle Erben identifiziert werden müssen, sofern der Willensvollstrecker schweizerische Nachlassgrundstücke ohne Sicherstellung der mit dem Grundstück verbundenen Steuern veräussern möchte.

– Der Aufgabenbereich des Willensvollstreckers erstreckt sich nicht auf jenen Teil des ehelichen Vermögens der Ehegatten, der nicht in den Nachlass des Verstorbenen fällt (HANS RAINER KÜNZLE [BK 2011], Art. 517–518, N 282 ff.; MARTIN KARRER/NEDIM PETER VOGT/DANIEL LEU [BSK 2015], Art. 518 N 5). Dies hat zur Folge, dass der Willensvollstrecker im Nachlass eines erstverstorbenen Ehegatten, der unter dem *Güterstand der Gütergemeinschaft* gelebt hatte, nicht ohne Zustimmung des überlebenden Ehegatten über Vermögenswerte verfügen kann, die zum Gesamtgut gehören. Sofern der überlebende Ehegatte bei der Veräusserung eines Grundstücks mitunterschreibt, können die Zuständigkeiten des überlebenden Ehegatten und des Willensvollstreckers ungeklärt bleiben. Andernfalls muss vorgängig die güterrechtliche Auseinandersetzung durchgeführt und schriftlich dokumentiert werden. Dies geschieht in einer Vereinbarung zwischen dem überlebenden Ehegatten und dem Willensvollstrecker (handelnd für die Erben), worin in einfacher Schriftform erklärt wird, welche Aktiven und Passiven des gesamten ehelichen Vermögens beider Ehegatten von Eheguterrechts wegen ins Eigentum des überlebenden Ehegatten, welche in den Nachlass des Verstorbenen fallen (ausführlich zum Teilungsvertrag vgl. N 2087 ff.). Über die dem Nachlass zugewiesenen Rechte an Grundstücken kann der Willensvollstrecker alsdann allein verfügen.

D. Vertretung durch den Erbschaftsverwalter

1016 Zweck der Erbschaftsverwaltung ist die Erhaltung und Sicherung des Nachlasses in Bestand und Wert. Nach dem Gesetz (Art. 554 ZGB) wird die Erbschaftsverwaltung angeordnet bei dauernder Abwesenheit eines Erben, bei

Unklarheit über den Kreis der Erben sowie im Zusammenhang mit vorsorglichen Massnahmen (vgl. etwa Art. 490 Abs. 3, Art. 556 Abs. 3, Art. 598 Abs. 2 oder Art. 604 Abs. 3 ZGB). Im Gegensatz zum Willensvollstrecker hat der Erbschaftsverwalter *nicht* die Aufgabe, Vermächtnisse auszurichten oder den Nachlass zu liquidieren. Seine Aufgabe beschränkt sich auf die Erhaltung des Nachlasses (FRANK EMMEL [PraxKom 2015], Art. 554 N 23 ff.; HANS RAINER KÜNZLE [BK 2011], Vorbem. Art. 517–518 N 21).

Der Erbschaftsverwalter belegt seine *Vertretungsbefugnis* mit dem Ernennungsbeschluss der örtlich und sachlich zuständigen Behörde gemäss Art. 28 Abs. 2 ZPO. 1017

Die *Vertretungsmacht* des Erbschaftsverwalters umfasst alle Handlungen im Zusammenhang mit der Tilgung der laufenden Erbschafts- und Erbgangsschulden, sofern und soweit diese feststehen und fällig sind. Ferner kann der Erbschaftsverwalter an Landumlegungen, Grenzregulierungen und ähnlichen Geschäften teilnehmen, die bei Eröffnung des Erbgangs bereits am Laufen sind oder nachher von dritter Seite initiiert werden. 1018

So ist der Erbschaftsverwalter etwa befugt, einen *durch die Erblasserin zu Lebzeiten abgeschlossenen Kaufvertrag zu vollziehen*, d.h. die entsprechende Grundbuchanmeldung vorzunehmen (MARTIN KARRER/NEDIM PETER VOGT/DANIEL LEU [BSK 2015], Art. 554 N 47). Wurde die Erbschaftsverwaltung angeordnet, weil der Kreis der Erben unklar ist – etwa bei einer prozessual angefochtenen Erbeneinsetzung, bei unklaren Verwandtschaftsverhältnissen oder bei der zu befürchtenden Verschollenheit eines potenziellen Erben –, dann liegt der Nutzen des Instituts des Erbschaftsverwalters darin, dass es die Erfüllung eines unbestrittenen Kaufvertrags möglich macht, obwohl die Erben der Veräusserin noch nicht namentlich im Grundbuch eingetragen sind (vgl. hierzu auch N 1013 f.). 1019

Will ein Erbschaftsverwalter anderweitig Grundstücke im Nachlass belasten oder veräussern, etwa um fällige Schulden zu tilgen, so bedarf er hierzu einer *speziellen Ermächtigung der nach Art. 28 Abs. 2 ZPO zuständigen kantonalen Nachlassbehörde* (BGE 95 I 392, E. 4; a.M. PAUL PIOTET [SPR 1981], 707 f.). 1020

E. Vertretung durch amtlichen Liquidator

Bestehen Befürchtungen, dass ein Nachlass überschuldet ist, so kann jeder einzelne Erbe ein Begehren um amtliche Liquidation des Nachlasses stellen (vgl. Art. 593 ff. ZGB). Wie bei der konkursamtlichen Liquidation eines Unterneh- 1021 mens wird in diesem Fall der Nachlass durch die zuständige Behörde versilbert, wozu diese einen amtlichen Erbschaftsliquidator einsetzt.

1022 Der amtliche Liquidator belegt seine *Vertretungsbefugnis* mit dem Entscheid der örtlich und sachlich zuständigen Behörde gemäss Art. 28 Abs. 2 ZPO.

1023 Die *Vertretungsmacht* des amtlichen Liquidators umfasst alle Rechtshandlungen, die sich aus dem Wortlaut des Liquidationsauftrages ergeben und die der Tilgung oder Sicherstellung der Erbschaftsschulden und – soweit möglich – der Ausrichtung von Vermächtnissen dienen (MICHAEL NONN/URS ENGLER [PraxKom 2015], Art. 595 N 7 ff., Art. 596 N 1 f.; PAUL PIOTET [SPR 1977], 826 ff.). Sofern sich aus dem Liquidationsauftrag keine Beschränkungen ergeben, kann der Erbschaftsliquidator über Grundstücke verfügen (HANS RAINER KÜNZLE [BK 2011], Vorbem. Art. 517–518 N 22).

1024 Im Rahmen der amtlichen Liquidation sind *Grundstücke grundsätzlich öffentlich zu versteigern*. Soll ein Grundstück freihändig verkauft werden, so darf der Erbschaftsliquidator dies nur mit Zustimmung aller Erben tun. Diese Zustimmung ist an keine besondere Form gebunden; sie ist von der Urkundsperson zu prüfen, braucht aber dem Grundbuchamt nicht nachgewiesen zu werden (MICHAEL NONN/URS ENGLER [PraxKom 2015], Art. 596 N 22; MARTIN KARRER/NEDIM PETER VOGT/DANIEL LEU [BSK 2015], Art. 596 N 30; PAUL PIOTET [SPR 1977]), 829).

1025 Der Anlass zur amtlichen Liquidation, nämlich die Überschuldung des Nachlasses, bedingt, dass nach Abschluss der Liquidation voraussichtlich kein Aktivenüberschuss übrig bleibt, der an die Erben verteilt werden kann. Ausnahmsweise ergibt sich im Laufe der Liquidation ein Aktivenüberschuss (MICHAEL NONN/URS ENGLER [PraxKom 2015], Art. 597 N 34 ff.). Umfasst dieser auch Grundstücke, so erfolgt deren allfällige Zuweisung an Erben kraft eines von allen Erben unterzeichneten Erbteilungsvertrags (N 2145 ff.), nicht kraft einer Amtshandlung des Liquidators. Richtigerweise wird das Amt des Liquidators beendigt, sobald die Überschuldungssituation aufgehört hat. Urkundsperson und Grundbuchamt brauchen sich um diese Frage aber nicht zu kümmern.

IV. Gemeinderschaft

1026 Erwirbt oder veräussert eine Gemeinderschaft (zum Begriff der Gemeinderschaft vgl. N 678 ff.) Rechte an Grundstücken, dann müssen die Teilhaber lediglich erklären, sie bildeten eine Gemeinderschaft. Den Gemeinderschaftsvertrag oder andere Beweismittel brauchen sie nicht vorzulegen. Auch spätere

Änderungen des Gemeinderschaftsvertrags brauchen dem Grundbuch nicht gemeldet zu werden. Es verhält sich bei der Gemeinderschaft diesbezüglich gleich wie bei der einfachen Gesellschaft (N 982 ff.).

In den Grundstücksgeschäften der Gemeinderschaft treten alle Gemeinder einzeln auf, entweder persönlich oder durch Bevollmächtigte (AUGUST EGGER [ZK 1943], Art. 340 N 1). Im Grundbuch werden alle Gemeinder als gesamthänderische Eigentümer eingetragen. Demgemäss müssen Wechsel im Mitgliederbestand spätestens dann im Grundbuch nachgeführt werden, wenn über ein Gemeinderschaftsgrundstück verfügt werden soll. Ohne Nachführung der im Grundbuch eingetragenen Gemeinder auf den aktuellen Stand können die Gemeinder über ihren Grundbesitz rechtlich nicht verfügen. Die Nachführung erfolgt analog zum Wechsel im Gesellschafterbestand der einfachen Gesellschaft (N 2229 ff.). 1027

Zwar können die Gemeinder eine Geschäftsführung wählen und einen einzelnen Gemeinder unter der Funktionsbezeichnung «Haupt der Gemeinderschaft» im Handelsregister eintragen lassen (Art. 341 ZGB). Aber die Geschäftsführer oder das Haupt haben im Rechtsverkehr nur beschränkte Kompetenzen. Da die gesetzliche Idealvorstellung bei der Gemeinderschaft von einem langfristig stabilen Familienvermögen ausgeht, liegen Grundstückkäufe und -verkäufe nicht in der Kompetenz des Hauptes, sondern bedürfen stets der Mitwirkung aller Gemeinder (AUGUST EGGER [ZK 1943], Art. 341 N 2; URS LEHMANN/PETER HÄNSELER [BSK 2014], Art. 341 N 2). Geschäfte von geringer Tragweite, d.h. solche, die zur gewöhnlichen Verwaltung und zur Erhaltung des Gemeinderschaftsvermögens gehören, dürfen hingegen vom Haupt der Gemeinderschaft selbständig vorgenommen werden. Die Vertretungsmacht des Gemeinderschaftshauptes umfasst Rangabklärungen bezüglich beschränkter dinglicher Rechte, Grenzbereinigungen, öffentlich-rechtlich gebotene Abtretungen zur Allmend und andere derartige Geschäfte, für die ein objektiver äusserer Anlass ersichtlich ist. 1028

§ 34 Juristische Personen des schweizerischen Privatrechts als Parteien

I. Juristische Personen mit Eintrag im schweizerischen Handelsregister

1029 Die juristischen Personen des schweizerischen Privatrechts (vgl. dazu N 709 ff.) handeln durch ihre Organe (Art. 54 f. ZGB) oder Hilfspersonen (Art. 55, Art. 101 OR) oder durch bevollmächtigte Stellvertreter (Art. 32 ff. OR). Ausnahmen von dieser Regel ergeben sich z.B., wenn eine juristische Person konkursamtlich verwaltet wird oder wenn eine Stiftung aufgrund einer aufsichtsbehördlichen Verfügung unter kommissarischer Leitung steht. Die Zuständigkeit von Organen und Hilfspersonen ergibt sich aus dem Handelsregister, wo ihre Zeichnungsberechtigungen öffentlich einsehbar sind (zur kaufmännischen Vertretung vgl. hinten, N 1067 ff.). Die Zuständigkeit von bevollmächtigten Stellvertretern ergibt sich aus deren Vollmachten (N 1086 ff.), die ihrerseits von zeichnungsberechtigten Organen oder Hilfspersonen unterzeichnet sein müssen.

1030 Erwirbt eine juristische Person Rechte an Grundstücken, so müssen gemäss Art. 51 Abs. 1 lit. b GBV die *Anmeldungsbelege für das Grundbuch* folgende Angaben enthalten: Die Firma oder den Namen, den Sitz, die Rechtsform, wenn diese nicht aus der Firma oder dem Namen hervorgeht, sowie die Unternehmens-Identifikationsnummer (UID).

1031 Sodann sind vor jedem Erwerb von Rechten an Grundstücken durch eine juristische Person die *Erwerbsbeschränkungen der Lex Koller* zu beachten (N 2652 ff.; bezüglich des Belegs, dass kein bewilligungspflichtiger Erwerb vorliegt, vgl. N 2677 ff.). Ist der Erwerb bewilligungspflichtig, so gehört die rechtskräftige Bewilligung zu den Anmeldungsbelegen.

II. Juristische Personen ohne Eintrag im schweizerischen Handelsregister

1032 Gewisse juristische Personen erlangen ihre Persönlichkeit, ohne im Handelsregister eingetragen zu sein. Dies gilt für Vereine, Familienstiftungen, kirchliche Stiftungen und für die juristischen Personen des kantonalen Privatrechts (zu den juristischen Personen des schweizerischen öffentlichen Rechts vgl. N 1048 ff.).

Bei den nicht im Handelsregister eingetragenen juristischen Personen ist einzelfallweise zu prüfen, welche natürlichen Personen befugt sind, als Organe zu handeln, und wie ihre Zeichnungsbefugnis geregelt ist. 1033

A. Nicht im Handelsregister eingetragene Vereine

Vereine, die kein nach kaufmännischer Art geführtes Unternehmen betreiben, sind berechtigt, nicht aber verpflichtet, sich im Handelsregister eintragen zu lassen; der Eintrag ist in diesen Fällen also fakultativ (CHRISTIAN BRÜCKNER [2000], N 1161). Die meisten Vereine in der Schweiz sind nicht in das Handelsregister eingetragen. 1034

Für nicht im Handelsregister eingetragene Vereine kann jedes Vorstandsmitglied einzeln handeln, sofern weder die Statuten noch ein Organbeschluss die Vertretungsbefugnis auf bestimmte Personen einschränken, beispielsweise durch Erteilung von Kollektivunterschrift zu zweien an den Vorstandspräsidenten und den Vizepräsidenten (ANTON HEINI/URS SCHERRER [BSK 2014] Art. 69 N 33; WOLFGANG PORTMANN [SPR 2005], N 486; CHRISTIAN BRÜCKNER [2000], N 1240; HANS MICHAEL RIEMER [1995], N 549). 1035

Die *Vertretungsbefugnis* beim Verein wird belegt durch das vom Vorsitzenden und dem Protokollführer unterzeichnete Protokoll oder einen entsprechend unterzeichneten Protokollauszug der Vereinsversammlung über die Wahl der handelnden Person(en) in den Vorstand (HENRI DESCHENAUX [SPR 1988], 454, Anm. 11b; JGK BE [Handbuch 1982], 11). 1036

Die *Vertretungsmacht* der handelnden Person(en) umfasst alle Rechtshandlungen, zu denen der Vorstand durch die Statuten oder durch Vereinsbeschluss ermächtigt wurde (Art. 69 ZGB). 1037

Zur *Prüfung des Umfangs der Vertretungsmacht* muss die Urkundsperson Einblick in die Statuten und Vereinsbeschlüsse nehmen. Die Ermächtigung zum Abschluss eines bestimmten Geschäfts kann etwa nachgewiesen werden durch ein vom Vorsitzenden und dem Protokollführer unterzeichnetes Protokoll der Vereinsversammlung oder durch die aktuellen Vereinsstatuten, die eine ausdrückliche Kompetenzordnung für den Abschluss von Grundstücksgeschäften zugunsten des Vorstandes enthalten (HENRI DESCHENAUX [SPR 1988], 454, Anm. 11b; CHRISTIAN BRÜCKNER [1993], N 1026; URS FASEL [2013], Art. 64 N 37). Die der Urkundsperson vorgelegten internen Beschlüsse müssen dem Grundbuchamt nicht als Belege eingereicht werden. Das Grundbuchamt darf und muss auf die Angaben der Urkundsperson abstellen. 1038

1039 Ist das Geschäft *nicht offensichtlich vom statutarischen Vereinszweck gedeckt,* so ist das Protokoll einer Mitgliederversammlung einzufordern, die das Geschäft beschlossen oder genehmigt hat. Die Konformität mit dem Vereinszweck spielt hingegen dann keine Rolle und braucht weder nachgewiesen noch geprüft zu werden, wenn das Geschäft zur blossen Vermögensverwaltung gehört, so bei der Einräumung und Löschung kleiner Dienstbarkeiten, Grenzbereinigungen, Teilnahme an Landumlegungen und bei Hypothezierungen. Bei grossen Vereinen mit umfangreichem Liegenschaftsbesitz kann auch die Veräusserung und der Erwerb einzelner Liegenschaften zur blossen Vermögensverwaltung gehören.

1040 Die Prüfung der Vertretungsbefugnis und der Vertretungsmacht bei nicht im Handelsregister eingetragenen Vereinen kann sich aufwendig und mühsam gestalten. Ist ein nicht im Handelsregister eingetragener Verein Inhaber von Rechten an Grundstücken, so ist deshalb in Erwägung zu ziehen, diesen Verein ins Handelsregister einzutragen, was die Durchführung von Grundstücksgeschäften erheblich vereinfacht. Der *Handelsregistereintrag* hat, auch wenn er freiwillig erfolgt, die üblichen Handelsregisterwirkungen (Hans Michael Riemer [BK 1990], Art. 69 N 71; Henri Deschenaux [SPR 1988], 454, Anm. 11b; Heinz Hausheer/Regina Aebi-Müller [2012], N 18.23; Christian Brückner [2000], N 1164).

1041 Im Übrigen gelten die Ausführungen in N 1030 ff. zu den juristischen Personen mit Eintrag im schweizerischen Handelsregister auch für nicht im Handelsregister eingetragene Vereine.

B. Familienstiftung und kirchliche Stiftungen

1042 Die Familienstiftungen und die kirchlichen Stiftungen erlangen das Recht der Persönlichkeit ohne Eintragung in das Handelsregister (Art. 52 Abs. 2 ZGB) durch die blosse Erklärung der Stifterin, die Stiftung zu errichten.

1043 Für diese nicht im Handelsregister eingetragenen Stiftungen handelt jedes Mitglied des Stiftungsrates einzeln, sofern weder die Statuten noch ein Organbeschluss die Vertretungsbefugnis auf bestimmte Personen einschränken, beispielsweise durch Erteilung von Kollektivunterschrift zu zweien an den Stiftungsratspräsidenten und den Vizepräsidenten (Hans Michael Riemer [1995], N 550).

1044 Die *Vertretungsbefugnis* bei den nicht im Handelsregister eingetragenen Stiftungen wird mit dem vom Vorsitzenden und dem Protokollführer unterzeichneten Protokoll über die Konstituierung des Stiftungsrates sowie eine Erklärung belegt, dass keine Beschlüsse gefasst wurden, die die Einzelzeichnungsbefugnis der Stiftungsräte einschränken (HENRI DESCHENAUX [SPR 1988], 454, Anm. 11b).

Die *Vertretungsmacht* der handelnden Person(en) umfasst alle Handlungen, die dem Stiftungsrat durch das Stiftungsstatut explizit eingeräumt werden (Art. 83 ZGB). Lässt sich der Stiftungsurkunde keine klare Kompetenzregelung – allenfalls unter Verweis auf ein Organisationsreglement – entnehmen, so hat der Stiftungsrat einen speziellen Beschluss zu fassen, worin er einzelne Mitglieder des Stiftungsrates zum Abschluss und der Abwicklung eines bestimmten Geschäftes bevollmächtigt oder ein bereits abgeschlossenes Geschäft genehmigt (URS FASEL [2013], Art. 64 N 37). Die der Urkundsperson vorgelegten internen Beschlüsse müssen dem Grundbuchamt nicht eingereicht werden. Das Grundbuchamt darf und muss auf die Angaben der Urkundsperson abstellen. 1045

Die Konformität mit dem Stiftungszweck spielt keine Rolle und braucht weder nachgewiesen noch geprüft zu werden, wenn das Geschäft zur blossen Vermögensverwaltung gehört, so bei der Einräumung und Löschung kleiner Dienstbarkeiten, Grenzbereinigungen, Teilnahme an Landumlegungen und bei Hypothezierungen. 1046

Im Übrigen gelten die Ausführungen in N 1030 ff. zu den juristischen Personen mit Eintrag im schweizerischen Handelsregister auch für nicht im Handelsregister eingetragene Familienstiftungen und kirchliche Stiftungen. 1047

§ 35 Juristische Personen des schweizerischen öffentlichen Rechts als Parteien

I. Juristische Personen des öffentlichen Rechts ohne Eintrag im Handelsregister

Die meisten juristischen Personen des öffentlichen Rechts (d.h. Bund, Kantone, Gemeinden, öffentlich-rechtliche Anstalten u.a.) sind im Handelsregister *nicht* eingetragen. Ihre Existenz ergibt sich aus Erlassen des Bundes, der Kantone oder der Gemeinden. 1048

Die Zeichnungsbefugnis der Vertreter ergibt sich meist aus Beschlüssen des obersten Exekutivorgans (z.B. Regierungsrat, Gemeinderat), worin bestimmte 1049

Personen ermächtigt werden, namens des Kantons oder der Gemeinde Grundstücksgeschäfte zu tätigen (HENRI DESCHENAUX [SPR 1988], 454 f.).

1050 Die Beweisführung für die Zeichnungsberechtigung bestimmter Menschen kann mehrstufig und kompliziert sein, so, wenn durch Regierungsratsbeschluss nicht Menschen, sondern eine Amtsstelle für Grundstücksgeschäfte als zuständig erklärt wird. Dann muss mit zusätzlichen Dokumenten belegt werden, wer als Mitarbeiter dieser Amtsstelle für das anstehende Geschäft momentan zeichnungsberechtigt ist. Solche Nachweise können mit einfachen Kopien von Ernennungsbeschlüssen oder durch einen Blick der Urkundsperson in das entsprechende Ämterverzeichnis (Staatskalender) erfolgen.

1051 Wegen dieses Beweisaufwands pflegen öffentlich-rechtliche juristische Personen, die regelmässig am Grundstücksverkehr teilnehmen, die Vertretungsverhältnisse stabil zu gestalten, sodass die zuständigen Leute bei den lokalen Urkundspersonen und Grundbuchämtern bekannt sind und man bei neuen Geschäften auf eine bestehende, beim Grundbuchamt hinterlegte Dokumentation verweisen kann.

1052 In Art. 51 GBV ist nicht geregelt, welche Angaben zu machen sind, wenn es sich bei der verfügenden oder erwerbenden Partei um eine juristische Person des öffentlichen Rechts handelt. In diesem Fall reicht es aus, wenn diese genau bezeichnet wird (z.B. Schweizerische Eidgenossenschaft, Kanton Zürich, Einwohnergemeinde der Stadt Basel).

II. Juristische Personen des öffentlichen Rechts mit Eintrag im Handelsregister

1053 Zuweilen sind juristische Personen des öffentlichen Rechts (insbesondere öffentlich-rechtliche *Anstalten*) im Handelsregister eingetragen (z.B. Universitätsspital Basel, Luzerner Kantonsspital, Zürcher Kantonalbank, Sozialversicherungsanstalt des Kantons Basel-Landschaft etc.). Der Handelsregistereintrag zeitigt für die öffentlich-rechtlichen juristischen Personen die üblichen Handelsregisterwirkungen, d.h., Gegenparteien und Urkundspersonen dürfen darauf vertrauen, dass die als Zeichnungsberechtigte eingetragenen Personen (N 1068 ff.) das Grundstücksgeschäft namens der von ihnen vertretenen juristischen Person gültig abschliessen können.

§ 36 Kirchliche Körperschaften und Anstalten und solche des kantonalen Privatrechts als Parteien

Kirchliche Körperschaften und Anstalten und solche des kantonalen Privatrechts erbringen den Nachweis ihrer Existenz sowie der Vertretungsmacht der für sie handelnden natürlichen Personen durch die Vorlegung der Gründungsurkunden oder der einschlägigen Gesetze oder Behördenverfügungen, ferner von Protokollen oder Protokollauszügen, die die Ernennung der Organe und handelnden Personen und die Erteilung der Unterschriftsberechtigung belegen. 1054

Bezüglich der Echtheit und Aktualität solcher Protokolle genügt die schriftliche Echtheitsbestätigung des Präsidenten oder Aktuars, ohne dass es einer Beglaubigung der Unterschriften oder einer anderweitigen Überprüfung bedarf (N 591). 1055

§ 37 Juristische Personen ausländischen Rechts als Parteien

I. Dem schweizerischen Recht bekannte Rechtsformen

Gesellschaften, Stiftungen und Vereine des ausländischen Rechts einschliesslich ihrer Zweigniederlassungen pflegen bei Grundstücksgeschäften in der Schweiz nicht direkt durch ihre Organe, sondern meist durch bevollmächtigte Stellvertreter (z.B. schweizerische Rechtsanwälte) zu handeln. In solchen Fällen sind mindestens vier Dinge von der Klientschaft zu belegen und von der Urkundsperson zu prüfen, nämlich: 1056

a) die Existenz der ausländischen juristischen Person (mittels eines beglaubigten ausländischen Handelsregisterauszugs oder eines aktuellen Statutenexemplars);
b) die Zuständigkeit der Unterzeichner der Vollmacht zur Erteilung dieser Vollmacht und die Echtheit ihrer Unterschriften (mittels einer entsprechenden Beglaubigung auf der Vollmacht);
c) der Umfang der Vollmacht gemäss ihrem Wortlaut und
d) die Identität der bevollmächtigten Person, die an der Beurkundung teilnimmt (vgl. hierzu N 870 ff.).

Im Ausland ausgefertigte Statuten, Vollmachten und andere Bescheinigungen pflegen von Personen unterzeichnet zu sein, die in der Schweiz unbekannt sind. Um den Amtsstellen in der Schweiz eine hinlängliche Gewissheit 1057 bezüglich der Echtheit der ausländischen Unterschriften und der Zuständigkeit der unterschreibenden Personen zu verschaffen, verlangt das schweizerische Recht den Beizug einer Amtsstelle des betreffenden Auslands, die in der Schweiz bekannt und anerkannt ist. Die betreffende ausländische Amtsstelle muss bestätigen, dass die ausländischen Unterschriften echt und die Unterzeichner zuständig sind. Das geschieht meist in zwei Stufen: Die Unterschrift des ausländischen Dokumenten-Erstellers wird vor Ort durch eine (ausländische, in der Schweiz unbekannte) Urkundsperson beglaubigt. Die Unterschrift der Urkundsperson wird vor Ort überbeglaubigt durch die ausländische Amtsstelle, die in der Schweiz bekannt und anerkannt ist. – Für die amtliche Überbeglaubigung der Unterschriften von ausländischen Urkundspersonen gibt es zwei Methoden, diejenige mit der Apostille (auf sie bezieht sich Art. 63 lit. a GBV) und diejenige ohne Apostille (Art. 63 lit. b GBV; der Verordnungstext ist allerdings unklar).

1058 *Apostille* heisst ein quadratischer Stempelaufdruck, der von der überbeglaubigenden ausländischen Amtsstelle zur betreffenden Unterschrift der Urkundsperson dazugesetzt und handschriftlich ergänzt wird. In der Apostille wird bestätigt, dass die Unterschrift der Urkundsperson die echte Unterschrift einer am betreffenden Ort zugelassenen Urkundsperson ist. Die internationale Anerkennung ausländischer Apostillen stützt sich auf einen Staatsvertrag, dem weltweit die meisten Länder beigetreten sind (Übereinkommen zur Befreiung ausländischer öffentlicher Urkunden von der Beglaubigung vom 5. Oktober 1961, das für die Schweiz am 11. März 1973 in Kraft getreten ist [SR 0.172.030.4]). Der Staatsvertrag enthält die Liste der ausländischen Amtsstellen, die zur Ausfertigung der Apostille zuständig sind.

1059 Mit einigen wenigen ausländischen Territorien erfolgt der Beglaubigungsverkehr ohne Apostille. Dort muss die *diplomatische Vertretung der Schweiz vor Ort* – meist ein Angestellter der nächstgelegenen schweizerischen Botschaft oder des schweizerischen Konsulats – die Unterschrift der ausländischen Urkundsperson oder Dokumenten-Erstellerin überbeglaubigen. Wie der schweizerische Botschafter im fernen Ausland sich die Gewissheit von der Zuständigkeit dortiger Urkundspersonen und von der Echtheit ihrer Unterschriften verschafft, ist seine Sache.

1060 Wird die Zeichnungsberechtigung der zeichnungsberechtigten Organe oder Hilfspersonen (und damit zugleich auch die Existenz der vertretenen juristischen Person) durch den Auszug aus einem ausländischen Handelsregister oder einer ähnlichen ausländischen Einrichtung nachgewiesen, so soll die schweizerische Urkundsperson den betreffenden Legitimationsbeleg im Original oder in beglaubigter Fotokopie, analog zum Vorgehen bei rechtsgeschäftlichen Vollmachten, als Beilage der Urkunde beifügen (CHRISTIAN BRÜCKNER [1993], N 2161).

Gemäss Art. 51 Abs. 1 lit. b GBV müssen die Anmeldungsbelege für das Grundbuch bei juristischen Personen die folgenden Angaben enthalten: Die Firma oder den Namen, den Sitz sowie die Rechtsform, wenn diese nicht aus der Firma oder dem Namen hervorgeht. Anstelle der Unternehmens-Identifikationsnummer ist eine entsprechende Nummer zur eindeutigen Identifikation der juristischen Person anzugeben, sofern das ausländische Recht eine solche kennt. 1061

Will eine juristische Person mit Sitz im Ausland Rechte an Grundstücken erwerben, so sind die *Erwerbsbeschränkungen der Lex Koller* zu beachten (N 2652 ff.; bezüglich des Belegs, dass kein bewilligungspflichtiger Erwerb vorliegt, vgl. N 2677 ff.). Ist der Erwerb bewilligungspflichtig, so gehört die rechtskräftige Bewilligung zu den Anmeldungsbelegen. 1062

Hat eine Gesellschaft ihren Sitz im Ausland und möchte sie über Rechte an Grundstücke in der Schweiz verfügen, so kann das Geschäft beim Grundbuch erst angemeldet werden, wenn die Zustimmung der kantonalen Steuerverwaltung gemäss Art. 172 DBG vorliegt (vgl. N 2739 ff.). Diese Zustimmung gehört zu den Anmeldungsbelegen. 1063

II. Der Trust

Der Trust ist eine Rechtsfigur aus dem angelsächsischen Rechtskreis. Sie ist dem schweizerischen Recht unbekannt, was bedeutet, dass nach schweizerischem Recht keine Trusts errichtet werden können. Hingegen anerkennt das schweizerische Recht ausländische Trusts (vgl. hierzu N 2367 ff.), sodass auf solche Rechtsverhältnisse im schweizerischen Grundbuch mit einer Anmerkung hingewiesen werden kann (N 2570 ff.). 1064

Der Trustee hat bezüglich des Trustvermögens die Eigentümerstellung inne. Der Umstand, dass ein bestimmtes Recht an einem Grundstück zu einem Trustvermögen gehört, ist wohl nur ersichtlich, wenn diese Zugehörigkeit im Grundbuch angemerkt worden ist. Ist dies nicht der Fall und hat die Urkundsperson keine Anhaltspunkte dafür, dass Rechte veräussert oder übertragen werden, die zu einem Trustvermögen gehören, so sind die Besonderheiten, die sich aus dem Trustrecht ergeben, unbeachtlich. Ein gutgläubiger Erwerber 1065 wird in seinem Erwerb auch dann geschützt, wenn der Trustee pflichtwidrig gehandelt hat (DELPHINE PANNATIER KESSLER [ZBGR 2011], 96).

1066   Ist die Zugehörigkeit eines Grundstücks zu einem Trust im Grundbuch angemerkt oder erklärt eine Partei anlässlich eines Grundstücksgeschäfts, als Trustee zu handeln, so hat die Urkundsperson Einblick in die Trust-Urkunde zu nehmen. Enthält diese keine Einschränkungen, so gilt der Trustee nach der hier vertretenen Meinung als ermächtigt, beliebige Grundstücksgeschäfte abzuschliessen. Demgegenüber vertreten andere Autoren die Ansicht, es seien bei der Veräusserung von Trustvermögen mangels einer expliziten Veräusserungsermächtigung in der Trusturkunde weitere Belege einzufordern, so beispielsweise das Gutachten eines ausgewiesenen Trustrechtsspezialisten oder ein rechtskräftiges (Feststellungs-)Urteil des zuständigen Gerichts. Nach Auffassung der gleichen Autoren dürften Trustees das Trustvermögen zudem nur dann verpfänden, wenn dies für die Zwecke des Trusts notwendig ist, was gegebenenfalls nachzuweisen wäre (vgl. DELPHINE PANNATIER KESSLER [ZBGR 2011], 73 ff. und 90 f.).

§ 38 Die Kaufmännische Vertretung

I.   Vorbemerkung

1067   Die im Handelsregister eingetragenen juristischen Personen und Personengesellschaften handeln durch die im Handelsregister als Zeichnungsberechtigte (N 1068 ff.) oder als Prokuristen (N 1077 ff.) eingetragenen Personen. Dies gilt auch bei Grundstücksgeschäften.

II.   Zeichnungsberechtigte

1068   Der *Nachweis der Einzelzeichnungsbefugnis oder der Kollektivunterschrift* (meist zu zweien) von Zeichnungsberechtigten wird durch einen aktuellen Auszug aus dem Handelsregister erbracht (zum Handeln von Personengesellschaften und juristischen Personen des Privatrechts durch Organe und Hilfspersonen und zu deren kaufmännischer Vertretungsmacht vgl. N 760 ff., insbesondere N 769).

1069   Die Urkundsperson darf und muss sich auf die *Eintragungen im schweizerischen Handelsregister im Zeitpunkt der Beurkundung* verlassen. Wird die Zeichnungsberechtigung (und damit die Existenz der vertretenen juristischen Person) durch den Auszug aus einem ausländischen Handelsregister oder einer ähnlichen ausländischen Einrichtung nachgewiesen, so soll die Urkundsperson den betreffenden Legitimationsbeleg im Original oder in beglaubigter Fotokopie, analog zum Vorgehen bei rechtsgeschäftlichen Vollmachten, als Beilage der Urkunde beifügen (N 1060).

Der *Handelsregistereintrag ist jedoch nicht konstitutiv* bezüglich der Unterschriftsbefugnis einer Person (CHRISTOPH VON GREYERZ [SPR 1982], 209). Sobald das zuständige Organ, z.B. der Verwaltungsrat einer Aktiengesellschaft, die Unterschriftserteilung an bestimmte Mitarbeiter beschlossen hat, können diese Mitarbeiter mit Rechtswirkung für die juristische Person handeln. Die Urkundsperson muss, solange die Unterschriftserteilung noch nicht im Handelsregister eingetragen ist, sich anhand des entsprechenden Beschlussprotokolls des Bestands der Vertretungsbefugnis vergewissern. 1070

Die *Vertretungsmacht* von Zeichnungsberechtigten umfasst alle Rechtshandlungen, die der Zweck der Personengesellschaft oder der juristischen Person mit sich bringen kann (Art. 564 Abs. 1 OR für die Kollektivgesellschaft mit dem entsprechenden Verweis in Art. 603 OR für die Kommanditgesellschaft; Art. 718a Abs. 1 OR für die Aktiengesellschaft und den entsprechenden Verweisen in Art. 814 Abs. 4 OR für die GmbH sowie Art. 899 Abs. 1 OR für die Genossenschaft; die Regel gilt ohne ausdrückliche gesetzliche Grundlage auch für die im Handelsregister eingetragenen Vereine und Stiftungen, CHRISTIAN BRÜCKNER [2000], N 1239 und 1360). Hierzu gehört meist auch der Erwerb oder die Verfügung über Rechte an Grundstücken (vgl. N 769). 1071

Der Umstand, dass die Zeichnungsberechtigten zur Vornahme aller Rechtshandlungen ermächtigt sind, die der Zweck des Gewerbes oder Geschäftes mit sich bringen kann, bedeutet auch, dass die Urkundsperson *keine Nachforschungen über allfällige internen Beschränkungen* der Vertretungsmacht zu machen oder die Einsichtnahme in firmeninterne Ermächtigungsbeschlüsse zu verlangen hat (CHRISTIAN BRÜCKNER [1993], N 1026). 1072

Von dem soeben Gesagten gibt es zwei Ausnahmen, nämlich die Fälle des *Selbstkontrahierens* und der *Doppelvertretung;* vgl. dazu N 1109 ff. 1073

Bei der Unterzeichnung rechtsverbindlicher Erklärungen von Personengesellschaften und juristischen Personen hat die Zeichnung *(Firmenunterschrift)* in der Weise zu erfolgen, dass die zur Vertretung befugten Personen unterhalb der gedruckten, maschinen- oder handschriftlich geschriebenen *Unternehmenskennzeichnung ihre persönliche Unterschrift beifügen* (vgl. Art. 719 OR für die Aktiengesellschaft; Art. 814 Abs. 5 OR für die GmbH; Art. 900 OR 1074 für die Genossenschaft; die Regel gilt ohne ausdrückliche gesetzliche Grundlage auch für die im Handelsregister eingetragenen Vereine, Stiftungen sowie die Kollektiv- und die Kommanditgesellschaft; vgl. ferner ROLAND PFÄFFLI [BN 2012], 267). Die klare Unterscheidung der vertretenen Firmen und der in ihrem Namen handelnden zeichnungsberechtigten natürlichen Personen ist für die Entstehung der öffentlichen Urkunde Gültigkeitserfordernis (BGE 112 II 330, E. 1.a; CHRISTIAN BRÜCKNER [1993], N 2158; teilweise a.m. DANIEL STAEHELIN [2010], 3 f.).

1075 Zeichnungsberechtigte können – anstatt selber zu handeln – im Namen der Geschäftsherrin und mit Wirkung für diese Vollmachten an andere Personen ausstellen. Einzelzeichnungsberechtigte können solche Vollmachten allein unterschreiben. Kollektivzeichnungsberechtigte müssen es gemeinsam mit anderen Zeichnungsberechtigten tun (ROLAND PFÄFFLI [2011], 46; ROLAND PFÄFFLI [BN 2012], 267 f.). So können zwei kollektiv zeichnungsberechtigte Direktoren A und B einen Grundstückkauf entweder gemeinsam vor der Urkundsperson unterzeichnen, oder sie können, wenn einer von ihnen – z.B. Direktor A – am Beurkundungstermin nicht abkömmlich ist, gemeinsam eine Vollmacht zum Abschluss des Geschäfts ausfertigen, und zwar entweder zugunsten des Direktors B oder zugunsten einer Drittperson.

1076 Da die kaufmännische Zeichnungsbefugnis vom obersten Exekutivorgan der Gesellschaft verliehen wird (vgl. Art. 818 Abs. 1 OR für die Aktiengesellschaft) und von den Zeichnungsberechtigten nicht abgeändert werden kann, wäre eine Delegation oder Unterbevollmächtigung unwirksam, bei der von zwei kollektiv zu zweien Zeichnungsberechtigten der A die B ermächtigt, den Grundstückkauf auch namens des A zu unterschreiben. Kollektiv Zeichnungsberechtigte können sich nicht durch solche Vollmachten zu Einzelzeichnungsberechtigten machen, sondern müssen immer kollektiv unterschreiben.

III. Prokuristen

1077 Prokurist ist, wer von seinem Geschäftsherrn die Zeichnungsbefugnis «per procura» verliehen erhielt. Die Erteilung der Prokura erfolgt meist durch das oberste Exekutivorgan, bei Aktiengesellschaften stets durch den Verwaltungsrat. Die Vertretungsbefugnisse des Prokuristen sind in Art. 458–460 OR geregelt (GEORG GAUTSCHI [BK 1962], Art. 458 N 1a ff.). Prokuristen müssen ihrer Unterschrift die Buchstaben «ppa» oder «pp» voranstellen (Art. 458 Abs. 1 OR).

1078 Der Nachweis der *Vertretungsbefugnis* eines Prokuristen mit Einzelunterschrift oder eines Prokuristen mit Kollektivunterschrift zu zweien mit einer zweiten zeichnungsberechtigten Person (Prokurist oder Zeichnungsberechtigter) wird durch einen aktuellen Auszug aus dem Handelsregister erbracht.

Prokuristen können alle Geschäfte tätigen, die der Zweck der Gesellschaft mit sich bringen kann, jedoch können sie gemäss Art. 459 Abs. 2 OR keine Grundstücke veräussern und belasten, sofern ihnen diese Befugnisse nicht ausdrücklich verliehen wurden (ARTHUR MEIER-HAYOZ/PETER FORSTMOSER [2011], § 9 N 9 ff.). 1079

Als *Veräusserung* im Sinne von Art. 459 Abs. 2 OR gilt jede Verfügung über ein Grundstück, mit der Eigentumsrechte übertragen werden. Dabei ist es unerheblich, welcher Wert oder welches Ausmass dem veräusserten Eigentumsrecht zuzumessen ist (ROLAND PFÄFFLI [2011], 46). Keine Veräusserung ist der Verzicht auf beschränkte dingliche Rechte, d.h. die Erteilung von Löschungsbewilligungen für Grundpfandrechte und Dienstbarkeiten. 1080

Unter den Begriff der *Belastung* im Sinne von Art. 459 Abs. 2 OR gilt jede Belastung eines Grundstücks mit dinglichen oder vorgemerkten persönlichen Rechten. So fällt unter das Belastungsverbot etwa die Begründung von Grundpfandrechten, Dienstbarkeitslasten oder Grundlasten sowie – seitens der Eigentümerin – der Abschluss von Verträgen über Vorkaufs-, Kaufs- und Rückkaufsrechte, ferner die grundbuchliche Vormerkung von Miet- und Pachtverträgen (GEORG GAUTSCHI [BK 1962], Art. 458 N 4d f.). Nicht unter den Begriff der Belastung fällt die Errichtung einer Dienstbarkeitsberechtigung zugunsten eines Grundstücks des Geschäftsherrn. Sind erworbene Dienstbarkeitsberechtigungen mit Nebenpflichten verbunden, so gilt deren Erwerb nicht als eine relevante Belastung, für die der gewöhnliche Prokurist unzuständig wäre (a.M. ROLAND PFÄFFLI [Diss. 1999], 70). 1081

Will ein Prokurist Grundstücke veräussern oder belasten, so muss er die Erweiterung seiner Prokura gemäss Art. 459 Abs. 2 OR mit dem Handelsregisterauszug oder mit dem Verleihungsbeschluss seines Geschäftsherrn nachweisen. Stattdessen kann er auch als Stellvertreter gemäss Art. 32 ff. OR für seinen Geschäftsherrn handeln, wenn er eine General- oder Spezialvollmacht (N 1094 ff.) vorlegt, die ihn zum Abschluss des fraglichen Geschäfts ermächtigt. Ob jemand aufgrund einer erweiterten Prokura oder als Stellvertreter gemäss Art. 32 ff. OR handelt, spielt im Ergebnis keine Rolle (vgl. auch ROLAND PFÄFFLI [2011], 46). 1082

Nicht betroffen von der Einschränkung in Art. 459 Abs. 2 OR ist der *Erwerb eines Grundstückes* durch einen Prokuristen, und zwar auch dann nicht, wenn auf dem Grundstück beschränkte dingliche Rechte lasten. Ein Prokurist kann 1083 somit ohne Weiteres Grundstücke im Namen seines Geschäftsherrn erwerben (GEORG GAUTSCHI [BK 1962], Art. 458 N 4d; ROLAND PFÄFFLI [2011], 47).

1084 Wenn hiervor gesagt wurde, dass der Prokurist ermächtigt ist, alle Arten von Rechtshandlungen vorzunehmen, die der Zweck des Gewerbes oder Geschäfts des Geschäftsherrn mit sich bringen kann, so bedeutet dies nicht, dass der Prokurist von der Beschränkung in Art. 459 Abs. 2 OR ausgenommen wäre, wenn der Zweck seiner Geschäftsherrin, z.B. einer *Immobiliengesellschaft* – im An- und Verkauf von Grundstücken besteht. Der gesetzliche Vorbehalt gilt ausnahmslos für alle Gesellschaften, d.h. auch für solche, die im Immobilienbereich tätig sind (ROLAND PFÄFFLI [2011], 47).

1085 Hingegen bezieht sich die Beschränkung der Vertretungsmacht des gewöhnlichen Prokuristen nur auf Verfügungen und Belastungen von Grundstücken *seines eigenen Geschäftsherrn*, d.h. der Firma, die dem Prokuristen die Prokura erteilt hat. Handelt diese Firma ihrerseits für Dritte (z.B. als Stellvertreterin oder als Willensvollstreckerin) und verkauft sie im Namen und auf Rechnung Dritter Grundstücke, dann können die Prokuristen dieser Firma gültig unterschreiben, ohne einer speziellen Ermächtigung zu bedürfen.

§ 39 Stellvertretung kraft Vollmacht

I. Vorbemerkung

1086 Alle Grundstücksgeschäfte können anstatt von den Parteien selber durch bevollmächtigte Stellvertreter der Parteien getätigt werden (zur Ungereimtheit der gewillkürten Stellvertretung aus beurkundungsrechtlicher Sicht vgl. N 757).

II. Vollmachtserteilung

A. Form, Inhalt und Umfang der Vollmacht

1087 Vollmachten für Grundstücksgeschäfte müssen *schriftlich ausgefertigt* werden (HENRI DESCHENAUX [SPR 1988], 455; ROGER ZÄCH/ADRIAN KÜNZLER [BK 2014]), Art. 33 N 57; ROLF WATTER [BSK 2015], Art. 33 N 14; a.M. BGE 99 II 159, E. 2b).

1088 Die Unterschriften der Vollmachtgeberin auf der Vollmacht müssen *notariell oder amtlich beglaubigt* werden (vgl. N 588 ff.). Dies ergibt sich für die beurkundungsbedürftigen Grundstücksgeschäfte aus dem Umstand, dass die

Urkundsperson die Vertretungsbefugnis des Bevollmächtigten zu kontrollieren hat (STEPHAN WOLF [2009], Art. 43 NV 19; CHRISTIAN BRÜCKNER [1993], N 2570). Die Beglaubigung der Unterschrift der abwesenden Vollmachtgeberin ersetzt deren persönliche Identifikation anlässlich der öffentlichen Beurkundung. Bei Grundstücksgeschäften, die in einfacher Schriftform abgeschlossen werden können, ergibt sich die Pflicht der notariellen oder amtlichen Beglaubigung der Unterschriften aus Art. 86 Abs. 1 i.V.m Art. 83 Abs. 2 lit. d. GBV (zur Beglaubigung von im Ausland errichteten Vollmachten vgl. N 1057 ff.).

Die Vollmacht muss die Vollmachtgeberin und die bevollmächtigte Person klar bezeichnen. 1089

Sofern die Vollmacht die Verfügung über Rechte an Grundstücken zum Gegenstand hat und die *Vollmachtgeberin* als Berechtigte bereits im Grundbuch eingetragen ist, können Familien- und Vorname zu deren Identifikation genügen. Ist die Vollmachtgeberin im Grundbuch noch nicht eingetragen, dann sollen im Vollmachtstext oder in der Unterschriftsbeglaubigung weitere Angaben gemacht werden, die zur zweifelsfreien Identifikation der Person genügen, z.B. die Wohnadresse und das Geburtsdatum. Eine Pflicht, alle Personenangaben gemäss Art. 51 GBV in den Vollmachtstext aufzunehmen, besteht jedoch nicht. 1090

Wird eine *natürliche Person bevollmächtigt*, so sind in der Vollmacht Familienname und Vorname anzugeben. Zur Vermeidung von Unklarheiten sind zudem Geburtsjahr und Wohnadresse nützlich. 1091

Wird eine *juristische Person* bevollmächtigt, so sind in der Vollmacht die Firma oder der Name, ferner der Sitz anzugeben. Die Urkundsperson muss anlässlich des Abschlusses des Grundstücksgeschäfts die Existenz der bevollmächtigten juristischen Person, die Organqualität und die Identität (d.h. die Personalien) der für sie handelnden natürlichen Personen in gleicher Weise prüfen, wie wenn die als Vertreterin handelnde juristische Person selber Partei wäre (vgl. N 1067 ff.). Keine Rolle spielt in diesem Fall jedoch der statutarische Zweck der bevollmächtigten juristischen Person, da sie nicht selber Partei des Grundstücksgeschäfts ist, sondern bloss eine Dienstleistung für eine andere Person erbringt. Prokuristen der bevollmächtigten juristischen Person können alle Grundstücksgeschäfte tätigen, die von der Vollmacht gedeckt sind. Die Einschränkungen von Art. 459 Abs. 2 OR spielen in diesem Fall keine Rolle. Denn die Prokuristen verfügen nicht über den Grundbesitz ihrer Geschäftsherrin (N 1085). 1092

Die Vollmacht muss angeben, wozu der Bevollmächtigte ermächtigt ist. Art. 33 OR spricht vom Umfang der Vollmacht und sagt dazu, er bestimme sich nach 1093 dem Inhalt des Rechtsgeschäfts. Gemeint ist: Die Vollmacht muss angeben, was der Bevollmächtigte tun soll und wie weit er dabei gehen darf.

1094 Eine speziell auf ein bestimmtes Geschäft, z.B. den Kauf der Parzelle XY in der Gemeinde Z, ausgerichtete Vollmacht heisst *Spezialvollmacht*.

1095 Besagt eine Spezialvollmacht, dass der Bevollmächtigte das Grundstück des Vollmachtgebers mit Grundpfandrechten belasten darf, so kann der Bevollmächtigte das Grundstück zwar hypothezieren, aber er kann den nachrangigen Pfandgläubigern nicht das Recht des Nachrückens einräumen. Dies wäre eine Überschreitung der Vollmacht. Alles von der Vollmacht nicht gedeckte Handeln ist ungültig. Die Prüfung der Vollmacht auf Inhalt und Umfang ist deshalb eine Pflicht der Urkundsperson, obliegt anschliessend aber auch nochmals dem Grundbuchamt. Dieses muss Geschäfte abweisen, die von der verwendeten Vollmacht nicht gedeckt sind.

1096 Die Vollmacht kann auch allgemeiner formuliert sein, etwa als Ermächtigung «zur Verwaltung des Vermögens des Vollmachtgebers». Eine solche Vollmacht heisst *Generalvollmacht*.

1097 Es gibt keine scharfe begriffliche Grenze zwischen Spezial- und Generalvollmacht. Das Gesetz lässt alle Zwischenstufen von akribischer Einschränkung bis zu weiter Offenheit zu. Bezüglich der Offenheit von Generalvollmachten besteht die allgemeine Schranke von Art. 27 Abs. 2 ZGB, woraus abzuleiten ist, dass sich der Vollmachtgeber nicht in einem übermässigen Masse seiner Freiheit entäussern kann. Generalvollmachten, die im Lichte von Art. 27 Abs. 2 ZGB von zweifelhafter Gültigkeit sind, werden bei Grundstücksgeschäften kaum jemals angetroffen und werden hier nicht weiter erörtert.

1098 Aus Art. 396 Abs. 3 OR ergibt sich, dass Generalbevollmächtigte Grundeigentum der Vollmachtgeberin nur dann veräussern und belasten dürfen, wenn sie dazu ausdrücklich ermächtigt wurden (ROGER ZÄCH/ADRIAN KÜNZLER [BK 2014]), Art. 33 N 97). Die Gesetzesbestimmung gilt nicht symmetrisch auch für den Erwerb von Grundstücken (WALTER FELLMANN [BK 1992], Art. 396, N 151). Sie zeigt die nur historisch nachvollziehbare Kümmernis des schweizerischen Gesetzgebers, eine Grundeigentümerin könnte durch unbefugtes Tun ihrer Leute des Grundeigentums verlustig gehen und dadurch aus dem ehrwürdigen Kreis der grundbesitzenden Bürgerinnen herausfallen. Keine solche Kümmernis zeigt der Gesetzgeber, wenn es ums blosse Geldausgeben geht, als was sich der Grundstückkauf aus der Sicht des Käufers erweist.

Art. 396 Abs. 3 OR bestätigt sodann auch die Selbstverständlichkeit, dass der Generalbevollmächtigte zum Verschenken des Vermögens des Vollmachtgebers nicht befugt ist. Der Generalbevollmächtigte hat immer und ausschliesslich im Interesse des Vollmachtgebers zu handeln. 1099

B. Befristung; Vollmacht über den Tod hinaus

Vollmachten können auf *unbestimmte* Zeit erteilt werden, oder sie können zeitlich *befristet* werden (ROGER ZÄCH/ADRIAN KÜNZLER [BK 2014], Art. 33 N 110 ff.). 1100

Ist in der Vollmacht nichts anderes gesagt, so *erlischt* die Vollmacht *mit dem Tod oder dem Eintritt der Handlungsunfähigkeit* des Vollmachtgebers (Art. 35 Abs. 1 OR; ROGER ZÄCH/ADRIAN KÜNZLER [BK 2014], Art. 35 N 1 ff.). 1101

Hat ein Vollmachtgeber ausdrücklich vorgesehen, dass die Vollmacht auch über den Verlust seiner Handlungsfähigkeit hinaus Gültigkeit behalten soll, so dauert die Vollmacht fort (BGE 132 III 222, E. 2.1 f.; JÖRG SCHMID [2014], 270 f.; ROGER ZÄCH/ADRIAN KÜNZLER [BK 2014], Art. 35 N 46 ff.). Demgegenüber ist umstritten, ob eine explizit über den Tod hinaus erteilte Vollmacht im Verfahren auf Grundbucheintragung zu beachten ist, wenn die handelnden Personen im Zeitpunkt des Vertragsschlusses oder der Grundbuchanmeldung vom bereits eingetretenen Tod des Vollmachtgebers Kenntnis haben. Das Bundesgericht hat diese Frage bisher offengelassen (vgl. insbesondere BGE 111 II 39, E. 1 f.). Ein Teil der Lehre und der kantonalen Grundbuchämter betrachten jede Vollmacht als erloschen, sobald der Vollmachtgeber gestorben ist, und zwar mit der Begründung, dass mit dem Tod der Erblasserin ihre Grundstücke (ausserbuchlich) in das Eigentum der Erben übergehen und der Bevollmächtigte seine Vertretungsmacht allein von der Verstorbenen herleitet, anstatt von den nunmehr verfügungsberechtigten Erben (JÖRG SCHMID [2014], 267 f.; ROGER ZÄCH/ADRIAN KÜNZLER [BK 2014], Art. 35 N 53; ROLF WATTER [BSK 2015], Art. 35 N 9). 1102

Die Realitätsferne der soeben rekapitulierten Auffassung liegt auf der Hand, weil bei keinem Geschäft, das nicht von der anmeldenden Person höchstpersönlich zum Amt gebracht wird, ausgeschlossen werden kann, dass die Person beim Eingang der Anmeldung bereits verstorben ist, und weil es zu unerträglichen Rechtsunsicherheiten führen müsste, wenn der den handelnden Personen unbekannte Todeseintritt einer abwesenden Person zur Ungültigkeit der Grundbuchanmeldung führen sollte. Nicht auf den Todeseintritt, sondern nur auf dessen Kenntnis seitens der handelnden Personen könnte es – wenn über- 1103 haupt – ankommen. Es dient der Rechtssicherheit im Geschäftsverkehr, dass alle Vollmachten mit Wirkung über den Tod hinaus erteilt werden können. Die gegenteilige Auffassung beeinträchtigt die Rechtssicherheit und dient niemandem. Die Rechtsstellung der Erben bleibt hinlänglich dadurch gewahrt, dass jeder von ihnen einzeln die Ermächtigung jederzeit widerrufen kann. Das Widerrufsrecht steht ferner auch dem Willensvollstrecker und dem Erbenvertreter zu (ROGER ZÄCH/ADRIAN KÜNZLER [BK 2014], Art. 35 N 73; ROLF WATTER [BSK 2015], Art. 35 N 11).

1104 Wollte man postmortale Vollmachten im Grundbuchverkehr generell für unzulässig bezeichnen, dann müsste konsequenterweise bei allen Grundstücksgeschäften, die namens natürlicher Personen aufgrund von Vollmachten abgeschlossen werden, im Nachhinein belegt werden, dass die Vollmachtgeber bei Abschluss und Vollzug der Geschäfte noch am Leben waren. Die Absurdität dieser Konsequenz macht die Absurdität ihrer Prämisse deutlich.

1105 Ebenfalls der Rechtssicherheit dienlich ist es, Vollmachten angemessen zu befristen. Als angemessene Befristung einer Vollmacht für Grundstücksgeschäfte kann *ein Jahr* als obere Grenze gelten. Will jemand gestützt auf eine ältere Vollmacht ein Geschäft namens einer andern Person tätigen, so stellt sich die Zweifelsfrage, ob die Vollmacht in der Zwischenzeit widerrufen wurde. Bei beurkundungsbedürftigen Geschäften gehört es zu den Pflichten der Urkundsperson, die nötigen Abklärungen zu treffen. Bei anderen Geschäften muss das Grundbuchamt dies tun.

1106 Als Empfehlung mag gelten, dass bei Vollmachten, die älter als ein Jahr sind, die Bestätigung seitens des Vollmachtgebers einverlangt wird, wonach die Vollmacht weiterhin seinem Willen entspricht. Die wirksamste Vorkehr ist die telefonische Kontaktnahme der Urkundsperson mit dem Vollmachtgeber, weil dadurch nicht nur eine eigentliche Fälschung (d.h. die Benützung einer Vollmacht, von der der angebliche Vollmachtgeber nichts weiss) aufgedeckt, sondern auch der aktuelle wirkliche Wille des Vollmachtgebers bestätigt werden kann. Sperrt sich der Inhaber der Vollmacht gegen eine solche Kontaktnahme der Urkundsperson mit dem Vollmachtgeber, so stehen die Alarmsignale auf Rot. Solche Sicherheitsvorkehren sind insbesondere geboten, wenn es sich um Laufkundschaft handelt, d.h., wenn die Urkundsperson weder die Vollmachtgeberin noch den Bevollmächtigten kennt. Keine besonderen Sicherheitsvorkehren sind geboten, wenn die Urkundsperson den Vollmachtgeber und den Bevollmächtigten sowie deren Zusammenarbeit kennt; in solchen Fällen kann eine Generalvollmacht über viele Jahre hinweg gebraucht werden, ohne dass sie jährlich erneuert werden muss.

C. Besondere Konstellationen

1. Untervollmacht

Die Vollmacht kann die Klausel enthalten, dass die bevollmächtigte Person befugt ist, an eine andere Person *Untervollmacht (Substitutionsvollmacht)* zu erteilen. In einem solchen Fall kann die Person U als Unterbevollmächtigte der Person B, d.h. der Bevollmächtigten, handeln. Anlässlich des Geschäfts sind in diesem Fall zwei Vollmachten vorzulegen, die erste Vollmacht der Partei an den Bevollmächtigten und die zweite Vollmacht (die Untervollmacht) des Bevollmächtigten an den Unterbevollmächtigten. 1107

Ohne ausdrückliche Ermächtigung darf die Bevollmächtigte beim Abschluss von Grundstücksgeschäften keinen Unterbevollmächtigten einsetzen (siehe aber ROGER ZÄCH/ADRIAN KÜNZLER [BK 2014], Art. 33 N 72). 1108

2. Selbstkontrahieren, Doppelvertretung

Selbstkontrahieren liegt vor, wenn der Vertreter ein Geschäft anstatt mit einer andern Person mit sich selbst abschliesst. Bei der *Doppelvertretung* handelt der Vertreter der einen Vertragspartei gleichzeitig als Vertreter der anderen Vertragspartei (WALTER FELLMANN [BK 1992], Art. 398, N 101). Doppelvertretung liegt auch vor, wenn die gleiche natürliche Person als Organ verschiedener juristischer Personen oder Personengesellschaften den Vertrag namens beider Parteien (mit-)unterzeichnet. 1109

Nach der bundesgerichtlichen Rechtsprechung sind das Selbstkontrahieren und die Doppelvertretung unzulässig. Das eine wie das andere führt zur Ungültigkeit des entsprechenden Rechtsgeschäfts, es sei denn, dass die Gefahr einer Benachteiligung der Vertretenen nach der Natur des Rechtsgeschäfts ausgeschlossen ist oder eine ausdrückliche Ermächtigung der Vertretenen vorliegt (BGer 4A.360/2012 vom 3.12.2012, E. 4; BGE 127 III 332, E. 2; 126 III 361 E. 3a; WALTER FELLMANN [BK 1992], Art. 398, N 110 ff., 119 ff.; ROGER ZÄCH/ ADRIAN KÜNZLER [BK 2014], Art. 33 N 80 ff.; ARTHUR MEYER-HAYOZ/PETER FORSTMOSER [2012], § 16 N 243 ff.). Nach der Beurkundungspraxis gewisser Kantone ist die Doppelvertretung und das Selbstkontrahieren aufgrund des latenten Interessengegensatzes zwischen den Parteien absolut verboten; eine Urkundsperson, die etwa den Kauf- oder Schenkungsvertrag mit einem für beide Parteien handelnden Bevollmächtigten beurkundet, verletzt nach dieser Praxis die notarielle Interessenwahrungspflicht (CHRISTIAN BRÜCKNER [1993], N 446). Demgegenüber werden in anderen Kantonen die Doppelvertretung und das Selbstkontrahieren unter der Voraussetzung toleriert, dass 1110 kein Ermessensspielraum des Vertreters besteht und dass die Interessenkollision aufgehoben ist. Dies ist der Fall, wenn die Zustimmung eines weiteren Gesellschafters oder Organs, einer Behörde oder eines Beistands, ein Beschluss der Generalversammlung oder die ausdrückliche Genehmigung der durch die Interessenkollision gefährdeten Person vorliegt (BGE 126 III 361, E. 3a; 127 III 332, E. 2). Eine generelle Ausnahme vom Verbot des Selbstkontrahierens bildet der Fall des Alleinaktionärs. Selbstverständlich ist er mit allen Rechtsgeschäften einverstanden, die zwischen ihm und seiner AG abgeschlossen werden (VwGer BL 3.6.1998 [ZBGR 1999], 148 ff.; CHRISTIAN BRÜCKNER [1993], N 446; JÖRG SCHMID [2014], 273 f.; JGK BE [Handbuch 1982], 58).

3. Geschäftsführung ohne Auftrag, vollmachtlose Stellvertretung

1111   Geschäftsführung ohne Auftrag und vollmachtlose Stellvertretung gibt es bei Grundstücksgeschäften nicht, weder beim Erwerb noch bei der Veräusserung von Rechten an Grundstücken. Wer im Namen einer andern Person handelt, muss im Zeitpunkt der Handlung hierzu ermächtigt, d.h. bevollmächtigt, sein. Das in Deutschland zuweilen vorkommende Handeln in fremdem Namen ohne Vollmacht mit anschliessender Genehmigung seitens des Vertretenen ist in der Schweiz unbekannt.

III. Handeln des Bevollmächtigten

1112   Der Bevollmächtigte belegt seine *Vertretungsmacht* durch die schriftliche Vollmacht (N 1087 ff.), wobei er zu allen Rechtshandlungen gemäss der Umschreibung in der Vollmachtsurkunde ermächtigt ist (zur Unterscheidung zwischen Spezialvollmacht und Generalvollmacht vgl. N 1094 ff.).

1113   Wer als Bevollmächtigter ein Grundstücksgeschäft in fremdem Namen tätigt, muss selber *voll handlungsfähig,* d.h. volljährig und urteilsfähig, sein und muss anlässlich des Geschäftsschlusses mit den üblichen Personalangaben identifiziert werden (vgl. N 870 ff.). Bezüglich der Prüfung der Handlungsfähigkeit von Bevollmächtigten gilt das Gleiche, was gegenüber natürlichen Personen gilt, die als Parteien auftreten (N 938 ff.).

1114   Vertretungsverhältnisse sind bei Grundstücksgeschäften offenzulegen und in der öffentlichen Urkunde festzuhalten (BGE 112 II 330, E. 1a; STEPHAN WOLF [2009], Art. 34 NV N 11 f.). Die *vollständigen Angaben sowohl bezüglich des Vollmachtgebers als auch bezüglich des Bevollmächtigten* sind in den Rechtsgrundausweisen anzugeben (CHRISTIAN BRÜCKNER [1993], N 2149).

Im Gegensatz zur Identifikation von Parteien spielt jedoch bei Bevollmächtigten der *Zivilstand (verheiratet, unverheiratet) keine Rolle.* Der Zivilstand wird in der Urkunde nicht erwähnt. Dies gilt generell für alle Personen, die in fremdem Namen handeln (Beistände, Zeichnungsberechtigte bei juristischen Personen, Willensvollstrecker, Erbenvertreter, Konkursverwalter). 1115

Bei Grundstücksgeschäften sind die *Originalvollmachten oder beglaubigte Fotokopien dem Vertrag beizufügen.* Bei öffentlichen Urkunden geschieht dies mit Schnur und Siegel (CHRISTIAN BRÜCKNER [1993], N 2149 ff.). Die Beifügung der Vollmacht ist Voraussetzung dafür, dass das Grundbuchamt der ihm durch Art. 965 Abs. 1 ZGB auferlegten Prüfungspflicht nachkommen kann (vgl. aber ROLAND PFÄFFLI [Diss. 1999], 63; a.M. Weisung JGK BE vom 23.6.1999 [ZBGR 2001], 60 f.). Sodann kann später jedermann, der die Urkunde in die Hand nimmt, das Vorhandensein der Vollmacht überprüfen. 1116

Neuntes Kapitel:
Auf Dauer angelegte dingliche Rechtsverhältnisse

1117 Im vorliegenden neunten Kapitel werden Miteigentum, Stockwerkeigentum, unselbständiges Eigentum, Dienstbarkeiten, Grundlasten und Grundpfandrechte behandelt. Die Darstellung folgt einer Systematik, die für jedes Institut der Reihe nach Begründung, Änderungen, Übertragung und Beendigung (Aufhebung) darstellt.

§ 40 Miteigentum

1118 Zum Begriff des Miteigentums vgl. N 186 ff.

I. Begründung von Miteigentum
A. Grundstückserwerb zu Miteigentum

1119 Die häufigste Art, Miteigentum zu begründen, besteht darin, dass zwei oder mehr Personen (z.B. Ehegatten) ein Grundstück zu Miteigentum erwerben, oder dass mehrere Mitglieder einer Gesamthandsgemeinschaft bei deren Liquidation Gesamthandsgut übernehmen und untereinander in Miteigentum aufteilen (THOMAS SUTTER-SOMM [SPR 2014], N 158; ARTHUR MEIER-HAYOZ [BK 1981], Art. 646 N 27).

1120 **Anmeldende (verfügende) Personen** sind die Veräusserinnen (bezüglich der Veräusserung des Grundstücks) und die Erwerber (bezüglich der Aufteilung des erworbenen Eigentumsrechts in Miteigentum). Sofern also die Erwerber die Grundbuchanmeldung nicht mitunterzeichnen, muss ihre Eintragungsbewilligung bezüglich der Begründung des Miteigentums und der Aufteilung der Quoten separat (zum Beispiel im Kaufvertrag) belegt werden (ROBERT HAAB [ZK 1977], Art. 646 N 9).

1121 **Rechtsgrundausweis** ist der Vertrag in *öffentlicher Urkunde* mit Angabe des Rechtsgrundes (Kauf, Schenkung etc.) zwischen der bisherigen Eigentümerin und den neuen (Mit-)Eigentümerinnen (Art. 657 ZGB; ferner N 837 ff.).

1122 Im Rechtsgrundausweis sind die *Quoten der Beteiligten* zu regeln und gegenüber dem Grundbuchamt anzugeben (vgl. ARTHUR MEIER-HAYOZ [BK 1981], Art. 646 N 30 ff.; ARTHUR HOMBERGER [ZK 1938], Art. 946 N 6). Die Summe der Quoten muss immer 1/1 ergeben. Gemäss Art. 96 Abs. 1 GBV werden die Quoten in ganzzahligen Brüchen («1/2», «2/3») im Grundbuch eingetragen. Im Rechtsgrundausweis können die Quoten aber auch in Prozenten und Promillen ausgedrückt werden.

Mit dem Rechtsgrundausweis müssen dem Grundbuchamt gegebenenfalls **weitere Beilagen** eingereicht werden. Von praktischer Tragweite sind insbesondere folgende Fälle: 1123

- Ist das Grundstück, das zu Miteigentum aufgeteilt wird, *mit einem Grundpfandrecht belastet,* so bieten sich die drei alternativen Möglichkeiten, entweder das Grundpfandrecht unberührt zu lassen (mit der Wirkung, dass es auf der Stammparzelle eingetragen bleibt) oder – sofern die Voraussetzungen von Art. 798 Abs. 1 ZGB erfüllt sind – es als Gesamtpfandrecht auf alle Miteigentumsparzellen zu verlegen (N 1754 ff.) oder schliesslich es zu zerlegen und anteilsmässig auf die einzelnen Miteigentumsparzellen zu übertragen (vgl. hierzu das Beispiel in N 1235). Die letztgenannte Alternative braucht die Zustimmung des Grundpfandgläubigers, die beiden erstgenannten nicht.

- Werden einzelne Miteigentumsparzellen mit Grundpfandrechten belastet, so wird auf der Stammparzelle die Anmerkung «*Anteile verpfändet*» von Amtes wegen eingeschrieben (N 2630 f.).

- Zur Anmerkung der *Nutzungs- und Verwaltungsordnung* im Grundbuch vgl. N 1170 ff.

- Zur *subjektiv-dinglichen Verknüpfung* einer Miteigentumsparzelle mit einem anderen Grundstück vgl. N 1345 ff.

- Zum gesetzlichen *Vorkaufsrecht der Miteigentümer* (Art. 682 Abs. 1 ZGB; N 2633 ff.; ferner zur Änderung und Aufhebung des Vorkaufsrechts vgl. N 1143 ff.).

- Zur Aufhebung des *Teilungsanspruchs* vgl. N 1159 ff.

- Zur Möglichkeit, für die einzelnen Miteigentumsanteile *eigene Grundbuchblätter* anzulegen (Art. 655 Abs. 2 Ziff. 4 ZGB) vgl. N 1135 ff.

B. Begründung von Miteigentum durch eine Allein- oder Miteigentümerin mittels Weggabe von Quoten

1124 Alleineigentum kann in Miteigentum aufgeteilt werden, indem eine Alleineigentümerin Quoten ihres Eigentums an eine oder mehrere andere Personen veräussert, selber aber eine Quote behält. Dieser Vorgang ist namentlich denkbar, wenn eine Ehegattin zu Lebzeiten ihren Ehegatten an ihrem Grundbesitz beteiligen will, ohne selber auszuscheiden. Analog kann eine Miteigentümerin Quoten ihres Miteigentums veräussern.

1125 **Anmeldende (verfügende) Person** ist die bisherige Allein- oder Miteigentümerin.

1126 **Rechtsgrundausweis** ist der Vertrag in öffentlicher Urkunde mit Angabe des Rechtsgrundes (Kauf, Tausch, Schenkung etc.) zwischen der bisherigen Allein- oder Miteigentümerin und dem Erwerber des Miteigentumsanteils (Art. 657 ZGB; ferner N 837 ff.).

1127 Mit dem Rechtsgrundausweis müssen dem Grundbuchamt gegebenenfalls **weitere Beilagen** eingereicht werden. Die Ausführungen in N 1123 gelten auch für die Begründung von Miteigentum mittels Weggabe von Quoten.

C. Umwandlung von Gesamteigentum in Miteigentum

1128 Die Umwandlung von Gesamteigentum in Miteigentum erfolgt in zwei Schritten. Der erste (fakultative) Schritt ist das Ausscheiden einer oder mehrerer Beteiligten aus der Gesamthandschaft. Dieser Schritt ist eine Änderung im Mitgliederbestand im Rahmen der Gesamthandsgemeinschaft N 2229 ff.); er ist nicht beurkundungsbedürftig. Der zweite Schritt ist die Übernahme des bisher gesamthänderisch gehaltenen Grundstücks durch mindestens zwei bisherige Beteiligte zu Miteigentum. Denkbar ist auch, dass alle bisherigen Beteiligten zu Miteigentümerinnen werden. Die Einbringung von gesamthänderisch gehaltenem Grundeigentum in die Miteigentümergemeinschaft ist eine Verfügungshandlung, die grundsätzlich *öffentlich beurkundet* werden muss, auch wenn die Beteiligungen wertmässig gleich bleiben (Art. 657 ZGB; ferner N 837 ff.).

1129 Als Ausnahme vom grundsätzlichen Erfordernis der öffentlichen Beurkundung gilt, dass die Übernahme von Nachlassgrundstücken durch zwei oder mehr Miterben zu Miteigentum als *Erbteilung in einfacher Schriftform* dargestellt werden kann (vgl. hierzu N 2130 ff.).

D. Sonderfälle

1. Nachbarinnen vereinigen Grundstücke und werden Miteigentümerinnen

Miteigentum wird in seltenen Fällen dadurch begründet, dass die Eigentümerinnen benachbarter Grundstücke diese zu einem einzigen Grundstück vereinigen und vereinbaren, am neuen Grundstück mit bestimmten Quoten als Miteigentümerinnen beteiligt zu sein (zur Vereinigung von Grundstücken vgl. N 2783 ff.). Da die Vereinigung benachbarter Grundstücke nur möglich ist, wenn die Grundstücke der gleichen Eigentümerin gehören (Art. 974b ZGB, Art. 158 GBV), müssen sich die Nachbarinnen in einem ersten Schritt zu einer einfachen Gesellschaft zusammentun und ihre Grundstücke ins Gesellschaftsvermögen einbringen. Dadurch wird die Gesellschaft zur Alleineigentümerin der Nachbargrundstücke. Der zweite Schritt ist die Vereinigung der Grundstücke. Im dritten Schritt übertragen die Nachbarinnen (in ihrer Eigenschaft als Gesellschafterinnen) das Grundstück auf sich selber (in ihrer Eigenschaft als Einzelpersonen), wobei sie das Eigentum in Miteigentum aufteilen. Alle drei Schritte können in der gleichen öffentlichen Urkunde zusammengefasst werden. Steuerrechtlich mag der Vorgang als ein Tausch betrachtet werden, indem jede Nachbarin der andern die Hälfte des Wertes ihres bisherigen Grundstücks überträgt.

1130

2. Begründung von Miteigentum durch die Alleineigentümerin ohne gleichzeitige Weggabe von Quoten

Die Alleineigentümerin kann ein Interesse haben, an einer blossen Quote ihres Eigentums Pfandrechte, Kaufs- oder Vorkaufsrechte zu begründen und den Rest ihres Eigentums unbelastet zu lassen oder im Hinblick auf die Veräusserung von Miteigentumsanteilen vorweg im Alleingang eine Nutzungs- und Verwaltungsordnung nach ihren eigenen Vorstellungen im Grundbuch anmerken zu lassen. Um solche Gestaltungen vorbereiten zu können, muss ihr gestattet sein, ihr Alleineigentum in Miteigentumsquoten aufzuteilen und sich als Inhaberin aller Miteigentumsanteile im Grundbuch eintragen zu lassen (vgl. Jürg Schmid [ZBGR 2007], 444). Da in einem solchen Falle kein Grundeigentum die Hand wechselt, muss für die Aufteilungserklärung der Alleineigentümerin einfache Schriftform genügen.

1131

Anmeldende Person ist die bisherige Alleineigentümerin.

1132

Rechtsgrundausweis ist der Antrag der Alleineigentümerin in einfacher Schriftform, wobei der Antrag in die Grundbuchanmeldung integriert wer-

1133

den kann. Der Antrag muss die Anzahl und Wertquoten der Miteigentumsanteile angeben.

1134 Mit dem Rechtsgrundausweis müssen dem Grundbuchamt gegebenenfalls **weitere Beilagen** eingereicht werden. Die Ausführungen in N 1123 gelten auch für die Begründung von Miteigentum ohne gleichzeitige Weggabe von Quoten.

E. Anlegen von Grundbuchblättern für die Miteigentumsparzellen

1135 Auf Antrag eröffnet das Grundbuchamt für die Miteigentumsanteile separate, neue Hauptbuchblätter (*Miteigentumsparzellen;* zur Begrifflichkeit vgl. N 188 ff.), und zwar gleichzeitig für alle. Das Grundbuchamt kann und soll überdies auch ohne speziellen Antrag, d.h. *von Amtes wegen,* Miteigentumsparzellen mit eigenen Hauptbuchblättern anlegen, wenn ein Miteigentumsanteil mit einem Grundpfandrecht belastet wird (Art. 23 Abs. 1 lit. a GBV) oder wenn es der Klarheit und Übersichtlichkeit dienlich ist (BJ [Erläuterungen 2009], Art. 111c).

1136 **Anmeldende Person** ist die Alleineigentümerin, oder, wenn das Eigentum schon in Miteigentum aufgeteilt ist, jede Miteigentümerin einzeln mit Wirkung für alle Miteigentumsanteile.

1137 **Rechtsgrundausweis** ist der Antrag in einfacher Schriftform, Miteigentumsparzellen mit eigenen Hauptbuchblättern anzulegen, wobei der Antrag direkt auf der Grundbuchanmeldung formuliert werden kann. Werden gleichzeitig mit der Anlegung von Miteigentumsparzellen dingliche oder vorzumerkende persönliche Rechte begründet oder übertragen, so sind die hierfür massgeblichen *Formvorschriften* zu beachten.

F. Unterteilen von Miteigentum

1138 Jede Miteigentümerin kann ohne Zustimmung der übrigen Miteigentümerinnen von ihrem Anteil Quoten abtrennen und an andere Personen veräussern (ARTHUR MEIER-HAYOZ [BK 1981], Art. 646 N 56 ff.). Die Veräusserung erfolgt durch Vertrag (Kauf, Schenkung etc.), der gemäss Art. 657 ZGB zu seiner Gültigkeit der öffentlichen Urkunde bedarf (ARTHUR MEIER-HAYOZ [BK 1981], Art. 646 N 61; ferner N 837 ff.).

1139 Mit der Veräusserung einer Teilquote erweitert sich die Miteigentümergemeinschaft um weitere Personen, die je die vollen Miteigentümerbefugnisse (Teilungsanspruch, Kopfstimmrecht bei gewissen Beschlüssen) haben, was das Stimmengewicht der bisherigen Miteigentümerinnen verringert. Den übrigen Miteigentümerinnen steht bei entgeltlichen Übertragungen das gesetzliche Vorkaufsrecht zu (ARTHUR MEIER-HAYOZ [BK 1981], Art. 646 N 58; vgl. ausführlich zum gesetzlichen Vorkaufsrecht der Miteigentümerinnen N 2633 ff.). Beim Miteigentum von Ehegatten, die unter dem Güterstand der Errungenschaftsbeteiligung leben, ist die freie Veräusserbarkeit des Miteigentumsanteils ferner durch das Zustimmungserfordernis des anderen Ehegatten eingeschränkt (THOMAS SUTTER-SOMM [SPR 2014], N 172; ferner hinten N 2622 ff.).

Anstelle der Veräusserung einer Teilquote kann eine Miteigentümerin einer andern Person auch Miteigentum an ihrer bisherigen, ungeteilten Miteigentumsquote einräumen (THOMAS SUTTER-SOMM [SPR 2014], N 155; JÜRG SCHMID [ZBGR 2007], 444). Die beiden Personen sind alsdann Miteigentümerinnen der bisherigen Miteigentumsquote. Auf diese Weise entsteht (Unter-)Miteigentum an einem (Ober-)Miteigentumsanteil. Die Unter-Miteigentümerinnen bilden unter sich eine separate Miteigentümergemeinschaft *(Untergemeinschaft)* und haben in der Gemeinschaft der Ober-Miteigentümerinnen gemeinsam nur eine einzige Stimme, soweit Beschlüsse mit der Mehrheit nach Köpfen gefasst werden. Zur Schaffung von Unter-Miteigentum ist die Zustimmung der übrigen Ober-Miteigentümerinnen ebenfalls nicht erforderlich, da ihre Rechtsstellung nicht berührt wird. Unter-Miteigentum kommt etwa an Autoeinstellhallen vor, sofern diese als blosse Miteigentumsparzellen, nicht als Stockwerkeigentumsparzellen ausgestaltet sind (vgl. ausführlich hierzu PAUL-HENRI STEINAUER [ZBGR 1998], 217 ff.). 1140

II. Vorkaufsrechte und Aufhebungsanspruch der Miteigentümer

A. Vorkaufsrechte zwischen Miteigentümerinnen

1. Die gesetzliche Vorkaufsordnung

Zwischen allen Miteigentümerinnen bestehen gemäss Art. 682 Abs. 1 ZGB gegenseitige Vorkaufsrechte für den Fall, dass eine Miteigentümerin ihren Anteil an einen Nicht-Miteigentümer verkauft. Diese Vorkaufsrechte werden *das gesetzliche Vorkaufsrecht* (im Singular) *der Miteigentümer* genannt. Sie bilden eine für und gegen alle Miteigentümerinnen wirkende Vorkaufsordnung (vgl. ausführlich hierzu N 2633 ff.). 1141

1142 Die Miteigentümerinnen haben die Möglichkeit, dieses gesetzliche Vorkaufsrecht abzuändern oder aufzuheben und die Änderung oder Aufhebung des gesetzlichen Vorkaufsrechts im Grundbuch vorzumerken (N 1143 ff.). Das gesetzliche Vorkaufsrecht dauert so lange wie das Miteigentumsverhältnis. Die für vertragliche Vorkaufsrechte geltende Befristung auf höchstens 25 Jahre gemäss Art. 216a OR gilt hier nicht.

2. Änderungen oder Aufhebung der gesetzlichen Vorkaufsordnung

1143 Den Miteigentümerinnen steht die Möglichkeit zu, die gesetzliche Vorkaufsordnung nach freiem Belieben abzuändern oder dieses aufzuheben (Art. 681b Abs. 1 ZGB).

1144 Die Änderung der gesetzlichen Vorkaufsordnung kann sowohl die Berechtigungen als auch die Verpflichtungen beschlagen, und zwar je einzeln unterschiedlich. Sie kann Verlängerungen oder Verkürzungen der Ausübungsfristen, Preislimiten, den definitiven Vorkaufsverzicht einzelner Berechtigter oder die Entlassung einzelner Miteigentumsanteile aus dem Vorkaufsbeschlag umfassen (Thomas Sutter-Somm [SPR 2014], N 723; Heinz Rey/Lorenz Strebel [BSK 2015], Art. 681b N 2 f.).

1145 Beispielsweise ist es möglich, dass bei drei Miteigentümerinnen A, B und C und deren Miteigentumsanteilen X, Y und Z die Miteigentümerin A auf das Vorkaufsrecht an der Miteigentumsparzelle Z verzichtet, während die Miteigentümerin B bezüglich ihrer Miteigentumsparzelle Y den beiden andern eine verlängerte Ausübungsfrist von sechs Monaten (statt der gesetzlichen drei Monate) einräumt. Solche Gestaltungen, die eher ins Reich der Gedankenspiele als in die Lebenswirklichkeit gehören, können – zumindest in der Theorie – in ihrer Komplexität gesteigert, ja vollends unverständlich und unbrauchbar gemacht werden durch die Nutzung der Möglichkeit, ausserhalb der für und gegen alle Miteigentümerinnen wirkenden gesetzlichen Vorkaufsordnung bilateral zwischen einzelnen Miteigentümerinnen oder mit Nicht-Miteigentümern vertragliche Vorkaufsrechte gemäss Art. 216 Abs. 2 OR zu vereinbaren; unabhängig vom Eintragungszeitpunkt gehen vertragliche Vorkaufsrechte der gesetzlichen Vorkaufsordnung und ihren allfälligen Änderungen im Range nach (Art. 681 Abs. 3 ZGB) und sind gemäss Art. 216a OR auf 25 Jahre befristet.

1146 Sowohl die vertraglichen Vorkaufsrechte als auch die Änderungen der gesetzlichen Vorkaufsordnung sind im Grundbuch vormerkbar (Art. 681b Abs. 1 ZGB).

Da das gesetzliche Vorkaufsrecht aber als eine für und gegen alle wirkende Vorkaufsordnung zu verstehen ist, müssen alle Änderungen, Verzichte und Aufhebungen von *allen Miteigentümerinnen* mitgetragen und – im Falle ihrer Vormerkung – auf *allen Miteigentumsparzellen vorgemerkt* werden, auch wenn einzelne Parzellen durch die Änderung nicht als belastet erscheinen. 1147

Für die Änderung der gesetzlichen Vorkaufsordnung (einschliesslich der Aufhebung des Vorkaufsrechts an einzelnen oder allen Parzellen) und deren Vormerkung gilt: 1148

Anmeldende (verfügende) Personen sind alle Miteigentümerinnen gemeinsam. 1149

Rechtsgrundausweis ist der Vertrag in öffentlicher Urkunde zwischen allen Miteigentümerinnen (Art. 681b Abs. 1 ZGB; Art. 78 Abs. 1 lit. f. GBV). Beurkundungsbedürftig ist sowohl der Inhalt der Vereinbarung als auch der Wille der Miteigentümerinnen, die Vereinbarung auf allen Miteigentumsanteilen vormerken zu lassen. 1150

Sind einzelne *Miteigentumsparzellen verpfändet*, so müssen die Pfandgläubiger zu jenen Änderungen zustimmen, die ihre Stellung verschlechtern (N 577). 1151

Da die gesetzlichen Vorkaufsrechte ohne zeitliche Beschränkung gelten, haben auch die vertraglichen Änderungen und deren Vormerkung *unbefristeten Bestand,* sofern keine Befristung vereinbart wird. 1152

Haben die Miteigentümerinnen das unbefristete gesetzliche Vorkaufsrecht aufgehoben und vereinbaren einzelne unter ihnen gegenseitige Vorkaufsrechte, so können diese *vertraglichen Vorkaufsrechte* höchstens auf die Dauer von 25 Jahre vereinbart werden (vgl. hierzu N 2383 ff.). 1153

3. Rückkehr zur gesetzlichen Vorkaufsordnung

Wurde die gesetzliche Vorkaufsordnung abgeändert, so können die Miteigentümerinnen durch Vereinbarung jederzeit zur gesetzlichen Ordnung zurückkehren. Werden alle Abweichungen von der gesetzlichen Vorkaufsordnung gleichzeitig aufgehoben und die gesetzliche Ordnung dadurch integral wiederhergestellt, so kann dies in einfacher Schriftform erfolgen. Andernfalls handelt es sich um eine neuerliche Änderung der gesetzlichen Ordnung, was der öffentlichen Beurkundung bedarf, und zwar ungeachtet der Frage, ob die Änderung dem gesetzlichen Modell näher kommt oder von ihm wegführt. Für die Löschung der Vormerkungen *Änderung/Aufhebung des gesetzlichen Vorkaufsrechts der Miteigentümer* gilt: 1154

1155 **Anmeldende (verfügende) Personen** sind alle Miteigentümerinnen gemeinsam.

1156 **Rechtsgrundausweis** ist der Vertrag in *einfacher Schriftform* zwischen allen Miteigentümerinnen über die Wiederherstellung des gesetzlichen Vorkaufsrechts mit Löschungsbewilligung bezüglich der bestehenden Vormerkungen.

1157 Dass für die Rückkehr zur gesetzlichen Ordnung einfache Schriftform genügt, ergibt sich aus dem Schweigen des Gesetzes, das für diesen Vorgang keine Formvorschrift aufstellt (Art. 11 Abs. 1 OR).

1158 Sind einzelne *Miteigentumsparzellen verpfändet,* so müssen die Pfandgläubiger zur Aufhebung jener Änderungen zustimmen, die ihre Stellung verschlechtern (N 577 f.).

B. Gesetzlicher Aufhebungsanspruch

1. Aufhebung des Aufhebungsanspruchs

1159 Jede Miteigentümerin kann jederzeit die Aufhebung des Miteigentumsverhältnisses beanspruchen (Art. 650 Abs. 1 ZGB; ARTHUR MEIER-HAYOZ [BK 1981], Art. 650 N 1 ff.; THOMAS SUTTER-SOMM [SPR 2014], N 276 ff.). Dieser Anspruch kann durch Vereinbarung für die Dauer von höchstens 50 Jahren mit Wirkung für und gegen alle Miteigentümerinnen aufgehoben werden (Art. 650 Abs. 2 ZGB). Die Aufhebungsvereinbarung kann im Grundbuch auf den Miteigentumsanteilen vorgemerkt werden. Der Aufhebungsanspruch ruht (auch ohne besondere Vereinbarung und ohne Vormerkung) bei Aufteilung des Miteigentums zu Stockwerkeigentum sowie bei der Bestimmung der zu Miteigentum aufgeteilten Sache für einen dauernden Zweck gemäss Art. 655a Abs. 2 ZGB (vgl. N 1354 ff.).

1160 Für die Aufhebung des gesetzlichen Aufhebungsanspruchs und ihre Vormerkung auf allen Miteigentumsparzellen gilt:

1161 **Anmeldende (verfügende) Personen** sind alle Miteigentümerinnen gemeinsam (a.M. ARTHUR MEIER-HAYOZ [BK 1981], Art. 650 N 21).

1162 **Rechtsgrundausweis** ist der Vertrag in öffentlicher Urkunde zwischen allen Miteigentümerinnen (Art. 650 Abs. 2 ZGB; Art. 78 Abs. 1 lit. d GBV). Beurkundungsbedürftig ist sowohl der Inhalt der Vereinbarung als auch der Wille der Miteigentümerinnen, die Vereinbarung auf allen Miteigentumsanteilen vormerken zu lassen.

Die Vereinbarung über die Aufhebung des Aufhebungsanspruchs kann jederzeit in öffentlicher Urkunde für höchstens 50 Jahre erneuert werden (ARTHUR MEIER-HAYOZ [BK 1981], Art. 650 N 12). 1163

Sind einzelne *Miteigentumsparzellen verpfändet*, so müssen die Pfandgläubiger zur Vereinbarung über die Aufhebung des Aufhebungsanspruchs zustimmen. 1164

2. Wiederherstellung des Aufhebungsanspruchs

Die Wiederherstellung des gesetzlichen Aufhebungsanspruchs und damit die Rückkehr zur gesetzlichen Ordnung kann jederzeit erfolgen. Es gilt: 1165

Anmeldende (verfügende) Personen sind alle Miteigentümerinnen gemeinsam. 1166

Rechtsgrundausweis ist der Vertrag in einfacher Schriftform zwischen allen Miteigentümerinnen über die Wiederherstellung des gesetzlichen Teilungsanspruchs und die Löschung der bestehenden Vormerkung. 1167

Dass für die Rückkehr zur gesetzlichen Ordnung einfache Schriftform genügt, ergibt sich aus dem Schweigen des Gesetzes, das für diesen Vorgang keine Formvorschrift aufstellt (Art. 11 Abs. 1 OR). 1168

Bei der Rückkehr zur gesetzlichen Grundordnung ist die Zustimmung allfälliger Grundpfandgläubiger *nicht* erforderlich, da ihre Rechte damit nicht geschmälert werden. 1169

III. Anmerkung der Nutzungs- und Verwaltungsordnung

A. Begründung und Anmerkung der Nutzungs- und Verwaltungsordnung

Die Miteigentümerinnen können eine von den gesetzlichen Bestimmungen, d.h. von den Regeln der Art. 647a-649 ZGB, abweichende Nutzungs- und Verwaltungsordnung vereinbaren (Art. 647 Abs. 1 ZGB) und diese im Grundbuch anmerken (Art. 649a Abs. 2 ZGB). Die Nutzungs- und Verwaltungsordnung gilt nach der Lehre und Rechtsprechung als Vertrag, womit die auf den Vertragsschluss anwendbaren Regelungen zum Tragen kommen (BGer 5A_44/2011 vom 27.7.2011, E. 5.2 m.w.H.). Konkret bedeutet dies, dass Erlasse, Änderungen und Aufhebung nur mit der Zustimmung aller Miteigentümerinnen möglich sind (vgl. aber N 1178). 1170

Anmeldende Person ist jede Miteigentümerin einzeln (Art. 54 Abs. 1 GBV). 1171

1172 **Beleg** ist die Nutzungs- und Verwaltungsordnung in einfacher Schriftform mit Unterschriften aller Miteigentümerinnen (Art. 80 Abs. 1 und 2 GBV).

1173 Die Anmerkung wird richtigerweise sowohl auf den einzelnen Miteigentumsparzellen als auch auf der Stammparzelle eingetragen (URS FASEL [2013], Art. 54 N 10 f.).

1174 Miteigentümerinnen sind nicht verpflichtet, ihre Nutzungs- und Verwaltungsordnungen im Grundbuch anzumerken. Die Anmerkung ist aber zu empfehlen, damit die Nutzungs- und Verwaltungsordnungen beim Handwechsel von Miteigentumsanteilen nicht übersehen werden. Für die Erwerber der Miteigentumsanteile sind die Nutzungs- und Verwaltungsordnungen auch verbindlich, wenn sie sie nicht gekannt haben (Art. 649a Abs. 1 ZGB).

1175 Die Miteigentümerinnen können weitestgehend frei vereinbaren, wie sie die Nutzung und Verwaltung der zu Miteigentum aufgeteilten Sache regeln möchten (vgl. aber Art. 647 Abs. 2 ZGB). Denkbar und zulässig ist etwa, zugunsten einzelner Miteigentümerinnen ausschliessliche Nutzungen in örtlicher Hinsicht (z.B. in Bezug auf einen Parkplatz) oder in zeitlicher Hinsicht (z.B. wochenmässige Zuteilung des Ferienhauses in den Bergen) festzulegen.

B. Änderung der Nutzungs- und Verwaltungsordnung

1176 **Anmeldende Person** ist jede Miteigentümerin einzeln (Art. 54 Abs. 1 GBV).

1177 **Beleg** ist die geänderte Nutzungs- und Verwaltungsordnung, wobei sie entweder durch die Unterschriften aller Miteigentümerinnen oder durch ein vom Vorsitzenden und vom Protokollführer unterzeichnetes Beschlussprotokoll (im Original oder in beglaubigter Kopie) gestützt sein muss.

1178 Zur Änderung einer Nutzungs- und Verwaltungsordnung bedarf es eines einstimmigen Beschlusses, es sei denn, eine nach dem 1.1.2012 von allen Miteigentümerinnen verabschiedete Nutzungs- und Verwaltungsordnung sehe vor, dass für ihre Änderung die Zustimmung der Mehrheit aller Miteigentümerinnen ausreicht (Art. 647 Abs. 1 ZGB; BGer 5A_380/2013 vom 19.3.2014, E. 3.3).

1179 Sollen im Rahmen einer Änderung der Nutzungs- und Verwaltungsordnung ausschliessliche Nutzungsrechte abgeändert werden (z.B. der Entzug eines Parkplatzes), so ist in jedem Fall die Zustimmung der direktbetroffenen Miteigentümerinnen notwendig (Art. 647 Abs. 1bis ZGB). Ferner haben deren allfällige Grundpfandgläubiger, Nutzniesser, Wohnberechtigte, nicht aber etwaige

Inhaber vorgemerkter persönlicher Rechte in einfacher Schriftform zuzustimmen (N 579 ff.).

C. Aufhebung der Nutzungs- und Verwaltungsordnung und Löschung der Anmerkung

Es kann auf das in N 1176 ff. zur Änderung der Nutzungs- und Verwaltungsordnung Gesagte verwiesen werden. 1180

IV. Änderung von Miteigentum
A. Änderungen durch Vereinbarung

Miteigentumsverhältnisse können durch Vereinbarung unter den Miteigentümerinnen sowohl in quantitativer als auch in qualitativer Hinsicht abgeändert werden: 1181

In *quantitativer Hinsicht* erfolgen die Änderungen in der Gestalt von Quotenänderungen, d.h. durch die Übertragung von anteiligen Eigentumsrechten zwischen den einzelnen Miteigentümerinnen. Diese Änderungen erfolgen durch den Abschluss eines Vertrags (Kauf, Schenkung etc.) zwischen den beteiligten Miteigentümerinnen in öffentlicher Urkunde (Art. 657 ZGB; ferner N 837 ff.). Teilt eine einzelne Miteigentümerin ihren Miteigentumsanteil in mehrere Miteigentumsparzellen auf, ohne einzelne davon auf andere Personen zu übertragen, so tut sie dies durch den blossen Antrag an das Grundbuchamt in einfacher Schriftform (vgl. N 1131 ff.). 1182

In *qualitativer Hinsicht* erfolgen die Änderungen in Miteigentumsverhältnissen durch Vereinbarung einer vom Gesetz abweichenden Nutzungs- und Verwaltungsordnung (N 1170 ff.) oder durch Änderung der ursprünglichen Zweckbestimmung der gemeinsamen Sache (Art. 648 Abs. 2 ZGB). Während Änderungen der Nutzungs- und Verwaltungsordnung im Grundbuch angemerkt werden können (Art. 54 Abs. 1 GBV), spielen sich Änderungen der Zweckbestimmung der Sache beim Miteigentum – anders als beim Stockwerkeigentum (N 1323) – ausserhalb des Grundbuches ab (ARTHUR MEIER-HAYOZ [BK 1981], Art. 648 N 50 ff.). In beiden Fällen genügt einfache Schriftform. 1183

B. Änderung durch einseitige Verzichtserklärung einer Miteigentümerin

1184 Nach herrschender Lehre und Rechtsprechung kann jede Miteigentümerin durch einseitige Erklärung auf ihr Miteigentumsrecht verzichten, wodurch ihr Miteigentumsanteil anteilsmässig den verbleibenden Miteigentümerinnen anwächst (ARTHUR MEIER-HAYOZ [BK 1974], Art. 666 N 17; ARTHUR MEIER-HAYOZ [BK 1981], Art. 646 N 71 ff.; ROBERT HAAB [ZK 1977], Art. 646 N 14; THOMAS SUTTER-SOMM [SPR 2014], N 184; BGE 129 III 216, E. 3.2.2; OGer SO 14.6.1977 [ZBGR 1979], 178 ff., E. 1).

1185 Diese Vorgehensweise hat den Vorteil der Einfachheit und Kostengünstigkeit. Immerhin sei der Hinweis gestattet, dass sie *mit Art. 657 ZGB nicht vereinbar* ist. Denn die Verschiebung eines Miteigentumsanteils auf eine andere Person ist eine Übertragung von Grundeigentum, die richtigerweise der öffentlichen Beurkundung und der Angabe des Rechtsgrundes (Kauf, Tausch, Schenkung) bedarf. Dass Grundeigentum im Spezialfall des Miteigentums durch einseitigen Akt ohne Zustimmung der Erwerber übertragbar sein soll, wobei die Erwerber die Quote des Verzichtenden auch gegen ihren Willen zu übernehmen hätten, ist auch aus praktischen Gründen schwer denkbar.

1186 Handelt es sich um ein sanierungsbedürftiges Grundstück mit *negativem Verkehrswert,* so würden die Hunde den Letzten beissen, d.h. jene Miteigentümerin, die sich nicht rechtzeitig durch eine Verzichtserklärung aus dem Staub gemacht hat.

1187 Ist die *Verzichtsquote werthaltig,* so umfasst die Verzichtserklärung, wenn sie ohne Gegenleistung erfolgt, einen Schenkungswillen zugunsten der übrigen Miteigentümerinnen. Gemäss Art. 239 Abs. 2 OR sind Zuwendungen durch Verzicht nur dann keine Schenkungen, wenn sich der Verzicht auf ein noch nicht erworbenes Recht oder auf das Ausschlagen einer Erbschaft bezieht. Dass Schenkungen von Miteigentumsquoten ohne Zustimmung der Beschenkten möglich sein sollen, ist angesichts von Art. 239 Abs. 2 OR nicht begründbar. Wird für die Abgabe der Verzichtserklärung eine Entschädigung bezahlt, so liegt ein Kauf vor. Ein Dispens der Parteien, das Geschäft wahrheitsgemäss als Kauf beurkunden zu lassen, wenn sie es stattdessen in die Form eines entschädigten Verzichts einkleiden, kann nicht rechtens sein.

1188 Sind auf den Anteilen der empfangenden Miteigentümerinnen *vertragliche Kaufs-, Vorkaufs- oder Rückkaufsrechte vorgemerkt,* so führt die Anwachsung zu einer Veränderung des Kaufgegenstands, was die eine oder andere Partei zur Anfechtung des Vertrags oder zu Nachverhandlungen zwingen kann. Dasselbe gilt, wenn der Anteil einer empfangenden Miteigentümerin mit einer Nutzniessung belastet ist.

Ist der Miteigentumsanteil, auf den verzichtet wird, *mit beschränkten dinglichen oder vorgemerkten persönlichen Rechten belastet,* so bleiben diese – gemäss der zitierten Lehre – trotz des Verzichts bestehen (ROBERT HAAB [ZK 1977], Art. 666 N 13). In einem solchen Fall ist die anteilsmässige Anwachsung des Miteigentumsanteils an die Anteile der verbleibenden Miteigentümerinnen nicht möglich, sodass die verbleibenden Miteigentümerinnen an diesem Anteil proportional zu ihren Quoten beteiligt werden (BGE 129 III 216, E. 3.2.2; THOMAS SUTTER-SOMM [SPR 2014], N 184). Aus den genannten Gründen sollte der einseitige Verzicht auf einen Miteigentumsanteil – entgegen der herrschenden Praxis – nicht eintragungsfähig sein. 1189

Anmeldende (verfügende) Person ist die verzichtende Miteigentümerin (ARTHUR MEIER-HAYOZ [BK 1974], Art. 666 N 6). 1190

Rechtsgrundausweis ist die einseitige, an das Grundbuchamt gerichtete Verzichtserklärung in einfacher Schriftform (ARTHUR MEIER-HAYOZ [BK 1974], Art. 666 N 5; ROBERT HAAB [ZK 1977], Art. 666 N 8). 1191

V. Aufhebung von Miteigentum
A. Überblick

Das Miteigentum wird üblicherweise *aufgehoben,* nachdem eine Person alle Miteigentumsanteile erworben hat. Sofern der rechtliche Zustand aller Anteile gleich ist, namentlich wenn alle Anteile frei von Belastungen sind, kann die Alleineigentümerin das Miteigentum durch eine Erklärung gegenüber dem Grundbuchamt aufheben. Die Erklärung kann in die Grundbuchanmeldung integriert werden. Einfache Schriftform genügt. 1192

Denkbar, aber selten ist die Aufhebung des Miteigentums durch mehrere Miteigentümerinnen, indem diese ihre Anteile in eine Gesamthandsgemeinschaft einbringen. So können z.B. zwei Miteigentümerinnen ihre Anteile in eine einfache Gesellschaft einbringen und das Eigentumsrecht fortab zu gesamter Hand innehaben. Da in diesem Falle Eigentum von bisherigen individuellen Inhaberinnen auf eine andere, gemeinschaftliche Inhaberin übertragen wird, ist öffentliche Beurkundung notwendig, und zwar auch dann, wenn wertmässig keine Verschiebung stattfindet (Art. 657 ZGB; ferner N 837 ff.). 1193

1194 Gemäss Art. 650 Abs. 1 ZGB hat jede Miteigentümerin das Recht, die Aufhebung des Miteigentums zu verlangen, wenn dies nicht durch ein Rechtsgeschäft (Art. 650 Abs. 2 ZGB; Art. 78 Abs. 1 lit. d. GBV; N 1159 ff.), durch Aufteilung zu Stockwerkeigentum oder durch die Bestimmung der Sache für einen dauernden Zweck (z.B. Art. 670 ZGB; N 1354 ff.) ausgeschlossen ist.

1195 Die einvernehmliche Aufhebung des Miteigentums erfolgt gemäss Art. 651 Abs. 1 ZGB entweder durch körperliche Teilung (d.h. Realteilung, vgl. N 1201 ff.), durch Veräusserung der im Miteigentum stehenden Sache durch alle Miteigentümerinnen mit anschliessender Teilung des Erlöses oder durch Übertragung der einzelnen Miteigentumsanteile auf eine der Miteigentümerinnen (ARTHUR MEIER-HAYOZ [BK 1981], Art. 651 N 7 ff.; THOMAS SUTTER-SOMM [SPR 2014], N 263).

1196 Können sich die Miteigentümerinnen über die Art der Aufhebung nicht einigen, so hat das Gericht zu entscheiden (Art. 650 Abs. 2 ZGB).

B. Die rechtsgeschäftliche Aufhebung von Miteigentum

1197 **Anmeldende (verfügende) Personen** sind alle bisherigen Miteigentümerinnen gemeinsam.

1198 **Rechtsgrundausweis** ist der Vertrag in öffentlicher Urkunde zwischen allen übertragenden Miteigentümerinnen und der übernehmenden Miteigentümerin oder einem Dritten, wobei der Rechtsgrund für die Übertragung in einem Kauf, einer Schenkung etc. bestehen kann (ARTHUR MEIER-HAYOZ [BK 1981], Art. 651 N 14 ff.).

1199 Bei der *Aufhebung von Miteigentumsverhältnissen zwischen Ehegatten* im Rahmen der Auflösung des Güterstandes (insbesondere infolge Tod oder Scheidung) kann derjenige Ehegatte, der ein überwiegendes Interesse an der im Miteigentum stehenden Sache nachweist, die ungeteilte Zuweisung gegen Entschädigung verlangen, und zwar unabhängig davon, ob es sich um die Familienwohnung oder um ein anderes Objekt handelt (Art. 205 Abs. 2 ZGB; Art. 251 ZGB). Für die Höhe der Entschädigung ist der Verkehrswert im Zeitpunkt der Zuweisung massgebend (BGE 138 III 150, E. 5.1.2).

1200 Bei der Aufhebung von Miteigentum an *landwirtschaftlichen Gewerben oder Grundstücken* gelangen die Zuweisungsansprüche gemäss Art. 36 ff. BGBB zur Anwendung (vgl. hierzu, BENNO STUDER [BGBB 2011], Vorbem. Art. 36–39 N 1 ff.; FELIX SCHÖBI [ZBGR 1993], 155). Sind sich die Miteigentümerinnen über den Bestand des Zuweisungsanspruchs gemäss Art. 36 BGBB oder die

Höhe des Anrechnungswertes gemäss Art. 37 BGBB nicht einig, so hat hierüber das Gericht zu entscheiden.

C. Aufhebung des Miteigentums mit Realteilung des Grundstücks

Das Miteigentumsverhältnis kann so beendet werden, dass die Grundstücksfläche in Teilflächen aufgeteilt wird und dass jeder bisherigen Miteigentümerin eine neue Teilfläche zu Alleineigentum zugewiesen wird. Dieser Vorgang heisst *Realteilung*. 1201

Die Realteilung kommt nur in Bezug auf Bodenflächen vor, d.h., es handelt sich immer um Liegenschaften im Sinne von Art. 655 Abs. 2 Ziff. 1 ZGB, die geteilt werden. Demgegenüber erfolgt die Aufteilung einer Baurechtsparzelle durch Änderung des Baurechtsvertrags (N 1556 ff.) und die Aufteilung einer Stockwerkeigentumsparzelle durch eine Quotenänderung, verbunden mit einer Sonderrechtsänderung, d.h. meist durch einen Nachtrag zum Begründungsakt (N 1314 ff.). 1202

Da sich die Aufteilung der Grundstücksfläche in Teilflächen notwendigerweise auf alle Miteigentumsanteile gleichermassen bezieht, muss diese Flächenteilung auf dem Grundbuchblatt der Stammparzelle dargestellt werden. In der logischen Abfolge erhalten die Miteigentümerinnen mit der Aufteilung der Grundstücksfläche Miteigentumsrechte im Umfang der bisherigen Quoten an den neu gebildeten Teilflächen. Anschliessend tauschen die Miteigentümerinnen untereinander die Quoten so aus, dass am Schluss jeder von ihnen das Alleineigentum an einer Teilfläche hat. Wegen dieses Austauschs von Miteigentumsquoten bedarf der diesbezügliche Vertrag zwischen den Miteigentümerinnen der öffentlichen Beurkundung. 1203

Ob die Miteigentümerinnen die Flächenmasse der Teilflächen in exakter Analogie zu ihren bisherigen Miteigentumsquoten vereinbaren oder ob sie eine andere Gestaltung wählen, ist ihr freier Entscheid und vom Grundbuchamt nicht zu überprüfen. Waren zwei Miteigentümerinnen bisher je hälftig an einem Grundstück beteiligt, dessen nördlicher Teil wertvoller als der südliche Teil ist, dann können die beiden Beteiligten anlässlich der Realteilung der einen eine Teilfläche von 1/3 im Norden, der andern die restlichen 2/3 im Süden zuweisen, ohne dass bezüglich dieser ungleichen Flächenaufteilung eine Entschädigungszahlung vereinbart wird. Sie können auch die Zuweisung hälftiger Flächen vereinbaren und zugleich festlegen, dass die Übernehmerin der werthaltigeren nördlichen Hälfte der Übernehmerin der südlichen Hälfte einen 1204

Geldbetrag bezahlt. Das Geschäft erhält dadurch eine kaufrechtliche Komponente (vgl. auch ARTHUR MEIER-HAYOZ [BK 1981], Art. 651 N 31).

1205 **Anmeldende (verfügende) Personen** sind alle bisherigen Miteigentümerinnen gemeinsam.

1206 **Rechtsgrundausweis** ist der Vertrag in öffentlicher Urkunde *(Realteilungsakt)* zwischen allen Miteigentümerinnen (THOMAS SUTTER-SOMM [SPR 2014], N 259).

1207 Mit dem Rechtsgrundausweis müssen dem Grundbuchamt **weitere Beilagen** eingereicht werden. Von praktischer Tragweite ist insbesondere der von allen Miteigentümerinnen zu unterzeichnende nachgeführte Plan für das Grundbuch *(Mutationsplan)*, auf den im Realteilungsakt verwiesen wird und aus dem sich die Zerlegung der Grundstücksfläche in die neuen Teilflächen ergibt (vgl. ausführlich N 2759).

1208 Im grundbuchlichen Vollzug der Realteilung werden zuerst die allfällig vorhandenen Miteigentumsparzellen geschlossen (vgl. N 1210 ff.), dann die Flächenteilung auf dem Stammgrundstück dargestellt und die aus dessen Teilung hervorgehenden neuen Grundstücke den bisherigen Miteigentümerinnen gemäss ihrem Realteilungsvertrag zu Alleineigentum zugewiesen. Der Vorgang geht einher mit einer allenfalls notwendigen Lastenbereinigung (N 2763 ff.).

1209 **Zum Steuerrecht:** Wenn die bisherigen Miteigentümerinnen die Liegenschaft entsprechend ihren Quoten in mehrere Liegenschaften aufteilen, so dass am Schluss jede von ihnen Alleineigentum an einer Teilfläche hat, so stellt dieser Vorgang zwar aus zivilrechtlicher Sicht eine Handänderung dar (vgl. N 1203). In den meisten Kantonen ist die Realteilung aber durch ausdrückliche Ausnahmebestimmungen oder aufgrund gefestigter Praxis von der Handänderungssteuer befreit, sofern die Teilung wertmässig zu den bisherigen Miteigentumsquoten erfolgt, d.h. zwischen den Miteigentümerinnen keine Ausgleichszahlungen geleistet werden (JGK BE 3.8.2015, E 3; StB SG 242 Nr. 2 [1.1.2016], Ziff. 3.5; SRK BL 23.4.1991 [BstPra], 107 ff.).

D. Schliessen von Miteigentumsparzellen

1210 **Anmeldende Personen** sind der oder die Inhaber aller Miteigentumsanteile.

1211 **Rechtsgrundausweis** ist der Antrag, alle Miteigentumsparzellen zu schliessen. Für den Antrag reicht *einfache Schriftform*. Öffentliche Beurkundung ist jedoch erforderlich, wenn gleichzeitig mit der Schliessung von Miteigentumsparzellen Eigentumsrechte übertragen werden (Art. 657 ZGB; ferner N 837 ff.).

Gemäss Art. 25 Abs. 1 GBV müssen vor bzw. gleichzeitig mit der Schliessung der Miteigentumsparzellen alle Anmerkungen, Vormerkungen, Dienstbarkeiten und Grundpfandrechte auf den einzelnen Miteigentumsanteilen gelöscht oder auf die gesamte im Miteigentum stehende Sache ausgedehnt werden, wozu die massgeblichen *Formvorschriften* zu beachten sind. 1212

§ 41 Stockwerkeigentum

Zum Begriff des Stockwerkeigentums vgl. N 198 ff. 1213

I. Begründung von Stockwerkeigentum
A. Überblick

Stockwerkeigentum kann sowohl an Liegenschaften als auch an selbständigen und dauernden Baurechten begründet werden (Art. 712b Abs. 2 Ziff. 1 ZGB; AMÉDÉO WERMELINGER [ZK 2010], Art. 712b N 118 ff.). Die Begründung erfolgt entweder durch einseitiges Rechtsgeschäft der Alleineigentümerin oder durch Vertrag zwischen zwei oder mehr Beteiligten (Art. 712d Abs. 2 ZGB; AMÉDÉO WERMELINGER [ZK 2010], Art. 712d N 2 ff.). 1214

B. Grundbuchlicher Vollzug
1. Begründung von Stockwerkeigentum an Liegenschaften

Anmeldende (verfügende) Person ist die Alleineigentümerin der Liegenschaft. Ist das Eigentumsrecht bereits in Miteigentum aufgeteilt, so sind es alle Miteigentümerinnen gemeinsam (AMÉDÉO WERMELINGER [ZK 2010], Art. 712d N 25α). 1215

Rechtsgrundausweis ist die öffentlich beurkundete Erklärung der Alleineigentümerin (bei einer bereits in Miteigentum aufgeteilten Liegenschaft der öffentlich beurkundete Vertrag der Miteigentümerinnen) über die Begründung von Stockwerkeigentum (Art. 712d ZGB; vgl. zum Begründungsakt ausführlich hinten, N 1224 ff.). 1216

Mit dem Rechtsgrundausweis müssen dem Grundbuchamt gegebenenfalls **weitere Beilagen** eingereicht werden. Von praktischer Tragweite sind insbesondere folgende Fälle: 1217

- Ist das Grundstück, das zu Stockwerkeigentum aufgeteilt wird, *mit einem Grundpfandrecht belastet,* so ist zu erwägen, entweder das Grundpfandrecht unberührt zu lassen oder es als Gesamtpfandrecht auf alle Stockwerkeigentumsparzellen zu verlegen oder es zu zerlegen und anteilsmässig auf die einzelnen Stockwerkeigentumsparzellen zu übertragen (vgl. ausführlich hierzu N 1232).

- War das Grundstück vor der Aufteilung in Stockwerkeigentum mit einer *Nutzniessung* oder einem *Wohnrecht* belastet, so ist im Einzelnen zu prüfen, inwiefern die Begründung von Stockwerkeigentum die bestehenden Rechte tangiert. Wird die Nutzniessung oder das Wohnrecht auf einzelne Stockwerkeigentumsparzellen verlegt, so hat dies als Änderung der bestehenden Dienstbarkeit in öffentlicher Urkunde zu erfolgen (N 1482 ff.; ferner AMÉDÉO WERMELINGER [ZK 2010], Art. 712d N 21). Sofern die Nutzniessung oder das Wohnrecht weiterhin auf der Stammparzelle eingetragen bleibt, geht das Bundesgericht davon aus, dass der Berechtigte grundsätzlich keine Verschlechterung seiner Rechtslage erleidet, also keine Zustimmung zu geben braucht (BGer 5A.31/2002 vom 26.3.2003, E. 3.2.4). Wird die Nutzniessung oder das Wohnrecht auf der Stammparzelle gelöscht und neu auf sämtliche Stockwerkeigentumsparzellen eingetragen, so erfolgt materiell keine Veränderung des Rechts; auch in diesem Fall ist keine Zustimmung des Berechtigten erforderlich.

- Bestehen am Grundstück, das in Miteigentum aufgeteilt und zu Stockwerkeigentum ausgestaltet werden soll, *vorgemerkte persönliche Rechte* wie Vorkaufs-, Rückkaufs- oder Kaufsrechte, so ist die Zustimmung der jeweiligen Berechtigten zur Begründung des Stockwerkeigentums nicht erforderlich. Sofern ein solches Recht bloss eine bestimmten Stockwerkeigentumseinheit betrifft, kann die Vormerkung mit Zustimmung des Berechtigten auf der Stammparzelle gelöscht und auf die entsprechende Stockwerkeigentumsparzelle übertragen werden (AMÉDÉO WERMELINGER [ZK 2010], Art. 712d N 23).

- Das Grundbuchamt kann eine *amtliche Bestätigung* verlangen, dass die zu Sonderrecht ausgeschiedenen Räume den Vorschriften von Art. 712b Abs. 1 ZGB und Art. 68 Abs. 2 GBV entsprechen, d.h., dass sie in sich abgeschlossen sind und über einen eigenen Zugang verfügen und dass es sich um Wohnungen oder um Raumeinheiten zu geschäftlichen oder anderen Zwecken handelt (AMÉDÉO WERMELINGER [ZK 2010], Art. 712f N 107 ff.).

2. Begründung von Stockwerkeigentum an selbständigen und dauernden Baurechten

Anmeldende (verfügende) Person ist der alleinige Inhaber des selbständigen und dauernden Baurechts oder, bei Aufteilung der Inhaberschaft auf mehrere Miteigentümerinnen, alle Miteigentümerinnen gemeinsam (AMÉDÉO WERMELINGER [ZK 2010], Art. 712d N 25α). 1218

Rechtsgrundausweis ist bei Alleininhaberschaft die öffentlich beurkundete Erklärung des Baurechtsnehmers; bei einem bereits in Miteigentumsanteile aufgeteilten Baurecht ist es der öffentlich beurkundete Vertrag der Miteigentümerinnen (Art. 712d ZGB; vgl. zum Begründungsakt ausführlich hinten, N 1224 ff.). 1219

Mit dem Rechtsgrundausweis müssen dem Grundbuchamt gegebenenfalls **weitere Beilagen** eingereicht werden. Von praktischer Tragweite sind insbesondere folgende Fälle: 1220

– Enthält der Baurechtsvertrag keine Bestimmung, wonach für die Errichtung von Stockwerkeigentum auf der Baurechtsparzelle die *Zustimmung der Baurechtsgeberin* notwendig ist, so kann die Begründung ohne deren Zustimmung erfolgen (AMÉDÉO WERMELINGER [ZK 2010], Art. 712d N 25α). Ist eine Zustimmung notwendig, so kann diese ohne anderslautende Vereinbarung in einfacher Schriftform erfolgen. Das Geschäft kann jedoch auch ohne den Nachweis der Zustimmung der Baurechtsgeberin beim Grundbuch angemeldet werden. Ist die Verfügungsbeschränkung vorgemerkt, so avisiert das Grundbuchamt die Baurechtsgeberin von der erfolgten Errichtung des Stockwerkeigentums, und zwar gestützt auf Art. 969 ZGB. Es ist dann die Sache der Baurechtsgeberin, eine allfällige Ablehnung zu erklären und ihre daraus folgenden Rechte gerichtlich durchzusetzen (Roland Pfäffli [ZBGR 2012], 383 f.).

– Soll das auf der Baurechtsparzelle lastende *Baurechtszinsenpfandrecht* auf die einzelnen Stockwerkeigentumsparzellen verlegt werden, so erfolgt dies analog zur Verlegung der übrigen Pfandrechte (N 1232 ff.).

– Im Übrigen gelten die Ausführungen in N 1217 auch für die Begründung von Stockwerkeigentum an selbständigen und dauernden Baurechten.

Bei der Begründung von Stockwerkeigentum an selbständigen und dauernden Baurechten ist dem Baurechtsverhältnis und den speziellen Vereinbarungen im Baurechtsvertrag Beachtung zu schenken (vgl. ausführlich hierzu AMÉDÉO WERMELINGER [ZK 2010], Vorbem. 712a-712t N 161 ff.). 1221

1222 Sofern nichts anderes vereinbart wird, werden die Stockwerkeigentümerinnen mit der Begründung des Stockwerkeigentums gemeinschaftlich zur Vertragspartnerin der Baurechtsgeberin (AMÉDÉO WERMELINGER [ZK 2010], Vorbem. 712a-712t N 164). Im Ergebnis bedeutet dies die solidarische Haftung aller Stockwerkeigentümerinnen für den gesamten Baurechtszins und die Belastung ihrer Anteile mit dem ursprünglichen Baurechtszinsenpfandrecht als Gesamtpfand (vgl. PASCAL SIMONIUS/THOMAS SUTTER, Bd. II, §4 N 69 ff.). Dies wirkt sich negativ auf den Verkehrswert der Stockwerkeigentumsanteile aus. Vernünftiger ist es, im Einvernehmen mit der Baurechtsgeberin die Pflicht zur Bezahlung des Baurechtszinses anteilsmässig auf die Stockwerkeigentümerinnen aufzuteilen, auf ihren Anteilen die entsprechenden Baurechtszinsenpfandrechte einzutragen und das Pfandrecht für den Baurechtszins auf der Baurechts-Stammparzelle aufzuheben. Die Baurechtszinsenpfandrechte auf den Stockwerkeigentumsparzellen können in diesem Fall allerdings nur vertragliche Pfandrechte sein. Hat nämlich die Baurechtsgeberin der anteiligen Übernahme der Baurechtszinspflicht durch die einzelnen Stockwerkeigentümerinnen zugestimmt, dann hat die Stockwerkeigentümergemeinschaft keine Zinspflicht mehr, für die das gesetzliche Pfandrecht beansprucht werden könnte.

1223 Die gegenseitigen *gesetzlichen Vorkaufsrechte* der Baurechtsparteien an der Bodenparzelle und an der Baurechtsparzelle werden bei der Ausgestaltung des Baurechts in Stockwerkeigentumsanteile unpraktikabel. Richtigerweise werden sie anlässlich der Begründung des Stockwerkeigentums aufgehoben (N 1555, N 1143 ff.). Werden die Vorkaufsrechte belassen, so ist in der Literatur umstritten, ob der Baurechtsgeberin bei jedem Verkauf einer Stockwerkeigentumsparzelle ein Vorkaufsrecht zukommt (bejahend: AMÉDÉO WERMELINGER [ZK 2010], Vorbem. Art. 712a-712t N 172; HEINZ REY/LORENZ STREBEL [BSK 2015], Art. 682 N 17; ablehnend: PASCAL SIMONIUS/THOMAS SUTTER, Bd. II, §4 N 72). Umgekehrt stellt sich die Frage, ob bei einem Verkauf der Bodenparzelle jeder einzelnen Stockwerkeigentümerin oder nur allen Stockwerkeigentümerinnen gemeinsam (PASCAL SIMONIUS/THOMAS SUTTER, Bd. II, §4 N 70) das gesetzliche Vorkaufsrecht an dieser Bodenparzelle zusteht. Die Frage wird an dieser Stelle nicht vertieft.

C. Begründungsakt (Rechtsgrundausweis)

1. Inhalt des Begründungsakts

a) Wesentliche Elemente des Begründungsakts

Die Begründung von Stockwerkeigentum kann entweder durch einseitiges Rechtsgeschäft der Alleineigentümerin oder durch Vertrag zwischen zwei oder mehr Beteiligten erfolgen. 1224

Erfolgt die Begründung von Stockwerkeigentum mit einseitiger Erklärung der Alleineigentümerin gemäss Art. 712d Abs. 2 Ziff. 2 ZGB, so wird in einem ersten Schritt das bisherige Alleineigentum in Miteigentumsanteile aufgeteilt. Bei der Begründung von Stockwerkeigentum durch Vertrag zwischen zwei oder mehr Beteiligten, die das Grundstück bereits zu Miteigentum halten, entfällt dieser erste Schritt, sofern die bisherigen Miteigentumsquoten ihrem Wert nach unverändert bleiben (AMÉDÉO WERMELINGER [ZK 2010], Art. 712d N 63). Andernfalls werden im ersten Schritt die Quoten verändert. 1225

In einem zweiten Schritt werden die Miteigentumsanteile zu Stockwerkeigentum ausgestaltet (AMÉDÉO WERMELINGER [ZK 2010], Art. 712b N 34 ff.). 1226

Aus der einseitigen Erklärung oder der vertraglichen Vereinbarung müssen die folgenden wesentlichen Elemente hervorgehen (AMÉDÉO WERMELINGER [ZK 2010], Art. 712d N 47 ff.; ARTHUR MEIER-HAYOZ/HEINZ REY [BK 1988], Art. 712d N 71 ff.): 1227

- die Bezeichnung des Stammgrundstückes;
- der Wille der Alleineigentümerin oder der Miteigentümerin, Stockwerkeigentum zu begründen;
- die räumliche Lage, die Abgrenzung und die Zusammensetzung der einzelnen Einheiten zu Sonderrecht (Art. 712b ZGB und Art. 68 Abs. 1 GBV; N 205 ff.), wobei bei bestehendem Gebäude eine verbale Beschreibung unter Angabe der Etage und der dortigen Belegenheit der Räume oder ein entsprechender Aufteilungsplan genügt, bei noch nicht erstelltem Gebäude der Aufteilungsplan zwingend ist; die verbale und/oder grafische Beschreibung muss in die Urkunde integriert sein; die blosse Beifügung als Urkundenbeilage (hinter den Unterschriften und dem Notariatssiegel) ist nicht genügend; erst recht genügt als Beschreibung nicht ein blosser Verweis auf Aufteilungspläne, die nicht in die Urkunde integriert sind (JGK BE [Handbuch 1982], 20);

- die Aufteilung der Wertquoten an der Liegenschaft (Art. 712e ZGB und Art. 23 Abs. 5 lit. c GBV).

b) Begründung vor Erstellung des Gebäudes

1228 Stockwerkeigentum kann sowohl an bereits bestehenden oder im Bau befindlichen Gebäuden als auch an Gebäuden begründet werden, die erst geplant sind (vgl. zur *Begründung des Stockwerkeigentums vor Erstellung des Gebäudes* N 1291 ff.). Bei bestehender Bausubstanz muss die Aufteilung in Stockwerke den Gegebenheiten des Gebäudes entsprechen. Ist die Bausubstanz noch nicht vorhanden, so muss der Aufteilungsplan nachträglich geändert werden, sofern anders gebaut wird, als was geplant war. Steht auf der Liegenschaft ein Gebäude, dessen Abbruch und Ersetzung durch einen Neubau geplant sind, so kann bereits vor dem Abbruch Stockwerkeigentum für den Neubau begründet werden. Ist die Abbruchliegenschaft in Stockwerkeigentum aufgeteilt, so muss dieses aufgehoben werden, bevor die Stockwerk-Aufteilung des geplanten Neubaus im Grundbuch eingetragen werden kann.

c) Aufteilungsplan

1229 Auch wenn das Gebäude bereits besteht, wird meist gleichzeitig mit dem Begründungsakt ein *Aufteilungsplan* dem Grundbuch eingereicht (N 209 f.). Zwingend nötig ist dies jedoch nur bei der Eintragung vor Erstellung des Gebäudes (Art. 69 Abs. 1 GBV; N 1291 ff.).

d) Reglement

1230 Bei der Begründung des Stockwerkeigentums oder zu einem beliebigen späteren Zeitpunkt kann eine *Verwaltungsordnung* in einem Reglement festgehalten und dieses im Grundbuch angemerkt werden (N 1275 ff.). Im Rahmen des Reglements können den jeweiligen Eigentümerinnen einzelner Stockwerkeigentumsparzellen *reglementarische Sondernutzungsrechte* eingeräumt werden (N 212 ff.).

e) Vorkaufsrecht und Einspracherecht

1231 Mit der Statuierung und grundbuchlichen Vormerkung eines gegenseitigen *Vorkaufsrechts* (N 1247 ff.) oder eines gegenseitigen *Einspracherechts* (N 1261 ff.) zugunsten und zulasten der jeweiligen Stockwerkeigentümerinnen kann die künftige Verfügungsfreiheit der Stockwerkeigentümerinnen im langfristigen Interesse der Gemeinschaft eingeschränkt werden.

f)   Verlegung von Grundpfandrechten

Ist das Grundstück, das in Stockwerkeigentumsanteile aufgeteilt wird, mit einem Grundpfandrecht belastet, so gibt es drei Alternativen des Vorgehens: 1232

– Entweder wird das *Pfandrecht unangetastet auf dem bisherigen Grundbuchblatt belassen,* das sich nun zur Stammparzelle wandelt; diese Vorgehensweise bringt die solidarische Haftung aller Stockwerkeigentümerinnen für die ganze Pfandforderung mit sich;

– oder – sofern die Voraussetzungen von Art. 798 Abs. 1 ZGB erfüllt sind – das Pfandrecht wird *als Gesamtpfandrecht auf alle Stockwerkeigentumsanteile übertragen,* was wiederum die solidarische Haftung aller Stockwerkeigentümerinnen für die ganze Pfandforderung mit sich bringt (N 1754 ff.);

– oder das *Pfandrecht wird in Teilpfandrechte aufgeteilt und anteilig auf die einzelnen Stockwerkeigentumsanteile verlegt* (vgl. hierzu das Beispiel in N 1235). Bei dieser dritten Alternative haftet jede Stockwerkeigentümerin nur für die Teilforderung, mit der ihr Stockwerkeigentum belastet ist; übernimmt sie beim Erwerb des Stockwerkeigentums die entsprechende Pfandschuld, so kann sie sich diese an den Kaufpreis anrechnen lassen.

Die letztgenannte Alternative braucht die Zustimmung des Grundpfandgläubigers, die beiden erstgenannten nicht (AMÉDÉO WERMELINGER [ZK 2010], Art. 712d N 16 ff.). 1233

Für Erwerber eines einzelnen Stockwerkeigentumsanteils bedeutet die Solidarhaftung für die ganze ursprüngliche Pfandforderung mindestens teilweise eine Haftung für fremde Schulden. Da ein Erwerber die Übernahme einer solchen Haftung nur aus Leichtsinn, Unerfahrenheit oder aufgrund einer Notlage auf sich zu nehmen pflegt, tragen Urkundspersonen, die bei der Veräusserung gesamtpfandsbelasteter Stockwerkeigentumseinheiten mitwirken, ein hohes Mass an Verantwortung; jedenfalls müssen sie die Erwerber auf die besonderen Risiken des Gesamtpfandes ausdrücklich hinweisen und die rechtliche Möglichkeit der Vermeidung des Risikos durch die Aufteilung in Teilpfandrechte aufzeigen. 1234

Die Aufteilung in Teilpfandrechte geschieht in drei Schritten, wobei hier beispielhaft von einem ursprünglichen Schuldbrief von CHF 1,2 Mio. und von drei Stockwerkeigentumseinheiten im Gesamtwert von CHF 1,8 Mio. (Erdgeschoss CHF 0,3, erster Stock CHF 0,6, Dachgeschoss CHF 0,9 Mio.) ausgegangen wird: Im ersten Schritt wird der Schuldbrief von der Stammparzelle als Gesamtpfandrecht auf die drei Stockwerkeigentumsparzellen verlegt (vgl. 1235

N 1754 ff.). Im zweiten Schritt wird der Schuldbrief in drei Teilbeträge zerlegt (vgl. N 1764 ff.), die den Werten der drei Stockwerke entsprechen, also in Pfandsummen von CHF 200 000 für das Erdgeschoss, CHF 400 000 für den ersten Stock und CHF 600 000 für das Dachgeschoss. – Im dritten Schritt erklärt der Pfandgläubiger bezüglich jedes der drei Teilpfandrechte, dass er die beiden andern Stockwerkeigentumsparzellen aus der Pfandhaft entlässt (vgl. N 1746 ff.).

g) Wertangabe

1236 Wenn bei der Begründung von Stockwerkeigentum kein Geld fliesst, verlangen manche Grundbuchämter, dass zum Zwecke der Gebührenberechnung ein geschätzter *Wert des Grundstücks* (inklusive bestehender Bauten) angegeben wird.

2. Form des Begründungsakts

1237 Die *Begründung* von Stockwerkeigentum bedarf gemäss der ausdrücklichen Vorschrift von Art. 712d Abs. 3 ZGB der öffentlichen Beurkundung, und zwar auch dann, wenn neben der Alleineigentümerin keine andern Parteien beteiligt sind und also keine Übertragung von Grundeigentum stattfindet. Die gesetzliche Formvorschrift gewährleistet, dass der Begründungsakt mit der professionellen Hilfe einer Urkundsperson erstellt wird (ARTHUR MEIER-HAYOZ/ HEINZ REY [BK 1988], Art. 712d N 109 f.). Aus dem gleichen Grund gilt der Formzwang auch für spätere *Änderungen* des Begründungsakts – etwa durch Änderungen des Aufteilungsplans oder der Quoten der einzelnen Stockwerkeigentumsparzellen –, und dies auch dann, wenn alle Stockwerkeigentumsparzellen der gleichen Person gehören (AMÉDÉO WERMELINGER [ZK 2010], Art. 712b N 17).

1238 Die in Art. 712d Abs. 3 ZGB vorbehaltenen Möglichkeiten der Begründung von Stockwerkeigentum durch Erbteilungsvertrag in einfacher Schriftform (vgl. zum Erbteilungsvertrag N 2145 ff.) oder durch *Testament,* d.h. möglicherweise ohne öffentliche Beurkundung, sind Varianten, die kaum vorkommen (AMÉDÉO WERMELINGER [ZK 2010], Art. 712d N 89 ff.; STEPHAN WOLF/ GIAN SANDRO GENNA [SPR 2012], 352 ff.).

1239 Sofern bei der Begründung durch Testament dieses nicht alle notwendigen Angaben enthält, die für die Eintragung des Stockwerkeigentums im Grundbuch notwendig sind, ist das Testament als Verpflichtung der Erben oder des Willensvollstreckers zu verstehen, nach dem Tode der Erblasserin einen Stockwerkeigentums-Begründungsakt öffentlich beurkunden zu lassen; dabei sind die im Testament fehlenden Angaben nach dem mutmasslichen Willen der Erblasserin zu ergänzen.

II. Vorkaufsrecht und Einspracherecht
A. Überblick

Bei Stockwerkeigentumsverhältnissen gibt es zwei Möglichkeiten, die Veräusserung von Stockwerkeigentumseinheiten durch Vereinbarung zu erschweren und diese Vereinbarung im Grundbuch vorzumerken, nämlich die Vereinbarung eines gegenseitigen *Vorkaufsrechts* (N 1241 ff.) und die Vereinbarung eines gegenseitigen *Einspracherechts* (N 1261 ff.). 1240

B. Gegenseitiges Vorkaufsrecht der Stockwerkeigentümerinnen

1. Allgemeines und Begriffliches

Gemäss Art. 682 Abs. 1 ZGB haben Miteigentümerinnen ein gegenseitiges Vorkaufsrecht an Miteigentumsanteilen, die an Dritte verkauft werden. Dieses gesetzliche und unbefristete Vorkaufsrecht kann durch Vereinbarung aufgehoben werden. 1241

Beim Stockwerkeigentum, einer speziellen Form des Miteigentums, ist es gerade umgekehrt: Das Vorkaufsrecht der Miteigentümerinnen von Art. 682 Abs. 1 ZGB ist hier von Gesetzes wegen aufgehoben, kann aber durch Vereinbarung unter den Beteiligten wieder in Kraft gesetzt werden (Art. 712c Abs. 1 ZGB). Es ist kein vertragliches Vorkaufsrecht im Sinne von Art. 216 ff. OR, sondern ein besonderes Institut, das der Beziehungsnähe der Stockwerkeigentümerinnen und deren Interesse an der Fernhaltung unerwünschter Drittpersonen Rechnung trägt. 1242

Das Vorkaufsrecht gemäss Art. 712c Abs. 1 ZGB unterliegt *keiner zeitlichen Begrenzung* (BGE 126 III 421, E. 3b/aa). Den Parteien steht es jedoch frei, eine zeitliche Begrenzung für das Vorkaufsrecht zu vereinbaren (AMÉDÉO WERMELINGER [ZK 2010], Art. 712c N 27; ARTHUR MEIER-HAYOZ/HEINZ REY [BK 1988], Art. 712c N 11). 1243

Das Vorkaufsrecht gemäss Art. 712c Abs. 1 ZGB ist, wie das gesetzliche Vorkaufsrecht der Miteigentümerinnen, eine Vorkaufsordnung, die alle Stockwerkeigentümerinnen ergreift (vgl. N 1147, 2633 ff.). Nur in dieser umfassen- 1244 den Gestalt kann es ohne zeitliche Befristung bestehen. An der Begründung, Änderung und Aufhebung müssen alle Stockwerkeigentümerinnen mitwirken. Das schliesst nicht aus, dass die *Vorkaufsordnung in differenzierender Weise ausgestaltet* wird. Die Möglichkeiten des gesetzlichen Miteigentümerinnenvorkaufsrechts (vgl. N 1143 ff.) stehen auch den Stockwerkeigentümerinnen offen (ARTHUR MEIER-HAYOZ/HEINZ REY [BK 1988], Art. 712c N 17). Werden Vorkaufsrechte bloss zwischen einzelnen Stockwerkeigentümerinnen vereinbart (z.B. zwischen den Inhaberinnen zweier benachbarter Wohnungen auf der gleichen Etage), so handelt es sich um vertragliche Vorkaufsrechte gemäss Art. 216 ff. OR, die der Befristung auf höchstens 25 Jahre unterliegen (AMÉDÉO WERMELINGER [ZK 2010], Art. 712c N 21).

1245 Das Vorkaufsrecht der Stockwerkeigentümerinnen ist (im Gegensatz zum gesetzlichen Vorkaufsrecht der Miteigentümerinnen) *nicht ausübbar in der Zwangsvollstreckung*, und zwar auch dann nicht, wenn es im Grundbuch vorgemerkt wurde (Art. 51 und 73g Abs. 3 VZG; ARTHUR MEIER-HAYOZ/HEINZ REY [BK 1988], Art. 712c N 13).

1246 Das Vorkaufsrecht gemäss Art. 712c Abs. 1 ZGB geht ungeachtet des Zeitpunkts seiner Begründung allen vertraglichen Vorkaufsrechten vor (Art. 681 Abs. 3 ZGB). Stimmt eine vertraglich vorkaufsbelastete Stockwerkeigentümerin der Begründung des gesetzlichen Vorkaufsrechts der Stockwerkeigentümerinnen zu, so macht sie sich gegenüber dem vertraglich Vorkaufsberechtigten wegen Vertragsbruchs schadenersatzpflichtig, sofern diesem das Objekt wegen seiner Nachrangigkeit entgeht. Immerhin kann die betreffende Stockwerkeigentümerin ihr Risiko kontrollieren. Solange sie nicht verkauft, sind die Vorkaufsrechte und deren Rangfolge ohne Belang.

2. Begründung des Vorkaufsrechts

1247 **Anmeldende (verfügende) Personen** sind alle Stockwerkeigentümerinnen gemeinsam.

1248 **Rechtsgrundausweis** ist der Begründungsakt oder die nachträgliche vertragliche Vereinbarung zwischen allen Stockwerkeigentümerinnen über die Begründung des Vorkaufsrechts und dessen Vormerkung im Grundbuch (BGer vom 16.4.1996 [ZBGR 1998], 335 ff., E. 2b; AMÉDÉO WERMELINGER [ZK 2010], Art. 712c N 18, 28 ff.). Für die Form der nachträglichen Vereinbarung – öffentliche Beurkundung oder einfache Schriftform – gelten die Regeln von Art. 216 OR (vgl. N 2384 ff.), sodass die öffentliche Beurkundung erforderlich ist, wenn das Vorkaufsrecht als ein limitiertes vereinbart wird (AMÉDÉO

WERMELINGER [ZK 2010], Art. 712c N 19 ff.; ARTHUR MEIER-HAYOZ/HEINZ REY [BK 1988], Art. 712c N 19).

Sind einzelne *Stockwerkeigentumsparzellen verpfändet,* so müssen die Pfandgläubiger zur Begründung des Vorkaufsrechts zustimmen (vgl. N 577). 1249

Nicht möglich ist, das Vorkaufsrecht im Reglement zu verankern. Ein reglementarisches Vorkaufsrecht wäre unwirksam (AMÉDÉO WERMELINGER [ZK 2010], Art. 712c N 18). 1250

Beim Vorkaufsrecht gemäss Art. 712c Abs. 1 ZGB empfiehlt sich, anlässlich der Bestellung klar zu regeln, in welcher Prioritätenfolge *mehrere Interessenten* zum Zuge kommen. Die für Miteigentümerinnen vorgesehene Regel von Art. 682 Abs. 1 ZGB (proportionales Anwachsen des gekauften Anteils an die Anteile mehrerer Ausübender) passt für Stockwerkeigentumsparzellen nicht, da das Sonderrecht nicht einer Mehrheit von Berechtigten anwachsen kann (RENÉ BÖSCH [BSK 2015], Art. 712 N 7; ARTHUR MEIER-HAYOZ/HEINZ REY [BK 1988], Art. 712c N 28). 1251

3. Ausübung des Vorkaufsrechts

Es kann auf das in N 2405 ff. Gesagte verwiesen werden. 1252

4. Änderung des Vorkaufsrechts

Für Änderungen des Vorkaufsrechts der Stockwerkeigentümerinnen gemäss Art. 712c ZGB bedarf es – wie bei dessen Begründung – einer Vereinbarung aller Stockwerkeigentümerinnen (AMÉDÉO WERMELINGER [ZK 2010], Art. 712c N 21). Öffentliche Beurkundung ist erforderlich, wenn von der Änderung ein limitiertes Vorkaufsrecht betroffen ist; andernfalls ist einfache Schriftform ausreichend (AMÉDÉO WERMELINGER [ZK 2010], Art. 712c N 32). 1253

Sind einzelne *Stockwerkeigentumsparzellen verpfändet,* so müssen die Pfandgläubiger zu jenen Änderungen zustimmen, die ihre Stellung verschlechtern (vgl. N 577). 1254

5. Übertragung des Vorkaufsrechts

Das Vorkaufsrecht ist mit dem Eigentum an einem Stockwerkeigentumsanteil untrennbar verknüpft und teilt dessen rechtliches Schicksal. Weder kann es ohne das Stockwerk noch kann das Stockwerk ohne das Vorkaufsrecht übertragen werden (AMÉDÉO WERMELINGER [ZK 2010], Art. 712c N 33). 1255

6. Löschung des Vorkaufsrechts

1256 Das Vorkaufsrecht gemäss Art. 712c Abs. 1 ZGB ist eine Vorkaufsordnung, die alle Stockwerkeigentümerinnen erfasst. Es wird aufgehoben durch Vereinbarung aller Stockwerkeigentümerinnen. Es geht unter, wenn das Stockwerkeigentum aufgehoben wird. Individuelle Löschungsbewilligungen einzelner Stockwerkeigentümerinnen sind wirkungslos. Für die Aufhebung durch Vereinbarung gilt:

1257 **Anmeldende (verfügende) Personen** sind alle Stockwerkeigentümerinnen gemeinsam.

1258 **Rechtsgrundausweis** ist der Vertrag in einfacher Schriftform zwischen allen Stockwerkeigentümerinnen über die Aufhebung des Vorkaufsrechts mit Löschungsbewilligung bezüglich der bestehenden Vormerkungen (AMÉDÉO WERMELINGER/HANSJÖRG STOLL [2010], 322).

1259 Dass für die Rückkehr zur gesetzlichen Ordnung einfache Schriftform genügt, ergibt sich aus dem Schweigen des Gesetzes, das für diesen Vorgang keine Formvorschrift aufstellt (Art. 11 Abs. 1 OR).

1260 Bei der Rückkehr zur gesetzlichen Grundordnung müssen diejenigen Grundpfandgläubiger zustimmen, deren Stellung verschlechtert wird (vgl. N 577 f.).

C. Einspracherecht der Stockwerkeigentümerinnen

1. Allgemeines und Begriffliches

1261 Art. 712c Abs. 2 ZGB gibt den Stockwerkeigentümerinnen die Möglichkeit, ein Einspracherecht zu vereinbaren. Dieses Einspracherecht verleiht den Stockwerkeigentümerinnen die Befugnis, mittels eines Mehrheitsbeschlusses gegen gewisse Verfügungen Einzelner über ihre Stockwerke zu opponieren und sie zu verhindern. Das Gesetz erlaubt die Vereinbarung des Einspracherechts jedoch nur in Bezug auf drei Kategorien von Verfügungen, nämlich bezüglich der Veräusserung, der Belastung mit einer Nutzniessung oder einem Wohnrecht und der Vermietung (AMÉDÉO WERMELINGER [ZK 2010], Art. 712c N 66).

1262 Die Möglichkeit der Vereinbarung eines solchen Einspracherechts entspringt einer gutgemeinten Idee des Gesetzgebers, stösst bei den Stockwerkeigentümerinnen landauf landab aber auf wenig Interesse (AMÉDÉO WERMELINGER/ HANSJÖRG STOLL [2010], 322). Wer Stockwerkeigentum begründet oder eine Stockwerkeigentumsparzelle erwirbt, möchte seine künftige Verfügungsfreiheit nicht durch das Einspracherecht der übrigen Parteien im Haus beschränkt sehen. Hinzu kommt, dass das Einspracherecht seinen Zweck kaum erreichen kann. Wer sein Stockwerk verkauft, muss den einspracheberechtigten Stockwerkeigentümerinnen eine blosse Mitteilung machen, d.h. die Personalien des Käufers angeben. Die Empfänger der Mitteilung sind kaum in der Lage, binnen der Einsprachefrist von nur 14 Tagen jene Information über die genannte Person einzuholen, die für eine Einsprache aus wichtigem Grund nötig wäre. Sinnvoll könnte eventuell sein, in der Einsprachevereinbarung zu präzisieren, wie die fristrelevante Mitteilung erfolgen muss, nämlich schriftlich an den Verwalter oder an alle Stockwerkeigentümerinnen unter Angabe vollständiger Personalien des Kandidaten (Name, Jahrgang, Zivilstand, Nationalität, Beruf, Arbeitgeber, bisherige Adresse), um klarzustellen, dass keine juristischen Personen und keine Treuhänder akzeptiert werden, die auf fremde Rechnung handeln.

Zwischen dem Einspracherecht und dem oben erwähnten Vorkaufsrecht in Stockwerkeigentumsverhältnissen (N 1241 ff.) gibt es wichtige Unterschiede. Während das vorgemerkte Vorkaufsrecht durch jede Stockwerkeigentümerin selbständig meist innert drei Monaten ausgeübt werden kann, beruht die Erhebung einer Einsprache auf einem Beschluss der Stockwerkeigentümergemeinschaft, der innerhalb der kurzen Frist von vierzehn Tagen gefällt werden muss und der sich auf einen wichtigen Grund zu stützen hat. Sodann sind die Rechtsfolgen der beiden Institute unterschiedlich: Während beim Vorkaufsrecht der Vorkaufsberechtigte die entsprechende Stockwerkeigentumseinheit selbst erwerben muss und dabei den mit dem Dritten vereinbarten Kaufpreis zu entrichten hat, besteht die Wirkung des Einspracherechts in einem blossen Verbot (AMÉDÉO WERMELINGER [ZK 2010], Art. 712c N 58). Für die grundbuchliche Behandlung gilt: 1263

2. Begründung des Einspracherechts

Anmeldende (verfügende) Personen sind alle Stockwerkeigentümerinnen gemeinsam. 1264

Rechtsgrundausweis ist der Begründungsakt oder die nachträgliche vertragliche Vereinbarung zwischen allen Stockwerkeigentümerinnen in einfacher Schriftform (AMÉDÉO WERMELINGER [ZK 2010], Art. 712c N 70). 1265

Das Einspracherecht gemäss Art. 712c Abs. 2 ZGB unterliegt *keiner zeitlichen Begrenzung*, sondern gilt für die Dauer des Stockwerkeigentums, sofern es nicht anlässlich seiner Begründung befristet oder durch Vereinbarung vorzeitig aufgehoben wird. 1266

1267 Sind einzelne *Miteigentumsparzellen verpfändet,* so müssen die Pfandgläubiger zur Begründung des Einspracherechts zustimmen (vgl. N 577).

3. Ausübung des Einspracherechts

1268 Will eine Stockwerkeigentümerin über ihre Stockwerkeinheit verfügen, so hat sie die übrigen Stockwerkeigentümerinnen zu informieren. Wollen diese ihr Einspracherecht ausüben, so müssen sie einen wichtigen Grund gegen die Verfügung einwenden können und innert 14 Tagen seit der ihnen zugegangenen Information einen entsprechenden ablehnenden Beschluss fassen. Besteht Uneinigkeit darüber, ob ein wichtiger Grund vorliegt oder ob der ablehnende Beschluss innert Frist erfolgt ist, so hat der Richter zu entscheiden (AMÉDÉO WERMELINGER [ZK 2010], Art. 712c N 74 ff.).

1269 Für den grundbuchlichen Vollzug der Verfügung einer Stockwerkeinheit, die dem Einspracherecht der übrigen Stockwerkeigentümerinnen unterliegt, gilt Folgendes:

1270 Ein einsprachefähiges Rechtsgeschäft kann *nach dessen Abschluss und vor Ablauf der 14-tägigen Frist* nur im Grundbuch angemeldet werden, wenn gleichzeitig mit den Anmeldungsbelegen ein Nachweis eingereicht wird, wonach das Einspracherecht nicht ausgeübt wurde. Diese Nichtausübungserklärung kann etwa durch den Verwalter des Stockwerkeigentums oder aber durch die Mehrheit der Stockwerkeigentümerinnen erbracht werden (zum Nachweis der Vertretungsmacht des Verwalters vgl. N 232). Obwohl der Nachweis an sich keiner besonderen Form bedarf, ist im Verkehr mit dem Grundbuch Schriftform geboten (AMÉDÉO WERMELINGER [ZK 2010], Art. 712c N 88).

1271 *Nach Ablauf einer Frist von 14 Tagen* kann das Geschäft ohne Weiteres beim Grundbuch angemeldet werden. Fehlt in diesem Fall ein Hinweis in den Anmeldungsbelegen, wonach die übrigen Stockwerkeigentümerinnen auf ihr Einspracherecht verzichtet haben (schriftliche Verzichtserklärung oder notarielle Feststellungsurkunde), so hat der Grundbuchverwalter gestützt auf Art. 969 ZGB eine Mitteilung an die übrigen Stockwerkeigentümerinnen betreffend die Grundbuchanmeldung zu machen (JGK BE [Handbuch 1982], 21).

4. Änderung des Einspracherechts

1272 Für Änderungen des Einspracherechts der Stockwerkeigentümerinnen gemäss Art. 712c ZGB gilt das Gleiche wie für dessen Begründung (AMÉDÉO WERMELINGER [ZK 2010], Art. 712c N 73). Es kann auf das in N 1264 ff. Gesagte verwiesen werden.

5. Übertragung des Einspracherechts

Das Einspracherecht ist mit dem Eigentum an einem Stockwerkeigentumsanteil untrennbar verknüpft und teilt dessen rechtliches Schicksal. Weder kann es ohne das Stockwerk noch kann das Stockwerk ohne das Einspracherecht übertragen werden.   1273

6. Löschung des Einspracherechts

Es kann auf das in N 1256 ff. zur Löschung des Vorkaufsrechts Gesagte verwiesen werden.   1274

III. Anmerkungen in Stockwerkeigentumsverhältnissen
A. Reglement
1. Begründung und Anmerkung des Reglements

Gemäss Art. 712g Abs. 2 ZGB kann jede Stockwerkeigentümerin verlangen, dass ein Reglement über die Verwaltung und Benutzung aufgestellt und im Grundbuch angemerkt wird.   1275

Anmeldende Person ist jede Stockwerkeigentümerin einzeln oder der Verwalter (Art. 54 Abs. 1 GBV; zum Nachweis der Vertretungsmacht des Verwalters vgl. N 232).   1276

Beleg ist das von den aktuellen Eigentümerinnen unterzeichnete Reglement oder das Reglement, verbunden mit dem vom Vorsitzenden und dem Protokollführer unterzeichneten Beschlussprotokoll (im Original oder als beglaubigte Kopie) über die Annahme des Reglements (Art. 80 Abs. 3 GBV; AMÉDÉO WERMELINGER [ZK 2010], Art. 712g N 108, 163).   1277

Die Anmerkung sollte sowohl auf den einzelnen Stockwerkeigentumsparzellen als auch auf der Stammparzelle eingetragen werden (URS FASEL [2013], Art. 54 N 10 f.).   1278

Das Reglement ist kein notwendiger Bestandteil des Errichtungsaktes von Stockwerkeigentum. Es kann in einem späteren Zeitpunkt erlassen werden (AMÉDÉO WERMELINGER [ZK 2010], Art. 712g N 106).   1279

Stockwerkeigentümerinnen sind nicht verpflichtet, das Reglement im Grundbuch anzumerken. Die Anmerkung ist aber zu empfehlen, damit das Reglement beim Handwechsel von Stockwerkeigentum nicht übersehen wird. Für   1280 die Erwerber der Stockwerkeinheiten ist das Reglement auch verbindlich, wenn sie es nicht gekannt haben (Art. 649a Abs. 1 ZGB; BGE 123 III 53, E. 3a).

1281 Der Beschluss über die Annahme des Reglements bedarf der Zustimmung einer qualifizierten Mehrheit der Stockwerkeigentümerinnen. Die einfache Mehrheit der Stockwerkeigentümerinnen nach Köpfen muss zugleich die Mehrheit der Quoten auf sich vereinen (Art. 712g Abs. 3 ZGB). Enthält das Reglement jedoch Bestimmungen, die vom dispositiven Recht (insbesondere von Art. 647a-649 ZGB) abweichen, oder wird eine Schiedsgerichtsklausel in das Reglement aufgenommen, so ist ein einstimmiger Beschluss der Stockwerkeigentümerversammlung notwendig (AMÉDÉO WERMELINGER [ZK 2010], Art. 712g N 110).

2. Änderung des Reglements

1282 **Anmeldende Person** ist jede Stockwerkeigentümerin einzeln oder der Verwalter (Art. 54 Abs. 1 GBV; zum Nachweis der Vertretungsmacht des Verwalters vgl. N 232).

1283 **Beleg** ist das geänderte Reglement, wobei es entweder durch die Unterschriften aller Stockwerkeigentümerinnen oder durch ein vom Vorsitzenden und vom Protokollführer unterzeichnetes Beschlussprotokoll (im Original oder in beglaubigter Kopie) gestützt sein muss (Art. 80 Abs. 3 GBV).

1284 Für die Beschlussquoren und Mehrheitserfordernisse gilt das in N 235 ff. Gesagte.

1285 Ein Beschlussprotokoll der Stockwerkeigentümerversammlung ist auch dann als Beleg ausreichend, wenn nachträglich *reglementarische Sondernutzungsrechte* zugunsten von einzelnen Stockwerkeigentümerinnen begründet werden (BGE 127 III 506, E. 3).

1286 Werden durch Reglementsänderung Sondernutzungsrechte von einzelnen Stockwerkeigentümerinnen *abgeändert oder aufgehoben,* so ist die Zustimmung der betroffenen Stockwerkeigentümerinnen zwingend erforderlich (Art. 712g Abs. 4 ZGB; AMÉDÉO WERMELINGER [ZK 2010], Vorbem. Art. 712a-712t N 169). Ferner haben deren allfällige Grundpfandgläubiger, Nutzniesser und Wohnberechtigte, nicht aber die Inhaber vorgemerkter persönlicher Rechte in einfacher Schriftform zuzustimmen (N 579 ff.). Werden reglementarische Sondernutzungsrechte von einer Stockwerkeigentümerin auf eine andere übertragen, so ist hierfür die Zustimmung der übrigen Stockwerkeigentümerinnen nur dann notwendig, wenn ein solches Zustimmungserfordernis im Reglement ausdrücklich vereinbart wurde (BGE 122 III 145, E. 4c).

3. Aufhebung des Reglements und Löschung der Anmerkung

Anmeldende Person ist jede Stockwerkeigentümerin einzeln oder der Verwalter (Art. 54 Abs. 1 GBV; zum Nachweis der Vertretungsmacht des Verwalters vgl. N 232). 1287

Beleg ist das von allen Eigentümerinnen unterzeichnete Beschlussprotokoll (im Original oder als beglaubigte Kopie) über die Aufhebung des Reglements (Art 80 Abs. 3 GBV). 1288

Der Beschluss über die Aufhebung des Reglements bedarf der Zustimmung aller Stockwerkeigentümerinnen (AMÉDÉO WERMELINGER [ZK 2010], Art. 712g N 145). 1289

Werden durch Aufhebung des Reglements Sondernutzungsrechte von einzelnen Stockwerkeigentümerinnen aufgehoben, so ist die Zustimmung der betroffenen Stockwerkeigentümerinnen zwingend (Art. 712g Abs. 4 ZGB; AMÉDÉO WERMELINGER [ZK 2010], Vorbem. Art. 712a-712t N 169). Ferner haben deren allfällige Grundpfandgläubiger, Nutzniesser und Wohnberechtigte, nicht aber die Inhaber vorgemerkter persönlicher Rechte in einfacher Schriftform zuzustimmen (N 579 ff.). 1290

B. Anmerkung «Begründung des Stockwerkeigentums vor Erstellung des Gebäudes»

1. Allgemeines und Begriffliches

Wie hiervor in N 1228 erwähnt, kann die Begründung von Stockwerkeigentum sowohl an Grundstücken mit bereits bestehenden Gebäuden als auch vor Gebäudeerstellung erfolgen. Es ist sogar möglich, Stockwerkeigentum zu begründen, während auf dem Grundstück noch ein Abbruchgebäude steht. 1291

Die Eintragung von Stockwerkeigentum vor Erstellung des Gebäudes kann jedoch nur verlangt werden, wenn dem Grundbuch zusammen mit der Anmeldung der Aufteilungsplan eingereicht wird (Art. 69 Abs. 1 GBV). In der Praxis wird das Stockwerkeigentum frühestens dann begründet, wenn die Baubewilligung erteilt ist und die Baupläne behördlich genehmigt sind. 1292

Die Anmerkung «Begründung des Stockwerkeigentums vor Erstellung des Gebäudes» soll potenzielle Käufer und Grundpfandgläubiger darauf hinwei- 1293 sen, dass die aus dem Grundbuch ersichtlichen Stockwerkeinheiten noch nicht (fertig-)gebaut sind und dass noch keine werthaltige Bausubstanz vorhanden ist (URS CH. NEF [ZBGR 2001], 9 f.).

2. Eintragung der Anmerkung «Begründung vor Erstellung des Gebäudes»

1294 Wird das Stockwerkeigentum vor der Erstellung des Gebäudes eingetragen, so erfolgt der Eintrag der Anmerkung «Begründung des Stockwerkeigentums vor Erstellung des Gebäudes» von Amtes wegen (Art. 69 Abs. 2 GBV).

3. Löschung der Anmerkung «Begründung vor Erstellung des Gebäudes»

a) Überblick

1295 Erfolgte die Eintragung von Stockwerkeigentum vor Erstellung des Gebäudes, so sind die Stockwerkeigentümerinnen verpflichtet, dem Grundbuchamt innert dreier Monate nach Bauausführung die Fertigstellung des Gebäudes anzuzeigen und die Löschung der Anmerkung zu beantragen (Art. 69 Abs. 3 GBV). Gleichzeitig müssen die Stockwerkeigentümerinnen entweder erklären, dass der fertiggestellte Bau mit den ursprünglichen Aufteilungsplänen übereinstimmt, oder sie müssen neue Aufteilungspläne einreichen, die den fertiggestellten Bau richtig abbilden.

1296 Was als Bauausführung zu gelten hat, wird von der Verordnung nicht konkretisiert. Infrage kommen die behördliche Bauabnahme oder die private Abnahme gemäss Art. 367 OR. Die Frage ist von geringer Tragweite, da die verspätete Löschung der Anmerkung meist keinen Schaden stiftet.

1297 Erfolgt die Anzeige der Fertigstellung verbunden mit der Löschung der Anmerkung trotz Mahnung durch das Grundbuchamt nicht, so kann dieses die Aufhebung des Stockwerkeigentums und damit die Umwandlung in gewöhnliches Miteigentum anordnen (Art. 69 Abs. 4 GBV; BERNHARD TRAUFFER [2003], 478 ff.).

1298 Die inhaltlichen und formellen Anforderungen an den Löschungsantrag variieren je nachdem, ob sich im Rahmen der Bauausführungen Änderungen zu den bei der Eintragung eingereichten Aufteilungsplänen ergeben oder nicht.

b) Keine Änderungen zu den ursprünglichen Aufteilungsplänen

Wenn der fertiggestellte Bau von den ursprünglichen Aufteilungsplänen nicht oder nicht wesentlich abweicht, gilt: 1299

Anmeldende Person ist jede Stockwerkeigentümerin einzeln oder der Verwalter (Art. 69 Abs. 3 GBV; zum Nachweis der Vertretungsmacht des Verwalters vgl. N 232). 1300

Beleg ist das vom Vorsitzenden und vom Protokollführer unterzeichnete Beschlussprotokoll (im Original oder als beglaubigte Kopie), worin festgestellt wird, dass das Gebäude fertiggestellt wurde und mit den ursprünglichen Aufteilungsplänen übereinstimmt (AMÉDÉO WERMELINGER [ZK 2010], Vorbem. Art. 712a-712t N 158). 1301

Gemäss bundesgerichtlicher Rechtsprechung reicht für die Feststellung, dass das fertiggestellte Gebäude mit den Aufteilungsplänen übereinstimmt, ein Mehrheitsbeschluss der Stockwerkeigentümerversammlung (BGE 119 II 212, E. 2c). Demgegenüber vertritt ein Teil der Lehre die Auffassung, dass der *Feststellungsbeschluss der Stockwerkeigentümerversammlung* der Einstimmigkeit bedürfe (vgl. AMÉDÉO WERMELINGER [ZK 2010], Vorbem. Art. 712a-712t N 158, m.w.H.). Für das Einstimmigkeitserfordernis spricht die Erwägung, dass es bei Abweichungen von den Plänen jeder benachteiligten Stockwerkeigentümerin freistehen muss, die Anpassung der Pläne an die gebaute Realität zu verlangen. Haben einzelne Wohnungen mehr, andere weniger Quadratmeter als ursprünglich geplant, dann können die Pläne nicht mit einem blossen Mehrheitsbeschluss sanktioniert werden. Falsche Pläne, die einzelne Wohnungen oder gemeinschaftliche Teile anders darstellen, als sie wirklich sind, können zu falscher Zuordnung von Heiz- und Unterhaltskosten und zu Nachteilen beim Weiterverkauf der Objekte führen. 1302

Auf Verlangen des Grundbuchamtes ist eine *amtliche Bestätigung* der nach kantonalem Recht zuständigen Behörde beizubringen, dass die zu Sonderrecht ausgeschiedenen Räume ganz in sich abgeschlossene Wohnungen oder geschäftlichen oder anderen Zwecken dienende Raumeinheiten mit eigenem Zugang sind (Art. 69 Abs. 3 i.V.m. 68 Abs. 2 GBV). Die Anzeige der Fertigstellung des Gebäudes kann durch eine Ermächtigung im Stockwerkerrichtungsakt auch an eine Drittperson (z.B. den Architekten oder die mit der Beurkundung des Errichtungsakts betraute Urkundsperson) delegiert werden. Die Anzeige kann nur dann gestützt auf eine solche Ermächtigung erstattet werden, wenn das fertige Gebäude mit den ursprünglichen Aufteilungsplänen übereinstimmt oder die Abweichungen nur geringfügiger Natur sind (vgl. N 1309). Bei 1303 nicht geringfügigen Abweichungen ist das Handeln aller Stockwerkeigentümerinnen erforderlich.

1304 Bei der Beurteilung, ob eine Abweichung zwischen dem fertigen Gebäude und den ursprünglichen Aufteilungsplänen vorliegt, darf nicht mit übermässiger Strenge und Genauigkeit vorgegangen werden. Nach der Lehre ist nicht jede Abweichung zwischen den ursprünglichen Aufteilungsplänen und der tatsächlichen Bauausführung derart bedeutend, dass sie im Grundbuch nachgetragen werden muss. So dürfte beispielsweise die um einige Zentimeter geänderte Linienführung einer Wand keine bedeutende Abweichung darstellen (URS CH. NEF [ZBGR 2001], 10 f.). Der Architekt, der in diesem Fall im Rahmen des Löschungsantrages erklärt, das Gebäude und dessen räumliche Aufteilung stimmen mit dem Beschrieb im Begründungsakt und den dazugehörenden Aufteilungsplänen überein, macht – im Sinne der Grundbuchpraxis – keine unwahre Aussage.

c) Abweichungen von den ursprünglichen Aufteilungsplänen

1305 Nach der Lehre (AMÉDÉO WERMELINGER [ZK 2010], Art. 712d N 110; URS CH. NEF [ZBGR 2001], 11 ff.) ist eine Abweichung des Gebäudes von den ursprünglichen Aufteilungsplänen bedeutend und eine Änderung der Pläne somit notwendig, wenn

- Trennwände zwischen gemeinschaftlichen Gebäudeteilen und Sonderrechtsteilen nicht an der vorgesehenen Stelle gebaut und die Fläche einer Stockwerkeinheit damit in nicht bloss marginalem Masse verringert oder vergrössert wurde;
- gewisse Räume des Gebäudes nicht erstellt werden konnten oder zusätzliche Räume erstellt wurden, sofern sich dieser Umstand auf die Grösse oder Belegenheit einzelner Stockwerkeinheiten auswirkt;
- eine oder mehrere Stockwerkeinheiten nicht oder zusätzlich erstellt wurden;
- Räume nicht wie vorgesehen zu Sonderrecht ausgeschieden wurden.

1306 Wenn der fertiggestellte Bau von den ursprünglichen Aufteilungsplänen bedeutend abweicht und anlässlich der Löschung der Anmerkung «Begründung des Stockwerkeigentums vor Erstellung des Gebäudes» neue, von den Stockwerkeigentümern akzeptierte Pläne eingereicht werden müssen, gilt:

1307 **Anmeldende (verfügende) Personen** sind alle Stockwerkeigentümerinnen gemeinsam.

Beleg ist der Nachtrag zum Begründungsakt in öffentlicher Urkunde unter Einreichung der nach der Bauausführung berichtigten und von allen Stockwerkeigentümerinnen unterzeichneten Pläne (AMÉDÉO WERMELINGER [ZK 2010], Vorbem. Art. 712a-712t N 159; BGE 127 III 142, E. 2; 103 II 110 E. 3a). 1308

Um die Flexibilität bei grösseren Bauprojekten zu wahren, ist es ratsam, dass sich der Bauherr im Begründungsakt und in den Kaufverträgen bevollmächtigen lässt, allfällige geringfügige Anpassungen an den Aufteilungsplänen (z.B. Flächenverschiebungen von weniger als fünf Quadratmetern pro Stockwerkeigentumseinheit) als bevollmächtigter Stellvertreter vorzunehmen. 1309

Im Übrigen kommen die nachfolgenden Ausführungen zur Änderung am Stockwerkeigentum zum Tragen. 1310

IV. Änderungen an Stockwerkeigentumsanteilen
A. Sonderrechtsänderung ohne Quotenänderung

Anmeldende (verfügende) Personen sind alle von der Sonderrechtsänderung betroffenen Stockwerkeigentümerinnen. 1311

Rechtsgrundausweis ist der Vertrag in öffentlicher Urkunde zwischen den unmittelbar betroffenen Stockwerkeigentümerinnen, sofern von der Änderung keine gemeinschaftlichen Teile betroffen sind, oder zwischen allen Stockwerkeigentümerinnen, sofern von der Änderung gemeinschaftliche Teile betroffen sind (AMÉDÉO WERMELINGER [ZK 2010], Art. 712b N 17). Im Normalfall dürfte der Vertrag einem Tausch entsprechen, jedoch mit der Besonderheit, dass nicht ganze Sachen, sondern Teile von Sachen ausgetauscht werden. Werden Geldzahlungen vereinbart, so entspricht der Vertrag einem gemischten Tausch- und Kaufgeschäft. Werden Raumeinheiten verschoben, ohne dass eine gleichwertige Gegenleistung erfolgt, etwa wenn eine Partei ihr Kellerabteil der andern Partei definitiv überlässt, ohne dafür eine Geldzahlung zu fordern und ohne die Quoten ändern zu lassen, so handelt es sich um eine Schenkung. 1312

Mit dem Rechtsgrundausweis müssen dem Grundbuchamt gegebenenfalls **weitere Beilagen** eingereicht werden. Von praktischer Tragweite sind insbesondere folgende Fälle: 1313

– Sind von der Sonderrechtsänderung keine gemeinschaftlichen Teile betroffen, so ist eine *Genehmigung der Stockwerkeigentümerversammlung* nur dann notwendig, wenn das Reglement ein Zustimmungserfordernis für Sonderrechtsänderungen ohne Quotenänderungen vorsieht (URS CH. NEF

[ZBGR 2001], 14 f.). Besteht eine Genehmigungspflicht, so ist dem Grundbuchamt das vom Vorsitzenden und vom Protokollführer unterzeichnete Beschlussprotokoll oder ein von allen Stockwerkeigentümerinnen unterzeichneter Zirkularbeschluss einzureichen (jeweils im Original oder in beglaubigter Kopie). Wird statt des Zirkularbeschlusses eine Stockwerkeigentümerversammlung abgehalten, so genügt ohne anderweitige Regelung im Reglement das einfache Mehr der abgegebenen Stimmen (N 236; ferner JÜRG SCHMID [ZBGR 2007], 453).

- Besteht ein *Reglement* der Stockwerkeigentümergemeinschaft und sind in diesem Reglement die einzelnen Sonderrechte detailliert beschrieben, so sollte das Reglement gleichzeitig mit der Sonderrechtsänderung angepasst werden (N 1282 ff.). Daraus ergibt sich die Empfehlung, auf die Beschreibung von Sonderrechten im Reglement zu verzichten.

- Lastet auf einer Stockwerkeigentumsparzelle ein *Pfandrecht,* so hat der Grundpfandgläubiger der Sonderrechtsänderung zuzustimmen, sofern Anhaltspunkte dafür bestehen, dass das Sonderrecht vermindert wird (N 579 ff.). Die Zustimmung erfolgt in einfacher Schriftform, wobei der Schuldbrief dem Grundbuchamt nicht eingereicht werden muss (es handelt sich rechtlich nicht um eine Pfandverminderung).

- Ist eine Stockwerkeigentumsparzelle mit einer *Nutzniessung* oder einem *Wohnrecht* belastet, so muss die jeweilige Berechtigte der Sonderrechtsänderung in einfacher Schriftform zustimmen (N 579 ff.).

- Finden sich auf einer Stockwerkeigentumsparzelle *vorgemerkte persönliche Rechte,* so bedarf es keiner Zustimmung des Berechtigten (N 582 ff.).

- Von der Änderung des Sonderrechts ist die *Änderung des reglementarischen Sondernutzungsrechts* (z.B. an einem Gartensitzplatz; N 212 ff.) zu unterscheiden. Eine solche erfolgt durch eine blosse Änderung des Reglements (N 1282 ff.).

- Zur Sonderrechtsänderung im Zusammenhang mit der Löschung der Anmerkung «*Begründung des Stockwerkeigentums vor Erstellung des Gebäudes*» vgl. ferner N 1295 ff.

B. Sonderrechtsänderung mit Quotenänderungen

1314 **Anmeldende (verfügende) Personen** sind alle von der Sonderrechts- oder Quotenänderung betroffenen Stockwerkeigentümerinnen.

Rechtsgrundausweis ist der Vertrag in öffentlicher Urkunde zwischen den unmittelbar betroffenen Stockwerkeigentümerinnen, sofern von der Änderung keine gemeinschaftlichen Teile betroffen sind, oder zwischen allen Stockwerkeigentümerinnen, sofern von der Änderung gemeinschaftliche Teile betroffen sind (Art. 712e Abs. 2 ZGB; ARTHUR MEIER-HAYOZ/HEINZ REY [BK 1988], Art. 712 N 47 ff.; AMÉDÉO WERMELINGER [ZK 2010], Art. 712b N 18; JÜRG SCHMID [ZBGR 2007], 453; URS CH. NEF [ZBGR 2001], 12 ff.; JGK BE [Handbuch 1982], 20). 1315

Eine Sonderrechtsänderung mit Quotenänderung liegt etwa bei der Teilung einer Stockwerkeigentumsparzelle in zwei eigenständige Stockwerkeigentumsparzellen oder bei der Zusammenlegung von zwei Stockwerkeigentumsparzellen zu einer einzigen vor. 1316

Mit dem Rechtsgrundausweis müssen dem Grundbuchamt gegebenenfalls **weitere Beilagen** eingereicht werden. Von praktischer Tragweite sind insbesondere folgende Fälle: 1317

– Quotenänderungen führen zu einer Verschiebung der Stimmrechte in der Versammlung der Stockwerkeigentümerinnen. Aus diesem Grund bedürfen sie der *Genehmigung der Stockwerkeigentümerversammlung* (Art. 712e Abs. 2 ZGB), sofern die Genehmigungspflicht nicht ausdrücklich im Begründungsakt oder durch einstimmigen Beschluss der Stockwerkeigentümerinnen wegbedungen wurde (Art. 712g Abs. 2 ZGB; ARTHUR MEIER-HAYOZ/ HEINZ REY [BK 1988], Art. 712e N 50 ff.). Der Nachweis der Genehmigung wird gegenüber dem Grundbuchamt erbracht durch ein vom Vorsitzenden und dem Protokollführer unterzeichnetes Beschlussprotokoll oder einen von allen Stockwerkeigentümerinnen unterzeichneten Zirkularbeschluss (jeweils im Original oder in beglaubigter Kopie; URS CH. NEF [ZBGR 2001], 12 f.). Wird eine Stockwerkeigentümerversammlung abgehalten, so reicht für die Genehmigung ein Beschluss mit einfachem Mehr der abgegebenen Stimmen aus (N 236; JÜRG SCHMID [ZBGR 2007], 453; JGK BE [Handbuch 1982], 20). Eine separate Genehmigung erübrigt sich, sofern alle Stockwerkeigentümerinnen die öffentliche Urkunde über die Sonderrechtsänderung unterzeichnen.

– Sind im *Reglement* die Sonderrechte detailliert beschrieben, so sollte das Reglement gleichzeitig mit der Sonderrechtsänderung angepasst werden (N 1282 ff.). Daraus ergibt sich die Empfehlung, auf die Beschreibung von Sonderrechten im Reglement zu verzichten.

- Lasten auf einer Stockwerkeigentumsparzelle, deren Quote vergrössert oder verkleinert wird, *Pfandrechte,* so haben die Grundpfandgläubiger der Änderung zuzustimmen (BGE 128 III 260, E. 2). Die Quotenänderung führt zu einer Pfandverminderung (N 1746 ff.) oder einer Pfandvermehrung (N 1739 ff.). Dem Grundbuchamt sind neben den Zustimmungserklärungen der Gläubiger die entsprechenden Erklärungen der Pfandgeberinnen sowie allfällige Papier-Schuldbrieftitel zum Nachtrag einzureichen.

- Ist eine Stockwerkeigentumsparzelle, deren Quote vergrössert wird, mit einer *Nutzniessung* oder einem *Wohnrecht* belastet, so muss der jeweilige Berechtigte der Sonderrechtsänderung in einfacher Schriftform zustimmen, sofern die Quotenvergrösserung dem Nutzniesser oder Wohnberechtigten zusätzliche Lasten beschert. Ebenso ist die Zustimmung von Nutzniessern und Wohnberechtigten notwendig, wenn der physische Nutzen der Stockwerkeinheit verkleinert wird (N 579 ff.).

- Finden sich auf einer Stockwerkeigentumsparzelle *vorgemerkte persönliche Rechte,* so bedarf es keiner Zustimmung der Berechtigten (N 582 ff.).

- Zur Sonderrechtsänderung im Zusammenhang mit der Löschung der Anmerkung «*Begründung des Stockwerkeigentums vor Erstellung des Gebäudes*» vgl. ferner N 1295 ff.

C. Quotenänderungen ohne Sonderrechtsänderungen

1318 **Anmeldende (verfügende) Personen** sind alle von der Quotenänderung betroffenen Stockwerkeigentümerinnen.

1319 **Rechtsgrundausweis** ist der Vertrag in öffentlicher Urkunde zwischen allen von der Quotenänderung betroffenen Stockwerkeigentümerinnen (Art. 712e Abs. 2 ZGB; Jürg Schmid [ZBGR 2007], 453; Urs Ch. Nef [ZBGR 2001], 12 ff.; JGK BE [Handbuch 1982], 20).

1320 Mit dem Rechtsgrundausweis müssen dem Grundbuchamt gegebenenfalls **weitere Beilagen** eingereicht werden. Es kann mit folgender Präzisierung auf das in N 1317 zur Quotenänderung mit Sonderrechtsänderung Gesagte verwiesen werden:

- Die Zustimmung von Nutzniessern und Wohnberechtigten ist dann entbehrlich, wenn nur Quoten, nicht aber der physische Nutzen der Stockwerkeinheit verkleinert wird, weil kleinere Quoten bei gleichbleibendem Raum zu kleineren Beitrags- und Steuerlasten führen und für Nutzniesser und Wohnberechtigte nur vorteilhaft sind.

D. Änderung von Sondernutzungsrechten

Es kann auf das in N 1282 ff. Gesagte verwiesen werden. 1321

E. Änderung des Reglements

Es kann auf das in N 1282 ff. Gesagte verwiesen werden. 1322

F. Änderung von Zweckbestimmungen

Zweckbestimmungen können entweder die generelle Nutzung eines Gebäudes (z.B. als Wohnhaus) oder die spezifische Nutzungsmöglichkeit von einzelnen oder allen Stockwerkeigentumsparzellen (z.B. Verbot grösserer Haustiere oder lauter Musikinstrumente) festlegen. Solche Zweckbestimmungen können sowohl im Begründungsakt als auch im Reglement enthalten sein. Soll nachträglich die Zweckbestimmung geändert oder aufgehoben werden, so muss entweder der Begründungsakt durch einen entsprechenden Nachtrag ergänzt oder das Reglement geändert werden. Ein Nachtrag zum Begründungsakt erfolgt durch Vertrag in öffentlicher Urkunde zwischen allen Stockwerkeigentümerinnen (N 1224 ff.). Zur Änderung des Reglements kann auf das in N 1282 ff. Gesagte verwiesen werden. 1323

V. Aufhebung des Stockwerkeigentums
A. Überblick

Die einvernehmliche Aufhebung des Stockwerkeigentums erfolgt entweder durch eine Aufhebungsvereinbarung (wenn mehrere Stockwerkeigentümerinnen vorhanden sind) oder durch eine einseitige Aufhebungserklärung der einzigen Eigentümerin aller Stockwerke (Art. 712f Abs. 2 ZGB). 1324

Wurde ein selbständiges und dauerndes *Baurecht* in mehrere Stockwerkeigentumsparzellen aufgeteilt, dann erlischt das Stockwerkeigentum ohne Weiteres mit dem ordentlichen Heimfall des Baurechts an die Baurechtsgeberin, d.h. mit dem Untergang des selbständigen und dauernden Baurechts (Art. 712f Abs. 1 ZGB; ARTHUR MEIER-HAYOZ/HEINZ REY [BK 1988], Art. 712f N 25 ff.; AMÉDÉO WERMELINGER [ZK 2010], Art. 712f N 33 ff.). Zur abweichenden Regelung beim vorzeitigen Heimfall vgl. hinten, N 1334. 1325

Die Aufhebung des Stockwerkeigentums kann von jeder Stockwerkeigentümerin verlangt und im Streitfall gerichtlich durchgesetzt werden, wenn das 1326

Gebäude zu mehr als der Hälfte des Wertes zerstört und der Wiederaufbau nicht ohne eine für sie schwer tragbare Belastung möglich ist oder wenn das Gebäude seit mehr als 50 Jahren in Stockwerkeigentum aufgeteilt ist und wegen des schlechten baulichen Zustandes nicht mehr bestimmungsgemäss genutzt werden kann (Art. 712f Abs. 3 ZGB).

1327 Da Stockwerkeigentümergemeinschaften nur in Ausnahmefällen an einer gemeinschaftlichen Umnutzung der Liegenschaft interessiert und dazu in der Lage sind, dürfte sich die Aufhebung des Stockwerkeigentums in der Realität meist so abspielen, dass eine einzige Person mit unternehmerischen Absichten schrittweise alle Stockwerkeigentumsparzellen erwirbt, anschliessend das Stockwerkeigentum aufhebt, das Gebäude abbricht und die Liegenschaft einer neuen Nutzung zuführt (beim Erlöschen des Stockwerkeigentums an heimfallenden Baurechten ergibt sich dieser Ablauf von selber). Die weiteren hiervor dargestellten Varianten mitsamt den Komplikationen beim Vorhandensein von rechtlichen Belastungen einzelner Stockwerke spielen kaum eine Rolle.

B. Grundbuchlicher Vollzug

1. Aufhebung von Stockwerkeigentum an Liegenschaften

1328 **Anmeldende (verfügende) Personen** sind alle Stockwerkeigentümerinnen.

1329 **Rechtsgrundausweis** ist die schriftliche Aufhebungserklärung der Alleininhaberin aller Stockwerkeigentumsanteile oder die Aufhebungsvereinbarung zwischen allen Stockwerkeigentümerinnen, sofern mehrere vorhanden sind, entweder in einfacher Schriftform oder in öffentlicher Urkunde (hierzu ausführlich hinten, N 1335 ff.).

1330 Mit dem Rechtsgrundausweis müssen dem Grundbuchamt gegebenenfalls **weitere Beilagen** eingereicht werden. Von praktischer Tragweite sind insbesondere die Zustimmungserklärungen der aus Dienstbarkeiten, Grundlasten oder Grundpfandrechten Berechtigten (vgl. N 1337 ff.).

2. Aufhebung von Stockwerkeigentum an selbständigen und dauernden Baurechten

1331 Die Aufhebung von Stockwerkeigentum an selbständigen und dauernden Baurechten erfolgt, solange das Baurecht dauert, analog zur Aufhebung von Stockwerkeigentum an Liegenschaften (N 1328 ff.).

1332 Geht das Baurecht infolge *ordentlichen Heimfalls* unter, so erfolgt mit der Löschung der Baurechtsparzelle (N 1572 ff.) die Löschung des daran begründeten Stockwerkeigentums (Art. 712f Abs. 1 ZGB), ohne dass es hierfür spezieller Erklärungen bedürfte (zur abweichenden Regelung beim vorzeitigen Heimfall vgl. hiernach, N 1334.).

Allfällige Belastungen einzelner Stockwerkeigentumsparzellen (Pfandrechte, vorgemerkte persönliche Rechte) gehen beim Erlöschen des Baurechts unter (ARTHUR MEIER-HAYOZ/HEINZ REY [BK 1988], Art. 712f N 25; AMÉDÉO WERMELINGER [ZK 2010], Art. 712f N 38); die Pfandberechtigten haben statt ihres untergegangenen Grundpfandrechts einen Anteil an der Heimfallentschädigung zugut, wobei sie für ihre Forderung ein gesetzliches Pfandrecht auf der Bodenparzelle eintragen lassen können (Art. 779d Abs. 2 ZGB; N 1843 ff.). Kaufs- und Vorkaufsberechtigte sowie weitere Berechtigte, deren Rechte mit dem Baurecht untergehen, gehen leer aus; diese gesetzliche Regelung ist vertretbar, denn die Betroffenen wussten, dass ihre Rechte mit dem Ablauf des Baurechts untergehen würden, und konnten sich entsprechend einrichten. 1333

Anders ist der Fall beim *vorzeitigen Heimfall* (N 1571), da hier nicht die Löschung, sondern die Rückübertragung des selbständigen und dauernden Baurechts mit allen Rechten und Lasten auf die Baurechtsgeberin erfolgt (Art. 779f Abs. 1 ZGB; AMÉDÉO WERMELINGER [ZK 2010], Art. 712f N 35). 1334

C. Aufhebungsakt (Rechtsgrundausweis)

1. Inhalt des Aufhebungsakts

Im Aufhebungsakt (einseitige Erklärung oder Vertrag) werden die Beendigung des Stockwerkeigentums sowie die anschliessende Neuordnung des Eigentumsrechts geregelt. 1335

Die *Beendigung des Stockwerkeigentums* ist zu verstehen als Verzicht des oder der Berechtigten auf ihre bisherigen Sonderrechte und allfälligen reglementarischen Sondernutzungsrechte. 1336

Sind einzelne Stockwerkeigentumsparzellen mit Dienstbarkeiten belastet, so sind diese mit Zustimmung der Berechtigten zu löschen oder, sofern eine Dienstbarkeit nicht die körperliche Nutzung der Wohnung betrifft, auf die jeweiligen Miteigentumsparzellen zu verlegen (Art. 712f Abs. 2 ZGB; BERNHARD TRAUFFER (2003), 470 f.). Als Dienstbarkeit an einem Miteigentumsanteil kommt insbesondere die Nutzniessung infrage, nicht jedoch das Wohnrecht, da dieses zur körperlichen Nutzung einer bestimmten Wohnung berechtigt, wozu die belastete Miteigentümerin nach Aufhebung ihres Sonderrechts selber nicht mehr berechtigt ist. Betrifft die Dienstbarkeit die körper- 1337

Neuntes Kapitel: Auf Dauer angelegte dingliche Rechtsverhältnisse

liche Nutzung einer bestimmten Wohnung, oder kann die Zustimmung des Nutzniessers nicht eingeholt werden, so muss entweder auf die Aufhebung der Sonderrechte insgesamt verzichtet werden, oder die Gesamtheit der bisherigen Stockwerkeigentümerinnen vereinbart in öffentlicher Urkunde, das Stammgrundstück mit der Dienstbarkeit zu belasten; grundbuchlich wird dies durch die Eintragung der Dienstbarkeit auf der Stammparzelle dargestellt.

1338 Werden einzelne *Grundpfandrechte* auf die neu eröffneten Miteigentumsblätter (N 1135 ff.) übertragen, so handelt es sich um einen Austausch des Pfandobjekts, d.h. um eine totale Pfandänderung (N 1759 ff.), nicht um eine Pfandverminderung. Denn der Miteigentumsanteil ist gegenüber dem Stockwerkeigentumsanteil, aus dem er hervorgegangen ist, etwas anderes, nicht etwas Geringeres. Zur totalen Pfandänderung haben die Grundpfandgläubiger in einfacher Schriftform zuzustimmen (a.M. BERNHARD TRAUFFER (2003), 471 f.). Alternativ ist es möglich, die Pfandrechte auf die Stammparzelle zu verlegen. Dies geschieht mittels Pfandvermehrung (N 1683 ff.). In diesem Fall ist die Rangfolge der einzelnen Grundpfandrechte zu beachten und die Zustimmung all jener Grundpfandgläubiger erforderlich, die Nachteile erleiden (Art. 712f Abs. 2 ZGB). Papier-Schuldbriefe sind dem Grundbuchamt zur Nachführung einzureichen.

1339 Bestehen auf einzelnen Stockwerkeigentumsparzellen *vorgemerkte persönliche Rechte,* so ist eine zu den Dienstbarkeiten (N 1337) analoge Bereinigung durchzuführen: Nach Möglichkeit sind sie abzulösen; andernfalls sind sie auf das Stammgrundstück zu übertragen, soweit die Natur des vorgemerkten Rechtes eine solche Übertragung zulässt (was z.B. bei einer Mietevormerkung möglich ist, nicht jedoch bei einem Vorkaufsrecht). Notfalls muss das Stockwerkeigentum weiterdauern.

1340 Die *Neuordnung des Eigentumsrechts* kann auf verschiedene Arten erfolgen. Ist eine einzige Eigentümerin vorhanden, so wird sie das Eigentumsrecht fortab als Alleineigentum ausüben. Sind mehrere Parteien beteiligt, so können sie ihre Anteile einer einzelnen unter ihnen oder einer Drittperson zu Alleineigentum übertragen. Möglich ist auch, dass die bisherigen Stockwerkeigentümerinnen die Liegenschaft zu blossem Miteigentum übernehmen (was durch die blosse Aufhebung der Sonderrechte erfolgt); oder sie formieren sich als Gesamthandsgemeinschaft (z.B. als einfache Gesellschaft) und übernehmen die Liegenschaft gemeinschaftlich zu gesamthänderischem Eigentum.

1341 Mit der Aufhebung der Sonderrechte bei gleichzeitigem Weiterdauern der Miteigentumsanteile ist insbesondere im Auge zu behalten, dass die gesetzlichen Rechte der Miteigentümerinnen, nämlich der Teilungsanspruch und das gegenseitige Vorkaufsrecht, aufleben, sofern diese Rechte nicht ausdrücklich wegbedungen werden. Die Wegbedingung dieser Rechte bedarf der öffentlichen Beurkundung (zur Aufhebung des Teilungsanspruchs vgl. N 1159 ff.; zur Aufhebung des gesetzlichen Vorkaufsrechts vgl. N 1143 ff.).

2. Form des Aufhebungsakts

Der Aufhebungsakt durch *einseitige Erklärung* erfolgt in einfacher Schriftform der Alleininhaberin aller Stockwerkeigentumsanteile (AMÉDÉO WERMELINGER [ZK 2010], Art. 712f N 64). 1342

Die *Aufhebungsvereinbarung* ist dann in einfacher Schriftform zulässig, wenn das Stockwerkeigentum in gewöhnliches Miteigentum umgewandelt wird, ohne dass es zu einer Veränderung der Quoten kommt; andernfalls bedarf die Aufhebungsvereinbarung der öffentlichen Beurkundung (AMÉDÉO WERMELINGER [ZK 2010], Art. 712f N 52 ff.; RENÉ BÖSCH [BSK 2015], Art. 712f N 5; BERNHARD TRAUFFER [2003], 470). 1343

Ferner bedarf der Aufhebungsakt (einseitige Erklärung oder Vereinbarung) der öffentlichen Beurkundung, wenn mit der Beendigung der Sonderrechte oder im Zuge der Neuordnung des Eigentumsrechts beurkundungsbedürftige Rechtsgeschäfte vorgenommen werden (z.B. Pfandvermehrungen, Aufhebung des Teilungsanspruchs oder Aufhebung des gesetzlichen Vorkaufsrechts der Miteigentümerinnen). 1344

§ 42 Unselbständiges Eigentum

I. Allgemeines und Begriffliches

Die Eigentumsrechte an zwei Grundstücken können gemäss Art. 655a ZGB und Art. 95 GBV miteinander verknüpft werden. Während der Dauer der Verknüpfung kann über die Grundstücke nicht einzeln verfügt werden. Die verknüpften Grundstücke sind im Rechtsverkehr gewissermassen ein Paket. Bei der Verknüpfung ist eines der Grundstücke als *Hauptgrundstück* (oder – gleichbedeutend – *dominierendes Grundstück*) zu bezeichnen. Die Eigentümerin des Hauptgrundstücks wird im Grundbuch namentlich eingetragen; durch eine Anmerkung wird auf die Verknüpfung mit dem andern Grundstück hingewiesen. Das andere, vom Hauptgrundstück abhängige oder *dominierte Grundstück* heisst deshalb auch *Anmerkungsgrundstück*. Hier wird in der grundbuchlichen 1345

Neuntes Kapitel: Auf Dauer angelegte dingliche Rechtsverhältnisse

Eigentumsspalte keine Person, sondern «*die jeweilige Eigentümerin der Parzelle X*» (des Hauptgrundstücks) als Eigentümerin angegeben (Art. 95 Abs. 1 GBV). Mit einem Hauptgrundstück können beliebig viele Anmerkungsgrundstücke verknüpft werden. Hingegen kann jedes Anmerkungsgrundstück nur von einem einzigen Hauptgrundstück abhängen.

1346 Die Verknüpfung von Grundstücken wird vom Gesetz nicht auf bestimmte Kombinationen eingeschränkt, sondern ist in fast beliebigen Varianten zulässig. Sie ist jedoch nur in bestimmten Konstellationen sinnvoll, in allen übrigen nachteilig und sinnlos. So wäre es sinnlos, wenn die Eigentümerin einer Wohnliegenschaft und einer nahe gelegenen Garage die beiden Parzellen verknüpfen wollte; sie würde sich, solange die Verknüpfung besteht, bloss in ihrer eigenen Dispositionsfreiheit einschränken, indem sie vor der separaten Verfügung über das eine oder andere Grundstück die Verknüpfung gebührenpflichtig aufheben müsste.

1347 Sinnvoll und wertvermehrend ist die Verknüpfung nur, wenn ein in *Miteigentum* aufgeteiltes Grundstück mehreren Personen dient, die kraft ihres Grundbesitzes in räumlicher Nähe eine Nutzungsgemeinschaft bilden. Solche Nutzungsgemeinschaften bestehen, wenn die Wohnungseigentümerinnen eines in Stockwerkeinheiten aufgeteilten Hauses dessen (als Stockwerk ausgestaltete und in Miteigentumsanteile aufgeteilte) Autoeinstellhalle gemeinsam halten. In der Praxis ebenfalls anzutreffen sind Konstellationen wie etwa Miteigentumsgemeinschaften von Anrainern an einer privaten Zufahrtsstrasse oder von benachbarten Grundeigentümerinnen an einer rechtlich verselbständigten Quelle (vgl. auch PAUL-HENRI STEINAUER [Bd. II 2012], N 1521).

1348 Die subjektiv-dingliche Verknüpfung der Miteigentumsanteile am dienenden Grundstück (Autoeinstellhalle, Privatstrasse, Quelle) mit den herrschenden Grundstücken der wichtigsten Nutzerinnen gewährleistet, dass kein Dritter ins Miteigentum am dienenden Grundstück eindringt und dessen Nutzerinnen mit externen Interessen konfrontiert oder unter Druck setzt (BENNO SCHNEIDER [ZBGR 1976], 11 f.).

1349 Auf solche Verknüpfungen von Miteigentumsanteilen an gemeinsam genutzten Grundstücken zugunsten der wichtigsten Nutzerinnen sind die Art. 655a Abs. 2 ZGB und Art. 95 Abs. 2 GBV ausgerichtet. Das ZGB umschreibt diese Konstellationen mit den Worten, die Verknüpfung erfolge *zu einem dauernden Zweck,* womit gemeint ist, dass die Verknüpfung die dauerhafte und ausschliessliche Nutzung des dienenden Grundstücks zugunsten der örtlich benachbarten Eigentümerinnen sicherstellen soll.

Kraft Art. 655a Abs. 2 ZGB ruhen während der Verknüpfung die destabilisierenden Miteigentümerrechte, nämlich das gesetzliche gegenseitige Vorkaufsrecht und der gesetzliche Aufhebungsanspruch. Da das Ruhen des Aufhebungsanspruchs mit logischer Notwendigkeit für und gegen alle Miteigentumsanteile wirkt, ist die subjektiv-dingliche Verknüpfung nur sinnvoll, wenn gleichzeitig alle Miteigentumsanteile am dienenden Grundstück mit den Grundstücken der benachbarten Nutzerinnen verknüpft werden (PAUL-HENRI STEINAUER [Bd. II 2012], N 1521c). Auch die Aufhebung der Verknüpfung ist nur sinnvoll, wenn sie gleichzeitig mit Wirkung für und gegen alle Miteigentumsanteile erfolgt; das kann der Fall sein, wenn das dienende Grundstück umgenutzt wird. 1350

Bei Autoeinstellhallen in Stockwerkliegenschaften entfällt kraft der Verknüpfung die lästige Umständlichkeit einer separaten Miteigentümergemeinschaft für die Verwaltung der Autoeinstellhalle, indem die Stockwerkeigentümergemeinschaft immer auch über die Belange der Autoeinstellhalle entscheidet. Bei Anrainergemeinschaften von Privatstrassen und bei Nutzergemeinschaften von Quellen bilden die Miteigentümergemeinschaften die Plattformen, wo die Beteiligten ihre Interessen zum Ausgleich bringen. 1351

Im Folgenden wird die subjektiv-dingliche *Verknüpfung zu einem dauernden Zweck* als Hauptanwendungsfall dargestellt (N 1354 ff.). Die sogenannte *einfache Verknüpfung* ohne dauernden Zweck ist ohne praktisches Interesse und wird anschliessend der Vollständigkeit halber kurz erwähnt (N 1358 ff.). 1352

Sowohl die Verknüpfung zu einem dauernden Zweck als auch die einfache Verknüpfung kann nur stattfinden, wenn auf dem unselbständigen Grundstück keine Grundpfandrechte und Grundlasten eingetragen sind oder diese im Zeitpunkt der Verknüpfung auf das Hauptgrundstück übertragen und auf dem unselbständigen Grundstück gelöscht werden (Art. 95 Abs. 3 GBV; PAUL-HENRI STEINAUER [Bd. II 2012], N 1521e). 1353

II. Begründung von unselbständigem Eigentum

A. Verknüpfung zu einem dauernden Zweck

Anmeldende (verfügende) Personen sind alle Eigentümerinnen der betroffenen Grundstücke gemeinsam (PAUL-HENRI STEINAUER [Bd. II 2012], N 1521c). 1354

Rechtsgrundausweis ist der Vertrag in öffentlicher Urkunde zwischen allen Eigentümerinnen der Hauptgrundstücke und den zu verknüpfenden Miteigentumsparzellen (Art. 95 Abs. 2 GBV). 1355

1356 Da die Verknüpfung zu einem dauernden Zweck die Rechtsfolgen von Art. 655a Abs. 2 ZGB nach sich zieht, nämlich die Suspendierung des Aufhebungsanspruchs und des gegenseitigen Vorkaufsrechts der Miteigentümer des dienenden Grundstücks (vgl. auch Jürg Schmid [ZBGR 2005], 282 f.), ist der Hinweis *zu einem dauernden Zweck* im Rechtsgrundausweis rechtlich bedeutsam; er sollte nicht fehlen (obwohl er gesetzlich nicht zwingend vorgeschrieben ist). Jedoch braucht der dauernde Zweck nicht konkret umschrieben zu werden; er ergibt sich aufgrund der örtlichen Gegebenheiten (Jürg Schmid [ZBGR 2005], 281); seine konkrete Umschreibung ist für das Grundbuchamt ohne Interesse.

1357 Lasten auf dem Anmerkungsgrundstück Pfandrechte, so sind diese entweder zu löschen oder auf das Hauptgrundstück zu übertragen. Die erstgenannte Alternative braucht die Zustimmung des Grundpfandgläubigers, die zweitgenannte nicht (Paul-Henri Steinauer [Bd. II 2012], N 1521e, FN 35).

B. Einfache Verknüpfung

1358 **Anmeldende (verfügende) Person** ist die jeweilige Eigentümerin der betroffenen Grundstücke (Paul-Henri Steinauer [Bd. II 2012], N 1521b).

1359 **Rechtsgrundausweis** ist der Antrag der Eigentümerin, wonach ein Anmerkungsgrundstück mit einem Hauptgrundstück subjektiv-dinglich zu verknüpfen sei.

1360 Der Antrag auf einfache Verknüpfung eines Hauptgrundstücks mit einer Miteigentumsparzelle als Anmerkungsgrundstück bedarf entgegen der Bestimmung in Art. 95 Abs. 2 GBV bloss der *einfachen Schriftform* und keiner Zustimmung der übrigen Miteigentümerinnen (Lorenz Strebel/Hermann Laim [BSK 2015], Art. 655a N 5). Die Rechtsstellung der übrigen Miteigentümerinnen wird durch die Verknüpfung nicht berührt, da mit der einfachen Verknüpfung insbesondere das Vorkaufsrecht der übrigen Miteigentümer nicht aufgehoben wird (Bettina Hürlimann-Kaup [2011], 91; a.M. Oliver Reinhardt [ZBGR 2014], 295 ff.). Wenn die Eigentümerin das Hauptgrundstück verkauft, wird das Vorkaufsrecht der andern Miteigentümerinnen am verknüpften Miteigentumsanteil ausgelöst. Wird das Vorkaufsrecht ausgeübt, so fällt die einfache Verknüpfung ohne Weiteres dahin. Um Streitigkeiten zu vermeiden, ist es notwendig, den Kaufpreis für das Hauptgrundstück und das Anmerkungsgrundstück im Kaufvertrag separat auszuweisen.

Die *öffentliche Beurkundung* unter Zustimmung aller Miteigentümerinnen im Sinne von Art. 95 Abs. 2 GBV ist nur dann notwendig, wenn die Verknüpfung verbunden ist mit einer Widmung des Miteigentums zu einem dauernden Zweck (Art. 655a Abs. 2 ZGB; N 1354 ff.). 1361

Die Mischung von selbständigem und unselbständigem Miteigentum ist zulässig (OLIVER REINHARDT [ZBGR 2014], 292 ff.). So ist es möglich, dass bloss einzelne Miteigentumsanteile mit einem Hauptgrundstück dinglich verknüpft werden, während andere Miteigentumsanteile nicht verknüpft sind, d.h. selbständig bleiben. 1362

III. Änderung von unselbständigem Eigentum

Zu einer Veränderung von unselbständigem Eigentum kommt es dann, wenn die Miteigentümerinnen beschliessen, eine einfache Verknüpfung in eine Verknüpfung zu einem dauernden Zweck umzuwandeln oder umgekehrt. Im Grunde handelt es sich hierbei um zwei separate Vorgänge, nämlich um die Aufhebung der einen Verknüpfung und der Begründung einer neuen. Hierzu ist die Mitwirkung der Eigentümerinnen aller betroffenen Grundstücke notwendig. Es kann auf das in N 1345 ff. zur Begründung und auf das in N 1366 ff. zur Aufhebung Gesagte verwiesen werden. 1363

Eine Änderung von unselbständigem Eigentum liegt ferner bei der Umwidmung eines unselbständigen Miteigentumsanteils vor, d.h., wenn eine Eigentümerin eines Hauptgrundstücks einen subjektiv-dinglich verknüpften Miteigentumsanteil mit einem anderen ebenfalls ihr gehörenden Hauptgrundstück verknüpft. Die Umwidmung bedarf der öffentlichen Beurkundung sowie der Zustimmung der anderen Miteigentümerinnen des dienenden Grundstücks, wobei diese Zustimmung bereits im Widmungsakt oder in der Nutzungs- und Verwaltungsordnung enthalten sein kann (vgl. auch JGK vom 1.3.2000 [ZBGR 2001], 25 ff.). 1364

Zur Teilung eines mit einem Miteigentumsanteil subjektiv-dinglich verknüpften Hauptgrundstücks vgl. N 2779 ff. 1365

IV. Aufhebung von unselbständigem Eigentum
A. Aufhebung bei Verknüpfung zu einem dauernden Zweck

Anmeldende (verfügende) Personen sind alle Eigentümerinnen der betroffenen Grundstücke gemeinsam. 1366

1367 **Rechtsgrundausweis** ist der Vertrag in einfacher Schriftform zwischen den Eigentümerinnen aller Hauptgrundstücke über die Aufhebung der subjektiv-dinglichen Verknüpfung (Art. 95 Abs. 2 GBV).

1368 Dass für die Aufhebung der Verknüpfung einfache Schriftform genügt, ergibt sich aus dem Schweigen des Gesetzes, das für diesen Vorgang keine Formvorschrift aufstellt (Art. 11 Abs. 1 OR).

1369 Mit dem Rechtsgrundausweis müssen dem Grundbuchamt gegebenenfalls **weitere Beilagen** eingereicht werden. Von praktischer Tragweite ist insbesondere die Zustimmungserklärungen der Gläubiger für den Fall, dass das Hauptgrundstück mit Grundpfandrechten belastet ist (BETTINA HÜRLIMANN-KAUP [2011], 91 f.).

1370 Mit der Aufhebung der subjektiv-dinglichen Verknüpfung findet eine Rückkehr zur gesetzlichen Vorkaufsordnung statt, d.h. das gesetzliche Vorkaufsrecht der Miteigentümerinnen lebt wieder auf. Auch der gesetzliche Aufhebungsanspruch der Miteigentümerinnen lebt wieder auf.

B.   Aufhebung der einfachen Verknüpfung

1371 Erfolgte die subjektiv-dingliche Verknüpfung mit einem Miteigentumsanteil nicht zu einem dauernden Zweck, so steht es jeder Inhaberin eines verknüpften Miteigentumsanteils frei, die Verknüpfung ihres Hauptgrundstücks mit dem Miteigentumsanteil wieder aufzuheben. Hierzu ist die Mitwirkung der übrigen Miteigentümerinnen nicht notwendig (BETTINA HÜRLIMANN-KAUP [2011], 91 f.). In diesem Fall ist es auch denkbar, dass gewisse Anteile der in Miteigentum stehenden Sache subjektiv-dinglich mit dem Hauptgrundstück verknüpft bleiben, während es andere nicht mehr sind.

1372 **Anmeldende Person** ist die jeweilige Eigentümerin des Hauptgrundstücks.

1373 **Rechtsgrundausweis** ist der Antrag der Eigentümerin, wonach die Verknüpfung eines Anmerkungsgrundstücks mit einem Hauptgrundstück aufzuheben ist.

1374 Mit dem Rechtsgrundausweis müssen dem Grundbuchamt gegebenenfalls **weitere Beilagen** eingereicht werden. Von praktischer Tragweite ist insbesondere die Zustimmungserklärung der Gläubiger für dem Fall, dass das Hauptgrundstück mit Grundpfandrechten belastet ist (BETTINA HÜRLIMANN-KAUP [2011], 91 f.).

§ 43 Grunddienstbarkeiten

Zum Begriff der Grunddienstbarkeit vgl. N 249 ff., ferner N 282 ff. 1375

I. Errichtung der Grunddienstbarkeit
A. Überblick

Grunddienstbarkeiten werden errichtet (oder – gleichbedeutend – «bestellt» 1376
oder «eingeräumt»), indem die Eigentümerinnen des herrschenden und dienenden Grundstücks einen Vertrag abschliessen und diesen beim Grundbuch zur Eintragung anmelden (Art. 731 Abs. 1 ZGB). Gehören herrschendes und dienendes Grundstück der gleichen Eigentümerin, so wird statt des Vertrags die einseitige Willenserklärung dieser Person öffentlich beurkundet.

Ausserbuchlich, d.h. ohne Grundbucheintrag, können Grunddienstbarkeiten 1377
nur ausnahmsweise entstehen, etwa kraft Enteignung (vgl. PASCAL SIMONIUS/ THOMAS SUTTER (Bd. II 1990), § 1 N 49 ff.) oder im Falle von Durchleitungsrechten für äusserlich wahrnehmbare Leitungen (Art. 676 Abs. 3 ZGB; BGE 97 II 326, E. 3 f.; PASCAL SIMONIUS/THOMAS SUTTER [Bd. II 1990], § 1 N 42; ferner PAUL-HENRI STEINAUER [Bd. II 2012], N 2237 ff.). Auf diese Konstellationen wird hier nicht näher eingetreten.

B. Grundbuchlicher Vollzug

Anmeldende (verfügende) Person ist die Eigentümerin des mit der Grund- 1378
dienstbarkeit zu belastenden Grundstücks.

Rechtsgrundausweis ist der Akt in öffentlicher Urkunde über die Errichtung 1379
einer Grunddienstbarkeit (vgl. hierzu ausführlich N 1382 ff. sowie zu den Ausnahmen vom Erfordernis der öffentlichen Beurkundung N 1417 ff.).

Bei der Errichtung der Grunddienstbarkeit gilt das *Prinzip der Alterspriorität* 1380
(N 169 ff.). Dieses Prinzip gilt auch im Verhältnis zwischen Dienstbarkeiten, Grundlasten und Pfandrechten sowie gegenüber vorgemerkten persönlichen Rechte, ist aber insofern dispositiver Natur, als die Rangfolge durch eine Rangrücktrittserklärung des früher eingetragenen Berechtigten abgeändert werden kann (zum Begriff des Rangrücktritts vgl. N 377 ff.; zur Rangrücktrittserklärung vgl. N 1791 ff.).

Werden Grunddienstbarkeiten errichtet, um (in gesetzlich erlaubter Weise) von 1381
öffentlich-rechtlichen Eigentumsbeschränkungen abzuweichen, etwa durch

den Verzicht auf baugesetzlich vorgeschriebene Bauabstände (vgl. N 280 f.), so hat je nach kantonaler Gesetzgebung eine Behörde die Genehmigung zu erteilen, oder die Behörde ist über den erfolgten Grundbucheintrag zu informieren.

C. Dienstbarkeitserrichtungsakt (Rechtsgrundausweis)

1. Zweiseitiger Vertrag oder einseitiges Rechtsgeschäft

1382 Die Errichtung einer Grunddienstbarkeit kann entweder durch Vertrag zwischen den jeweiligen Eigentümerinnen des belasteten und des berechtigten Grundstücks oder, wenn sowohl das belastete als auch das berechtigte Grundstück derselben Eigentümerin gehören, durch ein einseitiges Rechtsgeschäft erfolgen.

2. Inhalt des Dienstbarkeitserrichtungsakts

a) Berechtigtes und belastetes Grundstück

1383 Der Dienstbarkeitserrichtungsakt muss das berechtigte und das belastete Grundstück angeben (N 283 ff.; ferner BGE 122 III 150, E. 3b).

b) Dingliche Belastung

1384 Als Kernelement enthält der Akt über die Bestellung einer Grunddienstbarkeit sodann die dinglich wirkenden Bestimmungen (BGE 122 III 150, E. 3b). Man redet auch von «dinglichen Belastungen» (N 262 ff.). Die dingliche Wirkung bedeutet, dass die betreffenden Rechte und Pflichten mit der Sache – dem «Ding» – untrennbar verbunden sind, dass sie also jeder Eigentümerin des herrschenden Grundstücks zustehen und für jede Eigentümerin des dienenden Grundstücks gelten. Wer ein mit einer Grunddienstbarkeit verbundenes Grundstück erwirbt, wächst ohne Weiteres in die dinglichen Dienstbarkeitsrechte und -pflichten hinein, selbst wenn er sich dessen nicht bewusst ist. Es braucht diesbezüglich keine Forderungsabtretung und keine Schuldübernahme.

1385 Auf die dingliche Belastung wird im Grundbuch durch *Angabe eines Stichwortes* hingewiesen (Art. 98 Abs. 2 lit. c GBV). Die Festlegung des Stichwortes obliegt dem Grundbuchamt, wobei dieses an die Vorgaben der Parteien nicht gebunden ist (JÜRG SCHMID [ZBGR 2003], 280 f.).

1386 Nach Basler Usanz werden die dinglich wirkenden Bestimmungen zudem durch eine «wörtliche Fassung» hervorgehoben. Die wörtliche Fassung ist die knappe Umschreibung der Dienstbarkeitslast auf dem Hauptbuchblatt des

Grundbuchs. Die wörtliche Fassung für ein Überbaurecht kann wie folgt formuliert sein:

«Die Eigentümerin der belasteten Parzelle duldet Bestand und Unterhalt des im Servitutsplan grün eingezeichneten Balkons.»

c) Obligatorische Bestimmungen

Was nicht als Dienstbarkeit im Grundbuch verankert werden kann, zwischen den Parteien aber kraft eines Vertrags gelten soll, heisst «obligatorische Bestimmung». 1387

So kann sich bei einem Wegrecht die belastete Eigentümerin obligatorisch verpflichten, den Weg zu bauen. Aber diese Pflicht kann nicht Inhalt der Dienstbarkeit sein (vgl. N 262), sondern sie bindet nur jene Person, die den Dienstbarkeitsvertrag unterzeichnet hat. 1388

Bei der Vertragsgestaltung von Grunddienstbarkeiten ist es wichtig, jene Inhalte, die dinglichen Bestand haben und im Grundbuch eingetragen werden können, zu unterscheiden von jenen Rechten und Pflichten der Beteiligten, die nur vertraglichen (obligatorischen) Bestand haben. 1389

Sollen die Bestimmungen mit bloss obligatorischem Charakter bei einer allfälligen Veräusserung des Grundstückes auch für die neue Eigentümerin verbindlich sein, so muss eine entsprechende Pflicht zur Überbindung der obligatorischen Bestimmungen ausdrücklich vereinbart werden. 1390

Allerdings geben solche Vertragspflichten weniger Rechtssicherheit als ein Grundbucheintrag; denn vertragliche Rechte erlöschen, wenn sie beim Handwechsel des belasteten Grundstücks entgegen der ursprünglichen Absprache nicht übertragen werden. 1391

d) Vereinbarung eines Entgelts

Manche Grunddienstbarkeiten werden gefälligkeitshalber begründet, ohne dass Geld fliesst. Bei solchen Gefälligkeiten pflegt der Akt nicht als Schenkung betrachtet und besteuert zu werden, da es an der Übereignung eines Schenkungsgegenstandes fehlt. 1392

Die Vereinbarung eines Entgelts hat nicht teil am dinglichen Bestand der Grunddienstbarkeit, sondern gehört zu den nur obligatorisch wirksamen Vertragsbestimmungen. Den Parteien steht es frei, die Vereinbarung eines Entgelts ausserhalb des Dienstbarkeitserrichtungsakts zu treffen (BGer 5A.171/2008 1393 vom 13.5.2008, E. 3.2; PAUL-HENRI STEINAUER [Bd. II 2012], N 2229); sie braucht nicht öffentlich beurkundet zu werden (N 1416).

1394 Wird das Entgelt analog zu einem Kaufpreis bei der Errichtung der Grunddienstbarkeit in einer einzigen Zahlung geleistet, dann ist die Überbindung der Zahlungspflicht auf spätere Erwerber des berechtigten Grundstücks nicht nötig. Ist das Entgelt analog zu einem Mietzins periodisch zu bezahlen, dann ist die Überbindung der Zahlungspflicht auf die Rechtsnachfolger des ursprünglichen Dienstbarkeitsberechtigten zu vereinbaren (N 1390 f.). Unwirksam wäre die Absprache, wonach die belastete Grundeigentümerin die Grunddienstbarkeit kündigen oder einseitig aufheben könnte, wenn das vereinbarte Entgelt ausbleibt. Diesbezüglich unterscheidet sich die dinglich wirksame Grunddienstbarkeit von der nur vertraglich wirksamen Miete.

e) Nebensächliche Leistungspflichten

1395 Inhalt von Dienstbarkeiten ist immer ein Dulden oder Unterlassen (N 262 ff.). Ein positives Tun kann grundsätzlich nicht Inhalt einer Dienstbarkeit, sondern ausschliesslich einer persönlichen, rein vertraglichen Leistungspflicht sein (vgl. N 1387 ff.).

1396 Ausnahmen hierzu bilden einerseits die im Gesetz verankerten Nebenleistungspflichten (vgl. etwa Art. 741, 764 ff. oder 778 ZGB), andererseits die Bestimmung in Art. 730 Abs. 2 ZGB (JÜRG SCHMID [ZBGR 2003], 281 ff.), wonach nebensächliche Verpflichtungen zur Vornahme von Handlungen mit einer Grunddienstbarkeit verbunden sein können. Nach Lehre und Rechtsprechung ist eine Leistungspflicht dann als nebensächlich zu qualifizieren, wenn zwei kumulative Voraussetzungen erfüllt sind (BGer 5A.229/2010 vom 7.7.2010, E. 4.1.2; BGE 106 II 315, E. 2e; PETER LIVER [ZK 1980], Art. 730 N 202 ff.; HEINZ REY [BK 1981], Art. 730 N 148 ff.):

- Die Leistungspflicht muss unmittelbar dazu dienen, die Ausübung des Dienstbarkeitsrechts zu ermöglichen, zu vereinfachen, zu sichern oder deren schädigende Auswirkung auf Dritte zu verhindern.

- Die positive Leistungspflicht darf nach ihrem Umfang und Inhalt nicht grösser sein als die durch die Dienstbarkeit geschaffene Belastung des Grundstücks.

1397 Ob die zweitgenannte Voraussetzung erfüllt ist, lässt sich kaum objektiv überprüfen, weil es für den Grössenvergleich von Leistungspflicht und Dienstbarkeitslast keine einheitlichen Kriterien gibt. Einerseits gibt es für die Kapitalisierung einer (ewigen!) Sach- oder Dienstleistungspflicht kaum einschlägige Tabellen. Andererseits hängt der Minderwert, den ein Grundstück durch die Dienstbarkeitslast erleidet, von wechselnden Umständen wie Bodenwert, Überbaubarkeit etc. ab, ferner von subjektiven Faktoren wie den Nutzungsbedürfnissen der belasteten Eigentümerin.

1398 Da der Grössenvergleich von Leistungspflicht und Dienstbarkeitslast durch Urkundsperson und Grundbuchamt kaum überprüft werden kann, muss für den Grundbucheintrag richtigerweise die blosse Erklärung der Anmeldenden genügen, die Leistungspflicht sei von ihrem Umfang und Inhalt her nicht grösser als die Dienstbarkeitslast. Dabei darf von der Vermutung ausgegangen werden, dass dienstbarkeitsbezogene Leistungspflichten nur übernommen werden, wenn die belastete Eigentümerin an den Dienstbarkeits-Vorrichtungen ein eigenes Interesse hat, weil sie sie selber mitbenützt (diese Fallgruppe wird durch Art. 741 Abs. 2 ZGB abgedeckt), oder wenn sie bei der Gestaltung und Verwaltung der Dienstbarkeits-Vorrichtungen selber die Regie führen möchte, indem sie z.B. selber die Tore und Schlösser installieren und gegebenenfalls auswechseln lässt.

1399 Die Eintragung von solchen Leistungspflichten muss dem Grundbuchamt ausdrücklich beantragt werden. Der Antrag kann entweder im Rechtsgrundausweis oder in einer allfälligen separaten Grundbuchanmeldung stehen.

1400 Nur wenn der entsprechende Antrag vorliegt, wird das Vorliegen einer dinglich wirkenden Nebenleistungspflicht dem Stichwort des Hauptbucheintrages beigefügt (Art. 730 Abs. 2 ZGB, letzter Satz; Art. 98 Abs. 2 lit. d Ziff. 3 GBV; z.B. «Wegrecht mit Nebenleistungspflicht»). In den Kantonen, in denen die dinglich wirkenden Bestimmungen der Grunddienstbarkeit aus dem Hauptbuchblatt ersichtlich sind, findet sich die Erwähnung der Leistungspflicht in der «wörtlichen Fassung» (vgl. hierzu N 1386).

1401 Fehlt der Hinweis im Stichwort oder in der «wörtlichen Fassung», so hat dies zur Folge, dass ein gutgläubiger Erwerber des belasteten Grundstücks nicht in die Verpflichtung zur nebensächlichen Leistung eintritt (Jürg Schmid [ZBGR 2012], 155 f.; Roland Pfäffli [2012], 91 ff.).

f) Befristungen und Bedingungen von Grunddienstbarkeiten

1402 Grunddienstbarkeiten dauern grundsätzlich ohne zeitliche Beschränkung. Es ist jedoch möglich, eine zeitliche Begrenzung zu vereinbaren. Wird bei einer befristeten Grunddienstbarkeit ein eindeutiger Endtermin (durch Festlegung des Enddatums oder durch Bestimmung der Dauer in Tagen oder Jahren nach

Eintragung im Grundbuch) vereinbart, so kann die Befristung in die dinglich wirkenden Bestimmungen aufgenommen werden mit der Folge, dass das Dienstbarkeitsrecht zur vereinbarten Zeit ohne Weiteres erlischt.

1403 Wird das zeitliche Ende der Dienstbarkeit nicht auf ein eindeutig bestimmbares Datum vereinbart, so kann die Befristung nicht Gegenstand der dinglich wirkenden Bestimmungen sein, da dies im Widerspruch zum Grundsatz des öffentlichen Glaubens des Grundbuchs (vgl. N 471 f.) stünde. Für den unbeteiligten Dritten, der sich auf den Eintrag im Grundbuch verlassen darf, wäre nicht ohne Weiteres ersichtlich, ob der Endtermin bereits eingetreten ist (PETER LIVER [ZK 1980], Art. 730 N 62 f.; HEINZ REY [BK 1981], Art. 730 N 137 ff.).

1404 Wollen die Parteien eine Dienstbarkeit mit einem nicht eindeutig bestimmten Endtermin vereinbaren, so müssen sie sich damit behelfen, dass sie im Rahmen der nicht dinglich, sondern bloss obligatorisch wirkenden Bestimmungen (N 1387 ff.) eine Pflicht zur Löschung der Dienstbarkeit bei Eintritt eines bestimmten Termins vereinbaren. Beispiel einer Löschungspflicht für ein Wegrecht:

Obligatorische Bestimmung: Nach Erschliessung der berechtigten Parzelle durch die geplante Gemeindestrasse von Norden her ist diese Dienstbarkeit entschädigungslos aufzuheben und im Grundbuch zu löschen. Die Eigentümerin der berechtigten Parzelle wird die Löschungsbewilligung auf erste Aufforderung hin ausstellen.

1405 Nach herrschender Lehre und Praxis können Dienstbarkeiten, die unter einer aufschiebenden Bedingung *(Suspensivbedingungen)* stehen, nicht ins Grundbuch eingetragen werden (PETER LIVER [ZK 1980], Art. 730 N 64 f.; HEINZ REY [BK 1981], Art. 730 N 118 ff.). Wurde die Dienstbarkeit unter einer solchen Bedingung vereinbart, so kann sie erst beim Grundbuch angemeldet werden, wenn der Wegfall der Bedingung belegbar ist (so auch Art. 47 Abs. 1 GBV).

1406 Wird eine Dienstbarkeit resolutiv bedingt, was bedeutet, dass sie beim Eintritt eines zukünftigen Ereignisses erlöschen soll (Beispiel: Diese Dienstbarkeit steht unter der Bedingung, dass die Zufahrt durch die X-Strasse von Norden her möglich bleibt und fällt dahin, wenn diese Zufahrt gesperrt wird), so kann sie ebenfalls nicht im Grundbuch eingetragen werden. Denn die *Resolutivbedingung* führt zu einem unbestimmten Erlöschenszeitpunkt, was im Widerspruch zum Grundsatz des öffentlichen Glaubens des Grundbuchs (vgl. N 471 f.) stünde (teilweise kritisch PETER LIVER [ZK 1980], Art. 730 N 66 ff.; HEINZ REY [BK 1981], Art. 730 N 131 ff.).

g) Dienstbarkeitsplan

Dienstbarkeiten belasten das Eigentum, nur indirekt die Liegenschaft, auf die sich das Eigentumsrecht bezieht, und also stets die ganze Liegenschaft (N 26 ff., ferner N 288). Es ist aber möglich, die Ausübung des Dienstbarkeitsrechts auf gewisse Teile der Liegenschaft oder des Stockwerks zu beschränken. Wollen die Parteien dies im Grundbuch zum Ausdruck bringen und lässt sich die Belastung nicht mit Worten klar umschreiben, so ist die Dienstbarkeitsfläche in einem Dienstbarkeitsplan (oder – gleichbedeutend – *Servitutsplan*) darzustellen (Art. 732 Abs. 2 ZGB; PAUL-HENRI STEINAUER [Bd. II 2012], N 2228; MICHEL MOOSER [ZBGR 1991], 257 ff.). 1407

Beim Dienstbarkeitsplan muss es sich um einen *Auszug aus dem Plan für das Grundbuch* handeln (N 418 f.). Das heisst, der Dienstbarkeitsplan muss direkt auf einem Vermessungsplan basieren. Handzeichnungen oder Architektenpläne genügen nicht, vgl. BGE 138 III 742, E. 2; ROLAND PFÄFFLI/MASCHA SANTSCHI KALLAY [2014], N 13 f.; MEINRAD HUSER [ZBGR 2013], 246 ff.). Das Grundbuchamt akzeptiert als Dienstbarkeitsplan jedoch nicht nur amtliche Pläne, sondern auch Privatpläne (PAUL-HENRI STEINAUER (Bd. II 2012), N 2228a). 1408

Beim *amtlichen* Dienstbarkeitsplan werden die vertraglich vereinbarten Linien der Dienstbarkeitsausübung durch das Vermessungsamt oder durch den zuständigen Geometer in die amtlichen Vermessungsdaten eingetragen und so der Plan für das Grundbuch offiziell nachgeführt. 1409

Beim *Privatplan* wird ein Ausdruck der im Internet (Geoportale) zugänglichen Vermessungspläne erstellt und es werden dort die vereinbarten Dienstbarkeitslinien von privater Hand eingezeichnet (BETTINA HÜRLIMANN-KAUP [2012], 36; ADRIAN MÜHLEMATTER/STEPHAN STUCKI [2016], 102 f.). In den dinglich wirkenden Bestimmungen des Dienstbarkeitsvertrags ist ausdrücklich auf den Plan zu verweisen. 1410

Der private Plan sollte folgende Eigenschaften aufweisen: 1411

- Der Plan ist aktuell.

- Die Parzellengrenzen und die Grundstücksnummern sind klar ersichtlich (ROLAND PFÄFFLI [2012], 89).

- Es sind unter Berücksichtigung der Umstände im Einzelfall ein Format und ein Massstab zu wählen, die eine klare und genaue Identifikation der Lage und Ausdehnung der Dienstbarkeit ermöglichen.

– Die Einbindung in die öffentliche Urkunde oberhalb bzw. vor den Parteiunterschriften und der Notarunterschrift ist Gültigkeitserfordernis, wenn der verbale Teil des Dienstbarkeitsvertrags die Dienstbarkeitsfläche nicht beschreibt, sondern lediglich auf den Plan verweist. Ist die Dienstbarkeitsfläche verbal beschrieben, sodass der Plan lediglich als Verdeutlichung des verbal beurkundeten Parteiwillens erscheint, dann kann der (von den Parteien unterzeichnete) Plan der Urkunde auch bloss als Beilage beigefügt oder getrennt von der Urkunde dokumentiert werden (vgl. auch Beat Bräm [BN 2014], 221; Jürg Schmid [ZBGR 2012], 157).

3. Form des Dienstbarkeitserrichtungsakts

1412 Der Akt über Errichtung einer Grunddienstbarkeit bedarf zu seiner Gültigkeit der *öffentlichen Beurkundung* (Art. 732 Abs. 1 ZGB).

1413 Das Formerfordernis der öffentlichen Beurkundung gilt somit auch für *Eigentümerdienstbarkeiten*, d.h. für die Errichtung von Dienstbarkeiten, wenn belastetes und berechtigtes Grundstück derselben Eigentümerin gehören (statt aller Jürg Schmid [ZBGR 2012], 154).

1414 Wird die *Gesamtheit* der Absprachen zwischen den Parteien öffentlich beurkundet, so hat das den Vorteil, dass die Urkunde in übersichtlicher Weise über alles Wesentliche informiert, was zwischen den Parteien gilt.

1415 Beurkundungsbedürftig sind aber nur jene Erklärungen, durch die eine Partei ihre Eigentümerbefugnisse einschränkt. Das Erfordernis der *öffentlichen Beurkundung erfasst somit nur die dinglich wirkenden Bestimmungen* der Vereinbarung einschliesslich der dinglich wirksamen Nebenleistungen (vgl. N 1395 ff.). Bei einem Wegrecht sind dies etwa die Umschreibung des Geländestreifens, auf dem die belastete Eigentümerin künftig den Verkehr des Berechtigten und seiner Leute zu dulden hat, und die Art, wie die Nutzung ausgeübt werden darf (z.B. nur durch Fussgängerverkehr oder auch durch Fahrzeuge bestimmter Kategorien; nur als Zugang für private Anwohner oder als Zugang zu einem Gewerbebetrieb etc.); ferner eine allfällige Unterhaltspflicht im Sinne von Art. 730 Abs. 2 ZGB.

1416 Wenn der Dienstbarkeitsberechtigte die Belastete für die Bestellung der Dienstbarkeit durch Geld oder andere Leistungen entschädigt (was zu vermuten ist, sofern keine Geschenke gemacht werden), dann brauchen die Absprachen über den Preis und dessen Bezahlung nicht öffentlich beurkundet zu werden (vgl. die Hinweise in N 858). Die im Zusammenhang mit dem Grundstückkauf entwickelte Regel, dass alle objektiv und subjektiv wesentlichen Absprachen dem Formzwang unterliegen, lässt sich nicht generell auf andere beurkundungsbedürftige Verträge übertragen.

Von dem für Grunddienstbarkeiten geltenden Erfordernis der öffentlichen Beurkundung gibt es drei Ausnahmen (PAUL-HENRI STEINAUER [Bd. II 2012], N 2232 f.): 1417

So ist es möglich, im Rahmen von *Erbteilungsverträgen* Grunddienstbarkeiten in einfacher Schriftform zu errichten, da Art. 634 Abs. 2 ZGB dem Art. 732 ZGB als lex specialis vorgeht (ROLAND PFÄFFLI [2012], 88; BETTINA HÜRLIMANN-KAUP [2012], 31); die formale Erleichterung betrifft aber nur Geschäfte, bei denen Rechte an Nachlassgrundstücken Erben zugeteilt werden; die beteiligten Parteien müssen zu den Erben und die einbezogenen Grundstücke zu den Nachlassaktiven gehören. 1418

Ferner ist es möglich, durch *letztwillige Verfügung* in handschriftlicher Form ein zum Nachlass gehörendes Grundstück mit einer Grunddienstbarkeit zu belasten (BETTINA HÜRLIMANN-KAUP [2012], 31; PAUL-HENRI STEINAUER [Bd. II 2012], N 2224). Da eine solche Zuwendung den Charakter eines Vermächtnisses hat, bedarf sie der ausdrücklichen Annahme durch den Begünstigten, auch wenn er zum Kreis der Erben gehört und die Erbschaft nicht ausgeschlagen hat. Ist die letztwillige Anordnung so abgefasst, dass sie keinen eintragungsfähigen Rechtsgrundausweis darstellt, dann ist sie als Verpflichtung der Erben auszulegen, den letzten Willen der Erblasserin unter Mitwirkung des Begünstigten in öffentlicher Urkunde zu konkretisieren. 1419

Gemäss Art. 70 Abs. 2 GBV genügt schliesslich die einfache Schriftform für den Abschluss eines Vertrags über die Errichtung einer *gesetzlichen Dienstbarkeit* (Legalservitut, vgl. N 277 ff.), zu deren Einräumung die Eigentümerin des belasteten Grundstücks gesetzlich verpflichtet ist (ROLAND PFÄFFLI [2012], 88; a.M. BETTINA HÜRLIMANN-KAUP [2012], 30). In diesem Fall muss aus dem Rechtsgrundausweis ausdrücklich hervorgehen, dass es sich um eine Legalservitut handelt, d.h. im Dienstbarkeitsvertrag muss der gesetzliche Anspruch auf Errichtung einer Legalservitut anerkannt und es dürfen keine weiter gehenden dinglichen Vereinbarungen getroffen werden (JÜRG SCHMID [ZBGR 2012], 155). 1420

II. Änderung der Grunddienstbarkeit
A. Änderung von dinglich wirkenden Bestimmungen

1421 **Anmeldende (verfügende) Personen** sind beide Parteien des Dienstbarkeitsverhältnisses, sofern die Änderung die Befugnisse beider Parteien beschlägt, wie dies z.B. bei der örtlichen Verlegung eines Dienstbarkeitsweges der Fall ist. Liegt klarerweise ausschliesslich eine zusätzliche Belastung des Grundeigentums vor – z.B. bei der Verbreiterung des Dienstbarkeitswegs –, so genügt die Anmeldung durch die Grundeigentümerin des belasteten Grundstücks. Liegt klarerweise ausschliesslich ein Verzicht auf gewisse Dienstbarkeitsbefugnisse vor – z.B. bei der Verkleinerung der Wegrechtsfläche, so genügt die Anmeldung durch die Eigentümerin des berechtigten Grundstücks.

1422 **Rechtsgrundausweis** ist der Vertrag zwischen der Eigentümerin des belasteten Grundstücks und der Eigentümerin des berechtigten Grundstücks in öffentlicher Urkunde, sofern die dingliche Belastung geändert oder ausgedehnt wird (Art. 12 OR; BETTINA HÜRLIMANN-KAUP [2012], 34; JÜRG SCHMID [ZBGR 2012], 155). Bei blossem Verzicht des Dienstbarkeitsberechtigten auf einzelne Befugnisse genügt einfache Schriftform (Art. 115 OR; BETTINA HÜRLIMANN-KAUP [2012], 34 f.).

1423 Mit dem Rechtsgrundausweis müssen dem Grundbuchamt gegebenenfalls **weitere Beilagen** eingereicht werden, insbesondere die Zustimmungserklärungen von Pfandgläubigern, Nutzniessern und Wohnberechtigten. Im Einzelnen gilt:

1424 Werden *Dienstbarkeitsberechtigungen verkleinert,* so müssen die Pfandgläubiger des berechtigten Grundeigentümers zustimmen, sofern ihre Pfandrechte zeitlich nach der Dienstbarkeit und also im Vertrauen auf den Wert des Dienstbarkeitsrechts begründet wurden. Unter der gleichen Voraussetzung müssen nachrangige Nutzniesser und Wohnberechtigte zustimmen. Dass der Wert nachrangiger Dienstbarkeitsrechte auch den vorrangig Berechtigten zugutekommt, ist ein faktischer Umstand, der den Vorrangigen kein Recht gibt, die Entwertung oder Löschung nachrangiger Dienstbarkeitsrechte zu verhindern (vgl. N 567 ff.).

1425 Werden *Dienstbarkeitslasten vergrössert* und bestehen dingliche Rechte am belasteten Grundstück, die der Grunddienstbarkeit im Rang nachgehen, so sind die Zustimmungserklärungen allfälliger nachrangiger Grundpfandgläubiger und anderer nachrangiger Berechtigter aus anderen Dienstbarkeiten und Grundlasten dem Grundbuchamt einzureichen (N 570). Die Zustimmungserklärungen erfolgen in einfacher Schriftform analog zu den Rücktrittserklärungen (N 1791 ff.).

Eine Vergrösserung oder Ausdehnung der Dienstbarkeitslast liegt bei jeder Änderung vor, die für die jeweilige Eigentümerin des dienenden Grundstücks eine Mehrbelastung darstellt. Zu denken ist beispielsweise an

- die flächenmässige Ausweitung eines Wegrechts oder eines Bauverbots;
- die zeitliche Verlängerung eines befristeten Durchgangsrechts;
- die Verlängerung der zeitlichen Nutzungsmöglichkeiten eines Benutzungsrechts (z.B. an einem Parkplatz).

In Anlehnung an die Rechtsprechung zu Art. 739 ZGB ist zu verlangen, dass die Mehrbelastung eine gewisse Erheblichkeit aufweist (BGE 122 III 358, E. 2c, m.w.H.). Leider lassen sich der bundesgerichtlichen Rechtsprechung und der Literatur keine praktikablen Kriterien für die Quantifizierung der Erheblichkeitsschwelle entnehmen. Aus diesem Grund kann nach der hier vertretenen Auffassung auf die schriftliche Zustimmung nachrangiger Berechtigter nur dann verzichtet werden, wenn die bisherige Last in räumlicher oder zeitlicher Hinsicht um höchstens einen Zwanzigstel ausgedehnt wird. Bestehen Zweifel, ob diese Voraussetzungen erfüllt sind, so müssen die Zustimmungen eingeholt werden. Verweigert der Berechtigte die Erteilung der Zustimmung, so hat hierüber das Gericht zu entscheiden.

Sollte es nicht möglich sein, die Zustimmungserklärungen aller rechtlich Betroffenen beizubringen, so muss die Änderung als selbständige neue Dienstbarkeit vereinbart werden, die den bestehenden Rechten im Rang nachgeht, während die bisherige Dienstbarkeit unverändert im bisherigen Rang bestehen bleibt. So kann z.B. neben einem alten Wegrecht von zwei Metern Breite ein zusätzlicher Wegrechtsstreifen von einem Meter Breite unter neuem Datum, d.h. in einem hinteren Rang, eingetragen werden. Lässt sich die Änderung nicht in dieser Weise nachrangig darstellen – etwa bei der Verlegung des Wegs an einen andern Ort –, so bleibt nur der Verzicht auf die Änderung oder die Löschung der bisherigen Dienstbarkeit und der Eintrag der ausgedehnten Last im neuen Rang hinter allen bestehenden Belastungen.

Die Eigentümerin des berechtigten Grundstücks kann, wie dargestellt, mit einer einseitigen Erklärung in einfacher Schriftform auf Teile ihrer Befugnisse verzichten, dies jedoch nur, wenn der Verzicht nicht vertraglich ausgeschlossen wurde (N 290, 1443 ff.) und wenn die weiteren am herrschenden Grundstück dinglich Berechtigten der Löschung zustimmen (N 567 ff.). Teillöschungen kommen fast ausschliesslich im Zusammenhang mit der Teilung oder Vereinigung von Grundstücken vor (N 2754 ff.).

B. Änderung von obligatorisch wirkenden Bestimmungen

1430 Die Eigentümerin des belasteten Grundstücks und die Eigentümerin des berechtigten Grundstücks können jederzeit miteinander vereinbaren, obligatorisch wirkende Bestimmungen des Dienstbarkeitsvertrags abzuändern. So können z.B. die Parteien einer Wegrechtsdienstbarkeit miteinander vereinbaren, dass der Berechtigte der Belasteten künftig jährlich CHF 1000 an die Unterhaltskosten bezahlt. Solche Vereinbarungen bedürfen keiner speziellen Form und keiner Anmeldung beim Grundbuch (N 1416).

1431 Gewisse Grundbuchämter akzeptieren die Anmeldung nachträglicher Absprachen mit rein obligatorischer Wirkung und fügen sie dem Hauptbeleg (Dienstbarkeitserrichtungsakt) bei. Es handelt sich um einen begrüssenswerten Dienst gegenüber der Kundschaft.

C. Umwandlung einer Grunddienstbarkeit in eine Personaldienstbarkeit gemäss Art. 781 ZGB

1432 Es ist möglich, durch Vereinbarung zwischen den Eigentümerinnen der belasteten und berechtigten Grundstücke eine Grunddienstbarkeit vom berechtigten Grundstück abzutrennen und in eine Personaldienstbarkeit gemäss Art. 781 ZGB umzuwandeln (HANS LEEMANN [BK 1925], Art. 730 N 13).

1433 **Anmeldende (verfügende) Personen** sind beide Parteien des Dienstbarkeitsverhältnisses.

1434 **Rechtsgrundausweis** ist der Vertrag zwischen der Eigentümerin des belasteten Grundstücks und der Eigentümerin des berechtigten Grundstücks in öffentlicher Urkunde.

1435 Mit dem Rechtsgrundausweis müssen dem Grundbuchamt gegebenenfalls **weitere Beilagen** eingereicht werden, nämlich analog zur Löschung der Grunddienstbarkeit die Zustimmungserklärungen der Pfandgläubiger des berechtigten Grundeigentümers, sofern ihre Pfandrechte zeitlich nach der Dienstbarkeit und also im Vertrauen auf den Bestand des Dienstbarkeitsrechts begründet wurden. Unter der gleichen Voraussetzung müssen nachrangige Nutzniesser und Wohnberechtigte zustimmen (vgl. N 567 ff.; ferner HANS LEEMANN [BK 1925], Art. 730 N 13).

Die Umwandlung der Grunddienstbarkeit in eine Personaldienstbarkeit 1436
gemäss Art. 781 ZGB bringt meist keine Vergrösserung oder Ausdehnung der
Dienstbarkeitslast mit sich, sodass der Vorgang zu keinen Änderungen hinsichtlich der Rangverhältnisse auf dem dienenden Grundstück führt.

III. Übertragung von Rechten und Belastungen aus Grunddienstbarkeiten

Grunddienstbarkeiten teilen die Schicksale der Grundstücke, auf denen sie als 1437
Rechte und als Lasten eingetragen sind.

IV. Löschung der Grunddienstbarkeit
A. Überblick

Grunddienstbarkeiten werden meist gelöscht durch Verzicht der Eigentüme- 1438
rin des berechtigten Grundstücks, d.h. aufgrund einer Löschungsbewilligung
(zum Spezialfall des Verzichts durch konkludentes Verhalten vgl. BGE 127 III
440, E. 2c). Ferner gibt es die Löschung aufgrund Zeitablaufs, aufgrund eines
gerichtlichen Urteils (vgl. Art. 734 bis 736 ZGB) oder im Rahmen der Vereinigung des berechtigten und des belasteten Grundstücks. Schliesslich sieht
das Gesetz in Art. 976 ZGB vor, dass der zweifelsfrei bedeutungslose Eintrag
einer Dienstbarkeit durch das Grundbuchamt von Amtes wegen gelöscht werden darf (vgl. MATTIA TONELLA [ZBGR 2003], 198 ff.). Die nachstehenden
Ausführungen beschränken sich auf die beiden häufigsten Löschungsgründe,
nämlich auf den Verzicht und die Löschung aufgrund von Zeitablauf.

B. Löschung infolge von Verzicht

Anmeldende (verfügende) Person ist die Grundeigentümerin des berechtig- 1439
ten Grundstücks (vgl. auch JÜRG SCHMID [ZBGR 2003], 288 f.).

Rechtsgrundausweis ist die einseitige Erklärung der aus der Dienstbarkeit 1440
berechtigten Eigentümerin in einfacher Schriftform (Art. 964 Abs. 1 ZGB),
wonach die Dienstbarkeit im Grundbuch zu löschen ist *(Löschungsbewilligung)*.
Das schriftlich ans Grundbuchamt gerichtete Begehren der berechtigten Eigentümerin, die Dienstbarkeit zu löschen, ist zugleich Grundbuchanmeldung und
Rechtsgrundausweis (PAUL-HENRI STEINAUER [Bd. II 2012], N 2262; MATTIA
TONELLA [ZBGR 2003], 205 f.).

1441 Mit dem Rechtsgrundausweis müssen dem Grundbuchamt gegebenenfalls **weitere Beilagen** eingereicht werden. Von praktischer Tragweite sind insbesondere die folgenden Fälle:

- Bestehen an der berechtigten Parzelle *Grundpfandrechte, selbständige und dauernde Rechte, Nutzniessungen oder Wohnrechte,* die zeitlich nach dem Dienstbarkeitsrecht – und also möglicherweise im Vertrauen auf den Bestand einer werthaltigen Dienstbarkeit – eingetragen worden sind, so haben die jeweiligen Berechtigten der Löschung in einfacher Schriftform zuzustimmen (N 567 ff.).

- Löschungsbewilligungen für Dienstbarkeiten gelten als einseitige Verfügungen des bisherigen Berechtigten, nicht als vertragliche Übertragung von Rechten. Der Berechtigte kann demgemäss die Löschungsbewilligung direkt an das Grundbuchamt zustellen (Art. 964 Abs. 2 ZGB). Er braucht zur Löschung seines Rechts weder die Zustimmung noch die Mitwirkung der Eigentümerin des belasteten Grundstücks (PAUL-HENRI STEINAUER [Bd. II 2012], N 2262). Zustimmungen anderer Dienstbarkeitsberechtigter (nicht des Belasteten) zur Löschung einer Dienstbarkeit können hingegen gemäss Art. 740a Abs. 2 ZGB erforderlich sein, wenn mehrere Dienstbarkeitsberechtigte den Unterhalt einer gemeinschaftlichen Dienstbarkeitsvorrichtung mittragen müssen (N 290, 1443 ff.).

C. Löschung infolge von Zeitablauf

1442 Die Löschung infolge von Zeitablauf kann von Amtes wegen (Art. 976 Abs. 1 ZGB) oder kraft einseitigen Antrags der Eigentümerin des belasteten Grundstücks erfolgen, wenn ein eindeutiger, klar bestimmbarer Endzeitpunkt bedingungslos vereinbart worden ist (N 1402). Fehlt es an einer solchen Vereinbarung, so muss der Dienstbarkeitsberechtigte die Löschung beantragen (N 1439 ff.).

V. Ausschluss des Verzichts auf eine Grunddienstbarkeit

1443 Mehrere Berechtigte, die mit Dienstbarkeiten an einer gemeinschaftlichen Vorrichtung auf dem belasteten Grundstück beteiligt sind, können gemäss Art. 740a ZGB den Verzicht auf ihre Berechtigungen für die Dauer von höchstens 30 Jahre ausschliessen und diesen Ausschluss im Grundbuch vormerken lassen (vgl. N 290). Für die Vormerkung gilt:

1444 **Anmeldende Personen** sind alle Dienstbarkeitsberechtigten gemeinsam.

Rechtsgrundausweis ist der Vertrag in öffentlicher Urkunde zwischen allen Dienstbarkeitsberechtigten (Art. 740a Abs. 2 ZGB) sowohl über den Ausschluss der einseitigen Verzichtsmöglichkeit als auch über dessen Vormerkung auf dem mit der Dienstbarkeit belasteten Grundstück. 1445

Die Vereinbarung über den Ausschluss der einseitigen Verzichtsmöglichkeit kann jederzeit in öffentlicher Urkunde für höchstens 30 Jahre erneuert werden. Der Rang der Dienstbarkeiten und des Verzichts-Ausschlusses bleibt dabei der bisherige. Die Zustimmung allfälliger Grundpfandgläubiger oder weiterer Berechtigter ist weder auf dem dienenden noch auf dem herrschenden Grundstück erforderlich. 1446

Die Wiederherstellung der ausgeschlossenen Verzichtsmöglichkeit erfolgt entweder aufgrund von Zeitablauf oder aufgrund einer Vereinbarung. In letzterem Fall gilt Folgendes: 1447

Anmeldende Personen sind alle Dienstbarkeitsberechtigten gemeinsam. 1448

Rechtsgrundausweis ist der Vertrag in einfacher Schriftform zwischen allen Dienstbarkeitsberechtigten über die Wiederherstellung der jederzeitigen Verzichtsmöglichkeit und die Löschung der bestehenden Vormerkung(en). 1449

Dass für die Rückkehr zur gesetzlichen Ordnung einfache Schriftform genügt, ergibt sich aus dem Schweigen des Gesetzes, das für diesen Vorgang keine Formvorschrift aufstellt (Art. 11 Abs. 1 OR). 1450

§ 44 Nutzniessung

Zum Begriff der Nutzniessung vgl. N 294 ff. 1451

I. Errichtung der Nutzniessung
A. Überblick

Die Errichtung der Nutzniessung erfolgt entweder aufgrund eines Rechtsgeschäfts unter Lebenden (N 1455 ff.) oder aufgrund einer Verfügung von Todes wegen (Testament oder Erbvertrag). 1452

Bei der Errichtung der Nutzniessung unter Lebenden sind insbesondere die Errichtung der Nutzniessung im Zusammenhang mit Schenkungen und die Errichtung der Nutzniessung im Rahmen von Erbteilungen von Bedeutung. 1453

1454 Bei der Errichtung der Nutzniessung aufgrund einer Verfügung von Todes wegen lassen sich zwei Fälle unterscheiden, nämlich das Vermächtnis einer Nutzniessung an einzelnen Grundstücken (N 1477) und das Vermächtnis der Nutzniessung an einem Vermögen, zu dem Grundstücke gehören, insbesondere an einer Quote oder am gesamten Nachlass zugunsten des überlebenden Ehegatten aufgrund der Spezialregelung von Art. 473 ZGB (N 1478 ff.).

B. Errichtung aufgrund eines Rechtsgeschäfts unter Lebenden

1. Grundbuchlicher Vollzug

1455 **Anmeldende (verfügende) Person** ist die Grundeigentümerin des zu belastenden Grundstücks.

1456 **Rechtsgrundausweis** ist der Akt über die Errichtung der Nutzniessung in öffentlicher Urkunde (hierzu ausführlich hinten, N 1460 ff.) oder der Erbteilungsvertrag in einfacher Schriftform (N 2145 ff.).

1457 Mit dem Rechtsgrundausweis müssen dem Grundbuchamt gegebenenfalls **weitere Beilagen** eingereicht werden. Von praktischer Bedeutung sind insbesondere folgende Fälle:

– Bei der Errichtung einer Nutzniessung sind die *Erwerbsbeschränkungen der Lex Koller* zu beachten (N 2652 ff.; ferner Paul-Henri Steinauer [Bd. III 2012], N 2416a). Wird eine Nutzniessung zugunsten einer Person im Ausland errichtet, ohne dass diese Errichtung einen bewilligungspflichtigen Erwerb darstellt, so muss dieser Umstand aus den Anmeldungsbelegen hervorgehen (N 2677 ff.). Ist die Errichtung der Nutzniessung bewilligungspflichtig, so gehört die rechtskräftige Bewilligung zu den Anmeldungsbelegen.

– Wird die Nutzniessung durch eine Person errichtet, die verheiratet ist oder in einer eingetragenen Partnerschaft lebt, so ist gegebenenfalls die *Verfügungsbeschränkung betreffend die Familienwohnung* zu beachten (Art. 169 ZGB; Art. 14 PartG; N 2598 ff.; ferner BGE 118 II 489, E. 3a; Max Baumann [ZK 1999], Art. 746 N 29; Paul-Henri Steinauer [Bd. III 2012], N 2416a).

– Wird die Nutzniessung zulasten eines Stockwerkeigentumsanteils errichtet und haben die Stockwerkeigentümerinnen ein *Einspracherecht* vereinbart (N 1261 ff.), so kann der Akt über die Errichtung der Nutzniessung vor

Ablauf der 14-tägigen Frist im Grundbuch nur angemeldet werden, wenn alle Einspracheberechtigten erklären, keine Einsprache zu erheben. Fehlt es an diesen Erklärungen, so muss als Beleg der korrekt erfolgten Mitteilung an die Einspracheberechtigten eine unbeglaubigte Kopie der Mitteilung und die Erklärung des anmeldenden Stockwerkeigentümers genügen, er habe die Mitteilung an den Verwalter oder an alle andern Stockwerkeigentümer zugestellt und diese hätten innert der 14-tägigen Frist keine Einsprache beschlossen (vgl. N 1269 ff.).

– Wird die Nutzniessung zulasten eines *landwirtschaftlichen Grundstücks* errichtet, so ist gegebenenfalls eine Bewilligung im Sinne von Art. 61 BGBB erforderlich (N 2693 ff.).

Die Errichtung einer Nutzniessung stellt *keinen Vorkaufsfall* dar (vgl. N 2415 ff.). 1458

Soll die Nutzniessung *zulasten eines selbständigen und dauernden Baurechts* 1459 bestellt werden, so ist hierzu die Zustimmung der Baurechtsgeberin nur dann notwendig, wenn ein solches Zustimmungserfordernis im Baurechtsvertrag ausdrücklich vereinbart wurde. Das Geschäft kann jedoch auch ohne den Nachweis der Zustimmung der Baurechtsgeberin beim Grundbuch angemeldet werden. Ist die Verfügungsbeschränkung vorgemerkt, so avisiert das Grundbuchamt die Baurechtsgeberin von der erfolgten Errichtung der Nutzniessung, und zwar gestützt auf Art. 969 ZGB. Es ist dann die Sache der Baurechtsgeberin, eine allfällige Ablehnung zu erklären und ihre daraus folgenden Rechte gerichtlich durchzusetzen (ROLAND PFÄFFLI [ZBGR 2012], 383 f.).

2. Nutzniessungserrichtungsakt (Rechtsgrundausweis)

a) Zweiseitiger Vertrag oder einseitiges Rechtsgeschäft

Die Errichtung einer Nutzniessung kann entweder durch Vertrag zwischen der 1460 Eigentümerin des belasteten Grundstücks und dem Nutzniesser oder, wenn die Nutzniessung zugunsten der (gegenwärtigen) Eigentümerin des Grundstücks bestellt werden soll, durch ein einseitiges Rechtsgeschäft erfolgen.

b) Inhalt des Errichtungsakts

aa) Belastetes Grundstück

Der Akt über die Errichtung der Nutzniessung muss das belastete Grundstück 1461 angeben.

1462 Sowohl Alleineigentum als auch Miteigentums- und Stockwerkeigentumsanteile sowie die selbständigen und dauernden Rechte können mit einer Nutzniessung belastet werden (N 283 ff.).

1463 Bei der *Nutzniessung an Stockwerkeigentumseinheiten* gilt gemäss der dispositiven Regelung von Art. 712o Abs. 2 ZGB der Nutzniesser in allen Fragen der Verwaltung mit Ausnahme der bloss nützlichen oder der Verschönerung und Bequemlichkeit dienenden baulichen Massnahmen als stimmberechtigt. Sodann ist nach der hier vertretenen Auffassung der Nutzniesser einer Stockwerkeinheit verpflichtet, die Beiträge an den Erneuerungsfonds zu leisten. Es empfiehlt sich, diese Lastenverteilung zwischen Stockwerkeigentümerin und Nutzniesser bei der Begründung der Nutzniessung ausdrücklich zu regeln.

1464 Die Nutzniessung belastet wie alle dinglichen Rechte stets das gesamte Recht. Die Ausübung der Nutzniessung kann jedoch räumlich auf bestimmte Teile des Grundstücks eingeschränkt werden, z.B. auf die Parterrewohnung, und zwar auch dann, wenn die Voraussetzungen für die Bildung von Stockwerkeigentum nicht gegeben sind (vgl. auch N 297). Wird die Nutzniessung auf Teile des Grundstücks eingeschränkt, so empfiehlt sich eine genaue vertragliche Regelung des (Mit-)Benutzungsrechts an gemeinschaftlichen Teilen wie Waschküche, Keller, Estrich, Garten, Parkplatz, Hobbyraum (MAX BAUMANN [ZBGR 2002], 196).

bb) Berechtigte Person (Nutzniesser)

1465 Die Nutzniessung kann sowohl zugunsten einer einzelnen juristischen oder natürlichen Person als auch zugunsten einer Personengemeinschaft errichtet werden (HANS LEEMANN [BK 1925], Art. 754 N 9 ff.; MAX BAUMANN [ZK 1999], Art. 745 N 3 ff.). Ebenfalls möglich ist es, die Nutzniessung als Eigentümerdienstbarkeit zu errichten.

1466 Wird die Nutzniessung einer *Personengemeinschaft*, beispielsweise Ehegatten, eingeräumt, so ist zu regeln, wie das Recht weitergilt, wenn einer der Berechtigten wegfällt. Ist nichts Spezielles geregelt, so ist meist davon auszugehen, dass anschliessend die ganze Nutzniessung dem verbleibenden Berechtigten zusteht (BGE 133 III 331, E. 4.2.3; PAUL-HENRI STEINAUER [Bd. III 2012], N 2464a, m.w.H.).

cc) Wirtschaftlicher Wert der Nutzniessung

1467 Das Nutzniessungsrecht hat einen wirtschaftlichen Wert, der sich berechnen lässt. So dürfte der Kapitalwert eines auf zwei Jahre befristeten Nutzniessungsrechts an einer Wohnung in etwa dem Betrag entsprechen, der während der zweijährigen Dauer als Mietzins erwirtschaftet werden könnte, wobei die Unterschiede von Miete und Nutzniessung (vgl. N 300 f. und N 1472) wertmindernd zu berücksichtigen sind. Zur Kapitalwertberechnung von lebenslänglichen Nutzniessungsrechten wird auf die versicherungsmathematischen Kalkulationen abgestellt (vgl. MARC SCHAETZLE/STEPHAN WEBER [2001] sowie die Barwerttafeln in WILHELM STAUFFER/THEO SCHAETZLE/MARC SCHAETZLE [2001]).

Zum Steuerrecht: Besondere Vorsicht ist geboten bei Schenkungen von Grundstücken an gemeinnützige Institutionen unter Vorbehalt einer Nutzniessung zugunsten der Schenkerin zu deren Lebzeiten. Solange das Nutzniessungsverhältnis dauert, gilt die Verwendung des Objektes bei der beschenkten Institution nicht als gemeinnützig. Das kann ihr Steuerprivileg insgesamt infrage stellen. Um Enttäuschungen zu vermeiden, ist vor der Begründung solcher Rechtsverhältnisse von der zuständigen Steuerbehörde ein Steuerbescheid einzuholen (CHRISTIAN BRÜCKNER [2006], 160).

1468

dd) Bei Errichtung der Nutzniessung durch Vorbehalt seitens der Schenkerin

Verschenkt die Eigentümerin ihr Grundstück und behält sie sich daran die Nutzniessung vor, so empfiehlt sich aus den hiervor genannten Gründen eine Formulierung des Geschäfts, bei der die Schenkerin im ersten Schritt die Nutzniessung zu ihren eigenen Gunsten bestellt und im zweiten Schritt das belastete Eigentum verschenkt. Auf die Schenkungserklärung der Schenkerin erfolgt die Erklärung des Beschenkten, er nehme die Schenkung des von der Nutzniessung belasteten Eigentums an. Steuerrechtlich liegt bei dieser Abfolge eine einzige Vermögensübertragung mit reduziertem Wert vor, nämlich des um den Wert der Nutzniessung reduzierten Grundstückswertes.

1469

Sofern die Praxis der zuständigen Steuerbehörde nicht bekannt ist, mag es sicherer sein, dass die Schenkerin den ersten Schritt verselbständigt, indem sie die Nutzniessung zu eigenen Gunsten im Grundbuch eintragen lässt und erst anschliessend das belastete Eigentum verschenkt.

1470

ee) Weitere Aspekte des Errichtungsakts

Nutzniessungen an Grundstücken können nur empfohlen werden für Rechtsverhältnisse zwischen *Privatpersonen, die einander persönlich nahestehen* und dadurch die der Nutzniessung immanenten Interessengegensätze konflikt-

1471

frei zu einem vernünftigen Ausgleich bringen können. Der Interessengegensatz besteht darin, dass die Eigentümerin an die Werterhaltung des Objekts auf lange Sicht denkt, der Nutzniesser auf die gegenwärtige Maximierung seines Nutzens.

1472 Im Gegensatz zum Vermieter erhält die Eigentümerin bei der Nutzniessung kein Entgelt für die Zurverfügungstellung des Objektes. Handelt es sich um ein überbautes Grundstück, dann stellt sich die Frage, zu wessen Lasten der Gebäudeunterhalt geht und wer die jeweiligen Massnahmen plant und durchführt. Das Gesetz auferlegt das meiste dem Nutzniesser, nämlich die «Erhaltung des Bestandes» sowie den «gewöhnlichen Unterhalt» (Art. 764 Abs. 1 und 765 Abs. 1 ZGB). Der Eigentümerin obliegen gemäss Art. 764 Abs. 2 ZGB «wichtigere Arbeiten oder Vorkehrungen zum Schutze des Gegenstandes» (vgl. auch N 300 f.; ferner CHRISTIAN BRÜCKNER [2006], 159 f.). Im typischen Fall der Nutzniessung an einem verschenkten oder vererbten Grundstück, in dem nicht nur das Nutzniessungsrecht unentgeltlich erworben wird, sondern auch das Nutzniessungsgut der belasteten Eigentümerin unentgeltlich zufällt, ist die normale Aufgabenteilung diejenige, dass der Nutzniesser sich um alles kümmert und die Eigentümerin sich nicht einmischt.

1473 Art. 760 und 761 ZGB erlauben der belasteten Eigentümerin, vom Nutzniesser Sicherstellung zu verlangen, sofern es sich nicht um die Nutzniessung zugunsten der Schenkerin handelt oder die Sicherstellung wegbedungen wurde (etwa durch die Bezeichnung «kautionsfrei»). Bei Nutzniessungsverhältnissen zwischen nahestehenden Personen ist die Sicherstellung nicht üblich. Bei der Nutzniessung an Grundstücken gibt es kein Risiko der Veruntreuung des Nutzniessungsgutes. Auch mag die Sicherstellung für den Nutzniesser schwer erschwinglich sein und den wirtschaftlichen Nutzen der Nutzniessung infrage stellen.

1474 Schliesslich ist bei der Errichtung der Nutzniessung ein spezielles Augenmerk auf die *der Nutzniessung vorgehenden Belastungen* zu werfen. Kommt es nämlich zur Grundpfandverwertung des Grundstückes, dann riskiert der nachrangige Nutzniessungsberechtigte, dass seine Nutzniessung im Verfahren des Doppelaufrufs (N 179 ff.) gelöscht wird.

c) Form des Errichtungsakts

1475 Der Akt über die Errichtung einer Nutzniessung bedarf zu seiner Gültigkeit der öffentlichen Beurkundung. Dies gilt aufgrund von Art. 746 Abs. 2 i.V.m. 657 Abs. 1 ZGB ausdrücklich für den zweiseitigen Vertrag. Aufgrund der im Jahr

2012 in Kraft getretenen Revision des Sachenrechts, in deren Zuge das generelle Erfordernis der öffentlichen Beurkundung für die Errichtung von Personal- und Grunddienstbarkeiten (einschliesslich Eigentümerdienstbarkeiten) eingeführt wurde (CHRISTINA SCHMID-TSCHIRREN [2011], 14 f.), unterliegt nach der hier vertretenen Auffassung die einseitige Erklärung über die Errichtung einer Nutzniessung nunmehr ebenfalls der Beurkundungspflicht (so auch PAUL-HENRI STEINAUER [Bd. III 2012], N 2417a).

In Bezug auf den Umfang des Formzwangs kann auf die Ausführungen zum Vertrag über die Errichtung von Grunddienstbarkeiten in N 1414 ff. verwiesen werden (so auch PAUL-HENRI STEINAUER [Bd. III 2012], N 2417). 1476

C. Letztwillig errichtete Nutzniessung an einzelnen Grundstücken

Die Erblasserin kann im Rahmen einer Verfügung von Todes wegen anordnen, dass einer bestimmten Person die Nutzniessung an einem Nachlassgegenstand zukommen soll. Die Anordnung hat den Charakter eines Vermächtnisses; entsprechend kann auf das in N 2172 ff. über die Ausrichtung eines Vermächtnisses Gesagte verwiesen werden. 1477

D. Letztwillig errichtete Nutzniessung an einem Vermögen

Von Todes wegen wird die Nutzniessung zuweilen am ganzen Nachlass oder an einer Quote desselben zugewendet. Häufigster Fall ist die entsprechende Begünstigung des überlebenden Ehegatten gemäss Art. 473 ZGB. Gemäss dieser Bestimmung kann die Erblasserin dem überlebenden Ehegatten durch Verfügung von Todes wegen die Nutzniessung zulasten gemeinsamer Nachkommen am ganzen Nachlass zuwenden; die Nutzniessung tritt an die Stelle des dem Ehegatten zustehenden gesetzlichen Erbrechts. Eine Alternative ist die Zuwendung der verfügbaren Quote von einem Viertel des Nachlasses an den Ehegatten zu vollem Eigentum und der restlichen drei Viertel zur Nutzniessung. In diesem Fall hat die Nutzniessung den Charakter eines Quotenvermächtnisses. Auch anderen Personen können Nutzniessungen an Nachlassquoten zugewendet werden. 1478

Umfasst die letztwillig zugewendete Nutzniessung auch Grundstücke und soll der Nutzniessung dingliche Wirkung verliehen werden, so ist hierfür die Eintragung in das Grundbuch notwendig (Art. 746 Abs. 1 ZGB). (Ohne Eintra- 1479 gung kann das Rechtsverhältnis als kündbare Leihe, nicht jedoch als lebenslängliches dingliches Recht am Grundstück verstanden werden.)

1480 **Anmeldende (verfügende) Personen** sind alle Erben gemeinsam. Hat die Erblasserin einen Willensvollstrecker eingesetzt, so ist dieser (allein) ebenfalls zur Anmeldung befugt (N 2185).

1481 **Rechtsgrundausweis** ist die Vereinbarung in einfacher Schriftform zwischen dem Nutzniesser und den mit dem Vermächtnis beschwerten Erben oder dem Willensvollstrecker. Sofern die Nutzniessung an einer Nachlassquote zugewendet wurde, dokumentiert die Bezeichnung des Nutzniessungsgrundstücks den Konsens der Beteiligten, dem Begünstigten dieses Grundstück insgesamt in Anrechnung an seinen quotalen Anspruch zur Nutzniessung zuzuweisen. Soll sich die Nutzniessung nur auf einen Teil der genannten Liegenschaft oder Stockwerkeigentumswohnung beziehen, so muss dies in der Vereinbarung ausdrücklich gesagt werden. Es kann auf das in N 2172 ff. über die Ausrichtung eines Vermächtnisses Gesagte verwiesen werden.

II. Änderung der Nutzniessung

1482 Es gelten die zur Änderung von Grunddienstbarkeiten gemachten Ausführungen in N 1421 ff. analog auch für die Änderung der Nutzniessung. Ferner kann auf das in N 1455 ff. zur Errichtung der Nutzniessung Gesagte verwiesen werden.

III. Keine Übertragung der Nutzniessung

1483 Die Nutzniessung ist *unübertragbar* und *unvererblich*. Aufgrund von Art. 758 Abs. 1 ZGB ist es jedoch zulässig, die *Ausübung* der Nutzniessung auf einen Dritten zu übertragen (vgl. N 295 f.).

IV. Löschung der Nutzniessung
A. Überblick

1484 Der grundbuchliche Bestand der Nutzniessung an Grundstücken endigt mit der Löschung ihres Grundbucheintrags (Art. 748 Abs. 1 i.V.m. Art. 746 Abs. 1 ZGB), wobei das Gesetz Gründe aufzählt, die der belasteten Eigentümerin einen Anspruch auf Löschung des Eintrages geben, so etwa Zeitablauf, Verzicht oder Tod des Nutzniessers (Art. 748 Abs. 2 ZGB).

B. Löschung infolge von Verzicht des Nutzniessers

Anmeldende Person ist der Nutzniesser. 1485

Rechtsgrundausweis ist die einseitige Erklärung (Löschungsbewilligung) des Nutzniessers in einfacher Schriftform, wonach er auf das ihm zustehende Recht verzichtet. Die Zustimmung der Eigentümerin ist nicht notwendig (OG LU 9.10.1996 [ZBGR 1999], 365 ff.; MICHEL MOOSER [ZBGR 1996], 347 f.; teilweise a.M. MAX BAUMANN [ZK 1999], Art. 748/9 N 24 ff.). 1486

Ist der Nutzniesser verheiratet oder lebt er in einer eingetragenen Partnerschaft, so ist gegebenenfalls die *Verfügungsbeschränkung betreffend die Familienwohnung* zu beachten (Art. 169 ZGB; Art. 14 PartG; N 2598 ff.). 1487

C. Löschung infolge von Zeitablauf

Es kann auf das in N 1442 ff. zur Befristung von Grunddienstbarkeiten Gesagte verwiesen werden. 1488

D. Löschung infolge des Todes des Nutzniessers

Anmeldende Person ist die Eigentümerin des belasteten Grundstücks (MICHEL MOOSER [ZBGR 1996], 350; MATTIA TONELLA [ZBGR 2003], 227). 1489

Rechtsgrundausweis ist der Löschungsantrag der Eigentümerin des belasteten Grundstücks in einfacher Schriftform, verbunden mit dem Nachweis des Todes des Nutzniessers (z.B. amtlicher Totenschein). 1490

Dem Tod der nutzniessungsberechtigten natürlichen Person ist die *Auflösung einer juristischen Person* gleichzustellen. In diesem Fall besteht der Nachweis im beglaubigten Handelsregisterauszug über die Löschung der Gesellschaft. 1491

Wurde die Nutzniessung zugunsten einer Personengemeinschaft, beispielsweise zugunsten von Ehegatten, eingeräumt, so reicht der Nachweis des Todes einer einzelnen berechtigten Person nicht aus, da ohne anderslautende Vereinbarung zwischen den Parteien davon auszugehen ist, dass das Recht der wegfallenden Person der verbleibenden Person oder den verbleibenden Personen anwächst (N 1466). 1492

Hat der Nutzniesser das belastete Grundstück vermietet, so ist beim Untergang der Nutzniessung infolge des Todes des Berechtigten Art. 261 Abs. 2 lit. a OR sinngemäss anzuwenden: Die Eigentümerin, die nun die umfassende Verfügungsgewalt über den Mietgegenstand erwirbt, bleibt, wie eine Käuferin, bis 1493 zum nächsten gesetzlichen Kündigungstermin an den Mietvertrag gebunden; unterlässt sie die Kündigung, so kann sie den Mietvertrag nicht eher kündigen, als es der Nutzniesser hätte tun können, wenn die Nutzniessung fortgedauert hätte (BGE 113 II 121, E. 3).

1494 Die vom Bundesgericht vertretene Regelung kann insbesondere bei langfristigen Vertragsverhältnissen (z.B. fünfjähriger Mietvertrag oder landwirtschaftlicher Pachtvertrag) zu stossenden Resultaten führen und verletzt den Rechtsgrundsatz, wonach niemand mehr als die ihm selbst zustehenden Rechte übertragen kann. Nach der hier vertretenen Auffassung sollten die Miet- und Pachtverträge bei Beendigung der Nutzniessung analog zu den Untermiet- und Unterpachtverträgen bei auslaufenden Miet- und Pachtverträgen behandelt werden, d.h. dem Mieter und Pächter den Anspruch auf Realerfüllung gegenüber der Eigentümerin versagen und ihm stattdessen bloss einen Schadenersatzanspruch gegenüber dem bisherigen Vertragspartner zuerkennen (vgl. auch N 1578).

§ 45 Wohnrecht

1495 Zum Begriff des Wohnrechts vgl. N 303 ff.

I. Errichtung des Wohnrechts
A. Überblick

1496 Die Errichtung des Wohnrechts erfolgt aufgrund der gesetzlichen Verweisnorm in Art. 776 Abs. 3 ZGB nach den Regeln über die Bestellung der Nutzniessung, d.h. entweder aufgrund eines Rechtsgeschäfts unter Lebenden (vgl. N 1455 ff.) oder als Vermächtnis im Rahmen einer Verfügung von Todes wegen (vgl. N 1477).

1497 In Bezug auf die *anmeldende (verfügende) Person*, den *Rechtsgrundausweis* und die *weiteren Anmeldungsbelege* kann somit auf die Ausführungen zur Errichtung einer Nutzniessung verwiesen werden (so auch MAX BAUMANN [ZK 1999], Art. 776 N 11; PAUL-HENRI STEINAUER [Bd. III 2012], N 2504; PASCAL SIMONIUS/THOMAS SUTTER [Bd. II, 1990], § 3 N 92).

B. Gesetzlicher Verweis auf die Bestimmungen über die Nutzniessung

Aufgrund der Verweisnorm in Art. 776 Abs. 3 ZGB entspricht der Akt über die Errichtung eines Wohnrechts hinsichtlich seiner Form und hinsichtlich seines Inhalts weitestgehend demjenigen über die Errichtung einer Nutzniessung. Auf die Abweichungen wird nachfolgend eingegangen und im Übrigen auf den Akt über die Errichtung der Nutzniessung verwiesen (N 1460 ff.). 1498

Das Wohnrecht hat die körperliche Nutzung eines bewohnbaren Gebäudes oder Gebäudeteils zum Gegenstand, belastet rechtlich aber das Eigentum oder Baurecht. Alleineigentümerinnen und Stockwerkeigentümerinnen können ihr Eigentum je im Alleingang mit Wohnrechten belasten. Sind Eigentum oder Baurecht in Miteigentumsanteile aufgeteilt, so müssen alle Miteigentümerinnen an der Bestellung des Wohnrechts mitwirken. 1499

Da das Wohnrecht in der Befugnis besteht, in einem Gebäude oder in einem Gebäudeteil zu wohnen (Art. 776 Abs. 1 ZGB) und da «Wohnen» in erster Linie das *Bewohnen von Wohnräumen zum Zwecke der Übernachtung* meint, muss sich das belastete Grundstück zu Wohnzwecken eignen. Dies ist der Fall bei Liegenschaften oder selbständigen und dauernden Baurechten, die mit Wohngebäuden überbaut sind, sowie bei zu Stockwerkeigentum aufgeteilten Wohnhäusern (MAX BAUMANN [ZK 1999], Art. 776 N 3). Demgegenüber ist es nicht möglich, ein Wohnrecht in Bezug auf Liegenschaften oder selbständige und dauernde Baurechte zu begründen, die nicht zu Wohnzwecken genutzt werden können, wie etwa Parkplätze, Lagerhallen, Fabrikgebäude (vgl. MAX BAUMANN [ZK 1999], Art. 776 N 5 ff.). 1500

Nach der hier vertretenen Auffassung ist es nicht möglich, ein Wohnrecht an einem *einzelnen Miteigentumsanteil* zu begründen, da mit einem Miteigentumsanteil bloss eine wertmässige Quote an der gemeinsamen Sache, nicht ein dingliches Benutzungsrecht in Bezug auf diese Sache verbunden ist (so auch THOMAS SUTTER-SOMM [SPR 2014], N 178; PAUL PIOTET [SPR 1977], 548; HANS LEEMANN [BK 1925], Art. 776 N 16; a.M. sofern in einer Nutzungs- und Verwaltungsordnung das ausschliessliche Nutzungsrecht an gewissen Gebäudeteilen festgelegt wurde MAX BAUMANN [ZK 1999], Art. 776 N 3; PAUL-HENRI STEINAUER [Bd. III 2012], N 2504a; ARTHUR MEIER-HAYOZ [BK 1981], Art. 646 N 63; HEINZ REY [BK 1981], Syst. Teil N 208; PETER LIVER [ZK 1980], Einl. N 19). 1501

Beim *Wohnrecht an Stockwerkeigentumseinheiten* steht das Stimmrecht in der Stockwerkeigentümerversammlung ohne anderweitige Abrede der belaste- 1502 ten Eigentümerin und nicht dem Wohnberechtigten zu, dies im Gegensatz zur Nutzniessung, für die Art. 712o Abs. 2 ZGB das Stimmrecht grundsätzlich dem Nutzniesser zuweist (N 1463; MAX BAUMANN [ZBGR 2002], 199 f.).

1503 Aus dem Zuschnitt der gesetzlichen Regelung auf natürliche Personen hat die Praxis die feste Regel abgeleitet, dass nur natürliche Personen als Wohnberechtigte infrage kommen. Wohnrechte können sowohl zugunsten von Einzelpersonen als auch von mehreren natürlichen Personen bestellt werden, wobei es keine Rolle spielt, ob die Berechtigten untereinander rechtlich verbunden sind (z.B. als Ehegatten oder Gemeinder).

II. Änderung des Wohnrechts

1504 Es gelten die zur Änderung von Grunddienstbarkeiten gemachten Ausführungen in N 1421 ff. analog auch für die Änderung des Wohnrechts. Ferner wird auf das in N 1496 ff. zur Errichtung des Wohnrechts Gesagte verwiesen.

III. Keine Übertragung des Wohnrechts

1505 Das Wohnrecht ist *unübertragbar* und *unvererblich* (Art. 776 Abs. 2 ZGB); es stellt eine reguläre (ja sogar höchstpersönliche) Personaldienstbarkeit dar. Aus der Vorschrift von Art. 777 Abs. 2 ZGB ergibt sich, dass der Berechtigte das Wohnrecht nur persönlich ausüben darf. Seine Berechtigung umfasst auch die Befugnis, Familienangehörige in die Wohnrechtswohnung aufzunehmen, sofern diese Befugnis nicht ausdrücklich wegbedungen wurde.

IV. Löschung des Wohnrechts

1506 Das Wohnrecht wird unter den gleichen Voraussetzungen wie die Nutzniessung gelöscht (vgl. gesetzliche Verweisnorm in Art. 776 Abs. 3 ZGB und N 1484 ff.). Ferner geht das Wohnrecht unter, wenn es auf Dauer nicht mehr ausgeübt werden kann, beispielsweise weil der Berechtigte wegen irreversibler Pflegebedürftigkeit ausziehen muss. Die Familienangehörigen und Hausgenossen, die der Wohnberechtigte aufgrund Art. 777 Abs. 2 ZGB in die Wohnung aufnehmen durfte, müssen dann ebenfalls die Wohnung verlassen.

1507 Bei Nicht-Ausübung des Wohnrechts durch den Berechtigten ist es der Eigentümerin jedoch nicht gestattet, einseitig die Löschung des Wohnrechts beim Grundbuch anzumelden. Vielmehr ist auch in diesem Fall eine Löschungsbewilligung des Berechtigten erforderlich. Zwar befürwortet die Lehre eine

Befugnis der Eigentümerin, in klaren Fällen definitiver Nichtausübbarkeit das Wohnrecht ohne Mitwirkung des noch lebenden Wohnberechtigten im Grundbuch löschen zu lassen (z.B. mittels eines Arztzeugnisses; vgl. MATTIA TONELLA [ZBGR 2003], 218 f.; MICHEL MOOSER [ZBGR 1996], 353). Für den Fall des definitiven Verlustes der Handlungsfähigkeit des Wohnberechtigten gibt das Gesetz die Möglichkeit, dessen Löschungsbewilligung durch eine Intervention der Erwachsenenschutzbehörde zu ersetzen (nämlich durch Errichtung einer Vertretungsbeistandschaft gemäss Art. 394 ZGB).

Da die Erwachsenenschutzbehörde ihre Aufgabe in erster Linie in der Interessenwahrung ihrer Schützlinge sieht, nicht in derjenigen der belasteten Grundeigentümerin, und sich auch das Grundbuchamt meist nicht in die Rolle richterlicher Beweiswürdigung drängen lässt, ist der einzige realistische Weg wohl, ein gerichtliches Feststellungsurteil zu erwirken, wonach das Wohnrecht wegen definitiver Unausübbarkeit durch den Berechtigten dahingefallen ist. Das Gericht kann in einem kontradiktorischen Verfahren unter Einbezug der Erwachsenenschutzbehörde, die hier ausschliesslich die Interessen des Wohnberechtigten zu wahren hat, alle erforderlichen Beweise erheben und anschliessend entscheiden. 1508

Zur Vermeidung solcher Schwierigkeiten empfiehlt sich gegebenenfalls, in den Vertrag über die Bestellung des Wohnrechts die Bestimmung aufzunehmen, dass die belastete Eigentümerin ermächtigt ist, das Wohnrecht zu Lebzeiten des Wohnberechtigten löschen zu lassen, sofern sie gegenüber dem Grundbuchamt schriftlich erklärt, dass das Wohnrecht vom Wohnberechtigten seit mehr als einem Jahr nicht mehr ausgeübt wird und aufgrund von dessen persönlichen Verhältnissen definitiv nicht mehr ausgeübt werden kann. – Bei diesem Vorgehen wird das Grundbuchamt zu keiner quasi-richterlichen Beweiswürdigung gedrängt. Eine unrichtige Erklärung seitens der Eigentümerin wäre eine strafbare Falschbeurkundung und die Löschung demgemäss nichtig, was bedeutet, dass Missbräuche nicht zu befürchten sind. 1509

§ 46 Selbständiges und dauerndes Baurecht

1510 Zum Begriff des selbständigen und dauernden Baurechts vgl. N 312 ff.

I. Errichtung des selbständigen und dauernden Baurechts
A. Überblick

1511 Selbständige und dauernde Baurechte werden errichtet (oder – gleichbedeutend – «bestellt» oder «eingeräumt»), indem die Eigentümerin des belasteten Grundstücks *(Baurechtsgeberin)* und der Dienstbarkeitsberechtigte *(Baurechtsnehmer)* einen Vertrag abschliessen und diesen beim Grundbuch zur Eintragung anmelden (zur Terminologie vgl. N 317). Die Baurechtsgeberin kann das Baurecht auch zu ihren eigenen Gunsten durch eine einseitige Willenserklärung errichten.

1512 Als selbständiges und dauerndes Recht kann das Baurecht mit eigenem Grundbuchblatt in das Grundbuch aufgenommen werden (vgl. N 272 ff.).

B. Grundbuchlicher Vollzug

1513 **Anmeldende (verfügende) Person** ist die Baurechtsgeberin. Beantragt sie anlässlich der vertraglichen Errichtung des Baurechts zugleich die Eröffnung eines separaten Grundbuchblatts, so ist davon auszugehen, dass sie vom Baurechtsnehmer hierzu ermächtigt ist. Sollen auf dem Grundbuchblatt des Baurechts sogleich Einträge (Vormerkungen, Pfandrechte u.a.) erfolgen, so müssen diese mitsamt der Eröffnung des Grundbuchblattes vom Baurechtsnehmer als der verfügenden Person angemeldet werden.

1514 **Rechtsgrundausweis** ist der Akt in öffentlicher Urkunde über die Errichtung des selbständigen und dauernden Baurechts (hierzu ausführlich hinten, N 1519 ff.).

1515 Mit dem Rechtsgrundausweis müssen dem Grundbuchamt gegebenenfalls **weitere Beilagen** eingereicht werden. Von praktischer Tragweite sind insbesondere folgende Fälle:

- Wird ein Baurecht bloss auf einer Teilfläche der belasteten Bodenparzelle errichtet, so muss dem Grundbuchamt ein Plan (N 1525) eingereicht werden.

- Bei der Errichtung eines Baurechts sind die *Erwerbsbeschränkungen der Lex Koller* zu beachten (N 2652 ff.). Wird ein selbständiges und dauerndes Baurecht zugunsten einer Person im Ausland errichtet, ohne dass diese Errichtung einen bewilligungspflichtigen Erwerb darstellt, so muss dieser Umstand aus den Anmeldungsbelegen hervorgehen (N 2677 ff.). Ist die Errichtung des selbständigen und dauernden Baurechts bewilligungspflichtig, so gehört die rechtskräftige Bewilligung zu den Anmeldungsbelegen.

- Wird das selbständige und dauernde Baurecht durch eine Person errichtet, die verheiratet ist oder in einer eingetragenen Partnerschaft lebt, so ist gegebenenfalls die *Verfügungsbeschränkung betreffend die Familienwohnung* zu beachten (Art. 169 ZGB; Art. 14 PartG; N 2598 ff.).

- Oft werden gleichzeitig mit dem Abschluss des Baurechtsvertrags weitere dingliche Rechte (insbesondere Dienstbarkeiten oder Grundpfandrechte) oder vormerkbare persönliche Rechte (zu den Vormerkungen in Baurechtsverhältnissen vgl. insbesondere N 1540 ff.) in Bezug auf das belastete Grundstück oder gegebenenfalls in Bezug auf die neu zu errichtende Baurechtsparzelle vereinbart und gleichzeitig mit dem Baurechtsvertrag beim Grundbuchamt angemeldet. Aufgrund des Prinzips der Alterspriorität (N 169 ff.) erhalten diese Rechte bei gleichzeitiger Anmeldung ohne anderslautende Vereinbarung denselben Rang wie das Baurecht. Soweit diese Rechte jedoch nicht im gleichen Rang stehen können, haben die Parteien eine entsprechende *Rangordnung* festzulegen und diese gegenüber dem Grundbuchamt zu dokumentieren (N 175 f.).

Die Errichtung eines selbständigen und dauernden Baurechts stellt *keinen Vorkaufsfall* dar (vgl. N 2415 ff.). 1516

Soll ein selbständiges und dauerndes Baurecht zulasten eines bestehenden selbständigen und dauernden Baurechts bestellt werden *(Unterbaurecht)*, so ist hierzu die Zustimmung der Baurechtsgeberin nur dann notwendig, wenn ein solches Zustimmungserfordernis im Baurechtsvertrag ausdrücklich vereinbart wurde. Das Geschäft kann jedoch auch ohne den Nachweis der Zustimmung der Baurechtsgeberin beim Grundbuch angemeldet werden. Ist die Verfügungsbeschränkung vorgemerkt, so avisiert das Grundbuchamt die Baurechtsgeberin von der erfolgten Errichtung des Unterbaurechts, und zwar gestützt auf Art. 969 ZGB. Es ist dann die Sache der Baurechtsgeberin, eine allfällige Ablehnung zu erklären und ihre daraus folgenden Rechte gerichtlich durchzusetzen (Roland Pfäffli [ZBGR 2012], 383 f.). 1517

1518 Die Bestellung eines selbständigen und dauernden Baurechts auf einer Bodenparzelle, auf der konkursrechtlich relevante Belastungen wie beispielsweise Grundpfandrechte eingetragen sind, die im Range dem Baurecht vorgehen würden, ist heikel. Kommt es nämlich zur Grundpfandverwertung der Bodenparzelle, dann riskiert der nachrangige Baurechtsnehmer, dass sein Baurecht im Verfahren des *Doppelaufrufs* (N 179 ff.) gelöscht wird.

C. Errichtungsakt des selbständigen und dauernden Baurechts (Rechtsgrundausweis)

1. Zweiseitiger Vertrag oder einseitiges Rechtsgeschäft

1519 Die Errichtung eines selbständigen und dauernden Baurechts kann entweder durch Vertrag *(Baurechtsvertrag)* zwischen der Baurechtsgeberin und dem Baurechtsnehmer oder, wenn das Baurecht zugunsten der (gegenwärtigen) Eigentümerin des belasteten Grundstücks bestellt werden soll, durch ein einseitiges Rechtsgeschäft erfolgen.

2. Inhalt des Errichtungsakts

a) Belastetes Grundstück

1520 Der Baurechtsvertrag muss das belastete Grundstück angeben (N 283 ff.).

1521 Selbständige und dauernde Baurechte können zulasten von Liegenschaften sowie von selbständigen und dauernden Baurechten begründet werden. In letzterem Fall handelt es sich um *Unterbaurechte* (Paul-Henri Steinauer [Bd. III 2012], N 2529).

1522 Demgegenüber ist nach einhelliger Lehre die Begründung eines selbständigen und dauernden Baurechts an einem einzelnen *Miteigentumsanteil nicht möglich* (statt aller Paul-Henri Steinauer [Bd. III 2012], N 2523). Ebenfalls ausgeschlossen ist es, Baurechte an Stockwerkeinheiten zu bestellen (Art. 675 Abs. 2 ZGB).

1523 In der Literatur wird die Möglichkeit teilweise bejaht, ein einziges selbständiges und dauerndes Baurecht über mehrere Bodenparzellen zu spannen, d.h. *Gesamtbaurechte* zu errichten, dies in Analogie zu den Gesamtpfandrechten; Voraussetzung sei allerdings, dass das einschlägige öffentliche Recht dies nicht verbiete (Pascal Simonius/Thomas Sutter [Bd. II, 1990], § 4 N 63 ff.; Jürg Schmid [ZBGR 1998], 296 f.; Peter R. Isler/Dominique Gross [BSK 2015], Art. 779 N 34 f.). In der vorliegenden Arbeit wird die Figur des Gesamtbaurechts abgelehnt, weil sie dem sachenrechtlichen Axiom «eine Sache – eine Eigentümerin» widerspricht (so auch PAUL-HENRI STEINAUER [Bd. III 2012], N 2523). Der Ordnungszweck des privatrechtlichen Sachbegriffs liegt darin, die körperlichen Gegenstände des Rechtsverkehrs körperlich voneinander abzugrenzen, damit ihre Eigentümerinnen über jede einzelne Sache einzeln verfügen und sie einzeln nutzen können. Dem Axiom widerspricht die Überbauung zweier Nachbarparzellen mit einem einzigen Gebäude, etwa mit einer im Innern durchgehenden Autoeinstellhalle. Da ein solches Gebäude nur als Einheit genutzt und veräussert werden kann, verklammert es die verschiedenen Parzellen, auf denen es steht, faktisch zu einer Nutzungs- und Verfügungseinheit. Die faktische Verklammerung verlangt, dass die betreffenden Parzellen rechtlich zu einer einzigen Parzelle vereinigt werden, bevor das Gebäude errichtet wird.

Kann die Autoeinstellhalle nicht unmittelbar auf mehreren Parzellen stehen, so kann sie auch nicht mittels eines Gesamtbaurechts auf mehrere Parzellen gestellt werden. Würde man das Gesamtbaurecht zulassen, so müssten sich die mehreren Baurechtsgeberinnen als Gemeinschaft konstituieren, um die Rechte und Pflichten gegenüber dem Gesamtbaurechtsnehmer gemeinsam auszuüben und zu erfüllen. Als Gemeinschaftsform fiele nur die einfache Gesellschaft gemäss Art. 530 ff. OR in Betracht. Da die einfache Gesellschaft aber, im Gegensatz zum Baurecht, keinen 100-jährigen dinglichen Bestand hat, sondern durch Übereinkunft, Kündigung oder Anfechtung vorher untergehen kann, kann sie als rechtliches Fundament für die bauliche Verklammerung verschiedener Grundstücke nicht genügen (a.M. OG BE vom 19.11.2014 [BN 2015], 1 ff.). 1524

Bei den selbständigen und dauernden Baurechten ist es die Regel (aber keine rechtliche Notwendigkeit), dass das Baurecht auf der ganzen Fläche des belasteten Grundstücks (der Bodenparzelle oder Eigentumsparzelle) errichtet wird. In diesem Fall muss zur Darstellung des Baurechts kein Plan für das Grundbuch im Sinne von Art. 7 VAV (vgl. N 418 f.) für das neu zu eröffnende Grundbuchblatt hergestellt werden. Die Flächen der belasteten Bodenparzelle und des Baurechts sind dann kongruent. Es ist aber auch zulässig, ein selbständiges und dauerndes Baurecht bloss auf einer Teilfläche der belasteten Bodenparzelle zu errichten oder nebeneinander, d.h. ohne Überlappungen, mehrere Baurechte auf demselben Grundstück zu erstellen. In diesen Fällen ist die örtliche Lage der Baurechte zu vermarken (Art. 11 Abs. 2 VAV) und in einem *amtlichen Grundbuchplan (Baurechtsplan)* darzustellen. Private Pläne für das Grundbuch reichen für die Bestellung von selbständigen und dauernden Baurechten an Teilflächen von Liegenschaften oder (Ober-)Baurechten nicht aus. 1525

b) Recht, ein Bauwerk zu errichten

1526 Nach der Legaldefinition in Art. 779 Abs. 1 ZGB gibt das Baurecht dem Berechtigten das (dingliche) Recht, auf oder unter der Bodenfläche ein Bauwerk zu errichten oder beizubehalten. Aufgrund des Gesetzeswortlautes ist es somit nicht möglich, Baurechte an Gebäudeteilen (z.B. auf Hausdächern) zu begründen (BGE 111 II 134, E. 3; JÜRG SCHMID [ZBGR 1998], 294 ff.). Soll eine derartige bauliche Teil-Nutzung fremden Eigentums dinglich gesichert werden, so ist eine andere Personaldienstbarkeit gemäss Art. 781 ZGB hierfür die zweckmässige Gestaltung (vgl. hierzu N 1594 ff.).

1527 Baurechte müssen, um als *selbständige und dauernde Rechte* im Grundbuch eingetragen werden zu können, auf wenigstens 30 Jahre errichtet werden. Ihre maximale Dauer ist auf 100 Jahre beschränkt (Art. 655 Abs. 3 und Art. 779l Abs. 1 ZGB).

1528 Die Aufnahme eines selbständigen und dauernden Rechts in das Grundbuch mit Eröffnung eines eigenen Hauptbuchblattes kann bei der Errichtung oder später erfolgen. Wird das selbständige und dauernde Recht mit einem eigenen Blatt erst später in das Grundbuch aufgenommen, so bedarf es hierfür eines *schriftlichen Antrags der berechtigten Person* (Art. 22 Abs. 1 GBV). Die Zustimmung der Baurechtsgeberin ist nicht notwendig.

c) Weitere Aspekte des Baurechtsvertrags

1529 Neben den dinglich wirkenden Bestimmungen über den Inhalt und Umfang des Baurechts werden im Baurechtsvertrag typischerweise weitere Aspekte geregelt. Hierzu zählen insbesondere die Vereinbarung über den Baurechtszins, die Aufhebung oder Änderung der im Baurechtsverhältnis geltenden gesetzlichen Vorkaufsrechte sowie die Regelung der Folgen bei Beendigung des Baurechts *(Heimfall)*.

1530 Diese vertraglichen Bestimmungen haben grundsätzlich rein obligatorischen Charakter, d.h., sie gelten nur zwischen den ursprünglichen vertragschliessenden Parteien und gehen bei einer Veräusserung des selbständigen und dauernden Baurechts oder des mit dem Baurecht belasteten Grundstücks ohne spezielle Vereinbarung der Parteien nicht auf den Rechtsnachfolger über. Da das Erlöschen der obligatorischen Bestimmungen des Baurechtsvertrags bei Handwechseln der Boden- oder der Baurechtsparzelle misslich ist und da das Baurechtszinspfandrecht nur einen Teil der Probleme löst, hat der Gesetzgeber mit der Sachenrechtsnovelle von 2009 die faktische Verdinglichung sämtlicher Vertragsbestimmungen durch die Vormerkung *«weitere vertragliche Bestim-*

mungen» auf Boden- und Baurechtsparzelle ermöglicht (Art. 779b Abs. 2 ZGB; N 1540 ff.).

Der im Jahr 2012 in Kraft getretene Art. 779b Abs. 2 ZGB gibt dazu die Grundlage. Trotz Fehlens einer ausdrücklichen Erwähnung im Gesetz muss gelten, dass die Veräusserin von allen kraft Vormerkung auf den Erwerber übergehenden Pflichten befreit wird, ohne dass es einer Erklärung der vormerkungsbegünstigten Partei bedarf, hätte diese doch andernfalls angesichts des Vormerkungsschutzes keinerlei Interesse daran, die Veräusserin aus ihrer Garantenstellung für die kraft Vormerkung auf den Erwerber übergegangenen Pflichten zu entlassen. Zwei Schuldner sind immer besser als nur einer. Den Parteien neuer Baurechtsverhältnisse ist zu empfehlen, die Vormerkungen gemäss Art. 779b Abs. 2 ZGB von Anbeginn an vorzusehen. Die Parteien älterer Baurechte sind gut beraten, wenn sie ihre Grundbucheinträge entsprechend nachrüsten. 1531

d) Sicherung des Baurechtszinses

Zur Sicherung des Baurechtszinses gibt das Gesetz der Eigentümerin der Bodenparzelle das Recht, ein *gesetzliches Pfandrecht* zu beanspruchen und auf der Baurechtsparzelle eintragen zu lassen (Art. 779i und 779k ZGB). Das gesetzliche Baurechtszinsenpfandrecht ist ein Maximalpfandrecht und steht in dem Rang, der ihm gemäss dem Zeitpunkt seines Grundbucheintrags zukommt. 1532

Der Anspruch auf die Eintragung des *Baurechtszinsenpfandrechts* besteht von Gesetzes wegen und kann von der Eigentümerin des belasteten Grundstücks einseitig durchgesetzt werden (N 1847 ff.). Wenn der Eigentümer der Baurechtsparzelle nicht zustimmt, d.h., wenn er die Eintragungsbewilligung verweigert, muss die Eigentümerin der Bodenparzelle gegen den Eigentümer der Baurechtsparzelle beim Zivilgericht klagen mit dem Rechtsbegehren, es sei gerichtlich die Eintragung des Baurechtszinsenpfandrechtes auf der Baurechtsparzelle zu verfügen. Mit diesem Gerichtsurteil in der Hand kann die Eigentümerin der Bodenparzelle anschliessend beim Grundbuchamt die Eintragung des Baurechtszinsenpfandrechtes auf der Baurechtsparzelle verlangen (N 437; Paul-Henri Steinauer [Bd. III 2012], N 2550 ff.). Sie braucht dazu keinen Notar. 1533

Manche Baurechtsgeberinnen ziehen es vor, statt des gesetzlichen Baurechtszinsenpfandrechts eine vertragliche Pfandsicherung zu vereinbaren, und zwar als Maximalpfandrecht in der Gestalt der Grundpfandverschreibung im ersten Rang auf der Baurechtsparzelle (vgl. N 1644 ff.). Dieses Pfandrecht ist nicht an 1534 die betragsmässige Begrenzung auf drei Jahresleistungen gebunden, sondern kann mit einem höheren oder niedrigeren Betrag vereinbart werden. Reicht es bei späteren Erhöhungen des Baurechtszinses nicht mehr aus, so muss es mit erhöhter Pfandsumme neu vereinbart werden, wozu gegebenenfalls auch ein Rangrücktritt anderer Berechtigter eingeholt werden muss. Das vertragliche Pfandrecht geniesst nicht das Privileg von Art. 779k Abs. 1 ZGB, sondern wird im Konkurs des Baurechtsnehmers gelöscht. Findet sich der Ersteigerer der Baurechtsparzelle nicht zur vertraglichen Neubegründung bereit, so hat die Baurechtsgeberin allemal die Möglichkeit, das gesetzliche Baurechtszinsenpfandrecht eintragen zu lassen; denn die vertragliche Pfandsicherung des Baurechtszinses bedeutet keinen Verzicht auf das gesetzliche Baurechtszinsenpfandrecht.

3. Form des Errichtungsakts

1535 Nach Art. 779a Abs. 1 ZGB bedarf das Rechtsgeschäft über die Errichtung eines Baurechts der öffentlichen Beurkundung.

1536 Der Formzwang umfasst die wesentlichen Vertragsinhalte. Dazu gehören die Baurechtsfläche, die Baurechtsdauer und alle Absprachen über Lage, Gestalt, Ausdehnung und Zweck der Bauten, ferner alle weiteren vertraglichen Bestimmungen, die im Grundbuch vorgemerkt werden sollen (Art. 779a Abs. 2 ZGB; AMÉDÉO WERMELINGER [2012], 147; PETER R. ISLER/DOMINIQUE GROSS [BSK 2015], Art. 779a N 3, 13, 15 f.; JÜRG SCHMID [ZBGR 1998], 300).

1537 Nicht dem Formzwang unterliegen die nicht wesentlichen Vertragsbestimmungen, die im Grundbuch nicht vorgemerkt werden. Hierzu gehört nach der Rechtsprechung des Bundesgerichts und einem Teil der Lehre auch der nicht im Grundbuch vorgemerkte Baurechtszins (BGer 5A.251/2010 vom 19.11.2011, E. 6; AppHof BE vom 21.8.1991 [ZBGR 1996], 32 ff.; PAUL-HENRI STEINAUER [Bd. III 2012], N 2546a; ROLAND PFÄFFLI [ZBGR 2012], 382; DENIS PIOTET [2012], 71 f.; AMÉDÉO WERMELINGER [2012], 147 ff.; a.M. ALFRED KOLLER [AJP 2011], 243 f.; JÜRG SCHMID [2011], 396 ff.; BETTINA HÜRLIMANN-KAUP [2012], 38 f.; JÜRG SCHMID [ZBGR 1998], 300).

1538 Wollen die Parteien dem Baurechtszins den Vormerkungsschutz gemäss Art. 779b Abs. 2 ZGB geben, ohne deswegen jede künftige Änderung des Baurechtszinses öffentlich beurkunden zu müssen, so ist im ursprünglichen Baurechtsvertrag eine Formel für die künftigen Zinsanpassungen zu wählen, aus der sich Zeitpunkt und Umfang der Anpassungen eindeutig bestimmen lassen. Eine solche Formel verbietet den Parteien nicht, sich später über andere Anpassungen zu einigen mit der Massgabe, dass Abweichungen von der vertraglichen Formel nur zwischen den aktuellen Parteien gelten. Jeder Rechtsnachfolger des Baurechtsnehmers ist alsdann wiederum zur Bezahlung des Baurechtszinses gemäss der im Grundbuch vorgemerkten ursprünglichen Vertragsformel verpflichtet.

D. Errichtungsakt des Unterbaurechts als Rechtsgrundausweis

Die Errichtung eines Unterbaurechts erfolgt grundsätzlich nach denselben Regeln wie die Errichtung eines Baurechts (N 1511 ff.). Die Errichtung eines Unterbaurechts ist jedoch nur an Baurechten möglich, die im Grundbuch als eigene Grundstücke aufgenommen sind (BGE 92 I 539, E. 2; JÜRG SCHMID [ZBGR 1998], 302 f.). 1539

II. Vormerkungen in Baurechtsverhältnissen
A. Obligatorische Bestimmungen
1. Überblick

Die Baurechtsparteien können bei der Errichtung des Baurechts oder in einem späteren Zeitpunkt vertragliche Absprachen treffen, die als obligatorische Bestimmungen zum dinglichen Kernbestand des Baurechtsverhältnisses hinzutreten. Die obligatorischen Bestimmungen erhalten durch ihre Vormerkung faktische Dinglichkeit, d.h., sie teilen das Schicksal der Parzellen, auf denen sie vorgemerkt sind (vgl. N 1511 ff.). Vormerkbar sind nur Bestimmungen, die nicht zum dinglichen Teil der Baurechtsdienstbarkeit gehören (ROLAND PFÄFFLI [ZBGR 2012], 383). Für die Vormerkung obligatorischer Bestimmungen gilt: 1540

2. Einschreibung der Vormerkung

Anmeldende Personen sind die Baurechtsgeberin und der Baurechtsnehmer gemeinsam. 1541

Rechtsgrundausweis ist der Vertrag in öffentlicher Urkunde zwischen Baurechtsgeberin und Baurechtsnehmer (Art. 779a Abs. 2, Art. 779b Abs. 2 ZGB). 1542

Nachdem der neue Art. 779b Abs. 2 ZGB in der Fassung von 2009 (in Kraft seit 2012) den früheren numerus clausus baurechtlicher Vormerkungen (Art. 779e ZGB in der Fassung vor 2012) aufgehoben hat, ist es möglich, mit der Vormerkung «*weitere vertragliche Bestimmungen*» Baurechtsverträge pauschal auf 1543 der Bodenparzelle und dem Baurecht vorzumerken (ROLAND PFÄFFLI [ZBGR 2010], 366; ROLAND PFÄFFLI/DANIELA BYLAND [BN 2011], 85; teilweise a.M. AMÉDÉO WERMELINGER [2012], 153 f.). Somit besteht ein einfacher Weg, um eine klarere Rechtslage zu schaffen, ohne alle obligatorisch wirksamen Absprachen stichwortartig zu rekapitulieren und gemäss Relevanz für Baurechts- oder Bodenparzelle auszusortieren.

1544 Demgegenüber ist es auch nach neuem Recht möglich, bloss einzelne obligatorische Bestimmungen grundbuchlich vorzumerken. Aufgrund ihrer praktischen Bedeutung sind hierbei folgende Vormerkungstatbestände besonders zu erwähnen:

– Das Recht der Grundeigentümerin auf den periodischen Erhalt eines *Baurechtszinses* (Art. 779a Abs. 2 ZGB); die Vormerkung erfolgt auf der Baurechtsparzelle. Die Vormerkung verleiht dem im Zeitpunkt ihrer Grundbuchanmeldung vereinbarten Baurechtszins Wirkung gegenüber künftigen Erwerbern der Baurechtsparzelle. Wird der Baurechtszins später vertraglich erhöht und will die Grundeigentümerin den Vormerkungsschutz auf den Erhöhungsbetrag ausdehnen, dann muss die Erhöhung erneut vorgemerkt werden. Ergibt sich eine periodische Zinsanpassung hingegen aus einer am Anfang vereinbarten Anpassungsformel, beispielsweise aus einer Indexierung, dann erheischen die aus der Anwendung dieser Formel resultierenden Zinserhöhungen keine neuerlichen Vormerkungen. Die für die Miete von Wohn- und Geschäftsliegenschaften und für Pachtverhältnisse geltenden Schranken der Indexierbarkeit sind auf Baurechtsverhältnisse nicht anwendbar. – Vormerkbar ist nicht nur der Baurechtszins im eigentlichen Sinne. Auch andere geldwerte Leistungen sind vormerkbar, so beispielsweise die Befugnis der Grundeigentümerin, grundstücksbezogene Gebühren und Abgaben auf den Baurechtsnehmer zu überwälzen.

– Die Pflicht der Baurechtsgeberin, für die heimfallenden Bauten eine *Heimfallentschädigung* (Art. 779 d ZGB; vgl. N 319 und N 1576 ff.) zu bezahlen, ferner die Vereinbarungen der Parteien über deren Berechnung. Art. 779d Abs. 1 ZGB verlangt die Bezahlung einer angemessenen Entschädigung. Als angemessen dürfte eine Entschädigung in Höhe des *Verkehrswerts* der heimfallenden Bausubstanz im Zeitpunkt des Heimfalls gelten. Die Parteien des Baurechtsverhältnisses sind aber befugt, den Begriff der Angemessenheit vertraglich zu konkretisieren oder davon abzuweichen, etwa indem sie im Voraus festlegen, nach welchen Kriterien und Berechnungsformeln die Heimfallentschädigung festzusetzen ist. Auch die Wegbedingung der Heimfallentschädigung ist zulässig. Darüber hinaus kann vereinbart werden, dass der Baurechtsnehmer die ganze Bausubstanz abräumen und den Boden als unüberbaute Landparzelle zurückgeben muss. In diesem Falle hat der Baurechtsnehmer nicht den Genuss der Heimfallentschädigung, sondern den Verdruss der Räumungskosten. Soweit solche Vereinbarungen als Verzicht einer Partei auf die ihr von Gesetzes wegen zustehenden Rechte erscheint, erfolgt die Vormerkung auf der Parzelle dieser Partei. Soweit es sich um Rechte handelt, werden sie auf der Parzelle der verpflichteten Gegenpartei vorgemerkt. Absprachen, die ihrer Natur nach beide Parzellen belasten, müssen auf beiden Parzellen vorgemerkt werden, sofern die Parteien den Vormerkungsschutz haben wollen.

– Zu den weiteren vertraglichen Bestimmungen, die Gegenstand einer Vormerkung sein können, zählen etwa Absprachen, die den Baurechtsnehmer zum *Unterhalt und zur Instandhaltung der Baurechtsbauten* verpflichten, ferner Absprachen, die im Hinblick auf die Berechnung der Heimfallentschädigung eine bestimmte *Abschreibungsformel* bezüglich der ursprünglich investierten Bausumme festlegen (PAUL-HENRI STEINAUER [Bd. III 2012], N 2562 f.). Ob und wie der Baurechtsnehmer die Baurechtsbauten in seiner Handelsbilanz und steuerrechtlich abschreibt, kann nicht Gegenstand des Baurechtsvertrags sein. Diesbezüglich ist der Baurechtsnehmer frei. Die in Baurechtsverträgen zuweilen vereinbarten Abschreibungsformeln beziehen sich ausschliesslich auf die Berechnung der Heimfallentschädigung. Wird im gleichen Baurechtsvertrag die Heimfallentschädigung überhaupt aufgehoben, dann ist die Vereinbarung einer Abschreibung der Baurechtsbauten sinnlos und ein Indiz dafür, dass die Parteien die rechtliche Bedeutung nicht begriffen haben.

– Soweit *vertragliche Verfügungsbeschränkungen* im Rahmen der Selbständigkeit eines dauernden Baurechtes zulässig sind (N 274; ferner N 1564), sind sie vormerkbar.

Die vertragliche Vereinbarung von gegenseitigen Rechten und Pflichten und deren Vormerkung kann bei Abschluss des Baurechtsvertrages oder zu einem späteren Zeitpunkt vereinbart werden. 1545

Die Vormerkung von vertraglichen Vereinbarungen ist nicht nur dann möglich, wenn es sich um ein selbständiges und dauerndes Baurecht mit eigenem Grundbuchblatt handelt. Vielmehr finden die Bestimmungen in Art. 779 ff. ZGB grundsätzlich sowohl für das selbständige und dauernde als *auch für unselbständige Baurechte* Anwendung. Bei Baurechtsdienstbarkeiten ohne eigenes Grundbuchblatt werden die Vormerkungen auf dem baurechtsbelasteten Grundstück eingetragen. 1546

3. Änderung der Vormerkung

1547 Änderungen an Vormerkungen erfolgen im Sinne von (Teil-)Löschungen und Neueintragungen. Entsprechend kann auf das in N 1541 ff. und N 1549 ff. Gesagte verwiesen werden. Zur Änderung des gesetzlichen Vorkaufsrechts gelten die Ausführungen in N 1143 ff. zum gesetzlichen Vorkaufsrecht der Miteigentümerinnen analog.

4. Übertragung der Vormerkung

1548 Die Vormerkung teilt das rechtliche Schicksal der Boden- und Baurechtsparzelle. Eine separate Übertragung der Vormerkung ist nicht möglich.

5. Löschung der Vormerkung

1549 **Anmeldende Personen** sind die Baurechtsgeberin und der Baurechtsnehmer gemeinsam.

1550 **Rechtsgrundausweis** ist der Vertrag in einfacher Schriftform zwischen der Baurechtsgeberin und dem Baurechtsnehmer über die Aufhebung der vertraglichen Vereinbarung und die Löschung der entsprechenden Vormerkung(en).

1551 Das Gesetz verlangt für die Löschung baurechtlicher Vormerkungen keine besondere Form. Daraus ist zu schliessen, dass einfache Schriftform genügt (Art. 11 Abs. 1 OR).

1552 Bei der Löschung einer Vormerkung müssen diejenigen nachrangigen Grundpfandgläubiger und Nutzniesser zustimmen, deren Stellung verschlechtert wird (vgl. N 577 f.).

B. Gesetzliche Vorkaufsrechte der Baurechtsparteien

1553 Gemäss Art. 682 Abs. 2 ZGB besteht von Gesetzes wegen ein Vorkaufsrecht zugunsten des Baurechtsnehmers hinsichtlich der Bodenparzelle und der Baurechtsgeberin hinsichtlich der Baurechtsparzelle (N 2633 ff.).

1554 Diese Vorkaufsrechte können durch Vereinbarung abgeändert oder aufgehoben und Änderung und Aufhebung im Grundbuch vorgemerkt werden. Institutionelle Baurechtsgeberinnen pflegen das Vorkaufsrecht des Bauberechtigten wegzubedingen und ihr eigenes beizubehalten und die Ausübungsmodalitäten zu erleichtern.

Zur Aufhebung, Änderung sowie Wiederherstellung des gesetzlichen Vorkaufsrechts kann auf die Ausführungen in N 1143 ff. zum gesetzlichen Vorkaufsrecht der Miteigentümerinnen verwiesen werden.

III. Änderung des selbständigen und dauernden Baurechts

Anmeldende (verfügende) Personen sind Baurechtsgeberin und Baurechtsnehmer, sofern die Änderung die Befugnisse beider Parteien beschlägt, wie dies z.B. bei der Verlegung der Baurechtsfläche der Fall ist. Liegt klarerweise ausschliesslich eine zusätzliche Belastung des Grundeigentums vor – z.b. bei der Ausweitung der Baurechtsfläche –, so genügt die Anmeldung der Grundeigentümerin des belasteten Grundstücks. Liegt klarerweise ausschliesslich ein Verzicht auf gewisse Befugnisse aus dem Baurechtsverhältnis vor – z.b. bei der Verkleinerung der Baurechtsfläche –, so genügt die Anmeldung des Eigentümers des berechtigten Grundstücks. Bei jeder Verkleinerung der Baurechtsfläche muss aus dem eingereichten Plan ersichtlich sein, dass die vorhandenen Baurechtsbauten weiterhin ausschliesslich auf der Baurechtsfläche stehen.

Rechtsgrundausweis ist der Vertrag zwischen der Baurechtsgeberin und dem Baurechtsnehmer. Hinsichtlich der Vertragsform ist zu unterscheiden: Bezieht sich die Änderung auf den dinglich wirkenden Vertragsinhalt oder auf eine obligatorische Bestimmung, die im Grundbuch vorgemerkt wurde, so hat die Änderung in öffentlicher Urkunde zu erfolgen. Sind von der Änderung bloss Nebenbestimmungen betroffen, so reicht einfache Schriftform (ROLAND PFÄFFLI [ZBGR 2012], 382). Den Parteien ist es unbenommen, ohne öffentliche Beurkundung und ohne Anmeldung beim Grundbuchamt von den Bestimmungen des ursprünglichen Baurechtsvertrages einvernehmlich abzuweichen – etwa während einer Wirtschaftskrise auf den Baurechtszins zu verzichten –, sofern die betreffenden Absprachen keine Wirkung für allfällige Rechtsnachfolger haben sollen.

Mit dem Rechtsgrundausweis müssen dem Grundbuchamt gegebenenfalls **weitere Beilagen** eingereicht werden. Von praktischer Tragweite sind insbesondere folgende Fälle:

– Wird die *Baurechtsfläche geändert*, so ist nicht nur der Baurechtsvertrag, sondern auch der amtliche Vermessungsplan (N 481 f.) anzupassen. Die Bestimmungen über die Teilung und Vereinigung von Grundstücken finden analog Anwendung (N 2754 ff.).

– Bei der Veränderung der mit dem selbständigen und dauernden Baurecht verbundenen Rechte und Lasten sind die *Zustimmungserklärungen gewisser dinglich Berechtigter* notwendig. Diesbezüglich kann auf die Ausführungen in N 1423 ff. zur Änderung von Grunddienstbarkeiten verwiesen werden, wobei für das selbständige und dauernde Baurecht eine Besonderheit im Falle der zeitlichen Verlängerung zu beachten ist: Bei der *Verlängerung* eines Baurechts wird das bisherige Rangverhältnis fortgesetzt. Alle nicht abgeänderten oder aufgehobenen Vertragsbestimmungen gelten weiter. Das verlängerte Recht behält seinen Rang bei, der ihm durch die ursprüngliche Bestellung zukommt. Demgemäss können Inhaber nachrangiger Rechte an der Bodenparzelle die Verlängerung des Baurechts nicht verhindern, auch wenn die Verlängerung der Baurechtsdauer für sie nachteilig ist (JGK BE [Handbuch 1982], 28, [m.w.H.]; Hans-Peter Friedrich [BJM 1966], 10).

IV. Übertragung des selbständigen und dauernden Baurechts

A. Überblick

1559 Selbständige und dauernde Baurechte sind übertragbar und vererblich.

1560 Hinsichtlich der Formerfordernisse des Übertragungsakts sowie des Zeitpunkts des Rechtsübergangs ist zu unterscheiden, ob es sich um ein selbständiges und dauerndes Baurecht mit eigenem Grundbuchblatt handelt oder nicht.

B. Übertragung des selbständigen und dauernden Baurechts mit eigenem Grundbuchblatt

1561 **Anmeldende (verfügende) Person** ist der bisherige Baurechtsnehmer.

1562 **Rechtsgrundausweis** ist der Vertrag in öffentlicher Urkunde zwischen dem bisherigen und dem neuen Baurechtsnehmer (Pascal Simonius/Thomas Sutter [Bd. II 1990], § 4 N 51 f.; Jörg Schmid/Bettina Hürlimann-Kaup [2009], N 1387; Paul-Henri Steinauer [Bd. III 2012], N 2528). Als Rechtsgründe kommen Kauf, Tausch, Schenkung, Sacheinlage etc. infrage.

1563 Wird im Vertrag zur Übertragung des Baurechts keine Schuldübernahme bezüglich der nichtdinglichen Verpflichtungen vereinbart, so gehen nur die Bestimmungen mit dinglicher Wirkung sowie die im Grundbuch vorgemerkten Bestimmungen, nicht aber die *nicht vorgemerkten obligatorischen Bestimmungen* des bestehenden Baurechtsvertrages auf den neuen Baurechtsnehmer über. Soll der bisherige Baurechtsnehmer aus seinen diesbezüglichen Schuldpflichten gegenüber der Baurechtsgeberin befreit werden, bedarf es deren Zustimmung.

Haben die Parteien die Übertragbarkeit des Baurechts beschränkt, beispielsweise für den Fall, dass die obligatorischen Bestimmungen vom Erwerber nicht übernommen werden, oder für den Fall, dass die Kreditwürdigkeit des Erwerbers zweifelhaft ist, so hat dies bloss obligatorische Wirkung. Das Geschäft kann ohne den Nachweis der Zustimmung der Grundeigentümerin beim Grundbuch angemeldet werden. Ist die Verfügungsbeschränkung vorgemerkt, so avisiert das Grundbuchamt die Grundeigentümerin von der erfolgten Veräusserung des Baurechts, und zwar gestützt auf Art. 969 ZGB. Es ist dann die Sache der Grundeigentümerin, eine allfällige Ablehnung des Erwerbers des Baurechts zu erklären und ihre daraus folgenden Rechte gerichtlich durchzusetzen (ROLAND PFÄFFLI [ZBGR 2012], 383 f.). 1564

Bei der Übertragung von Baurechten ist das *Vorkaufsrecht der Baurechtsgeberin* zu beachten. Dieses Vorkaufsrecht besteht von Gesetzes wegen (Art. 682 Abs. 2 ZGB; N 2633 ff.). Es ist nicht aus dem Grundbuch ersichtlich. 1565

Institutionelle Baurechtsgeberinnen pflegen das Vorkaufsrecht des Bauberechtigten wegzubedingen und ihr eigenes beizubehalten. An der Ausübung des Vorkaufsrechts dürfte selten ein Interesse bestehen. Sehen die Parteien einer Baurechtsveräusserung ein diesbezügliches Risiko, so müssen sie Wege suchen, um den ungewollten Verlust des Baurechts zu verhindern. 1566

C. Übertragung des selbständigen und dauernden Baurechts ohne eigenes Grundbuchblatt

Nach überwiegender Lehrmeinung wird das Baurecht, das nicht mit eigenem Blatt in das Grundbuch aufgenommen wurde, nach den Regeln über die Forderungsabtretung (Art. 165 OR) übertragen. Die Übertragung vollzieht sich somit ausserhalb des Grundbuchs. Dem Eintrag in das Grundbuch kommt bloss deklaratorische Wirkung zu (PASCAL SIMONIUS/THOMAS SUTTER [Bd. II 1990], § 4 N 51; DIETER ZOBL [2004], N 194; JÖRG SCHMID/BETTINA HÜRLIMANN-KAUP, [2009], N 1386; PAUL-HENRI STEINAUER [Bd. III 2012], N 2527; HANS LEEMANN [BK 1925], Art. 779 N 48; THOMAS J. WENGER/BERNHARD BLUM [ZBGR 2016], 145 ff. m.w.H.) 1567

Anmeldende Person ist der Erwerber des selbständigen und dauernden Baurechts (JÜRG SCHMID [BSK 2015], Art. 963 N 26). 1568

1569 **Rechtsgrundausweis** ist der Vertrag in einfacher Schriftform zwischen dem bisherigen und dem neuen Berechtigten (PAUL-HENRI STEINAUER [Bd. III 2012], N 2527).

1570 Die Übertragung des selbständigen und dauernden Baurechts ohne eigenes Grundbuchblatt bedarf nur dann der *Zustimmung der belasteten Eigentümerin*, wenn dies im Dienstbarkeitsvertrag ausdrücklich vereinbart wurde. Besteht aufgrund einer vertraglichen Regelung ein Zustimmungserfordernis, so hat dieses bloss obligatorische Wirkung. Der bisherige Berechtigte und sein Rechtsnachfolger, dem er das Baurecht veräussert hat, können das Geschäft auch ohne den Nachweis der Zustimmung der Grundeigentümerin beim Grundbuch anmelden (MARC WOLFER [AJP 2010], 44). In jedem Fall ist es jedoch ratsam, die Zustimmung der belasteten Eigentümerin bei der Übertragung einzuholen, da sonst der bisherige Dienstbarkeitsberechtigte gegenüber der belasteten Eigentümerin weiterhin für allfällige Pflichten aus dem Dienstbarkeitsvertrag haftet.

D. Sonderfall: Rückübertragung durch vorzeitigen Heimfall

1571 Gemäss Art. 779f ZGB kann die Baurechtsgeberin den vorzeitigen Heimfall verlangen, wenn der Baurechtsnehmer in grober Weise die Verpflichtungen aus dem Baurechtsvertrag verletzt. Der vorzeitige Heimfall führt nicht zur Löschung und zum Untergang des Baurechts, sondern zu dessen Rückübertragung auf die Baurechtsgeberin mit allen Rechten und Lasten (PAUL-HENRI STEINAUER [Bd. III 2012], N 2543 ff.). Erteilt der Baurechtsnehmer die Eintragungsermächtigung zur Rückübertragung nicht freiwillig, so muss die Baurechtsgeberin das Gericht anrufen.

V. Löschung des selbständigen und dauernden Baurechts

A. Löschung des selbständigen und dauernden Baurechts mit eigenem Grundbuchblatt

1. Löschung infolge von Zeitablauf (ordentlicher Heimfall)

1572 **Anmeldende Person** ist die Baurechtsgeberin.

1573 **Rechtsgrundausweis** ist der Löschungsantrag der Baurechtsgeberin in einfacher Schriftform. Er kann in die Grundbuchanmeldung integriert sein.

1574 Wird das Baurecht infolge von Zeitablauf gelöscht, so gehen alle *zugunsten und zulasten des Baurechts bestehenden Rechte* ohne Weiteres unter. Dies gilt sowohl für die beschränkten dinglichen Rechte als auch für persönliche Rechte.

Wurde an einem selbständigen und dauernden Baurecht Stockwerkeigentum begründet, so geht auch dieses mit der Löschung des Baurechts unter. Mit dem Löschungsantrag müssen diesbezüglich dem Grundbuchamt **keine weiteren Anmeldungsbelege** eingereicht werden.

Mit dem Untergang des selbständigen und dauernden Baurechts werden die bestehenden Bauwerke nach Art. 779c ZGB wieder zu Bestandteilen der Bodenparzelle («Heimfall»); das während der Baurechtsdauer suspendierte Akzessionsprinzip kommt wieder zum Tragen. 1575

Im Gegenzug hat die Grundeigentümerin für die an sie heimfallenden Bauwerke eine angemessene Entschädigung *(Heimfallentschädigung)* zu bezahlen (Art. 779d Abs. 1 ZGB). War das Baurecht verpfändet, so haftet diese Entschädigung den Gläubigern für noch bestehende Forderungen; sie darf ohne deren Zustimmung dem bisherigen Baurechtsnehmer nicht ausbezahlt werden (Art. 779d Abs. 1 ZGB; PAUL-HENRI STEINAUER [Bd. III 2012], N 2565 ff.). Wird die Heimfallentschädigung nicht bezahlt oder sichergestellt, so können sowohl der bisherige Baurechtsnehmer als auch dessen Gläubiger die Eintragung eines gesetzlichen Grundpfandrechts zur Sicherung der Entschädigungsforderung verlangen (Art. 779d Abs. 2 ZGB; N 1843 ff.). 1576

Die gesetzliche Regelung geht von der Annahme aus, dass die heimfallende Bausubstanz abzüglich allfälliger Altlasten-Beseitigungskosten einen positiven Restwert habe. Fehlt es daran, weil die Bausubstanz objektiv wertlos ist, so kann die Entschädigung null sein. Hat die Bausubstanz für die Baurechtsgeberin aus subjektiven Gründen einen negativen Wert, etwa weil sie das Grundstück umnutzen will, so enthebt sie dieser subjektive Umstand nicht von der Bezahlung der Heimfallentschädigung. 1577

Der Untergang des Baurechts hat auch den Untergang von *Miet- oder Pachtverhältnissen an Baurechtsbauten* zur Folge, sofern diese nicht mit Zustimmung sowohl des Baurechtsnehmers als auch der Eigentümerin der belasteten Bodenparzelle im Grundbuch vorgemerkt wurden (N 2494 ff.). Nach der hier vertretenen und wohl herrschenden Auffassung sind Miet- und Pachtverträge bei heimfallenden Baurechten analog zu den Untermiet- und Unterpachtverträgen bei auslaufenden Miet- und Pachtverträgen zu behandeln, d.h. dem Mieter und Pächter wird der Anspruch auf Realerfüllung gegenüber der Eigentümerin versagt und stattdessen bloss ein Schadenersatzanspruch gegenüber dem bisherigen Vertragspartner zuerkannt (CLAUDE MONNIER [2013], 4 f.; PETER HIGI [ZK 1994], Art. 261–261a N 6 f.). Demgegenüber will eine Minderheitsmeinung den Untergang des selbständigen und dauernden Bau- 1578 rechts den mietrechtlichen Bestimmungen zur Handänderung (Art. 261 Abs. 2 OR) gleichsetzen (PETER R. ISLER/DOMINIQUE GROSS [BSK 2015], Art. 779c N 4).

2. Löschung infolge von Verzicht

1579 Grundsätzlich steht dem Baurechtsnehmer – wie jedem Dienstbarkeitsberechtigten – das Recht zu, einseitig auf das ihm zustehende Recht zu verzichten. Ein einseitiger Verzicht kann sich jedoch nur auf Rechte, nicht auf die damit verbundenen Pflichten, erstrecken. Dafür ist stets die Zustimmung der Berechtigten erforderlich. Bei selbständigen und dauernden Rechten, die mit eigenem Hauptbuchblatt in das Grundbuch aufgenommen worden sind, sind nach der Lehre und Rechtsprechung die Pflichten des Baurechtsnehmers derart gewichtig, dass die Löschung der Dienstbarkeit und die damit verbundene Schliessung des Hauptbuchblattes nur mit Zustimmung der Baurechtsgeberin sowie sämtlicher an der Baurechtsparzelle dinglich berechtigten Dritten erfolgen kann (vgl. die Hinweise in N 571).

1580 **Anmeldende (verfügende) Person** ist der Baurechtsnehmer.

1581 **Rechtsgrundausweis** ist der Löschungsantrag des Baurechtsnehmers in einfacher Schriftform (Art. 964 Abs. 1 ZGB). Der Löschungsantrag kann in die Grundbuchanmeldung integriert werden. Beizulegen ist ferner die Zustimmungserklärung der Baurechtsgeberin, ebenfalls in einfacher Schriftform.

1582 Mit der Löschungsbewilligung müssen dem Grundbuchamt gegebenenfalls weitere **Anmeldungsbelege** eingereicht werden. Von praktischer Tragweite sind – wie bereits erwähnt – insbesondere die Zustimmungserklärungen von Grundpfandgläubigern und Dienstbarkeitsberechtigten (nicht aber von Inhabern vorgemerkter persönlicher Rechte), je in einfacher Schriftform. Ist der Baurechtsnehmer verheiratet oder lebt er in einer eingetragenen Partnerschaft, so ist ferner gegebenenfalls die Verfügungsbeschränkung betreffend die Familienwohnung zu beachten (Art. 169 ZGB; Art. 14 PartG; N 2598 ff.).

B. Löschung des selbständigen und dauernden Baurechts ohne eigenes Grundbuchblatt

1. Löschung infolge von Zeitablauf

1583 Die Grundbuchanmeldung der Baurechtsgeberin genügt, sofern die Befristung eindeutig bestimmbar ist. Andernfalls genügt die Löschungsbewilligung des Baurechtsnehmers. Zustimmungserklärungen weiterer Personen sind nicht erforderlich. Im Übrigen wird auf das in N 1442 ff. zur Befristung von Grunddienstbarkeiten Gesagte verwiesen.

2. Löschung infolge des Verzichts des Baurechtsnehmers

Die Löschungsbewilligung des Baurechtsnehmers muss gegebenenfalls durch weitere Anmeldungsbelege ergänzt werden. Es wird auf das in N 1439 ff. zur Löschungsbewilligung bei der Grunddienstbarkeit Gesagte verwiesen. 1584

§ 47 Unselbständiges Baurecht

Zum Begriff des unselbständigen Baurechts vgl. N 311. 1585

I. Errichtung des unselbständigen Baurechts

Anmeldende (verfügende) Person ist die Eigentümerin des belasteten Grundstücks. 1586

Der **Rechtsgrundausweis** zur Errichtung des unselbständigen Baurechts entspricht hinsichtlich Inhalt und Form weitestgehend demjenigen zur Errichtung eines selbständigen und dauernden Baurechts (N 1511 ff.). Im Unterschied zum selbständigen und dauernden Baurecht unterliegt das unselbständige Baurecht *nicht der zeitlichen Beschränkung von mindestens 30 und maximal 100 Jahren* gemäss Art. 655 Abs. 3 ZGB und Art. 779l Abs. 1 ZGB. 1587

Wird das Baurecht nicht als Personaldienstbarkeit, sondern als Grunddienstbarkeit zugunsten örtlich nahe gelegener Grundstücke begründet (was zulässig ist; vgl. hierzu Jürg Schmid [ZBGR 1998], 290 f.), so braucht die Errichtung oder der Beibehalt eines Gebäudes nicht der wesentliche Inhalt der Dienstbarkeit zu sein. Bei Grunddienstbarkeiten kann der Inhalt von umfassender baulicher Nutzung über partielle bauliche Nutzung bis zum totalen Bauverbot reichen und mit anderen Nutzungsarten (als Weg, Garten, Lagerplatz etc.) kombiniert werden. 1588

Mit dem Rechtsgrundausweis müssen dem Grundbuchamt **eventuell weitere Anmeldungsbelege** eingereicht werden. Es kann mit folgender Präzisierung auf das in N 1515 zur Anmeldung des selbständigen und dauernden Baurechts Gesagte verwiesen werden: 1589

– Erstreckt sich das unselbständige Baurecht nicht über die ganze Fläche des belasteten Grundstücks, so ist die örtliche Lage des Baurechts auf einem

Plan darzustellen. Hierzu ist ein *privater Dienstbarkeitsplan* (vgl. 1410 f.) ausreichend; ein amtlicher Vermessungsplan, wie er bei selbständigen und dauernden Baurechten notwendig ist (vgl. N 1525), ist für die Errichtung von unselbständigen Baurechten nicht erforderlich.

II. Änderung des unselbständigen Baurechts

1590 Es gelten die zur Änderung von Grunddienstbarkeiten gemachten Ausführungen in N 1421 ff. analog auch für die Änderung des unselbständigen Baurechts.

III. Übertragung des unselbständigen Baurechts

1591 Gemäss Art. 779 Abs. 2 ZGB sind Baurechtsdienstbarkeiten übertragbar und vererblich, sofern die Parteien nichts anderes vereinbart haben. Ist das unselbständige Baurecht übertragbar, so erfolgt die Übertragung nach den Bestimmungen über die Zession in einfacher Schriftform, wobei hier kein Rechtsgrund genannt werden muss. Es gilt das in N 1567 ff. zur Übertragung des selbständigen und dauernden Baurechts ohne eigenes Grundbuchblatt Gesagte analog.

IV. Löschung des unselbständigen Baurechts

1592 Es kann auf das in N 1583 ff. zur Löschung des selbständigen und dauernden Baurechts ohne eigenes Grundbuchblatt Gesagte verwiesen werden.

§ 48 Andere Personaldienstbarkeiten gemäss Art. 781 ZGB

1593 Zum Begriff der Personaldienstbarkeit gemäss Art. 781 ZGB vgl. N 323 ff.

I. Errichtung der Personaldienstbarkeit gemäss Art. 781 ZGB

1594 **Anmeldende (verfügende) Person** ist die Eigentümerin des belasteten Grundstücks.

1595 **Rechtsgrundausweis** ist der Akt in öffentlicher Urkunde, woraus sich der Wille ergibt, einer namentlich genannten natürlichen oder juristischen Person (oder einer Personenmehrheit) eine Dienstbarkeit bestimmten Inhaltes zu gewähren. Ein ausdrücklicher Hinweis auf Art. 781 ZGB ist nicht erforderlich. Die Urkunde entspricht hinsichtlich Form und Inhalt im Wesentlichen dem Akt über die Errichtung einer Grunddienstbarkeit (hierzu ausführlich, N 1382 ff.; ferner PAUL-HENRI STEINAUER [Bd. III 2012], N 2575 ff.; HANS LEEMANN [BK 1925], Art. 781 N 8 ff.).

Eine Besonderheit der Personaldienstbarkeiten gemäss Art. 781 ZGB besteht darin, dass sie allesamt als selbständige und dauernde Rechte ausgestaltet und als Grundstücke mit *eigenem Hauptbuchblatt in das Grundbuch* aufgenommen werden können, sofern sie die gesetzlichen Voraussetzungen erfüllen (HANS LEEMANN [BK 1925], Art. 781 N 58 ff.; HENRI DESCHENAUX [SPR 1988], 71; ROLAND PFÄFFLI [ZBGR 2012], 380). So können beispielsweise Solaranlagen, die sich auf Dächern von Gebäuden befinden und aufgrund von Art. 675 Abs. 2 ZGB nicht als Baurechte bestellt werden dürfen, als Nutzungsrechte begründet werden, die als selbständige und dauernde Rechte ausgestaltet und als Grundstücke in das Grundbuch aufgenommen werden können (ROLAND PFÄFFLI [ZBGR 2012], 380). 1596

Bezüglich *Alterspriorität* der beschränkten dinglichen Rechte vgl. N 169 ff. 1597

II. Änderung der Personaldienstbarkeit gemäss Art. 781 ZGB

Es gelten die zur Änderung von Grunddienstbarkeiten gemachten Ausführungen in N 1421 ff. analog auch für die Änderung von Personaldienstbarkeiten gemäss Art. 781 ZGB. 1598

III. Übertragung der Personaldienstbarkeit gemäss Art. 781 ZGB

Nach der dispositiven Gesetzesregelung sind die Personaldienstbarkeiten gemäss Art. 781 ZGB nicht übertragbar und nicht vererblich (Art. 781 Abs. 2 ZGB). Ist eine solche Personaldienstbarkeit aufgrund vertraglicher Regelung als übertragbar ausgestaltet, so erfolgt die Übertragung bei Vorhandensein eines eigenen Grundbuchblattes nach den Regeln über die Eigentumsübertragung (N 1561 ff.), d.h. mit öffentlicher Urkunde unter Angabe des Rechtsgrundes (Kauf, Tausch, Schenkung, Sacheinlage), mangels eines eigenen Grundbuchblattes nach den Bestimmungen über die Zession in einfacher Schriftform, wobei hier kein Rechtsgrund genannt werden muss (N 1567 ff.). Die Übertragung vollzieht sich ausserhalb des Grundbuchs. Dem Eintrag in das Grund- 1599 buch kommt bloss deklaratorische Wirkung zu (Pascal Simonius/Thomas Sutter [Bd. II 1990], § 1 N 65, Dieter Zobl [2004], N 194).

1600 **Anmeldende Person** ist bei Übertragung einer auf eigenem Grundbuchblatt verselbständigten Personaldienstbarkeit die Veräusserin (vgl. N 1561), bei Zession der Erwerber (N 1568; ferner Jürg Schmid [BSK 2015], Art. 963 N 26).

1601 **Rechtsgrundausweis** ist der Vertrag zwischen der Veräusserin und dem Erwerber, bei grundbuchlich verselbständigten Rechten in öffentlicher Urkunde, andernfalls in einfacher Schriftform. Die Zustimmung der belasteten Eigentümerin muss dem Grundbuch nicht beigebracht werden.

1602 Die Übertragung einer (übertragbaren) Personaldienstbarkeit bedarf nur dann der *Zustimmung der belasteten Eigentümerin,* wenn dies im Dienstbarkeitsvertrag ausdrücklich vereinbart wurde. Besteht aufgrund einer vertraglichen Regelung ein Zustimmungserfordernis, so hat dieses bloss obligatorische Wirkung. Der bisherige Berechtigte und sein Rechtsnachfolger können das Geschäft auch ohne den Nachweis der Zustimmung der Grundeigentümerin beim Grundbuch anmelden (Marc Wolfer [AJP 2010], 44). In jedem Fall ist es jedoch ratsam, die Zustimmung der belasteten Eigentümerin bei der Übertragung einzuholen, da sonst der bisherige Dienstbarkeitsberechtigte gegenüber der belasteten Eigentümerin weiterhin für allfällige Pflichten aus dem Dienstbarkeitsvertrag haftet. Die Verdinglichung obligatorischer Bestimmungen ist bei den Dienstbarkeiten gemäss Art. 781 ZGB nicht möglich, im Gegensatz zum Baurecht, wo diese Möglichkeit kraft Art. 779b Abs. 2 ZGB gegeben ist.

1603 Wo Netzbetreiber, Energieversorger und ähnliche Unternehmungen ihre Installationen auf fremdem Grundeigentum durch Personaldienstbarkeiten gemäss Art. 781 ZGB gesichert haben, ohne deren Übertragbarkeit ausdrücklich zu vereinbaren, erlauben manche Grundbuchämter den Rechtsübergang auch ohne Zustimmung der belasteten Eigentümerinnen in Fällen von Fusion, Spaltung oder Vermögensübertragung nach Fusionsgesetz (N 2318 ff.). Richtigerweise sollte generell die Vermutung gelten, dass solche Dienstbarkeiten ohne Eigentümerzustimmung übergehen, wenn der Betrieb, zu dem sie gehören, von einem Rechtsträger auf einen andern übergeht.

IV. Löschung der Personaldienstbarkeit gemäss Art. 781 ZGB

A. Löschung infolge von Zeitablauf

Es kann auf das in N 1442 ff. zur Befristung von Grunddienstbarkeiten Gesagte verwiesen werden. 1604

B. Löschung infolge von Verzicht des Berechtigten

Es kann auf das in N 1439 ff. zur Löschungsbewilligung bei der Grunddienstbarkeit Gesagte verwiesen werden. Ist die Dienstbarkeit mittels eines eigenen Grundbuchblatts verselbständigt und bestehen an der Dienstbarkeit eingetragene dingliche Rechte Dritter, so gilt das für den Verzicht auf verselbständigte Baurechte Gesagte (vgl. N 1579 ff.). 1605

C. Löschung infolge des Todes des Berechtigten

Nach der dispositiven Gesetzesregelung sind die Personaldienstbarkeiten gemäss Art. 781 ZGB nicht vererblich (Art. 781 Abs. 2 ZGB). Wurde die Vererblichkeit nicht ausdrücklich vereinbart, so geht die Personaldienstbarkeit mit dem Tod des Berechtigten unter. Es gilt das zur Löschung der Nutzniessung infolge des Todes des Berechtigten Gesagte analog (N 1489). 1606

Anmeldende Person ist die Eigentümerin des belasteten Grundstücks. 1607

Rechtsgrundausweis ist der Löschungsantrag der Eigentümerin des belasteten Grundstücks in einfacher Schriftform, verbunden mit dem Nachweis des Todes des Berechtigten (z.B. Totenschein). 1608

§ 49 Grundlasten

1609 Zum Begriff der Grundlast vgl. N 329 ff.

I. Errichtung der Grundlast
A. Überblick

1610 Grundlasten werden errichtet, indem die Eigentümerin des belasteten Grundstücks und der aus der Grundlast Berechtigte einen Vertrag abschliessen und diesen beim Grundbuchamt anmelden. Ist der Berechtigte zugleich der Eigentümer des belasteten Grundstücks, so wird statt des Vertrags dessen einseitige Willenserklärung öffentlich beurkundet.

1611 Ausserbuchlich, d.h. ohne Grundbucheintrag, können Grundlasten nur ausnahmsweise aufgrund spezifischer Normen des öffentlichen Rechts entstehen. Art. 784 ZGB verweist hierfür auf die entsprechenden Bestimmungen über die gesetzlichen Pfandrechte des kantonalen Rechts (Art. 836 ZGB). Auf diese Konstellation wird hier nicht eingetreten.

B. Grundbuchlicher Vollzug

1612 **Anmeldende (verfügende) Person** ist die Eigentümerin des mit der Grundlast zu belastenden Grundstücks.

1613 **Rechtsgrundausweis** ist der Akt in öffentlicher Urkunde über die Errichtung einer Grundlast (vgl. hierzu ausführlich N 1616 ff.).

1614 Bezüglich *Alterspriorität* der beschränkten dinglichen Rechte vgl. N 169 ff.

1615 Im Gegensatz zu den Grundpfandrechten, die mit einer festen Pfandstelle von Anfang an in einem hinteren Rang errichtet werden können und bei deren Löschung die nachfolgenden Pfandrechte im Range nicht nachrücken (sofern das Nachrücken nicht ausdrücklich vereinbart worden ist), gibt es für die Grundlast keinen festen Rang (Paul Piotet [SPR 1977], 648). Wenn vorangehende Belastungen gelöscht werden, rückt die Grundlast ohne Weiteres nach. Wird die Grundlast gelöscht, so muss eine neue, inhaltlich gleiche Grundlast hinten anschliessen. (Anders verhält es sich mit den in Art. 784 ZGB erwähnten öffentlich-rechtlichen Grundlasten, die allen anderen Pfandrechten und Lasten im Range vorgehen.)

C. Grundlasterrichtungsakt (Rechtsgrundausweis)

1. Zweiseitiger Vertrag oder einseitiges Rechtsgeschäft

Die Errichtung einer Grundlast kann durch zweiseitigen Vertrag oder – wenn belastete und berechtigte Partei identisch sind – durch einseitiges Rechtsgeschäft erfolgen.

1616

2. Inhalt des Grundlasterrichtungsakts

a) Belastetes Grundstück

Der Grundlasterrichtungsakt muss das belastete Grundstück angeben. Als solches kommen eine Liegenschaft, ein Stockwerkeigentumsanteil oder ein als Grundstück ins Grundbuch aufgenommenes selbständiges und dauerndes Recht infrage (PAUL-HENRI STEINAUER [Bd. III 2012], N 2595; PAUL PIOTET [SPR 1977], 646 f.; DAVID JENNY [BSK 2015], Art. 782 N 1). Einzelne Miteigentumsanteile sind nicht mit Grundlasten belastbar, da sie keine wirtschaftliche Natur im Sinne von Art. 782 Abs. 3 ZGB haben, aus der sich die Leistungspflicht ergeben könnte. Hingegen können sämtliche Miteigentümer gemeinsam eine Grundlast bestellen; richtigerweise wird eine solche auf der Stammparzelle eingetragen.

1617

b) Berechtigte Person oder berechtigtes Grundstück

Aus Art. 782 Abs. 2 ZGB ergibt sich die Meinung des Gesetzgebers, dass Grundlasten meist zugunsten von Grundstücken, d.h. als *prädiale Grundlasten,* errichtet werden. Der Wortlaut des Gesetzes erlaubt aber auch die Errichtung von Personalgrundlasten *(persönliche Grundlasten).* Bei prädialen Grundlasten dürfte die räumliche Nähe der beteiligten Grundstücke die Regel sein; sie ist aber keine rechtliche Notwendigkeit (DAVID JENNY [BSK 2015], Art. 782 N 2).

1618

c) Art der Leistungen

Gemäss Art. 782 Abs. 3 ZGB können durch eine Grundlast nur Leistungen gesichert werden, die sich aus der wirtschaftlichen Natur des belasteten Grundstücks ergeben oder die für die wirtschaftlichen Bedürfnisse eines berechtigten Grundstücks bestimmt sind. Im Vordergrund stehen Naturalleistungen aus dem belasteten Grundstück und Geldleistungen seitens der Grundeigentümer, auf deren Grundstücken die betreffenden Naturalleistungen benötigt werden. In der Literatur wird auch die Zulässigkeit von Arbeitsleistungen erwähnt; sobald menschliche Arbeit aber den Hauptinhalt einer Grundlast ausmacht,

1619

dürften die Schranken von Art. 782 Abs. 3 überschritten sein. Unbeachtlich ist, ob es sich um periodische, unregelmässig wiederkehrende oder einmalige Leistungen handelt (PAUL-HENRI STEINAUER [Bd. III 2012], N 2599 ff.; PAUL PIOTET [SPR 1977], 653 f.; DAVID JENNY [BSK 2015], Art. 782 N 5 f.; CARL WIELAND [ZK 1909], Art. 782 N 5).

1620 Grundlasten dauern vorbehältlich anderer Vereinbarung ohne zeitliche Beschränkung (CARL WIELAND [ZK 1909], Art. 782 N 5). Wegen dieser Langfristigkeit ist es wichtig, bei den auf Leistungsaustausch angelegten Grundlasten sinnvolle Verfahren zu vereinbaren, die die periodische Anpassung der Leistungspaare im Laufe der Zeit ermöglichen (PAUL-HENRI STEINAUER [Bd. III 2012], N 2600 f.).

1621 Als Leistungen, die durch eine Grundlast gesichert werden können, werden in der Literatur folgende Beispiele genannt (vgl. insbesondere GERHARD EGGEN [SJZ 1967], 285 ff.; ferner DAVID JENNY [BSK 2015], Art. 782 N 17):

– der Unterhalt von Stütz- und Grenzmauern, von lebenden Hecken oder von Kanalisationen;

– die Lieferungspflicht von Milch, Holz, Obst oder Gemüse (was nach der in der vorliegenden Arbeit vertretenen Meinung keine grundlastfähigen Leistungen sind; vgl. hierzu N 330 ff.);

– die Lieferungspflicht von Trinkwasser, Heisswasser oder Energien.

d) Angabe des Gesamtwerts

1622 Bei der Eintragung der Grundlast in das Grundbuch ist deren Gesamtwert in Schweizer Franken anzugeben. Die Parteien können den Wert vertraglich festlegen. Verzichten sie darauf, so gilt von Gesetzes wegen als Wert der zwanzigfache Betrag der Jahresleistung (Art. 783 Abs. 2 ZGB). Der eingetragene Gesamtwert stellt den Betrag dar, der bei der Ablösung der Grundlast geschuldet ist (Art. 789 ZGB), und bildet – analog zu den Pfandrechten – den maximalen Haftungsumfang, der dem Berechtigten in der Zwangsverwertung des Grundstücks zufällt (PAUL PIOTET [SPR 1977], 657 f.).

e) Obligatorische Bestimmungen

1623 Nur die sich aus der wirtschaftlichen Natur des belasteten Grundstücks oder für die wirtschaftlichen Bedürfnisse eines berechtigten Grundstücks ergebenden Leistungen können dinglich mit dem Grundeigentum verknüpft werden. Andere Absprachen (etwa bezüglich der Kostentragung für Errichtung und

Löschung der Grundlast) wirken nur zwischen den ursprünglichen Parteien und deren Rechtsnachfolgern, die solche Pflichten ausdrücklich übernommen haben (vgl. hierzu N 1387 ff.).

3. Form des Errichtungsakts

Aus Art. 783 Abs. 3 ZGB ergibt sich das Erfordernis der *öffentlichen Beurkundung*. Dem Formzwang unterliegen die dinglich wirkenden Vertragsbestimmungen, die im Grundbuch eingetragen werden. Gegenleistungen des Berechtigten brauchen nicht beurkundet zu werden (vgl. die Hinweise in N 858). Die in Zusammenhang mit dem Grundstückkauf entwickelte Regel, dass alle objektiv und subjektiv wesentlichen Absprachen dem Formzwang unterliegen, lässt sich nicht allgemein auf sämtliche beurkundungsbedürftigen Verträge übertragen (a.M. BETTINA HÜRLIMANN-KAUP [2012], 31). 1624

Um der Klarheit willen empfiehlt sich jedoch bei den auf einen langfristigen Leistungsaustausch angelegten Grundlasten die vollständige Beurkundung der wesentlichen Verpflichtungen beider Parteien einschliesslich der Verfahren zur periodischen Anpassung der beidseitigen Leistungen. 1625

II. Änderung der Grundlast

Es kann auf das in N 1421 ff. zur Änderung von Grunddienstbarkeiten Gesagte verwiesen werden. 1626

III. Übertragung der Grundlast
A. Übertragung von persönlichen Grundlasten

Die zugunsten einer Person begründete Grundlastberechtigung ist – sofern nicht etwas anderes ausdrücklich geregelt wurde – übertragbar und vererblich (PAUL PIOTET [SPR 1977], 659; DAVID JENNY [BSK 2015], Art. 783 N 17; CARL WIELAND [ZK 1909], Art. 783 N 3). Die Übertragung erfolgt durch Zession (Art. 165 OR; vgl. hierzu N 1599 ff.). 1627

Anmeldende Person ist die Erwerberin der Grundlast. 1628

Rechtsgrundausweis ist der Vertrag in einfacher Schriftform zwischen der bisherigen und der neuen Berechtigten (PAUL PIOTET [SPR 1977], 659; DAVID JENNY [BSK 2015], Art. 783 N 17; PAUL-HENRI STEINAUER [Bd. III 2012], N 2595b; PASCAL SIMONIUS/THOMAS SUTTER [Bd. II 1990], § 11 N 23). Die 1629

Zustimmung der belasteten Eigentümerin muss dem Grundbuch nicht beigebracht werden.

B. Übertragung von prädialen Grundlasten

1630 Die prädialen Grundlasten, d.h. die Grundlasten, die zugunsten eines anderen Grundstücks bestehen, teilen das rechtliche Schicksal des berechtigten Grundstücks. Wechselt dieses die Hand, so geht die Grundlastberechtigung ohne Weiteres auf den Erwerber über (PAUL PIOTET [SPR 1977], 660).

IV. Löschung der Grundlast
A. Löschung infolge von Zeitablauf

1631 Es kann auf das in N 1442 ff. zur Befristung von Grunddienstbarkeiten Gesagte verwiesen werden.

B. Löschung infolge von Ablösung

1632 Das ZGB versteht die Grundlast wie eine virtuelle Darlehensschuld der belasteten Eigentümerin. Gemäss diesem Verständnis erbringt die Eigentümerin aus ihrem Grundstück Leistungen, die wertmässig einem Zins zu 5% auf dem virtuellen Darlehen entsprechen. Unter bestimmten Voraussetzungen können Gläubiger oder Schuldnerin das Rechtsverhältnis kündigen und das virtuelle Kapital zur Rückzahlung fällig stellen. Mit der Kapitalzahlung findet die Grundlast ihr Ende. Der Vorgang heisst Ablösung der Grundlast (PAUL-HENRI STEINAUER [Bd. III 2012], N 2609 ff.).

1633 Die Annahme eines Schuldkapitals, durch dessen Rückzahlung die Grundlast abgelöst werden kann, war passend für die der Grundpfandverschreibung ähnliche Gült (Art. 847–853 ZGB in der bis 2011 gültigen Fassung). Die Gült wurde mit der Gesetzesänderung von 2012 abgeschafft. Bei anderen Grundlasten kann die Annahme eines rückzahlbaren Schuldkapitals ausnahmsweise sinnvoll sein, wenn die belastete Partei anfänglich Geld zwecks einer Investition empfangen hat, aus der sie anschliessend ihre Leistungen erbringt. Fehlt es aber an der anfänglichen Kapitalhingabe und dient die Grundlast vorwiegend der rechtlichen Sicherung einer laufend zu entschädigenden Versorgung des berechtigten Grundstücks mit Energie oder anderen Leistungen, so ist die Rückzahlung einer Ablösungssumme sachfremd. Die Parteien von Grundlastverhältnissen tun gut daran, die künftige Liquidation ihres Rechtsverhältnisses vertraglich sinnvoll zu regeln.

Die Ablösung der Grundlast kann einerseits unter den im Vertrag vorgesehenen Bedingungen verlangt werden. Andererseits sieht das Gesetz spezielle Voraussetzungen vor, unter denen der Berechtigte (Art. 787 ZGB) oder die Belastete (Art. 788 ZGB) die Ablösung der Grundlast verlangen können. 1634

Anmeldende (verfügende) Person ist der Grundlastberechtigte. 1635

Rechtsgrundausweis ist die Löschungsbewilligung des Grundlastberechtigten in einfacher Schriftform (Art. 964 Abs. 1 ZGB), wonach die Grundlast im Grundbuch zu löschen ist. 1636

C. Löschung infolge von Verzicht des Berechtigten

Die Löschung erfolgt durch Mitteilung der Löschungsbewilligung seitens des Grundlastberechtigten an das Grundbuchamt. 1637

Bei prädialen Grundlasten müssen dem Grundbuchamt gegebenenfalls **weitere Beilagen** eingereicht werden: Bestehen nämlich an der berechtigten Parzelle *Grundpfandrechte oder selbständige und dauernde Rechte*, die zeitlich nach der Grundlastberechtigung – und also möglicherweise im Vertrauen auf den Bestand einer werthaltigen Grundlast – eingetragen worden sind, so haben die jeweiligen Berechtigten der Löschung in einfacher Schriftform zuzustimmen (N 567 ff.). 1638

Im Übrigen kann auf das in N 1632 ff. zur Löschung infolge von Ablösung Gesagte verwiesen werden. 1639

D. Löschung infolge des Todes des Berechtigten

Unvererblich ausgestaltete Personalgrundlasten erlöschen mit dem Tod des Berechtigten. 1640

Anmeldende Person ist in diesem Fall die Eigentümerin des belasteten Grundstücks. 1641

Rechtsgrundausweis ist der Löschungsantrag der Eigentümerin des belasteten Grundstücks in einfacher Schriftform, verbunden mit einem Nachweis des Todes des Berechtigten (z.B. Totenschein). 1642

Neuntes Kapitel: Auf Dauer angelegte dingliche Rechtsverhältnisse

§ 50 Grundpfandverschreibung

1643   Zum Begriff der Grundpfandverschreibung vgl. N 397 ff.

I. Errichtung der Grundpfandverschreibung
A. Überblick

1644   Die Grundpfandverschreibung wird errichtet durch Abschluss des Pfandvertrags und Eintragung des Pfandrechts im Grundbuch (Art. 799 ZGB). Der Pfandvertrag wird abgeschlossen zwischen der Pfandgeberin und dem Pfandgläubiger, in manchen Kantonen durch die einseitige, öffentlich beurkundete Verpfändungserklärung (den Pfanderrichtungsakt) der Eigentümerin ohne Mitwirkung des Pfandgläubigers. Dessen Willenserklärung erfolgt in einfacher Schriftform oder gilt als stillschweigend abgegeben. Pfandgeberin ist immer die Eigentümerin der Pfandsache. Das Pfandrecht sichert eine Forderung des Pfandgläubigers. Schuldnerin ist meist, aber nicht immer, die Pfandgeberin. Die Pfandgeberin kann das Pfandrecht auch zur Sicherung einer fremden Schuld bestellen; in diesem Fall spricht man von einem Drittpfand, weil nicht der Schuldner, sondern eine Drittperson dem Pfandgläubiger die Pfandsicherheit gibt.

B. Grundbuchlicher Vollzug

1645   **Anmeldende (verfügende) Person** ist die Eigentümerin als Pfandgeberin (Paul-Henri Steinauer [Bd. III 2012], N 2699).

1646   **Rechtsgrundausweis** ist der Pfanderrichtungsakt in öffentlicher Urkunde (vgl. hierzu ausführlich N 1655 ff.).

1647   Soll eine Grundpfandverschreibung zulasten eines *selbständigen und dauernden Baurechts* bestellt werden, so ist hierzu die *Zustimmung der Baurechtsgeberin* nur dann notwendig, wenn ein solches Zustimmungserfordernis im Baurechtsvertrag ausdrücklich vereinbart wurde. Das Geschäft kann jedoch auch ohne den Nachweis der Zustimmung der Baurechtsgeberin beim Grundbuch angemeldet werden. Ist die Verfügungsbeschränkung vorgemerkt, so avisiert das Grundbuchamt die Baurechtsgeberin von der erfolgten Errichtung des Grundpfandrechts, und zwar gestützt auf Art. 969 ZGB. Es ist dann die Sache der Baurechtsgeberin, eine allfällige Ablehnung zu erklären und ihre daraus folgenden Rechte gerichtlich durchzusetzen (Roland Pfäffli [ZBGR 2012], 383 f.).

Voraussichtlich per 1.1.2017 tritt ein neuer Art. 30c Abs. 5 BVG in Kraft, wonach die Begründung (oder Erhöhung) eines Grundpfandrechts auf Wohneigentum, das mit *Mitteln der beruflichen Vorsorge finanziert* wurde, der schriftlichen Zustimmung des Ehegatten oder des eingetragenen Partners bedarf (ROLAND PFÄFFLI [SJZ 2016], 63; ferner zu weiteren Verfügungsbeschränkungen nach BVG vgl. N 2703 ff.). Mit der neuen Vorschrift will der Gesetzgeber sicherstellen, dass das der Vorsorge der Ehegatten oder Partner gewidmete Vorsorgevermögen nicht eigenmächtig belehnt und zur Finanzierung anderer Zwecke gebraucht werden kann. 1648

Soll eine Grundpfandverschreibung zulasten eines *landwirtschaftlichen Grundstücks* errichtet werden, so hat die Pfandgeberin dem Grundbuchamt entweder nachzuweisen, dass die Belastungsgrenze gemäss Art. 73 BGBB nicht überschritten wird oder dass ein Ausnahmetatbestand gemäss Art. 74 BGBB erfüllt ist (N 358 ff.). 1649

Ist der Pfandgläubiger eine Person im Ausland und lassen die Umstände darauf schliessen, dass die Hypothezierung ihm eine eigentümerähnliche Kontrolle über das Grundstück verschafft, so sind die Vorschriften der *Lex Koller* einzuhalten (N 2652 ff., insb. N 2658). 1650

Die Errichtung von Grundpfandrechten ist ihrer Natur nach kein Geschäft, das die Nutzungsrechte der Familie an den *Wohnräumen der Familie* beschränkt. Art. 169 Abs. 1 ZGB sollte hier richtigerweise keine Anwendung finden (vgl. N 2598 ff., insb. N 2609). 1651

Wird ein Grundstück verpfändet, an dem eine *Nutzniessung* besteht, so gilt die gesetzliche Zinszahlungspflicht des Nutzniessers gemäss Art. 754 ZGB nur, wenn er sich damit einverstanden erklärt hat. Das Vorliegen oder Fehlen einer solchen Absprache zwischen Pfandgeberin und Nutzniesser braucht gegenüber dem Grundbuchamt nicht nachgewiesen zu werden und kommt im Grundbucheintrag nicht zum Ausdruck. 1652

Zur Alterspriorität von Grundpfandrechten, zur Nutzung leerer Pfandstellen und zur Änderung von Rängen durch Rangrücktrittserklärungen vgl. N 169 ff. und N 369 ff. 1653

Im Gegensatz zum Schuldbrief ist die Grundpfandverschreibung *kein Wertpapier*. Die vom Grundbuchamt auf Wunsch ausgefertigte Kopie des Verpfändungsaktes mit grundbuchlichem Eintragungsvermerk ist eine blosse Beweisurkunde. 1654

C. Pfanderrichtungsakt (Rechtsgrundausweis)

1. Inhalt des Pfanderrichtungsakts

a) Schuldpflicht und Schuldsumme

1655 Im Pfanderrichtungsakt erklärt die Schuldnerin gegenüber dem Pfandgläubiger, zur Sicherung einer bestimmten Schuld (meist eines Darlehens) ihr Grundstück zu verpfänden. Sie bestellt zu diesem Zweck dem Gläubiger ein Pfandrecht als Grundpfandverschreibung im 1. (oder im 2. oder einem anderen) Rang auf ihrem Grundstück (CHRISTIAN BRÜCKNER [ZBGR 1996], 223 ff.).

1656 Das *Schuldverhältnis,* zu dessen Sicherheit das Pfandrecht bestellt wird, muss also notwendigerweise im Pfanderrichtungsakt genannt werden (SAMUEL ZOGG [BSK 2015], Art. 824 N 25; PASCAL SIMONIUS/THOMAS SUTTER [Bd. II 1990], § 5 N 15; JÖRG SCHMID/BETTINA HÜRLIMANN-KAUP [2009], N 1532; a.M. HANS LEEMANN [BK 1925], Art. 824 N 15 f.). Es kann sich hierbei um ein gegenwärtiges oder ein künftiges Schuldverhältnis handeln (Art. 824 Abs. 1 ZGB). Ferner reicht es aus, wenn die durch die Grundpfandverschreibung gesicherte Forderung bloss bestimmbar ist (SAMUEL ZOGG [BSK 2015], Art. 824 N 25 ff.; JÖRG SCHMID/BETTINA HÜRLIMANN-KAUP [2009], N 1532).

1657 Ändert sich ein im Pfanderrichtungsakt klar bestimmtes Schuldverhältnis (z.B. Umwandlung einer Kaufpreisforderung in ein Darlehen), so geniesst die Schuldsumme in der Zwangsverwertung nur dann Pfandsicherheit, wenn diese Änderung der pfandgesicherten Forderung *(Pfandrechterneuerung)* in einem Nachtrag zum Pfanderrichtungsakt durch die Parteien vereinbart wurde (vgl. hierzu N 1668 ff.).

1658 Nach überwiegender Lehrmeinung ist es nicht zulässig, dass eine Eigentümerin eine Grundpfandverschreibung zu ihren eigenen Gunsten errichtet (HANS LEEMANN [BK 1925], Art. 824 N 7; DAVID DÜRR [ZK 2009], Art. 799 N 113 ff.; SAMUEL ZOGG [BSK 2015], Art. 824 N 15 ff.). Einzige Ausnahme hierzu bildet die Hypothekarobligation auf den Inhaber (BGE 100 II 319, E. 1; PETER JÄGGI [ZK 1959], Art. 965 OR N 285; CHRISTINA SCHMID-TSCHIRREN [BSK 2015], Art. 793 N 13).

b) Pfandobjekt, Pfandsumme, Zins, Pfandstelle

1659 Der Pfanderrichtungsakt muss das Pfandobjekt (N 345 ff.) und die Pfandsumme (N 356 ff.) angeben.

Die Grundpfandverschreibung kann als Kapitalpfandrecht oder als Maximalpfandrecht begründet werden (vgl. N 362 ff.). Bei der *Kapitalhypothek* kann die Pfandsumme kleiner, aber nicht grösser als die zu sichernde Schuld vereinbart werden. Soll das Pfandrecht auch Sicherheit für die Zinsforderung bieten (Art. 818 Abs. 1 Ziff. 3 ZGB), so ist ein Höchstzinsfuss anzugeben. Bei *Maximalhypotheken* wird meist eine Pfandsumme vereinbart, die oberhalb der erwarteten Schuldsumme liegt. Die Maximalhypothek bietet bis zur Höhe der Pfandsumme Sicherheit für die angegebene Schuld und alle auflaufenden Schuldzinsen. Ein Höchstzinsfuss wird bei der Maximalhypothek nicht angegeben. 1660

Nicht zwingend anzugeben sind die der Grundpfandverschreibung vorgehenden Lasten (BGE 116 II 291, E. 2; HANS-PETER FRIEDRICH [ZBGR 1977], 346). Ebenfalls nicht zwingend anzugeben ist die *Pfandstelle* (N 369 ff.). Fehlen diese Angaben im Pfanderrichtungsakt, so wird das Pfandrecht im Nachgang zu den bereits bestehenden Eintragungen bestellt. Soll eine leere Pfandstelle genutzt werden, so muss dies ausdrücklich vereinbart werden. 1661

Wird ein Pfandrecht in einem hinteren Rang errichtet und soll dieses bei einem Wegfall vorrangiger Pfandrechte nachrücken, so muss das Nachrückensrecht gemäss Art. 814 Abs. 3 ZGB ausdrücklich vereinbart werden (vgl. N 1711 ff.). 1662

c) Dauer des Pfandrechts

Grundpfandrechte dauern grundsätzlich *ohne zeitliche Beschränkung*. Es ist bei der Grundpfandverschreibung jedoch möglich, eine zeitliche Begrenzung des Pfandrechts zu vereinbaren und im Grundbuch mit dinglicher Wirkung einzutragen (HANS LEEMANN [BK 1925], Art. 799 N 84). 1663

2. Form des Errichtungsakts über eine Grundpfandverschreibung

Der zweiseitige Vertrag oder einseitige Akt über die Errichtung einer Grundpfandverschreibung bedarf der öffentlichen Beurkundung (Art. 799 Abs. 2 ZGB). 1664

Die einseitige Errichtung durch die Pfandgeberin ohne direkte Mitwirkung des Gläubigers ist nicht in allen Kantonen akzeptiert. Sie wird gerechtfertigt durch die analoge Anwendung von Art. 13 OR. Man hält sich an die Regel, dass ein Vertrag, der öffentlich beurkundet werden muss, nur die Unterschrift jener Person braucht, die verpflichtet werden soll, beim Pfandvertrag also nur die Unterschrift der Pfandgeberin. 1665

1666 Folgende Vertragsinhalte müssen in der öffentlichen Urkunde enthalten sein (CHRISTIAN BRÜCKNER [ZBGR 1996], 223 ff.):

- das *Verpfändungsversprechen,* d.h. die von der Pfandgeberin ausgehende, an den Gläubiger gerichtete Willenserklärung, grundpfändliche Sicherheit zu leisten;
- die *Bezeichnung des verpfändeten Grundstückes,* wobei die blosse Identifikation des Grundstückes genügt und ein vollständiger Beschrieb nicht notwendig ist;
- die *Bezeichnung der* durch das Pfandrecht *sicherzustellenden Forderung(en);*
- der *ziffernmässige Umfang der zu schaffenden Pfandbelastung,* sofern sich dieser Umfang nicht bereits aus der Bezeichnung der sicherzustellenden Forderung eindeutig ergibt, einschliesslich eines allenfalls vereinbarten, durch das Pfandrecht sicherzustellenden *Maximalzinssatzes;*
- der *Rang des Grundpfandrechts,* sofern das neu zu errichtende Pfandrecht nicht im Nachgang zu den bereits bestehenden Pfandrechten bestellt werden soll;
- eine allfällige Nachrückensvereinbarung (Art. 78 Abs. 1 lit. g GBV).

II. Änderungen der Grundpfandverschreibung
A. Überblick

1667 Zuweilen wollen oder müssen die Parteien eine bestehende Grundpfandverschreibung nachträglich ändern. Mögliche Änderungen sind insbesondere die Erhöhung oder Verminderung des Pfandbetrages, die Vergrösserung oder Verkleinerung des Pfandobjekts, Änderungen des Rangs gegenüber anderen Grundpfandrechten oder Dienstbarkeiten durch Rücktrittserklärungen etc. Da solche Änderungen der Grundpfandverschreibung in gleicher Weise erfolgen wie für Schuldbriefe, werden sie im Kapitel über den Schuldbrief erläutert (N 1724 ff.). An dieser Stelle wird bloss auf die Spezialfälle der Grundpfandverschreibung eingegangen: Die Auswechslung der pfandgesicherten Forderung (N 1668 ff.), die Erhöhung der Schuldsumme ohne Änderung der Pfandsumme (N 1673 ff.) und die Umwandlung der Grundpfandverschreibung in einen Schuldbrief (N 1675 ff.).

B. Auswechslung der pfandgesicherten Forderung (Pfandrechtserneuerung)

Sofern die Schuldpflicht sich in einer Weise ändert, dass sie nicht mehr unter den im Pfanderrichtungsakt angegebenen Begriff fällt, etwa wenn eine zu sichernde Kaufpreisrestanz in ein langfristiges Darlehen umgewandelt wird, muss die Angabe des Schuldgrunds im Pfandtitel angepasst werden. Andernfalls geniesst der Gläubiger in der Pfandverwertung keine Pfandsicherheit. 1668

Die rechtliche Zulässigkeit der Pfandrechtserneuerung ist heute nicht mehr umstritten. Die Auswechslung der pfandgesicherten Forderung erfolgt in einem Vertrag in öffentlicher Urkunde zwischen der Pfandgeberin und dem Gläubiger (BGer 5C.13/2003 vom 19.3.2002 [ZBGR 2003], 45 ff., E. 2.d; HANS LEEMANN [BK 1925], Art. 825 N 12 ff.; SAMUEL ZOGG [BSK 2015], Art. 824 N 41 ff.; JÖRG SCHMID/BETTINA HÜRLIMANN-KAUP [2009], N 1637 ff.; PAUL-HENRI STEINAUER [Bd. III 2012], N 2814 ff.). 1669

Die Auswechslung der pfandgesicherten Forderung vollzieht sich ausserhalb des Grundbuchs. Ratsam ist es dennoch, den Vertrag dem Grundbuchamt zur Aufbewahrung bei den Belegen des Pfandrechtseintrages einzureichen (HANS LEEMANN [BK 1925], Art. 825 N 18; SAMUEL ZOGG [BSK 2015], Art. 824 N 42; PAUL-HENRI STEINAUER [Bd. III 2012], N 2814d). 1670

Die Grundpfandverschreibung bleibt mit ihrem ursprünglichen Rang bestehen. Soll jedoch gleichzeitig mit dem Auswechseln der pfandgesicherten Forderung auch die Pfandsumme erhöht werden, so muss hierfür der Rangrücktritt nachrangiger dinglich Berechtigter eingeholt oder das Pfandrecht insgesamt im hintersten Rang neu errichtet werden (HANS LEEMANN [BK 1925], Art. 825 N 20; SAMUEL ZOGG [BSK 2015], Art. 824 N 46). 1671

Hat die Pfandgeberin mit nachrangigen Pfandgläubigern ein Nachrückensrecht vereinbart (vgl. N 374 ff.), so liegt darin vermutungsweise die Verpflichtung der Pfandgeberin, auf die Auswechslung der pfandgesicherten Forderung zu verzichten (JÖRG SCHMID/BETTINA HÜRLIMANN-KAUP [2009], N 1640). Erhält das Grundbuchamt Kenntnis von einer Pfandrechtserneuerung, so macht dieses den nachrangigen Pfandgläubigern gestützt auf Art. 969 ZGB Mitteilung. Eine Zustimmung der nachrangigen Pfandrechtsgläubiger ist von der Pfandgeberin jedoch nicht beizubringen (PAUL-HENRI STEINAUER [Bd. III 2012], N 2814b). 1672

C. Wiedererhöhung der Schuldsumme ohne Änderung der Pfandsumme

1673 Infolge von Abzahlung kann sich die Schuldsumme reduzieren. Die Parteien des Grundpfandverhältnisses sind in diesem Falle nicht verpflichtet, die Pfandsumme im Grundbuch herabzusetzen. Auch nachrückensberechtigte Nachgangsgläubiger haben keinen solchen Anspruch (JEAN NICOLAS DRUEY [ZBGR 1979], 208 ff.). Möchten die Parteien das Grundpfand in seiner ursprünglichen Höhe später dazu nutzen, um die Schuldsumme wieder zu erhöhen, so handelt es sich um einen rein schuldrechtlichen Vorgang. Wurde die Schuld in der Grundpfandverschreibung nicht von Anfang an als variabel definiert – z.B. als jeweiliger Schuldsaldo eines Kontokorrents – so besteht die grundpfändliche Sicherheit für die nachträgliche Aufstockung der Schuldsumme allerdings nur, wenn die Änderung des Schuldgrunds öffentlich beurkundet wurde (N 1668 ff.). Diese Beurkundung kann jederzeit, auch nachträglich, erfolgen, spätestens jedoch vor der Betreibung auf Pfandverwertung oder vor der Eröffnung des Konkurses über den Pfandschuldner.

1674 Wurde die Schuldsumme, zu deren Sicherheit das Pfandrecht bestellt wurde, im Pfanderrichtungsakt variabel definiert (wie dies beispielsweise bei der Sicherung von Kontokorrentkrediten oder Baukrediten üblich ist), so ist die jeweilige Saldoforderung durch das Pfandrecht ohne Weiteres gesichert (SAMUEL ZOGG [BSK 2015], Art. 824 N 34; PAUL-HENRI STEINAUER [Bd. III 2012], N 2814b).

D. Umwandlung der Grundpfandverschreibung

1675 Die Umwandlung einer Grundpfandverschreibung in einen Schuldbrief sowie der umgekehrte Vorgang (N 1776 ff.) erfolgt jeweils in einem einzigen Schritt in öffentlicher Urkunde (Art. 73 Abs. 1 lit. c und Art. 107 GBV). Das bestehende Pfandrecht wird nicht gelöscht, sondern bleibt in seinem bisherigen Rang bestehen. Die Zustimmung von Nachgangsgläubigern mit Nachrückensrecht ist nicht erforderlich (HANS LEEMANN [BK 1925], Art. 825 N 22 f.; JÖRG SCHMID/BETTINA HÜRLIMANN-KAUP [2009], N 1639a).

1676 **Anmeldende Personen** sind die Pfandgeberin und der Gläubiger.

1677 **Rechtsgrundausweis** ist der Vertrag in öffentlicher Urkunde zwischen Pfandgeberin und Gläubiger (Art. 73 und Art. 107 GBV; (HANS LEEMANN [BK 1925], Art. 825 N 24; JÖRG SCHMID/BETTINA HÜRLIMANN-KAUP [2009], N 1639a).

Dem Grundbuchamt muss bei der Umwandlung einer Grundpfandverschreibung *kein Titel* eingereicht werden. 1678

Die im Zuge der Schaffung des Register-Schuldbriefes geschaffene übergangsrechtliche Erleichterung für die Umwandlung von Papier- in Register-Schuldbriefe (Art. 33b SchlT ZGB; Art. 108 GBV; N 1782 ff.) kommt bei der Umwandlung von Grundpfandverschreibungen in Register-Schuldbriefe nicht zur Anwendung. 1679

III. Übertragung der Grundpfandverschreibung

Die Grundpfandverschreibung wird gläubigerseits zusammen mit der Pfandforderung durch Zession gemäss Art. 165 OR übertragen (PAUL-HENRI STEINAUER [Bd. III 2012], N 2817 ff.), schuldnerseits durch Schuldübernahme, ebenfalls in einfacher Schriftform. Soll die bisherige Schuldnerin aus der Schuldpflicht entlassen werden, so ist die Zustimmung des Gläubigers erforderlich. Die Übertragungen sind dem Grundbuchamt zu melden, sind aber schon vorher rechtswirksam. Im Übrigen kann auf das in N 1800 ff. zum Schuldbrief Gesagte verwiesen werden. 1680

IV. Löschung der Grundpfandverschreibung

Die Grundpfandverschreibung wird gelöscht aufgrund der vom Gläubiger an das Grundbuchamt gerichteten Löschungsbewilligung. Ist die Pfandforderung getilgt, so hat die Pfandgeberin gegenüber dem Gläubiger Anspruch auf die Erteilung der Löschungsbewilligung (Art. 826 ZGB). 1681

Anmeldende (verfügende) Person ist der Gläubiger. Werden Grundpfandrechte im Zuge von Grundstücksveräusserungen gelöscht, so pflegen die Gläubiger die Löschungsbewilligung an die mit dem Geschäft befasste Urkundsperson zu senden, die das Geschäft anschliessend mitsamt den Löschungsbewilligungen anmeldet. 1682

Rechtsgrundausweis ist die *Löschungsbewilligung*, d.h. die einseitige Erklärung des Gläubigers in einfacher Schriftform, wonach die Grundpfandverschreibung im Grundbuch zu löschen ist. 1683

Beim Vorhandensein nachrangiger Grundpfandrechte entsteht mit der Löschung der Grundpfandverschreibung eine *leere Pfandstelle*, sofern nicht für eines der nachgehenden Grundpfandrechte das Recht zum Nachrücken bestellt ist. Nachrückensberechtigte Nachgangspfandrechte rücken in den 1684 niedrigeren Rang nach (N 1711 ff.). Ist das Nachrückensrecht vorgemerkt, so wird das Nachrücken im Grundbuch von Amtes wegen vollzogen.

1685 Wurde die Grundpfandverschreibung mit klar bestimmbarem Endtermin vereinbart (N 1663), so erfolgt die Löschung infolge von Zeitablauf von Amtes wegen (Art. 976 Abs. 1 ZGB) oder kraft einseitigen Antrags der Pfandgeberin.

§ 51 Schuldbrief

1686 Zum Begriff des Schuldbriefs vgl. N 404 ff.

I. Errichtung des Schuldbriefs
A. Überblick

1687 Der Schuldbrief wird errichtet entweder durch Vertrag oder durch nichtvertraglichen Akt. Er wird entweder als Register-Schuldbrief oder als Papier-Schuldbrief ausgestaltet (Art. 843 ZGB), wobei Letzterer sowohl auf einen namentlich genannten Gläubiger (Namen-Papier-Schuldbrief) oder auf den jeweiligen Inhaber des Schuldbriefs (Inhaber-Papier-Schuldbrief) errichtet werden kann (vgl. N 408 ff.).

1688 Zur Entstehung des Schuldbriefs ist die Eintragung in das Grundbuch erforderlich (Art. 857 und 860 ZGB).

B. Grundbuchlicher Vollzug

1689 **Anmeldende (verfügende) Person** ist die Eigentümerin als Pfandgeberin.

1690 **Rechtsgrundausweis** ist der Schuldbrieferrichtungsakt in öffentlicher Urkunde (vgl. hierzu ausführlich N 1699 ff.).

1691 Soll ein Schuldbrief zulasten eines *selbständigen und dauernden Baurechts* bestellt werden, so ist hierzu die *Zustimmung der Baurechtsgeberin* nur dann notwendig, wenn ein solches Zustimmungserfordernis im Baurechtsvertrag ausdrücklich vereinbart wurde. Das Geschäft kann jedoch auch ohne den Nachweis der Zustimmung der Baurechtsgeberin beim Grundbuch angemeldet werden. Ist die Verfügungsbeschränkung vorgemerkt, so avisiert das Grundbuchamt die Baurechtsgeberin von der erfolgten Errichtung des Stockwerkeigentums, und zwar gestützt auf Art. 969 ZGB. Es ist dann die Sache der Baurechtsgeberin, eine allfällige Ablehnung zu erklären und ihre daraus folgenden Rechte gerichtlich durchzusetzen (ROLAND PFÄFFLI [ZBGR 2012], 383 f.).

Zum Zustimmungserfordernis des Ehegatten oder des eingetragenen Partners bei der Errichtung von Grundpfandrechten auf Wohneigentum, das ganz oder teilweise mit *Mitteln der beruflichen Vorsorge finanziert* wurde, vgl. vorn, N 1648. 1692

Soll ein Schuldbrief zulasten eines *landwirtschaftlichen Grundstücks* errichtet werden, so hat die Pfandgeberin dem Grundbuchamt entweder nachzuweisen, dass die Belastungsgrenze gemäss Art. 73 BGBB nicht überschritten wird oder dass ein Ausnahmetatbestand gemäss Art. 74 BGBB erfüllt ist (N 358 ff.). 1693

Ist der Pfandgläubiger eine Person im Ausland und lassen die Umstände darauf schliessen, dass die Hypothezierung ihm eine eigentümerähnliche Kontrolle über das Grundstück verschafft, so sind die Vorschriften der *Lex Koller* einzuhalten (N 2652 ff., insb. N 2658). 1694

Die Errichtung von Grundpfandrechten ist ihrer Natur nach kein Geschäft, das die Nutzungsrechte der Familie an den *Wohnräumen der Familie* beschränkt. Art. 169 Abs. 1 ZGB sollte hier richtigerweise keine Anwendung finden (vgl. N 2598 ff., insb. N 2609). 1695

Wird ein Grundstück verpfändet, an dem eine *Nutzniessung* besteht, so gilt die gesetzliche Zinszahlungspflicht des Nutzniessers gemäss Art. 754 ZGB nur, wenn er sich damit einverstanden erklärt hat. Das Vorliegen oder Fehlen einer solchen Absprache zwischen Pfandgeberin und Nutzniesser braucht gegenüber dem Grundbuchamt nicht nachgewiesen zu werden und kommt im Grundbucheintrag nicht zum Ausdruck. 1696

Zur Alterspriorität von Grundpfandrechten, zur Nutzung leerer Pfandstellen und zur Änderung von Rängen durch Rangrücktrittserklärungen vgl. N 169 ff. und N 369 ff. 1697

Soll ein Papier-Schuldbrief vom Grundbuchamt an die Urkundsperson zuhanden des Gläubigers übergeben werden, so empfiehlt sich, diese Form der Abwicklung in der Urkunde vorzusehen oder anderweitig schriftlich zu belegen. 1698

C. Schuldbrieferrichtungsakt (Rechtsgrundausweis)

1. Mehrseitiger Vertrag oder einseitiges Rechtsgeschäft

1699 Schuldbriefe können sowohl durch Vertrag zwischen Pfandgeberin und Pfandgläubiger als auch – im Falle des Inhaber- und des Eigentümer-Schuldbriefs – durch einseitigen Pfanderrichtungsakt der Pfandgeberin errichtet werden (DANIEL STAEHELIN [BSK 2015], Art. 842 N 12 ff.; ferner zu den Usanzen der öffentlichen Beurkundung vgl. N 1710).

1700 Während bei der vertraglichen Grundpfanderrichtung die Pfandgeberin sich gegenüber einer namentlich genannten, von ihr selber verschiedenen natürlichen oder juristischen Person zu verpflichten erklärt, fehlt es bei der nichtvertraglichen Schuldbrieferrichtung (d.h. beim Inhaber- und beim Eigentümer-Schuldbrief) an der Verpflichtungserklärung zugunsten einer solchen Person, weil eine solche Person im Zeitpunkt der Pfanderrichtung nicht vorhanden ist.

1701 Schuldnerin und Pfandgeberin sind meist dieselbe Person; dies ist jedoch nicht zwingend. Mit dem Schuldbrief kann auch ein Drittpfandverhältnis begründet werden.

1702 Möglich – aber ohne praktische Relevanz – ist die Errichtung eines Schuldbriefes durch *Verfügung von Todes wegen.*

2. Inhalt des Schuldbrieferrichtungsakts

1703 Im Unterschied zur akzessorischen Grundpfandverschreibung ist der Schuldbrief *abstrakt*. Dies bedeutet, dass bei der Schuldbrieferrichtung und im Schuldbrief selber kein Schuldgrund genannt werden darf (Art. 846 Abs. 1 ZGB). Man darf also nicht schreiben, der Schuldner schulde dem Gläubiger «*aus Darlehen*» den Betrag X. Man darf und muss nur schreiben: «*Der Schuldner schuldet dem Gläubiger den Betrag X*». Weshalb er das Geld schuldet, darf nicht gesagt werden. Andernfalls wäre der Schuldbrief ungültig.

1704 Die abstrakte Schuldanerkennung anlässlich der Schuldbrieferrichtung mit der Verpfändungserklärung lautet etwa:

Der Schuldner bekennt, dem Gläubiger den Betrag X mit Zinsen bis maximal Y% zu schulden, und bestellt dem Gläubiger zur Sicherheit hierfür ein Grundpfand als Papier-Schuldbrief im ersten Rang auf seiner Parzelle Z.

1705 Zur Möglichkeit, *Nebenabreden* zu vereinbaren, vgl. Art. 846 ff. ZGB (ferner PAUL-HENRI STEINAUER [Bd. III 2012], N 3027 ff.; DANIEL STAEHELIN [BSK 2015], Art. 846 N 1 ff.).

Im Übrigen kann auf das in N 1655 ff. zum Inhalt der Grundpfandverschrei- 1706
bung Gesagte verwiesen werden.

3. Form des Schuldbrieferrichtungsakts

Der Vertrag über die Errichtung eines Schuldbriefs bedarf der öffentlichen 1707
Beurkundung (Art. 799 Abs. 2 ZGB).

Folgende Elemente müssen in der öffentlichen Urkunde über den Pfandver- 1708
trag enthalten sein (CHRISTIAN BRÜCKNER [ZBGR 1996], 223 ff.; PAUL-HENRI
STEINAUER [Bd. III 2012], N 2697d):

- die abstrakte *Schuldanerkennung* (vgl. N 406 ff.);
- das *Verpfändungsversprechen*, d.h. die von der Pfandgeberin ausgehende, an den Gläubiger gerichtete Willenserklärung, in einem ziffernmässig bestimmten Umfang (einschliesslich dem durch das Pfandrecht sicherzustellenden Maximalzinssatz) grundpfändliche Sicherheit zu leisten (Pfandsumme, vgl. N 356 ff.);
- die Bezeichnung des *verpfändeten Grundstückes* (Pfandobjekt, vgl. N 345 ff.), wobei die blosse Identifikation des Grundstückes genügt und ein vollständiger Beschrieb nicht notwendig ist;
- der *Rang* des Grundpfandrechts, sofern das neu zu errichtende Pfandrecht nicht im Nachgang zu allen bereits bestehenden Pfandrechten bestellt werden soll.

Wollen die Parteien das *Nachrückensrecht* gemäss Art. 814 Abs. 3 ZGB verein- 1709
baren, so bedarf diese Vereinbarung gemäss der Regelung in Art. 78 Abs. 1 lit. g
GBV ebenfalls der öffentlichen Beurkundung (vgl. N 1711 ff.).

Für die vertragliche Errichtung bestehen in den Kantonen verschiedene Usan- 1710
zen; diese werden um der Einprägsamkeit willen hier als «Genfer Modell»,
«Zürcher Modell» und «Berner Modell» bezeichnet. Beim *Genfer Modell*
erfolgt die Schuldbrieferrichtung als öffentlich beurkundetes Zweiparteiengeschäft, bei dem sowohl die Pfandgeberin als auch der Gläubigervertreter vor
der Urkundsperson ihre Willensäusserung abgeben. Beim *Zürcher Modell* gibt
der Gläubiger zunächst seine vertragliche Willensäusserung im Sinne einer
Offerte zum Vertragsschluss (Art. 2 OR) auf dem Korrespondenzweg in einfacher Schriftform gegenüber der Urkundsperson und gegenüber der Pfandgeberin ab, worauf die Pfandgeberin vor der Urkundsperson erscheint und
in öffentlicher Urkunde ihre Verpfändungserklärung abgibt; diese Erklärung
umfasst die Annahme der vom Gläubiger gestellten Offerte; die Urkundsper-

son bescheinigt den vor ihr erklärten Vertragswillen der Pfandgeberin und überdies die Übereinstimmung von Gläubigererklärung und Willenserklärung der Pfandgeberin. Beim *Berner Modell* handelt es sich um ein teilweise öffentlich beurkundetes Zweiparteiengeschäft, bei dem die Pfandgeberin ihre Verpfändungserklärung vor der Urkundsperson abgibt, ohne dass die Willenserklärung des Gläubigers schriftlich belegt wird (CHRISTIAN BRÜCKNER [1993], N 1864 ff.; CHRISTIAN BRÜCKNER [ZBGR 1996], 219 f.; ferner PAUL-HENRI STEINAUER [ZK 2015], Art. 857 N 106 ff.; PAUL-HENRI STEINAUER [Bd. III 2012], N 2696 ff. m.w.H.).

II. Vormerkung des Nachrückensrechts

1711 Zum Begriff des Nachrückensrechts vgl. N 374 ff.

A. Begründung des Nachrückensrechts

1712 Das Nachrückensrecht belastet die Eigentümerin, indem es ihr die Nutzung einer frei werdenden Pfandstelle in einem zinsgünstigen niedrigen Rang verunmöglicht. Mit Ausnahme nachrangiger Pfandgläubiger (vgl. hierzu N 1715) werden andere am Grundstück Berechtigte durch das Nachrücken meist nicht benachteiligt und brauchen seiner Begründung demgemäss nicht zuzustimmen.

1713 **Anmeldende (verfügende) Person** ist die Eigentümerin als Pfandgeberin.

1714 **Rechtsgrundausweis** ist die einseitige Willenserklärung der Pfandgeberin in öffentlicher Urkunde über die Begründung eines Nachrückensrechts sowie dessen Vormerkung im Grundbuch (Art. 814 Abs. 3 ZGB; Art. 78 Abs. 1 lit. g GBV).

1715 Die Bestellung kann *sowohl im Grundpfanderrichtungsakt als auch im Rahmen eines Nachtrags* hierzu erfolgen (HANS LEEMANN [BK 1925], Art. 813/814 N 42; DAVID DÜRR/DANIEL ZOLLINGER [ZK 2013], Art. 814 N 73). Wird das Nachrückensrecht nachträglich bestellt, so darf das neu bestellte Nachrückensrecht nicht zulasten eines vorbestehenden Nachrückensrechts eines nachrangigen Grundpfandrechts erfolgen (zur Begründung hierzu vgl. N 376).

1716 Möglich, aber in der Praxis kaum anzutreffen sind Vereinbarungen über die Verknüpfung des Nachrückungsrechts mit Bedingungen (HANS LEEMANN [BK 1925], Art. 813/814 N 46; DAVID DÜRR/DANIEL ZOLLINGER [ZK 2013], Art. 814 N 80 ff.).

Papier-Schuldbriefe sind dem Grundbuchamt zur Nachführung einzureichen, 1717
da das Nachrückensrecht auf dem Titel vermerkt wird (Art. 144 Abs. 2 lit. h
GBV; DAVID DÜRR/DANIEL ZOLLINGER [ZK 2013], Art. 814 N 147).

B. Änderung des Nachrückensrechts

Das Nachrückensrecht teilt das rechtliche Schicksal des Pfandrechts, zu dem 1718
es gehört. Wird z.B. ein Pfandrecht vermehrt (N 1739 ff.) oder beschwert
(N 1724 ff.), so gilt die Nachrückensberechtigung für das veränderte Pfandrecht. Eine spezielle Erklärung der Pfandgeberin oder des Gläubigers ist nicht
erforderlich (FRITZ OSTERTAG [BK 1917], Art. 959 N 47).

C. Löschung des Nachrückensrechts

Das Nachrückensrecht wird wegen Gegenstandslosigkeit von Amtes wegen 1719
gelöscht, wenn das nachrückensberechtigte Pfandrecht im ersten Rang angekommen ist (ARTHUR HOMBERGER [ZK 1938], Art. 959 N 56).

Das Nachrückensrecht kann auch aufgrund einer Verzichtserklärung des 1720
Grundpfandgläubigers (*Löschungsbewilligung*) gelöscht werden.

Anmeldende (verfügende) Person ist der Gläubiger. 1721

Rechtsgrundausweis ist die Löschungsbewilligung in einfacher Schriftform 1722
(DAVID DÜRR/DANIEL ZOLLINGER [ZK 2013], Art. 814 N 124).

Papier-Schuldbriefe sind dem Grundbuchamt zur Nachführung einzureichen, 1723
da das Nachrückensrecht auf dem Titel vermerkt wird (Art. 144 Abs. 2 lit. h
GBV; DAVID DÜRR/DANIEL ZOLLINGER [ZK 2013], Art. 814 N 147).

III. Änderungen des Schuldbriefs

A. Überblick

Schuldbriefe werden oft mehrfach geändert, beispielsweise wenn das verpfän- 1724
dete Grundstück vergrössert oder verkleinert wird (was zu einer Pfandvermehrung oder Pfandverminderung führt) oder wenn die Pfandsumme erhöht
oder verringert wird (was zu einer Pfandbeschwerung oder Pfanderleichterung
führt) oder wenn der Rang des Pfandrechts etwa durch einen Rangrücktritt
verändert oder wenn ein Nachrückensrecht vereinbart oder aufgehoben wird.
Alle diese Änderungen brauchen die Zustimmung der Pfandgeberin und des
Pfandgläubigers. Dabei ist die Zustimmung jener Partei, die aus der Änderung

lediglich Vorteile hat, stets zu vermuten und infolgedessen nicht notwendigerweise schriftlich zu belegen (Paul-Henri Steinauer [Bd. III 2012], N 2698; David Dürr [ZK 2009], Art. 799 N 269; Hans Leemann [BK 1925], Art. 799 N 53).

1725 Alle Änderungen, durch die die Pfandgeberin zusätzliche Belastungen ihres Grundeigentums bewirkt, bedürfen der öffentlichen Beurkundung (N 848). Dazu gehören u.a. die Pfandvermehrung, die Pfandbeschwerung und die Vereinbarung eines Nachrückensrechts (Paul-Henri Steinauer [Bd. III 2012], N 2698 ff.).

B. Erhöhung der Pfandsumme (Pfandbeschwerung)

1726 Zum Begriff der Pfandbeschwerung vgl. N 383.

1727 **Anmeldende (verfügende) Person** ist die Eigentümerin als Pfandgeberin.

1728 **Rechtsgrundausweis** ist der Vertrag in öffentlicher Urkunde mit der Willenserklärung der Pfandgeberin, die Pfandsumme auf den neuen Betrag zu erhöhen (vgl. N 1725; Paul-Henri Steinauer [ZK 2015], Art. 857 N 189).

1729 Die Pfandbeschwerung ist meist wie die Pfanderrichtung ein *zweiseitiger Vertrag*, bei dem nur die Pfandgeberin vor der Urkundsperson erscheint, während der Pfandgläubiger seine Willenserklärung schon vorher in einfacher Schriftform, d.h. in einem Brief an die Pfandgeberin, abgegeben hat (vgl. hierzu N 1699 ff.). Die Urkundsperson sieht aber meist aus der Art, wie das Geschäft zu ihr kommt, dass ein Grundpfandgläubiger vorhanden ist, der die Pfanderrichtung oder Pfandvermehrung will und zustimmt.

1730 Papier-Schuldbriefe sind dem Grundbuchamt zur Nachführung einzureichen. Beim Register-Schuldbrief erhält der Gläubiger vom Grundbuchamt eine neue Eintragungsbestätigung. Die bisherige Bestätigung braucht nicht ans Grundbuchamt zurückgegeben, sondern kann vernichtet werden.

1731 Bestehen dingliche oder vorgemerkte Rechte am Grundstück, die dem Pfandrecht im Rang nachgehen, so muss dem Grundbuchamt mit der Anmeldung der Pfandbeschwerung eine schriftliche Rücktrittserklärung (N 1791 ff.) der jeweiligen Berechtigten hinter das erhöhte Pfandrecht eingereicht werden (vgl. zum Verbot des gebrochenen Ranges N 382). Sollte es nicht möglich sein, die Rücktrittserklärungen sämtlicher Berechtigter einzuholen, so bleibt nichts anderes übrig, als für den Erhöhungsbetrag ein neues Pfandrecht im Nachgang zu den bestehenden Pfandrechten zu begründen.

Im Übrigen kann auf das in N 1691 ff. zur Errichtung des Schuldbriefs Gesagte verwiesen werden.   1732

C. Reduktion der Pfandsumme (Pfanderleichterung)

Zum Begriff der Pfanderleichterung vgl. N 384.   1733

Anmeldende (verfügende) Person ist der Grundpfandgläubiger.   1734

Rechtsgrundausweis ist die Erklärung des Grundpfandgläubigers in einfacher Schriftform, wonach dieser auf einen Teil des Pfandrechts verzichtet (PAUL-HENRI STEINAUER [ZK 2015], Art. 857 N 190).   1735

Anstelle einer Pfanderleichterung ist es möglich, die Abzahlung der Schuld und damit die *Reduktion der Pfandsumme als Bemerkung* im Grundbuch einschreiben zu lassen (Art. 852 Abs. 1 ZGB). An einer solchen Einschreibung besteht allerdings kaum ein Interesse (N 1797).   1736

Papier-Schuldbriefe sind dem Grundbuchamt zur Nachführung einzureichen. Bei Register-Schuldbriefen erhält der Gläubiger vom Grundbuchamt eine neue Eintragungsbestätigung. Die bisherige Bestätigung braucht nicht ans Grundbuchamt zurückgegeben, sondern kann vernichtet werden.   1737

Die Pfanderleichterung beim Schuldbrief ist nur möglich, wenn die *Pfandgeberin* schriftlich zustimmt. Das Erfordernis der Zustimmung ergibt sich daraus, dass der Schuldbrief als Instrument zur zinsgünstigen Kreditbeschaffung ein Objekt ist, das für die Pfandgeberin selber einen Wert darstellt. Gemäss Art. 835 Ziff. 2 ZGB kann die Pfandgeberin den abbezahlten Schuldbrief herausverlangen, um ihn später ohne neuerliche Kosten erneut als Sicherungsinstrument einzusetzen. Also darf der Gläubiger den abbezahlten Schuldbrief nicht aus eigenen Stücken löschen oder die Pfandsumme herabsetzen.   1738

D. Vergrösserung des Pfandobjekts (Pfandvermehrung)

Zum Begriff der Pfandvermehrung vgl. N 385 ff.   1739

Anmeldende (verfügende) Person ist die Eigentümerin als Pfandgeberin.   1740

Rechtsgrundausweis ist der Vertrag in öffentlicher Urkunde mit der Willenserklärung der Pfandgeberin, die Fläche des verpfändeten Grundstücks zu vergrössern oder ein zusätzliches Grundstück mitzuverpfänden (PAUL-HENRI STEINAUER [ZK 2015], Art. 857 N 191).   1741

1742 Bei der Pfandvermehrung handelt es sich – wie bei der Begründung eines Grundpfandrechts (vgl. N 1687) oder bei der Pfandbeschwerung (vgl. N 1729) – um einen *zweiseitigen Vertrag* zwischen der Pfandgeberin und dem Pfandgläubiger. Bezüglich der Absenz des Pfandgläubigers im Beurkundungsverfahren wird auf N 1710 verwiesen.

1743 Bei *Miteigentums- oder Stockwerkeigentumsverhältnissen* kommt es zur Pfandvermehrung, wenn die Quote erhöht wird (N 1314 ff.). Blosse Sonderrechtsänderungen ohne Quotenänderungen führen nicht zu einer Pfandvermehrung. Auch bei der Einräumung reglementarischer Sonderrechte ist das Pfandrecht nicht zu vermehren.

1744 Erfolgt die Pfandvermehrung im Sinne einer Ausdehnung des Pfandrechts auf bisher nicht mitverpfändete Grundstücke, so sind die Voraussetzung für die Bestellung von *Gesamtpfandrechten* zu beachten (vgl. N 348 ff.).

1745 Papier-Schuldbriefe sind dem Grundbuchamt zur Nachführung einzureichen. Bei Register-Schuldbriefen erhält der Gläubiger vom Grundbuchamt eine neue Eintragungsbestätigung. Die bisherige Bestätigung braucht nicht ans Grundbuchamt zurückgegeben, sondern kann vernichtet werden.

E. Verkleinerung des Pfandobjekts (Pfandverminderung)

1746 Zum Begriff der Pfandverminderung vgl. N 386 ff.

1747 **Anmeldende (verfügende) Person** ist der Grundpfandgläubiger.

1748 **Rechtsgrundausweis** ist die Erklärung des Grundpfandgläubigers in einfacher Schriftform, dass dieser einen Teil der Fläche des verpfändeten Grundstücks aus der Pfandhaft entlässt (Paul-Henri Steinauer [ZK 2015], Art. 857 N 195).

1749 Pfandverminderungen sind – wie im umgekehrten Fall Pfandvermehrungen – notwendige Begleiterscheinungen, wenn eine verpfändete *Liegenschaft verkleinert* (mutiert) wird (N 2754 ff.).

1750 Keine Pfandverminderungen und damit pfandrechtlich und grundbuchlich belanglos sind physische Veränderungen des Pfandobjekts, die keine Veränderung der Grundstücksfläche zum Gegenstand haben, wie der Abbruch von Gebäuden oder öffentlich-rechtliche Vorgänge (z.B. der Antrag der Grundeigentümerin, ihr Grundstück aus der Bauzone in die Landwirtschaftszone herabzuzonen).

Meist verlangt der Pfandgläubiger, wenn die Grundstücksfläche wesentlich vermindert wird, dass ein entsprechender Teil des pfandgesicherten Darlehens zurückbezahlt wird. Im Zuge der Pfandverminderung erfolgt somit oftmals eine Reduktion der Pfandsumme (*Pfanderleichterung*, N 1733 ff.). Rechtlich sind die beiden Dinge voneinander unabhängig. 1751

Beim *Stockwerkeigentum* gilt das in N 1743 für die Pfandvermehrung Gesagte analog, wobei sowohl bei erheblichen Veränderungen eines Pfandobjektes als auch bei der Aufhebung reglementarischer Sondernutzungsrechte die Zustimmungen von Gläubigern, Nutzniessern und Wohnberechtigten beizubringen sind (vgl. N 1313). 1752

Papier-Schuldbriefe sind dem Grundbuchamt zur Nachführung einzureichen. Bei Register-Schuldbriefen erhält der Gläubiger vom Grundbuchamt eine neue Eintragungsbestätigung. Die bisherige Bestätigung braucht nicht ans Grundbuchamt zurückgegeben, sondern kann archiviert oder vernichtet werden. 1753

F. Pfandrechtsverlegung

Zum Begriff der Pfandrechtsverlegung vgl. N 392. 1754

Anmeldende (verfügende) Person ist die Eigentümerin als Pfandgeberin. 1755

Rechtsgrundausweis ist die einseitige Willenserklärung der Pfandgeberin in einfacher Schriftform über die Verlegung (Umbuchung) des Pfandrechts von der Stammparzelle als Gesamtpfandrecht (N 348 ff.) auf sämtliche Miteigentums- oder Stockwerkeigentumsparzellen (ARTHUR MEIER-HAYOZ/HEINZ REY [BK 1988], Art. 712d N 43; JGK BE [Handbuch 2016], Ziff. 3.2.2.4; a.M. PAUL-HENRI STEINAUER [ZK 2015], Art. 857 N 197; DAVID DÜRR [ZK 2009], Art. 799 N 288). 1756

Bei der Pfandrechtsverlegung bleibt das Verwertungssubstrat für den Pfandgläubiger das gleiche. Seine Zustimmung ist deshalb nicht erforderlich. Papier-Schuldbriefe müssen nicht zum Nachtrag eingereicht werden; die Pfandrechtsverlegung wird von Amtes wegen nachgetragen, sobald der Schuldbrief aus anderen Gründen wieder in grundbuchliche Bearbeitung gelangt. Für Register-Schuldbriefe werden neue Bestätigungen ausgegeben. 1757

Wird das Gesamtpfandrecht in einem weiteren Schritt in einzelne Pfandrechte an den verschiedenen Mit- oder Stockwerkeigentumsparzellen aufgeteilt (vgl. hierzu das Beispiel in N 1232), so ist dies eine Verfügung des Pfandgläubigers, die von ihm in einfacher Schriftform erklärt und beim Grundbuch angemeldet 1758 werden muss. Die pfandbelasteten Mit- und Stockwerkeigentümerinnen brauchen nicht mitzuwirken, da ihre Rechtsstellungen erleichtert werden.

G. Totale Pfandänderung

1759 Zum Begriff der totalen Pfandänderung vgl. N 393.

1760 **Anmeldende (verfügende) Personen** sind der Gläubiger und die Pfandgeberin des neu zu belastenden Grundstücks gemeinsam.

1761 Der **Rechtsgrundausweis** besteht aus zwei miteinander verknüpften Willenserklärungen, nämlich der Entlassung des bisherigen Pfandobjekts aus der Pfandhaft durch den Gläubiger in einfacher Schriftform (analog zur Löschung, vgl. N 1829 ff.) und der Abgabe einer neuen Verpfändungserklärung durch die Pfandgeberin des Ersatzgrundstücks in öffentlicher Urkunde (vgl. N 1687 ff.).

1762 Die *Mitwirkung der Schuldnerin* ist nur dann notwendig, wenn sich etwas an den schuldrechtlichen Beziehungen verändert.

1763 Papier-Schuldbriefe sind dem Grundbuchamt zur Nachführung einzureichen. Bei Register-Schuldbriefen erhält der Gläubiger vom Grundbuchamt eine neue Eintragungsbestätigung. Die bisherige Bestätigung braucht nicht ans Grundbuchamt zurückgegeben, sondern kann vernichtet werden.

H. Pfandrechtszerlegung

1764 Zum Begriff der Pfandrechtszerlegung vgl. N 395.

1765 **Anmeldende (verfügende) Personen** sind die Pfandgeberin und der Grundpfandgläubiger gemeinsam.

1766 **Rechtsgrundausweis** ist der Vertrag zwischen Gläubiger und Pfandgeberin über die Aufteilung der Pfandsumme in mehrere Teilbeträge. Nach der Ansicht verschiedener Autoren bedarf dieser Vertrag der öffentlichen Beurkundung (PAUL-HENRI STEINAUER [ZK 2015], Art. 857 N 181; DAVID DÜRR [ZK 2009], Art. 799 N 301; HANS LEEMANN [BK 1925], Art. 869 N 31); demgegenüber reicht nach der hier vertretenen Auffassung einfache Schriftform, da die Pfandrechtszerlegung keine zusätzliche Belastung des Grundeigentums bewirkt (vgl. N 1725).

1767 Die Pfandrechtszerlegung hat *keine Auswirkung auf das Rangverhältnis* (PAUL-HENRI STEINAUER [ZK 2015], Art. 857 N 181). Wird beispielsweise ein Schuldbrief im ersten Rang über CHF 100 000 in zwei Schuldbriefen zu CHF 60 000 und zu CHF 40 000 zerlegt, so lasten die beiden durch die Zerlegung entstandenen Schuldbriefe nach wie vor im ersten (Neben-)Rang. Soll der eine Schuldbrief hinter den anderen zurücktreten, so ist eine Rücktrittserklärung erforderlich (N 1791 ff.).

Werden im Zuge der Pfandrechtszerlegung Teilpfandrechte vom bisherigen Pfandgläubiger auf neue Pfandgläubiger übertragen, so erfolgt dies beim Register-Schuldbrief auf dem Wege der Zession gemäss Art. 165 OR, bei auf den Namen lautenden Papier-Schuldbriefen durch Indossament und Aushändigung der Titel an die neuen Berechtigten, wobei der zu zerlegende Schuldbrief vom bisherigen Pfandgläubiger mit einem Indossaments-ähnlichen Vermerk («*Im Umfang von CHF 100 an B übertragen – [Unterschrift A]*») beim Grundbuchamt einzureichen ist (vgl. zum Gläubigerwechsel N 1804 ff.). Der Vermerk ist kein (unzulässiges) Teilindossament, sondern eine Anweisung an das Grundbuchamt, wie der Schuldbrief zu teilen und der verbleibende Titel nachzuführen ist. 1768

Papier-Schuldbriefe sind dem Grundbuchamt zur Nachführung einzureichen. Bei Register-Schuldbriefen erhält der Gläubiger vom Grundbuchamt eine neue Eintragungsbestätigung. Die bisherige Bestätigung braucht nicht ans Grundbuchamt zurückgegeben, sondern kann vernichtet werden. 1769

I. Pfandrechtszusammenlegung

Zum Begriff der Pfandrechtszusammenlegung vgl. N 396. 1770

Anmeldende (verfügende) Personen sind die Pfandgeberin und der Grundpfandgläubiger der zusammenzulegenden Pfandrechte gemeinsam. 1771

Rechtsgrundausweis ist der Vertrag zwischen der Schuldnerin und dem Gläubiger über die Zusammenlegung mehrerer Pfandrechte zu einem einzigen Pfandrecht. Da die Pfandrechtszusammenlegung nicht zu einer zusätzlichen Belastung des Grundeigentums führt, reicht für diesen Vertrag einfache Schriftform (vgl. N 1725; a.M. PAUL-HENRI STEINAUER [ZK 2015], Art. 857 N 182). 1772

Die Zusammenlegung von Pfandrechten erfolgt grundbuchtechnisch so, dass die Pfandsumme des einen Pfandrechts im Umfange der anderen Pfandrechte erhöht und diese gelöscht werden. Da bei der Zusammenlegung von Pfandrechten das Verbot des gebrochenen Ranges (N 382) zu beachten ist, können nur Pfandrechte *im Nebenrang oder in unmittelbar aufeinanderfolgenden Rängen* zusammengelegt werden. So ist es möglich, dass ein Pfandrecht über 1773

CHF 100 000 im ersten Rang mit einem Pfandrecht über CHF 200 000 im zweiten Rang zu einem Pfandrecht über CHF 300 000 im ersten Rang zusammengelegt wird. Geht dem Pfandrecht im zweiten Rang beispielsweise eine Dienstbarkeitslast vor, so kann die Zusammenlegung im ersten Rang nur erfolgen, wenn der Dienstbarkeitsberechtigte seinen Rücktritt hinter das zusammengelegte Pfandrecht erteilt oder das zusammengelegte Pfandrecht in den zweiten Rang (im Nachgang zu einer leeren Pfandstelle von CHF 100 000 und der Dienstbarkeitslast) gelegt wird (vgl. auch PAUL-HENRI STEINAUER [ZK 2015], Art. 857 N 182).

1774 Sodann können nur *gleichartige Pfandrechte* zusammengelegt werden. Die Zusammenlegung von Inhaber- und Namen-Schuldbriefen sowie von Papier-Schuldbriefen und Register-Schuldbriefen ist nicht möglich. Sie müssen vorgängig durch Umwandlung (N 1776 ff.) gleichartig ausgestaltet werden. Ebenfalls ist es nicht möglich, ohne vorgängige Umwandlung Grundpfandverschreibungen und Schuldbriefe zusammenzulegen.

1775 Papier-Schuldbriefe sind dem Grundbuchamt zur Nachführung einzureichen. Bei Register-Schuldbriefen erhält der Gläubiger vom Grundbuchamt eine neue Eintragungsbestätigung. Die bisherige Bestätigung braucht nicht ans Grundbuchamt zurückgegeben, sondern kann archiviert oder vernichtet werden.

J. Umwandlung

1776 Die Umwandlung eines Papier-Schuldbriefs in einen Register-Schuldbrief, eines Inhaber-Schuldbriefs in einen Namen-Schuldbrief, einer Grundpfandverschreibung in einen Schuldbrief (N 1675 ff.) sowie die jeweils umgekehrten Vorgänge erfolgen jeweils in einem einzigen Schritt, d.h., das bestehende Pfandrecht wird nicht gelöscht, sondern umgewandelt. Nachrückensberechtigte Nachgangspfandgläubiger sind nicht berührt. Ihre Zustimmung ist nicht erforderlich (PAUL-HENRI STEINAUER [ZK 2015], Art. 843 N 48).

1777 Die übergangsrechtlich erleichterte Umwandlung von Papier- in Register-Schuldbriefe (Art. 33b SchlT ZGB; Art. 108 GBV) ist in N 1782 ff. dargestellt.

1. Regelfall

1778 **Anmeldende (verfügende) Personen** sind die Pfandgeberin und der Gläubiger gemeinsam.

1779 **Rechtsgrundausweis** ist der Vertrag in öffentlicher Urkunde zwischen dem Gläubiger und der Pfandgeberin über die Umwandlung des Grundpfandrechts

(Art. 73 und Art. 107 GBV; PAUL-HENRI STEINAUER [ZK 2015], Art. 843 N 41; HANS LEEMANN [BK 1925], Art. 825 N 24; JÖRG SCHMID/BETTINA HÜRLIMANN-KAUP [2009], N 1639a).

Wie bei der Errichtung des Schuldbriefes ist auch bei dessen Umwandlung nur die Erklärung der Pfandgeberin beurkundungsbedürftig, nicht aber diejenige des Gläubigers (N 1710). Deshalb können die Erklärungen in zwei separaten Dokumenten abgegeben werden, nämlich durch die Pfandgeberin vor der Urkundsperson in öffentlicher Urkunde und durch den Gläubiger auf dem Korrespondenzweg in einfacher Schriftform. 1780

Papier-Schuldbriefe sind dem Grundbuchamt zum Nachtrag einzureichen, bei Umwandlung in Register-Schuldbriefe oder Grundpfandverschreibungen zur Entkräftung. Wird ein Register-Schuldbrief in einen Papier-Schuldbrief umgewandelt, so braucht die bisherige Bestätigung nicht ans Grundbuchamt zurückgegeben, sondern kann archiviert oder vernichtet werden. 1781

2. Vereinfachte Umwandlung aufgrund übergangsrechtlicher Sondervorschriften

Kraft Art. 33b SchlT ZGB können alle vor 2012 im Grundbuch eingetragenen Papier-Schuldbriefe auf schriftliches Begehren von Pfandgeberin und Gläubiger in Register-Schuldbriefe umgewandelt werden (vgl. auch Art. 74 und 108 GBV). Diese Möglichkeit ist zeitlich nicht befristet. 1782

Anmeldende (verfügende) Person ist die Pfandgeberin. 1783

Rechtsgrundausweis ist der Vertrag in einfacher Schriftform zwischen der Pfandgeberin und dem Gläubiger (Art. 33b SchlT ZGB; PAUL-HENRI STEINAUER [ZK 2015], Art. 843 N 49). 1784

Die erleichterte Umwandlung ist nur zulässig für *altrechtlich eingetragene Titel*, bei denen nach dem 1.1.2012 weder Pfandbeschwerungen noch Pfandvermehrungen vorgenommen wurden. Unbeachtlich ist demgegenüber, ob es sich beim altrechtlichen Titel um einen Inhaber- oder um einen Namen-Schuldbrief handelt (PAUL-HENRI STEINAUER [ZK 2015], Art. 843 N 51 f.). 1785

Der Papier-Schuldbrief wird durch das Grundbuchamt entkräftet. Ist er nicht auffindbar, so ist die gerichtliche Kraftloserklärung einzureichen (Art. 108 Abs. 2 GBV). 1786

K. Rangänderung (Vorrücken)

1787 Findet sich eine leere Pfandstelle in einem vorderen Rang und wurde zugunsten des Pfandrechtes im hinteren Rang kein Nachrücken bestellt, so können Pfandgeberin und Gläubiger miteinander ein Vorrücken des Pfandrechts in den vorderen Rang vereinbaren.

1788 **Anmeldende (verfügende) Person** ist die Pfandgeberin.

1789 **Rechtsgrundausweis** ist der Vertrag zwischen der Pfandgeberin und dem Gläubiger in öffentlicher Urkunde (HANS LEEMANN [BK 1925], Art. 813/814 N 70).

1790 Papier-Schuldbriefe sind zum Nachtrag einzureichen (Art. 144 Abs. 2 lit. h GBV). Register-Schuldbriefe werden in nachgeführter Fassung neu bestätigt. Die bisherige Bestätigung braucht nicht ans Grundbuch zurückgegeben, sondern kann vernichtet werden.

L. Rangrücktritt

1791 Zum Begriff des Rangrücktritts vgl. N 377 ff.

1792 **Anmeldende (verfügende) Person** ist der zurücktretende Grundpfandgläubiger.

1793 **Rechtsgrundausweis** ist die Willenserklärung des zurücktretenden Grundpfandgläubigers in einfacher Schriftform (Art. 122 Abs. 1 GBV; BGE 119 III 32, E. 1c; HANS LEEMANN [BK 1925], Art. 812 N 17 und Art. 813/814 N 71; HANS-PETER FRIEDRICH [ZBGR 1977], 354; DAVID DÜRR/DANIEL ZOLLINGER [ZK 2013], Art. 812 N 57 und 65, Art. 813 N 91).

1794 Papier-Schuldbriefe sind zum Nachtrag einzureichen (Art. 144 Abs. 2 lit. h GBV). Register-Schuldbriefe werden in nachgeführter Fassung neu bestätigt. Die bisherige Bestätigung braucht nicht ans Grundbuch zurückgegeben, sondern kann vernichtet werden.

M. Erhöhung des Maximalzinses

1795 Es gilt das für die Pfandbeschwerung Gesagte; vgl. N 1724 ff.

N. Verminderung des Maximalzinses

1796 Es gilt das für die Pfanderleichterung Gesagte; vgl. N 1733 ff.

O. Änderungen im Rechtsverhältnis

In der Regel treffen die Schuldbriefparteien ausserhalb des Verpfändungsaktes und des Schuldbrief-Titels eine Reihe weiterer Vereinbarungen, insbesondere betreffend Verzinsung, Abbezahlung, Kündigung und Anerkennung der Allgemeinen Geschäftsbedingungen des Gläubigers. Auf solche Nebenabreden kann unter den grundbuchlichen Bemerkungen zu den Pfandrechten verwiesen werden (Art. 106 Abs. 1 GBV). Ferner kann die Schuldnerin vom Gläubiger verlangen, dass Änderungen im Rechtsverhältnis zugunsten der Schuldnerin (insbesondere durch Abzahlung der Schuld) im Grundbuch und auf dem Schuldbrief vermerkt werden (Art. 852 Abs. 1 ZGB; Art. 106 Abs. 2 GBV). Der Zweck solcher Umständlichkeit ist, die Schuldbriefschuldnerin vor der Entstehung grundloser Pflichten gegenüber gutgläubigen Erwerbern des Schuldbriefs zu bewahren. Der Nutzen von Vermerken gemäss Art. 106 Abs. 1 GBV ist aber gering, da sich die Gläubiger strafbar machen und schadenersatzpflichtig werden, wenn sie Schuldbriefe unter Verschweigung von Nebenabreden und erfolgten Amortisationen an gutgläubige Dritte weitergeben. Die Finanzinstitute als typische Schuldbriefgläubiger haben ein eminentes Eigeninteresse, jede rechtswidrige Schädigung ihrer Kunden zu vermeiden. 1797

Anmeldende (verfügende) Personen sind die Schuldnerin und der Grundpfandgläubiger gemeinsam. 1798

Rechtsgrundausweis ist der Vertrag in einfacher Schriftform zwischen der Schuldnerin und dem Grundpfandgläubiger (DAVID DÜRR [ZK 2009], Art. 799 N 308 f.). 1799

IV. Übertragung von Gläubigerrechten, Schuldpflicht und Pfandgegenstand

A. Überblick

Die *Gläubigerrechte* aus Papier-Schuldbriefen werden durch physische Übergabe des Titels übertragen, wobei Namen-Schuldbriefe zu indossieren sind. Register-Schuldbriefe werden dadurch übertragen, dass der bisherige Gläubiger dem Grundbuchamt in einfacher Schriftform den Rechtsübergang auf den neuen Gläubiger anmeldet. Forderungs- und Pfandrechte gehen gemeinsam über (DAVID DÜRR [ZK 2009], Art. 799 N 311 ff.; PAUL-HENRI STEINAUER [ZK 2015], Art. 858 N 1 ff.). 1800

1801 Bei der *Übertragung des verpfändeten Grundstücks* wirkt der Pfandgläubiger nicht mit. Der Vorgang betrifft ihn – rechtlich gesprochen – nicht; denn sein Pfandrecht am Grundstück bleibt unverändert bestehen (DAVID DÜRR [ZK 2009], Art. 799 N 331). Wirtschaftlich ist der Pfandgläubiger dennoch betroffen, weil mit der Übertragung des Grundstücks eine Drittpfandsituation entsteht, d.h. ein Dreiecksverhältnis, bei welchem Darlehensschuldner und Eigentümerin der Pfandsache nicht mehr die gleiche Person sind. Da Drittpfandverhältnisse für den Pfandgläubiger unbequem sein können, findet sich in den meisten Grundpfandverträgen die Klausel, dass der Pfandgläubiger das Darlehen bei der Veräusserung der Pfandsache sogleich kündigen kann.

1802 Beim *Schuldnerwechsel* muss der Pfandgläubiger mitwirken, da der Vorgang für ihn nachteilig sein kann, wenn beispielsweise der neue Schuldner weniger zuverlässig als der bisherige ist. Die Zustimmung des Pfandgläubigers zum Schuldnerwechsel muss schriftlich belegt werden (DAVID DÜRR [ZK 2009], Art. 799 N 323 ff.).

1803 Werden bei der Liquidation von Gesamthandsverhältnissen, insbesondere bei Erbteilungen, grundpfandbelastete Grundstücke einem einzelnen Beteiligten zugewiesen, so ist daran zu denken, dass er auch die betreffenden Pfandschulden übernimmt und vom Pfandgläubiger die Entlassung der übrigen Beteiligten aus Schuld und Haftung schriftlich bestätigen lässt. Ohne diese Entlassungserklärung dauert die Haftung der übrigen weiter, was im Falle einer späteren Insolvenz des übernehmenden Erben zu überraschenden Belastungen und Ärger der übrigen Erben führen kann.

B. Gläubigerwechsel

1. Gläubigerwechsel beim Papier-Schuldbrief

1804 Papier-Schuldbriefe werden ohne Mitwirkung der Schuldnerin ausserhalb des Grundbuchs übertragen (Art. 835 ZGB); ein allfälliger Eintrag des Gläubigers im Grundbuch gemäss Art. 12 GBV hat bloss informativen Charakter (PAUL-HENRI STEINAUER [Bd. III 2012], N 3000 ff.).

1805 **Anmeldende Person** ist der neue Grundpfandgläubiger.

1806 **Rechtsgrundausweis** ist der Antrag des neuen Grundpfandgläubigers in einfacher Schriftform auf Einschreiben auf dem Hauptbuchblatt, verbunden mit dem Nachweis seiner Gläubigerstellung.

Der *Nachweis der Gläubigerstellung* erfolgt durch das blosse Vorlegen des 1807
Schuldbriefes beim Grundbuch.

Namen-Schuldbriefe müssen indossiert sein (Art. 864 Abs. 2 ZGB; PAUL- 1808
HENRI STEINAUER [Bd. III 2012], N 3003). Das *Indossament* ist der auf der
Rückseite *(in dosso)* des Titels angebrachte Übertragungsvermerk des bisherigen Gläubigers mit Nennung des neuen Gläubigers (z.B.: Übertragen an Bank
B – [Unterschrift A]). Im Erbgang ersetzt die Erbenbescheinigung (N 2117 ff.)
das Indossament; sie kann als notarieller Vermerk auf die Rückseite des Titels
gesetzt werden («Durch Erbgang und Teilung übergegangen an X.»). – Erbgang und Teilung können aber auch anders belegt werden, ohne dass jedes
einzelne im Nachlass befindliche Wertpapier unterschrieben und abgestempelt werden muss.

Inhaber-Schuldbriefe werden durch blosse Übergabe des Titels übertragen 1809
(PAUL-HENRI STEINAUER [Bd. III 2012], N 3003). Um den Rechtsgrund brauchen sich Grundbuchämter, Urkundspersonen und Dritte nicht zu kümmern.
Der gutgläubige Rechtserwerb aus abhandengekommenen Inhaber-Schuldbriefen gemäss Art. 935 ZGB ist eine Eventualität, mit der im Rechtsverkehr
nicht gerechnet werden muss.

2. Gläubigerwechsel beim Register-Schuldbrief

a) Grundsatz: Rechtsgeschäftliche Übertragung durch Eintrag in das Grundbuch

Die Übertragung erfolgt meist durch die an das Grundbuchamt gerichtete 1810
Erklärung des bisherigen Grundpfandgläubigers (PAUL-HENRI STEINAUER
[Bd. III 2012], N 2980 ff.).

Anmeldende (verfügende) Person ist bei rechtsgeschäftlicher Übertragung 1811
der bisherige Grundpfandgläubiger (PAUL-HENRI STEINAUER [ZK 2015],
Art. 858 N 46 f.).

Rechtsgrundausweis ist die Übertragungserklärung des bisherigen Grund- 1812
pfandgläubigers in einfacher Schriftform (Art. 858 Abs. 1 ZGB; PAUL-HENRI
STEINAUER [ZK 2015], Art. 858 N 48 f.).

Aus der schriftlichen Erklärung müssen das Grundstück, der von der Übertra- 1813
gung betroffene Register-Schuldbrief und der bisherige und der neue Grundpfandgläubiger hervorgehen. Weitere Angaben sind nicht nötig (PAUL-HENRI
STEINAUER [ZK 2015], Art. 858 N 44 f.).

b) Ausnahme: Ausserbuchliche Übertragung

1814 Ausnahmsweise gehen Gläubigerrechte ausserbuchlich auf den neuen Gläubiger über. Wichtigste Anwendungsfälle sind die Vorgänge nach Fusionsgesetz sowie der Erbgang (PAUL-HENRI STEINAUER [ZK 2015], Art. 858 N 12 ff.).

1815 **Anmeldende Person** ist bei einem Vorgang nach Fusionsgesetz der neue Gläubiger, bei Erbgang (Übergang auf die Erbengemeinschaft) der Willensvollstrecker oder ein Erbe.

1816 **Rechtsgrundausweis** ist der jeweilige Erwerbstitel, der den ausserbuchlichen Rechtsübergang belegt (Art. 104 Abs. 2 GBV; z.B. die *Erbenbescheinigung*, vgl. N 2117 ff.).

C. Schuldnerwechsel, Schuldbeitritt

1. Schuldnerwechsel

1817 Schuldnerwechsel bei Schuldbriefen kommen vorwiegend dann vor, wenn der Erwerber eines schuldbriefbelasteten Grundstücks die Pfandschuld übernimmt und der Schuldbrief stehen bleibt. Die nachfolgende Darstellung orientiert sich an dieser Konstellation. Die Schuldübernahme ist auch hier ein Dreiparteiengeschäft, bei dem die alte Schuldnerin, der neue Schuldner sowie der Gläubiger zusammenwirken. Die Willenserklärungen zwischen alter Schuldnerin und neuem Schuldner bezüglich der Schuldübernahme werden meist im Kaufvertrag ausgetauscht. Die Schuldanerkennung des neuen Schuldners gegenüber dem Schuldbriefgläubiger und die Entlassung der bisherigen Schuldnerin erfolgen in einem einzigen Akt oder in zwei separaten Akten. Die Zustimmungserklärung der alten Schuldnerin bezüglich ihrer Schuldentlassung und die Erklärung des Gläubigers, der den neuen Schuldner an Stelle der bisherigen Schuldnerin annimmt, gelten als stillschweigend erteilt und werden meist nicht schriftlich dargestellt.

1818 Der Wechsel der Person der Pfandgeberin folgt aus dem Handwechsel des Pfandgegenstandes (z.B. durch Kauf) und bedarf keines Austauschs von Willenserklärungen.

1819 **Anmeldende Personen** sind der neue Schuldner bezüglich der Schuldanerkennung sowie der Gläubiger bezüglich der Entlassung der bisherigen Schuldnerin.

1820 **Rechtsgrundausweis** sind die Willenserklärungen des neuen Schuldners und des Gläubigers in einfacher Schriftform (DAVID DÜRR [ZK 2009], Art. 799

N 324 ff.). Die Erklärungen können in separaten Dokumenten abgegeben werden. Die stillschweigenden Zustimmungen der jeweils begünstigten Gegenparteien sind zu vermuten und brauchen nicht belegt zu werden.

Sind ausnahmsweise Pfandgeberin und Schuldbriefschuldnerin nicht identisch, liegt also die Schuldbriefbelastung eines *Drittpfandes* vor, so bedarf der Schuldnerwechsel der schriftlich belegten Zustimmung der Pfandgeberin. 1821

Der Eintritt der sämtlichen Erben in die Schuldbriefschuld des verstorbenen Pfandgebers wird im Grundbuch und auf dem Schuldbrief ohne Mitwirkung des Gläubigers nachgetragen. 1822

Liegt ein grundpfändlich belastetes Grundstück in einem Nachlass, so kann der Übergang des Grundeigentums von der Erblasserin auf die Erben durch eine *Erbenbescheinigung* (N 2117 ff.) bewirkt werden, ohne dass gleichzeitig die Grundpfänder nachgeführt werden. Die Grundpfänder sollten spätestens im Zuge der Erbteilung nachgeführt werden. Gemäss der dispositiven Bestimmung von Art. 615 ZGB sind Pfandschulden von jenen Erben zu übernehmen, die die Pfandobjekte erhalten. Zum Schuldbrief-Schuldnerwechsel infolge von Erbgang und Erbteilung muss dem Grundbuchamt der Erbgang bezüglich des Grundstücks nachgewiesen werden, ferner der Erbteilungsvertrag, soweit er das Grundstück und den Schuldbrief betrifft, mit der Erklärung des übernehmenden Erben, dass er die Grundpfandschulden allein übernimmt, schliesslich die Zustimmung des Grundpfandgläubigers zur Schuldentlassung der übrigen Erben (vgl. auch N 2143). Ohne die Schuldentlassung der übrigen Erben haften diese noch während fünf Jahren solidarisch (Art. 639 ZGB); Art. 615 ZGB bewirkt nicht von Gesetzes wegen den unverzüglichen Übergang der Pfandschuld auf die Übernehmerin des Pfandgegenstandes. 1823

Werden nach der kantonalen Praxis die Schuldner im Schuldbrieftitel namentlich aufgeführt (was nach Art. 144 GBV nicht zwingend der Fall ist), sind Papier-Schuldbriefe zum Nachtrag einzureichen. Register-Schuldbriefe werden in nachgeführter Fassung neu bestätigt. Die bisherige Bestätigung braucht nicht ans Grundbuch zurückgegeben, sondern kann vernichtet werden. 1824

2. Schuldbeitritt

Beim Schuldbeitritt erklärt eine dritte Person gegenüber dem Gläubiger, sich zusätzlich zum bisherigen Schuldner und solidarisch mit diesem gegenüber dem Gläubiger zu verpflichten. Schuldbeitritte kommen etwa vor, wenn ein mit einem Grundpfandrecht belastetes Grundstück in eine einfache Gesellschaft eingebracht wird und die übrigen Gesellschafter die bestehende Schuld 1825 künftig mittragen. Damit die übrigen Gesellschafter unmittelbar dem Gläubiger für die mit dem Grundpfand gesicherte Schuld haften, haben sie eine ausdrückliche Schuldanerkennung gegenüber dem Gläubiger abzugeben. Ohne eine solche Schuldanerkennung entsteht ein Drittpfand: Während die bisherige Eigentümerin alleinige Schuldnerin gegenüber dem Gläubiger bleibt, besteht das Pfandrecht künftig an einem Grundstück, das im Gesamteigentum aller Gesellschafter steht.

1826 **Anmeldende Personen** sind die neue Schuldnerin oder die neuen Schuldnerinnen.

1827 **Rechtsgrundausweis** ist die einseitige Schuldanerkennung der weiteren Schuldnerin(nen) gegenüber dem Grundpfandgläubiger in einfacher Schriftform.

1828 Werden gemäss der Praxis mancher Kantone die Schuldner namentlich im Schuldbrieftitel aufgeführt (was nach Art. 144 GBV nicht zwingend der Fall sein muss), so sind Papier-Schuldbriefe dem Grundbuchamt zum Nachtrag einzureichen. Beim Register-Schuldbrief erhält der Gläubiger vom Grundbuchamt eine neue Eintragungsbestätigung. Die bisherige Bestätigung braucht nicht ans Grundbuchamt zurückgegeben, sondern kann vernichtet werden.

V. Löschung des Schuldbriefs

1829 **Anmeldende Person** ist der Grundpfandgläubiger.

1830 **Rechtsgrundausweis** ist die Löschungsbewilligung des Grundpfandgläubigers in einfacher Schriftform.

1831 Der Papier-Schuldbrief wird durch das Grundbuchamt entkräftet. Ist er nicht auffindbar, so ist die gerichtliche Kraftloserklärung einzureichen (Art. 108 Abs. 3 ZGB).

1832 Mit der Löschung des Schuldbriefes entsteht beim Vorhandensein nachrangiger Pfandrechte eine leere Pfandstelle, sofern nicht für eines der nachgehenden Grundpfandrechte das Recht zum Nachrücken bestellt ist (vgl. Art. 134 Abs. 1 GBV). Sind Nachrückensrechte vorgemerkt, so wird das Nachrücken im Grundbuch von Amtes wegen vollzogen.

1833 Die Löschung des Schuldbriefs ist nur möglich, wenn die *Pfandgeberin* schriftlich zustimmt. Das Erfordernis der Zustimmung ergibt sich daraus, dass der Schuldbrief als Instrument zur zinsgünstigen Kreditbeschaffung ein Objekt ist, das für die Pfandgeberin selber einen Wert darstellt. Gemäss Art. 835 Ziff. 2

ZGB kann die Pfandgeberin den abbezahlten Schuldbrief herausverlangen, um ihn später ohne neuerliche Kosten erneut als Sicherungsinstrument einzusetzen. Also darf der Gläubiger den abbezahlten Schuldbrief nicht aus eigenen Stücken löschen.

§ 52 Mittelbare gesetzliche Pfandrechte

Zum Begriff der mittelbaren gesetzlichen Pfandrechte vgl. N 430 ff. 1834

I. Errichtung von mittelbaren gesetzlichen Pfandrechten

A. Überblick

Die Eintragung von mittelbaren gesetzlichen Pfandrechten im Grundbuch erfolgt auf einseitigen Antrag des Gläubigers (Art. 963 Abs. 3 ZGB; HENRI DESCHENAUX [SPR 1988], 285 ff.; HANS LEEMANN [BK 1925], Art. 838 N 4; CHRISTOPH TURNHERR [BSK 2015], Art. 837/838 N 17; PAUL-HENRI STEINAUER [Bd. III 2012], N 2848). Die Mitwirkung der Grundeigentümerin ist bloss bei der Errichtung der gesetzlichen Pfandrechte gemäss Art. 837 Abs. 1 Ziff. 3, Art. 712i, Art. 779i/779k und 779d ZGB notwendig (Art. 76 Abs. 2 GBV); hier kann die Grundbucheintragung nur erfolgen, wenn neben dem schriftlichen Antrag des Grundpfandgläubigers ein schriftlicher Nachweis, wonach die Eigentümerin die Pfandsumme anerkennt oder die Eintragung bewilligt oder, wenn die Grundeigentümerin nicht freiwillig diese Erklärung abgibt, ein rechtskräftiges Gerichtsurteil, wonach die Pfandsumme festgestellt ist dem Grundbuchamt beigebracht wird (Art. 76 GBV; PAUL-HENRI STEINAUER [Bd. III 2012], N 2848 ff.). 1835

Gewisse mittelbare gesetzliche Pfandrechte können nur innerhalb einer bestimmten Frist zur Anmeldung gebracht werden. Um diese gesetzlichen Anmeldungsfristen zu wahren, kann der Gläubiger eine vorläufige Eintragung gemäss Art. 961 Abs. 1 Ziff. 1 ZGB erwirken, wobei auch hier der einvernehmliche und der gerichtliche Weg möglich sind. 1836

Nachfolgend wird ausschliesslich die einvernehmliche Errichtung von mittelbaren gesetzlichen Pfandrechten behandelt. Die Ausführungen beschränken sich auf diejenigen Typen mit der grössten Bedeutung für die Praxis. 1837

B. Gemeinschaftspfandrecht der Stockwerkeigentümer

1838 Gemäss Art. 712i Abs. 1 ZGB hat die Stockwerkeigentümergemeinschaft Anspruch gegenüber jeder Stockwerkeigentümerin auf Errichtung eines Pfandrechts an deren Anteil für rückständige und fällige Beitragsforderungen für die letzten drei Jahre.

1839 **Anmeldende Person** ist der Verwalter oder eine durch Mehrheitsbeschluss der Stockwerkeigentümergemeinschaft ermächtigte Stockwerkeigentümerin (AMÉDÉO WERMELINGER [ZK 2010], Art. 712i N 49 ff.; ARTHUR MEIER-HAYOZ/HEINZ REY [BK 1988], Art. 712i N 46 ff.; zum Nachweis der Vertretungsmacht des Verwalters vgl. ferner N 232).

1840 **Rechtsgrundausweis** ist der einseitige Antrag der Stockwerkeigentümergemeinschaft an das Grundbuchamt, das gesetzliche Pfandrecht über eine bestimmte Pfandsumme zu seinen Gunsten einzutragen, verbunden mit der schriftlichen Erklärung der betroffenen Stockwerkeigentümerin, wonach diese die Pfandsumme anerkennt (Art. 76 Abs. 2 lit. d GBV; AMÉDÉO WERMELINGER [ZK 2010], Art. 712i N 57 ff.; ARTHUR MEIER-HAYOZ/HEINZ REY [BK 1988], Art. 712i N 51).

1841 Anerkennt die Stockwerkeigentümerin neben der Pfandsumme gleichzeitig die rückständige Beitragsforderung, so schafft sie damit einen provisorischen Rechtsöffnungstitel im Sinne von Art. 82 Abs. 1 SchKG. Sie kann aber zur Vermeidung von Prozesskosten auch die Pfandsumme anerkennen, während sie ihre offene Beitragsschuld ganz oder teilweise bestreitet.

1842 Das gesetzliche Pfandrecht erstreckt sich auf unbezahlte und fällige Beitragsforderungen der Stockwerkeigentümergemeinschaft gegenüber der fehlbaren Stockwerkeigentümerin (BGE 106 II 183, E. 3c). Ist die säumige Stockwerkeigentümerin im Jahr 2016 mit ihren Beiträgen für die Jahre 2012-2015 im Rückstand und bleibt der für 2016 beschlossene Beitrag nach dem im Beschluss festgesetzten Fälligkeitstermin ebenfalls unbezahlt, so kann das Pfandrecht wahlweise für die Beiträge der Jahre 2013, 2014 und 2015 oder für die Jahre 2014, 2015 und 2016 verlangt werden. Dabei drängt sich die erste Alternative auf, weil die Pfanderrichtung für den Rückstand pro 2016 auch später verlangt werden kann. Für das Jahr 2012 ist die Pfandsicherheit verwirkt (AMÉDÉO WERMELINGER [ZK 2010], Art. 712i N 28 ff.; ARTHUR MEIER-HAYOZ/HEINZ REY [BK 1988], Art. 712i N 33 ff.).

C. Pfandrecht für die rückständige Heimfallentschädigung

Beim Untergang einer Baurechtsdienstbarkeit hat die Grundeigentümerin für die an sie heimfallenden Bauwerke dem Bauberechtigten eine angemessene Entschädigung *(Heimfallentschädigung)* zu bezahlen. War das Baurecht verpfändet, so haftet diese Entschädigung den Gläubigern für noch bestehende Forderungen; sie darf ohne deren Zustimmung dem bisherigen Baurechtsnehmer nicht ausbezahlt werden (Art. 779d Abs. 1 ZGB). Wird die Heimfallentschädigung nicht bezahlt oder sichergestellt, so können sowohl der bisherige Baurechtsnehmer als auch dessen Gläubiger die Eintragung eines gesetzlichen Grundpfandrechts zur Sicherung der Entschädigungsforderung verlangen (Art. 779d Abs. 2 ZGB). 1843

Anmeldende Person ist der Bauberechtigte oder – auch ohne Mitwirkung des Bauberechtigten – jeder Gläubiger, der im Zeitpunkt des Heimfalls eine durch die Baurechtsparzelle sichergestellte Forderung gegenüber dem Bauberechtigten hatte (PETER R. ISLER/DOMINIQUE GROSS [BSK 2015], Art. 779d N 18). 1844

Rechtsgrundausweis ist der einseitige Antrag des Bauberechtigten oder seines Grundpfandgläubigers an das Grundbuchamt, das gesetzliche Pfandrecht über eine bestimmte Pfandsumme zu seinen Gunsten einzutragen, verbunden mit der schriftlichen Erklärung der ehemaligen Baurechtsgeberin, wonach diese die Pfandsumme anerkennt (Art. 76 Abs. 2 lit. a GBV). Will die ehemalige Baurechtsgeberin dem Gläubiger keinen provisorischen Rechtsöffnungstitel im Sinne von Art. 82 Abs. 1 SchKG in die Hand geben, etwa weil die Höhe der Heimfallentschädigung streitig ist, so kann sie die Pfandsumme anerkennen und die Schuld ganz oder teilweise bestreiten. 1845

Gemäss Art. 779d Abs. 3 ZGB muss die Eintragung des Pfandrechts im Grundbuch spätestens drei Monate nach Untergang der Baurechtsdienstbarkeit erfolgen. Es finden die Regeln über das Bauhandwerkerpfandrecht analog Anwendung (PAUL-HENRI STEINAUER [Bd. III 2012], N 2564a). Sofern die Eigentümerin nicht zur Anerkennung der vom Gläubiger verlangten Pfandsumme bereit ist, muss sich der Gläubiger ans Gericht wenden und dort die Anspruchsgrundlage und die Berechnung der Forderung nachweisen. Im Falle des einvernehmlichen Grundbucheintrags kraft Anerkennung der Pfandsumme erübrigen sich die entsprechenden Belege. 1846

D. Baurechtszinsenpfandrecht

1847 Gemäss Art. 779i und 779k ZGB hat die Eigentümerin der Bodenparzelle Anspruch gegenüber dem Baurechtsnehmer auf Errichtung eines Pfandrechts an der Baurechtsparzelle für rückständige oder künftige Baurechtszinsen in der Höhe von drei Jahresleistungen. Das gesetzliche Baurechtszinsenpfandrecht ist ein Maximalpfandrecht und steht in dem Rang, der ihm gemäss dem Zeitpunkt seines Grundbucheintrags zukommt (PETER R. ISLER/DOMINIQUE GROSS [BSK 2015], Art. 779i N 4 ff.).

1848 **Anmeldende Person** ist die Baurechtsgeberin; ist die Bodenparzelle in Miteigentum aufgeteilt, so ist jede Miteigentümerin allein zur Anmeldung eines ihrer Baurechtszinsenforderung entsprechenden Grundpfandrechts berechtigt (PETER R. ISLER/DOMINIQUE GROSS [BSK 2015], Art. 779i N 6).

1849 **Rechtsgrundausweis** ist der einseitige Antrag der Baurechtsgeberin an das Grundbuchamt, das gesetzliche Pfandrecht über eine bestimmte Pfandsumme zu ihren Gunsten einzutragen, verbunden mit der schriftlichen Erklärung des Bauberechtigten, wonach dieser die Pfandsumme anerkennt (Art. 779k Abs. 2 i.V.m. Art. 839 Abs. 3 ZGB; Art. 76 Abs. 2 lit. a GBV).

1850 Will der Baurechtsnehmer der Baurechtsgeberin keinen provisorischen Rechtsöffnungstitel im Sinne von Art. 82 Abs. 1 SchKG in die Hand geben, so kann er die Pfandsumme anerkennen und die Schuld ganz oder teilweise bestreiten.

1851 Das gesetzliche Pfandrecht für den Baurechtszins kann in der Höhe von drei Jahreszinsen verlangt werden. Die Baurechtszinsenforderung braucht nicht fällig zu sein (PETER R. ISLER/DOMINIQUE GROSS [BSK 2015], Art. 779i N 8 ff.). Im Gegensatz zum Gemeinschaftspfandrecht der Stockwerkeigentümerinnen (Art. 712i Abs. 1 ZGB) ist es bei der Betreibung auf Verwertung eines Baurechtszinsenpfandrechts unbeachtlich, ob sich die ungedeckte Forderung auf Rückstände der letzten drei Jahre oder auf eine frühere Periode beziehen. Die Baurechtsgeberin kann also z.B. im 2016 den noch immer rückständigen Zins 2010 mit Pfandverwertung einkassieren, auch wenn der Baurechtszins ab 2011 wieder regelmässig bezahlt wurde (PETER R. ISLER/DOMINIQUE GROSS [BSK 2015], Art. 779k N 4).

1852 Die Eintragung des gesetzlichen Pfandrechts im Grundbuch ist an *keine Fristen* gebunden; sie kann während der gesamten Dauer der Baurechtsdienstbarkeit verlangt werden (PETER R. ISLER/DOMINIQUE GROSS [BSK 2015], Art. 779i N 8 ff.).

Art. 779k Abs. 2 ZGB verweist im Übrigen auf die Bestimmungen über die Errichtung des Bauhandwerkerpfandrechts, wobei sich dieser Verweis bloss auf die Eintragung des Pfandrechts, nicht aber auf die Besonderheiten über die Rangordnung und das Vorrecht nach Art. 840 f. ZGB bezieht.   1853

E. Verkäuferpfandrecht

Art. 837 Abs. 1 Ziff. 1 ZGB gewährt der Verkäuferin nach Übereignung des verkauften Grundstücks ein gesetzliches Pfandrecht zur Sicherung der rückständigen Kaufpreisforderung, und zwar auch dann, wenn der Kaufpreis einvernehmlich gestundet wurde, nicht jedoch, wenn die Schuld ausdrücklich in eine Darlehensschuld umgewandelt wurde.   1854

Anmeldende Person ist die Verkäuferin.   1855

Rechtsgrundausweis ist der einseitige Antrag auf Eintragung eines Pfandrechts in einfacher Schriftform; der Antrag hat auf den (bereits dem Grundbuchamt eingereichten) Kaufvertrag Bezug zu nehmen (Art. 76 Abs. 1 GBV; PAUL-HENRI STEINAUER [Bd. III 2012], N 2851a; JÖRG SCHMID/BETTINA HÜRLIMANN-KAUP [2009], N 1681).   1856

Die Eintragung des Verkäuferpfandrechts kann frühestens mit der Eintragung der Eigentumsübertragung erfolgen (CHRISTOPH THURNHERR [BSK 2015], Art. 837/838 N 19; PAUL-HENRI STEINAUER [Bd. III 2012], N 2849a).   1857

Mit dem Verkäuferpfandrecht lassen sich Forderungen aus Kauf, Tausch, gemischter Schenkung sowie aus freiwilligen (öffentlichen oder privaten) Versteigerungen sichern. Unzulässig ist die Bestellung eines Verkäuferpfandrechts für andere Forderungen, wie etwa aus Darlehensgewährung (CHRISTOPH THURNHERR [BSK 2015], Art. 837/838 N 3).   1858

Das Pfandrecht kann auch beansprucht werden, wenn der Kauf in Ausübung von Kaufs-, Vorkaufs- oder Rückkaufsrechten erfolgt ist (CHRISTOPH THURNHERR [BSK 2015], Art. 837/838 N 4).   1859

Gemäss Art. 838 ZGB muss die Eintragung des Pfandrechts im Grundbuch spätestens drei Monate nach Eigentumsübertragung erfolgen. Es finden die Regeln über das Bauhandwerkerpfandrecht analog Anwendung (PAUL-HENRI STEINAUER [Bd. III 2012], N 2564a).   1860

Soll das Verkäuferpfandrecht zulasten eines *landwirtschaftlichen Grundstücks* errichtet werden, so kann eine definitive Eintragung nur erfolgen, wenn dem   1861

Grundbuchamt nachgewiesen wird, dass die Belastungsgrenze gemäss Art. 73 BGBB nicht überschritten wird (N 358 ff.).

F. Miterbenpfandrecht und Gemeinderpfandrecht

1862 Art. 837 Abs. 1 Ziff. 2 ZGB gewährt den Miterben und Gemeindern den Anspruch auf ein gesetzliches Pfandrecht an Grundstücken, die bei partieller oder definitiver Erbteilung von der Erbengemeinschaft auf einzelne Erben oder bei Aufteilung des Gemeinderschaftsgutes auf einzelne Gemeinder übertragen wurden zur Sicherung der rückständigen Heraus-Schulden. Das Pfandrecht hat namentlich Bedeutung, wenn ein Grundstück den Hauptteil des Nachlasses oder des Gemeinderschaftsvermögens ausmacht und die aus dem Eigentum ausscheidenden Erben oder Gemeinder während langer Zeit auf die Abfindung seitens der Übernehmer warten müssen.

1863 Trotz des engen Gesetzeswortlautes muss die Errichtung dieses Pfandrechts auch beansprucht werden können, wenn ein aus dem Grundeigentum ausscheidender Erbe oder Gemeinder auf seine Abfindung warten muss, während zwei oder mehr andere Erben oder Gemeinder das Grundstück weiterhin als Erbengemeinschaft oder Gemeinderschaft halten. – Das Pfandrecht kann nur für Abfindungsansprüche bezüglich des betreffenden Grundstücks beansprucht werden. Umfasst der Nachlass ein Grundstück im Wert von 100 und Aktien im Wert von 200 und übernimmt der eine von zwei Erben alles, so kann der andere das Miterbenpfandrecht auf dem Grundstück nur in Höhe von 50 beanspruchen, auch wenn seine Gesamtforderung gegenüber dem Übernehmer 150 beträgt.

1864 **Anmeldende Person** ist jeder aus dem Grundeigentum ausgeschiedene Miterbe oder Gemeinder.

1865 **Rechtsgrundausweis** ist der einseitige Antrag auf Eintragung eines Pfandrechts in einfacher Schriftform; der Antrag hat auf den (bereits dem Grundbuchamt eingereichten) Teilungsvertrag Bezug zu nehmen (Art. 76 Abs. 1 GBV; PAUL-HENRI STEINAUER [Bd. III 2012], N 2851a).

1866 Es gelten die zum Verkäuferpfandrecht gemachten Ausführungen in N 1857 ff. analog auch für das Miterben- und Gemeinderpfandrecht.

G. Bauhandwerkerpfandrecht

Art. 837 Abs. 1 Ziff. 3 ZGB gewährt den Handwerkern und Unternehmern ein gesetzliches Pfandrecht zur Sicherung ihrer Forderungen aus Bauleistungen. 1867

Anmeldende Person ist jeder Handwerker oder Unternehmer einzeln. 1868

Rechtsgrundausweis ist der Antrag des Handwerkers oder Unternehmers auf Eintragung eines Maximalpfandrechts in einfacher Schriftform, verbunden mit der schriftlichen Erklärung der Eigentümerin, wonach diese die Pfandsumme anerkennt oder die Eintragung bewilligt (Art. 76 Abs. 2 lit. b GBV; PAUL-HENRI STEINAUER [Bd. III 2012], N 2892 ff.; CHRISTOPH THURNHERR [BSK 2015], Art. 839/840 N 32 ff.). 1869

Will die Eigentümerin dem Bauhandwerker keinen provisorischen Rechtsöffnungstitel im Sinne von Art. 82 Abs. 1 SchKG in die Hand geben, so kann sie die Pfandsumme anerkennen und die Schuld ganz oder teilweise bestreiten (PAUL-HENRI STEINAUER [Bd. III 2012], N 2892a). 1870

Gemäss Art. 839 Abs. 2 ZGB muss die Eintragung des Pfandrechts im Grundbuch spätestens vier Monate nach Vollendung der Arbeit erfolgen (PAUL-HENRI STEINAUER [Bd. III 2012], N 2889 ff.; CHRISTOPH THURNHERR [BSK 2015], Art. 839/840 N 28 ff.). 1871

Soll das Bauhandwerkerpfandrecht zulasten eines *landwirtschaftlichen Grundstücks* errichtet werden, so kann eine definitive Eintragung nur erfolgen, wenn dem Grundbuchamt nachgewiesen wird, dass die Belastungsgrenze gemäss Art. 73 BGBB nicht überschritten wird (N 358 ff.). 1872

II. Änderung von mittelbaren gesetzlichen Pfandrechten

Die objektiven Voraussetzungen für ein gesetzliches Pfandrecht müssen während dessen ganzer Bestandesdauer erfüllt sein. Die Parteien haben demgemäss nicht die gleiche Freiheit wie bei vertraglichen Grundpfandverschreibungen, Änderungen zu vereinbaren. Möglich sind Pfanderleichterungen, Pfandverminderungen und geringfügige Pfandvermehrungen sowie Rangrücktritte. Ausgeschlossen sind totale Pfandänderungen und wohl auch vertragliche Schuldnerwechsel. Bei erheblichen Pfandvermehrungen oder bei Pfandbeschwerungen ist öffentliche Beurkundung zu fordern, womit sich das betreffende Pfandrecht insgesamt in ein vertragliches wandelt. 1873

III. Übertragung von mittelbaren gesetzlichen Pfandrechten

1874 Gesetzliche Pfandrechte können zusammen mit den Pfandforderungen frei übertragen werden. Es kann auf das in N 1680 ff. zur Grundpfandverschreibung Gesagte verwiesen werden.

IV. Löschung von mittelbaren gesetzlichen Pfandrechten

1875 Die Löschung erfolgt kraft der vom Pfandgläubiger an das Grundbuchamt gerichteten Löschungsbewilligung ohne Mitwirkung der Eigentümerin oder kraft eines gerichtlichen Urteils. Es kann auf das in N 1681 ff. zur Grundpfandverschreibung Gesagte verwiesen werden.

Zehntes Kapitel:
Verträge zur Übertragung von Rechten an Grundstücken

Das vorliegende zehnte Kapitel behandelt Geschäfte, bei denen die Übertragung von Rechten an Grundstücken typischerweise ein Hauptzweck ist, insbesondere also Kauf, Tausch und Schenkung von Grundstücken. 1876

Das anschliessende elfte Kapitel behandelt Geschäfte, deren Hauptzweck typischerweise ein anderer ist (wie z.B. Gründung einer Gesellschaft, Auflösung einer Ehe, Teilung einer Erbschaft) und bei denen die Übertragung von Rechten an Grundstücken meist lediglich die Nebenfolge eines anders ausgerichteten Geschäftszwecks ist. 1877

§ 53 Kauf

I. Allgemeines und Begriffliches

Kauf (im Sinne von Art. 184 ff. OR) heisst jenes Geschäft, dessen wesentlicher Inhalt der *Austausch* von *Sachen gegen Geld* ist. Gegenstand des Geschäfts können eine einzige oder mehrere Sachen sein. 1878

Als *Hauptleistung* kommen *bewegliche und unbewegliche Sachen* infrage. Bei beweglichen Sachen spricht das Gesetz von *Fahrniskauf* (Art. 187 ff. OR), bei unbeweglichen Sachen von *Grundstückkauf* (Art. 216 ff. OR). 1879

Als Grundstückkauf gilt der Kauf von Grundstücken im Sinne von Art. 655 Abs. 2 ZGB, d.h. von Liegenschaften, ferner von in das Grundbuch aufgenommenen selbständigen und dauernden Rechten, von Bergwerken und von Miteigentums- und Stockwerkeigentumsanteilen. 1880

Als *Fahrniskauf* gelten die Kaufgeschäfte, die bewegliche Sachen zum Gegenstand haben. So handelt es sich insbesondere beim Kauf der Aktien einer Immobiliengesellschaft nicht um einen Grundstückkauf, sondern um einen Fahrniskauf gemäss Art. 184 ff. OR, und zwar auch dann, wenn das wesentliche Aktivum der Gesellschaft in einem einzelnen Grundstück besteht (ALFRED KOLLER [2001], § 1 N 2; PIERRE CAVIN [SPR 1977], 129 f.). 1881

Als begriffstypische *Gegenleistung* kommt *nur Geld* infrage, nicht anderes wie etwa Arbeitsleistung oder Lieferung von Sachen (PIERRE CAVIN [SPR 1977], 14 f.). 1882

1883 Mit dem Begriff des Kaufs verbindet sich die Vorstellung, dass Leistung und Gegenleistung nach Meinung der Vertragsparteien einander wertmässig entsprechen. Sofern die Parteien absichtlich ungleichwertige Leistungen vereinbaren, weil die eine Partei der andern ein Geschenk machen will, liegt kein reiner Kauf, sondern ein mit einer Schenkung verbundener Kauf, d.h. eine *gemischte Schenkung* vor, wofür in verschiedener Hinsicht andere Regeln gelten als für den reinen Kauf. Jedoch ist objektive Gleichwertigkeit von Kaufsache und Preis kein Begriffsmerkmal des Kaufs. Ob der Preis marktgerecht, richtig oder fair ist, spielt rechtlich keine Rolle. Unwissenheit, Notlage, Habgier oder Leichtsinn können dazu führen, dass eine Partei ihre Sachen unter dem wirklichen Wert verkauft oder Sachen über deren wirklichem Wert einkauft. Solange kein Schenkungswille vorhanden ist, ist das Geschäft auch bei ungleicher Werthaltigkeit von Kaufsache und Preis ein reiner Kauf.

II. Grundbuchlicher Vollzug

1884 **Anmeldende (verfügende) Person** ist die Verkäuferin.

1885 **Rechtsgrundausweis** ist der Vertrag in öffentlicher Urkunde (Art. 216a Abs. 1 OR; Art. 64 Abs. 1 lit. a GBV) zwischen der Verkäuferin und dem Käufer (vgl. hierzu ausführlich N 1887 ff.).

1886 Mit dem Rechtsgrundausweis müssen dem Grundbuchamt **weitere Beilagen** eingereicht werden für den Fall, dass in Bezug auf das Kaufobjekt oder hinsichtlich der Vertragsparteien Verfügungs- oder Erwerbsbeschränkungen bestehen. Von praktischer Tragweite sind insbesondere folgende Fälle:

– Ist das zu verkaufende Grundstück mit *Grundpfandrechten* belastet, so hat meist mit dem Vollzug des Kaufvertrags eine Schuldneränderung – gegebenenfalls verbunden mit einer Gläubigeränderung – zu erfolgen. Hierzu sind dem Grundbuchamt neben etwaigen Schuldbrieftiteln insbesondere die Schuldanerkennung des Käufers als neuer Pfandgeber und die Schuldnerentlassungserklärung des Gläubigers beizubringen (N 1817 ff.).

– Wird ein Grundstück von einer Person verkauft, die verheiratet ist oder in einer eingetragenen Partnerschaft lebt, so ist das allfällige Erfordernis einer *Zustimmungserklärung über die Veräusserung der Familienwohnung* zu prüfen (Art. 169 ZGB; Art. 14 PartG; N 2598 ff.).

– Gemäss Art. 682 ZGB bestehen *gesetzliche Vorkaufsrechte* zugunsten der Miteigentümerinnen gegenüber jeder Nichtmiteigentümerin sowie zuguns-

- ten des Baurechtsnehmers hinsichtlich der Bodenparzelle und der Baurechtsgeberin hinsichtlich der Baurechtsparzelle (N 2633 ff.).
- Der Käufer hat die *Erwerbsbeschränkungen der Lex Koller* zu beachten (N 2652 ff.). Kauft eine Person im Ausland ein Grundstück, ohne dass ein bewilligungspflichtiger Erwerb vorliegt, so muss dieser Umstand aus den Anmeldungsbelegen hervorgehen (N 2677 ff.). Ist der Erwerb bewilligungspflichtig, so gehört die rechtskräftige Bewilligung zu den Anmeldungsbelegen.
- Hat die Verkäuferin im Zeitpunkt der grundbuchlichen Fertigung ihren Sitz oder Wohnsitz im Ausland, so ist die Verfügungsbeschränkung gemäss *Art. 172 DBG zur Sicherung der direkten Bundessteuer* zu beachten (N 2739 ff.). Das bedeutet, dass das Geschäft beim Grundbuch erst angemeldet werden kann, wenn die Zustimmung der kantonalen Steuerverwaltung vorliegt.
- Für Grundstücke, auf denen sich ein im Kataster eingetragener belasteter Standort befindet, besteht bei jeder Veräusserung eine Bewilligungspflicht gemäss Art. 32d^{bis} Abs. 3 und 4 USG (N 2724 ff.).
- Wird ein *landwirtschaftliches Grundstück* verkauft, so bestehen neben der Bewilligungspflicht gemäss Art. 61 ff. BGBB gesetzliche Vorkaufsrechte der Verwandten und des Pächters (N 2691 ff.). Sodann besteht gemäss Art. 40 BGBB eine Vorschrift, wonach die Veräusserung eines landwirtschaftlichen Gewerbes nur mit Zustimmung des Ehegatten oder des eingetragenen Partners (Art. 10a BGBB) erfolgen kann, wenn es mit diesem zusammen bewirtschaftet worden ist (vgl. hierzu BENNO STUDER [BGBB 2011], Art. 40 N 1 ff.; ROLAND PFÄFFLI [ZBGR 1993], 183 f.).

III. Grundstückkaufvertrag (Rechtsgrundausweis)

A. Vertragsparteien (Verkäuferin und Käufer)

Verkäuferin eines Grundstücks ist stets dessen Eigentümerin. Dies entspricht der Praxis, ist von Gesetzes wegen aber nicht zwingend notwendig. 1887

Während es beim Handel mit beweglichen Sachen vorkommt, dass jemand Dinge verkauft, die er selber noch gar nicht besitzt, sondern an einem dritten Ort erst noch beschaffen muss, ist im Grundstückverkehr üblich, dass Kaufverträge erst dann abgeschlossen werden, wenn die Verkäuferin aktuelle Eigentü- 1888 merin des Kaufobjekts ist. Rein theoretisch wäre möglich, dass jemand einen Kaufvertrag über ein Grundstück abschliesst, das ihm nicht gehört.

1889 Als *Käufer* eines Grundstücks kommen alle natürlichen und juristischen Personen sowie Personengemeinschaften in Betracht, die nach den Regeln des Grundbuchrechts als Berechtigte an Grundstücken eintragungsfähig sind (vgl. hierzu ausführlich N 613 ff.). Eine Ausnahme hierzu besteht einzig für die Erbengemeinschaft: Sind mehrere Personen als Miterben am gleichen Nachlass beteiligt, so beschränkt sich ihre Gemeinschaft als Erbengemeinschaft auf das geerbte Vermögen. Der gesetzliche Zweck der Erbengemeinschaft ist die Erbteilung, d.h. die Liquidation des Erbes und die Auflösung der Gemeinschaft. Als Mitglieder der Erbengemeinschaft können sie aber lediglich die Nachlassgrundstücke gemeinsam verwalten und allenfalls veräussern und einzelnen Beteiligten auf Anrechnung an deren Erbteil zuweisen. Erbengemeinschaften können also in der Regel keine Grundstücke kaufen, es sei denn, dies erfolge im Rahmen der blossen Nachlassverwaltung, etwa zum Abtausch eines Nachlassgrundstücks durch ein anderes (vgl. auch N 685 f.).

1890 Die Parteien können beim Abschluss des Kaufvertrags vereinbaren, dass der Käufer berechtigt sein soll, einen Dritten an Stelle seiner selbst in den Vertrag eintreten zu lassen. Eine solche *Vertragsübernahme durch einen Dritten* ist zulässig. Möchte der Käufer gestützt auf eine solche Vertragsbestimmung einen Dritten tatsächlich in den Vertrag eintreten lassen, so muss die Vertragsübernahme in öffentlicher Urkunde erfolgen (Hans Giger [BK 1997], Art. 216 N 237). Lässt sich aus dem ursprünglichen Kaufvertrag nichts Gegenteiliges entnehmen, so muss die Verkäuferin beim Vertrag zwischen dem ursprünglichen Käufer und dem Dritten nicht mitwirken.

1891 Ziehen die Parteien eine Vertragsübernahme durch einen Dritten in Betracht, so ist daran zu denken, dass dieser Vorgang die kantonale Handänderungssteuer auslösen kann.

B. Inhalt des Grundstückkaufvertrags

1. Kaufobjekt

1892 Wie erwähnt können *alle Grundstücke im Sinne von Art. 655 Abs. 2 ZGB*, d.h. Liegenschaften, in das Grundbuch aufgenommene selbständige und dauernde Rechte, Bergwerke sowie Miteigentums- und Stockwerkeigentumsanteile Gegenstand eines Grundstückkaufvertrags sein.

§ 53 Kauf

Für die Gültigkeit des Vertrags genügt es, dass das Kaufobjekt in der Urkunde *eindeutig bestimmt oder aufgrund der Angaben in der Urkunde eindeutig bestimmbar* ist. Jede Bezeichnung, aus der zweifelsfrei hervorgeht, welches Grundstück von den Vertragsparteien gemeint ist – beispielsweise durch Nennung des Ortes, der Strasse und der Hausnummer –, ist genügend. Die Wiedergabe der vollständigen grundbuchlichen Grundstückbeschreibung ist nicht notwendig (BGer vom 20.2.1997 [ZBGR 1998], 49 ff., E. 1c; CHRISTIAN BRÜCKNER [1993], N 2545; CHRISTOPH LEUENBERGER [2001], N 82), ist aber mancherorts feste Gewohnheit geworden. 1893

Ohne anderweitige Vereinbarung der Parteien wird das Grundstück mit allem verkauft, was im Sinne des Gesetzes *Bestandteil* (N 63) oder *Zugehör* (N 64) ist. 1894

Ohne anderweitige Vereinbarung der Parteien ist das Grundstück in dem *Rechtszustand* zu übertragen, in dem es sich im Zeitpunkt der Unterzeichnung des Kaufvertrags befindet. Bestehende Rechte und Lasten im Zusammenhang mit Dienstbarkeiten, Grundpfandrechten, Vormerkungen und Anmerkungen gehen somit grundsätzlich auf die neue Eigentümerin über. Ist dies nicht gewollt, so müssen die Parteien spezielle Abreden treffen und – wo nötig – hierzu die Zustimmung von berechtigten Dritten einholen (vgl. etwa zur Übertragung von Schuldbriefen N 1800 ff.). 1895

Zur Übertragung von Pflichten, die nicht dinglich mit dem Grundstück verbunden und nicht im Grundbuch vorgemerkt sind, wie z.B. die mit den Grundpfandrechten gesicherten Hypothekarkreditschulden, vertragliche Pflichten im Zusammenhang mit Dienstbarkeiten oder die nicht vorgemerkte Pflicht des Baurechtsnehmers, einen Baurechtszins zu bezahlen, müssen mit einer ausdrücklichen Schuldübernahme vom Erwerber übernommen werden, damit sie auf ihn übergehen. Solche Schuldübernahmen sind den Parteien meist zu empfehlen, weil das Auseinanderfallen von Rechten am Grundstück und den darauf bezogenen Pflichten misslich ist (vgl. auch N 1390 f.). 1896

Ist das Grundstück *überbaut oder gibt es im Entstehen begriffene Bauten* auf dem Grundstück, so soll dieser Umstand in den Beschrieb des Kaufobjekts aufgenommen werden (CHRISTIAN BRÜCKNER [1993], N 2548; CHRISTOPH LEUENBERGER [2001], N 83 f.; FRÉDÉRIC KRAUSKOPF [2010], 238). Ist das Grundstück nicht überbaut, so ist ein Hinweis auf seine aktuelle oder potenzielle Nutzung üblich, z.B. «Acker», «Wiesland», «Bauland». Steht auf der Liegenschaft ein abbruchreifes Gebäude, so kann auch dieser Umstand und das Vorhandensein oder Fehlen einer Abbruchbewilligung für die Parteien eine vertragswesentliche Rolle spielen. Die Beschreibung solcher Eigenschaften des 1897

Zehntes Kapitel: Verträge zur Übertragung von Rechten an Grundstücken

Kaufobjekts in der Urkunde kann nützlich sein, ist aber nicht zwingend nötig, weil in der Urkunde nur der Kaufswille der Parteien zum Ausdruck kommen muss, nicht auch die Überlegungen, aufgrund derer die Parteien kaufen und verkaufen wollen.

1898 Soll nur die *Teilfläche eines Grundstücks* verkauft werden, so muss die bisherige Eigentümerin diese Teilfläche zuerst im Verfahren über Grundstücksmutationen (vgl. N 2757 ff.) vom bisherigen Grundstück abtrennen. Alsdann kann sie die zu einem neuen Grundstück verselbständigte Teilfläche veräussern. Der Kaufvertrag kann zwar schon vor der Mutation beurkundet werden, wenn die Parteien darin die zu veräussernde Teilfläche mit hinlänglicher Bestimmtheit beschreiben. Aber der grundbuchliche Vollzug des Vertrags ist erst nach erfolgter Mutation möglich.

1899 Beim Kauf von *selbständigen und dauernden Rechten* (meist Baurechtsparzellen, vgl. N 1567 ff.) tritt der Käufer in die Rechtsstellung des bisherigen Berechtigten (meist des Baurechtsnehmers) hinsichtlich aller dinglich wirkenden Bestimmungen. Die Bestimmungen aus dem Vertrag über die Bestellung des selbständigen und dauernden Rechts (meist ein Baurechtsvertrag) gehen nur dann vom bisherigen Berechtigten auf den neuen Berechtigten über, wenn sie im Grundbuch vorgemerkt sind oder ausdrücklich vom neuen Berechtigten übernommen werden. Auch beim Kauf von Grundstücken, die mit selbständigen und dauernden Rechten belastet sind, ist also der Dienstbarkeitsvertrag zu konsultieren. Ferner ist das gesetzliche Vorkaufsrecht des Baurechtsnehmers zu beachten (N 2633 ff.).

1900 Beim Kauf eines mit *einem selbständigen und dauernden Recht belasteten Grundstücks* (z.B. einer Baurechts-Bodenparzelle) tritt der Käufer in die Rechtsstellung des bisherigen Belasteten (der Baurechtsgeberin) hinsichtlich aller dinglich wirkenden Bestimmungen sowie hinsichtlich der Vertragsbestimmungen, die im Grundbuch vorgemerkt wurden. Diejenigen Rechte und Pflichten im Baurechtsverhältnis, die rein obligatorischer Natur sind, gehen nur dann vom bisherigen Belasteten auf den neuen Belasteten über, wenn sie ausdrücklich abgetreten bzw. vom neuen Belasteten übernommen werden. Beim Kauf von Grundstücken, die mit selbständigen und dauernden Rechten belastet sind, drängt es sich demnach stets auf, den aktuell gültigen Dienstbarkeitsvertrag zu konsultieren. Ferner ist das gesetzliche Vorkaufsrecht des Baurechtsnehmers zu beachten (N 2633 ff.).

1901 Beim Kauf von *Miteigentumsanteilen* wird der Käufer mit rechtlicher Notwendigkeit Mitglied der Miteigentümergemeinschaft. Er muss sich somit in die

Gemeinschaftsordnung einfügen, d.h., es gelten für ihn die Nutzungs- und Verwaltungsordnung und die Beschlüsse der Miteigentümergemeinschaft (Art. 649a ZGB). Sie gelten ungeachtet des Umstandes, ob sie im Grundbuch angemerkt wurden oder nicht (zur Anmerkung vgl. N 1170 ff.). Beim Kauf von Miteigentumsanteilen ist sodann stets das Vorkaufsrecht der übrigen Miteigentümerinnen zu beachten, das von Gesetzes wegen besteht und dessen Bestehen nicht aus dem Grundbuch hervorgeht (N 2633 ff.).

Beim Kauf eines *Stockwerkeigentumsanteils* wird der Käufer mit rechtlicher Notwendigkeit Mitglied der Stockwerkeigentümergemeinschaft. Er muss sich somit in die Gemeinschaftsordnung einfügen, d.h., es gelten für ihn die Reglemente und Beschlüsse der Stockwerkeigentümergemeinschaft (Art. 649a ZGB; AMÉDÉO WERMELINGER/HANSJÖRG STOLL [2010], 318 f.). Sie gelten ungeachtet des Umstandes, ob sie im Grundbuch angemerkt wurden oder nicht (zur Anmerkung vgl. N 1275 ff.). Ein allfälliges Guthaben gegenüber dem Erneuerungsfonds sowie allfällige andere Guthaben oder Schulden gegenüber der Stockwerkeigentümergemeinschaft oder der Verwaltung gehen ebenso auf den Käufer über (AMÉDÉO WERMELINGER/HANSJÖRG STOLL [2010], 340). 1902

2. Kaufpreis

a) Nennung des Kaufpreises in der Urkunde

Die Angabe des von den Parteien vereinbarten Kaufpreises gehört zu den objektiv wesentlichen Vertragselementen. 1903

Der Kaufpreis kann in *Schweizer Franken* oder in *ausländischer Währung* festgelegt werden. 1904

Der Kaufpreis muss bei Vertragsschluss nicht bestimmt, sondern bloss *bestimmbar* sein. Der Kaufpreis kann variabel sein. So finden sich beispielsweise Vertragsbestimmungen, wonach sich der Kaufpreis erhöht, falls die Bewilligung zu einer erhöhten baulichen Nutzung erteilt wird oder das Grundstück innerhalb einer bestimmten Zeitspanne einer günstigeren Zone zugewiesen wird. 1905

b) Modalitäten der Kaufpreistilgung

Der Kaufpreis kann durch Bezahlung des entsprechenden Betrages in Geld beglichen werden. Ebenfalls ist es möglich – und beim Grundstückkauf sogar häufig –, dass der Käufer nicht den gesamten Kaufpreis in Geld entrichtet, sondern stattdessen gewisse grundpfandgesicherten Schulden (Hypothekarkreditschulden) der Verkäuferin übernimmt oder ablöst. Unter *Übernahme von Grundpfandschulden* versteht man, dass der Käufer sich gegenüber dem Gläu- 1906 biger der Hypothekarkreditschulden (meist einer Bank) für diese Schuld verpflichtet und im Gegenzug der Gläubiger die Verkäuferin als bisherige Schuldnerin aus der Schuldpflicht entlässt. Von *Ablösung von Grundpfandschulden* spricht man, wenn der Käufer einen Teil des Kaufpreises nicht an die Verkäuferin überweist, sondern den Betrag dazu verwendet, die Hypothekarkreditschuld der Verkäuferin beim Gläubiger zu begleichen. Sowohl bei der Übernahme als auch bei der Ablösung von Hypothekarkreditschulden durch den Käufer geschieht wirtschaftlich gesehen dasselbe. Die Verkäuferin wird aus ihrer Schuldpflicht befreit. Bilanztechnisch gesprochen erfolgt die Bezahlung des Kaufpreises in einem gewissen Umfang nicht durch Vermehrung der Aktiven, sondern durch Verminderung der Passiven der Verkäuferin.

1907 Eher selten erfolgt die Bezahlung des Kaufpreises *durch Verrechnung*. Nur bei entgeltlichen Grundstücküberatragungen zwischen Ehegatten stellt die Verrechnung den Normalfall dar, etwa wenn Grundstücke des einen Ehegatten auf den anderen Ehegatten übertragen werden, um gegenwärtige oder künftige güterrechtliche Ansprüche (z.B. Vorschlagsforderungen bei Auflösung des Güterstandes, Ansprüche aufgrund ausserordentlicher Beiträge im Sinne von Art. 165 ZGB oder aufgrund von Mehrwertansprüchen im Sinne von Art. 206 ZGB) abzugelten (vgl. N 2014 ff.; ferner JÜRG SCHMID [ZBGR 2002], 327 ff.).

1908 Zu den im Kaufvertrag meist ausdrücklich geregelten Modalitäten der Kaufpreistilgung gehört der Zeitpunkt, zu welchem der Kaufpreis zu zahlen ist. Haben die Parteien diesbezüglich keine spezielle Regelung getroffen, so hat die Entrichtung des Kaufpreises nach der gesetzlichen Regelung *Zug um Zug* gegen Übertragung des Eigentums am Grundstück zu erfolgen (vgl. Art. 221 i.V.m. Art. 184 Abs. 2 OR). Die Zahlung des Kaufpreises hat in diesem Fall gleichzeitig mit der Anmeldung des Kaufvertrags beim Grundbuch zu erfolgen. Erfolgt die Entrichtung des Kaufpreises erst später, so steht der Verkäuferin zur Sicherung ihrer Kaufpreisforderung ein gesetzliches Pfandrecht zu (*Verkäuferpfandrecht*; Art. 837 Abs. 1 Ziff. 1 ZGB; N 1854 ff.).

3. Weitere Elemente des Grundstückkaufvertrags

a) Übergang von Nutzen und Gefahr auf den Käufer («Antritt»)

1909 Sofern die Parteien keine spezielle anderslautende Vereinbarung getroffen haben, erfolgt gemäss Art. 220 OR i.V.m. Art. 185 OR der Übergang von Nutzen und Gefahr mit Vertragsabschluss.

1910 Soll der Antritt des Kaufsobjekts gleichzeitig mit der Eigentumsübertragung erfolgen, d.h. im Zeitpunkt der grundbuchlichen Fertigung, so müssen die Parteien das Zusammenfallen des Termins von Antritt und Fertigung im Kaufvertrag ausdrücklich vereinbaren.

b) Rechtsgewährleistung und Sachgewährleistung

Art. 192 OR regelt die Rechtsgewähr mit den Worten: «*Der Verkäufer hat dafür Gewähr zu leisten, dass nicht ein Dritter aus Rechtsgründen, die schon zur Zeit des Vertragsabschlusses bestanden haben, den Kaufgegenstand dem Käufer ganz oder teilweise entziehe.*» Sodann regelt Art. 197 OR die Sachgewähr mit den Worten: «*Der Verkäufer haftet dem Käufer sowohl für die zugesicherten Eigenschaften als auch dafür, dass die Sache nicht körperliche [...] Mängel habe, die ihren Wert oder ihre Tauglichkeit zu dem vorausgesetzten Gebrauche aufheben oder erheblich mindern*». 1911

Bei den Grundstücksgeschäften spielt die *Rechtsgewähr* praktisch keine Rolle, weil mit der Einrichtung zuverlässiger Grundbücher die Rechte an Grundstücken (fast) lückenlos und einwandfrei dokumentiert sind. Die Grundstücksverkäuferin kann ihr Grundstück nur mit jenen Rechten und Lasten verkaufen, die aus dem Grundbuch ersichtlich sind. Für die Richtigkeit des Grundbuchs haftet der Staat, nicht die Verkäuferin. 1912

Hingegen spielt die *Sachgewähr* eine wichtige Rolle. Wird unüberbautes Land verkauft, dann kann die Tauglichkeit als Baugrund vertragswesentlich sein. Verseuchung des Bodens mit Abfallstoffen kann ein Sachmangel sein. Bei überbauten Grundstücken können Defekte an der Bausubstanz als Sachmängel in Betracht fallen. Ist das verkaufte Grundstück noch nicht definitiv vermessen, so haftet die Verkäuferin gemäss Art. 219 OR, falls sich das zugesicherte Flächenmass als unrichtig herausstellt. Im Übrigen verweist das Gesetz bezüglich der Sachgewähr für Grundstücke auf die Regeln über den Kauf beweglicher Sachen (Art. 221 OR). 1913

C. Form des Grundstückkaufvertrags

1. Erfordernis der öffentlichen Beurkundung

Der Abschluss des Grundstückkaufs bedarf zu seiner Gültigkeit der öffentlichen Beurkundung (Art. 216a Abs. 1 OR; N 837 ff.). 1914

Beim Grundstückkauf müssen die Hauptpunkte, nämlich das Grundstück und der Preis, in der Urkunde angegeben werden (N 856 ff.; ferner PIERRE CAVIN [SPR 1977], 129 f.; HANS GIGER [BK 1997], Art. 216 N 232 ff.). Soweit die Parteien das dispositive Gesetzesrecht akzeptieren, brauchen sie die betreffen- 1915 den Bestimmungen in der Urkunde nicht zu erwähnen. Sie müssen auch nicht darauf verweisen. Über unwesentliche Nebenpunkte wie etwa über den Zeitplan für die Reinigung des Objektes können sie sich mündlich einigen (HANS GIGER [BK 1997], Art. 216 N 271 ff.).

1916 Die Aussage, Grundstück und Preis unterlägen dem Formzwang, ist allerdings ungenau. Zu beurkunden sind nicht Grundstück und Preis, sondern die *übereinstimmenden Willensäusserungen der Parteien,* das Grundstück gegen den Preis auszutauschen. Die öffentliche Kaufsurkunde dokumentiert nicht die äusseren Fakten, sondern den Vertragswillen der Parteien. Die Urkunde ist vollständig und wahr, wenn sie den Parteiwillen so wiedergibt, wie er zur Zeit der Beurkundung vorhanden ist. Wenn sich die Parteien später neue Überlegungen machen und einzelne Vertragsleistungen präzisieren, zusätzliche Leistungen vereinbaren oder auf beurkundete Leistungen verzichten, ändert dies nichts an der Vollständigkeit und Wahrheit der ursprünglichen Kaufsurkunde. Sind sich die Parteien hingegen *zur Zeit der Beurkundung* stillschweigend einig, dass zusätzlich zu dem der Urkundsperson angegebenen Preis noch weiteres Geld fliessen soll, so erschleichen sie eine von ihrem wirklichen Willen abweichende und damit eine falsche Beurkundung, womit das Geschäft nichtig ist (PIERRE CAVIN [SPR 1977], 133 ff.; HANS GIGER [BK 1997], Art. 216 N 396 ff.).

1917 Die Frage nach dem *Umfang des Formzwangs* hat bei Grundstückkaufverträgen eine besondere Bedeutung. Diese Geschäfte können Grundstückgewinn- und Handänderungssteuern auslösen. Die fiskalische Belastung führt gewisse Menschen in Versuchung, Steuern zu hinterziehen, indem sie einzelne der auszutauschenden Leistungen verschweigen oder deren Wert in der Urkunde falsch angeben. Wegen dieser Versuchung und wegen des staatlichen Interesses, dass in den notariellen Urkunden alle fiskalisch relevanten Angaben vollständig und wahrheitsgemäss deklariert werden, haben die Gerichte den Umfang des Formzwangs bei den Grundstückkaufverträgen streng definiert (BGE 113 II 402, E. 2a; CHRISTIAN BRÜCKNER [1993], N 2498 m.w.H.). Demgegenüber gelten für alle übrigen beurkundungsbedürftigen Geschäften weniger strenge Regeln und es werden oft nur die Leistungsversprechen jener Partei beurkundet, die ihr Grundeigentum belastet.

1918 Beim *Grundstückkauf* unterliegen gemäss der besagten Gerichtspraxis dem Formzwang

a) die objektiv wesentlichen Vertragspunkte sowie
b) die subjektiv wesentlichen Vertragspunkte, sofern sie innerhalb des Rahmens des Kaufvertrags liegen (CHRISTIAN BRÜCKNER [2010], 7).

Hierzu gilt im Einzelnen: 1919

2. Umfang des Formzwangs

a) Objektiv wesentliche Vertragspunkte

Zu den objektiv wesentlichen Vertragspunkten zählen diejenigen Punkte, welche beim gesetzlichen Vertragstyp des Grundstückkaufs objektiv wesentlich sind. Dazu gehört (1.) die Verpflichtung, das Eigentum an einem bestimmten Grundstück (oder an mehreren Grundstücken) zu übertragen und (2.) die Verpflichtung, den Preis in einer bestimmten Höhe zu bezahlen (BGE 119 II 135, E. 2; ARTHUR MEIER-HAYOZ [BK 1974], Art. 657 N 84; CHRISTIAN BRÜCKNER [1993], N 2502 f.; HANS GIGER [BK 1997], Art. 216 N 242 ff.; PIERRE CAVIN [SPR 1977], 129 f.). 1920

Objektive Wesentlichkeit hat *alles, was als Gegenleistung für das Grundstück versprochen wird,* nicht nur die Verpflichtung zur Zahlung eines Preises, d.h. einer Summe Geldes, sondern auch Leistungen, die für den Grundstückkauf gemäss Art. 216 OR atypisch sind (BGer 5A.33/2006 vom 24.4.2007, E. 4; HANS GIGER [BK 1997], Art. 216 N 247 ff. und 264 ff.; CHRISTIAN BRÜCKNER [1993], N 2502; PIERRE CAVIN [SPR 1977], 129 f.). 1921

Von der Beurkundungspflicht erfasst sind somit etwa die vor Vertragsabschluss geleistete Anzahlung (HANS GIGER [BK 1997], Art. 216 N 242). Beurkundungsbedürftig sind ferner auch Natural- und Dienstleistungen zugunsten des Verkäufers und ihm nahestehender Personen, ferner Leistungen, die der Käufer auf Anweisung des Verkäufers an Dritte erbringen muss. Hierzu gehören etwa die (Geld-)Leistungen zur Fertigstellung einer angefangenen Baute (BGer 5A.24/2008 vom 12.6.2008, E. 3.1; FRÉDÉRIC KRAUSKOPF [2010], 238). Nicht dazu gehören Leistungen, die nicht Gegenleistung für das Grundstück sind wie etwa die Provision an den vom Käufer beigezogenen Makler. 1922

Wird also ein Grundstück im Wert von 100 veräussert und als Gegenleistung eine Geldzahlung von 60 und eine Dienstleistung der Erwerberin im Wert von 40 vereinbart, so sind alle drei Vertragsinhalte beurkundungsbedürftig, nämlich die Verpflichtungen zur Grundstücksübereignung, zur Geldzahlung und zur Dienstleistung. Allen Vertragsinhalten kommt objektive Wesentlichkeit zu (CHRISTIAN BRÜCKNER [2010], 7 f.). 1923

Den als Gegenleistung für das Grundstück versprochenen Leistungen kommt objektive Wesentlichkeit auch dann zu, wenn sie subjektiv unwesentlich sind. Wollten die Parteien ein Grundstück zu CHF 2,5 Mio. verkaufen und konze- 1924 diert der Käufer unmittelbar vor der Beurkundung einen marginalen Aufpreis von CHF 1000, so ist die Urkunde mit dem neuen, leicht erhöhten Kaufpreis neu zu schreiben, auch wenn klar ist, dass der Aufpreis oder dessen Verweigerung für keine der Parteien ein «*Deal breaker*» gewesen wäre.

1925 Das Gleiche muss für Sach- und Dienstleistungen gelten, die als Entgelt für ein Grundstück versprochen werden. Auch Sach- und Dienstleistungen von geringem Geldwert und ohne subjektive Wesentlichkeit unterliegen dem Formzwang, wenn sie von den Parteien als Gegenleistung für ein Grundstück vereinbart werden.

1926 Anderes muss gelten, wenn solche Leistungen den Charakter von Gefälligkeiten haben, die für die wirtschaftlichen Aspekte und die Bewertung der auszutauschenden Leistungen aus der Sicht der Parteien keine Bedeutung haben, wie etwa eine Abrede, wonach der Erwerber der Veräusserin bei der Räumung des Objekts zur Hand gehen wird.

b) Subjektiv wesentliche Vertragspunkte innerhalb des Rahmens des Kaufvertrags

1927 *Subjektiv wesentlich* bedeutet, dass mindestens eine der Parteien die Vereinbarung ohne die betreffende Abrede nicht abgeschlossen hätte (Arthur Meier-Hayoz [BK 1974], Art. 657 N 87 ff.; Christian Brückner [2010], 8).

1928 Eine subjektiv wesentliche Absprache unterliegt aber nur dann dem Formzwang, wenn die Abrede *innerhalb des Rahmens* des Grundstückkaufs liegt (BGE 113 II 402, E. 2; Christian Brückner [1993], N 2505 ff.).

1929 Eine Abrede liegt innerhalb des Rahmens des Grundstückkaufs, wenn sie ein Element des beurkundungsbedürftigen Vertragstyps betrifft, d.h. einen Punkt, der typisch ist für den Grundstückkauf, wie er in den Art. 216–221 OR generell-abstrakt geregelt ist. Dazu gehören alle Abreden, die den typischen Leistungsaustausch (Grundstück gegen Preis) konkretisieren oder die Folgen von Säumnis, Schlecht- und Nichterfüllung regeln, also etwa Abreden über die Modalitäten der Vertragsabwicklung, Ausdehnung oder Einschränkung der Gewährleistung, Suspensiv- und Resolutivbedingungen, Konventionalstrafen, Rechtswahl- und Gerichtsstandsvereinbarungen (Christian Brückner [2010], 8 f.).

1930 Verspricht die Verkäuferin zusätzliche Leistungen und sind diese für die eine oder andere Partei subjektiv wesentlich, so beurteilt sich die Frage, ob solche Leistungen innerhalb des Rahmens des Grundstückkaufes liegen, danach, ob sie in den vereinbarten Leistungsaustausch integriert sind (CHRISTOPH LEUENBERGER [2001], N 114). Sind sie es, dann liegen sie innerhalb des Rahmens.

Als Beispiel denke man an die Boutique-Inhaberin X, die ihr Unternehmen, die Boutique X AG, samt der Betriebsliegenschaft (Parzelle Y) verkauft und dem Erwerber eine Konkurrenzenthaltung für die kommenden drei Jahre zusichert, alles zum Pauschalpreis von 100. Durch die Pauschalierung des Preises werden die drei Vertragsleistungen der Veräusserin miteinander verschmolzen. Dem Formzwang unterliegen demgemäss alle Leistungen beider Parteien: Grundstücksveräusserung, Aktienveräusserung (alle Aktien der Boutique X AG), Konkurrenzverbot und Pauschalpreis von 100 (CHRISTIAN BRÜCKNER [2010], 9). 1931

§ 54 Vorvertrag zum Kauf

Vorvertrag heisst ein Vertrag, durch den sich die Parteien zum künftigen Abschluss eines Vertrags verpflichten. Die Parteien erfüllen ihre vorvertraglichen gegenseitigen Verpflichtungen dadurch, dass sie zu einem späteren Zeitpunkt den Hauptvertrag miteinander abschliessen (Art. 22 i.V.m Art. 216 Abs. 2 OR; PIERRE CAVIN [SPR 1977], 150 ff.; CHRISTIAN BRÜCKNER [2001], N 22 f.). Rechtsgrundausweis für das Grundbuch ist der Hauptvertrag (N 1887 ff.), nicht der Vorvertrag zum Kauf (PAUL-HENRI STEINAUER [Bd. II 2012], N 1695b). 1932

Da die für den Grundstückkauf erforderlichen Formvorschriften unter anderem den Schutz der Parteien bezwecken, bedürfen auch Vorverträge zum Kauf der *öffentlichen Beurkundung* (so ausdrücklich in Art. 216 Abs. 2 OR). 1933

Die praktische Bedeutung des Vorvertrags liegt darin, dass er ein diskretes Dokument darstellt, das weder dem Grundbuchamt noch dem Fiskus zur Kenntnis gebracht wird. So liegt der Nutzen von Vorverträgen in der diskreten und steuerrechtlich (meist) folgenlosen Reservierung einer befristeten Anwartschaft auf ein Grundstück. Folgt auf den Vorvertrag ein Hauptvertrag, so ist es unüblich, in zweitgenanntem Vertrag die Existenz des Vorvertrags zu erwähnen. Auch die Urkundsperson erfährt vom Vorhandensein des Vorvertrags nur in jenen Fällen, in denen sie selber Vor- und Hauptvertrag beurkundet (CHRISTIAN BRÜCKNER [2001], N 24 ff.). 1934

Während Vorverträge zu Grundstückkäufen in der Deutschschweiz selten abgeschlossen werden, haben sie sich in der französischsprachigen Schweiz noch lange Zeit grösserer Beliebtheit erfreut (CHARLES BESSON [ZBGR 1998], 1935

236 ff.). Sie werden dort *promesse de vente* genannt (PIERRE CAVIN [SPR 1977], 152). Im Rahmen von Grundbuchgeschäften können insbesondere die folgenden Umstände Anlass für den Abschluss eines Vorvertrags anstelle eines Hauptvertrags geben (CHRISTIAN BRÜCKNER [2001], N 28 ff.):

1936 – Die Parteien möchten eine in den Grundzügen, aber noch nicht in allen Einzelheiten erzielte Einigung in verbindlicher Form festhalten und sich zur weiteren Konsensfindung gegenseitig verpflichten.

1937 – Die Parteien möchten den vollständig gefundenen Konsens im Sinne von Art. 1 ff. OR verbindlich festhalten; jedoch lässt sich der grundbuchlich eintragungsfertige Kaufvertrag aufgrund fehlender Parzellierung, fehlender Vermessung, im Gange befindlicher Überbauung oder wegen Arbeitsrückständen des Grundbuchamtes noch nicht vollständig und genau ausformulieren.

1938 – Die Parteien wollen die vertragliche Bindung im Jahr 1, die mit dem Abschluss des Hauptvertrags verbundenen Steuerfolgen erst im Jahr 2 auslösen.

1939 – Liegt das Grundstück in einem Kanton mit Amtsnotariat und sind die Wartefristen für die Beurkundung des Hauptvertrags dort erheblich, so mag den Parteien bei Abschlussreife des Geschäftes an dessen sofortiger Fixierung durch eine freiberufliche Urkundsperson in einem anderen Kanton mindestens in vorvertraglicher Form gelegen sein (vgl. auch N 815).

1940 – Betrifft ein Geschäft Grundstücke in mehreren Kantonen, so kann es sinnvoll sein, die Konditionen für alle Grundstücke in einem Vorvertrag verbindlich zu regeln. Auf dieser Basis werden sodann die einzelnen Hauptverträge in den verschiedenen Kantonen abgeschlossen.

§ 55 Steigerungskauf

I. Allgemeines und Begriffliches

1941 Der Steigerungskauf (Art. 229 ff. OR) ist ein Kaufvertrag, der sich vom gewöhnlichen Kauf durch gewisse spezielle Regelungen in Bezug auf die Vertragsabwicklung unterscheidet. Zu diesen speziellen Regelungen gehören insbesondere die Modalitäten des Vertragsabschlusses und der Bezahlung (meist in bar) sowie die Regelungen über die Gewährleistung und den Eigentumsübergang (HANS GIGER [BK 1999], Vorbem. zu Art. 229–236 N 7 ff.).

Der Gesetzgeber teilt die Versteigerungen in Art. 229 ff. OR in zwei Hauptkategorien ein, nämlich in die Zwangsversteigerungen und in die freiwilligen Versteigerungen (auch als *freiwillige Gant* bezeichnet), wobei sich Letztere wiederum in zwei Unterkategorien, nämlich in die öffentlichen und die privaten Versteigerungen einteilen lassen (PIERRE CAVIN [SPR 1977], 162 f.; HANS GIGER [BK 1999], Vorbem. zu Art. 229–236 N 33 ff.). Die Zwangsversteigerung ist im Schuldbetreibungs- und Konkursrecht geregelt. Sie stellt eine öffentlich-rechtliche Vollstreckungsmassnahme dar, die mittels einer Zuschlagsverfügung in Gestalt eines amtlichen Hoheitsakts ihren Abschluss findet. 1942

Die vorliegende Abhandlung beschränkt sich auf die privatrechtlichen Grundstücksgeschäfte in der Form der (freiwilligen) öffentlichen und der privaten Versteigerung. 1943

Öffentlich ist eine Versteigerung gemäss Art. 229 Abs. 2 OR dann, wenn sie öffentlich angekündigt worden ist und wenn jedermann bieten kann (PIERRE CAVIN [SPR 1977], 162; JÖRG SCHMID [2001], N 49). Als öffentliche Ankündigung ist jede Bekanntmachung der Versteigerung mit Einladung zur Offertstellung zu verstehen, die durch Inserate in Tageszeitungen, in Amtsblättern, im Internet oder sonstwie an eine unbestimmte Vielzahl von Interessenten gerichtet wird (JÖRG SCHMID [2001], N 50; HANS GIGER [BK 1999], Vorbem. zu Art. 229–236 N 44). Keine öffentliche Versteigerung liegt vor, wenn die Einladung ausschliesslich an einen begrenzten Personenkreis (z.B. Freundeskreis oder Kundenkreis eines Immobilienmaklers) gerichtet ist (vgl. ANTON PESTALOZZI [1997], N 141 ff.). 1944

Privat heisst die Versteigerung, wenn eines der Merkmale der öffentlichen Versteigerung fehlt (Art. 229 Abs. 2 OR e contrario; PIERRE CAVIN [SPR 1977], 162; JÖRG SCHMID [2001], N 15). Die private Versteigerung ist von den Regelungen der Art. 229 ff. OR nicht erfasst. Es finden vielmehr die allgemeinen Regeln über das Vertrags- und Kaufsrecht Anwendung (JÖRG SCHMID [2001], N 19 ff.; HANS GIGER [BK 1999], Vorbem. zu Art. 229–236 N 38 f.). 1945

II. Die (freiwillige) öffentliche Versteigerung
A. Grundbuchlicher Vollzug

Der Rechtsübergang von Rechten an Grundstücken erfolgt bei der (freiwilligen) öffentlichen Versteigerung mit der Eintragung im Grundbuch (Art. 656 Abs. 1 ZGB; Art. 235 Abs. 1 OR; PIERRE CAVIN [SPR 1977], 164). Der ausser- 1946 buchliche Rechtsübergang gemäss Art. 656 Abs. 2 ZGB bezieht sich nur auf Versteigerungen im Rahmen der Zwangsvollstreckung (Art. 235 Abs. 3 OR).

1947 **Anmeldende (verfügende) Person** ist die Veräusserin, sofern nicht das anwendbare kantonale Recht die Pflicht zur Grundbuchanmeldung der Steigerungsbehörde überträgt (vgl. Art. 235 Abs. 2 OR).

1948 **Rechtsgrundausweis** ist der gemäss kantonalem Recht vorgeschriebene Ausweis. Dieser besteht in den meisten Kantonen in dem von der Versteigerungsbehörde unterzeichneten Steigerungsprotokoll in einfacher Schriftform, verbunden mit dem Nachweis ihrer Ermächtigung (Art. 235 Abs. 2 OR; Art. 64 Abs. 1 lit. i GBV; ferner Pierre Cavin [SPR 1977], 164; Jörg Schmid [2001], N 108 ff.).

1949 Mit dem Rechtsgrundausweis müssen dem Grundbuchamt **weitere Beilagen** eingereicht werden für den Fall, dass in Bezug auf das Steigerungsobjekt oder hinsichtlich der Vertragsparteien Verfügungs- oder Erwerbsbeschränkungen bestehen. Es kann auf die Ausführungen zum Vollzug des Kaufvertrags verwiesen werden (N 1886).

B. Durchführung der (freiwilligen) öffentlichen Versteigerung

1950 Die Durchführung von öffentlichen Versteigerungen ist in den Art. 229–236 OR bloss rudimentär geregelt. Art. 236 OR enthält jedoch eine Delegationsnorm zugunsten der Kantone. Hiervon haben die meisten Kantone in ihren Einführungserlassen zum ZGB oder in Sondergesetzen zum Gantwesen Gebrauch gemacht (Hans Giger [BK 1999], Art. 236 N 15; ferner die Übersichten und Beispiele bei Jörg Schmid [2001], N 56; Anton Pestalozzi (1997), N 1341 ff.).

1951 In den kantonalen Erlassen finden sich etwa Bestimmungen über folgende Belange (vgl. Jörg Schmid [2001], N 57 ff.):
– örtliche und sachliche Zuständigkeit;
– Modalitäten der öffentlichen Bekanntmachung der Versteigerung;
– Inhalt, Form und Bekanntmachung von Versteigerungsbedingungen;
– Verlauf der Versteigerung (Aufruf und Zuschlag);
– Protokollierung der Versteigerung und Grundbuchanmeldung.

Das kantonale Recht bestimmt, wer bei der Durchführung einer (freiwilligen) öffentlichen Versteigerung teilzunehmen hat. Meist sind dies: 1952
- die *Parteien* (d.h. die Veräusserin und die Bietenden) oder deren Vertreter;
- der *Leitende der Versteigerung (Gantleiter),* der ermächtigt ist, den Zuschlag an den Meistbietenden zu erklären (Art. 229 Abs. 3 OR);
- u.U. der *Ausrufer,* dem die Funktion einer Hilfskraft des Leitenden zukommt (HANS GIGER [BK 1999], Art. 229 N 17).

Der typische Ablauf der Versteigerung gestaltet sich so, dass zu Beginn der Versteigerung die Versteigerungsbedingungen verlesen oder bekannt gemacht werden. Die Bekanntgabe umfasst die genauen Angaben des Steigerungsobjekts, d.h. eine vollständige Grundstücksbeschreibung (vgl. Art. 234 Abs. 2 OR), die Bestimmungen über das Ausrufungs- und Zuschlagsverfahren sowie die weiteren Bestimmungen des Kaufvertrages wie etwa die Bezahlung des Kaufpreises, den Übergang von Eigentum, Nutzen und Gefahr, die Gewährleistung und anderes. Alle bekannt gegebenen Versteigerungsbedingungen werden zum Verfahrens- und Vertragsinhalt erklärt (vgl. JÖRG SCHMID [2001], N 98 ff.; ferner das Beispiel in MUSTERURKUNDE Nr. 628.1 (1998), 1 ff.).   1953

Sodann wird der Bieterumgang (Ausrufungsverfahren) eröffnet. Hierbei wird das jeweils genannte Angebot durch den Ausrufer oder durch den Gantleiter unter Nennung des Namens des Bietenden und unter Wiederholung des gebotenen Preises wiederholt. Dem (provisorischen) Zuschlag geht ein dreimaliger Aufruf des Höchstgebots voran.   1954

Nach erfolgtem (provisorischem) Zuschlag wird geprüft, ob der Meistbietende die Voraussetzungen der Versteigerungsbedingungen erfüllt. Ist dies der Fall, so erklärt die Veräusserin (allenfalls vertreten durch den Gantleiter) den (definitiven) Zuschlag, wodurch gemäss Art. 229 Abs. 2 OR der Kaufvertrag abgeschlossen wird. Die definitive Zuschlagserteilung der Veräusserin auf ein Angebot eines Bietenden hin reicht somit aus, um das Verpflichtungsgeschäft zu einem rechts- und formgültigen Abschluss zu bringen (JÖRG SCHMID [2001], N 104 f.).   1955

Stellt sich heraus, dass der Meistbietende die Versteigerungsbedingungen nicht erfüllt (z.B. weil er die Erwerbsvoraussetzungen der Lex Koller nicht erfüllt oder weil das Höchstgebot von einer Person als vollmachtlose Stellvertreterin abgegeben wurde), so wird der (provisorische) Zuschlag aufgehoben und die Versteigerung beim nächsttieferen Angebot fortgesetzt.   1956

1957 Unmittelbar danach wird das Steigerungsprotokoll ausgefertigt und von den nach dem kantonalen Recht vorgesehenen Personen unterzeichnet (Art. 235 Abs. 2 OR). Das Protokoll enthält die Angaben über die Identifikation der Versteigerin und des Erwerbers, den vollständigen Grundstücksbeschrieb, den Kaufpreis sowie die Versteigerungsbedingungen (ANTON PESTALOZZI [1997], N 482 ff.). Es dient typischerweise als Grundlage (Rechtsgrundausweis) für den grundbuchlichen Vollzug. Eine öffentliche Beurkundung findet nicht statt (vgl. N 1948).

III. Die (freiwillige) private Versteigerung

1958 **Anmeldende (verfügende) Person** ist die Veräusserin.

1959 **Rechtsgrundausweis** ist entweder der Vertrag zwischen der Veräusserin und dem Erwerber in einfacher Schriftform oder in öffentlicher Urkunde oder die Sachbeurkundung durch eine Urkundsperson. Im Einzelnen gilt, was folgt:

1960 Meist bedarf die private Grundstücksversteigerung gemäss Art. 216 Abs. 2 OR zu ihrer Gültigkeit der öffentlichen Beurkundung. Wichtige Ausnahme ist die Versteigerung unter Miterben, die typischerweise als Akt der Erbteilung gemäss Art. 635 Abs. 1 ZGB in einfacher Schriftform abgeschlossen wird (vgl. hinten, N 2130 ff.; ferner JÖRG SCHMID [2001], N 26 ff.).

1961 Die öffentliche Beurkundung kann in der Form der Vertragsbeurkundung oder als Sachbeurkundung gestaltet werden. Im ersten Fall erklären Veräusserin und Ersteigerer vor der Urkundsperson ihren Vertragswillen und unterzeichnen die Urkunde in ihrer Eigenschaft als Parteien. Im zweiten Fall wohnt die Urkundsperson der Versteigerung bei und protokolliert ihren Ablauf in öffentlicher Urkunde, unter Erwähnung der Steigerungsbedingungen, des Ablaufs der Versteigerung mit dem letzten Angebot und dem Zuschlag; die unberücksichtigt gebliebenen früheren Angebote brauchen nicht protokolliert zu werden (JÖRG SCHMID [2001], N 44 ff.).

1962 Mit dem Rechtsgrundausweis müssen dem Grundbuchamt eventuell **weitere Beilagen** eingereicht werden. Es kann auf die Ausführungen zum Vollzug des Kaufvertrags verwiesen werden (N 1886).

§ 56 Tausch

I. Allgemeines und Begriffliches

Verpflichten sich zwei Parteien, einander gegenseitig Sachen zu liefern, wobei die Lieferung der einen Partei diejenige der Gegenpartei abgilt und also kein Geld bezahlt wird, so fällt das Geschäft unter den Begriff des Tauschs. Auf den Tauschvertrag finden aufgrund von Art. 237 OR die Vorschriften des Kaufvertrags sinngemässe Anwendung (PIERRE CAVIN [SPR 1977], 180 f.; HANS GIGER [BK 1999], Art. 237 N 8). 1963

Wird zusätzlich zu einer Sachlieferung auch Geld bezahlt, dann liegt ein gemischter Tausch-Kaufvertrag vor. Wird ein von den Parteien angenommener Wertüberschuss der einen Sache der Gegenpartei mit Schenkungsabsicht zugewendet, so liegt ein gemischtes Tausch-Schenkungsgeschäft vor. Solange kein Begünstigungswille vorliegt, sind unterschiedliche Werte der ausgetauschten Sachen belanglos, d.h., sie machen den Tausch nicht zu einem gemischten Tausch-Schenkungsgeschäft. 1964

Ein Motiv, statt zweier Käufe einen Tausch vorzunehmen, kann in der wirtschaftlichen oder anderweitigen Verknüpfung der beiden Sachleistungen liegen. Ein solcher Konnex ist z.B. gegeben, wenn Nachbarn zwecks Grenzbegradigung vor- und rückspringende Grundstücksflächen gegenseitig austauschen. Landumlegungen können als Tauschgeschäfte mit mehr als zwei Beteiligten verstanden werden. 1965

Der Konnex der beiden Sachleistungen ist beim Tausch nicht begriffsnotwendig. Aber ohne Konnex ist der Tausch keine sinnvolle Alternative zu zwei Kaufverträgen. 1966

Kein Motiv zu einem Grundstückstausch kann die Steuerersparnis sein. Der Tausch wird steuerlich wie zwei gegenläufige Kaufverträge behandelt. Liegen die auszutauschenden Grundstücke in verschiedenen Kantonen, dann müssen nach geltendem Recht zwei Urkundspersonen mitwirken, je eine in jedem Kanton für das eine und für das andere Grundstück (N 815). Der Vertragsschluss ist in einem solchen Falle komplizierter und aufwendiger als der Abschluss zweier gegenläufiger Kaufverträge. 1967

II. Grundbuchlicher Vollzug

Anmeldende (verfügende) Person ist jede Partei in Bezug auf das von ihr veräusserte Grundstück – beim Tausch von Grundstücken im gleichen Grund- 1968 buchbezirk also beide Parteien gemeinsam, bei der Anmeldung bei verschiedenen Grundbuchämtern je die dortigen Eigentümerinnen, gleich wie bei zwei gegenläufigen Kaufverträgen über Grundstücke an verschiedenen Orten.

1969 **Rechtsgrundausweis** ist der Vertrag in öffentlicher Urkunde (Art. 237 OR i.V.m. Art. 216a Abs. 1 OR; Art. 64 Abs. 1 lit. a GBV) zwischen den am Tausch beteiligten Parteien. Wenn der Tausch in einer einzigen Urkunde beurkundet ist, so ist sie der einzige Rechtsgrundausweis. Wurde der Tausch in mehreren Urkunden beurkundet, so sind jedem Grundbuchamt Originale oder beglaubigte Kopien aller Urkunden einzureichen (vgl. zum Rechtsgrundausweis ausführlich N 1972 ff.).

1970 Mit dem Rechtsgrundausweis müssen dem Grundbuchamt **eventuell weitere Anmeldungsbelege** eingereicht werden. Es kann auf die Ausführungen zum Vollzug des Kaufvertrags verwiesen werden (N 1886), mit einer einzigen Ausnahme:

1971 Der Abschluss eines Tausches ist *kein Vorkaufsfall* im Sinne von Art. 216c OR und Art. 681 Abs. 1 ZGB (vgl. N 2415 ff.).

III. Grundstücktauschvertrag (Rechtsgrundausweis)
A. Vertragsparteien

1972 Vertragsparteien eines Grundstücktauschvertrags sind zwei oder mehrere Grundeigentümerinnen. Als solche kommen alle natürlichen und juristischen Personen sowie Personengemeinschaften in Betracht, die nach den Regeln des Grundbuchrechts als Berechtigte an Grundstücken eintragungsfähig sind (vgl. hierzu ausführlich N 613 ff.).

B. Inhalt des Grundstücktauschvertrags
1. Tauschobjekte

1973 Wesentliches Vertragselement des Grundstücktauschvertrags sind die Tauschobjekte, wobei es denkbar ist, dass ein Grundstück gegen eine bewegliche Sache oder gegen ein anderes Grundstück getauscht wird.

1974 Wird ein *Grundstück gegen eine bewegliche Sache getauscht,* z.B. gegen ein Gemälde oder gegen Aktien, so ist das Grundstück im Vertrag so zu beschreiben, wie es bei einem Grundstückkauf zu beschreiben wäre (N 1892 ff.). Die

Gegenleistung ist so zu beschreiben, dass sie aufgrund der Angaben in der öffentlichen Urkunde bestimmt oder bestimmbar ist.

Wird ein *Grundstück gegen ein anderes Grundstück getauscht* und erfolgt die Beurkundung des Geschäfts in einer einzigen Urkunde, so sind beide Grundstücke so zu beschreiben, wie sie bei einem Grundstückkauf zu beschreiben wären (N 1892 ff.). Wird das Geschäft durch zwei Urkundspersonen in unterschiedlichen Kantonen beurkundet, so muss das im betreffenden Kanton gelegene Grundstück wie in einem dortigen Kaufvertrag beschrieben werden; die ausserkantonal gelegene Gegenleistung muss aufgrund ihrer urkundlichen Beschreibung lediglich bestimmt oder bestimmbar sein. 1975

Die *Angabe des Geldwertes von Leistung und Gegenleistung* ist weder Kernelement noch Voraussetzung für die Gültigkeit des Grundstücktauschvertrags. Die Parteien sind nicht verpflichtet, einander gegenseitig offenzulegen, wie sie die ausgetauschten Sachen wertmässig beurteilen. Entscheidend ist vielmehr, dass sie sich darüber einig sind, dass sich die ausgetauschten Werte ausgleichen (ARTHUR MEIER-HAYOZ [BK 1974], Art. 657 N 84). Soweit das Grundbuchamt zum Zwecke der Gebührenfestsetzung und der Staat zum Zwecke der Steuererhebung auf die Annahme von Geldwerten angewiesen sind, kann auf die allfälligen übereinstimmenden Angaben der Vertragsparteien abgestellt oder eine objektive Bewertung nach verwaltungsrechtlichen Kriterien vorgenommen werden. 1976

2. Weitere Elemente des Grundstücktauschvertrags

a) Übergang von Nutzen und Gefahr («Antritt») auf den Erwerber

Die Ausführungen in N 1909 f. gelten sinngemäss auch für den Grundstücktauschvertrag. 1977

b) Rechtsgewährleistung und Sachgewährleistung

Bezüglich Rechts- und Sachgewährleistung wird jede Partei des Tauschvertrags wie eine Verkäuferin behandelt (vgl. N 1911 ff.). 1978

C. Form des Grundstücktauschvertrags

Der Abschluss des Grundstücktauschs bedarf zu seiner Gültigkeit der *öffentlichen Beurkundung* (Art. 237 OR i.V.m. Art. 216a Abs. 1 OR). 1979

1980 In der öffentlichen Urkunde sind *alle Gegenleistungen anzugeben*, die für den Erwerb eines jeden Grundstücks erbracht werden, also auch allfällige Geldzahlungen, die zum Ausgleich des Mehrwerts eines Tauschobjekts bezahlt werden.

1981 Im Übrigen gelten die Ausführungen zum Grundstückkauf sinngemäss (vgl. N 1914 ff.).

§ 57 Schenkung

I. Allgemeines und Begriffliches

1982 Schenkung heisst die unentgeltliche Zuwendung eines Vermögenswerts – von Geld oder Rechten – unter Lebenden (Art. 239 ff. OR), durch die der Beschenkte aus dem Vermögen der Schenkerin bereichert wird. Die Schenkerin handelt freiwillig, d.h. ohne rechtliche Verpflichtung; was gegeben wird, um eine rechtliche Pflicht zu erfüllen, fällt nicht unter den Begriff der Schenkung. Hingegen ist die Tilgung moralischer Schulden, sogenannter Dankesschulden, durch die Zuwendung von Vermögenswerten eine Schenkung. Die Schenkung kann auch Dinge betreffen, die für die eine oder andere Partei wertlos oder belastend sind wie etwa einen denkmalgeschützten Palast, der wirtschaftlich nicht nutzbar ist und einen teuren Unterhalt erfordert. Entsprechend der Unentgeltlichkeit der Zuwendung ist die Schenkerin von Gewährleistungspflichten weitgehend freigestellt (Art. 248 Abs. 2 OR; PIERRE CAVIN [SPR 1977], 183 ff.).

1983 Obwohl der Beschenkte keine Gegenleistung erbringt, versteht der Gesetzgeber die Schenkung als ein zweiseitiges Geschäft. Der Beschenkte muss die Annahme erklären. Man kann niemanden gegen seinen Willen beschenken.

1984 Dass dies so sein muss, ergibt sich aus der Erwägung, dass jede Schenkung eine persönliche Beziehung zwischen den Parteien herstellt. Steht der Geber im Verruf, so würde die Annahme der Schenkung auch den Beschenkten in Verruf bringen. Es kann auch sein, dass mit dem Schenkungsobjekt Risiken verbunden sind, die der Beschenkte nicht ungeprüft übernehmen möchte. Man denke an die Schenkung eines Grundstücks, das mit Abfallstoffen verseucht ist.

II. Grundbuchlicher Vollzug

Anmeldende (verfügende) Person ist die Schenkerin. 1985

Rechtsgrundausweis ist der Vertrag in öffentlicher Urkunde (Art. 243 Abs. 2 1986
OR; Art. 64 Abs. 1 lit. a GBV) zwischen der Schenkerin und dem Beschenkten
(vgl. zum Rechtsgrundausweis ausführlich N 1989 ff.).

Mit dem Rechtsgrundausweis müssen dem Grundbuchamt **eventuell weitere** 1987
Anmeldungsbelege eingereicht werden. Es kann auf die Ausführungen zum
Vollzug des Kaufvertrags verwiesen werden (N 1886), mit einer einzigen Ausnahme:

Der Abschluss einer Schenkung ist *kein Vorkaufsfall* im Sinne von Art. 216c OR 1988
und Art. 681 Abs. 1 ZGB (vgl. N 2415 ff.).

III. Grundstückschenkungsvertrag (Rechtsgrundausweis)

A. Vertragsparteien (Schenkerin und Beschenkter)

Schenkungen finden *typischerweise zwischen natürlichen Personen* statt. Unter 1989
den juristischen Personen kommen nur Stiftungen, Vereine und öffentlichrechtliche Körperschaften (z.B. Gemeinden oder staatliche Museen und Schulen etc.) als Empfänger von Schenkungen infrage. Hingegen sind Grundstückschenkungen an gewinnstrebige Handelsgesellschaften unüblich. Was die Gesellschafter ihrer Gesellschaft unentgeltlich zuwenden, heisst Kapitaleinlage, nicht Schenkung. Handelsgesellschaften pflegen auch keine Grundstücke zu verschenken, da die Gesellschaften wegen ihres statutarischen Zwecks auf Gewinnerzielung ausgerichtet sind und Zuwendungen nur im Rahmen einer unternehmerisch vertretbaren Gemeinnützigkeit und Sponsorentätigkeit tätigen können; das Verschenken von Grundstücken liegt meist ausserhalb dieses Rahmens. Unentgeltliche Grundstücksübertragungen an Gesellschafter sind nicht Schenkungen, sondern Gewinnausschüttungen oder Kapitalrückleistungen.

Da Schenkungen zwischen nichtverwandten Personen mit *hohen Schenkungs-* 1990
steuern (bis zu 50% des Schenkungswertes) belastet werden, kommen Grundstückschenkungen praktisch nur zwischen Ehegatten sowie von Eltern auf Kinder oder zugunsten von gemeinnützigen (d.h. schenkungssteuerbefreiten) Institutionen vor (zur Frage der Handlungsfähigkeit minderjähriger Kinder als Beschenkte vgl. N 956 f.). Als gemeinnützige Schenkungsempfänger fallen namentlich die gemeinnützigen Stiftungen in Betracht, seltener Vereine. Bevor

ein Grundstück an eine Stiftung oder an einen Verein geschenkt wird, sollte die Steuerbefreiung des Vorgangs abgeklärt werden.

1991 Ist die Schenkerin verheiratet und ist das *Schenkungsobjekt güterrechtlich ihrer Errungenschaft* zuzuordnen, so empfiehlt sich aufgrund von Art. 208 Abs. 1 Ziff. 1 ZGB, die Schenkung mit Zustimmung des anderen Ehegatten auszurichten. Nach der Bestimmung von Art. 208 Abs. 1 Ziff. 1 ZGB werden unentgeltliche Zuwendungen, die ein Ehegatte während der letzten fünf Jahre vor Auflösung des Güterstandes ohne Zustimmung des anderen Ehegatten an Dritte ausgerichtet hat, der Errungenschaft zugerechnet. Diese Zustimmung kann jederzeit und formlos erfolgen. Hat der Ehegatte seine Zustimmung im Rahmen von Art. 169 ZGB erteilt, so gilt sie vermutungsweise auch im Hinblick auf Art. 208 ZGB als erteilt.

1992 Bei der Grundstückschenkung an eine *in Gütergemeinschaft lebende Person* ist die Mitwirkung des andern Ehegatten nicht notwendig. Art. 225 Abs. 1 ZGB sieht vor, dass unentgeltliche Zuwendungen an einen Gütergemeinschafts-Ehegatten in dessen Eigengut fallen. Somit stehen Vermögenswerte (so auch Grundstücke), die ohne anderweitige Vereinbarung geschenkt wurden, im Alleineigentum des Beschenkten. Unter Umständen steht jedoch dem anderen Ehegatten gestützt auf die Bestimmung von Art. 225 Abs. 3 ZGB ein Anspruch auf Massenumteilung zu. Dieser Anspruch ist bloss obligatorischer Natur und entsteht erst mit der Eröffnung des Erbgangs über den Nachlass des Schenkers (HEINZ HAUSHEER/RUTH REUSSER/THOMAS GEISER [BK 1999], Art. 225 N 30).

B. Inhalt des Grundstückschenkungsvertrags

1. Schenkungsobjekt

1993 Alle *Grundstücke im Sinne von Art. 655 Abs. 2 ZGB*, d.h. Liegenschaften, in das Grundbuch aufgenommene selbständige und dauernde Rechte, Bergwerke sowie Miteigentums- und Stockwerkeigentumsanteile können Gegenstand eines Grundstückschenkungsvertrags sein.

1994 Wird eine *Stockwerkeigentumseinheit* geschenkt, so empfiehlt sich die ausdrückliche Erwähnung im Vertrag, dass der Beschenkte ein allfälliges Guthaben gegenüber dem Erneuerungsfonds sowie allfällige andere Guthaben oder Schulden gegenüber der Stockwerkeigentümergemeinschaft oder der Verwaltung ebenfalls übernimmt.

Werden *verpfändete Grundstücke* geschenkt, dann sollte im Schenkungsvertrag richtigerweise auch gerade geregelt werden, ob die Schenkerin das Pfandrecht mit dem Vollzug der Schenkung oder schon vorher auf eigene Kosten ablöst oder ob der Beschenkte das Grundstück mit der hypothekarischen Belastung und mitsamt der Grundpfandschuld übernimmt (womit das Geschäft zur gemischten Schenkung wird). 1995

Für das *Schenkungsobjekt* kann ferner auf das zum Kaufsobjekt in N 1892 ff. Gesagte verwiesen werden. 1996

2. Gegenleistungen und Auflagen

Reine Schenkungen erfolgen unentgeltlich, d.h. ohne Gegenleistung des Beschenkten. Soll der Beschenkte der Schenkerin eine Gegenleistung erbringen, deren Wert geringer ist als der Wert des Schenkungsobjektes, dann spricht man von *gemischter Schenkung* (HERBERT SCHÖNLE [ZK 1993], Art. 184 N 130 f.) 1997

Muss der Beschenkte neue Pflichten zugunsten Dritter eingehen, die er nicht durch Schuldübernahme von der Schenkerin übernimmt, so macht dies das Geschäft nicht zu einer gemischten Schenkung. Vielmehr handelt es sich um eine Schenkung mit Auflagen im Sinne von Art. 245 OR. 1998

Bei gemischten Schenkungen (nicht bei auflagenbeschwerten Schenkungen) pflegt der Fiskus zu prüfen, ob ein steuerbarer Grundstückgewinn realisiert wird. Dies kann etwa der Fall sein, wenn die vom Beschenkten übernommene Hypothekarschuld den Einstandspreis der Schenkerin oder den Steuerwert des Grundstücks übersteigt. 1999

3. Weitere Elemente des Grundstückschenkungsvertrags

Gemäss Art. 247 OR kann die Schenkerin die Schenkung derart mit einer Resolutivbedingung ausgestalten, dass die geschenkte Sache wieder an sie zurückfällt, falls der Beschenkte vor ihr versterben sollte. Dieses *Rückfallsrecht* kann bei Grundstücken im Grundbuch vorgemerkt werden (vgl. hierzu hinten, N 2522 ff.). 2000

Die *Angabe eines Geldwertes des Schenkungsobjekts* ist weder Kernelement noch Voraussetzung für die Gültigkeit des Grundstückschenkungsvertrags. Die Schenkerin ist nicht verpflichtet, dem Beschenkten offenzulegen, wie sie die geschenkte Sache wertmässig beurteilt. Soweit das Grundbuchamt zum Zwecke der Gebührenfestsetzung und der Staat zum Zwecke der Steuererhebung auf die Annahme von Geldwerten angewiesen sind, kann auf die allfälligen 2001 übereinstimmenden Angaben der Vertragsparteien abgestellt oder eine objektive Bewertung nach verwaltungsrechtlichen Kriterien vorgenommen werden.

C. Form des Grundstückschenkungsvertrags

2002 Der Abschluss des Grundstückschenkungsvertrags bedarf zu seiner Gültigkeit der *öffentlichen Beurkundung* (Art. 243 Abs. 2 OR; Art. 64 Abs. 1 lit. a GBV). Der Formzwang erstreckt sich auf das Grundstück und den Schenkungswillen, bei gemischten und auflagenbeschwerten Schenkungen auch auf die vom Beschenkten zu übernehmenden Schulden oder neu einzugehenden Pflichten. Diese Schulden oder Pflichten müssen als wesentliche Vertragspunkte betrachtet werden, insbesondere aus der Sicht jener Partei, die über ihr Grundeigentum verfügt.

§ 58 Sacheinlage

I. Allgemeines und Begriffliches

2003 Wird bei der Gründung einer Aktiengesellschaft oder einer GmbH oder bei der Kapitalerhöhung einer solchen Gesellschaft das Kapital ganz oder teilweise durch Übereignung eines Grundstücks liberiert, so geschieht dies mittels eines Sacheinlagevertrags, in dem sich die Zeichnerin der auszugebenden Beteiligungsrechte (Aktien oder Stammanteile) gegenüber der neu zu gründenden oder schon bestehenden Gesellschaft verpflichtet, das Grundstück auf die Gesellschaft zu übertragen und im Gegenzug von der Gesellschaft neu auszugebende Beteiligungsrechte entgegenzunehmen (CONRADIN CRAMER [ZK 2016], Art. 634 N 21 ff.; ALFRED SIEGWART [ZK 1945], Art. 628 N 6 ff.; PETER BÖCKLI [2009], § 1 N 375 ff.).

2004 Ist der Wert der Sacheinlage grösser als der Ausgabebetrag der Beteiligungsrechte (Nennwerte zuzüglich eines allfälligen Agios), so pflegt die Gesellschaft für den Differenzbetrag eine Geldschuld gegenüber der Sacheinlegerin anzuerkennen. In einem solchen Fall spricht man von *Sacheinlage und Sachübernahme* (Art. 45 Abs. 3 HRegV; CONRADIN CRAMER [ZK 2016], Art. 634 N 22; PETER BÖCKLI [2009], § 1 N 386). Der nicht mit Beteiligungsrechten, sondern mit Geld abgegoltene Erwerb von Sachen anlässlich der Gründung oder Kapitalerhöhung einer Gesellschaft heisst *Sachübernahme* (ALFRED SIEGWART [ZK 1945], Art. 628 N 47 ff.; PETER BÖCKLI [2009], § 1 N 379 ff.).

II. Grundbuchlicher Vollzug

Anmeldende (verfügende) Person ist die Sacheinlegerin. 2005

Rechtsgrundausweis ist der Vertrag zwischen der Sacheinlegerin und der (u.U. noch in Gründung begriffenen) Gesellschaft. Sofern der Sacheinlagevertrag die vereinbarte Übertragung von Rechten an Grundstücken enthält, bedarf dieser der öffentlichen Beurkundung (Art. 634 Ziff. 1 OR; Art. 64 Abs. 1 lit. a GBV). 2006

Da der Sacheinlagevertrag unter der *aufschiebenden Bedingung seiner Genehmigung* durch die Gründungsversammlung oder das oberste Leitungsorgan (Verwaltungsrat oder Geschäftsführung) steht und da mit der Anmeldung eines Geschäftes beim Grundbuchamt der Eintritt von Bedingungen zu belegen ist, muss mit den Anmeldungsbelegen ein *beglaubigter Handelsregisterauszug* über die erfolgte Gründung oder Kapitalerhöhung eingereicht werden (CONRADIN CRAMER [ZK 2016], Art. 634 N 16). 2007

Mit dem Rechtsgrundausweis müssen dem Grundbuchamt **eventuell weitere Anmeldungsbelege** eingereicht werden. Es kann auf die Ausführungen zum Vollzug des Kaufvertrags verwiesen werden (N 1886), mit einer einzigen Ausnahme: 2008

Der Abschluss eines Sacheinlagevertrags ist *kein Vorkaufsfall* im Sinne von Art. 216c OR und Art. 681 Abs. 1 ZGB (vgl. N 2415 ff.). 2009

III. Sacheinlagevertrag (Rechtsgrundausweis)

Wesentliche Bestandteile des Sacheinlagevertrags sind der genügend spezifizierte Einlagegegenstand und die dafür ausgerichtete Gegenleistung, also die Anzahl und die genaue Bezeichnung der Beteiligungsrechte (CONRADIN CRAMER [ZK 2016], Art. 634 N 22). Der Sacheinlagevertrag muss der Gesellschaft den bedingungslosen Anspruch auf Grundbucheintragung einräumen, sobald die Gründung oder Kapitalerhöhung im Handelsregister eingetragen ist (Art. 634 Ziff. 2 OR). 2010

Der Sacheinlagevertrag steht unter der aufschiebenden Bedingung seiner Genehmigung durch die Gründungsversammlung oder den Verwaltungsrat. Diese Bedingung ergibt sich aus dem Zweck des Sacheinlagevertrags und muss nicht ausdrücklich erwähnt werden. Üblicher Beleg für den Eintritt der Bedingung ist der beglaubigte Handelsregisterauszug über die erfolgte Gründung oder Kapitalerhöhung. 2011

2012 Der Sacheinlagevertrag kann wie ein Kaufvertrag ein einzelnes oder mehrere einzelne Grundstücke betreffen, oder er kann als Vermögensübertragungsvertrag gemäss Art. 69 ff. FusG (N 2356 ff.) gestaltet werden. In ersterem Falle, d.h. beim Sacheinlagevertrag, der nicht als Vermögensübertragungsvertrag nach FusG gestaltet ist, erwirbt die Gesellschaft die eingebrachten Rechte an Grundstücken erst mit dem Grundbucheintrag und nicht schon mit Eintrag der Gründung oder Kapitalerhöhung beim Handelsregister (BGE 109 II 99, E. 2; CONRADIN CRAMER [ZK 2016], Art. 634 N 16; ALFRED SIEGWART [ZK 1945], Art. 628 N 18).

2013 In der Praxis sind die Zeichnerin der auszugebenden Beteiligungsrechte und die Sacheinlegerin meist identisch. Dies ist jedoch nicht zwingend. Wenn die Sacheinlegerin und die Gesellschaft vereinbaren, dass alle oder ein Teil der durch die Sacheinlage liberierten Beteiligungsrechte an eine Zeichnerin auszugeben sind, die nicht Vertragspartei des Sacheinlagevertrages ist, so liegt ein Vertrag zugunsten Dritter im Sinne von Art. 112 Abs. 2 vor (CONRADIN CRAMER [ZK 2016], Art. 634 N 24). Die begünstigte Dritte muss die ihr zukommenden Beteiligungsrechte zeichnen, nicht jedoch den Sacheinlagevertrag mitunterzeichnen.

§ 59 Übertragung zwecks Abgeltung güterrechtlicher Ansprüche

2014 Während der Geltungsdauer des Güterstandes der Errungenschaftsbeteiligung können Forderungen des einen Ehegatten gegenüber dem andern entstehen, die ihren Grund im ehelichen Güterrecht haben. Zu denken ist an Forderungen aufgrund von Art. 206 ZGB (Investitionen in Vermögensgegenstände des anderen Ehegatten), Art. 165 Abs. 1 ZGB (ausserordentliche Beiträge eines Ehegatten), Art. 165 Abs. 2 ZGB (Mehrleistung an den Unterhalt der Familie) oder Art. 164 ZGB (Besorgung des Haushalts oder der Mithilfe im Beruf oder Gewerbe des anderen Ehegatten).

2015 Sodann gibt es güterrechtliche Ansprüche, die erst bei der Auflösung des Güterstandes entstehen, wie etwa die Vorschlagsansprüche im Sinne von Art. 215 ZGB. In diesen Fällen ist es jedoch möglich, die Übertragung von Vermögenswerten (so auch von Grundstücken) auf Anrechnung künftiger Vorteilsansprüche vorzunehmen (HEINZ HAUSHEER/RUTH REUSSER/THOMAS GEISER [BK 1992], Art. 215 N 27). Denkbar ist sowohl die Übertragung mit Festsetzung oder ohne Festsetzung eines bestimmten Anrechnungswertes. Wird im Übertragungsakt ein Anrechnungswert vereinbart, so ist dieser bei der künftigen Auflösung des Güterstandes zur Anrechnung zu bringen. Wird kein Anrechnungswert festgelegt, so ist in der künftigen güter- und erbrechtlichen Auseinandersetzung der dann vorhandene Wert massgeblich (Art. 214 Abs. 1 ZGB; vgl. zum Ganzen JÜRG SCHMID [ZBGR 2002], 328 f.). Dieser Wert wird entweder durch Parteikonsens oder, falls kein solcher erreicht wird, durch eine von den Parteien privat oder gerichtlich beantragte Schätzung festgelegt, wobei der Verkehrswert im Zeitpunkt der Schätzung massgebend ist.

Zur Abgeltung güterrechtlicher Ansprüche können somit *bereits während der Geltungsdauer* des Güterstandes der Errungenschaftsbeteiligung Rechte an Grundstücken von einem Ehegatten auf den anderen übertragen werden (JÜRG SCHMID [ZBGR 2002], 327 f.). 2016

Anmeldende (verfügende) Person ist die übertragende Ehegattin. 2017

Rechtsgrundausweis ist der Vertrag zwischen den Ehegatten mit Angabe der güterrechtlichen Ansprüche, die durch die Grundstücksübertragung abgegolten werden. Der Vertrag bedarf der öffentlichen Beurkundung (so auch JÜRG SCHMID [ZBGR 2002], 328; teilweise a.M. HEINZ HAUSHEER/RUTH REUSSER/THOMAS GEISER [BK 1992], Art. 215 N 25). Der Vertrag zur Übertragung eines Grundstücks zwecks Abgeltung güterrechtlicher Ansprüche lehnt sich im Übrigen hinsichtlich der zu regelnden Vertragspunkte an den Grundstückkaufvertrag an (N 1887 ff.). 2018

Mit dem Vertrag zur Übertragung von Grundstücken zwecks Abgeltung güterrechtlicher Ansprüche müssen dem Grundbuchamt **eventuell weitere Anmeldungsbelege** eingereicht werden. Es kann mit der folgenden Einschränkung auf die Ausführungen zum Vollzug des Kaufvertrags verwiesen werden (N 1886): 2019

Die Übertragung von Grundstücken zwecks Abgeltung güterrechtlicher Ansprüche ist *kein Vorkaufsfall* im Sinne von Art. 216c OR und Art. 681 Abs. 1 ZGB (vgl. N 2415 ff.). 2020

Im Übrigen wird auf die Ausführungen zur Übertragung von Grundstücken zwecks Abgeltung güterrechtlicher Ansprüche bei Auflösung oder Änderung der Errungenschaftsbeteiligung (N 2044 ff., 2054 ff.) und zur Auflösung des Güterstandes der Gütergemeinschaft (N 2077 ff.) verwiesen. 2021

Elftes Kapitel:
Vorgänge mit Auswirkungen auf Rechte an Grundstücken

§ 60 Vorgänge bei Stiftungen

2022 Zum Begriff der Stiftung vgl. N 726 ff.

I. Errichtung einer Stiftung
A. Überblick

2023 Stiftungen können durch juristische Personen errichtet werden, ferner durch natürliche Personen zu Lebzeiten oder von Todes wegen. Wenn bei der Stiftungserrichtung von Todes wegen die Vorgaben im Testament oder Erbvertrag für den Handelsregistereintrag der Stiftung genügen, dann ist die Erblasserin als Stifterin sichtbar. Genügen sie nicht, so müssen die Erben oder der Willensvollstrecker die Stiftung in der gleichen Verfahrensform errichten, in der Stiftungen unter Lebenden errichtet werden, nämlich durch Erklärung des Stifterwillens und Ernennung des anfänglichen Stiftungsrats in öffentlicher Urkunde vor einer Urkundsperson mit anschliessender Anmeldung der Stiftung beim Handelsregister. Als Stifter sind in diesem Fall die Erben oder der Willensvollstrecker anzugeben, je mit dem Zusatz «handelnd als Erben/Willensvollstrecker der am [Datum] verstorbenen X». Die Verstorbene kann bei einer nach ihrem Tod öffentlich beurkundeten Stiftungserrichtung nicht als Stifterin auftreten.

2024 Stiftungen können durch eine einzige Stifterin oder durch mehrere Stifterinnen errichtet werden. Ob und wie die mehreren Stifterinnen untereinander verbunden sind, braucht in der Stiftungsurkunde nicht erwähnt zu werden. Im Folgenden wird vom Vorhandensein einer einzigen Stifterin ausgegangen. Die Ausführungen zur Stiftungserrichtung beschränken sich weitestgehend auf die grundbuchlichen Aspekte.

B. Stiftungserrichtung aufgrund eines Rechtsgeschäfts unter Lebenden
1. Grundbuchlicher Vollzug

2025 **Anmeldende (verfügende) Person** ist die Stifterin.

Rechtsgrundausweis ist die öffentlich beurkundete Stiftungsurkunde im Original oder als beglaubigte Kopie oder als beglaubigter Auszug, wobei die Stiftungsurkunde sämtliche Minimalanforderungen eines Grundstücksübertragungsaktes enthalten muss, d.h. Objektbeschrieb und Eintragungsbewilligung für das Grundbuch (HANS MICHAEL RIEMER [BK 1975], Art. 81 N 25; ARTHUR MEIER-HAYOZ [BK 1974], Art. 657 N 35; ROBERT HAAB [ZK 1977], Art. 657 N 4). 2026

Mit dem Rechtsgrundausweis müssen dem Grundbuchamt eventuell **weitere Beilagen** eingereicht werden. Es kann auf die Ausführungen zum Vollzug des Kaufvertrags verwiesen werden (N 1886). 2027

Sollen Rechte an Grundstücken Gegenstand des anfänglichen Stiftungsvermögens werden, so kann die Anmeldung beim Grundbuchamt erst erfolgen, wenn die Stiftung ihre Rechtspersönlichkeit erlangt hat. Dies bedeutet, dass die Stiftung in das Handelsregister eingetragen sein muss, sofern es sich nicht um eine kirchliche Stiftung oder um eine Familienstiftung handelt (Art. 52 ZGB; HANS MICHAEL RIEMER [BK 1975], Art. 80 N 12). Ist die Stiftung nicht ins Handelsregister einzutragen, so ist dem Grundbuchamt im Eintragungsverfahren nachzuweisen, dass die Stiftung ihre Rechtspersönlichkeit erlangt hat, d.h. insbesondere, dass die Organe gültig bestellt wurden. An diesen Nachweis sind keine strengen Anforderungen zu stellen. 2028

2. Stiftungserklärung (Rechtsgrundausweis)

Die Stiftungserklärung muss unter anderem die Verpflichtung der Stifterin enthalten, der Stiftung das in der Stiftungsurkunde genannte Anfangsvermögen zu verschaffen (HANS MICHAEL RIEMER [BK 1975], Art. 80 N 19 ff.; CHRISTIAN BRÜCKNER [1993], N 2300 ff.). 2029

Zu diesem Anfangsvermögen können *Rechte an Grundstücken* gehören. Sofern es sich um Rechte handelt, die bisher der Stifterin gehörten, und sofern die der Stiftung zugewendeten Rechte in der Stiftungsurkunde bestimmbar sind, genügt die Stiftungsurkunde als Rechtsgrundausweis für den grundbuchlichen Vollzug der Rechtsübertragung von der Stifterin auf die Stiftung. Erbringt die Stiftung Gegenleistungen, so ist ein zweiseitiger Vertrag zwischen Stifterin und Stiftung erforderlich, der erst beurkundet werden kann, wenn die Stiftung im Handelsregister eingetragen ist. 2030

Die *Angabe eines Geldwertes* des der Stiftung zugewendeten Rechts ist weder Kernelement noch Voraussetzung für die Gültigkeit der Stiftungserklärung als Rechtsgrundausweis. Die Stifterin ist nicht verpflichtet, offenzulegen, wie sie 2031 die zugewendete Sache wertmässig beurteilt. Soweit das Grundbuchamt zum Zwecke der Gebührenfestsetzung und der Staat zum Zwecke der Steuererhebung auf die Annahme von Geldwerten angewiesen sind, kann auf die allfälligen Angaben der Stifterin abgestellt oder eine objektive Bewertung nach verwaltungsrechtlichen Kriterien vorgenommen werden.

2032 Die Stifterin, die zu Lebzeiten ein Grundstück in die Stiftung einbringen will, muss dies nicht zwingend im Rahmen der Stiftungsurkunde (Errichtungsakt) tun. Sie kann die Stiftung zunächst mit anderem Vermögen ausstatten, worauf die Stiftung sich das Grundstück schenken lässt (N 2038 ff.).

2033 Die Errichtung einer Stiftung kann vor einer *beliebigen Urkundsperson* in der ganzen Schweiz vorgenommen werden. Sollen im Rahmen der Vermögenswidmung Rechte an Grundstücken von der Stifterin an die Stiftung übertragen werden, so werden die Übertragungen von den meisten kantonalen Grundbuchämtern nur vollzogen, d.h. die diesbezügliche Widmung wird von diesen Grundbuchämtern nur anerkannt, wenn sie durch eine Urkundsperson des betreffenden Kantons oder des Bezirks des belegenen Grundstücks beurkundet worden sind (HANS MICHAEL RIEMER [BK 1975], Art. 81 N 26). Die grundbuchliche Nichtanerkennung auswärts beurkundeter Stiftungsurkunden widerspricht dem bundesrechtlichen Grundsatz der Einheit von Stiftungserrichtungsgeschäft und Vermögenswidmung (N 815; ferner CHRISTIAN BRÜCKNER [1993], N 2306 f.).

2034 **Zum Steuerrecht:** Wer steuerbefreit stiften will, sollte sich vorgängig von der zuständigen Steuerbehörde bescheinigen lassen, dass die geplante Stiftung als gemeinnützig und steuerbefreit anerkannt wird. Andernfalls besteht die Gefahr, dass die Vermögensübertragung an die Stiftung der Schenkungssteuer unterworfen wird. Diese kann einen wesentlichen Teil des Stiftungsvermögens absorbieren und die Absichten der Stifterin vereiteln.

C. Stiftungserrichtung aufgrund einer Verfügung von Todes wegen

2035 Erfolgt die Stiftungserrichtung von Todes wegen (ausführlich hierzu HANS MICHAEL RIEMER [BK 1975], Art. 81 N 30 ff.) und soll die Stiftung gemäss der letztwilligen Verfügung Rechte an Grundstücken erhalten, so kann die Anmeldung beim Grundbuchamt erst erfolgen, wenn die Stiftung ihre Rechtspersönlichkeit erlangt hat (vgl. N 2028). Sofern die Angaben im Testament oder Erbvertrag für die Handelsregistereintragung der Stiftung nicht genügen, müssen die Erben, der Willensvollstrecker oder das Erbschaftsamt die Stiftung in öffentlicher Urkunde vor einer Urkundsperson errichten.

Anmeldende (verfügende) Personen sind sämtliche Erben gemeinsam oder der Willensvollstrecker; wird eine Stiftung als Alleinerbin eingesetzt und fehlt es an einem Willensvollstrecker, so erfolgt die Anmeldung durch das zuständige Erbschaftsamt als Drittperson. 2036

Rechtsgrundausweis ist das Testament oder der Erbvertrag, wobei allerdings je nach Konstellation ein weiterer Beleg für die Grundbucheintragung notwendig ist: 2037

– Ist die Stiftung *als Erbin* eingesetzt, so erfolgt ihr Grundbucheintrag kraft *Erbgangs* (N 2110 ff.). Muss sie in ihrer Eigenschaft als Erbin mit anderen Erben teilen, so ist auch der *Teilungsvertrag* (N 2145 ff.) einzureichen. Der Grundbucheintrag erfolgt in diesem Falle kraft Erbgangs und Teilung.

– Erhält die letztwillig gegründete Stiftung bloss bestimmte Objekte oder Geldmittel zugewendet, so ist sie *Vermächtnisnehmerin*. In diesem Fall sind der Übergang gestifteter Grundstücke auf die Erben und die anschliessende Ausrichtung des Vermächtnisses an die Stiftung zu belegen (N 2172 ff.).

II. Grundstücksgeschäfte bestehender Stiftungen

Bestehende Stiftungen können Rechte an Grundstücken von der Stifterin und von Dritten in den Formen der Schenkung, der Erbeinsetzung und des Vermächtnisses unentgeltlich entgegennehmen. Sie können Grundstücke kaufen und verkaufen sowie mit Grundpfandrechten und anderen Rechten belasten, alles in den üblichen Formen, d.h. meist durch öffentlich beurkundete Verträge. 2038

Ferner können Stiftungen Grundstücke auch im Rahmen von Vermögensübertragungen gemäss Art. 70 Abs. 2 FusG erwerben oder veräussern. In diesem Fall ist der Vermögensübertragungsvertrag der Rechtsgrundausweis. Die Genehmigungsverfügung einer Stiftungsaufsichtsbehörde kann hingegen für sich allein nicht als Rechtsgrundausweis gemäss Art. 64 Abs. 1 lit. g GBV genügen, und zwar auch dann nicht, wenn die von der Stiftung zu erwerbenden oder zu veräussernden Grundstücke in der Verfügung einzeln erwähnt sind. 2039

§ 61 Vorgänge zwischen Ehegatten und eingetragenen Partnern

I. Allgemeines und Begriffliches

2040 Ehegatten und eingetragene Partner können untereinander Grundstücksgeschäfte auf zwei verschiedene Arten tätigen, nämlich entweder als unabhängige Vertragsparteien ohne Bezug auf die bestehende Gemeinschaft und das Güterrecht, insbesondere durch Kauf-, Tausch- und Schenkungsverträge, oder durch Geschäfte im Rahmen der Begründung, Änderung oder Beendigung ihres ehelichen Güterstandes (zu den ehelichen Güterständen vgl. N 660 ff.). Für die erste Fallgruppe gelten die gleichen Regeln wie für unverbundene Parteien. Die folgenden Ausführungen beziehen sich auf die zweite Fallgruppe.

II. Grundstücke in der Errungenschaftsbeteiligung

2041 Zum Begriff der Errungenschaftsbeteiligung vgl. N 663 ff.

A. Begründung des Güterstandes der Errungenschaftsbeteiligung

2042 Bei der Errungenschaftsbeteiligung wird jeder Ehegatte sowohl in Bezug auf seine bestehenden Rechte an Grundstücken als auch im Zusammenhang mit Grundstücksgeschäften im Wesentlichen so behandelt, wie wenn er unverheiratet wäre.

2043 Die Begründung des Güterstandes der Errungenschaftsbeteiligung, sei es durch Eheschluss oder sei es durch Auflösung eines vertraglichen Güterstandes, hat keine Auswirkung auf den Bestand der im Grundbuch eingetragenen Rechte der Ehegatten. Eine Ehegattin, die im Grundbuch als Inhaberin eines Rechts eingetragen ist, gilt weiterhin als die Alleinberechtigte.

B. Auflösung des Güterstandes der Errungenschaftsbeteiligung

1. Übergang zur Gütertrennung

a) Grundbuchlicher Vollzug

2044 Gehen Ehegatten von der Errungenschaftsbeteiligung zur Gütertrennung über, wozu es eines Ehevertrags in öffentlicher Urkunde bedarf (Art. 184 ZGB), so führen sie zweckmässigerweise sogleich oder in zeitlicher Nähe eine güterrechtliche Auseinandersetzung durch. Sofern dabei Grundstücke die Hand wechseln, gilt Folgendes:

Anmeldende (verfügende) Person ist die übertragende Ehegattin. 2045

Rechtsgrundausweis ist entweder der neue Ehevertrag in öffentlicher Urkunde (Art. 184 ZGB; vgl. N 2050 ff.) oder ein eigenständiger Vertrag zwischen den Ehegatten in öffentlicher Urkunde über die Übertragung des Grundstücks zwecks Abgeltung güterrechtlicher Ansprüche (N 2014 ff.). 2046

Ausnahmsweise, wenn die Übertragung von Grundeigentum im Rahmen der güterrechtlichen Auseinandersetzung gestützt auf Art. 205 Abs. 2 ZGB (Zuweisung eines Miteigentumsanteils) erfolgt, genügt gemäss einschlägiger Lehre ein schriftlicher Teilungsvertrag zwischen den Ehegatten (HEINZ HAUSHEER/RUTH REUSSER/THOMAS GEISER [BK 1992], Art. 205 N 61; HEINZ HAUSHEER/REGINA AEBI-MÜLLER [BSK 2014], Art. 205 N 19; JÜRG SCHMID [ZBGR 2002], 332). 2047

Mit dem Rechtsgrundausweis müssen dem Grundbuchamt **eventuell weitere Anmeldungsbelege** eingereicht werden. Von praktischer Tragweite sind insbesondere folgende Fälle: 2048

- Ist das zu übertragende Grundstück mit *Grundpfandrechten* belastet, so hat meist mit dem Vollzug der Übertragung eine Schuldneränderung – gegebenenfalls verbunden mit einer Gläubigeränderung – zu erfolgen. Hierzu sind dem Grundbuchamt neben etwaigen Schuldbrieftiteln insbesondere die Schuldanerkennung des erwerbenden Ehegatten als neuer Pfandgeber und die Schuldnerentlassungserklärung des Gläubigers beizubringen (N 1817 ff.).

- Für Grundstücke, auf denen sich ein *im* Kataster eingetragener belasteter Standort befindet, besteht bei jeder Veräusserung Bewilligungspflicht gemäss Art. 32d^{bis} Abs. 3 und 4 USG (N 2724 ff.).

- Wird ein *landwirtschaftliches Grundstück* kraft Güterrecht übertragen, so ist hierfür gestützt auf Art. 62 lit. b BGBB keine Erwerbsbewilligung im Sinne von Art. 61 BGBB erforderlich (vgl. auch N 2693 ff.).

- Die Übertragung von Grundstücken im Rahmen der güterrechtlichen Auseinandersetzung ist *kein Vorkaufsfall* im Sinne von Art. 216c OR und Art. 681 Abs. 1 ZGB (vgl. N 2415 ff.); bei der Übertragung von *landwirtschaftlichen Grundstücken* können jedoch Verwandte ihr Vorkaufsrecht

gemäss Art. 43 BGG geltend machen (vgl. ANDREAS BÜSSER/REINHOLD HOTZ [BGBB 2011] Art. 43 N 13 ff.).
– Bei Übertragung von Rechten an Grundstücken zwischen Ehegatten sind die Erwerbsbeschränkungen der *Lex Koller* unbeachtlich (N 2672 ff.).
– Bei Übertragung von Rechten an Grundstücken zwischen Ehegatten kraft Güterrecht ist unter Umständen die Verfügungsbeschränkung gemäss Art. 172 DBG zur Sicherung der direkten Bundessteuer zu beachten (N 2739 ff.).

2049 **Zum Steuerrecht:** Gemäss Art. 12 Abs. 3 lit. b StHG sind die Kantone verpflichtet, die Grundstückgewinnsteuer aufzuschieben bei Eigentumswechsel unter Ehegatten im Zusammenhang mit dem Güterrecht, sofern beide Ehegatten einverstanden sind. Der Steueraufschub hat zur Folge, dass beim Eigentumswechsel vorerst keine Steuer bezahlt werden muss, sondern die Besteuerung bis zur nächsten steuerbaren Veräusserung aufgeschoben ist, wobei dann aber auf den ursprünglichen Erwerbspreis der übertragenden Ehegattin und die gesamte seit damals aufgelaufene Besitzesdauer abgestellt wird. Somit übernimmt der übernehmende Ehegatte immer dann eine *latente Grundstückgewinnsteuerlast,* wenn der bei der güterrechtlichen Auseinandersetzung vereinbarte Teilungswert über dem ursprünglichen Erwerbspreis der übertragenden Ehegattin liegt. Vereinbaren die Beteiligten den Steueraufschub, so sollte die latente Grundstückgewinnsteuerlast bei der Bemessung des Abfindungs- oder Teilungsanspruches berücksichtigt werden.

b) Ehevertrag (Rechtsgrundausweis)

2050 Der neue Ehevertrag in öffentlicher Urkunde (als beglaubigte Kopie oder als beglaubigter Auszug) kann dann als Rechtsgrundausweis dienen, wenn er den Beschrieb aller zu übertragenden Grundstücke mitsamt den Eintragungsbewilligungen der bisherigen Eigentümerin für das Grundbuch enthält.

2051 Der neue Ehevertrag braucht die Bewertungen und Berechnungen der Ehegatten nicht darzustellen, auch nicht jene, die zu den grundbuchlich relevanten Vorgängen führen. Im neuen Ehevertrag, der als Rechtsgrundausweis für das Grundbuch ausreicht, wird lediglich das Ergebnis dargestellt, nämlich der Wille der Parteien, bestimmte Rechte an Grundstücken infolge güterrechtlicher Auseinandersetzung auf die eine oder andere Partei zu übertragen.

2052 Der neue Ehevertrag kann vor einer *Urkundsperson in der ganzen Schweiz* rechtswirksam abgeschlossen werden. Sollen im Rahmen der güterrechtlichen

Auseinandersetzung Rechte an Grundstücke zwischen den Ehegatten übertragen werden, so werden aber die Übertragungen von den meisten kantonalen Grundbuchämtern nur vollzogen, d.h. die diesbezüglichen ehevertraglichen Absprachen werden von diesen Grundbuchämtern nur anerkannt, wenn sie durch eine Urkundsperson des betreffenden Kantons oder des Bezirks des belegenen Grundstücks beurkundet worden sind (BGE 113 II 501, E. 3; CHRISTIAN BRÜCKNER [1993], N 2371 ff.). Die grundbuchliche Nichtanerkennung auswärts abgeschlossener Eheverträge und die Billigung dieser kantonalen Grundbuchpraxis durch das Bundesgericht widersprechen dem Grundsatz der Einheit des Ehevertrages (N 815; ferner CHRISTIAN BRÜCKNER [1993], N 2375).

2. Übergang zur Gütergemeinschaft

Mit der Vereinbarung des Güterstandes der allgemeinen Gütergemeinschaft (Art. 221 ff. ZGB) fallen die Vermögenswerte beider Ehegatten von Gesetzes wegen in das Gesamtgut (vgl. hierzu N 2066 ff.). Eine güterrechtliche Auseinandersetzung findet nicht statt. 2053

3. Auflösung der Errungenschaftsbeteiligung durch Tod eines Ehegatten

Wird die Ehe durch Tod aufgelöst, so sind die Ansprüche der Beteiligten in den beiden gedanklich aufeinanderfolgenden Schritten der güterrechtlichen Auseinandersetzung und der Erbteilung zu ermitteln (STEPHAN WOLF/GIAN SANDRO GENNA [SPR 2012], 52 ff.). Solange die Beteiligten im Einvernehmen handeln, liegt es in ihrem Ermessen, ob sie die Auseinandersetzung gemäss diesen Regeln durchführen oder davon abweichen wollen. Sollen Rechte an Grundstücken neu zugeordnet werden, so müssen die Rechtsgrundausweise für den grundbuchlichen Vollzug lediglich angeben, welche Beteiligten im Ergebnis welche Rechte und Pflichten übernehmen. Nur der Vertragswille der Beteiligten, in einer bestimmten Weise zu teilen, ist darzustellen, nicht dessen Herleitung aus güter- und erbrechtlichen Regeln. 2054

Der grundbuchliche Vollzug erfordert, dass die auf den Namen der Verstorbenen eingetragenen Rechte an Grundstücken in einem ersten Schritt auf die Erben übertragen werden. Dies geschieht kraft Anmeldung einer *Erbenbescheinigung* (N 2117 ff.). Anschliessend können der überlebende Ehegatte und die (übrigen) Erben in einem einzigen Teilungsakt die auf den Ehegatten und die Erben eingetragenen Rechte an Grundstücken untereinander neu zuordnen. 2055

Der Akt muss angeben, welche Beteiligten welche Rechte an Grundstücken beibehalten oder neu zugeteilt erhalten.

2056 Im Folgenden geht es ausschliesslich um die *güterrechtliche Zuweisung eines Grundstücks des verstorbenen Ehegatten an den überlebenden Ehegatten*. Bezüglich der güterrechtlichen Zuweisung eines Grundstücks des überlebenden Ehegatten an den Nachlass des Verstorbenen wird auf N 2014 ff. verwiesen.

2057 **Anmeldende (verfügende) Personen** sind alle Mitglieder der Erbengemeinschaft. Ferner ist der Willensvollstrecker zur Anmeldung berechtigt.

2058 **Rechtsgrundausweis** ist der Teilungsvertrag zwischen dem überlebenden Ehegatten und der Erbengemeinschaft in einfacher Schriftform in analoger Anwendung von Art. 634 Abs. 2 ZGB (HEINZ HAUSHEER/RUTH REUSSER/THOMAS GEISER [BK 1992], Art. 215 N 21; ROLAND PFÄFFLI [2009], 48; RENÉ BIBER [ZBGR 2005], 5; JGK BE [Handbuch 1982], 13). Hat der Verstorbene einen *Willensvollstrecker* eingesetzt, so kann dieser in Vertretung der Erben die güterrechtliche Auseinandersetzung mit dem überlebenden Ehegatten durchführen (HEINZ HAUSHEER/RUTH REUSSER/THOMAS GEISER [BK 1992], Art. 215 N 21). Die einfache Schriftform ist für den Teilungsvertrag auch dann ausreichend, wenn der überlebende Ehegatte nicht Mitglied der Erbengemeinschaft ist, z.B. weil er bloss die Nutzniessung nach Art. 473 ZGB erhält (JÜRG SCHMID [ZBGR 2002], 330).

2059 Bei der Auflösung der Errungenschaftsbeteiligung bilden der überlebende Ehegatte und die Erben des verstorbenen Ehegatten bis zur güter- und erbrechtlichen Teilung eine *Liquidationsgemeinschaft*. Da die Erben über Rechte an Grundstücken erst verfügen können, nachdem sie im Grundbuch eingetragen worden sind (Art. 656 Abs. 2 ZGB), müssen sie vor der güterrechtlichen Zuweisung des Grundstückes an den überlebenden Ehegatten ins Grundbuch eingetragen werden (JÜRG SCHMID [ZBGR 2002], 330). Die Behandlung des Erbgangs (vgl. N 2110 ff.) hat auch dann zu erfolgen, wenn die Zuweisung der Grundstücke auf einem Teilungsvertrag des überlebenden Ehegatten mit dem Willensvollstrecker beruht (N 1013 f.).

2060 Ein Teilungsvertrag ist auch dann erforderlich, wenn die Ehegatten in einem Ehevertrag die *Vorschlagszuweisung gemäss Art. 216 ZGB* vereinbart haben. Art. 216 ZGB stellt bloss eine güterrechtliche Teilungsvorschrift dar, die dem überlebenden Ehegatten einen obligatorischen Anspruch auf Zuweisung von Wertquoten oder von bestimmten Vermögenswerten einräumt (HEINZ HAUSHEER/RUTH REUSSER/THOMAS GEISER [BK 1992], Art. 216 N 26).

Dasselbe gilt für *ehevertragliche Vereinbarungen,* wonach der überlebende Ehegatte ein Grundstück in Anrechnung an seine güterrechtlichen Ansprüche erhalten soll, wie auch für den Anspruch gemäss Art. 219 ZGB, wonach dem überlebenden Ehegatten das Recht zusteht, die Zuteilung einer Nutzniessung, eines Wohnrechts oder des Eigentums am Haus oder der Wohnung zu verlangen. Auch diese Vereinbarungen begründen bloss einen obligatorischen Anspruch des überlebenden Ehegatten gegenüber den Erben des Verstorbenen auf Zuteilung des Grundstückes. Der blosse Ehevertrag genügt nicht als Rechtsgrundausweis (JÜRG SCHMID [ZBGR 2002], 331).

2061

Mit dem Rechtsgrundausweis müssen dem Grundbuchamt **eventuell weitere Anmeldungsbelege** eingereicht werden. Es kann mit folgenden Präzisierungen auf das in N 2048 zur Auflösung des Güterstandes der Errungenschaftsbeteiligung mit Übergang zur Gütertrennung Gesagte verwiesen werden:

2062

- Bei Übertragung von Rechten an Grundstücken zwischen dem überlebenden Ehegatten und den Erben ist eine *Zustimmungserklärung über die Veräusserung der Familienwohnung nach Art. 169 ZGB oder Art. 14 PartG auch dann nicht notwendig,* wenn der überlebende Ehegatte in der Zwischenzeit wieder geheiratet hat (vgl. N 2608 ff.).

- Haben einzelne Erben im Zeitpunkt der güterrechtlichen Auseinandersetzung ihren *Sitz oder Wohnsitz im Ausland,* so ist die Verfügungsbeschränkung gemäss Art. 172 DBG zur Sicherung der direkten Bundessteuer zu beachten (N 2739 ff.). Das Geschäft kann beim Grundbuch erst angemeldet werden, wenn die Zustimmung der kantonalen Steuerverwaltung vorliegt. Diese Zustimmung gehört zu den Anmeldungsbelegen.

Befindet sich im Vermögen der verstorbenen Ehegattin ein *landwirtschaftliches Gewerbe,* so kommen die Beschränkungen nach Art. 11 BGBB auch dann zur Anwendung, wenn dieses aufgrund Güterrechts übertragen wird (vgl. hierzu N 2648 ff.).

2063

In Bezug auf die *latente Grundstückgewinnsteuerlast* gilt das in N 2049 Gesagte.

2064

III. Grundstücke in der Gütergemeinschaft

2065 Zum Begriff der Gütergemeinschaft vgl. N 669 ff.

A. Begründung des Güterstandes der Gütergemeinschaft

1. Grundbuchlicher Vollzug der Begründung der Gütergemeinschaft

2066 Zur Begründung der Gütergemeinschaft bedarf es eines Ehevertrags in öffentlicher Urkunde (Art. 184 ZGB). Der Ehevertrag kann vor oder nach der Heirat geschlossen werden (Art. 182 Abs. 1 ZGB). Sobald beide Dinge – Heirat und Vertragsschluss – erfolgt sind, gehen die bisher im Alleineigentum eines Ehegatten stehenden Rechte in das Gesamteigentum beider über. Dieser Rechtsübergang erfolgt sogleich, d.h. schon vor seinem Eintrag im Grundbuch; es handelt sich um einen Anwendungsfall von Art. 656 Abs. 2 ZGB.

2067 **Anmeldende Person** ist jeder Ehegatte einzeln (Art. 665 Abs. 3 ZGB).

2068 **Rechtsgrundausweis** ist der Antrag eines Ehegatten in einfacher Schriftform (Grundbuchanmeldung) unter Beilage des Ehevertrags in öffentlicher Urkunde (Art. 65 Abs. 2 lit. a GBV).

2069 Mit dem Rechtsgrundausweis müssen dem Grundbuchamt **meist keine weiteren Anmeldungsbelege** eingereicht werden. Die bei rechtsgeschäftlichen Übertragungen anwendbaren Verfügungsbeschränkungen gelangen bei der Eigentumsübertragung kraft Begründung des Güterstandes der Gütergemeinschaft nicht zur Anwendung.

2070 Melden die Ehegatten ihre Gütergemeinschaft nicht bei jenen Grundbuchämtern an, bei denen der eine oder die andere als Inhaber von Rechten an Grundstücken eingetragen ist, so bleiben die tatsächlichen Rechtsverhältnisse Dritten verborgen. Ehegatten in Gütergemeinschaft sind nicht verpflichtet, aber gut beraten, ihre Gütergemeinschaft grundbuchlich eintragen zu lassen.

2071 Während mit der Begründung der Gütergemeinschaft das Eigentum an Grundstücken ausserbuchlich ins Gesamteigentum beider Ehegatten übergeht, werden die mit dem Grundstück pfandrechtlich gesicherten Schulden nur dann zu Vollschulden beider Ehegatten, wenn sich dies aus dem Ehevertrag oder aus einer ausdrücklichen Schuldbeitrittserklärung (N 1825 ff.) ergibt (Art. 233 Ziff. 3 und 4 ZGB; JÜRG SCHMID [ZBGR 2002], 338).

2072 Ist einer der Ehegatten an einer Gesamthand (z.B. Erbengemeinschaft, einfache Gesellschaft, Kollektivgesellschaft) beteiligt, so hat die Begründung einer

Gütergemeinschaft nicht zur Folge, dass der andere Ehegatte Mitglied der Gesamthand wird oder eine dingliche Berechtigung an deren Vermögenswerten erlangt. Ins eheliche Gesamtgut fällt einzig und allein der Liquidationserlös der Gesamthand, sobald sie aufgelöst wird. Der andere Ehegatte kann mangels einer gesamthänderischen Berechtigung folglich auch nicht gestützt auf Art. 656 Abs. 2 ZGB eine Anpassung des Grundbucheintrages verlangen (HEINZ HAUSHEER/RUTH REUSSER/THOMAS GEISER [BK 1996], Art. 222 N 30; JÜRG SCHMID [ZBGR 2002], 337).

In Bezug auf die *latente Grundstückgewinnsteuerlast* gilt das in N 2049 Gesagte. 2073

2. Ehevertrag (Rechtsgrundausweis)

Die Gütergemeinschaft kann vor jeder *Urkundsperson in der ganzen Schweiz* 2074 vereinbart werden. Die daraus (ausserbuchlich) folgenden Eigentumsänderungen an Grundstücken bedürfen keiner weiteren Beurkundung am Ort der gelegenen Sache (CHRISTIAN BRÜCKNER [1993], N 2370 ff.). Da mit Begründung der Gütergemeinschaft die zum Gesamtgut gehörenden Vermögenswerte gesamthaft und von Gesetzes wegen in das Gesamtgut der Ehegatten übergeht, müssen die Grundbuchämter den grundbuchlichen Nachvollzug der Eigentumsänderung auch dann zwingend vornehmen, wenn der Ehevertrag nicht durch eine Urkundsperson des betreffenden Kantons oder des Bezirks des belegenen Grundstücks beurkundet worden ist.

Der Ehevertrag kann sowohl vor als auch nach der Heirat abgeschlossen werden. 2075 Wurde der Ehevertrag vor der Heirat unter Brautleuten abgeschlossen, so ist dem Grundbuchamt überdies eine beglaubigte Kopie des Familienausweises (N 803) einzureichen (JÜRG SCHMID [ZBGR 2002], 337 f.).

In der Praxis wird dem Grundbuchamt regelmässig nicht das Original des 2076 Ehevertrages, sondern eine beglaubigte Kopie oder ein beglaubigter Auszug hiervon eingereicht. Wird ein beglaubigter Auszug aus dem Ehevertrag eingereicht, so muss dieser die folgenden für das Grundbuch relevanten Teile enthalten: Ingress mit Bezeichnung der Parteien, Bestimmung über die Begründung der Gütergemeinschaft, betroffene Grundstücke, Beurkundungsvermerk mit Unterschriften.

B. Auflösung des Güterstandes der Gütergemeinschaft

1. Auflösung durch Vereinbarung eines anderen Güterstandes

2077 Die Auflösung des Güterstandes der Gütergemeinschaft unter Lebenden erfolgt bei weiterdauernder Ehe durch Abschluss eines Ehevertrags in öffentlicher Urkunde (Art. 184 ZGB), in dem ein anderer Güterstand oder eine Ausschlussgemeinschaft i.S.v. Art. 224 ZGB begründet wird.

2078 Mit der Änderung des Güterstandes ist eine güterrechtliche Auseinandersetzung vorzunehmen, d.h., die zum Gesamtgut gehörenden Vermögensobjekte sind den Ehegatten zu Alleineigentum oder zu Miteigentum zuzuweisen oder unter Beibehaltung von Gesamteigentum in ein anderes Grundverhältnis (meist einfache Gesellschaft) umzuwandeln.

2079 Die güterrechtliche Auseinandersetzung kann entweder in den neuen Ehevertrag integriert oder separat vorgenommen werden. Die Ehegatten bilden bis zum Abschluss der güterrechtlichen Teilung eine Liquidationsgemeinschaft. Sind von der güterrechtlichen Auseinandersetzung Grundstücke betroffen, so erfolgt der Rechtsübergang erst mit Eintragung des Akts über die güterrechtliche Auseinandersetzung (Teilungsvertrag) beim Grundbuch.

2080 **Anmeldende (verfügende) Personen** sind beide Ehegatten gemeinsam.

2081 **Rechtsgrundausweis** ist der Antrag beider Ehegatten in einfacher Schriftform (Grundbuchanmeldung) unter Beilage des Ehevertrags in öffentlicher Urkunde, wenn die Regelung über die Auflösung der gesamthänderischen Berechtigung an einem Grundstück direkt im neuen Ehevertrag enthalten ist.

2082 Erfolgt die Regelung über die Auflösung der gesamthänderischen Berechtigung an einem Grundstück erst in einem späteren Zeitpunkt und ausserhalb des neuen Ehevertrags, so besteht der Rechtsgrundausweis für das Grundbuch in einem Teilungsvertrag zwischen beiden Ehegatten in einfacher Schriftform (Art. 246 ZGB i.V.m. Art. 634 ZGB; HEINZ HAUSHEER/RUTH REUSSER/THOMAS GEISER [BK 1996], Art. 246 N 31; JÜRG SCHMID [ZBGR 2002], 342) unter Beilage des neuen Ehevertrags.

2083 Mit dem Rechtsgrundausweis müssen dem Grundbuchamt **eventuell weitere Anmeldungsbelege** eingereicht werden. Es kann auf das in N 2048 zur Auflösung des Güterstandes der Errungenschaftsbeteiligung mit Übergang zur Gütertrennung Gesagte verwiesen werden.

2084 Dem Grundbuchamt wird zweckmässigerweise nicht das Original des Ehevertrags, sondern eine beglaubigte Kopie oder ein beglaubigter Auszug eingereicht. Der beglaubigte Auszug muss die folgenden für das Grundbuch relevanten Teile enthalten: Ingress mit Bezeichnung der Parteien, Bestimmung über die Auflösung der Gütergemeinschaft (womit ohne Weiteres Errungenschaftsbeteiligung eintritt) oder über die Begründung einer Ausschlussgemeinschaft oder Gütertrennung, betroffene Grundstücke, Schlussfloskel mit Unterschriften.

Die Auflösung oder Änderung der Gütergemeinschaft kann vor jeder *Urkundsperson in der ganzen Schweiz* vereinbart werden. Da als Rechtsgrundausweis für die Zuweisung von Rechten an Grundstücken ein Teilungsvertrag in einfacher Schriftform ausreicht, bedürfen die aus der Auflösung oder Änderung des Güterstandes folgenden Eigentumsänderungen an Grundstücken auch dann keiner weiteren Beurkundung am Ort der gelegenen Sache, wenn dem Grundbuchamt der Ehevertrag als Rechtsgrundausweis eingereicht wird. 2085

In Bezug auf die *latente Grundstückgewinnsteuerlast* gilt das in N 2049 Gesagte. 2086

2. Auflösung durch Tod

Bei der Auflösung der Gütergemeinschaft durch Tod eines Ehegatten entsteht zwischen dem überlebenden Ehegatten und den Erben des Verstorbenen eine güter- und erbrechtliche Liquidationsgemeinschaft, es sei denn, die Ehegatten hätten im Ehevertrag eine Gesamtgutszuweisung an den Überlebenden im Sinne von Art. 241 Abs. 2 ZGB vereinbart (vgl. dazu N 2096 ff.; ferner STEPHAN WOLF/GIAN SANDRO GENNA [SPR 2012], 56 f.). Für die güterrechtliche Auseinandersetzung durch Zuweisung von Grundstücken an den überlebenden Ehegatten bzw. an die Erbengemeinschaft gilt: 2087

Anmeldende (verfügende) Personen sind der überlebende Ehegatte und alle Erben gemeinsam. 2088

Rechtsgrundausweis ist der Teilungsvertrag zwischen dem überlebenden Ehegatten und der Erbengemeinschaft in einfacher Schriftform in analoger Anwendung von Art. 634 Abs. 2 ZGB (HEINZ HAUSHEER/RUTH REUSSER/ THOMAS GEISER [BK 1996], Art. 246 N 31; ROLAND PFÄFFLI [2009], 48; RENÉ BIBER [ZBGR 2005], 5). 2089

Wenn keine Gesamtgutszuweisung nach Art. 241 Abs. 2 ZGB vorliegt, bilden der überlebende Ehegatte und die Erben des verstorbenen Ehegatten bis zur güter- und erbrechtlichen Teilung eine Liquidationsgemeinschaft. Da die Erben über Rechte an Grundstücken erst verfügen können, nachdem sie ins Grundbuch eingetragen worden sind (Art. 656 Abs. 2 ZGB), müssen sie vor 2090 der güterrechtlichen Zuweisung des Grundstückes an den überlebenden Ehegatten ins Grundbuch eingetragen werden (JÜRG SCHMID [ZBGR 2002], 330). Die Behandlung des Erbgangs (vgl. N 2110 ff.) hat auch dann zu erfolgen, wenn die Zuweisung der Grundstücke auf einem Teilungsvertrag des überlebenden Ehegatten mit dem Willensvollstrecker beruht (N 1013 f.).

2091 Hat der Verstorbene einen *Willensvollstrecker* eingesetzt, so kann dieser in Vertretung der Erben die güterrechtliche Auseinandersetzung mit dem überlebenden Ehegatten durchführen (HEINZ HAUSHEER/RUTH REUSSER/THOMAS GEISER [BK 1996], Art. 246 N 23; HANS RAINER KÜNZLE [BK 2011], Art. 517–518, N 282; MARTIN KARRER/NEDIM PETER VOGT/DANIEL LEU [BSK 2015], Art. 518 N 5). In diesem Fall ist der Willensvollstrecker zur Anmeldung des Teilungsvertrags beim Grundbuch berechtigt. Eine Mitwirkung der Erben ist nicht notwendig (vgl. N 1001 ff.).

2092 Ehevertragliche Vereinbarungen, wonach der überlebende Ehegatte ein Grundstück in Anrechnung an seine güterrechtlichen Ansprüche am Gesamtgut erhalten soll, begründen bloss einen *obligatorischen Anspruch des überlebenden Ehegatten* gegenüber den Erben des verstorbenen Ehegatten auf Zuteilung des Grundstückes. Der blosse Ehevertrag genügt nicht als Rechtsgrundausweis (ROLAND PFÄFFLI [2009], 41; JÜRG SCHMID [ZBGR 2002], 331).

2093 Mit dem Rechtsgrundausweis müssen dem Grundbuchamt **eventuell weitere Anmeldungsbelege** eingereicht werden. Es kann mit folgenden Präzisierungen auf das in N 2048 zur Auflösung des Güterstandes der Errungenschaftsbeteiligung mit Übergang zur Gütertrennung Gesagte verwiesen werden:

– Bei Übertragung von Rechten an Grundstücken zwischen dem überlebenden Ehegatten und den Erben ist eine *Zustimmungserklärung über die Veräusserung der Familienwohnung nach Art. 169 ZGB oder Art. 14 PartG auch dann nicht notwendig,* wenn der überlebende Ehegatte in der Zwischenzeit wieder geheiratet hat (vgl. N 2608 ff.).

– Hat der überlebende Ehegatte oder haben einzelne Erben ihren Wohnsitz im Ausland, so ist im Rahmen der güterrechtlichen Auseinandersetzung die *Verfügungsbeschränkung gemäss Art. 172 DBG zur Sicherung der direkten Bundessteuer* zu beachten (N 2739 ff.). Das bedeutet, dass das Geschäft beim Grundbuch erst angemeldet werden kann, wenn die Zustimmung der kantonalen Steuerverwaltung vorliegt. Diese Zustimmung gehört zu den Anmeldungsbelegen.

Befindet sich im Vermögen der verstorbenen Ehegattin ein *landwirtschaftliches* 2094
Gewerbe, so kommen die Beschränkungen nach Art. 11 BGBB auch dann zur
Anwendung, wenn dieses aufgrund Güterrechts übertragen wird (vgl. hierzu
N 2648 ff.).

In Bezug auf die *latente Grundstückgewinnsteuerlast* gilt das in N 2049 Gesagte. 2095

3. Auflösung durch Tod bei Vereinbarung der Gesamtgutszuweisung

Wurde im Ehevertrag vereinbart, dass beim Tod eines Ehegatten dem über- 2096
lebenden Ehegatten das Gesamtgut als Ganzes zufallen soll (Art. 241 Abs. 2
ZGB), so wächst der Gesamthandsanteil der Verstorbenen dem Überlebenden
an. Die Eigentumsänderung erfolgt ausserbuchlich (BGE 111 II 113 = ZBGR
1988, 112 ff., E. 3a; STEPHAN WOLF/GIAN SANDRO GENNA [SPR 2012], 57).
Art. 656 Abs. 2 ZGB wird in diesem Falle sinngemäss angewendet (ROLAND
PFÄFFLI [2009], 41).

Anmeldende Person ist der überlebende Ehegatte. 2097

Rechtsgrundausweis ist der Antrag des überlebenden Ehegatten in einfacher 2098
Schriftform (Grundbuchanmeldung) unter Beilage des Ehevertrags (Art. 65
Abs. 2 lit. a GBV) sowie eines Nachweises des Todes des verstorbenen Ehegatten wie z.B. einer beglaubigten Kopie des Totenscheins (BEAT BRÄM [2010],
402; RENÉ BIBER [ZBGR 2005], Fn 33; JÜRG SCHMID [ZBGR 2002], 341). Die
Zustimmung der Erben ist nicht erforderlich (ROLAND PFÄFFLI [2009], 41).

Hinsichtlich der weiteren Anmeldungsbelege, die eventuell zusammen mit 2099
dem Rechtsgrundausweis dem Grundbuchamt eingereicht werden müssen,
kann auf das in N 2093 ff. zur Auflösung der Gütergemeinschaft durch Tod
ohne Gesamtgutszuweisung Gesagte verwiesen werden.

In der Praxis wird dem Grundbuchamt regelmässig nicht das Original des Ehe- 2100
vertrages, sondern eine beglaubigte Kopie oder ein beglaubigter Auszug eingereicht. Wird ein beglaubigter Auszug eingereicht, so muss dieser mindestens die folgenden für das Grundbuch relevanten Angaben enthalten: Ingress
mit Bezeichnung der Parteien, Begründung der Gütergemeinschaft, Anwachsungsklausel, z.B.: «Beim Tod eines Ehegatten fällt dem Überlebenden das
ganze Gesamtgut zu» (ein Verweis auf Art. 241 ZGB ist nicht nötig), Beurkundungsvermerk mit Angabe der Unterzeichner.

Der Nachweis der Eigentumsänderung an Grundstücken kraft Gesamtguts- 2101
zuweisung kann auch in der Form einer notariellen Beurkundung erfolgen,
die sich inhaltlich an eine Erbgangsbeurkundung (N 2119 ff.) anlehnt. Die

Urkundsperson hat sich zu vergewissern, dass das Grundstück nicht Eigengut der verstorbenen Ehegattin im Sinne von Art. 225 ZGB ist.

2102 Bei der Eigentumsübertragung aufgrund der Zuweisung des ganzen Gesamtgutes wird im Grundbuch kein Erbgang dargestellt. Voraussetzung hierfür ist jedoch, dass beide Ehegatten als Gesamteigentümer infolge von Gütergemeinschaft eingetragen sind. Fehlt es daran, so kann diese Eintragung noch nach dem Tod eines Ehegatten nachgeholt werden (JÜRG SCHMID [ZBGR 2002], 341).

2103 Objektbezogene Gesamtzuweisungen sind möglich. Im Ehevertrag kann festgelegt werden, dass die Gesamtgutszuweisung nur in Bezug auf einzelne Objekte (z.B. Grundstücke) erfolgen soll (HEINZ HAUSHEER/RUTH REUSSER/THOMAS GEISER [BK 1996], Art. 241 N 29; JÜRG SCHMID [ZBGR 2002], 341).

2104 Sind pflichtteilsgeschützte Nachkommen vorhanden, so kann die Gesamtgutszuweisung in zwei Formen erfolgen, nämlich entweder als umfassende Zuweisung, wodurch die Pflichtteilberechtigten von der Erbenstellung ausgeschlossen und zu Gläubigern des überlebenden Ehegatten für die Pflichtteilsansprüche werden, oder als nichtumfassende Zuweisung, bei der die Erbenstellung der Pflichtteilsberechtigten vorbehalten bleibt (BEAT BRÄM [2010], 402; HEINZ HAUSHEER/RUTH REUSSER/THOMAS GEISER [BK 1996], Art. 241 N 51, mit Formulierungsbeispielen). Vereinbaren Ehegatten Gütergemeinschaft mit Gesamtgutszuweisung, so pflegt ihnen die umfassende Zuweisung als die vorteilhaftere Form zu erscheinen. Die beiden Formen ergeben sich etwa aus folgenden Formulierungen:

Umfassende Gesamtgutszuweisung: «Bei Auflösung der Ehe durch Tod fällt das ganze Gesamtgut ins Alleineigentum des überlebenden Ehegatten. Er kann Pflichtteilsansprüche von Nachkommen ganz oder teilweise durch Zuweisung von Vermögenswerten des Gesamtgutes abgelten.»

Nichtumfassende Gesamtgutszuweisung: «Der überlebende Ehegatte erhält das ganze Gesamtgut unter Vorbehalt der Pflichtteile der Nachkommen.»

2105 Von der dinglich wirkenden Gesamtgutszuweisung nach Art. 241 ZGB sind die obligatorischen Ansprüche des überlebenden Ehegatten aufgrund von Art. 243–245 ZGB zu unterscheiden. Es handelt sich dabei um Ansprüche des überlebenden Ehegatten gegenüber den gesetzlichen und eingesetzten Erben. Sie werden mit der Erbteilung erfüllt. Der Rechtsgrundausweis muss die Unterschriften aller Erben und des überlebenden Ehegatten tragen. Eine Anwachsung im Sinne von Art. 656 ZGB findet nicht statt.

IV. Grundstücke in der Gütertrennung

Die Begründung einer Gütertrennung (Art. 247 ff. ZGB; N 674 ff.) hat zur Folge, dass die Ehegatten hinsichtlich ihrer Vermögen wie unverheiratete Personen behandelt werden. Eine Ehegattin, die Inhaberin eines Rechts ist, gilt als die Alleinberechtigte. In der Gütertrennung gibt es zwischen den Ehegatten *keine güterrechtlichen Ansprüche*.   2106

§ 62 Erbrechtliche Vorgänge

I. Allgemeines und Begriffliches

Im schweizerischen Erbrecht (Art. 457–640 ZGB) gilt der Grundsatz der Universalsukzession: Mit dem Tod der Erblasserin geht die Erbschaft gemäss Art. 560 Abs. 1 ZGB als Ganzes auf die Erben über. Die Erben werden unverzüglich Gesamteigentümer aller Nachlass-Aktiven und Solidarschuldner aller Nachlass-Passiven, beides vorbehältlich ihrer allfälligen Ausschlagung des Erbes. Zugleich werden sie die Schuldner aller testamentarisch oder erbvertraglich ausgesetzten Vermächtnisse (STEPHAN WOLF/GIAN SANDRO GENNA [SPR 2012], 24 ff.).   2107

Während die Universalsukzession von der Erblasserin auf die Erben im Augenblick des Todes ohne Weiteres und unverzüglich eintritt, erfolgt die Ausrichtung von Vermächtnissen zu späteren Zeitpunkten durch Rechtsgeschäfte, bei denen die Erben als Eigentümer der Nachlass-Aktiven Geld oder bestimmte Nachlassgegenstände an die Vermächtnisnehmer übertragen (STEPHAN WOLF/GIAN SANDRO GENNA [SPR 2012], 264 ff.).   2108

II. Rechte an Grundstücken in der Erbengemeinschaft

Zum Begriff der Erbengemeinschaft vgl. N 684 ff.   2109

A. Begründung der Erbengemeinschaft (Erbgang)

1. Grundbuchlicher Vollzug

Über Nachlassgrundstücke kann erst verfügt werden, wenn der Alleinerbe oder die mehreren Erben als Eigentümer im Grundbuch eingetragen sind (Art. 656 Abs. 2 ZGB).   2110

2111 **Anmeldende Person** ist jeder anerkannte Erbe einzeln (RUTH ARNET [2014], 391), ferner der Willensvollstrecker, die Urkundsperson, die den Erbgang beurkundet, oder die Behörde, die den Erbenschein (Art. 559 ZGB) ausstellt (ROBERT HAAB [ZK 1977], Art. 652–654 N 28; ROLAND PFÄFFLI [2009], 37).

2112 **Rechtsgrundausweis** ist die Bescheinigung mit Angabe sämtlicher Personen, die als gesetzliche oder eingesetzte Erben anerkannt sind (Art. 65 Abs. 1 lit. a GBV; vgl. hierzu ausführlich in N 2117 ff.).

2113 Finden sich *mehrere Grundstücke in einem Nachlass,* so besteht keine Pflicht, den Erbgang für sämtliche Grundstücke gleichzeitig einzutragen (CHRISTIAN BRÜCKNER [1993], N 3187).

2114 Lasten auf einem Nachlassgrundstück *Pfandrechte,* so werden die dadurch gesicherten Schulden mit dem Tod der Erblasserin ohne Weiteres zu Solidarschulden sämtlicher Erben. Es ist deshalb denkbar, dass die Nachführung im Grundbuch bezüglich des Übergangs der Grundpfandschulden auf die Erben erst zu einem späteren Zeitpunkt erfolgt, während die Eigentumsübergang kraft Erbgangs auf die Erbengemeinschaft schon früher im Grundbuch eingetragen wird. In jedem Fall ist es zweckmässig, wenn die Erben individuelle Zuordnung der Schulden spätestens dann regeln, wenn das pfandbelastete Grundstück einem einzelnen Erben zugewiesen wird (N 2143).

2115 Bei der grundbuchlichen Behandlung des Erbgangs sind die Erwerbsbeschränkungen der *Lex Koller* zu beachten, sofern es sich bei den Erben nicht um den Ehegatten oder Verwandte der Erblasserin handelt (N 2666 ff.).

2116 Die Eintragung des Erbgangs in das Grundbuch aufgrund einer Erbenbescheinigung vermittelt den Erben zwar die Verfügungsmacht über das Erbe; die Erbenbescheinigung erbringt hingegen keinen unwiderlegbaren Beweis der Erbberechtigung. Erweist sich eine Erbenbescheinigung nachträglich als unrichtig – etwa, weil ein Testament erfolgreich angefochten wurde –, so kann derjenige, der durch den falschen Eintrag in seinen Rechten verletzt ist, gemäss Art. 975 Abs. 1 ZGB auf Löschung oder Änderung des Eintrages klagen (BGE 104 III 75, E. II.2).

2. Erbenbescheinigung (Rechtsgrundausweis)

a) Formen von Erbenbescheinigungen

2117 Die Erbenbescheinigung wird entweder durch eine Urkundsperson in öffentlicher Urkunde *(Erbgangsbeurkundung)* oder durch die Nachlassbehörde am letzten Wohnsitz der Erblasserin in der Schweiz (*Erbenbescheinigung, Erbbe-*

scheinigung, Erbschein oder Erbenschein im Sinne von Art. 559 ZGB) oder im Ausland (vgl. hierzu N 2128 f.) ausgestellt.

Während die amtlichen Erbenbescheinigungen meist nur den Tod der Erblasserin und die Namen sämtlicher Erben erwähnen, bescheinigt die notarielle Erbgangsbeurkundung, abhängig von der Klienteninstruktion, zusätzlich auch einzelne oder alle zum Nachlass gehörenden Grundstücke. 2118

b) Notarielle Erbgangsbeurkundung

Die Erbgangsbeurkundung kann von jeder Urkundsperson in der Schweiz erstellt werden (N 815). In jedem Fall muss sie vom Grundbuchamt entgegengenommen werden, wenn sie von einer Urkundsperson am Ort des letzten Wohnsitzes der Erblasserin oder des durch Erbgang übergegangenen Grundstücks vorgenommen wird. Im zweitgenannten Fall stützt sich die Urkundsperson bei ihrer Beurkundung auf Belege und Auskünfte, die sie von der zuständigen Nachlassbehörde einholt, ferner gegebenenfalls auf eigene Ermittlungen (CHRISTIAN BRÜCKNER [1993], N 3186, 3193). 2119

Bei der Ausfertigung von Erbgangsbeurkundungen mögen sich die Urkundspersonen an folgendem Raster orientieren (vgl. ROLAND PFÄFFLI [2009], 35 f.): 2120

– genaue Personalien der Erblasserin (Name, Vorname, Geburtsdatum, Todesdatum, [letzter] Wohnsitz, Heimatort, Zivilstand);

– die gemäss Art. 51 Abs. 1 GBV vorgegebenen Angaben zu allen anerkannten Erben (idealerweise inkl. Adresse);

– Erklärung, dass die aufgelisteten Erben als die einzigen Erben anerkannt sind (Art. 65 Abs. 1 lit. a GBV);

– Vorbehalt der erbrechtlichen Klagen (Art. 559 Abs. 1 ZGB);

– Grundstücksbezeichnung;

– allenfalls ein Hinweis auf einen nutzniessungsberechtigten Ehegatten;

– allenfalls ein Hinweis auf den Willensvollstrecker;

– allenfalls ein Hinweis auf eine angeordnete Nacherbschaft (Art. 488 ZGB);

– allenfalls ein Hinweis auf anwendbares ausländisches Recht.

Gemäss Art. 51 Abs. 1 lit. c GBV müssen die Anmeldungsbelege für das Grundbuch bei Erbengemeinschaften die von der Verordnung vorgegebenen *Angaben über sämtliche Erben* enthalten. Für natürliche Personen sind das 2121 gemäss Art. 51 Abs. 1 lit. a GBV der Name, die Vornamen, das Geburtsdatum, das Geschlecht, der Wohnort, der Heimatort oder die Staatsangehörigkeit. Für juristische Personen, die zuweilen als eingesetzte Erben anzutreffen sind, sind es gemäss Art. 51 Abs. 1 lit. b GBV die Firma oder der Name, der Sitz, die Rechtsform, wenn diese nicht aus der Firma oder dem Namen hervorgeht, sowie die Unternehmens-Identifikationsnummer (UID).

2122 Lebte die Erblasserin in allgemeiner Gütergemeinschaft, so ist nicht von vornherein klar, ob sich das Grundstück im Nachlass oder im Gesamtgut und damit im gemeinschaftlichen Eigentum mit dem Überlebenden befindet. Die Formulierung in der Erbgangsbeurkundung heisst demnach etwa: «*Zum Gesamtgut gehört die Parzelle X*». Der überlebende Ehegatte wird richtigerweise nicht bloss als «Erbe», sondern als «Vermögensteilhaber» oder als «Vermögensteilhaber und Erbe» bezeichnet, da er nicht bloss erbrechtlich, sondern auch güterrechtlich am Grundstück berechtigt ist.

2123 Eine Person, die in Gütergemeinschaft verheiratet ist, wird zusammen mit ihrem Ehegatten als Gesamteigentümerin im Grundbuch eingetragen, wenn sie Grundstücke als Alleinerbin oder kraft Erbteilung erwirbt. Ist ein Gütergemeinschafts-Ehegatte hingegen Mitglied einer mehrköpfigen Erbengemeinschaft, dann wird die Gütergemeinschaft vom Grundbuch ignoriert; in diesem Fall wird nur die Person selber eingetragen (JGK BE [Handbuch 1982], 12; ROLAND PFÄFFLI [2009], 37).

2124 Erben gelten als anerkannt, wenn sie die Erbschaft nicht ausgeschlagen haben und wenn gegen Testamente oder Erbverträge, die die Erbfolge beschlagen, kein Einspruch erhoben worden ist (HEINZ HAUSHEER/ROLAND PFÄFFLI [1994], 39; ROLAND PFÄFFLI [2009], 38 f.). Nach der Praxis gewisser Kantone müssen die Erben, welche die Erbschaft ausgeschlagen haben, in der Beurkundung nicht einzeln genannt werden. Es genügt der Hinweis, dass alle weiteren Berechtigten die Erbschaft ausgeschlagen haben. Werden die Ausschlagenden namentlich genannt, so ist in der Beurkundung auch festzuhalten, dass bei den Erben, die unter dem Güterstand der Gütergemeinschaft leben, die Ausschlagung mit Zustimmung des anderen Ehegatten erfolgte (vgl. Art. 230 ZGB).

2125 Der überlebende Ehegatte, dem von der Erblasserin die Nutzniessung an der Erbschaft zugewendet wurde (Art. 473 ZGB), wird nicht Mitglied der Erbengemeinschaft, es sei denn, er sei bezüglich der frei verfügbaren Quote als Erbe eingesetzt worden. Die Nutzniessung gemäss Art. 473 ZGB gilt als Vermächtnis.

Werden Rechte an Grundstücken als Vorerbschaft oder Vorvermächtnis zugewendet (vgl. Art. 488 Abs. 1 ZGB; N 2191 ff.), so soll die Erbgangsbeurkundung diesen Umstand erwähnen und die Nacherben oder Nachvermächtnisnehmer angeben (ROLAND PFÄFFLI [2009], 40), und zwar auch dann, wenn die Auslieferungspflicht des Vorerben im Grundbuch nicht angemerkt wird (N 2204 ff.). 2126

Werden Grundstücksvermächtnisse in der Erbgangsbeurkundung erwähnt, so bedarf es zur späteren Eintragung der Vermächtnisnehmerinnen lediglich noch des Nachweises der Übertragungsverträge. Die testamentarische oder erbvertragliche Grundlage der Vermächtnisse braucht dann nicht mehr belegt zu werden (N 2175 ff.). 2127

c) Ausländische Erbfolgezeugnisse

Hatte die Erblasserin ihren Wohnsitz im Ausland und kann deshalb keine schweizerische Erbenbescheinigung vorgelegt werden, so kann der Nachweis der Erbfolge für die Zwecke von Art. 65 Abs. 1 lit. a GBV auch mit ausländischen Bescheinigungen erbracht werden, sofern diese die Voraussetzungen der Art. 96 und Art. 25 bis 27 IPRG erfüllen. Das Bundesamt für Justiz hat eine Empfehlung im Internet bekannt gemacht, welche ausländischen Bescheinigungen durch die schweizerischen Grundbuchämter akzeptiert werden können (vgl. BJ, Erbfolgezeugnisse 2001). 2128

Ist die Erblasserin an einem Ort gestorben, an dem keine solche Bescheinigung erhältlich ist, so müssen der Tod der Erblasserin und die Identität ihrer Erben in anderer Weise belegt werden. Da die Nachführung des Grundbuches nach dem Tod einer eingetragenen Eigentümerin meist unumgänglich ist, müssen sich die Beteiligten einschliesslich des zuständigen Grundbuchamts in der Schweiz notfalls mit dürftigen Belegen, blossen Wahrscheinlichkeiten oder unüberprüfbaren Vermutungen zufriedengeben. 2129

B. Änderung im Mitgliederbestand bei der Erbengemeinschaft

1. Erbteilung

a) Überblick

Nachlassgrundstücke können aus der Gesamthand der Erbengemeinschaft ins Alleineigentum eines einzelnen Erben oder ins gemeinschaftliche Eigentum einzelner Erben übertragen werden. Ein genaues Verständnis der verschiedenen Möglichkeiten ist wichtig, weil die Erbteilung in einfacher Schriftform 2130 erfolgt, wogegen Verfügungen über Grundstücke, die bereits einmal Gegenstand einer Erbteilung waren, der öffentlichen Beurkundung bedürfen.

2131 Zu unterscheiden sind die Fälle der *vollständigen Erbteilung* und der *partiellen Erbteilung* (RAMON MABILLARD [PraxKom 2015], Art. 634 N 5):

a) Bei der *vollständigen Erbteilung* werden alle Nachlasswerte unter allen Erben verteilt. Der Vorgang ist eine Erbteilung. Mit der vollständigen Erbteilung endet die Erbengemeinschaft. Befinden sich Grundstücke im Nachlass, so übernehmen im Zuge der vollständigen Erbteilung einzelne Erben einzelne Grundstücke.

b) Bei der *partiellen Erbteilung* wird (noch) nicht der ganze Nachlass aufgeteilt, sondern es scheiden nur (aa) einzelne Erben aus der Erbengemeinschaft oder (bb) einzelne Sachen aus dem Nachlass aus. Im Einzelnen:

aa) Das Ausscheiden einzelner Erben heisst *subjektiv-partielle Erbteilung* (auch: Abschichtung oder Abfindung von Erben); die Erbengemeinschaft der verbleibenden Erben dauert bezüglich des restlichen, noch ungeteilten Nachlasses weiter. Da es in jedem Erbgang nur eine einzige Erbengemeinschaft gibt, müssen die Beteiligten beim Ausscheiden einzelner und beim Verbleiben anderer angeben, wer als ausscheidend und wer als verbleibend gelten soll. Die Ausgeschiedenen haben die ihnen zugefallenen Grundstücke kraft Teilung erworben und können darüber nur noch in öffentlicher Urkunde verfügen. Die Verbliebenen können über ihre noch ungeteilten Nachlassgrundstücke weiterhin mittels Erbteilung verfügen.

bb) Die Übertragung einzelner Sachen aus dem Nachlass an einzelne Erben heisst *objektiv-partielle Erbteilung*; einzelne Erben übernehmen einzelne Nachlasssachen auf Anrechnung an ihre Erbteile, bleiben aber als Mitglieder der Erbengemeinschaft am restlichen, noch ungeteilten Nachlass beteiligt. – Übernimmt ein Erbe auf diesem Weg ein Nachlassgrundstück, so übernimmt er es kraft Erbteilung; er kann anschliessend nur noch in öffentlicher Urkunde darüber verfügen.

Manche Grundbuchämter und Steuerbehörden tolerieren in begrüssenswerter Weise auch, dass Nachlassaktiven kraft Erbteilung von Gruppen von Erben gemeinschaftlich übernommen werden, wobei diese Objekte weiterhin als ungeteilter Nachlass und die Übernehmer als Mitglieder der Erbengemeinschaft anerkannt bleiben. Daraus folgt, dass die gemeinschaftlich übernommenen Objekte später durch weitere partielle Erbteilungen in einfacher Schriftform an einzelne Erben zugewiesen werden können.

Übernehmen mehrere Erben gemeinsam Grundstücke, so können sie kraft ausdehnender Auslegung von Art. 634 Abs. 2 ZGB im Rahmen des Erbteilungsvertrags, d.h. ohne öffentliche Beurkundung, auch weitere Schritte vollziehen, indem sie sich etwa als einfache Gesellschaft oder als Miteigentümer konstituieren. Jede spätere Verfügung bedarf dann der öffentlichen Beurkundung. 2132

Werden Nachlassliegenschaften geteilt und die Teile verschiedenen Erben zugewiesen, so liegt Erbteilung vor, wozu einfache Schriftform genügt. Das Gleiche gilt bei der Aufspaltung von Miteigentumsanteilen in kleinere Quoten. 2133

Werden Baurechte oder Stockwerkeigentumsparzellen unter Einbezug von Dritten (z.B. Baurechtsgeberin oder übrige Stockwerkeigentümerinnen) zum Zwecke der Erbteilung aufgeteilt, so bedürfen die dazu erforderlichen Änderungen des Baurechtsvertrags und des Stockwerkeigentumsbegründungsakts der öffentlichen Beurkundung. Die anschliessende Zuweisung der neu gebildeten Baurechte und Stockwerkeigentumsparzelle an einzelne Erben ist Erbteilung und kann, wenn sie nicht in eine der erwähnten öffentlichen Urkunden integriert wird, in einfacher Schriftform erfolgen. 2134

Eine Erbteilung kann auch darin bestehen, dass die Erbengemeinschaft sich insgesamt in eine andere Gemeinschaftsform umwandelt, z.B. in eine Gemeinderschaft, einfache Gesellschaft oder Kollektivgesellschaft (RAMON MABILLARD [PraxKom 2015], Art. 634 N 6). Wurde ein solcher Schritt vollzogen, so erfolgt die anschliessende Übernahme von Grundstücken durch einzelne Beteiligte in öffentlicher Urkunde. 2135

Bei jeder partiellen Erbteilung stehen sich auf der einen Seite die Erbengemeinschaft, auf der andern der oder die übernehmenden Miterben als Einzelpersonen gegenüber. Die Erbengemeinschaft ist die verfügende Partei. Der oder die übernehmenden Erbe(n) sind die Erwerber. 2136

Wird das Grundstück durch eine Mehrzahl von Miterben übernommen, die anlässlich dieser Übernahme aus der Erbengemeinschaft ausscheiden, so müssen diese im Rechtsgrundausweis darstellen, in welcher Eigenschaft sie das Grundstück übernehmen, nämlich entweder als Miteigentümer oder als Gesamthänder. Im zweitgenannten Fall müssen sie die Form ihrer Gesamthandsgemeinschaft angeben. In Frage kommt vor allem die Form der einfachen Gesellschaft. 2137

b) Grundbuchlicher Vollzug

2138 **Anmeldende (verfügende) Personen** sind bei vollständiger und bei partieller Erbteilung sämtliche Mitglieder der Erbengemeinschaft, soweit sie im Zeitpunkt der Teilung noch als Erben im Grundbuch eingetragen sind (ARNOLD ESCHER [ZK 1959], Art 634 N 6).

2139 **Rechtsgrundausweis** ist der Erbteilungsvertrag über das betreffende Grundstück in einfacher Schriftform (Art. 634 Abs. 2 ZGB; Art. 64 Abs. 1 lit. b GBV; vgl. ausführlich hierzu N 2145 ff.).

2140 Richtigerweise müsste als Erbteilungsvertrag bereits die von sämtlichen Miterben unterzeichnete Grundbuchanmeldung genügen. Die Praxis der Grundbuchämter geht aber dahin, einen separat unterzeichneten Erbteilungsvertrag zu verlangen.

2141 Erbverträge gemäss Art. 512 ZGB und Verträge zwischen künftigen Erben gemäss Art. 636 Abs. 1 ZGB können den Erbteilungsvertrag nicht ersetzen. Auch wenn Nachlassgrundstücke gemäss den zu Lebzeiten der Erblasserin geschlossenen Verträgen geteilt werden, ist als Rechtsgrundausweis eine nach dem Tod der Erblasserin unterzeichnete Erbteilung erforderlich.

2142 Vor jeder Erbteilung ist die *Erbengemeinschaft als Eigentümerin im Grundbuch* einzutragen, da diese erst nach ihrer Eintragung im Grundbuch über das ausserbuchlich erworbene Grundstück verfügen kann (Art. 656 Abs. 2 ZGB). Dies bedeutet jedoch nicht, dass die Erbengemeinschaft bereits im Grundbuch eingetragen sein muss, bevor der Erbteilungsvertrag unterschrieben wird; vielmehr ist die Bestimmung in Art. 656 Abs. 2 ZGB so zu verstehen, dass spätestens gleichzeitig mit der Anmeldung der Erbteilung der Erbgang beim Grundbuch zur Eintragung anzumelden ist (N 2110 ff.).

2143 Mit dem Rechtsgrundausweis müssen dem Grundbuchamt eventuell weitere Anmeldungsbelege. Von praktischer Tragweite sind insbesondere folgende Fälle:

– Ist das zu teilende Grundstück mit *Grundpfandrechten* belastet, so hat meist mit dem Vollzug der Erbteilung eine Schuldneränderung zu erfolgen: Die dispositive Bestimmung von Art. 615 ZGB sieht bei der Zuweisung verpfändeter Erbschaftssachen vor, dass dem übernehmenden Erben die Pfandschuld überbunden wird, d.h., dass Grundpfandschulden von jenen Erben übernommen werden sollen, die das belastete Grundstück übernehmen. Diese Soll-Vorschrift bezweckt, Drittpfandverhältnisse zu verhindern. Werden nämlich bei der Erbteilung die Grundpfandschulden nicht von denjenigen Erben übernommen, die das Grundstück zugewiesen erhalten, so bleiben diese Solidarschulden der ganzen Erbengemeinschaft (vgl. Art. 603 Abs. 1 und Art. 639 Abs. 1 ZGB). Das ist für alle Beteiligten lästig. Entschliessen sich die Erben, dass die Bestimmung von Art. 615 ZGB befolgt werden soll, so hat der übernehmende Erbe dafür zu sorgen, dass die Miterben sowohl aus der Kreditschuld als auch aus der Haftung der auf dem Objekt lastenden Grundpfandschulden entlassen werden (N 1800 ff.).

- Soll ein Grundstück durch einen gesetzlichen Erben übernommen werden, so sind die Erwerbsbeschränkungen der *Lex Koller* unbeachtlich, da eine Ausnahme von der Bewilligungspflicht vorliegt (N 2666 ff.). Ist der Erwerber mit der Erblasserin nicht verwandt, so bedarf die Übernahme des Grundstücks einer Bewilligung der kantonalen Behörde. Die Bewilligung wird aufgrund von Art. 8 Abs. 2 BewG unter der Auflage erteilt, das Grundstück binnen zweier Jahre zu veräussern; bei schutzwürdiger Beziehung zum Grundstück kann auf die Auflage verzichtet werden (N 2690). Ist der Erwerb bewilligungspflichtig, so gehört die rechtskräftige Bewilligung zu den Anmeldungsbelegen.

- Hat ein Erbe seinen Wohnsitz im Ausland, so ist im Rahmen der Erbteilung die Verfügungsbeschränkung gemäss *Art. 172 DBG zur Sicherung der direkten Bundessteuer* zu beachten (N 2739 ff.). Das bedeutet, dass das Geschäft beim Grundbuch erst angemeldet werden kann, wenn die Zustimmung der kantonalen Steuerverwaltung vorliegt. Diese Zustimmung gehört zu den Anmeldungsbelegen.

- Für Grundstücke, auf denen sich ein im *Kataster* eingetragener *belasteter Standort* befindet, besteht auch bei der Erbteilung die Bewilligungspflicht gemäss Art. 32d^{bis} Abs. 3 und 4 USG (N 2724 ff.).

- Erstreckt sich die Erbteilung auf ein *landwirtschaftliches Grundstück oder Gewerbe,* so sind die Zuweisungsansprüche nach Art. 11 BGBB sowie das Kaufsrecht nach Art. 25 BGBB zu beachten (vgl. auch N 2648 ff.).

Demgegenüber ist bei der Erbteilung keine Zustimmungserklärung über die Veräusserung der *Familienwohnung* nach Art. 169 ZGB oder Art. 14 PartG erforderlich (vgl. N 2608 ff.). Die Übertragung von Grundstücken im Rahmen der Erbteilung ist *kein Vorkaufsfall* im Sinne von Art. 216c OR und Art. 681 Abs. 1 ZGB (vgl. N 2415 ff.).

2144

c) Erbteilungsvertrag (Rechtsgrundausweis)

aa) Vertragsparteien

2145 Die Zuweisung eines Grundstücks an einen oder mehrere Erben bedarf stets der Mitwirkung aller im Grundbuch (noch) eingetragenen Erben. Diese können sich beim Abschluss des Erbteilungsvertrages durch Bevollmächtigte vertreten lassen (ROLAND PFÄFFLI [2009], 47).

2146 Nicht notwendig ist, dass diejenigen Erben, die bereits kraft subjektiv-partieller Erbteilung aus der Erbengemeinschaft ausgeschieden sind, den Erbteilungsvertrag ebenfalls unterzeichnen (ROLAND PFÄFFLI [Diss. 1999], 68).

2147 Der Willensvollstrecker vermag das Handeln eines Erben bei der Erbteilung nicht zu ersetzen. Er ist auch dann nicht befugt, Teilungshandlungen vorzunehmen, wenn das Testament oder der Erbvertrag klare Teilungsvorschriften enthalten. Denn die Erben können sich bei gegenseitigem Einvernehmen über solche Vorschriften hinwegsetzen (N 1005).

bb) Inhalt des Erbteilungsvertrags

2148 Als Rechtsgrundausweis zur Erbteilung reicht ein objektiv-partieller Erbteilungsvertrag aus. Aus diesem muss hervorgehen, dass einzelne Erben bestimmte Grundstücke auf Anrechnung an ihren Erbteil übernehmen (RENÉ BIBER [ZBGR 2005], 11; BGE 100 Ib 121, E. 2).

2149 Die vorn, N 2130 ff., dargestellten Alternativen können mit folgenden Beispielen illustriert werden, wobei von den vier Erben A, B, C und D und vom Nachlassgrundstück X ausgegangen wird. Der Titel des Akts lautet stets «Erbteilung».

2150 Sollen zwei oder mehr Erben als verbleibende Erbengemeinschaft im Gesamteigentum verbleiben, so ist dies zum Ausdruck zu bringen; es liegt eine *partielle Erbteilung* vor. Die verbleibenden Eigentümer bleiben im Grundbuch mit dem Erwerbsgrund «Erbgang» eingetragen.

2151 In allen anderen Konstellationen übernehmen einer oder mehrere Erben das Grundstück kraft Teilung. Mehrere Übernehmer müssen sich als Gesamthandsgemeinschaft oder als Miteigentümer konstituieren, können aber nicht weiterhin Erbengemeinschaft sein.

2152 Der Erbteilungsvertrag kann sich beschränken auf die Zuweisung des fraglichen Grundstücks an ein oder mehrere Mitglieder der Erbengemeinschaft. Der Vertrag braucht nicht Auskunft zu geben über weitere Belange des Nachlasses, den Stand der Liquidations- und Teilungshandlungen und die zwischen den Erben vereinbarten Teilungswerte für die zugewiesenen Aktiven und Passiven. Denn es ist möglich, dass die Erben einzelne Nachlassgrundstücke schon in einem frühen Stadium der weiterdauernden Nachlassliquidation und -teilung einzelnen Miterben zuweisen und die Festlegung der Anrechnungswerte von einer späteren Konsensfindung oder von den erzielten Preisen bei einer späteren Weiterveräusserung abhängig machen.

Art. 837 Abs. 1 Ziff. 2 ZGB gibt den Erben den *Anspruch auf ein gesetzliches Pfandrecht (Miterbenpfandrecht)* an Grundstücken, die bei partieller oder definitiver Erbteilung von der Erbengemeinschaft auf einzelne Erben übertragen wurden. Das Pfandrecht hat namentlich Bedeutung, wenn ein Grundstück den Hauptteil des Nachlasses ausmacht und die aus dem Eigentum ausscheidenden Erben während langer Zeit auf die Abfindung seitens des übernehmenden Erben warten müssen (N 1862 ff.). 2153

Zum Steuerrecht: Gemäss Art. 12 Abs. 3 lit. a StHG sind die Kantone verpflichtet, die Grundstückgewinnsteuer aufzuschieben bei Eigentumswechsel durch Erbgang (Erbfolge, Erbteilung, Vermächtnis), Erbvorbezug oder Schenkung. Bei der Bemessung des Anrechnungswertes eines Grundstückes im Rahmen der Erbteilung wird richtigerweise eine auf dem Grundstück lastende latente Grundstückgewinnsteuerlast berücksichtigt (BGE 125 III 50, E. 2), und zwar zu einem erheblichen Teil des abschätzbaren Steuerbetrages, wenn der übernehmende Erbe das Grundstück in naher Zukunft zu verkaufen gedenkt, in geringerem Umfang, wenn keine solchen Absichten bestehen (zum Begriff der latenten Grundstückgewinnsteuerlast vgl. N 2049). 2154

cc) Form des Erbteilungsvertrags

Erbteilungsverträge über Grundstücke bedürfen gemäss Art. 634 Abs. 2 ZGB der einfachen Schriftform. Dies ist eine Ausnahme von der allgemeinen Regel von Art. 657 Abs. 1 ZGB, der für die Übertragung von Grundeigentum die öffentliche Beurkundung vorschreibt. 2155

Der gesetzliche Dispens der Erbteilung von der öffentlichen Beurkundung betrifft alle Übertragungen und Begründungen von dinglichen Rechten an Grundstücken, die im Rahmen einer Erbteilung vereinbart werden. So können im Rahmen einer Erbteilung zugunsten einzelner Miterben Nutzniessungen, Baurechte oder andere Dienstbarkeiten an Nachlassgrundstücken begründet werden – alles in einfacher Schriftform (ROLAND PFÄFFLI [2009], 48; BGE 100 Ib 121, E. 1). 2156

Elftes Kapitel: Vorgänge mit Auswirkungen auf Rechte an Grundstücken

2157 Der gesetzliche Dispens von der öffentlichen Beurkundung gilt auch dann, wenn die an einen Erben übertragenen oder zu seinen Gunsten begründeten Rechte an Grundstücken in seinem Erbteil nicht Platz haben, sondern durch Gegenleistungen aus dem Privatvermögen des übernehmenden Erben abgegolten werden. Wer also bei einer Erbquote von CHF 200 000 ein Grundstück im Anrechnungswert von CHF 500 000 übernimmt und an die übrigen Miterben CHF 300 000 bezahlt, ist bezüglich dieses Grundstückerwerbs insgesamt übernehmender Erbe. Das Geschäft bedarf keiner öffentlichen Beurkundung. Erst wenn bezüglich eines Grundstücks die Erbteilung einmal vollzogen ist, sind spätere Transaktionen zwischen den ehemaligen Miterben bezüglich dieses Objekts keine Erbteilungen mehr, sondern beurkundungsbedürftige Geschäfte.

2158 Befinden sich im Nachlass Baurechte oder Stockwerkeigentumsparzellen, so erfordert deren Aufteilung auf mehrere Miterben Änderungen des Baurechtsvertrags und der Stockwerkeigentumsbegründungsakte; diese Vorgänge bedürfen stets dann der öffentlichen Beurkundung, wenn mit der Teilung das Rechtsverhältnis zu Dritten (z.B. Baurechtsgeberin, weitere Stockwerkeigentümerinnen) betroffen ist.

2. Spezialfall: Abtretung des Erbanteils an einen Miterben

2159 Ein Spezialfall der Erbteilung ist das Ausscheiden eines Miterben kraft Übertragung seines Erbteils an einen andern Miterben. Dieser Vorgang hat gemäss gewissen Lehrmeinungen dingliche, d.h. ausserbuchliche, Wirkung, wenn die Parteien es ausdrücklich vereinbaren (ROLAND PFÄFFLI [2009], 48; vgl. auch ARNOLD ESCHER [ZK 1959], Art. 635 N 22).

2160 **Anmeldende Person** ist der übernehmende Erbe.

2161 **Rechtsgrundausweis** ist der Vertrag über die Abtretung des Erbanteils in einfacher Schriftform zwischen dem abtretenden und dem übernehmenden Erben (Art. 635 Abs. 1 ZGB; ARNOLD ESCHER [ZK 1959], Art. 635 N 30). Die Zustimmung der übrigen Erben ist nicht notwendig (JGK BE [Handbuch 1982], 13).

2162 In der grundbuchlichen Eigentümerrubrik wird der ausscheidende Miterbe gelöscht. Die übrigen bleiben als Erbengemeinschaft eingetragen, d.h. mit dem Erwerbsgrund «Erbgang».

3. Abtretung des Erbanteils an einen Nicht-Erben

2163 Ein Erbe kann mit jemandem, der nicht Mitglied der Erbengemeinschaft ist, die Abtretung seines Erbanteils vereinbaren. Hierzu bedarf es eines Vertrags in einfacher Schriftform zwischen dem abtretenden Erben und dem Erwerber (Art. 635 Abs. 2 ZGB). Die Zustimmung der übrigen Erben ist nicht erforderlich.

Wird ein Erbteil auf einen Nicht-Erben übertragen, so wird der Erwerber nicht Mitglied der Erbengemeinschaft und erhält keine dinglichen Rechte an den Nachlassaktiven, sondern einzig einen persönlichen Anspruch gegenüber dem abtretenden Erben auf das Teilungsergebnis (ARNOLD ESCHER [ZK 1959], Art. 635 N 18 f.).

Dieser Vorgang führt somit zu keiner Grundbucheintragung. Die bisherigen Erben bleiben unverändert als Erbengemeinschaft mit dem Erwerbsgrund «Erbgang» eingetragen (ROLAND PFÄFFLI [2009], 48).

C. Einwerfung (Realkollation) im Rahmen der Ausgleichung

Bei der Erbteilung sind unter gewissen Umständen die Zuwendungen, welche die Erben zu Lebzeiten erhalten haben, zu berücksichtigen und gemäss Art. 626 ZGB auszugleichen. Den ausgleichungspflichtigen Erben steht es frei, die Ausgleichung durch Einwerfung in Natur (Realkollation) oder durch Anrechnung des Wertes vorzunehmen (Idealkollation). Beide Möglichkeiten bestehen auch dann, wenn die Zuwendungen den Betrag des Erbanteils übersteigen (Art. 628 Abs. 1 ZGB; PAUL EITEL [BK 2004], Art. 628 N 1 ff.; ARNOLD ESCHER [ZK 1959], Art. 628 N 1 ff.). Bei Grundstücken erfolgt die Realkollation durch eine grundbuchliche Rückübertragung seitens des Vorempfängers in die Teilungsmasse, d.h. auf die Erbengemeinschaft.

Zwar steht dem ausgleichungspflichtigen Erben ein einseitiges Wahlrecht zwischen Real- und Idealkollation zu (ARNOLD ESCHER [ZK 1959], Art. 628 N 11). Wählt der ausgleichungspflichtige Erbe die Realkollation, so wird diese nicht durch die blosse Wahlerklärung bewirkt (PAUL EITEL [BK 2004], Art. 628 N 20). Vielmehr ist eine Rückübertragung erforderlich, zu der es im Falle von Grundstücken eines Vertrages zwischen sämtlichen Miterben bedarf.

Anmeldende (verfügende) Person ist der einwerfende Erbe.

Rechtsgrundausweis ist der schriftliche Erbteilungsvertrag, in dem die Realkollation durch den einwerfenden Erben erklärt und von den übrigen Erben angenommen wird. Ferner sind dem Grundbuchamt der Tod der Erblasserin sowie der Kreis der anerkannten Erben nachzuweisen (ROLAND PFÄFFLI [2009], 49).

2170 Die Realkollation von Grundstücken kann nur in den Fällen sinnvoll sein, bei denen feststeht, dass ein anderer als der einwerfende Erbe das Grundstück nach Abwicklung der Erbteilung übernimmt (vgl. auch PAUL EITEL [BK 2004], Art. 628 N 19). Dann können Realkollation und die Zuteilung des eingeworfenen Grundstücks an den übernehmenden Erben in einem einzigen Vertrag behandelt werden. Hinsichtlich des Vollzugs der Erbteilung kann auf das in N 2138 ff. Gesagte verwiesen werden.

2171 Die Realkollation von Grundstücken ist in der Praxis kaum anzutreffen (so auch ARNOLD ESCHER [ZK 1959], Art. 628 N 2).

III. Vermächtnis (Legat) von Rechten an Grundstücken
A. Allgemeines und Begriffliches

2172 Gemäss Art. 543 Abs. 1 ZGB erwirbt ein Vermächtnisnehmer den Anspruch auf das Vermächtnis, wenn er den Erbgang erlebt (zur Unterscheidung zwischen Erbe und Vermächtnisnehmer vgl. N 643 ff.). Nach Art. 562 Abs. 1 ZGB hat der Vermächtnisnehmer seinen obligatorischen Anspruch auf Ausrichtung des Vermächtnisses gegenüber den beschwerten Erben (i.d.R. alle gesetzlichen und eingesetzten Erben) geltend zu machen.

2173 Objekt eines Vermächtnisses kann sowohl das Eigentum als auch ein anderes Recht an einem Grundstück, z.B. ein Vorkaufsrecht oder eine Nutzniessung, sein. Auch eine Rechts- oder Sachgesamtheit, z.B. ein Grundstück mit dem gesamten Hausrat, kann Gegenstand eines Vermächtnisses sein (PETER WEIMAR [BK 2009], Art. 484 N 34 ff.; ARNOLD ESCHER [ZK 1959], Art. 484 N 8 ff.).

2174 Die Ausrichtung des Vermächtnisses kann entweder durch die beschwerten Erben (N 2175 ff.) oder durch den Willensvollstrecker (N 2185 ff.) erfolgen.

B. Ausrichtung des Vermächtnisses durch die Erben
1. Grundbuchlicher Vollzug

2175 **Anmeldende (verfügende) Personen** sind alle Erben gemeinsam.

2176 **Rechtsgrundausweis** ist der Vertrag in einfacher Schriftform zwischen allen Erben einerseits und dem Vermächtnisnehmer andererseits über die Ausrichtung und die Annahme des Vermächtnisses sowie eine beglaubigte Kopie der Verfügung von Todes wegen (Art. 64 Abs. 1 lit. c GBV).

Die Einreichung einer beglaubigten Kopie der letztwilligen Verfügung ist nicht notwendig, wenn die Urkundsperson das Vermächtnis und die Person des Vermächtnisnehmers bereits in der *Erbenbescheinigung* (N 2117 ff.) erwähnt hat. 2177

Mit dem Rechtsgrundausweis müssen dem Grundbuchamt eventuell weitere Anmeldungsbelege eingereicht werden. Von praktischer Tragweite sind insbesondere folgende Fälle: 2178

- Gilt der Vermächtnisnehmer als Person im Ausland gemäss *Lex Koller*, so kann die Ausrichtung des Vermächtnisses nur dann erfolgen, wenn eine im Gesetz genannte Ausnahme von der Bewilligungspflicht vorliegt (N 2666 ff.) oder wenn die zuständige Behörde eine Erwerbsbewilligung erteilt (N 2690). Im Falle der Bewilligungspflicht gehört die rechtskräftige Bewilligung zu den Anmeldungsbelegen.

- Haben einzelne Erben im Zeitpunkt der Ausrichtung des Vermächtnisses ihren *Sitz oder Wohnsitz im Ausland*, so ist die Verfügungsbeschränkung gemäss Art. 172 DBG zur Sicherung der direkten Bundessteuer zu beachten (N 2739 ff.). Das Geschäft kann beim Grundbuch erst angemeldet werden, wenn die Zustimmung der kantonalen Steuerverwaltung vorliegt. Diese Zustimmung gehört zu den Anmeldungsbelegen.

- Für Grundstücke, auf denen sich ein *im* Kataster eingetragener belasteter Standort befindet, besteht bei jeder Veräusserung Bewilligungspflicht gemäss Art. 32d^{bis} Abs. 3 und 4 USG (N 2724 ff.).

- Wird ein *landwirtschaftliches Grundstück* aufgrund eines Vermächtnisses übertragen, so ist hierfür gestützt auf Art. 62 lit. a BGBB keine Erwerbsbewilligung im Sinne von Art. 61 BGBB erforderlich (vgl. auch N 2693 ff.).

- Erstreckt sich das Vermächtnis auf ein *landwirtschaftliches Grundstück oder Gewerbe*, so sind die Zuweisungsansprüche nach Art. 11 BGBB sowie das Kaufsrecht nach Art. 25 BGBB zu beachten (vgl. auch N 2648 ff.).

Demgegenüber ist bei der Ausrichtung eines Vermächtnisses keine Zustimmungserklärung über die Veräusserung der *Familienwohnung* nach Art. 169 ZGB oder Art. 14 PartG erforderlich (vgl. N 2608 ff.). Die Übertragung von Grundstücken im Rahmen der Erbteilung ist *kein Vorkaufsfall* im Sinne von Art. 216c OR und Art. 681 Abs. 1 ZGB aus (vgl. N 2415 ff.). 2179

2. Vertrag über die Ausrichtung eines Vermächtnisses (Rechtsgrundausweis)

2180 Da die Verpflichtung der Erben ihren Rechtsgrund in der letztwilligen Verfügung oder im Erbvertrag hat, bedarf die Erklärung der Erben, das Grundeigentum auf den Vermächtnisnehmer zu übertragen, *keiner öffentlichen Beurkundung*, und zwar auch dann nicht, wenn sich die Parteien noch zu einigen haben, welches Grundstück zu übertragen (oder – im Falle der Nutzniessung an einer Nachlassquote – zu belasten) ist. Die Annahmeerklärung des Vermächtnisnehmers bedarf ebenfalls keiner öffentlichen Beurkundung (MATTHIAS HÄUTPLI [PraxKom 2015], Art. 562 N 13).

2181 Ist das vermachte *Grundstück verpfändet* und hat die Erblasserin keine anderslautende Anordnung getroffen, so ist dem Vermächtnisnehmer das vermachte Grundstück zwar mit der Pfandbelastung, aber ohne die dadurch sichergestellte Pfandschuld zu übertragen. Schuldner bleiben die Erben. Dadurch entsteht ein Drittpfand, d.h., der Vermächtnisnehmer wird Pfandgeber für eine Schuld, die bei den Erben verbleibt (BGE 104 II 337, E. 2a; PETER WEIMAR [BK 2009], Art. 485 N 8; ROLAND PFÄFFLI [2009], 45).

2182 Beschwert die Erblasserin nur einzelne von mehreren Erben mit der Ausrichtung des Vermächtnisses (etwa: «Als Teilungsvorschrift bestimme ich, dass meine Stockwerkeigentumswohnung X von meinem ältesten Sohn zu übernehmen ist; meine Haushälterin Y erhält darin ein lebenslängliches Wohnrecht; mein ältester Sohn ist verpflichtet, dieses Vermächtnis auszurichten»), so kann das Vermächtnis schon vor der Erbteilung mit der Unterschrift sämtlicher Erben ausgerichtet werden, nachher durch den vermächtnisbeschwerten Erben allein (Ivo SCHWANDER [BSK 2011], Art. 562 N 13; BRUNO HUWILER [BSK 2015], Art. 562 N 1).

2183 Stirbt der Vermächtnisnehmer im Zeitraum zwischen dem Tod der Erblasserin und der Ausrichtung des Vermächtnisses, so ist das Vermächtnis den Erben des Vermächtnisnehmers auszurichten. Deren Personalien und Erbberechtigung sind dem Grundbuchamt nachzuweisen, was mit einer Erbenbescheinigung (N 2117 ff.) zu geschehen hat. Anstelle der Annahmeerklärung des verstorbenen Vermächtnisnehmers ist die Annahmeerklärung seiner Erben einzureichen (ROLAND PFÄFFLI [2009], 45).

2184 Wird ein Grundstück mehreren Personen vermacht, so muss aus der Annahmeerklärung der Vermächtnisnehmer das gemeinschaftliche Eigentumsverhältnis hervorgehen. Bei Miteigentum müssen die Bruchteile angegeben werden; bei Gesamteigentum ist das Rechtsverhältnis zwischen den Vermächtnisnehmern (z.B. einfache Gesellschaft) anzugeben (ROLAND PFÄFFLI [2009], 45). Ist das Vermächtnis so formuliert, dass es von mehreren Personen gemeinsam angenommen werden kann (etwa: «Ich vermache mein Grundstück X den Kindern meiner Schwester»), so müssen jene Bedachten, die das Vermächtnis annehmen, die Rechtsform ihrer Gemeinschaft festlegen. In Ermangelung anderer Absprachen sind sie eine einfache Gesellschaft mit dem Zweck der gemeinsamen Entgegennahme des Vermächtnisses. In den Anmeldungsbelegen ist der Wille, eine solche Gesellschaft zu bilden, schriftlich zu belegen (ROLAND PFÄFFLI [2009], 45). Teilen die Bedachten das Vermächtnis sogleich in Miteigentumsanteile auf, so ist ihnen kraft ausdehnender Auslegung von Art. 634 Abs. 2 ZGB zu gestatten, dies bei der Annahme des Vermächtnisses in einfacher Schriftform zu tun.

C. Ausrichtung durch Willensvollstrecker

Anmeldende (verfügende) Person ist der Willensvollstrecker (Art. 518 Abs. 2 ZGB; Art. 50 Abs. 1 lit. b GBV; ferner N 1001 ff.). Dieser hat seine Verfügungsbefugnis gegenüber dem Grundbuchamt nachzuweisen (N 1006; ROLAND PFÄFFLI [2009], 45). 2185

Rechtsgrundausweis ist der Vertrag in einfacher Schriftform zwischen dem Willensvollstrecker und dem Vermächtnisnehmer über die Ausrichtung und die Annahme des Vermächtnisses sowie eine beglaubigte Kopie oder ein Auszug aus der Verfügung von Todes wegen (Art. 64 Abs. 1 lit. c GBV). 2186

Spätestens mit Einreichung des Rechtsgrundausweises über die Ausrichtung des Vermächtnisses muss die *Eintragung der Erbengemeinschaft im Grundbuch* erfolgen (vgl. hierzu N 1013 f.; ferner N 2110 ff.). 2187

Im Übrigen müssen dem Grundbuchamt mit dem Rechtsgrundausweis **eventuell weitere Anmeldungsbelege** eingereicht werden. Es kann diesbezüglich auf die Ausführungen in N 2178 f. verwiesen werden. 2188

Richtet der Willensvollstrecker das Vermächtnis aus, so ist die Zustimmung der Erben nicht notwendig (N 1010). Es ist jedoch insofern Vorsicht geboten, als der Willensvollstrecker nur befugt ist, Vermächtnisse auszurichten, nicht aber Teilungsvorschriften zu vollziehen. Zu Teilungshandlungen bedarf es der Mitwirkung sämtlicher Erben (vgl. auch RENÉ BIBER [ZBGR 2005], 12 f.). 2189

Unklarheiten können etwa bei letztwilligen Anordnungen entstehen, wenn bestimmte Erben bestimmte Vermögensstücke erhalten. Solche Anordnungen sind im Zweifel als Teilungsvorschriften zu betrachten, insbesondere, wenn die 2190

Erblasserin einen Anrechnungswert vorgeschrieben hat («Meine älteste Tochter erhält das Grundstück X zum Anrechnungswert Y»). Der Anrechnungswert macht deutlich, dass das Objekt in Anrechnung an den Erbteil, d.h. als Erbe, zugewiesen wird. Vermächtnisse an Erben – sogenannte Vorausvermächtnisse – müssen ausdrücklich angeordnet sein (etwa: «Meine älteste Tochter erhält vorweg das Grundstück X. Der restliche Nachlass geht zu gleichen Teilen an meine drei Kinder»). Der Willensvollstrecker ist aus eigener Kompetenz befugt, das Vorausvermächtnis an einen Erben auszurichten, nicht jedoch die Teilungsvorschrift zu vollziehen.

IV. Nacherbschaft und Nachvermächtnis
A. Allgemeines und Begriffliches

2191 Gemäss Art. 488 Abs. 1 ZGB kann eine Person durch Testament oder Erbvertrag als Vorerbin, eine andere Person als Nacherbin eingesetzt werden (vgl. hierzu N 646 ff.). Diese Möglichkeit besteht nach Art. 448 Abs. 3 ZGB auch für Vermächtnisse (vgl. hierzu insbesondere N 2197 ff.).

B. Erwerb der Vorerbschaft und der Nacherbschaft
1. Erwerb der Vorerbschaft

2192 Der Vorerbe erwirbt die Erbschaft gleich wie ein Erbe, dessen Erbschaft nicht mit einer Nacherbschaft belastet ist (PETER WEIMAR [BK 2009], Vorbem. Art. 488 N 8 ff.), d.h. durch Erbgang (N 2110 ff.) und – sofern er nicht Alleinerbe ist – durch Erbteilung (N 2130 ff.).

2. Erwerb der Nacherbschaft

2193 Der Nacherbe erwirbt die Nacherbschaft von Gesetzes wegen, wenn er den für die Auslieferung bestimmten Zeitpunkt (i.d.R. den Tod des Vorerben gemäss Art. 489 Abs. 1 ZGB) erlebt (Art. 492 Abs. 1 ZGB). In Bezug auf Grundstücke handelt es sich um einen Anwendungsfall von Art. 656 Abs. 2 ZGB (PETER WEIMAR [BK 2009], Art. 489 N 3; BALTHASAR BESSENICH [BSK 2015], Art. 492 N 1).

2194 **Anmeldende Person** ist der Nacherbe, der Willensvollstrecker der Erblasserin (nicht des Vorerben) oder die mit der Erbgangsbeurkundung befasste Urkundsperson oder die den Erbenschein (Art. 559 ZGB) ausstellende Behörde.

Rechtsgrundausweis ist die Bescheinigung über die Personen, die als einzige Nacherben anerkannt sind (Art. 65 Abs. 1 lit. a GBV; ROLAND PFÄFFLI [2009], 40). Aus dieser Bescheinigung muss hervorgehen, dass der Nacherbfall eingetreten ist (BALTHASAR BESSENICH [BSK 2015], Art. 492 N 1). Im Übrigen kann auf das in N 2117 ff. zur *Erbenbescheinigung* Gesagte verwiesen werden.

2195

Das Gesetz sieht in Art. 489 Abs. 2 ZGB die Möglichkeit vor, ein anderes Ereignis als den Tod des Vorerben als Zeitpunkt für den Nacherbfall zu bestimmen. Man mag an den Eintritt der Volljährigkeit des Nacherben oder an seine Wohnsitznahme in der Schweiz denken. In einem solchen Fall sind dem Grundbuchamt die Tatsachen zu belegen, die den Nacherbfall ausgelöst haben (ROLAND PFÄFFLI [2009], 40).

2196

C. Ausrichtung des Vorvermächtnisses und des Nachvermächtnisses

1. Ausrichtung des Vorvermächtnisses

Der Vorvermächtnisnehmer erwirbt das Vermächtnis gleich wie ein Vermächtnisnehmer, dessen Vermächtnis nicht mit einem Nachvermächtnis belastet ist, d.h. durch Ausrichtung des Vermächtnisses durch die Erben (N 2175 ff.) oder durch den Willensvollstrecker (N 2185 ff.).

2197

2. Ausrichtung des Nachvermächtnisses

Da im Zeitpunkt des Nachvermächtnisfalls – meist beim Tod des Vorvermächtnisnehmers – keine Erbengemeinschaft und kein Willensvollstrecker des ursprünglichen Erblassers mehr vorhanden zu sein pflegen und da das betreffende Vermögensstück auch nicht in den Nachlass des Vorvermächtnisnehmers fällt, gäbe es meist niemanden, der das Nachvermächtnis mittels eines Vertrags ausrichten könnte. Infolgedessen ist davon auszugehen, dass das Nachvermächtnis der bedachten Person wie eine Nacherbschaft, d.h. ausserbuchlich (im Sinne von Art. 656 Abs. 2 ZGB), zufällt, sofern sich das Vermögensstück beim Nachvermächtnisfall noch im Vermögen des Vorvermächtnisnehmers befindet.

2198

Anmeldende Person ist der Nachvermächtnisnehmer.

2199

Rechtsgrundausweis ist die Erklärung des Nachvermächtnisnehmers in einfacher Schriftform über die Annahme des Nachvermächtnisses sowie eine Bescheinigung über den Eintritt des Nachvermächtnisfalls (z.B. den Tod des Vorvermächtnisnehmers) und eine beglaubigte Kopie der Verfügung von

2200

Todes wegen, aus der das Nachvermächtnis hervorgeht (analog Art. 64 Abs. 1 lit. c GBV). Eine Erklärung aller Erben der Erblasserin über die Ausrichtung des Nachvermächtnisses ist nicht mehr beizubringen – geschweige denn eine Erklärung der Erben des Vorvermächtnisnehmers.

D. Vormerkungen bei Nacherbschaft und Nachvermächtnis

1. Vormerkung der Auslieferungspflicht

2201 Die Auslieferungspflicht des Vorerben und des Vorvermächtnisnehmers kann im Grundbuch vorgemerkt werden (Art. 490 Abs. 2 ZGB; Art. 960 Abs. 1 Ziff. 3 ZGB; ferner ARTHUR HOMBERGER [ZK 1938], Art. 960 N 44; OG AG 6.3.1989 [ZBGR 1991], 134 f.). Vormerkbar ist die Auslieferungspflicht nur in Bezug auf das Allein- oder Miteigentumsrecht an Grundstücken. Nicht möglich ist die Vormerkung in Bezug auf nicht mit einem eigenen Blatt ins Grundbuch aufgenommene Dienstbarkeitsrechte, Pfandrechte oder interne Gesamthandsanteile an Grundstücken (vgl. FRITZ OSTERTAG [BK 1917], Art. 958 N 4 und Art. 960 N 36 f.).

2202 Die Vormerkung der Auslieferungspflicht wirkt *faktisch als Verfügungsbeschränkung*. Der Vorerbe und Vorvermächtnisnehmer kann zwar rechtlich über das Grundstück zu Lebzeiten verfügen. Tut er dies und tritt der Nacherbschafts- oder Nachvermächtnisfall ein, so ist der Nacherbe oder der Nachvermächtnisnehmer berechtigt, die nach der Vormerkung erfolgten Eintragungen löschen zu lassen (FRITZ OSTERTAG [BK 1917], Art. 960 N 37; ARTHUR HOMBERGER [ZK 1938], Art. 960 N 46; ARNOLD ESCHER [ZK 1959], Art 490 N 8; BALTHASAR BESSENICH [BSK 2015], Art. 490 N 4). Hat der Vorerbe oder Vorvermächtnisnehmer ein Grundstück trotz Vormerkung der Auslieferungspflicht veräussert, so kann der Nacherbe oder Nachvermächtnisnehmer das Eigentum am Grundstück bei Eintritt des Nacherbfalls oder Nachvermächtnisfalls vom Erwerber herausverlangen (PETER WEIMAR [BK 2009], Art. 490 N 15).

2203 Wird demgegenüber die Auslieferungspflicht nicht vorgemerkt, so tritt der Nacherbe oder der Nachvermächtnisnehmer das Grundstück in dem rechtlichen Zustand an, in dem es sich im Vermögen des Vorerben oder Vorvermächtnisnehmers vorfindet. Wurde es an einen gutgläubigen Erwerber weiterveräussert, dann erwirbt der Nacherbe oder der Nachvermächtnisnehmer das Eigentum nicht. Verfügungen des Vorerben oder des Vorvermächtnisnehmers, die im Widerspruch zu seiner Auslieferungspflicht standen, machen ihn oder seinen Nachlass gegenüber dem Nacherben oder Nachvermächtnisnehmer schadenersatzpflichtig.

Voraussetzung für die Vormerkung der Auslieferungspflicht ist, dass die Erblasserin dies ausdrücklich angeordnet hat (PETER WEIMAR [BK 2009], Art. 490 N 14; ARNOLD ESCHER [ZK 1959], Art 490 N 8). *Anmeldende Person* ist in diesem Fall der berechtigte Nacherbe oder Nachvermächtnisnehmer. *Rechtsgrundausweis* ist der schriftliche Antrag des berechtigten Nacherben oder Nachvermächtnisnehmers unter Beilage einer beglaubigten Kopie der Verfügung von Todes wegen (Art. 79 lit. b GBV), aus welcher die Ermächtigung der Erblasserin zur Vormerkung der Sicherstellungspflicht hervorgeht (ROLAND PFÄFFLI [2009], 40). 2204

Findet sich keine ausdrückliche Anordnung der Erblasserin, so kann der Vorerbe oder Vorvermächtnisnehmer seine Auslieferungspflicht auch freiwillig vormerken lassen, die Vormerkung anschliessend aber nur noch mit Zustimmung des Nacherben oder Nachvermächtnisnehmers löschen. Für diesen Fall gilt: 2205

Anmeldende (verfügende) Person ist der belastete Vorerbe oder der belastete Vorvermächtnisnehmer (ARNOLD ESCHER [ZK 1959], Art 490 N 8). 2206

Rechtsgrundausweis ist die Erklärung (Eintragungsbewilligung) des belasteten Vorerben oder des belasteten Vorvermächtnisnehmers in einfacher Schriftform unter Beilage einer beglaubigten Kopie der Verfügung von Todes wegen (Art. 79 lit. b GBV; BGE 129 III 113, E. 4.3). 2207

Die vorgemerkte Auslieferungspflicht kann in der Pfandverwertung einem früher eingetragenen Pfandrecht nicht entgegengehalten werden, d.h., der Gläubiger eines der Vormerkung vorgehenden Grundpfandrechts kann im Rahmen der Pfandverwertung den *Doppelaufruf* und damit die Ablösung der vorgemerkten Auslieferungspflicht verlangen (BGer 7B.168/2005 vom 16.1.2006, E. 3.1.5; ferner zum Doppelaufrufverfahren vgl. N 179 ff.). 2208

2. Löschung der Vormerkung

a) Löschung infolge des Todes des Nacherben oder Nachvermächtnisnehmers

Gemäss Art. 492 Abs. 1 ZGB erwirbt der Nacherbe oder Nachvermächtnisnehmer die vererbte oder vermachte Sache nur, wenn er den für die Auslieferung bestimmten Zeitpunkt erlebt. Erlebt er diesen Zeitpunkt nicht, so verbleibt 2209 die Sache beim Vorerben oder Vorvermächtnisnehmer, soweit die Erblasserin nicht anders verfügt hat (Art. 492 Abs. 2 ZGB).

2210 **Anmeldende Person** ist der belastete Vorerbe oder Vorvermächtnisnehmer (Arnold Escher [ZK 1959], Art. 490 N 8).

2211 **Rechtsgrundausweis** ist der Löschungsantrag des belasteten Vorerben oder Vorvermächtnisnehmers in einfacher Schriftform, verbunden mit dem Nachweis des Todes (z.B. amtlicher Totenschein) des in der Vormerkung bezeichneten Nacherben oder Nachvermächtnisnehmers.

b) Löschung im Rahmen der Auslieferung

2212 Im Rahmen der Auslieferung erfolgt die Löschung der Vormerkung der Auslieferungspflicht mit der Eintragung des Nacherben oder des Nachvermächtnisnehmers von Amtes wegen. Der Antrag auf Eintragung des Nacherben oder des Nachvermächtnisnehmers im Grundbuch stellt gleichzeitig den Antrag zur *Löschung der nun obsolet gewordenen Vormerkung* dar.

§ 63 Vorgänge bei Personengesellschaften

I. Einfache Gesellschaft

2213 Zum Begriff der einfachen Gesellschaft vgl. N 693 ff.

A. Begründung der einfachen Gesellschaft

1. Begründung anlässlich des Grundstückerwerbs

2214 Einfache Gesellschaften mit Grundbesitz entstehen insbesondere dann, wenn Ehegatten in Errungenschaftsbeteiligung oder in Gütertrennung ein Grundstück zu gesamter Hand kaufen. In diesem Fall wird die einfache Gesellschaft dadurch begründet, dass die Käufer im notariellen Kaufvertrag erklären, sie kauften das Objekt «als einfache Gesellschafter zu gesamter Hand». Weitere Angaben, z.B. über Organisation, Gewinn- und Verlustbeteiligung, Dauer und Liquidation der einfachen Gesellschaft, sind nicht nötig. Sie ergeben sich aus dem Gesetz.

2215 **Anmeldende (verfügende) Personen** sind die Veräusserin (bezüglich der Veräusserung des Grundstücks) und die Erwerber (bezüglich der Begründung der einfachen Gesellschaft). Sofern die Erwerber die Grundbuchanmeldung nicht mitunterzeichnen, muss ihre Eintragungsbewilligung bezüglich der Begründung einer einfachen Gesellschaft separat (zum Beispiel im Kaufvertrag) belegt werden.

Rechtsgrundausweis ist der Vertrag in *öffentlicher Urkunde* mit Angabe des Rechtsgrundes (Kauf, Tausch, Schenkung etc.) zwischen der bisherigen Eigentümerin und den neuen (Gesamt-)Eigentümern als einfache Gesellschaft (Art. 657 ZGB; ferner N 837 ff.). 2216

Mit dem Rechtsgrundausweis müssen dem Grundbuchamt **eventuell weitere Anmeldungsbelege** eingereicht werden. Es kann hierzu auf die Ausführungen zum Vollzug des Kaufvertrags verwiesen werden (N 1886), wobei die Erwerbsbeschränkungen der *Lex Koller* für jeden Gesellschafter einzeln zu beachten sind (N 2652 ff.). 2217

Die Gesetzesbestimmungen über die einfache Gesellschaft sind weitgehend dispositives Recht (WALTER FELLMANN/KARIN MÜLLER [BK 2006], Vorbem. Art. 530–551 N 13). Die Gesellschafter haben also einen grossen Gestaltungsspielraum, wenn sie vom Gesetz abweichende Regelungen z.B. in Bezug auf die Kostentragung, anteilsmässige Gewinn- und Verlustbeteiligung oder die Fortführung der Gesellschaft bei Tod eines Gesellschafters treffen möchten. Dem Grundbuchamt muss *der Gesellschaftsvertrag nicht als Beleg* eingereicht werden; es reicht vielmehr aus, wenn aus dem Rechtsgrundausweis hervorgeht, dass die Erwerber das Grundstück zu gesamter Hand als einfache Gesellschaft erwerben wollen. 2218

Wird ein Grundstück zu Wohnzwecken für den eigenen Bedarf erworben, so ist es möglich, den *Erwerb mit Mitteln der beruflichen Vorsorge zu finanzieren* (vgl. N 2703 ff.). Wird Grundeigentum zu gesamter Hand als einfache Gesellschaft erworben, so ist ein Vorbezug von Vorsorgemitteln jedoch nur möglich, wenn der Erwerb gemeinschaftlich mit dem Ehegatten oder der eingetragenen Partnerin – nicht aber mit einem Dritten – erfolgt (vgl. N 2707). 2219

2. Einbringung eines Grundstücks in eine einfache Gesellschaft («Illation»)

Eine Gesellschafterin kann ein ihr zu Alleineigentum gehörendes Grundstück auf die Gesellschaft übertragen. Empfängt sie als Gegenleistung Geld, so ist das Geschäft ein Kaufvertrag bezüglich jener Wertquote, die von der Veräusserin auf die übrigen Gesellschafter übertragen und durch die Geldzahlung abgegolten wird. Bezüglich der der Veräusserin verbleibenden, fortab von ihr gesamt- 2220 händerisch innegehabten Quote liegt eine Einbringung in die einfache Gesellschaft vor.

2221 Wird die Einbringerin des Grundstücks von der Gesellschaft nicht mit Geld entschädigt, sondern stattdessen in die Gesellschaft aufgenommen, wobei der Wert der der Einbringerin zukommenden Berechtigung am Gesellschaftsvermögen dem Grundstückswert entspricht, so ist die Grundstücksübertragung insgesamt eine Einbringung.

2222 In beiden genannten Fällen ist die Übertragung des Grundstücks auf die einfache Gesellschaft öffentlich zu beurkunden. Beurkundungsbedürftig ist lediglich die Grundstücksübertragung von der bisherigen Alleineigentümerin auf die Gesamtheit der Gesellschafter, wobei die bisherige Eigentümerin den Vertrag in doppelter Eigenschaft, als Veräusserin und als Mitglied der erwerbenden Gesellschaft, unterzeichnet; ihre einmalige Unterschrift genügt jedoch, um alle abgegebenen Erklärungen zu bekräftigen. Soweit die der Einbringerin zukommende Gegenleistung in ihrer Beteiligung an der Gesellschaft besteht, braucht weder ihre Grösse noch ihr Wert beurkundet zu werden, weil über diese Belange zwischen den Beteiligten kein Konsens zu bestehen braucht, so wenig sich die Parteien eines Tauschgeschäfts über die Werte der ausgetauschten Sachen einig zu sein brauchen (vgl. N 1976). Versprechen Gesellschaft oder Gesellschafter der Einbringerin hingegen Geld oder andere geldwerte Leistungen, so ist wie bei einem Grundstückkauf vollständig und wahrheitsgemäss zu beurkunden, wer der Einbringerin welche Leistungen erbringt.

2223 Der Vertrag über das Einbringen von Grundstücken in eine einfache Gesellschaft wird in der Fachsprache als Illationsvertrag (lat. *illatio* = Hineinbringen) bezeichnet (vgl. CHRISTIAN BRÜCKNER [ZBGR 2000], 226; STEPHAN WOLF [ZBGR 2000], 4).

2224 **Anmeldende (verfügende) Person** ist die einbringende Gesellschafterin.

2225 **Rechtsgrundausweis** ist der Vertrag in öffentlicher Urkunde zwischen der Einbringerin und den übrigen Gesellschaftern (WALTER FELLMANN/KARIN MÜLLER [BK 2006], Art. 531 N 147 ff.).

2226 Mit dem Rechtsgrundausweis müssen dem Grundbuchamt **eventuell weitere Anmeldungsbelege** eingereicht werden. Es kann hierzu mit folgenden Einschränkungen auf die Ausführungen zum Vollzug des Kaufvertrags verwiesen werden (N 1886):

- Die Erwerbsbeschränkungen der *Lex Koller* sind für jeden Gesellschafter einzeln zu beachten (N 2652 ff.).

- Die Einbringung von Grundstücken in eine einfache Gesellschaft im Rahmen eines Illationsvertrages ist kein Vorkaufsfall im Sinne von Art. 216c OR und Art. 681 Abs. 1 ZGB (vgl. N 2415 ff.); bei der Einbringung von *landwirtschaftlichen Grundstücken* können jedoch Verwandte ihr Vorkaufsrecht gemäss Art. 43 BGG geltend machen (vgl. ANDREAS BÜSSER/REINHOLD HOTZ [BGBB 2011] Art. 43 N 13 ff.).

Dem Grundbuchamt muss nicht der gesamte Gesellschaftsvertrag als Beleg eingereicht werden; es reicht, wenn aus dem Rechtsgrundausweis die wesentlichen Vertragspunkte in Bezug auf die Einbringung des entsprechenden Grundstücks hervorgehen (CHRISTIAN BRÜCKNER [ZBGR 2000], 226). Zu den wesentlichen Vertragspunkten gehören die genaue Bezeichnung des Grundstücks (vgl. hierzu N 1892 ff.), der Wille, dieses in die einfache Gesellschaft einzubringen sowie gegebenenfalls jene Gegenleistungen, die die einbringende Gesellschafterin zusätzlich zu ihrer Beteiligungsquote am Gesellschaftsvermögen erhält. 2227

Zum Steuerrecht: Bringt eine Gesellschafterin ein ihr gehörendes Grundstück in eine einfache Gesellschaft ein, so löst der Vorgang die gleichen Steuerfolgen aus, wie wenn die Einbringerin einen Teil des Grundstückswertes in Form von Miteigentumsanteilen auf die Mitgesellschafter übertragen hätte. Auf der der Einbringerin verbleibenden Quote werden keine Grundstückgewinn- und keine Handänderungssteuer erhoben. Zum Zwecke der Besteuerung müssen dem Fiskus die vertraglichen (internen) Quoten der Gesellschafter und der Anrechnungswert des Grundstücks offengelegt werden. 2228

B. Wechsel von Gesellschaftern

1. Gesellschafterwechsel unter Lebenden

Der Ein- und Austritt von Gesellschaftern und Änderungen der vertraglichen Beteiligungsquoten einzelner Gesellschafter betreffen unmittelbar nur das Verhältnis unter den Gesellschaftern. Da die Gesellschafter von Vertrags wegen mit bestimmten Quoten am Vermögen sowie am Gewinn und Verlust der Gesellschaft beteiligt sind, betreffen die genannten Änderungen mittelbar auch die quotale interne Beteiligung der einzelnen Gesellschafter am Gesellschaftsvermögen. Trotz dieser mittelbaren Auswirkung sind Gesellschafterwechsel auch dann nicht beurkundungsbedürftig, wenn die Gesellschaft Grundstücke besitzt (ROLAND PFÄFFLI [Diss. 1999], 134; LUKAS HANDSCHIN/RETO VONZUN [ZK 2009], Art. 542 N 13 f. m.w.H.). Jedoch ist jeder Ein- und Austritt von Gesellschaftern dem Grundbuchamt anzumelden, da bei der einfachen Gesell- 2229 schaft alle jeweiligen Gesellschafter als Eigentümer im Grundbuch einzutragen sind (vgl. N 984).

2230 Der Gesellschafterwechsel einschliesslich seiner mittelbaren Auswirkungen auf die Berechtigungen der Gesellschafter am Grundbesitz der Gesellschaft erfolgt im Zeitpunkt der Änderung des Gesellschaftsvertrags kraft Anwachsung (Akkreszenz; vgl. dazu N 243 ff.), d.h. ausserbuchlich, nicht erst bei deren Anmeldung beim Grundbuchamt. Die Anmeldung bewirkt keinen Übergang von Rechten, sondern bloss die Anpassung des Grundbuchs an die geänderte Rechtswirklichkeit. Der Grundbucheintrag hat deklaratorische Bedeutung.

2231 **Anmeldende Person** ist jeder Gesellschafter einzeln (WALTER FELLMANN/ KARIN MÜLLER [BK 2006], Art. 542 N 42; BEAT BRÄM [Diss. 1997], 66 f.).

2232 **Rechtsgrundausweis** ist die Vereinbarung aller Gesellschafter über den Austritt eines bisherigen Gesellschafters oder der Vertrag zwischen allen bisherigen Gesellschaftern und dem neuen Gesellschafter über den Gesellschafterwechsel je in einfacher Schriftform (Art. 542 Abs. 1 OR; OG LU 4.6.1996 [ZBGR 1999], 16 f.; JGK BE vom 29.1.2004 [BN 2004], 340; ROLAND PFÄFFLI [ZBGR 2007], 411; STEPHAN WOLF [ZBGR 2000], 6 f.; BEAT BRÄM [Diss. 1997], 67.)

2233 Mit dem Rechtsgrundausweis müssen dem Grundbuchamt **eventuell weitere Anmeldungsbelege** eingereicht werden. Es kann hierzu mit folgenden Einschränkungen und Präzisierungen auf die Ausführungen zum Vollzug des Kaufvertrags verwiesen werden (N 1886):

- Gesellschafterwechsel unter Lebenden sind keine Vorkaufsfälle im Sinne von Art. 216c OR und Art. 681 Abs. 1 ZGB (vgl. N 2415 ff.).

- Beim Gesellschafterwechsel ist eine Zustimmungserklärung über die Veräusserung der Familienwohnung nach Art. 169 ZGB oder Art. 14 PartG auch dann nicht notwendig, wenn das im Gesellschaftsvermögen befindliche Grundstück als Familienwohnung eines Gesellschafters dient (vgl. N 2608 ff.).

- Aufgrund von Art. 181 Abs. 2 OR und von Art. 832 ZGB haftet ein Gesellschafter auch nach dem Ausscheiden aus der Gesellschaft für Verbindlichkeiten der Gesellschaft. Soll der ausscheidende Gesellschafter aus dieser Haftung entlassen werden, ist es notwendig, eine entsprechende Erklärung der Gläubiger einzuholen. In Bezug auf Grundpfandschulden ist zur *Schuldnerentlassung eine Erklärung des Grundpfandgläubigers* in einfacher Schriftform dem Grundbuch einzureichen (N 1800 ff.).

- Die *Gütergemeinschaft* vermittelt einem Ehegatten keine Beteiligung an einfachen Gesellschaften, denen der andere Ehegatte angehört. Art. 542 Abs. 2 OR geht diesbezüglich den ehegüterrechtlichen Vorschriften vor. Die Gütergemeinschaft eines Gesellschafters ist für die andern Gesellschafter und für das Grundbuchamt unbeachtlich (vgl. auch N 2072).

Quotenverschiebungen zwischen Gesellschaftern, die an der personellen Zusammensetzung des Gesellschafterkreises nichts ändern, sind dem Grundbuchamt nicht zu melden (WALTER FELLMANN/KARIN MÜLLER [BK 2006], Art. 542 N 37; ROLAND PFÄFFLI [ZBGR 2007], 411; CHRISTIAN BRÜCKNER [ZBGR 2000], 228; STEPHAN WOLF [ZBGR 2000], 7 ff.; BEAT BRÄM [Diss. 1997], 66). 2234

Während der Gesellschafterwechsel durch einen blossen Nachtrag auf dem bestehenden Gesellschaftsvertrag – insbesondere durch die von allen bisherigen und neuen Gesellschaftern unterzeichnete Streichung austretender Gesellschafter und die Einfügung der neuen in der Liste der Vertragsparteien – dargestellt werden kann, ist für das Grundbuchamt eine Formulierung nötig, die den Vorgang in Worten beschreibt, etwa wie folgt: 2235

Betrifft: Parzelle P (Gesamteigentum von A, B, C, einfache Gesellschaft). – A tritt aus der Gesellschaft aus. D wird neuer Gesellschafter. Das Grundbuchamt wird zu den erforderlichen Eintragungen ermächtigt.

Die aus dem Eigentum ausscheidenden Personen brauchen auch dann keine Eintragungsbewilligung gemäss Art. 964 Abs. 1 ZGB zu erteilen, wenn ihr Ausscheiden auf einem Vertrag (Austrittsvereinbarung, Erbteilung) beruht. Bei dem auf Vertrag abgestützten Eintritt neuer Mitglieder brauchen die bisherigen keine Eintragungsbewilligungen zu erteilen. Denn bei allen diesen Änderungen wird nicht über Grundeigentum verfügt, sondern die personelle Zusammensetzung einer Gemeinschaft verändert. 2236

Erlaubt der Gesellschaftsvertrag die Vornahme von Gesellschafterwechseln ohne Zustimmung sämtlicher Gesellschafter (Art. 534 Abs. 2 OR), so ist dem Grundbuchamt neben der von den zuständigen Personen unterzeichneten Vereinbarung über den Gesellschafterwechsel auch die Ermächtigungsklausel des Gesellschaftsvertrags nachzuweisen (STEPHAN WOLF [ZBGR 2000], 6; kritisch zur Gültigkeit von Mehrheitsbeschlüssen beim Gesellschafterwechsel LUKAS HANDSCHIN/RETO VONZUN [ZK 2009], Art. 542 N 36 ff.). 2237

Zum Steuerrecht: Wechsel in Gesellschaften, die Grundstücke besitzen, werden wie Verkäufe von Grundeigentum besteuert, wenn an Austretende oder von Eintretenden Leistungen erbracht werden, die wirtschaftlich das Entgelt 2238 für das Ausscheiden oder den Eintritt in Grundeigentum darstellten. In solchen Fällen kann sich die Steuerveranlagung nicht auf eine öffentliche Urkunde abstützen; vielmehr muss die Behörde die gesamten Vermögensverhältnisse der Gesellschaft, nicht nur deren Grundeigentum, einbeziehen und gegebenenfalls Bewertungen vornehmen, für die das Beurkundungsverfahren nicht der geeignete Ort wäre.

2. Tod eines Gesellschafters

a) Überblick

2239 Beim Tod eines Gesellschafters wird der Eigentumseintrag auf den Grundstücken der Gesellschaft nachgeführt. Zwei Alternativen sind möglich: Entweder wird der Verstorbene als Gesamteigentümer ersatzlos gelöscht, oder an seiner Stelle werden alle oder einzelne Erben eingetragen.

2240 Ob die Gesellschaft mit dem Tod eines Gesellschafters aufgelöst wird und sich in eine Liquidationsgesellschaft wandelt oder ob sie mit dem bisherigen Zweck weitergeführt wird (vgl. ausführlich hierzu JÜRG SCHMID [ZBGR 2002], 346; STEPHAN WOLF [2005], 80; HEINZ HAUSHEER/ROLAND PFÄFFLI [1994], 40 f.), ist die interne Angelegenheit der Gesellschafter und der Erben des Verstorbenen. Dem Grundbuchamt ist weder das eine noch das andere nachzuweisen, da es für die gesamthänderische Berechtigung an den Grundstücken keine Rolle spielt.

2241 Hinterlässt der Verstorbene einen einzigen Erben, so wird dieser Teilhaber der Gesellschafts-Gesamthand. Treten mehrere Erben des Verstorbenen in die Gesellschaft ein, so werden sie vorbehältlich einer Änderung des Gesellschaftsvertrags zu einer Untergesellschaft, d.h., sie haben in der Gesellschaft gemeinsam die gleiche Rechtsposition wie der Verstorbene (STEPHAN WOLF [2005], 81; ROLAND PFÄFFLI [ZBGR 2007], 413). Stattdessen können sie auch als Einzelpersonen aufgenommen werden, was einer partiellen Erbteilung seitens der Erben und einer Vertragsänderung seitens der Gesellschaft gleichkommt.

2242 Wird ein verstorbener Gesellschafter ersatzlos gelöscht, so haften seine Erben trotzdem solidarisch für die Gesellschaftsschulden, sofern sie das Erbe nicht ausschlagen oder von den Gesellschaftsgläubigern aus den Schuldpflichten entlassen werden. Daran ändert auch eine allfällige Erbenausschlussklausel im Gesellschaftsvertrag nichts; denn diese Klausel hat keine Wirkung gegenüber Dritten. Die Nachführung des Eigentums erfordert nicht die gleichzeitige Neuregelung der Grundpfandschulden.

b)   Ersatzlose Löschung des Verstorbenen

Für die ersatzlose Löschung des Verstorbenen gilt: 2243

Anmeldende Person ist jeder bisherige Gesellschafter einzeln. 2244

Rechtsgrundausweis ist die Bescheinigung des Todes des verstorbenen Gesellschafters sowie der Gesellschaftsvertrag mit Erbenausschlussklausel (BEAT BRÄM [2010], 397 f.; ROLAND PFÄFFLI [2009], 43; JÜRG SCHMID [ZBGR 2002], 346). Anstelle des Gesellschaftsvertrags kann auch die Zustimmung aller bisherigen Gesellschafter und aller Erben des Verstorbenen beigebracht werden. Stützt sich die Anmeldung auf die Zustimmung sämtlicher Erben, so muss deren Erbenqualität durch eine Erbenbescheinigung (N 2117 ff.) belegt werden. 2245

c)   Eintragung sämtlicher Erben anstelle des Verstorbenen

Für die Eintragung sämtlicher Erben anstelle des Verstorbenen gilt: 2246

Anmeldende Person ist jeder bisherige Gesellschafter einzeln oder jeder Erbe einzeln (WALTER FELLMANN/KARIN MÜLLER [BK 2006], Art. 542 N 42; BEAT BRÄM [Diss. 1997], 66 f.). 2247

Rechtsgrundausweis ist die Erbenbescheinigung (enthaltend den Beleg des Todes des Verstorbenen und die Angabe sämtlicher Erben; vgl. N 2117 ff.). In diesem Fall muss dem Grundbuch weder der Gesellschaftsvertrag noch eine Zustimmung der bisherigen Gesellschafter oder Erben des Verstorbenen eingereicht werden. 2248

d)   Eintragung einzelner Erben als Erbengesamthand oder von Erben als individuelle Teilhaber der Gesellschaftsgesamthand

Für die Eintragung einzelner Erben als Erbengesamthand oder von Erben als individuelle Teilhaber der Gesellschaftsgesamthand gilt: 2249

Anmeldende Personen sind alle Erben und alle bisherigen Gesellschafter gemeinsam. 2250

Rechtsgrundausweis ist die Erbenbescheinigung (enthaltend den Beleg des Todes des Verstorbenen und die Angabe sämtlicher Erben; vgl. N 2117 ff.) sowie die Erklärung aller bisherigen Gesellschafter und aller Erben des Verstorbenen (a.M. JGK BE [Handbuch 2016], Ziff. 3.2.3.8.2). 2251

C. Änderung der Rechtsform der Gesellschaft

2252 Eine einfache Gesellschaft kann sich durch Änderung des Gesellschaftsvertrags jederzeit und formlos in eine Kollektiv- oder Kommanditgesellschaft wandeln. Zur Kollektivgesellschaft wird sie eventuell von Gesetzes wegen, auch ohne vertraglichen Änderungswillen der Gesellschafter und ohne Handelsregistereintrag, wenn zwei oder mehr natürliche Personen durch ihre auf Dauer ausgerichtete Geschäftstätigkeit die Voraussetzungen von Art. 552 Abs. 1 OR erfüllen.

2253 Der Grundbucheintrag einer Kollektiv- oder Kommanditgesellschaft setzt allerdings deren Handelsregistereintrag voraus. Im Einzelnen gilt:

2254 **Anmeldende Person** ist jeder Gesellschafter einzeln.

2255 **Rechtsgrundausweis** ist die Erklärung aller bisherigen Gesellschafter, das Grundstück in der anderen Gesamthandsgemeinschaft zu halten; ist die andere Gesamthandsgemeinschaft eine Gemeinderschaft, so ist der Gemeinderschaftsvertrag in beglaubigter Kopie (oder als beglaubigter Auszug) einzureichen; ist es eine Kollektiv- oder Kommanditgesellschaft, so ist der Handelsregisterauszug einzureichen.

D. Beendigung des Gesamteigentums der einfachen Gesellschaft an einem Grundstück

1. Überblick

2256 Die Gesellschaftsgesamthand an einem Grundstück wird beendet durch

- Übernahme des Grundstücks durch einen einzigen Gesellschafter zu Alleineigentum bei gleichzeitigem Ausscheiden der übrigen;
- Übernahme durch alle oder mehrere Gesellschafter zu Miteigentum bei gleichzeitigem Ausscheiden der übrigen;
- Übernahme durch alle oder mehrere Gesellschafter zu Gesamteigentum in einer anderen Gesamthandsgemeinschaft (z.B. als Gemeinderschaft oder als Kollektivgesellschaft) bei gleichzeitigem Ausscheiden der übrigen;
- Veräusserung des Grundstücks an Dritte.

2257 Wird die bisherige einfache Gesellschaft nicht durch mindestens zwei Gesellschafter fortgesetzt, so findet eine Liquidation der Gesellschaft statt. Ob und wie liquidiert wird, ist für den Grundbucheintrag ohne Belang und braucht dem Grundbuchamt nicht gemeldet zu werden. Grundbuchlich belanglos ist auch, ob die Gesellschaftsgesamthand infolge Liquidation der Gesellschaft endet oder ob sie nur mit Wirkung für ein einzelnes Grundstück endet, während die Gesellschaft im Übrigen fortdauert. Beim Grundbuchamt anzumelden ist lediglich das Ergebnis, soweit es ein Grundstück betrifft und im Grundbuch zum Ausdruck kommt.

2. Übernahme des Grundstücks durch einen einzigen bisherigen Gesellschafter

Die Übernahme des Grundstücks durch einen einzigen Gesellschafter zu Alleineigentum bei gleichzeitigem Ausscheiden der übrigen folgt den Regeln über den Wechsel im Gesellschafterbestand (vgl. N 2229 ff.). Es gilt somit, was folgt: 2258

Anmeldende Person ist jeder bisherige Gesellschafter einzeln (WALTER FELLMANN/KARIN MÜLLER [BK 2006], Art. 542 N 42; BEAT BRÄM [Diss. 1997], 66 f.). 2259

Rechtsgrundausweis ist die Erklärung aller bisherigen Gesellschafter (z.B.: «A, B und C scheiden aus dem Eigentum aus. D übernimmt es als Alleineigentümer»). Die Erklärung wird in einfacher Schriftform abgegeben (BGer 5A.28/2005 vom 13.2.2006 [ZBGR 2006], 381 ff.; BEAT BRÄM [2010], 400; CHRISTIAN BRÜCKNER [ZBGR 2000], 228 f.). 2260

Umfasste die bisherige Gesellschaft auch Unter-Gesamthandschaften, so bewirkt die dargestellte Erklärung auch deren Auflösung bezüglich des betreffenden Grundstücks, im Falle einer Erbengemeinschaft also eine Erbteilung. 2261

Bei der Aufhebung von einfachen Gesellschaften, deren Vermögenswerte im Wesentlichen aus *landwirtschaftlichen Gewerben oder Grundstücken* bestehen, bestehen die Zuweisungsansprüche gemäss Art. 36 ff. BGBB (vgl. hierzu, BENNO STUDER [BGBB 2011], Vorbem. Art. 36–39 N 1 ff.; FELIX SCHÖBI [ZBGR 1993], 155). Sind sich die Gesellschafter über den Bestand des Zuweisungsanspruches gemäss Art. 36 BGBB oder die Höhe des Anrechnungswertes gemäss Art. 37 BGBB nicht einig, so hat das Gericht zu entscheiden. 2262

3. Übernahme des Grundstücks ins Miteigentum aller oder einzelner bisheriger Gesellschafter

Anmeldende Personen sind alle bisherigen Gesellschafter gemeinsam. 2263

2264 **Rechtsgrundausweis** ist die Erklärung sämtlicher Beteiligter in öffentlicher Urkunde, das Gesamthandsverhältnis aufzulösen, wobei die bisherigen Gesellschafter A, B und C das Grundstück zu Miteigentum mit den Quoten X, Y und Z übernehmen (Art. 550 Abs. 1 OR; ROLAND PFÄFFLI [ZBGR 2007], 411).

2265 Sofern nicht sämtliche bisherigen Gesellschafter zu Miteigentümern werden, ist der Rechtsgrund (Kauf, Tausch, Schenkung etc.) für das Ausscheiden der übrigen aus dem Eigentum anzugeben.

2266 **Zum Steuerrecht:** Wenn die bisherigen Gesellschafter das Grundstück mit denselben Quoten zu Miteigentum übernehmen, ist der Vorgang steuerrechtlich eine Handänderung, obwohl sich wirtschaftlich nichts bewegt. Erfolgt die Übernahme von Grundeigentum anlässlich der Liquidation einer einfachen Gesellschaft durch deren Mitglieder im wertmässigen Verhältnis zu ihren bisherigen internen Beteiligungsquoten, so ist diese jedoch in den meisten Kantonen durch ausdrückliche Ausnahmebestimmungen von den Grundstückgewinn- und Handänderungssteuern befreit. Übernimmt ein Mitglied anlässlich der Liquidation mehr oder weniger, als was der internen Quote entspricht, so liegen steuerbare Wertverschiebungen vor, die, sofern sie unentgeltlich stattfinden, Schenkungssteuern auslösen können.

2267 Bezüglich der Grundstückgewinnsteuer ist daran zu denken, dass die Überführung des Grundstücks von der Gesamthandsgemeinschaft ins Miteigentum ihrer Mitglieder steuerrechtlich als Grunderwerb der Miteigentümer betrachtet wird, der die steuerlich relevante Besitzesdauer für jeden Miteigentümer neu von vorn beginnen lässt. Wird das Grundstück später mit Gewinn verkauft, so kann sich die vorgängige Überführung aus der Gesamthand (mit einer längeren Besitzesdauer gemäss Erwerb der Gesamthandsgemeinschaft) in junges Miteigentum als nachteilig erweisen.

4. Umwandlung der einfachen Gesellschaft

2268 Für den Grundbucheintrag der Umwandlung der einfachen Gesellschaft in eine *andere Gesamthandsgemeinschaft* mit den gleichen Teilhabern gilt das in N 2252 ff. Gesagte.

5. Veräusserung des Grundstücks an einen Dritten

2269 Für den Grundbucheintrag der Veräusserung des Gesamthandsgrundstücks an einen Dritten gilt:

2270 **Anmeldende (verfügende) Personen** sind sämtliche Gesellschafter gemeinsam.

Rechtsgrundausweis ist der Vertrag in öffentlicher Urkunde (z.B. Kauf) zwischen der einfachen Gesellschaft und dem oder den Erwerbern. 2271

II. Kollektivgesellschaft

Zum Begriff der Kollektivgesellschaft vgl. N 696 ff. 2272

A. Begründung der Kollektivgesellschaft

Der Vertrag über die Begründung einer Kollektivgesellschaft ist formlos möglich (LUKAS HANDSCHIN/HAN-LIN CHOU [ZK 2009], Art. 552–553 N 91 ff.). Sollen aber mit Abschluss des Vertrags Grundstücke in eine Kollektivgesellschaft eingebracht werden, so ist der Vertrag öffentlich zu beurkunden. Es kann auf das in N 2214 ff. zur einfachen Gesellschaft Gesagte verwiesen werden. 2273

B. Wechsel im Gesellschafterbestand

Der Wechsel im Gesellschafterbestand einer Kollektivgesellschaft erfolgt nach denselben Regeln und mit denselben Rechtsfolgen wie bei der einfachen Gesellschaft (LUKAS HANDSCHIN/HAN-LIN CHOU [ZK 2009], Art. 557 N 15): Mit dem Eintritt oder dem Austritt aus der Gesamthandsgemeinschaft erfolgt gleichzeitig der sachenrechtliche Erwerb oder Verlust der Eigentümerstellung hinsichtlich der Vermögenswerte der Gesamthandsgemeinschaft kraft Akkreszenz und Dekreszenz (vgl. dazu N 243 ff.). Finden sich im Gesellschaftsvermögen Grundstücke, so geht bei einem Gesellschafterwechsel die gesamthänderische Berechtigung an diesen Grundstücken ausserbuchlich auf den neuen Gesellschafter über (ROLAND PFÄFFLI [ZBGR 1991], 328). 2274

Die Ausführungen zum Wechsel im Gesellschafterbestand bei der einfachen Gesellschaft (N 2229 ff.) gelten somit auch bei der Kollektivgesellschaft, allerdings mit folgendem Unterschied: Da bei der Kollektivgesellschaft nicht die einzelnen Gesellschafter, sondern die Gesellschaft mit ihrer Firma (gemäss Handelsregistereintrag) als Grundeigentümerin eingetragen wird, führen Wechsel von Kollektivgesellschaftern zu keiner Grundbuchanmeldung und zu keinen Änderungen des Grundbucheintrags der Kollektivgesellschaft (N 700). Hingegen muss jede Firmaänderung der Kollektivgesellschaft im Grundbuch nachgeführt werden. (Die einfache Gesellschaft hat keine Firma, sodass es dort keine Firmaänderungen gibt.) 2275

2276 Für den Eintrag der Firmaänderung auf den der Kollektivgesellschaft gehörenden Grundstücken gilt:

2277 **Anmeldende Person** ist jeder Kollektivgesellschafter einzeln.

2278 **Rechtsgrundausweis** ist der beglaubigte Handelsregisterauszug.

2279 Der Umstand, dass der Gesellschafterwechsel im Grundbuch nicht nachvollzogen werden muss, ändert nichts daran, dass bei einem Wechsel im Gesellschafterbestand bei der Kollektivgesellschaft dieselben rechtlichen Bestimmungen zum Tragen kommen wie bei der einfachen Gesellschaft. Der Gesellschafterwechsel unterliegt also gegebenenfalls gewissen Verfügungsbeschränkungen (vgl. N 2233) und kann Steuertatbestände in Bezug auf die Handänderungs- und/oder Grundstückgewinnsteuer auslösen. Es ist Sache der Beteiligten, von sich aus um die Einhaltung der gesetzlichen Vorschriften besorgt zu sein.

C. Änderung der Rechtsform der Gesellschaft

2280 Eine Kollektivgesellschaft kann sich durch Änderung des Gesellschaftsvertrags jederzeit in eine Kommanditgesellschaft oder in eine einfache Gesellschaft umwandeln (zur Umwandlung der Kollektivgesellschaft in eine Kapitalgesellschaft oder eine Genossenschaft vgl. N 2354 ff.). Um die Umwandlung in den Grundbucheinträgen der Gesellschaft zum Ausdruck zu bringen, muss vorweg der Handelsregistereintrag geändert werden.

2281 Für den Grundbucheintrag der Kommanditgesellschaft oder einfachen Gesellschaft anstelle der Kollektivgesellschaft gilt:

2282 **Anmeldende Person** ist jeder Gesellschafter einzeln.

2283 **Rechtsgrundausweis** für die Umwandlung in eine Kommanditgesellschaft ist der beglaubigte Handelsregisterauszug; jener für die Umwandlung in eine einfache Gesellschaft ist der beglaubigte Handelsregisterauszug, aus dem die Löschung der Kollektivgesellschaft hervorgeht, sowie die schriftliche, in der Grundbuchanmeldung enthaltene oder separat belegte Erklärung, dass die Unterzeichner das Grundeigentum als einfache Gesellschafter gesamthänderisch weiterführen und dass sie die sämtlichen Gesellschafter der umgewandelten Kollektivgesellschaft waren.

D. Beendigung des Gesamteigentums der Kollektivgesellschaft an einem Grundstück

1. Überblick

Für die Auflösung der Kollektivgesellschaft gelten gemäss Art. 582 OR die Bestimmungen über die Auflösung der einfachen Gesellschaft (Art. 545 OR; N 2256 ff.). 2284

Der grundbuchliche Vollzug unterscheidet sich jedoch von demjenigen bei der einfachen Gesellschaft dadurch, dass die Kollektivgesellschafter dem Grundbuch nicht bekannt sind. Wenn bisherige Gesellschafter Grundeigentum der Kollektivgesellschaft übernehmen, so muss ihre Eigenschaft als bisherige Gesellschafter belegt werden. 2285

Die Gesamthand der Kollektivgesellschaft an einem Grundstück wird beendet durch 2286

– Übernahme des Grundstücks durch einen einzigen Gesellschafter zu Alleineigentum bei gleichzeitigem Ausscheiden der übrigen;
– Übernahme durch alle oder mehrere Gesellschafter zu Miteigentum bei gleichzeitigem Ausscheiden der übrigen;
– Veräusserung des Grundstücks an Dritte.

2. Übernahme des Grundstücks durch einen einzigen bisherigen Gesellschafter

Wird die bisherige Kollektivgesellschaft nicht durch mindestens zwei Gesellschafter fortgesetzt, so findet eine Liquidation der Gesellschaft statt. Ob und wie liquidiert wird, ist für den Grundbucheintrag ohne Belang und braucht dem Grundbuchamt nicht gemeldet zu werden. Grundbuchlich belanglos ist auch, ob die Gesellschaftsgesamthand infolge Liquidation der Gesellschaft endet oder ob sie nur mit Wirkung für ein einzelnes Grundstück endet, während die Gesellschaft im Übrigen fortdauert. Beim Grundbuch anzumelden ist lediglich das Ergebnis, soweit es ein Grundstück betrifft und im Grundbuch zum Ausdruck kommt. 2287

Anmeldende Person ist jeder bisherige Kollektivgesellschafter einzeln (WALTER FELLMANN/KARIN MÜLLER [BK 2006], Art. 542 N 42; BEAT BRÄM [Diss. 1997], 66 f.). 2288

2289 **Rechtsgrundausweis** ist die Erklärung aller bisherigen Kollektivgesellschafter (z.B.: «A, B, C und D sind die sämtlichen Mitglieder der aufgelösten Kollektivgesellschaft X. A, B und C scheiden aus dem Eigentum aus. D übernimmt es als Alleineigentümer»). Die Erklärung wird in einfacher Schriftform abgegeben (BGer 5A.28/2005 vom 13.2.2006 [ZBGR 2006], 381 ff.; BEAT BRÄM [2010], 400; CHRISTIAN BRÜCKNER [ZBGR 2000], 228 f.).

2290 Eine erleichterte Vorgehensweise ist möglich bei der Beendigung der Kollektivgesellschaft unter Fortsetzung ihres Geschäfts durch einen einzigen bisherigen Gesellschafter gemäss Art. 579 OR.

2291 In diesem Fall werden die Beendigung der Gesellschaft und die Fortsetzung ihres Geschäftes durch einen einzelnen Gesellschafter gegenüber dem Grundbuch nachgewiesen durch den Handelsregisterauszug der Löschung der Gesellschaft und des Eintrags des Übernehmers als Einzelunternehmen. Aus diesen Belegen geht hervor, dass die Kollektivgesellschaft infolge Ausscheidens der übrigen Gesellschafter aufgelöst und die Firma erloschen ist sowie dass der verbleibende Gesellschafter das Geschäft im Sinne von Art. 579 OR als Einzelkaufmann fortsetzt.

2292 Im Grundbuch wird statt der Kollektivgesellschaft der Übernehmer als Eigentümer eingetragen. Dabei gilt:

2293 **Anmeldende Person** ist der Übernehmer.

2294 **Rechtsgrundausweis** ist der Antrag des verbleibenden Einzelunternehmers in einfacher Schriftform (Grundbuchanmeldung) unter Beilage eines beglaubigten Handelsregisterauszuges, aus dem seine Inhaberstellung in Bezug auf das Einzelunternehmen ersichtlich ist. Im Grundbuch eingetragen wird nicht das Einzelunternehmen, sondern der Inhaber des Einzelunternehmens (N 625).

2295 Wie bei der einfachen Gesellschaft erlischt mit dem Ausscheiden die dingliche Berechtigung der ausgeschiedenen Gesellschafter am Gesellschaftsvermögen. Besondere Vereinbarungen zur Übernahme des Vermögens der Kollektivgesellschaft durch das Einzelunternehmen sind auch dann nicht notwendig, wenn sich im Gesellschaftsvermögen Rechte an Grundstücken befinden (LUKAS HANDSCHIN/HAN-LIN CHOU [ZK 2009], Art. 559 N 25; ARTHUR MEIER-HAYOZ/PETER FORSTMOSER [2011], § 13 N 87). Die ausgeschiedenen Gesellschafter erhalten eine rein obligatorische Forderung gegenüber dem verbleibenden Gesellschafter auf Bezahlung einer Abfindungssumme (LUKAS HANDSCHIN/HAN-LIN CHOU [ZK 2009], Art. 559 N 20).

Es kann im Übrigen auf das in N 2258 ff. bzw. N 2229 ff. zur einfachen Gesellschaft Gesagte verwiesen werden. 2296

3. Übernahme des Grundstücks ins Miteigentum aller oder einzelner bisheriger Gesellschafter

Für den Grundbucheintrag der Übernahme ins Miteigentum aller oder einzelner bisheriger Gesellschafter gilt: 2297

Anmeldende (verfügende) Personen sind Zeichnungsberechtigte der Kollektivgesellschaft. 2298

Rechtsgrundausweis ist der Vertrag zwischen der Kollektivgesellschaft und den Übernehmern, wonach das Gesamteigentum der Kollektivgesellschaft am Grundstück beendet wird und die bisherigen Gesellschafter A, B und C das Grundstück zu Miteigentum mit den Quoten X, Y und Z übernehmen. 2299

Sofern nicht sämtliche bisherigen Gesellschafter zu Miteigentümern werden, ist der Rechtsgrund (Kauf, Tausch, Schenkung etc.) für das Ausscheiden der übrigen aus dem Eigentum anzugeben. Die Namen der Ausscheidenden müssen nicht genannt werden. 2300

4. Umwandlung der Kollektivgesellschaft

Für den Grundbucheintrag der Umwandlung der Kollektivgesellschaft in eine einfache Gesellschaft oder in eine andere Gesamthandsgemeinschaft mit den gleichen Teilhabern gilt das in N 2252 ff. Gesagte. 2301

5. Veräusserung des Grundstücks an einen Dritten

Für den Grundbucheintrag der Veräusserung des Gesamthandsgrundstücks an einen Dritten gilt: 2302

Anmeldende (verfügende) Personen sind Zeichnungsberechtigte der Kollektivgesellschaft. 2303

Rechtsgrundausweis ist der Vertrag in öffentlicher Urkunde (z.B. Kauf) zwischen der Kollektivgesellschaft und dem oder den Erwerbern. 2304

III. Kommanditgesellschaft

Bei der Kommanditgesellschaft (vgl. dazu vorn, N 704 ff.) sind auch die Kommanditäre als Gesamthänder am Gesellschaftsvermögen beteiligt und in dieser Eigenschaft in der Lage, Grundeigentum der Gesellschaft durch Anwachsung 2305

(Akkreszenz; vgl. N 243 ff.) zu übernehmen (ROLAND PFÄFFLI [ZBGR 1991], 330). Im Verhältnis unter den Gesellschaftern (Art. 598 Abs. 2 OR) sowie in Bezug auf die Auflösung und Liquidation (Art. 619 Abs. 1 OR) verweisen die Bestimmungen zur Kommanditgesellschaft auf jene zur Kollektivgesellschaft. In Bezug auf die Begründung, den Wechsel im Gesellschafterbestand und die Auflösung kann somit insgesamt auf das zur Kollektivgesellschaft Gesagte (N 2273 ff.) verwiesen werden.

§ 64 Vorgänge bei der Gemeinderschaft

2306 Zum Begriff der Gemeinderschaft vgl. N 678 ff.

I. Begründung der Gemeinderschaft

2307 Mit der Begründung der Gemeinderschaft wird eine familienrechtliche Gesellschaft begründet, auf welche die Bestimmungen der einfachen Gesellschaft Anwendung finden, soweit das Gesetz nicht eine abweichende Regelung vorsieht (AUGUST EGGER [ZK 1943], Art. 337 N 1). Übernimmt die Gemeinderschaft anlässlich ihrer Begründung Rechte an Grundstücken von einem Gemeinder, so kann dies durch einen Kauf, eine Schenkung oder Einbringung (Illation; vgl. dazu vorn, N 2220 ff.) erfolgen.

2308 **Anmeldende (verfügende) Person** ist die Veräusserin.

2309 **Rechtsgrundausweis** ist der Gemeinderschaftsvertrag in öffentlicher Urkunde (Art. 337 ZGB). Ist die Einbringung nicht im Gemeinderschaftsvertrag belegt, so muss ein separater Einbringungsvertrag in öffentlicher Urkunde eingereicht werden.

2310 Die Belegung im Gemeinderschaftsvertrag kann z.B. so erfolgen, dass Verwandte vereinbaren, eine gemeinsame Erbschaft insgesamt oder teilweise als Gemeinderschaft weiterzuführen, oder dass sie ein ihnen gehörendes Vermögen zur Gemeinderschaft zusammenlegen (Art. 337 ZGB). Auch wenn das zusammengelegte Vermögen aus einer Erbschaft stammt und die Überführung in die Gemeinderschaft den Charakter einer Erbteilung hat, ist öffentliche Beurkundung erforderlich. Art. 337 ZGB geht in diesem Falle Art. 634 Abs. 2 ZGB vor.

II. Wechsel im Gemeinderbestand

Das Ausscheiden und der Eintritt von Gemeindern folgt im Wesentlichen den Bestimmungen über den Wechsel von Gesellschaftern bei der einfachen Gesellschaft (N 2229 ff.). Eine Besonderheit ergibt sich jedoch aufgrund der Regelung in Art. 345 Abs. 1 ZGB: Stirbt ein Gemeinder, so können die Erben, die nicht bereits Gemeinder sind, nur die Abfindung beanspruchen. Dies bedeutet, dass die Gemeinderschaft grundsätzlich ohne die Erben fortgeführt wird. Einzig erbberechtigte Nachkommen eines verstorbenen Gemeinders können mit Zustimmung der übrigen Gemeinder an Stelle des Verstorbenen in die Gemeinderschaft eintreten (Art. 345 Abs. 2 ZGB). Vorbehalten bleibt eine andere Regelung im Gemeinderschaftsvertrag. 2311

Für den wohl häufigsten Wechsel, nämlich den Tod eines Gemeinders, gilt im Falle seiner ersatzlosen Löschung infolge einer vertraglichen Erbenausschlussklausel oder infolge des Fehlens aufnahmeberechtigter Erben des Verstorbenen: 2312

Anmeldende Person ist jeder bisherige Gemeinder einzeln. 2313

Rechtsgrundausweis ist die Bescheinigung des Todes des verstorbenen Gesellschafters, gegebenenfalls ergänzt durch die Bescheinigung, dass keine aufnahmeberechtigten Erben vorhanden sind. 2314

Treten aufnahmeberechtigte Erben anstelle des Verstorbenen der Gemeinderschaft bei oder verzichten alle aufnahmeberechtigten Erben auf den Beitritt, so ist zusätzlich zur Erbenbescheinigung (N 2117 ff.), die alle Erben des Verstorbenen angibt, auch die Erklärung aller aufnahmeberechtigten Erben erforderlich, wonach einzelne oder keiner von ihnen der Gemeinderschaft beitritt. 2315

Die Anpassung des Gemeinderschaftsvertrags an die veränderten personellen Verhältnisse ist nicht erforderlich. Dem Grundbuchamt muss kein nachgeführter Gemeinderschaftsvertrag eingereicht werden. 2316

III. Auflösung der Gemeinderschaft

Bei Auflösung der Gemeinderschaft erfolgen die Grundbucheinträge auf den Grundstücken der bisherigen Gemeinderschaft nach den Regeln für die einfache Gesellschaft (AUGUST EGGER [ZK 1943], Art. 346 N 2 f.; vgl. ferner vorn, N 2256 ff.) 2317

§ 65 Umstrukturierungen nach Fusionsgesetz

I. Allgemeines und Begriffliches

2318 Das Bundesgesetz über Fusion, Spaltung, Umwandlung und Vermögensübertragung vom 3.10.2003 (Fusionsgesetz, FusG) regelt die Anpassung der rechtlichen Strukturen von Rechtseinheiten. Das Fusionsgesetz erfasst nicht nur juristische Personen, sondern auch Kollektiv- und Kommanditgesellschaften sowie Einzelunternehmen. Alle diese Rechtseinheiten werden unter dem Begriff «Rechtsträger» zusammengefasst Art. 2 lit. a FusG).

2319 Das Fusionsgesetz regelt im Wesentlichen die folgenden vier Tatbestände:

a) Fusion, d.h. die Vereinigung von zwei oder mehr Rechtsträgern (Art. 3 ff. FusG);
b) Spaltung, d.h. die Übertragung von Vermögensteilen eines Rechtsträgers auf einen bestehenden oder einen neuen Rechtsträger (Art. 29 ff. FusG);
c) Umwandlung, d.h. die Änderung der Rechtsform eines Rechtsträgers (Art. 53 ff. FusG) und
d) Vermögensübertragung, d.h. die Übertragung von beliebig vielen Rechten und Pflichten in einem einzigen Rechtsgeschäft, wobei die übertragenen Aktiven und Passiven in einem detaillierten Inventar angegeben werden (Art. 69 ff. FusG).

2320 Bei *Fusionen* erfolgt das Geschehen auf zwei Ebenen. Auf der einen Ebene werden Vermögenskomplexe (Aktiven und Passiven) zwischen den Rechtsträgern übertragen. Auf der andern Ebene erhalten die Inhaber der beteiligten Rechtsträger – Aktionäre, Vereinsmitglieder, Genossenschafter etc. – Kompensationen, z.B. in der Form von neuen Aktien der übernehmenden Aktiengesellschaft. Die Fusion folgt einem Ablauf in drei Schritten, nämlich (1.) ein Vertragsschluss zwischen den Exekutivorganen der beteiligten Rechtsträger, (2.) Genehmigungsbeschlüsse der Mitgliederversammlungen der beteiligten Rechtsträger und (3.) der Handelsregistereintrag des vollzogenen Geschäfts. Die Genehmigungsbeschlüsse können auch Kapitalerhöhungen und -herabsetzungen umfassen, wenn die Inhaber des einen und andern Rechtsträgers neue Aktien erhalten oder Aktien abgeben müssen. Die Fusion (Art. 3 ff. FusG) kann entweder dadurch erfolgen, dass eine Gesellschaft sich auflöst, indem sie auf eine andere Gesellschaft übergeht *(Absorptionsfusion)* oder dass sich mehrere bestehende Gesellschaften auflösen und deren Vermögen auf eine neu zu gründende Gesellschaft übergehen *(Kombinationsfusion)*.

Bei *Spaltungen* sind zwei Alternativen möglich. Überträgt ein Rechtsträger einen Vermögensteil auf einen bereits bestehenden Rechtsträger, so ergehen Spaltungsvertrag, Genehmigungsbeschlüsse und Handelsregistereinträge nach dem bei der Fusion beschriebenen Muster. Geht das Vermögen an einen neuen Rechtsträger, an dem die Inhaber des bisherigen Rechtsträgers beteiligt werden, so wird der neue Rechtsträger vom bisherigen Rechtsträger gegründet, ein Spaltungsplan erstellt und von den Mitgliedern des bisherigen Rechtsträgers genehmigt. Das Vermögen wird in den neuen Rechtsträger eingebracht. Im Gegenzug erhalten die Inhaber des bisherigen Rechtsträgers Beteiligungsrechte am neuen. Mit den Handelsregistereinträgen wird die Spaltung rechtswirksam. – Wird das gesamte Vermögen eines Rechtsträgers auf andere Rechtsträger aufgeteilt, so heisst der Vorgang *Aufspaltung*. Wird bloss ein Teil des Vermögens auf andere Rechtsträger übertragen, wobei der übertragende Rechtsträger weiterbesteht, so heisst der Vorgang *Abspaltung*. 2321

Bei der *Umwandlung* gründet der bisherige Rechtsträger einen neuen in der gewünschten Form. Der Umwandlungsplan legt fest, wie die Inhaber des bisherigen Rechtsträgers am neuen Rechtsträger beteiligt sein werden. Die Mitgliederversammlung des bisherigen Rechtsträgers beschliesst die Umwandlung und genehmigt den Umwandlungsbeschluss, womit die Inhaber des bisherigen zu Inhabern des neuen Rechtsträgers werden. Der Rechtsträger behält seine Identität, d.h., es findet kein Übergang von Rechten und Pflichten vom einen auf einen andern Rechtsträger statt. Die Handelsregistereinträge – Aufhebung des alten und Eintragung des neuen Rechtsträgers – machen den Vorgang rechtswirksam. 2322

Bei der *Vermögensübertragung* genügt ein Vertrag zwischen den beteiligten Rechtsträgern. Die Mitgliederversammlungen der beteiligten Rechtsträger sind zu informieren, fassen aber keine Beschlüsse, sofern keine Kapitalerhöhungen oder -herabsetzungen stattfinden. Wiederum machen die Handelsregistereinträge bei den beteiligten Rechtsträgern den Vorgang rechtswirksam. 2323

Für Fusionsvertrag, Spaltungsvertrag, Spaltungsplan und Umwandlungsplan genügt einfache Schriftform. Der Vermögensübertragungsvertrag bedarf der öffentlichen Beurkundung, wenn das zu übertragende Vermögen Rechte an Grundstücken enthält; damit wird Art. 657 Abs. 1 ZGB Rechnung getragen. 2324

Die von den Mitgliederversammlungen zu fassenden Beschlüsse bedürfen der öffentlichen Beurkundung (ausser bei der Umwandlung von Personengesellschaften in andere Personengesellschaften, die in einfacher Schriftform gegründet und geändert werden können). 2325

2326 Gemeinsam für die vier fusionsgesetzlichen Tatbestände ist, dass der Übergang der betroffenen Aktiven und Passiven mit dem Eintrag im Handelsregister erfolgt (Art. 22, 52, 67 und 73 FusG). Dies gilt auch für die betroffenen Rechte an Grundstücken. Der anschliessende Grundbucheintrag hat nur deklaratorische Wirkung (THOMAS STOLTZ/FELIX R. EHRAT/MARKUS WIDMER [BSK 2015], Art. 104 N 1; CHRISTINA SCHMID-TSCHIRREN [ZBGR 2004], 235 f.). Es liegt ein Anwendungsfall von Art. 656 Abs. 2 ZGB vor (vgl. dazu ausführlich N 165 ff.).

2327 *Grundbuchanmeldungen,* die sich aus fusionsgesetzlichen Vorgängen ergeben, sind binnen der Fristen von Art. 104 Abs. 1 FusG zu tätigen (drei Monate oder früher). Auch verspätete Anmeldungen müssen von den Grundbuchämtern entgegengenommen werden (HANS-UELI VOGT [ZBGR 2004], 168). Entsteht wegen der Säumnis Schaden, so werden die Verantwortlichen eventuell haftbar.

2328 Anzumelden sind nicht nur die Änderungen hinsichtlich der Eigentumsrechte, sondern auch in Bezug auf Personaldienstbarkeiten, Grundpfandrechte etc. (THOMAS STOLTZ/FELIX R. EHRAT/MARKUS WIDMER [BSK 2015], Art. 104 N 10). Nötigenfalls sind die entsprechenden weiteren Unterlagen (z.B. Grundpfandtitel) zum Nachtrag einzureichen.

2329 Im Einzelnen gilt:

II. Übergang von Rechten an Grundstücken bei der Fusion
A. Überblick

2330 Für Form und Inhalt der Rechtgrundausweise sowie die Fristen zur Anmeldung des Rechtsübergangs von Rechten an Grundstücken nach erfolgter Fusion ist massgebend, ob der übernehmende Rechtsträger im Handelsregister eingetragen ist oder nicht. Im Einzelnen gilt:

B. Fusion von im Handelsregister eingetragenen Rechtsträgern

2331 **Anmeldende Person** ist der übernehmende Rechtsträger (Art. 104 Abs. 1 FusG).

2332 **Rechtsgrundausweis** ist der Antrag des übernehmenden Rechtsträgers in einfacher Schriftform (Grundbuchanmeldung) unter Beilage eines beglaubigten Handelsregisterauszugs des übernehmenden Rechtsträgers (Art. 66 Abs. 1 lit. a GBV). Da die betroffenen Grundstücke weder im Fusionsvertrag noch in den

Genehmigungsbeschlüssen einzeln erwähnt zu sein brauchen, werden diese Akte dem Grundbuch nicht eingereicht. Stattdessen sind gegenüber jedem betroffenen Grundbuchamt in der Grundbuchanmeldung jene Grundstücke und Rechte einzeln anzugeben, für die die Fusion einzutragen ist (N 2327 f.; ferner THOMAS STOLTZ/FELIX R. EHRAT/MARKUS WIDMER [BSK 2015], Art. 104 N 11; BJ [Erläuterungen 2009], Art. 18a Abs. 1 lit. a).

Soweit das Grundbuchamt für Zwecke der *Gebührenfestsetzung* und der Staat zum Zwecke der Steuererhebung auf die Annahme von Geldwerten angewiesen ist, kann auf die Angaben der Anmeldenden abgestellt oder eine objektive Bewertung nach verwaltungsrechtlichen Kriterien vorgenommen werden. 2333

Für die materielle Prüfung der angemeldeten Fusion ist ausschliesslich das *Handelsregisteramt* zuständig. Dem Grundbuchamt steht keine weitere Prüfungsbefugnis zu. So ist dem Grundbuchamt insbesondere kein separater Nachweis zu erbringen, dass die Vorschriften der *Lex Koller* (N 2652 ff.) eingehalten sind (RK TI vom 26.11.2012 [BN 2013], 177 f.) oder dass eine Übertragungsbewilligung vorliegt für ein Grundstück, auf dem sich ein im Kataster eingetragener *belasteter Standort* befindet (N 2724 ff.). 2334

C. Fusion von nicht im Handelsregister eingetragenen Rechtsträgern

Vereine, die nicht wirtschaftliche Zwecke verfolgen, sowie die kirchlichen Stiftungen und die Familienstiftungen (N 730 f.) erlangen ihre Persönlichkeit auch ohne Eintragung in das Handelsregister (Art. 52 Abs. 2 ZGB). Das Fusionsgesetz erlaubt Vereinen, mit andern Vereinen (Art. 4 Abs. 4 FusG), und Stiftungen, mit anderen Stiftungen (Art. 78 Abs. 1 FusG) zu fusionieren, auch wenn sie nicht im Handelsregister eingetragen sind. In diesen Fällen ist die Rechtswirksamkeit der Fusion nicht aus dem Handelsregister ersichtlich. 2335

Anmeldende Person ist der übernehmende Rechtsträger (Art. 104 Abs. 1 FusG). 2336

Rechtsgrundausweis ist die öffentliche Feststellungsurkunde im Sinne von Art. 66 Abs. 1 lit. b GBV über die Tatsache, dass das Eigentum an Grundstücken auf den übernehmenden Rechtsträger übergegangen ist. In der Urkunde sind die betroffenen Grundstücke und Rechte einzeln aufzuführen (N 2327 f.; ferner THOMAS STOLTZ/FELIX R. EHRAT/MARKUS WIDMER [BSK 2015], Art. 104 N 11; BJ [Erläuterungen 2009], Art. 18a Abs. 1 lit. b). Sofern der eine Rechts- 2337 träger vor der Fusion im Handelsregister eingetragen war, ist dessen beglaubigter Handelsregisterauszug ebenfalls einzureichen.

2338   Zur Ausfertigung der Feststellungsurkunde im Sinne von Art. 66 Abs. 1 lit. b GBV ist *jede in der Schweiz tätige Urkundsperson* örtlich zuständig.

2339   Die Urkundsperson hat die Feststellungsurkunde aufgrund des schriftlichen Fusionsvertrags und der schriftlich protokollierten Fusionsbeschlüsse der beteiligten Rechtsträger zu erstellen. Diese Belege sind in der Urkunde zu nennen (THOMAS WEIBEL/CONRADIN CRAMER [ZK 2012], Art. 104 N 19; JGK BE 21.9.2012 [BN 2013], 1 ff., E 4.3.3 in fine).

2340   Soweit das Grundbuchamt für Zwecke der *Gebührenfestsetzung* und der Staat zum Zwecke der Steuererhebung auf die Annahme von Geldwerten angewiesen ist, kann auf die Angaben der Anmeldenden abgestellt oder eine objektive Bewertung nach verwaltungsrechtlichen Kriterien vorgenommen werden.

2341   Wurde die Fusion von keinem Handelsregisteramt materiell geprüft, so ist dem Grundbuchamt der Nachweis zu erbringen, dass die Vorschriften der *Lex Koller* eingehalten sind (N 2652 ff.).

III. Übergang von Rechten an Grundstücken bei der Spaltung

A. Aufspaltung

2342   **Anmeldende Person** ist der übernehmende Rechtsträger (Art. 104 Abs. 1 FusG).

2343   **Rechtsgrundausweis** ist der Antrag des übernehmenden Rechtsträgers in einfacher Schriftform (Grundbuchanmeldung) unter Beilage eines beglaubigten Handelsregisterauszugs des übernehmenden Rechtsträgers und eines beglaubigten Auszugs aus dem im Spaltungsvertrag oder Spaltungsplan enthaltenen Inventar (Art. 66 Abs. 1 lit. c GBV). Im Inventar müssen sämtliche Grundstücke und Rechte einzeln und mit eindeutiger Bezeichnung aufgeführt sein (Art. 37 lit. b FusG).

2344   Soweit das Grundbuchamt für Zwecke der *Gebührenfestsetzung* und der Staat zum Zwecke der Steuererhebung auf die Annahme von Geldwerten angewiesen ist, kann auf die Angaben der Anmeldenden abgestellt oder eine objektive Bewertung nach verwaltungsrechtlichen Kriterien vorgenommen werden.

Für die materielle Prüfung der angemeldeten Aufspaltung ist ausschliesslich das Handelsregisteramt zuständig. Dem Grundbuchamt steht keine weitere Prüfungsbefugnis zu. So ist dem Grundbuchamt insbesondere kein separater Nachweis zu erbringen, dass die Vorschriften der *Lex Koller* (N 2652 ff.) eingehalten sind oder dass eine Übertragungsbewilligung vorliegt für ein Grundstück, auf dem sich ein im Kataster eingetragener *belasteter Standort* befindet (N 2724 ff.). 2345

B. Abspaltung

Anmeldende Person ist der übernehmende Rechtsträger (Art. 104 Abs. 1 FusG). 2346

Rechtsgrundausweis ist der Antrag des übernehmenden Rechtsträgers in einfacher Schriftform (Grundbuchanmeldung) unter Beilage eines beglaubigten Handelsregisterauszugs des übernehmenden Rechtsträgers sowie einer öffentlichen Urkunde im Sinne von Art. 66 Abs. 1 lit. d GBV über die Tatsache, dass das Eigentum an Grundstücken auf den übernehmenden Rechtsträger übergegangen ist. 2347

Zur Ausfertigung der Feststellungsurkunde im Sinne von Art. 66 Abs. 1 lit. d GBV ist jede in der Schweiz tätige Urkundsperson örtlich zuständig. 2348

Bei der Abspaltung (wie auch bei der Aufspaltung und der Vermögensübertragung) handelt es sich um eine partielle Universalsukzession (THOMAS STOLTZ/ FELIX R. EHRAT/MARKUS WIDMER [BSK 2015], Art. 104 N 1; CHRISTINA SCHMID-TSCHIRREN [ZBGR 2004], 229). Im Rahmen einer solchen Universalsukzession lassen sich auch Rechte an Grundstücken übertragen, die sonst nicht oder nur mit Zustimmung eines Dritten übertragbar sind. So lassen sich im Rahmen einer Abspaltung etwa Personaldienstbarkeiten oder interne Gesamthandsanteile an einer einfachen Gesellschaft von einem Rechtsträger auf einen anderen übertragen. Wurde die Abspaltung im Handelsregister eingetragen, so ist es dem Grundbuchamt auch in diesen Fällen nicht gestattet, die Übertragung der Rechte im Grundbuch von der Zustimmung Dritter abhängig zu machen (vgl. ROLAND PFÄFFLI [ZBGR 2007], 417). 2349

Eine Feststellungsurkunde ist auch dann notwendig, wenn beschränkte dingliche Rechte an Grundstücken (z.B. Dienstbarkeitsrechte, Grundpfandrechte) übertragen werden. Ein beglaubigter Auszug aus dem Spaltungsinventar mit der Zuordnung der dinglichen Rechte an Grundstücken kann die Feststellungsurkunde nicht ersetzen (a.M. ALAIN FRIEDRICH [AJP 2013], 558). 2350

2351 Soweit das Grundbuchamt für Zwecke der *Gebührenfestsetzung* und der Staat zum Zwecke der Steuererhebung auf die Annahme von Geldwerten angewiesen ist, kann auf die Angaben der Anmeldenden abgestellt oder eine objektive Bewertung nach verwaltungsrechtlichen Kriterien vorgenommen werden.

2352 Für die materielle Prüfung der angemeldeten Abspaltung ist ausschliesslich das Handelsregisteramt zuständig. Dem Grundbuchamt steht keine weitere Prüfungsbefugnis zu. So ist dem Grundbuchamt insbesondere kein separater Nachweis zu erbringen, dass die Vorschriften der *Lex Koller* (N 2652 ff.) eingehalten sind (RK TI vom 26.11.2012 [BN 2013], 177 f.) oder dass eine Übertragungsbewilligung vorliegt für ein Grundstück, auf dem sich ein im Kataster eingetragener *belasteter Standort* befindet (N 2724 ff.).

IV. Änderung der Rechtsform eines Rechtsträgers (Umwandlung)

2353 Bei der Umwandlung (Art. 53 ff. FusG) ändert ein Rechtsträger seine Rechtsform. Der Rechtsträger behält in der neuen Rechtsform seine Identität. Der Vorgang ist kein Übergang von Rechten vom alten auf den neuen Rechtsträger. Der Umwandlungsplan bedarf der einfachen Schriftform, auch wenn sich im Vermögen des umzuwandelnden Rechtsträgers Grundstücke befinden.

2354 **Anmeldende Person** ist der Rechtsträger in seiner neuen Rechtsform (Art. 104 Abs. 1 FusG).

2355 **Rechtsgrundausweis** ist der Antrag in einfacher Schriftform (Grundbuchanmeldung) unter Beilage eines beglaubigten Handelsregisterauszugs (Art. 66 Abs. 2 GBV).

V. Übergang von Rechten an Grundstücken bei der Vermögensübertragung

2356 Mit der Vermögensübertragung (Art. 69 ff. FusG) können im Handelsregister eingetragene Rechtsträger ihr Vermögen oder Teile davon mit Aktiven und Passiven auf andere Rechtsträger des Privatrechts übertragen. Der Vermögensübertragungsvertrag bedarf der einfachen Schriftform. Gehen Grundstücke über, so bedürfen die entsprechenden Teile des Vermögensübertragungsvertrags der öffentlichen Beurkundung.

2357 **Anmeldende Person** ist der die Grundstücke übernehmende Rechtsträger (Art. 104 Abs. 1 FusG).

Rechtsgrundausweis ist der Vermögensübertragungsvertrag in öffentlicher Urkunde (als beglaubigte Kopie oder als beglaubigter Auszug) sowie ein beglaubigter Handelsregisterauszug des die Grundstücke übertragenden, d.h. verfügenden, Rechtsträgers (Art. 70 Abs. 2 und Art. 71 Abs. 1 lit. b FusG; Art. 66 Abs. 1 lit. e GBV). Wird ein Auszug eingereicht, so genügt es, wenn dieser die Parteien und das Datum des vollständigen Vertrags sowie alle für das Grundbuch wesentlichen Angaben über die betroffenen Rechte an Grundstücken enthält. Andere zwischen den Parteien erbrachten Leistungen sind nicht anzugeben, auch nicht, wenn sie Gegenleistungen für die übertragenen Grundstücke sind. 2358

Zur Beurkundung von Vermögensübertragungsverträgen ist jede *Urkundsperson am Sitz des übertragenden Rechtsträgers* örtlich zuständig, und zwar auch dann, wenn die Vermögensübertragung Grundstücke in mehreren Kantonen umfasst (Art. 70 Abs. 2 FusG). 2359

Nach einem Teil der Lehre erfasst die Vermögensübertragung notwendigerweise eine Mehrzahl von Rechten und eventuell Pflichten (PIERA BERETTA [ZK 2012], Vor Art. 69–77 N 27, m.w.H.). Ob mit der fusionsgesetzlichen Vermögensübertragung auch bloss ein einzelnes Grundstück übertragen werden kann, wie dies von einem andern Teil der Lehre angenommen wird (THOMAS AEBERSOLD [BN 2004], 152, mit Verweis auf die Botschaft zum Fusionsgesetz über Fusion, Spaltung, Umwandlung und Vermögensübertragung vom 13.6.2000, in BBl 2000, 4462), kann an dieser Stelle offenbleiben, da an einem solchen Vorgehen kaum Interesse besteht, müssen doch bei der Vermögensübertragung zwei Ämter (Handelsregister und Grundbuch) angegangen werden, bei einem Kaufvertrag nur das Grundbuch. Öffentliche Beurkundung ist in beiden Fällen erforderlich. Weitgehende Einigkeit besteht in der Lehre darüber, dass das Fusionsgesetz keine Einschränkung enthält, wonach nur ganze Betriebe, Betriebsteile oder Geschäftsbereiche Gegenstand einer Vermögensübertragung sein können (PIERA BERETTA [ZK 2012], Vor Art. 69–77 N 23 ff.). 2360

Bei der Übertragung von Grundstücken aufgrund einer Vermögensübertragung erfolgt der Rechtsübergang mit Eintragung der Vermögensübertragung in das Handelsregister, d.h. im Zeitpunkt der Einschreibung der Anmeldung in das Tagesregister (Art. 932 Abs. 1 OR, Art. 8 HRegV), die nach der Prüfung durch das kantonale Handelsregister und unter dem Vorbehalt der Genehmigung durch das Eidgenössische Handelsregisteramt erfolgt (Art. 32 Abs. 1 HRegV). Die anschliessende Anmeldung beim Grundbuch hat bloss deklaratorische Wirkung (N 2326). 2361

2362 Für die materielle Prüfung der angemeldeten Vermögensübertragung ist ausschliesslich das *Handelsregisteramt* zuständig. Dem Grundbuchamt steht keine weitere Prüfungsbefugnis zu (JGK BE vom 5.12.2005 [BN 2006], 220 ff., E. 5). So ist dem Grundbuchamt insbesondere kein separater Nachweis zu erbringen, dass die Vorschriften der *Lex Koller* (N 2652 ff.) eingehalten sind (RK TI vom 26.11.2012 [BN 2013], 177 f.) oder dass eine Übertragungsbewilligung vorliegt für ein Grundstück, auf dem sich ein im Kataster eingetragener *belasteter Standort* befindet (N 2724 ff.).

2363 Soweit das Grundbuchamt zum Zwecke der *Gebührenfestsetzung* und der Staat zum Zwecke der Steuererhebung auf die Annahme von Geldwerten angewiesen sind, kann auf die Angaben der Anmeldenden abgestellt oder eine objektive Bewertung nach verwaltungsrechtlichen Kriterien vorgenommen werden.

2364 Bei der Vermögensübertragung (wie auch bei der Aufspaltung und der Abspaltung) handelt es sich um eine partielle Universalsukzession (PIERA BERETTA [ZK 2012], Vor Art. 69–77 N 5; THOMAS STOLTZ/FELIX R. EHRAT/MARKUS WIDMER [BSK 2015], Art. 104 N 1; CHRISTINA SCHMID-TSCHIRREN [ZBGR 2004], 235). Demgemäss gilt das in N 2349 Gesagte.

2365 Nach der Bestimmung in Art. 75 Abs. 1 FusG besteht für die vor der Vermögensübertragung begründeten Schulden während dreier Jahre eine solidarische Haftung des bisherigen Schuldners mit dem neuen Schuldner. Die auf den übertragenen Grundstücken lastenden Grundpfandschulden werden also nach drei Jahren ohne Weiteres zu ausschliesslichen Schulden der Vermögensübernehmerin, auch ohne dass der Grundpfandgläubiger die bisherige Schuldnerin aus der Schuldpflicht entlässt.

2366 Die Vermögensübertragung stellt eine partielle Universalsukzession dar. Demzufolge stellt sie keinen Vorkaufsfall im Sinne von Art. 216c OR und Art. 681 Abs. 1 ZGB dar (vgl. N 2415 ff.).

§ 66 Vorgänge bei Trusts

I. Allgemeines und Begriffliches

2367 Der Trust ist ein Sondervermögen im Eigentum eines Treuhänders *(Trustee)*, das diesem vom Errichter des Trusts *(Settlor)* durch lebzeitigen Vertrag oder durch Verfügung von Todes wegen mit der Pflicht übertragen wird, es nach bestimmten Vorgaben zu verwalten und zu gegebener Zeit an einen oder mehrere Begünstigte *(Beneficiaries)* auszurichten (vgl. N 1064 ff.; ferner NEDIM PETER VOGT [BSK 2007], Vor 149a-e N 18 ff.). Das Trustvermögen kann aus Geld oder beliebigen andern geldwerten Rechten bestehen, z.B. aus dinglichen und beschränkten dinglichen Rechten an Grundstücken.

Die Schweiz kennt kein eigenes Trustrecht, hat sich aber im Rahmen des Haager Übereinkommens vom 1.7.1985 über das auf Trusts anzuwendende Recht und über ihre Anerkennung (HTÜ; SR 0.221.371) verpflichtet, den Trust anzuerkennen, dies insbesondere mit der Wirkung, dass das Vermögen des Trusts ein vom persönlichen Vermögen des Trustees getrenntes Sondervermögen darstellt und dass dem Trustee eine relativ umfassende Prozess- und Parteifähigkeit zuerkannt wird (vgl. Art. 11 HTÜ). Das HTÜ ist für die Schweiz am 1.7.2007 in Kraft getreten. Gleichzeitig wurde ein Kapitel 9a über die Trusts (Art. 149a bis 149e) in das Bundesgesetz vom 18.12.1987 über das Internationale Privatrecht (IPRG; SR 291) eingefügt. 2368

Die *steuerrechtliche Behandlung* richtet sich nach dem Kreisschreiben Nr. 20 der Eidgenössischen Steuerverwaltung vom 27.3.2008 über die Besteuerung von Trusts, wonach die Übertragung des Trustvermögens auf den Trustee keine Schenkung an diesen darstellt, weil der Trustee nicht bereichert wird. Vielmehr werden das Trustvermögen und sein Ertrag je nach Typ des Trusts beim Settlor oder beim Beneficiary besteuert. Bedeutet die Vermögensübertragung eine feste, unwiderrufliche Zuwendung an den Beneficiary, so ist dieser möglicherweise wie ein Erbe oder Schenkungsempfänger zu besteuern, und zwar gemäss seinem Verwandtschaftsverhältnis zum Settlor. 2369

Die Errichtung des Trusts untersteht gemäss Art. 149c IPRG demjenigen Recht, das vom HTÜ als anwendbares Recht bezeichnet wird. Dies bedeutet insbesondere, dass das anwendbare ausländische Recht bestimmt, welchen Formvorschriften der Errichtungsakt des Trusts *(Trust Deed)* zu genügen hat und welchen materiellen Erklärungsinhalt der Errichtungsakt aufweisen muss. 2370

Gemeinhin bestimmt der Settlor im Rahmen des Errichtungsakts, welche Vermögenswerte er in das Eigentum des Trustees überträgt und nach welchen Verhaltensregeln sich der Trustee zu richten hat; ferner definiert der Settlor den Kreis der Begünstigten. Damit der Trust nach seiner Errichtung die Funktionsfähigkeit erlangen kann, ist erforderlich, dass die Übertragung der Vermögenswerte auf den Trustee vollzogen wird *(transfer to the trust)* und dieser die Annahmeerklärung *(acceptance of a trust)* abgibt (STEPHAN WOLF/NADINE JORDI [2008], 41). 2371

2372 Im Gegensatz zur Errichtung des Trusts unterliegen die Rechtsgeschäfte zur Übertragung von Vermögen auf den Trust nicht dem anwendbaren ausländischen Recht, gleichgültig, ob die Übertragungen anlässlich der Errichtung des Trusts oder später erfolgen (Art. 4 HTÜ). Es gelangt vielmehr das gemäss selbständiger Anknüpfung massgebende Recht zur Anwendung. Dies bedeutet, dass gemäss Art. 99 Abs. 1 IPRG ausschliesslich das Schweizer Recht zur Anwendung kommt, wenn Rechte an in der Schweiz gelegenen Grundstücken *zu Lebzeiten vom Settlor auf den Trustee übertragen* werden (STEPHAN WOLF/NADINE JORDI [2008], 66 ff.). Für die *Übertragung von Grundstücken auf einen Trust aufgrund einer Verfügung von Todes wegen* gelten die erbrechtlichen Formvorschriften desjenigen Rechts, das für die Errichtung der betreffenden Verfügung massgebend ist. Das auf den Nachlass des Settlors anwendbare Erbrecht bestimmt, ob das Grundstück direkt auf den Trustee übergeht oder vorerst einem Zwischenberechtigten *(Personal Representative)* wie z.B. einem Erbschaftsverwalter *(Administrator)* oder Willensvollstrecker *(Executor)* zufällt, der es anschliessend an den Trustee zu übertragen hat (STEPHAN WOLF/NADINE JORDI [2008], 71; BJ [ZBGR 2007], 379).

II. Übertragungen von Grundstücken aufgrund eines Rechtsgeschäfts unter Lebenden

2373 **Anmeldende (verfügende) Person** bei der Eigentumsübertragung aufgrund eines Rechtsgeschäfts unter Lebenden ist der im Grundbuch eingetragene Begründer des Trusts *(Settlor)*.

2374 **Rechtsgrundausweis** ist der Übertragungsvertrag zwischen Settlor und Trustee in öffentlicher Urkunde (Art. 67 Abs. 1 lit. a Ziff. 1 GBV; DELPHINE PANNATIER KESSLER [ZBGR 2011], 98; STEPHAN WOLF/NADINE JORDI [2008], 68 ff.; anders noch BJ [ZBGR 2007], 379).

2375 Mit dem Rechtsgrundausweis müssen dem Grundbuchamt **eventuell weitere Anmeldungsbelege** eingereicht werden. Es kann mit folgender Einschränkung auf die Ausführungen zum Vollzug des Kaufvertrags verwiesen werden (N 1886):

– Bei der Übertragung eines Grundstücks auf einen Trustee *(transfer to the trust)* sind die *Erwerbsbeschränkungen der Lex Koller* zu beachten (N 2652 ff.). Hierbei ist in erster Linie massgebend, ob die *Beneficiaries* als Personen im Ausland zu qualifizieren sind (BGer 2C_409/2009, E. 3).

Im Rahmen des Übertragungsvertrags oder später kann die Zugehörigkeit des Grundstücks zu einem Trustvermögen gemäss Art. 149d IPRG im Grundbuch angemerkt werden (vgl. N 2570 ff.). 2376

Ist der Trustee als Eigentümer des Grundstücks im Grundbuch eingetragen und ist zudem die Zugehörigkeit des Grundstücks zu einem Trust angemerkt, so ist der Trustee im Umgang mit dem Trustvermögen zu sämtlichen Handlungen wie ein Eigentümer befugt, sofern die Vertretungsmacht nicht durch die Trusturkunde, das ausländische Trustrecht oder durch ein rechtskräftiges Gerichtsurteil eingeschränkt ist. 2377

III. Übertragung von Grundstücken aufgrund einer Verfügung von Todes wegen auf den Trustee

Anmeldende (verfügende) Person bei der Eigentumsübertragung aufgrund einer Verfügung von Todes wegen ist der Administrator oder Executor oder der Trustee. 2378

Rechtsgrundausweis ist das ausländische Erbfolgezeugnis oder eine Bescheinigung der zuständigen Erbgangsbehörde (N 2128 f.; Art. 67 Abs. 1 lit. b GBV); wird das Grundstück von einem Administrator oder Executor auf den Trustee übertragen, so besteht der Rechtsgrundausweis im Übertragungsvertrag, für den die einfache Schriftform entsprechend dem Vertrag über die Ausrichtung eines Vermächtnisses nach schweizerischem Recht genügen muss. 2379

Soll das von Todes wegen entstandene Trustverhältnis nach Art. 149d IPRG im Grundbuch angemerkt werden (N 2570 ff.), so muss neben dem Erbfolgezeugnis oder der entsprechenden Bescheinigung auch die Trusturkunde (*Trust Deed*) dem Grundbuchamt in beglaubigter Kopie oder als beglaubigter Auszug eingereicht werden. Der Auszug muss insbesondere die Bestimmungen bezüglich des zu übertragenden Grundstücks in der Schweiz, ferner diesbezüglich die Begünstigtenregelung und die Kompetenzen des Trustee enthalten. 2380

Zwölftes Kapitel: Vormerkungen und Anmerkungen

2381 Zu Begriff und Funktion von Vormerkungen vgl. N 505 ff. und von Anmerkungen vgl. N 510 ff.

2382 Vormerkungen und Anmerkungen im Zusammenhang mit Miteigentum, Stockwerkeigentum, Dienstbarkeiten und Grundpfandrechten werden in den betreffenden Kontexten behandelt. Das vorliegende Kapitel behandelt eine Auswahl von Vormerkungen und Anmerkungen, für die kein solcher Kontext vorhanden ist.

§ 67 Vertragliches Vorkaufsrecht

2383 Zum Begriff des Vorkaufsrechts vgl. N 444 ff.

I. Begründung des vertraglichen Vorkaufsrechts
A. Vormerkung des Vorkaufsrechts im Grundbuch

2384 **Anmeldende (verfügende) Person** ist die Geberin des Vorkaufsrechts.

2385 **Rechtsgrundausweis** ist der Vertrag zwischen der Geberin des Vorkaufsrechts und dem Vorkaufsberechtigten. Wird im Vorkaufsvertrag festgelegt, dass der Vorkaufsberechtigte das Objekt zu einem bestimmten Preis erwerben kann (limitiertes Vorkaufsrecht), so bedarf der Vertrag der öffentlichen Beurkundung (Art. 216 Abs. 2 OR; Art. 78 Abs. 1 lit. b GBV); andernfalls genügt einfache Schriftform (Art. 216 Abs. 3 OR und Art. 78 Abs. 3 GBV). Ferner ist es möglich, ein Vorkaufsrecht im Rahmen einer Zuwendung von Todes wegen zu begründen (PAUL-HENRI STEINAUER [Bd. II 2012], N 1720a; vgl. zum Inhalt und zur Form des Rechtsgrundausweises ausführlich N 2390 ff.).

2386 Die Begründung eines limitierten Vorkaufsrechts gilt als eine Veräusserung der *Familienwohnung* oder eine Beschränkung von Rechten im Sinne von Art. 169 Abs. 1 ZGB, da die Höhe des Kaufpreises ein Motiv für die Verweigerung der Zustimmung zur Veräusserung der Familienwohnung sein kann (JÜRG SCHMID [ZBGR 2002], 322 f.; vgl. ferner N 2598 ff.).

2387 Demgegenüber setzt die Begründung eines unlimitierten Vorkaufsrechts keine Zustimmung nach Art. 169 Abs. 1 ZGB voraus, da die Beschränkung der Rechte an der Familienwohnung erst möglich wird, wenn ein das Vorkaufsrecht auslösendes Rechtsgeschäft abgeschlossen wird, wofür dann die Zustimmung des Ehegatten vorliegen muss (JÜRG SCHMID [ZBGR 2002], 322; vgl. ferner N 2598 ff.).

Sowohl beim limitierten als auch beim unlimitierten Vorkaufsrecht sind bereits bei der Begründung (nicht erst bei deren Ausübung) die Erwerbsbeschränkungen der Lex Koller zu beachten (N 2652 ff.). Hingegen muss die Bewilligung gemäss Art. 61 ff. BGBB zum Erwerb von landwirtschaftlichen Grundstücken erst bei der Ausübung des Vorkaufsrechts beigebracht werden (PAUL-HENRI STEINAUER [Bd. II 2012], N 1721c; BEAT STALDER [BGBB 2011], Art. 61 N 24 ff.).

Die *Vormerkung im Grundbuch* hat zur Folge, dass das Vorkaufsrecht während seiner vereinbarten Geltungsdauer nicht nur gegenüber der ursprünglichen Eigentümerin, sondern gegenüber jeder späteren Eigentümerin ausgeübt werden kann (PAUL-HENRI STEINAUER [Bd. II 2012], N 1723b, 1725 ff.).

B. Vorkaufsvertrag (Rechtsgrundausweis)

1. Inhalt des Vorkaufsrechtsvertrags

a) Kaufobjekt

Vertragliche Vorkaufsrechte können an Grundstücken aller Kategorien gemäss Art. 655 ZGB begründet werden (PAUL-HENRI STEINAUER [Bd. II 2012], N 1723b, 1723c).

Bei Begründung von Vorkaufsrechten in *Miteigentums- oder Baurechtsverhältnissen* ist das gesetzliche Vorkaufsrecht zu beachten, das dem vertraglichen Vorkaufsrecht vorgeht. Die Begründung eines vertraglichen Vorkaufsrechts in Miteigentums- oder Baurechtsverhältnissen ist nur sinnvoll, wenn das gesetzliche Vorkaufsrecht aufgehoben oder eingeschränkt wird.

Das Vorkaufsrecht an einem blossen *Teil eines Grundstücks* zu begründen, ist möglich, sofern die folgenden Bedingungen erfüllt sind: (1.) Der entsprechende Teil muss eindeutig bezeichnet sein, sodass dessen Grenzen zweifelsfrei feststehen (BGE 106 II 146, E. 1). (2.) Die Abtrennung der Teilfläche darf nicht gegen zwingende Normen des öffentlichen Rechts oder des Privatrechts verstossen (BGE 81 II 502, E. 3 f.; CHRISTIAN BRÜCKNER [2001], N 51; ROLAND PFÄFFLI/DANIELA BYLAND [2013], 290).

Die Bestellung eines Vorkaufsrechts *an einem Gebäudeteil* ist nur dann möglich, wenn Stockwerkeigentum vorliegt oder wenn die Voraussetzungen für die Begründung von Stockwerkeigentum gegeben sind und mit der Bestellung des Vorkaufsrechts alle Erklärungen, die zur Errichtung von Stockwerkeigentum notwendig sind – allenfalls unter der aufschiebenden Bedingung der Ausübung des Vorkaufsrechts –, verbindlich abgegeben werden (BGE 114 II 127, E. 2; ROLAND PFÄFFLI/DANIELA BYLAND [2013], 290).

b) Vorkaufsberechtigter

2394 Vorkaufsrechte können sowohl zugunsten einer bestimmten natürlichen oder juristischen Person als auch *zugunsten der jeweiligen Eigentümerin eines bestimmten Grundstücks* begründet werden. In letzterem Fall ist es möglich, das Vorkaufsrecht sowohl auf dem belasteten als auch auf dem berechtigten Grundstück vorzumerken. In diesem Fall geht das Vorkaufsrecht bei einer Handänderung des berechtigten Grundstücks ohne Weiteres auf die neue Eigentümerin über (PAUL-HENRI STEINAUER [Bd. II 2012], N 1723a; ROLAND PFÄFFLI/DANIELA BYLAND [2013], 290; JGK BE [Handbuch 1982], 39).

2395 Die Vertragsfreiheit erlaubt der Grundeigentümerin, Vorkaufsrechte in beliebiger Zahl zugunsten verschiedener Personen zu bestellen. Wenn keine widerspruchsfreie Prioritätenfolge vereinbart wird, mag die Rechtsausübung einzelner Berechtigter zu einer Vertragsverletzung gegenüber anderen führen. Dies steht der Vormerkung der Vorkaufsrechte nicht im Wege. Wird ein Vorkaufsrecht im gleichen Vertrag einer Mehrzahl von Personen erteilt, so ist die Vormerkung nur möglich, wenn aus dem Vertrag klar ersichtlich ist, wie die Rechtsausübung erfolgt (vgl. auch BÉNÉDICT FOËX [ZBGR 2007], 6 ff.).

c) Erweiterung des Kreises der Vorkaufsfälle

2396 Aufgrund der Vertragsfreiheit ist es den Parteien gestattet, den Kreis der Vorkaufsfälle (vgl. N 2415 ff.) vertraglich zu erweitern. Allerdings verliert ein Vorkaufsrecht, das wegen des erweiterten Kreises der Vorkaufsfälle vom gesetzlichen Typ abweicht, seine grundbuchliche Eintragungsfähigkeit (vgl. N 447).

d) Angabe einer Preislimite

2397 Beim *limitierten Vorkaufsrecht* wird eine Preislimite vereinbart. Diese braucht den Kaufpreis nicht mit einem festen Geldbetrag zu beziffern; *Bestimmbarkeit des Preises* gemäss einer Formel (eventuell in Abhängigkeit von vertragsexternen Faktoren wie publizierten Indizes) genügt, um die Option unter den Begriff des limitierten Vorkaufsrechts fallen zu lassen. An der Bestimmbarkeit des Kaufpreises fehlt es etwa, wenn der Kaufpreis durch eine der Parteien oder auch durch einen Dritten festgelegt werden kann.

e) Befristung

Das rechtsgeschäftlich begründete Vorkaufsrecht kann *höchstens für 25 Jahre* vereinbart und im Grundbuch vorgemerkt werden (Art. 216a OR). Die Frist beginnt bei lebzeitig bestellten Vorkaufsrechten mit dem Vertragsschluss, bei den von Todes wegen begründeten mit dem Tod der Erblasserin (nicht erst mit der Eintragung im Grundbuch). Diese Befristung wurde per 1.1.1994 ins Obligationenrecht aufgenommen und findet auf Vorkaufsrechte, die vorher vereinbart wurden, keine Anwendung (BGer 4A.189/2012 vom 2.10.2012, E. 3.5). 2398

Die *Ausübungsfrist*, die gemäss Art. 216e OR drei Monate beträgt, kann durch Parteiabrede nicht verlängert werden, da es sich um eine Verwirkungsfrist handelt (CHRISTIAN BRÜCKNER [2001], N 43 f.; ROLAND PFÄFFLI [BN 1992], 458). Den Parteien ist es hingegen freigestellt, die Ausübungsfrist vertraglich zu verkürzen. 2399

f) Weitere Vertragselemente

Den Parteien steht es frei, die kaufvertraglichen Bestimmungen, die bei der Ausübung des Vorkaufsrechts gelten sollen, teilweise oder vollständig zu regeln. Treffen die Parteien keine speziellen Abreden, so gelten die Vertragsbedingungen, welche die Geberin des Vorkaufsrechts mit dem Dritten vereinbart hat (Art. 216d Abs. 3 OR). 2400

2. Form des Vorkaufsrechtsvertrags

Wird im Vertrag zur Begründung des Vorkaufsrechts keine Preislimite vereinbart (unlimitiertes Vorkaufsrecht), so kann der Vertrag in einfacher Schriftform abgeschlossen werden (Art. 216 Abs. 3 OR und Art. 78 Abs. 3 GBV). Das nicht limitierte Vorkaufsrecht kann also auch als Nebenabrede in einem anderen Vertrag, beispielsweise in einem Unternehmensverkaufs- oder in einem Mietvertrag, vereinbart werden. Die grundbuchliche Vormerkung und die diesbezügliche Eintragungsbewilligung pflegt im Vertrag dokumentiert zu werden, kann aber in separatem Akt belegt oder in die von der Geberin des Vorkaufsrechts unterzeichnete Grundbuchanmeldung integriert werden. 2401

Demgegenüber bedarf der Vertrag zur Begründung eines *limitierten Vorkaufsrechts* der öffentlichen Beurkundung (Art. 216 Abs. 2 OR; Art. 78 Abs. 1 lit. b GBV). Beurkundungsbedürftig ist nicht nur die Einräumung des Vorkaufsrechts, sondern gegebenenfalls auch die Abrede, wonach das Vorkaufsrecht im Grundbuch vorzumerken ist (CHRISTIAN BRÜCKNER [2001], N 45, m.w.H.). 2402

2403 Werden limitierte Vorkaufsrechte *im Rahmen einer Erbteilung begründet* (vgl. N 2130 ff.), so genügt in Anwendung von Art. 634 Abs. 2 ZGB einfache Schriftlichkeit.

2404 Schliesslich ist es neben der hier erörterten Begründung des Vorkaufsrechts durch einen zweiseitigen Vertrag auch möglich, ein Vorkaufsrecht im Rahmen einer testamentarischen Zuwendung zu begründen. Hierzu müssen die Formvorschriften für letztwillige Verfügungen eingehalten werden. Das Vorkaufsrecht kann auch durch Erbvertrag begründet werden. Das Vorkaufsrecht entsteht mit dem Tod des Eigentümers, sofern sich das Grundstück in seinem Nachlass befindet, und kann von diesem Zeitpunkt an gegebenenfalls im Grundbuch vorgemerkt werden, sofern die Vormerkung in der letztwilligen Verfügung oder im Erbvertrag vorgesehen ist.

II. Ausübung des vertraglichen Vorkaufsrechts
A. Grundbuchlicher Vollzug der Ausübung

2405 Das Vorkaufsrecht wird ausgeübt durch die schriftliche Ausübungserklärung. Der Vorkaufsberechtigte kann das Recht binnen drei Monaten, seitdem er vom Vorkaufsfall (N 2415 ff.) Kenntnis erhalten hat, ausüben. Die Verkäuferin ist verpflichtet, ihn zu benachrichtigen (Art. 216d und 216e OR; Art. 861a Abs. 1 ZGB). Ist das Vorkaufsrecht im Grundbuch vorgemerkt, so muss es gegenüber der jeweiligen Eigentümerin ausgeübt werden. Ist es nicht im Grundbuch vorgemerkt, so kann es nur gegenüber der ursprünglichen Vertragspartnerin ausgeübt werden (PAUL-HENRI STEINAUER [Bd. II 2012], N 1735). Fristgebunden ist lediglich die Ausübungserklärung, nicht die anschliessende Grundbuchanmeldung des Erwerbs seitens des Vorkaufsberechtigten.

2406 Mit der Ausübung des Vorkaufsrechts wird der Vorkaufsberechtigte noch nicht Eigentümer. Vielmehr hat die Eigentümerin des Vorkaufsobjekts den Erwerb des Grundstücks durch den Vorkaufsberechtigten beim Grundbuch anzumelden. Verweigert die Eigentümerin die Erteilung der Eintragungsbewilligung, so muss sich der Vorkaufsberechtigte ans Gericht wenden (vgl. N 446).

2407 **Anmeldende (verfügende) Person** ist die Eigentümerin des Vorkaufsobjektes im Zeitpunkt der Anmeldung (BGer vom 15.6.1993 [ZBGR 1993], 363 f.).

2408 **Rechtsgrundausweis** ist der formgültige Vertrag, der den Vorkaufsfall auslöste, sowie die Ausübungserklärung der vorkaufsberechtigten Person in einfacher Schriftform (Art. 64 Abs. 1 lit. d GBV; ROLAND PFÄFFLI/DANIELA BYLAND [2013], 291 f.; HANS GIGER [BK 1997], Art. 216 N 162), verbunden mit der Eintragungsbewilligung der Eigentümerin. Wurde das vertragliche Vorkaufsrecht nicht im Grundbuch vorgemerkt, so ist zudem der ursprüngliche Vorkaufsvertrag einzureichen (Art. 64 Abs. 1 lit. d GBV, letzter Halbsatz). Wenn die vorkaufsbelastete Partei den mit dem Dritten abgeschlossenen Vertrag nicht freiwillig an den Vorkaufsberechtigten herausgibt, sondern ihn über Abschluss und Inhalt des Vertrags in anderer Form, eventuell unvollständig oder unrichtig, orientiert, muss der Vorkaufsberechtigte seine Rechte gerichtlich wahren.

Die Ausübungserklärung muss *klar und vorbehaltlos* sein (CHRISTIAN BRÜCKNER [2001], N 115; HANS GIGER [BK 1997], Art. 216 N 143 ff.). 2409

Die Ausübungserklärung ist eine einseitige empfangsbedürftige Willenserklärung (PAUL-HENRI STEINAUER [Bd. II 2012], N 1736). Sie muss gemäss Art. 216e OR innert dreier Monate seit Kenntnis von Abschluss und Inhalt des Vertrags geltend gemacht werden und der mit dem Vorkaufsrecht belasteten Person zugehen. Den Vorkaufsberechtigten trifft die Beweislast für die fristgerechte Ausübung, d.h. für den Zeitpunkt des Fristbeginns und für denjenigen der Rechtsausübung. Hat aber die Verkäuferin den Vorkaufsberechtigten über den Abschluss und den Inhalt des Kaufvertrags entgegen Art. 216e OR nicht in Kenntnis gesetzt, so trägt sie die Beweislast dafür, dass der Vorkaufsberechtigte vom Verkauf früher als von ihm zugegeben ausreichende Kenntnis hatte (BGer 5A.671/2012 vom 7.3.2013, E. 3.1 f.). Mit «Inhalt des Vertrags» sind nicht nur die für das Zustandekommen eines bestimmten Kaufvertrags unerlässlichen Elemente gemeint, sondern alle wesentlichen Bestimmungen des konkreten Vertrags, die für den Entschluss, das Vorkaufsrecht auszuüben, bedeutsam sind (BGE 83 II 517, E. 2). Dazu gehören insbesondere der Kaufpreis (BGE 109 II 245, E. 7b), ferner die Modalitäten des Leistungsaustauschs und allfällige Bedingungen und Auflagen. Hingegen ist für die Auslösung der Ausübungsfrist die Übermittlung einer vollständigen Vertragskopie nicht erforderlich. Eine solche ist, wie vorn, N 2408, gesagt, erst dann als Beleg für das Grundbuchamt nötig, wenn der Erwerb seitens des Vorkaufsberechtigten angemeldet wird. 2410

Die hiervor rekapitulierten Regeln über die Tragung der Beweislast für die Rechtzeitigkeit der Vorkaufsrechtsausübung bedeuten für den Verkehr mit dem Grundbuchamt Folgendes: Liegt das Datum der mit den Anmeldungsbelegen eingereichten Ausübungserklärung nicht mehr als drei Monate nach dem Datum des mit dem Dritten abgeschlossenen Kaufvertrags, so ergeben sich keine Beweisprobleme. Die Rechtzeitigkeit der Ausübung ist in diesem Fall offensichtlich. Datiert die Ausübungserklärung von einem späteren Datum, so haben Eigentümerin und Vorkaufsberechtigter schriftlich zu erklären, dass die 2411

Ausübung binnen der dreimonatigen Frist seit der Benachrichtigung des Vorkaufsberechtigten erfolgt ist. Ist die Eigentümerin zur Abgabe dieser Erklärung nicht bereit, dann muss der Vorkaufsberechtigte die Rechtzeitigkeit seiner Ausübung durch ein Gerichtsurteil feststellen lassen. Im Gerichtsverfahren kommen die hievor rekapitulierten Beweislastregeln zum Tragen. Das Grundbuchamt ist mit den Beweislastregeln nicht befasst.

2412 Nach der dispositiven Gesetzesregelung in Art. 216d Abs. 3 OR kann der unlimitiert Vorkaufsberechtigte das Grundstück zu den Bedingungen erwerben, die der Verkäufer mit dem Dritten vereinbart hat. Dementsprechend bildet der den Vorkaufsfall auslösende Kaufvertrag mit dem Dritten die eigentliche Grundlage für die Vereinbarung mit der Vorkaufsberechtigten (BGE 81 II 502, E. 6; CHRISTIAN BRÜCKNER [2001], N 119 ff.). Wurde dieser Kaufvertrag bereits beim Grundbuchamt angemeldet, so ist dieser bei der Anmeldung der Ausübungserklärung nicht erneut beizubringen.

2413 Steht das Vorkaufsrecht einer Gesamthandschaft zu, so kann das Vorkaufsrecht nur durch sämtliche Gesamthänder gemeinsam ausgeübt werden (PAUL-HENRI STEINAUER [Bd. II 2012], N 1736c). Bei einer Erbengemeinschaft gelten für die Ausübung sodann die allgemeinen erbrechtlichen Regeln über die Verfügung über Erbschaftsaktiven: Besteht ein gesetzliches oder vertragliches Vertretungsverhältnis, so handelt der Erbenvertreter (N 999 ff.), der Willensvollstrecker (N 1001 ff.) oder der Erbschaftsverwalter (N 1016 ff.), andernfalls handelt die Gesamtheit der Erben gemeinschaftlich. Mit der Ausübungserklärung ist dem Grundbuchamt ein Nachweis über den Erbgang einzureichen; dies geschieht mit einer *Erbenbescheinigung* (N 2117 ff.).

2414 Besteht an einem Grundstück sowohl ein vertragliches als auch ein gesetzliches Vorkaufsrecht, so *geht das gesetzliche Vorkaufsrecht dem vertraglichen vor.*

B. Der Vorkaufsfall

2415 Das Vorkaufsrecht ist ausübbar bei jedem Verkauf im Sinne von Art. 184 und 216 OR an einen Dritten, einschliesslich der freiwilligen und der öffentlichen Versteigerung sowie der Zuweisung des Grundstücks durch Verfügung von Todes wegen, wenn der Dritte für die Übernahme des Grundstücks eine am Marktwert orientierte Gegenleistung zu erbringen hat und wenn er das ihm zugewendete Kaufsrecht auch tatsächlich ausübt (CHRISTIAN BRÜCKNER [2001], N 82).

Lehre und Rechtsprechung haben zur Beurteilung, ob ein Vorkaufsfall vorliegt, die folgenden Kriterien entwickelt, die kumulativ erfüllt sein müssen. 2416

1. Gültiger Übertragungsvertrag

Der Vorkaufsfall tritt erst ein, wenn ein gültiger Vertrag (d.h. gegebenenfalls in notarieller Urkunde) zur Übertragung von Eigentum vorliegt (PAUL-HENRI STEINAUER [Bd. II 2012], N 1731). 2417

Ist die Gültigkeit des Vertrags von Gesetzes wegen abhängig von einer *Zustimmung* (z.B. der Erwachsenenschutzbehörde, des Ehegatten gemäss Art. 169 ZGB etc.) oder wurde der Vertrag unter einer vertraglich vereinbarten Bedingung geschlossen (z.B. unter der Bedingung, dass eine rechtskräftige Baubewilligung für ein gewisses Projekt erteilt wird), so tritt der Vorkaufsfall erst ein, wenn die entsprechende Zustimmung erteilt ist (ROBERT HAAB [ZK 1977], Art. 681/82 N 34). 2418

Keine Vorkaufsfälle sind die Einräumung eines Kaufsrechts (BGE 85 II 572, E. 2) und der Abschluss von blossen Absichtserklärungen oder Vorverträgen (CHRISTIAN BRÜCKNER [2001], N 85; ARTHUR MEIER-HAYOZ [BK 1975], Art. 681 N 176 ff.). 2419

2. Freiwilligkeit

Der Abschluss des Vertrags zur Übertragung von Grundeigentum muss freiwillig erfolgen. An Freiwilligkeit fehlt es beispielsweise bei der *Enteignung* oder bei der durch die Behörde verlangten *Abtretung zur Allmend* (ARTHUR MEIER-HAYOZ [BK 1975], Art. 681 N 161 ff.). 2420

An der Freiwilligkeit fehlt es grundsätzlich auch bei der Zwangsversteigerung. Anderes gilt bei den gesetzlichen Vorkaufsrechten. Sie können ausgeübt werden, wenn sie an der Steigerung selbst und zu den Bedingungen, zu welchen das Grundstück dem Ersteigerer zugeschlagen wird, geltend gemacht werden (Art. 681 Abs. 1 ZGB und Art. 60a VZG). 2421

3. Singularsukzession

Die Eigentumsübertragung erfolgt durch Singularsukzession. Aufgrund dieses Kriteriums stellen beispielsweise Erbgang, Fusion und Abspaltung keine Vorkaufsfälle dar. Die Vermögensübertragung gemäss Art. 69 ff. FusG stellt jedenfalls dann keinen Vorkaufsfall dar, wenn sie nicht bloss ein einzelnes Grundstück oder einzelne Grundstücke, sondern einen Betrieb zum Gegenstand hat. 2422

4. Entgeltlichkeit

2423 Die Übertragung des Eigentums muss gegen Entrichtung einer geldwerten Leistung erfolgen. Entgeltlichkeit liegt nicht nur vor, wenn die Gegenleistung in Entrichtung eines Geldbetrages erfolgt, sondern auch, wenn die Gegenleistung in einer anderen vertretbaren Sache besteht.

2424 Unentgeltlichkeit liegt beispielsweise vor bei einer Übertragung aufgrund einer Schenkung, eines Vermächtnisses oder aufgrund der Vermögenswidmung an eine Stiftung (PAUL-HENRI STEINAUER [Bd. II 2012], N 1731b).

2425 Das Bundesgericht hat im Zusammenhang mit der Entgeltlichkeit die Formulierung geprägt, dass für den veräussernden Eigentümer die Realisierung des Gelderlöses und nicht die Person des Erwerbers im Vordergrund stehen müsse (BGE 115 II 175, E. 4a). So stellt etwa ein Kaufgeschäft zwischen Eltern und Kindern *(Kindskauf)* oder zwischen nahen Verwandten keinen Vorkaufsfall dar (BGE 87 II 263, E. 3; ARTHUR MEIER-HAYOZ [BK 1975], Art. 681 N 144 ff.).

2426 Ebenfalls kein entgeltliches Rechtsgeschäft und damit keinen Vorkaufsfall stellt nach der Rechtsprechung des Bundesgerichts die Übertragung von Grundstücken einer Aktiengesellschaft in Liquidation auf einen Aktionär dar, wenn sie gestützt auf Art. 745 OR erfolgt (BGE 126 III 187, E. 2).

2427 Schliesslich liegt kein Vorkaufsfall vor, wenn der Vorkaufsberechtigte die im Vertrag mit dem Dritten festgesetzte Gegenleistung aufgrund persönlicher Eigenschaften nicht zu erbringen imstande ist. Dies ist etwa der Fall bei der Übertragung des Grundstücks gegen Bestellung eines Pfrundrechts oder einer Leibrente (CHRISTIAN BRÜCKNER [2001], N 85; MANUEL MÜLLER [BN 1994], 225) sowie bei der Einbringung eines Grundstücks in eine einfache Gesellschaft oder in eine Aktiengesellschaft oder GmbH mittels Sacheinlage (BGer 4A_22/2010 vom 15.4.2010, E. 3; ARTHUR MEIER-HAYOZ [BK 1975], Art. 681 N 159; PAUL-HENRI STEINAUER [Bd. II 2012], N 1731b; LUKAS HANDSCHIN/ RETO VONZUN [ZK 2009], Art. 531 N 69 f.).

5. Wirtschaftliche Betrachtungsweise?

2428 In der Lehre finden sich gewisse Stimmen, die einen Vorkaufsfall in Fällen bejahen wollen, bei denen aus sachenrechtlicher Sicht keine Übertragung von Eigentum auf einen Dritten stattfindet, namentlich beim Verkauf der Aktienmehrheit an einer Immobiliengesellschaft oder bei der Einräumung eines Baurechts an einem Grundstück (vgl. etwa MANUEL MÜLLER [BN 1994], 224 f.). Eine derartige wirtschaftliche Betrachtungsweise, wie sie insbesondere im Steuerrecht vorherrscht, ist jedoch abzulehnen (vgl. hierzu CHRISTIAN BRÜCKNER [2001], N 84).

III. Verzicht auf die Ausübung des vertraglichen Vorkaufsrechts

Bei einem Vorkaufsfall kann der Berechtigte das Vorkaufsrecht unausgeübt lassen. Durch den Ausübungsverzicht geht das im Grundbuch vorgemerkte Vorkaufsrecht nicht unter, sondern kann in einem späteren Vorkaufsfall erneut geltend gemacht werden (PAUL-HENRI STEINAUER [Bd. II 2012], N 1745 ff.). Verzichtet der Vorkaufsberechtigte hingegen auf sein Vorkaufsrecht, was er zu einem beliebigen Zeitpunkt durch Abgabe der Löschungsbewilligung erklären kann (N 2440 ff.), so geht das Vorkaufsrecht unter. 2429

IV. Änderung des vertraglichen Vorkaufsrechts

Anmeldende (verfügende) Personen sind die mit dem Vorkaufsrecht belastete Grundeigentümerin und der Vorkaufsberechtigte gemeinsam, sofern die Änderung die Befugnisse beider Parteien beschlägt, wie dies z.B. bei der Änderung der Ausübungsmodalitäten des Vorkaufsrechts der Fall ist. Liegt klarerweise ausschliesslich eine zusätzliche Belastung des Grundeigentums vor – z.B. bei der Erhöhung der Geltungsdauer des Vorkaufsrechts, so genügt die Anmeldung der Grundeigentümerin des belasteten Grundstücks. Liegt klarerweise ausschliesslich ein Verzicht auf gewisse Befugnisse des Vorkaufsberechtigten vor – z.B. bei der Verkürzung der Geltungsdauer des Vorkaufsrechts –, so genügt die Anmeldung des Vorkaufsberechtigten. 2430

Rechtsgrundausweis ist der Vertrag zwischen der Eigentümerin des mit dem Vorkaufsrecht belasteten Grundstücks und dem Vorkaufsberechtigten in der für dessen Begründung notwendigen Form (Art. 12 OR; vgl. hierzu N 2390 ff.). Bei blossem Verzicht des Berechtigten auf einzelne seiner Befugnisse genügt einfache Schriftform (Art. 115 OR; ferner N 2440 ff.). 2431

Mit dem Rechtsgrundausweis müssen dem Grundbuchamt gegebenenfalls **weitere Beilagen** eingereicht werden, insbesondere die Zustimmungserklärungen gewisser Pfandgläubiger. 2432

Wird die Belastung durch das geänderte Vorkaufsrecht *vergrössert*, so müssen die nachrangigen Pfandgläubiger, die in der Zwangsverwertung nicht durch den Doppelaufruf geschützt sind, zustimmen (zum Doppelaufrufverfahren 2433 vgl. N 179 ff.). Die Zustimmungserklärungen erfolgen in einfacher Schriftform analog zu den Rücktrittserklärungen (N 1791 ff.).

V. Übertragung des vertraglichen Vorkaufsrechts

2434 Kraft der dispositiven Bestimmung von Art. 216b Abs. 1 OR ist das vertragliche Vorkaufsrecht seitens der Vorkaufsberechtigten vererblich, nicht aber übertragbar.

2435 Wurde Übertragbarkeit vereinbart, so bedarf es zur Übertragung des Vorkaufsrechts der Zustimmung des belasteten Eigentümers nicht. Zwar handelt es sich bei der Übertragung um eine Vertragsübertragung, nicht eine blosse Forderungszession, jedoch gilt die Zustimmung des Belasteten mit der vorbehaltlosen Vereinbarung der Übertragbarkeit des Rechts als ein- für allemal erteilt (PAUL-HENRI STEINAUER [Bd. II 2012], N 1744b; CHRISTIAN BRÜCKNER [2001], N 61; a.M. HANS GIGER [BK 1997], Art. 216 N 170).

2436 **Anmeldende (verfügende) Person** ist der bisherige Vorkaufsberechtigte.

2437 **Rechtsgrundausweis** ist der Vertrag zwischen dem bisherigen und dem neuen Vorkaufsberechtigten, wobei dieser gemäss der Vorschrift von Art. 216b Abs. 2 OR *der gleichen Form wie die Begründung* bedarf. Dies bedeutet, dass nicht limitierte Vorkaufsrechte in einfacher Schriftform, limitierte Vorkaufsrechte in öffentlicher Urkunde zu übertragen sind.

2438 Stirbt die Vorkaufsberechtigte, so geht das Vorkaufsrecht auf die Erben über. Jeder Erbe kann einzeln den Rechtsübergang beim Grundbuchamt anmelden und mit einer Erbenbescheinigung (N 2117 ff.) belegen. Der Erbengemeinschaft insgesamt steht alsdann das Recht zu, im Vorkaufsfall das Vorkaufsrecht auszuüben (N 2413).

2439 Bei der Übertragung von Vorkaufsrechten sind die *Erwerbsbeschränkungen der Lex Koller* zu beachten (N 2652 ff.).

VI. Löschung des vertraglichen Vorkaufsrechts

2440 Das vertragliche Vorkaufsrecht geht unter durch Ausübung, bei fehlender Vormerkung auch durch Nicht-Ausübung im Vorkaufsfall und durch die Zwangsverwertung des belasteten Grundstücks, in allen Fällen ferner durch Verzicht, durch Zeitablauf, bei vereinbarter Unvererblichkeit durch den Tod des Berechtigten, bei vereinbarter Unübertragbarkeit durch den Konkurs des Berechtigten, schliesslich in der Zwangsverwertung des belasteten Grundstücks, sofern der Doppelaufruf gemäss Art. 104 und 56 VZG zur Löschung des vorgemerkten Vorkaufsrechts führt (PAUL-HENRI STEINAUER [Bd. II 2012], N 1744e ff.; CHRISTIAN BRÜCKNER [2001], N 64 ff.; vgl. ferner zum Doppelaufrufverfahren N 179 ff.).

Das vorgemerkte Vorkaufsrecht geht bei Nicht-Ausübung im Vorkaufsfall nach herrschender Lehre und Praxis nicht unter (PAUL-HENRI STEINAUER [Bd. II 2012], N 1747; CHRISTIAN BRÜCKNER [2001], N 71, m.w.H.). Dies ist ein weiterer Grund, jedem Grundeigentümer dringend abzuraten, an seinem Grundstück Vorkaufsrechte einzuräumen und diese im Grundbuch vormerken zu lassen. 2441

Anmeldende Person für die Löschung der Vormerkung ist nach Ausübung der Ausübende, bei Verzicht der Verzichtende, bei Tod des Berechtigten die Vorkaufsrechtsgeberin. 2442

Rechtsgrundausweis ist bei der Ausübung und bei Zeitablauf der Verweis auf den Grundbucheintrag; bei Verzicht die Löschungsbewilligung der Vorkaufsberechtigten in einfacher Schriftform, bei Tod des Berechtigten der Totenschein. 2443

Besteht das Vorkaufsrecht nicht zugunsten einer bestimmten Person, sondern wurde es zugunsten eines bestimmten Grundstücks errichtet, so ist beim Verzicht des Berechtigten die Zustimmungserklärung der später eingetragenen Grundpfandgläubiger des berechtigten Grundstücks notwendig, da diese bei ihrer Kreditvergabe möglicherweise auf den Verwertungserlös des Vorkaufsrechts vertraut haben (N 576). 2444

§ 68 Vertragliches Kaufsrecht

Zum Begriff des Kaufsrechts vgl. N 452 ff. 2445

I. Begründung des Kaufsrechts

A. Vormerkung des Kaufsrechts im Grundbuch

Anmeldende (verfügende) Person ist die Geberin des Kaufsrechts (PAUL-HENRI STEINAUER [Bd. II 2012], N 1702a). 2446

Rechtsgrundausweis ist der Vertrag über die Bestellung des Kaufsrechts in öffentlicher Urkunde (Art. 216a Abs. 2 OR; Art. 78 Abs. 1 lit. a GBV) zwi- 2447 schen der Grundeigentümerin und dem Kaufsberechtigten. Ferner ist es möglich, ein Kaufsrecht im Rahmen einer Verfügung von Todes wegen zu begründen (PAUL-HENRI STEINAUER [Bd. II 2012], N 1698; vgl. zum Inhalt und zur Form des Rechtsgrundausweises ausführlich N 2452 ff.).

2448 Bei letztwillig zugewendeten Kaufsrechten (vgl. N 455) besteht der Rechtsgrundausweis in der letztwilligen Verfügung oder im Erbvertrag (bzw. einem beglaubigten Auszug daraus) sowie im Vertrag zwischen den Erben oder dem Willensvollstrecker einerseits, dem Kaufsberechtigten andererseits über die Ausrichtung des vermachten Kaufsrechts. Denn die letztwillige Zuwendung eines Kaufsrechts hat den Charakter eines Vermächtnisses und bedarf der ausdrücklichen Annahme durch den Begünstigten und der Ausrichtung durch die Erben, auch wenn der Begünstigte zum Kreis der Erben gehört und die Erbschaft nicht ausgeschlagen hat.

2449 Die Begründung eines Kaufsrechts an einem Grundstück mit einer Familienwohnung setzt die *Zustimmung nach Art. 169 Abs. 1 ZGB* voraus (JÜRG SCHMID [ZBGR 2002], 322; vgl. ferner N 2598 ff.).

2450 Bei der Begründung von Kaufsrechten sind die *Erwerbsbeschränkungen der Lex Koller* zu beachten (N 2652 ff.). Demgegenüber muss die Bewilligung gemäss Art. 61 ff. BGBB zum Erwerb von landwirtschaftlichen Grundstücken erst bei der Ausübung des Kaufsrechts beigebracht werden (PAUL-HENRI STEINAUER [Bd. II 2012], N 1699c; BEAT STALDER [BGBB 2011], Art. 61 N 24 ff.).

2451 Die *Vormerkung im Grundbuch* hat zur Folge, dass das Kaufsrecht nicht nur gegenüber der Eigentümerin im Zeitpunkt des Vertragsschlusses, sondern gegenüber *jeder späteren Eigentümerin* ausgeübt werden kann (PAUL-HENRI STEINAUER [Bd. II 2012], N 1706). Sodann geht das vorgemerkte Kaufsrecht allen *später eingetragenen Belastungen* vor. Dies bedeutet, dass der Kaufsberechtigte bei der Ausübung seines Kaufsrechts die Löschung derjenigen Eintragungen (Grundpfandrechte, Dienstbarkeiten, Grundlasten, vorgemerkte persönliche Rechte etc.) verlangen kann – und dies voraussichtlich auch tun wird –, die nach der Vormerkung seines Kaufsrechts im Grundbuch eingetragen wurden (PAUL-HENRI STEINAUER [Bd. II 2012], N 1707; ARTHUR MEIER-HAYOZ [BK 1975], Art. 683 N 59, Art. 681 N 284 ff.; ROLAND PFÄFFLI/DANIELA BYLAND [2013], 294). Werden die entsprechenden Löschungsbewilligungen nicht freiwillig abgegeben, so muss der Kaufsberechtigte sie beim Gericht erstreiten. Hat die Eigentümerin nach der Vormerkung des Kaufsrechts neue Pfandrechte errichtet, die den Kaufpreis nicht übersteigen, so hat der Kaufsberechtigte die Pfandforderungen aus dem Kaufpreis zu tilgen und die Pfandrechte abzulösen (ARTHUR MEIER-HAYOZ [BK 1975], Art. 683 N 59, Art. 681 N 292 f.). Die Geberin des Kaufsrechts erhält nur den Saldo ausbezahlt.

B. Kaufsrechtsvertrag (Rechtsgrundausweis)

1. Inhalt des Kaufsrechtsvertrags

a) Gliederung des Vertragsinhalts

Der Kaufsrechtsvertrag wird typischerweise in zwei Teile gegliedert, nämlich einerseits in die optionsrechtlichen Bestimmungen (Dauer des Kaufsrechts, Vormerkung, Bedingungen und Beschränkungen für die Ausübung, Übertragbarkeit und Vererblichkeit, gegebenenfalls der Preis, den der Berechtigte für den Erwerb der Option zu bezahlen hat), anderseits in die kaufvertraglichen Bestimmungen, die bei der Ausübung des Kaufsrechts gelten sollen (Parteibezeichnung, Kaufgegenstand, Kaufpreis, Zahlungsmodalitäten, Besitzantritt, Übergang von Nutzen und Gefahr, Kostentragung). Es ist üblich, die kaufvertraglichen Bestimmungen in der Gestalt eines vollständigen Kaufvertrags, jedoch ohne Datum und Unterschriften, in den Kaufsrechts-Bestellungsakt zu integrieren. 2452

Der Kaufsrechtsvertrag muss die wesentlichen Elemente des späteren Kaufvertrags in solcher Vollständigkeit enthalten, dass es möglich ist, den Grundstückkauf durch eine einfache Ausübungserklärung («Ich übe das Kaufsrecht aus») wirksam werden zu lassen (PAUL-HENRI STEINAUER [Bd. II 2012], N 1700; ROLAND PFÄFFLI/DANIELA BYLAND [2013], 293). 2453

b) Kaufobjekt

Der Kaufsrechtsvertrag muss das Kaufgrundstück bezeichnen. 2454

Bei Begründung von Kaufsrechten an Miteigentumsanteilen, Baurechtsparzellen und baurechtsbelasteten Bodenparzellen sind die gesetzlichen Vorkaufsrechte zu bedenken. Sie gehen vertraglichen Kaufsrechten in dem Sinne vor, als die Ausübung eines Kaufsrechts meist einen Vorkaufsfall (N 2415 ff.) darstellt, der dem Vorkaufsberechtigten die Befugnis gibt, das Objekt an sich zu ziehen. Das Gleiche gilt für vertragliche Vorkaufsrechte, die zeitlich vor dem Kaufsrecht vorgemerkt wurden. Das einmal ausgeübte Kaufsrecht erlischt auch dann, wenn das Grundstück kraft eines vorrangigen Vorkaufsrechts nicht ins Eigentum des Kaufsberechtigten gelangt. 2455

Gemäss der privatrechtlichen Vertragsfreiheit können die Parteien ein Kaufsrecht auch vereinbaren an Objekten, die bei der Begründung des Kaufsrechts 2456 noch gar nicht existieren. In gleichem Sinne können Kaufsrechte im Voraus begründet werden an noch nicht vermessenen Grundstücksflächen oder an noch nicht mutierten Grundstücksteilen (z.B. an der nördlichen Hälfte eines Grundstücks) oder an zukünftig zu begründenden Mit- und Stockwerkeigentumsanteilen (Paul-Henri Steinauer [Bd. II 2012], N 1702b). Damit der Kaufsrechtsvertrag gültig ist, muss der erst in Zukunft entstehende Vertragsgegenstand allerdings so präzise beschrieben werden, dass er zu gegebener Zeit klar bestimmt oder mindestens bestimmbar ist (vgl. N 2392 f.). Kaufsrechte an künftigen Grundstücken oder an Teilgrundstücken, die noch nicht als selbständige Parzellen in einem Grundbuch dargestellt sind, sind nach der hier vertretenen Meinung nicht vormerkbar (a.M. DdI AG 10.10.1995 [ZBGR 1998], 180 ff.); haben die Parteien die Vormerkung vereinbart, so ist sie beim Grundbuch anzumelden, sobald das Kaufsrechtsobjekt als selbständige Parzelle dargestellt ist.

c) Kaufsberechtigter

2457 Kaufsrechte können sowohl zugunsten einer bestimmten natürlichen oder juristischen Person als auch *zugunsten des jeweiligen Eigentümers eines bestimmten Grundstücks* begründet werden (Paul-Henri Steinauer [Bd. II 2012], N 1700a). In letzterem Fall geht das Kaufsrecht bei einer Handänderung des berechtigten Grundstücks ohne Weiteres auf den neuen Eigentümer über.

2458 Unzulässig ist es, ein Kaufsrecht zugunsten einer Person zu errichten, die in der Folge frei darüber entscheiden kann, das Kaufsrecht selbst auszuüben oder durch eine von ihr bezeichnete Drittperson ausüben zu lassen (so etwa «Kaufsrecht zugunsten von Y oder einer von Y zu bestimmenden Drittperson»). Dies käme einer Umgehung der Formvorschriften für die Übertragung von Grundeigentum gleich (BGE 111 II 143, E. 4).

d) Kaufpreis

2459 Der Kaufsrechtsvertrag muss den Kaufpreis angeben. Wie beim gewöhnlichen Kaufvertrag genügt Bestimmbarkeit. So kann vereinbart werden, dass der Preis durch eine Schätzung des Verkehrswertes zur Zeit der Ausübung ermittelt werden soll. Ist der Kaufpreis nicht bestimmbar, so fehlt es an einem objektiv wesentlichen Vertragspunkt; die Kaufsrechtsbestellung ist in einem solchen Fall nicht zustande gekommen; wurde ein Kaufsrecht mit nicht bestimmbarem Kaufpreis im Grundbuch vorgemerkt, so kann das Kaufsrecht trotzdem später nicht ausgeübt werden.

In der notariellen Belehrung ist es ratsam, die Parteien bei der Begründung 2460
eines Kaufsrechts zu veranlassen, den Ausübungspreis nicht nur bestimmbar
(und damit eintragungsfähig), sondern zudem möglichst klar zu beziffern, oder,
wenn Preisanpassungen möglich sein sollen, für diese einen Berechnungsmechanismus zu vereinbaren, der klar ist. Das trifft etwa zu bei der Angabe eines
«Ausübungspreises von CHF 500 000 zuzüglich Indexierung gemäss Landesindex der Konsumentenpreise» oder «gemäss Immobilienpreisindizes der
Schweizerischen Nationalbank» (mit der Präzisierung, auf welches Indexdatum abzustellen ist und wann die Indexierung zu laufen beginnt). Unklar wäre
ein Kaufsrechtspreis von CHF 500 000 «zusätzlich wertvermehrender Aufwendungen». Zwar können die Parteien zu gegebener Zeit mit gutem Willen
ermitteln, welche Ausgaben für das Grundstück in der Zwischenzeit wertvermehrend waren, und sie können sich darüber einigen, ob die Bruttoausgaben
oder der bei Kaufsrechtsausübung noch vorhandene Mehrwert zum Basispreis
dazuzuschlagen ist. Aber das Risiko von Konflikten wäre erheblich.

e)   Bedingung und Befristung

Die Ausübung des Kaufsrechts kann an beliebige Bedingungen geknüpft werden. Mit der Ausübungserklärung ist in diesem Fall dem Grundbuchamt entweder der Eintritt der Bedingung nachzuweisen oder eine schriftliche Erklärung der Grundeigentümerin beizubringen, wonach die Bedingung eingetreten ist. 2461

Das Kaufsrecht kann höchstens für 10 Jahre vereinbart werden (Art. 216a OR). 2462
Diese Befristung wurde per 1. Januar 1994 ins Obligationenrecht aufgenommen und findet auf Kaufsrechte, die vor Inkrafttreten dieser Befristung vereinbart wurden, keine Anwendung (BGer 4A.189/2012 vom 2.10.2012, E. 3.5).
Die 10-jährige Maximalfrist beginnt nach herrschender Lehre bereits mit dem
Abschluss des Kaufsrechtsvertrags, nicht erst mit dessen Vormerkung beim
Grundbuch, zu laufen (ROLAND PFÄFFLI/DANIELA BYLAND [2013], 293; URS
FASEL [BSK 2015], Art. 216b N 9).

f)   Vereinbarung der Vormerkung

Vereinbaren die Parteien, das Kaufsrecht vorzumerken, so gilt für die Vormerkung ebenfalls die 10-jährige Höchstdauer (Art. 216a OR). 2463

Kaufsrechte sind auch vormerkbar, wenn sie nur während eines gewissen Zeitfensters ausübbar sind (z.B. vom 5. bis zum 8. Jahr nach Kaufsrechtsbegründung). Widersprüchlich und nicht eintragungsfähig wäre die Bestellung eines 2464

Kaufsrechts auf die Dauer von 10 Jahren mit der Massgabe, dass es nur zwischen dem 5. und dem 8. Jahr ausgeübt werden kann.

2465 Vormerkbar sind auch bedingte Kaufsrechte (z.B. wenn die Ausübung nur zulässig sein soll, wenn der Belastete sein Domizil an einen anderen Ort verlegt).

2466 Soll das Kaufsrecht nicht bereits zu Lebzeiten, sondern erst nach dem Tode der Grundeigentümerin gegenüber seinem Nachlass ausübbar sein, so liegt unter Umständen ein Geschäft von Todes wegen vor (CHRISTIAN BRÜCKNER [2001], N 133). Massgeblich für die Abgrenzung zwischen einem Rechtsgeschäft unter Lebenden von einem Rechtsgeschäft von Todes wegen ist, auf welchen Zeitpunkt das Geschäft nach dem Willen der Vertragsschliessenden seine Wirkung entfalten soll. Soll das Eigentum nicht bereits zu Lebzeiten der Kaufsrechtsgeberin belastet werden, sondern soll es erst deren Nachlass belasten, so liegt vermutungsweise ein Rechtsgeschäft von Todes wegen vor (BGer 4A_575/2009, E. 2, m.w.H.). Solche Kaufsrechte können sowohl in einseitiger letztwilliger Verfügung (Testament) als auch in erbvertraglicher Form gemäss Art. 512 ZGB begründet werden. Bei testamentarischer Errichtung sind alle drei vom ZGB vorgesehenen Errichtungsformen möglich, nämlich die Testamentserrichtung durch öffentliche Beurkundung mit zwei Zeugen oder in einfacher Schriftform oder (nur ganz ausnahmsweise) in der mündlichen Form des Nottestaments. Die erbvertragliche Kaufsrechtserrichtung erfolgt in öffentlicher Beurkundung mit zwei Zeugen.

2. Form des Kaufsrechtsvertrags

2467 Der Kaufsrechtsvertrag bedarf der öffentlichen Beurkundung. Zum Umfang des Formzwangs kann auf das zum Kauf in N 1914 ff. Gesagte verwiesen werden.

2468 Werden Kaufsrechte an Nachlassgrundstücken durch die Erben im Rahmen einer Erbteilung (vgl. N 2130 ff.) begründet, so genügt gemäss Art. 634 Abs. 2 ZGB einfache Schriftlichkeit (PAUL-HENRI STEINAUER [Bd. II 2012], N 1699a); die formale Erleichterung betrifft aber nur Geschäfte, bei denen Rechte an Nachlassgrundstücken an Erben zugeteilt werden; die beteiligten Parteien müssen zu den Erben und die einbezogenen Grundstücke zu den Nachlassaktiven gehören.

II. Ausübung des Kaufsrechts

Das Kaufsrecht wird ausgeübt durch die schriftliche, vom Kaufsberechtigten an die Eigentümerin gerichtete Ausübungserklärung. Sofern die Parteien keine anderslautende Vereinbarung getroffen haben, kann die Ausübung jederzeit während der vorgemerkten Kaufsrechtsdauer erfolgen (BGer 4A.189/2012 vom 2.10.2012, E. 4). Wurde die Ausübung im Kaufsrechtsvertrag an Bedingungen oder Fristen gebunden, so sind diese für den Kaufsberechtigten verbindlich. Es ist jedoch nicht Sache des Grundbuchamtes, über die Einhaltung vertraglicher Bedingungen und Fristen zu wachen, und zwar auch dann nicht, wenn die Eintragungsbewilligung der Eigentümerin schon im Voraus erteilt wurde. 2469

Anmeldende (verfügende) Person ist die Geberin des Kaufsrechts. – Wurde die Eintragungsbewilligung bereits anlässlich der Bestellung des Kaufsrechts erteilt, was der Normalfall ist, so kann der Kaufsberechtigte den Kauf ohne Mitwirkung der Kaufsrechtsgeberin anmelden. Dass die bereits zu Anfang erteilte Eintragungsbewilligung bei der Anmeldung des Kaufs eventuell schon fast zehn Jahre alt ist, stört nicht. Es besteht kein Grund, die Kaufsrechtsgeberin bei Ausübung des Kaufsrechts anzufragen, ob sie die Eintragungsbewilligung nach so langer Zeit vielleicht zu widerrufen gedenke, um dem Kaufsberechtigten den Rechtsweg aufzuzwingen oder ihm zusätzlich Geld abzunötigen. 2470

Rechtsgrundausweis ist die schriftliche Ausübungserklärung des Kaufsberechtigten (Art. 64 Abs. 1 lit. e GBV; HANS GIGER [BK 1997], Art. 216 N 56; PIERRE CAVIN [SPR 1977], 154) zusammen mit der schriftlichen Eintragungsbewilligung der Eigentümerin, wobei diese im Kaufsrechtsvertrag enthalten sein kann (JGK BE [Handbuch 1982], 39). Wurde das Kaufsrecht nicht im Grundbuch vorgemerkt, so ist zudem der Kaufsrechtsvertrag einzureichen (Art. 64 Abs. 1 lit. e GBV, letzter Halbsatz). 2471

Bezüglich Form und Wirkung der Ausübungserklärung kann auf das in N 2409 ff. zum Vorkaufsrecht Gesagte verwiesen werden. 2472

Mit der Ausübung geht das Kaufsrecht unter. Die Vormerkung ist im Grundbuch von Amtes wegen zu löschen (PAUL-HENRI STEINAUER [Bd. II 2012], N 1716b). 2473

III. Änderung des Kaufsrechts

Anmeldende (verfügende) Personen sind die mit dem Kaufsrecht belastete Grundeigentümerin und der Kaufsberechtigte gemeinsam, sofern die Änderung die Befugnisse beider Parteien beschlägt, wie dies z.B. bei der Änderung 2474 der Ausübungsmodalitäten des Kaufsrechts der Fall ist. Liegt klarerweise ausschliesslich eine zusätzliche Belastung des Grundeigentums vor – z.B. bei der Erhöhung der Geltungsdauer des Kaufsrechts –, so genügt die Anmeldung der Grundeigentümerin des belasteten Grundstücks. Liegt klarerweise ausschliesslich ein Verzicht auf gewisse Befugnisse des Kaufsberechtigten vor – z.B. bei der Verkürzung der Geltungsdauer –, so genügt die Anmeldung des Kaufsberechtigten.

2475 **Rechtsgrundausweis** ist der Vertrag zwischen der Eigentümerin des mit dem Kaufsrecht belasteten Grundstücks und dem Kaufsberechtigten in der für dessen Begründung notwendigen Form, d.h. in öffentlicher Urkunde (vgl. N 2452 ff.). Bei blossem Verzicht des Berechtigten auf einzelne seiner Befugnisse genügt einfache Schriftform (Art. 115 OR).

2476 Mit dem Rechtsgrundausweis müssen dem Grundbuchamt gegebenenfalls **weitere Beilagen** eingereicht werden, insbesondere die Zustimmungserklärungen gewisser Pfandgläubiger.

2477 Wird die Belastung durch das geänderte Kaufsrecht *vergrössert* (z.B. bei einer nachträglichen Verlängerung der Kaufsrechtsdauer), so führt dies dazu, dass die Vormerkung einen neuen Rang gemäss der Alterspriorität der Änderung erhält (Paul-Henri Steinauer [Bd. II 2012], N 1700a).

IV. Übertragung des Kaufsrechts

2478 Von Gesetzes wegen ist das Kaufsrecht vererblich, aber nicht abtretbar (Art. 216b Abs. 1 OR). Die Vererblichkeit kann wegbedungen, die Abtretbarkeit kann vereinbart werden. Die Abtretung von Kaufsrechten kommt aber kaum vor, da der Vorgang in den meisten Kantonen Handänderungssteuer auslöst. Deshalb wird zuweilen nicht das bestehende Kaufsrecht übertragen, sondern es wird vom bisherigen Berechtigten gelöscht und – unter Mitwirkung der Grundeigentümerin – ein neues Kaufsrecht zugunsten des Dritten begründet. Für die Abtretung des Kaufsrechts gilt:

2479 **Anmeldende (verfügende) Person** ist der bisherige Kaufsberechtigte.

2480 **Rechtsgrundausweis** ist der Vertrag in öffentlicher Urkunde zwischen dem bisherigen und dem neuen Kaufsberechtigten (Art. 216b Abs. 2 OR).

2481 Bei der Übertragung von Kaufsrechten sind die *Erwerbsbeschränkungen der Lex Koller* zu beachten (N 2652 ff.).

V. Löschung des Kaufsrechts

Es kann auf das in N 2440 ff. zum Vorkaufsrecht Gesagte verwiesen werden. 2482

§ 69 Vertragliches Rückkaufsrecht

Zum Begriff des Rückkaufsrechts vgl. N 456 ff. 2483

I. Begründung des Rückkaufsrechts

Die Begründung des Rückkaufsrechts kann nur im Verhältnis von Verkäuferin und Käufer und nur im Zeitpunkt des Abschlusses des Kaufvertrags erfolgen. 2484

Die Bestimmungen über das Rückkaufsrecht können in den öffentlich zu beurkundenden Kaufvertrag integriert oder in einem separaten Akt vereinbart und zusammen mit dem Kaufvertrag beim Grundbuch angemeldet werden (PIERRE CAVIN [SPR 1977], 155; PAUL-HENRI STEINAUER [Bd. II 2012], N 1718a). Im zweitgenannten Fall dient als Rechtsgrundausweis ein Vertrag in öffentlicher Urkunde (Art. 216a Abs. 2 OR; Art. 78 Abs. 1 lit. a GBV) zwischen der Verkäuferin (und Rückkaufsberechtigten) und dem Käufer als neuem Grundeigentümer über die Bestellung und Vormerkung eines Rückkaufsrechts. Kauf- und Rückkaufsvertrag müssen nicht notwendigerweise das gleiche Datum tragen, müssen aber gleichzeitig beim Grundbuch angemeldet werden. 2485

Das Rückkaufsrecht kann *höchstens für 25 Jahre* vereinbart und im Grundbuch vorgemerkt werden (Art. 216a OR). 2486

II. Ausübung des Rückkaufsrechts

Es kann auf das in N 2469 ff. zum Kaufsrecht Gesagte verwiesen werden. 2487

III. Änderung des Rückkaufsrechts

Es kann auf das in N 2474 ff. zum Kaufsrecht Gesagte verwiesen werden. 2488

IV. Übertragung des Rückkaufsrechts

Von Gesetzes wegen ist das Rückkaufsrecht vererblich, aber nicht abtretbar (Art. 216b Abs. 1 OR). Die Vererblichkeit kann wegbedungen, die Abtretbar- 2489 keit kann vereinbart werden. Durch die Abtretung verwandelt sich das Rückkaufsrecht faktisch in ein gewöhnliches Kaufsrecht; denn der Erwerber des Rückkaufsrechts war nicht der ursprüngliche Verkäufer und kann also nur kaufen, nicht zurückkaufen. Dass das Optionsrecht in der Hand eines Nicht-Verkäufers während der für Rückkaufsrechte dauernden Frist von 25 Jahren ausgeübt werden kann, wogegen Kaufsrechte nach 10 Jahren erlöschen, will nicht einleuchten. Dies ist bei der Abtretung von Rückkaufsrechten zu bedenken. Die Ausübung könnte, wenn sie nach der für Kaufsrechte geltenden Zehnjahresfrist erfolgt, als ein nicht eintragungsfähiges Umgehungsgeschäft qualifiziert werden.

2490 **Anmeldende (verfügende) Person** ist der bisherige Rückkaufsberechtigte.

2491 **Rechtsgrundausweis** ist der Vertrag in öffentlicher Urkunde zwischen dem bisherigen Rückkaufsberechtigten und dem neuen Kaufsberechtigten (Art. 216b Abs. 2 OR).

2492 Bei der Übertragung von Rückkaufsrechten sind die *Erwerbsbeschränkungen der Lex Koller* zu beachten (N 2652 ff.).

V. Löschung des Rückkaufsrechts

2493 Es kann auf das in N 2440 ff. zum Vorkaufsrecht Gesagte verwiesen werden.

§ 70 Vormerkung von Miete und Pacht

I. Allgemeines und Begriffliches

2494 Bei der Miete (Art. 261b OR) an einem Grundstück kann verabredet werden, dass das Vertragsverhältnis im Grundbuch vorgemerkt wird (Art. 959 Abs. 1 ZGB). Die Vormerkung bewirkt, dass jeder neue Eigentümer dem Mieter gestatten muss, das Grundstück entsprechend dem Mietvertrag zu gebrauchen (Art. 261b Abs. 2 OR, Art. 959 Abs. 2 ZGB). Die etwas verschlüsselte Ausdrucksweise des Gesetzes bedeutet, dass der Erwerber des Grundstücks in den Mietvertrag eintritt und ihn nicht eher künden kann, als es die Veräusserin des Grundstücks hätte tun können, wenn sie nicht veräussert hätte. Das ausserordentliche Kündigungsrecht des Erwerbers gemäss Art. 261 Abs. 2 OR wird durch die Vormerkung ausgeschlossen (PETER HIGI [ZK 1994], Art. 261b N 13). – Auch der Mieter bleibt an den Mietvertrag gebunden; verletzt er seine Vertragspflichten, so schützt ihn die Vormerkung nicht vor der Kündigung.

Da Art. 290 lit. c OR die Vormerkung der Pacht den Regeln über die Miete 2495
unterstellt, gelten die folgenden Ausführungen über die Miete sinngemäss
auch für die Pacht.

Die Vormerkung einer Miete auf einem Miteigentumsanteil ist möglich, sofern 2496
das körperliche Mietobjekt dem Vermieter in einer Nutzungs- und Verwaltungsordnung zugeordnet ist.

Die unentgeltliche Gebrauchsüberlassung ist angesichts des klaren Wortlauts 2497
von Art. 959 Abs. 1 ZGB nicht vormerkbar (zur Typengebundenheit der vormerkbaren persönlichen Rechte vgl. N 158).

II. Vormerkung von Miete und Pacht im Grundbuch
A. Anmeldung

Anmeldende (verfügende) Person ist die *Eigentümerin* (PETER HIGI [ZK 2498
1994], Art. 261b N 8; ROLAND PFÄFFLI/MASCHA SANTSCHI KALLAY [2014],
N 9). Ein zur Vermietung ermächtigter Stellvertreter der Eigentümerin kann
die Eintragungsbewilligung zur Vormerkung der Miete nur erteilen, wenn er
dazu ausdrücklich ermächtigt ist. Der blosse Auftrag zur Vermietung der Liegenschaft genügt nicht (JGK BE [Handbuch 1982], 40). Ein Nutzniesser kann
seinem Mieter nur im sachlichen und zeitlichen Rahmen der Nutzniessung
und nur mit Mitwirkung der Eigentümerin Vormerkungsschutz geben. Beide,
Eigentümerin und Nutzniesser, müssen die Eintragungsbewilligung erteilen.

B. Rechtsgrundausweis
1. Allgemeines

Rechtsgrundausweis ist die Absprache in einfacher Schriftform zwischen der 2499
Eigentümerin und dem Mieter über die Vormerkung des Mietverhältnisses
(Art. 78 Abs. 3 GBV). Die Absprache kann in den Miet- oder Pachtvertrag
integriert oder separat belegt sein.

Sieht der Miet- oder Pachtvertrag vor, dass der Mieter das Objekt erst zu einem 2500
späteren Zeitpunkt beziehen kann, so kann die Miete trotzdem schon *unmittelbar nach dem Vertragsschluss* vorgemerkt werden (ROLAND PFÄFFLI [BN 1990]
48; ROLAND PFÄFFLI/MASCHA SANTSCHI KALLAY [2014], N 17 f.; OG LU
vom 2.5.2002 [ZBGR 2006], 264 ff.; a.M. noch OG LU vom 31.5.2001 [ZBGR
2004], 87 ff.). Da der *Zeitpunkt der Vormerkung für deren Rang massgebend*
ist, kann eine frühzeitige Eintragung von erheblichem Interesse für eine Par-

tei sein. Sie muss nach der hier vertretenen Auffassung auch mehrere Monate, ja sogar über ein Jahr vor Mietbeginn möglich sein (so auch die Bemerkung der Redaktion in ZBGR 2004, 90 f. zum Entscheid des OG LU vom 31.5.2001).

2. Wesentliche Vertragspunkte

2501   Der Rechtsgrundausweis für die Vormerkung muss die für die Geltendmachung des vorgemerkten Mietvertrages erforderlichen Eckpunkte enthalten (vgl. Art. 77 Abs. 1 GBV). Der Mietvertrag muss dem Grundbuchamt nicht im vollen Wortlaut als Beleg eingereicht werden. Eine von den Parteien unterzeichnete Zusammenfassung der für die Vormerkung wesentlichen Vertragspunkte genügt (PETER HIGI [ZK 1994], Art. 253 N 42; ARMIN ZUCKER/CHRISTIAN EICHENBERGER [AJP 2010], 838; ROBERTO PEDUZZI [2014], 49; a.M. ROLAND PFÄFFLI [BN 1990] 46 f.).

2502   Die Zusammenfassung muss lediglich die Vertragsparteien nennen, ferner das Mietobjekt, d.h. die vermieteten Räume (sofern nicht das ganze Grundstück vermietet wird), und die feste Mietdauer, d.h. die seitens der Vermieterin unkündbare Mindestdauer. Nicht angegeben werden müssen die maximale Vormerkungsdauer, der Mietzins sowie alle übrigen Vertragsklauseln. Das Grundbuch orientiert lediglich darüber, dass auf einem bestimmten Grundstück oder Grundstücksteil eine Miete vorgemerkt ist, nicht jedoch über den Vertragsinhalt. Die Vormerkung schützt den vorgemerkten Vertrag mit seinem jeweiligen, durch die Parteien änderbaren Inhalt. Die Mietänderungen spielen sich ausserhalb des Grundbuchs ab. – Formulierungsbeispiel:

«A hat die 3. Etage auf seiner Parzelle P fest bis zum 30.06.2035 an B vermietet. Das Grundbuch wird ermächtigt, diese Miete auf der Parzelle P bis zum 30.06.2035 vorzumerken. Unterschriften A und B.»

3. Dauer der Vormerkung

2503   Während Art. 71 Abs. 2 GBV in der bis 31.12.2011 gültigen Fassung festhielt, dass die Vormerkung von persönlichen Rechten die Zeitdauer ihres Bestandes anzugeben hat, findet sich in der geltenden Fassung der Grundbuchverordnung (Art. 77 Abs. 1 GBV) keine solche Vorschrift mehr. Es ist somit möglich, Mietverhältnisse *unbefristet im Grundbuch vorzumerken* (so auch JÜRG SCHMID [BSK 2015], Art. 959 N 23a). Eine unbefristete Mietevormerkung schützt den Vertrag unbefristet, auch über die anfänglich vereinbarte feste Mietdauer hinaus, falls die Parteien die feste Mietdauer später verlängern.

Unter dem Geltungsbereich der alten Grundbuchverordnung bestanden demgegenüber in der Praxis der Grundbuchämter unterschiedliche Auffassungen, wie die feste Mietdauer und damit die maximale Vormerkungsdauer zu bemessen ist. Die Frage nach der Vormerkungsdauer war insofern relevant, als bei einer Verlängerung des Vormerkungsschutzes über die ursprüngliche Vormerkungsdauer hinaus eine neue Vormerkung unter neuem Datum anzumelden war (BGE 135 III 248, E. 4.1; 81 I 75, E. 2). 2504

Nach der hier vertretenen Auffassung mussten unter altem Recht zur festen (Mindest-)Mietdauer auch die mieterseitigen Verlängerungsoptionen gezählt werden. Wurde der Mietvertrag auf zehn Jahre fest abgeschlossen, verbunden mit der Befugnis des Mieters, anschliessend zwei Verlängerungen um je fünf Jahre zu beanspruchen, so konnte der Vertrag auf 20 Jahre vorgemerkt werden. Denn die vertragliche Mechanik kam einem auf 20 Jahre festen Mietvertrag gleich, den der Mieter nach dem 10. und 15. Jahr einseitig kündigen kann. 2505

Sodann befürworten einzelne Autoren bereits unter altem Recht, dass ein Vertrag, der auf eine erste Vertragsperiode von X Jahren fest abgeschlossen wurde und sich nach dieser Zeit um weitere Vertragsperioden von je Y Jahren verlängerte, auf eine längere Frist als bloss X vorgemerkt werden konnte, obwohl der Vermieter nach jeder Vertragsperiode kündigen konnte (JÜRG SCHMID [BSK 2015], Art. 959 N 23; BETTINA HÜRLIMANN-KAUP [2008], 320 ff.; ARMIN ZUCKER/CHRISTIAN EICHENBERGER [AJP 2010], 840). 2506

Einigkeit bestand unter altem Recht darin, dass bei der Miete (anders als bei Kaufs-, Vor- und Rückkaufsrecht) die Vormerkungsdauer nicht von Gesetzes wegen beschränkt ist (vgl. BGE 135 III 248, E. 4.3; ARMIN ZUCKER/CHRISTIAN EICHENBERGER [AJP 2010], 840 f.; PETER HIGI [ZK 1994], Art. 261b N 7). 2507

Ebenfalls Einigkeit bestand darin, dass ein auf die Lebensdauer des Mieters fest abgeschlossener Mietvertrag mit dieser Befristung vormerkbar ist (ROLAND PFÄFFLI/MASCHA SANTSCHI KALLAY [2014], N 16). 2508

4. Vormerkung der Untermiete

Untermiete ist vormerkbar, aber nur im sachlichen und zeitlichen Rahmen des Vormerkungsschutzes der (Ober-)Miete, von der sie abhängt. Die Untermiete wird mit der Eintragungsbewilligung der Eigentümerin, nicht des (Ober-)Mieters, vorgemerkt. Denn die Vormerkung der Untermiete belastet die Eigentümerin, nicht den (Ober-)Mieter (PETER HIGI [ZK 1994], Art. 261b N 10 ff.; ROLAND PFÄFFLI [BN 1990] 48; ARMIN ZUCKER/CHRISTIAN EICHENBERGER [AJP 2010], 841; JGK BE [Handbuch 1982], 40). 2509

III. Änderung der Vormerkung

2510 Wird der Mietvertrag nach erfolgter Vormerkung geändert, so brauchen die Änderungen dem Grundbuchamt nicht angemeldet zu werden. Wird die feste Vertragsdauer nachträglich verkürzt, so bietet die Vormerkung auch dann, wenn sie im Grundbuch stehenbleibt, nur bis zum Ablauf der verkürzten Vertragsdauer Schutz.

2511 Wurde die Vormerkungsdauer ursprünglich befristet und soll die Befristung später verlängert werden, so ist die bisherige Vormerkung zu löschen und eine neue Vormerkung zu beantragen. Es kann auf das in N 2498 ff. zur Eintragung der Vormerkung Gesagte verwiesen werden.

IV. Übertragung der Vormerkung

2512 Der Mieter kann seine vertragliche Stellung mit Rechten und Pflichten an eine andere Person abtreten, sofern die Vermieterin zustimmt. Mit dieser Zustimmung kann auch der Vormerkungsschutz unter seinem ursprünglichen Datum auf den Nachmieter übertragen werden. Bei der Abtretung der Miete von Geschäftsräumen kann die Vermieterin ihre Zustimmung zur Vertragsübertragung gemäss der Sonderregel von Art. 263 Abs. 2 OR nur aus wichtigem Grund verweigern; die Sonderregel umfasst nicht auch die Abtretung des Vormerkungsschutzes. Mit anderen Worten: Mangels eines wichtigen Weigerungsgrundes muss die Vermieterin zwar den Nachmieter akzeptieren, nicht aber den Übergang des Vormerkungsschutzes auf ihn.

V. Löschung der Vormerkung

A. Löschung aufgrund einer Erklärung des Mieters

2513 **Anmeldende Person** ist der Mieter (ROLAND PFÄFFLI [BN 1990] 49).

2514 **Rechtsgrundausweis** ist die einseitige Erklärung *(Löschungsbewilligung)* des Mieters in einfacher Schriftform.

2515 Der freiwillige Verzicht auf die Vormerkung der Miete gilt als eine Veräusserung der *Familienwohnung* oder eine Beschränkung von Rechten im Sinne von Art. 169 Abs. 1 ZGB (ROLAND PFÄFFLI [BN 1990] 49; THOMAS GEISER [ZBGR 1987], 19; vgl. ferner N 2598 ff.). Dem Grundbuchamt ist somit gegebenenfalls die Zustimmung des Ehegatten oder des eingetragenen Partners beizubringen.

Wird der bisherige Mieter Eigentümer des Grundstücks, so wird die Vormerkung gegenstandslos. Sie wird von Amtes wegen gelöscht (Art. 118 OR i.V.m. Art. 976 ZGB).   2516

B. Löschung aufgrund einer Erklärung der Eigentümerin

Anmeldende Person ist die Grundeigentümerin.   2517

Rechtsgrundausweis ist der schriftliche Löschungsantrag der Eigentümerin, verbunden mit geeigneten Belegen der endgültigen Beendigung der Miete. Die Umstände sollten einzelfallweise pragmatisch gewürdigt werden. Wird durch eine neutrale Instanz, etwa die Baupolizeibehörde, bescheinigt, dass das Mietobjekt von der vorgemerkten Mieterin nicht mehr genutzt wird, so sollte diese Bescheinigung in Verbindung mit der schriftlichen Erklärung der Eigentümerin, den Vertrag gekündigt und seither keine Mietzinsen mehr erhalten zu haben, als Beleg für die Löschung der Mietevormerkung genügen, ohne dass eine Löschungsbewilligung seitens der Mieterin verlangt wird.   2518

C. Löschung aufgrund von Zeitablauf

Anmeldende Person ist die Grundeigentümerin.   2519

Rechtsgrundausweis ist der schriftliche Löschungsantrag der Eigentümerin. Der Löschungsgrund (Ablauf der Vormerkungsdauer) ist aus dem Grundbuch ersichtlich und muss im Löschungsantrag nicht erwähnt werden.   2520

Die einseitige Löschung durch die Grundeigentümerin infolge Zeitablaufs ist nur möglich, wenn der Endzeitpunkt aus dem Grundbuch eindeutig ersichtlich ist (z.B. Enddatum oder feste Zeitdauer ab einem Anfangsdatum).   2521

§ 71 Vormerkung des Schenkungsrückfalls

I. Allgemeines und Begriffliches

Sind Schenkerin und Beschenkter natürliche Personen, so kann sich die Schenkerin anlässlich der Schenkung vorbehalten, dass die geschenkte Sache an sie zurückfällt, falls der Beschenkte vor ihr stirbt (Art. 247 Abs. 1 OR). Dieses Rückfallsrecht kann bei der Schenkung von Grundstücken im Grundbuch vorgemerkt werden (Art. 247 Abs. 2 OR).   2522

2523 Die Bestimmung von Art. 247 Abs. 1 OR bezieht sich nur auf den Rückfall an die Schenkerin, nicht auf den Rückfall an eine andere (von der Schenkerin bezeichnete) Person wie zum Beispiel deren Ehegatten oder deren Kinder (Hugo Oser/Wilhelm Schönenberger [ZK 1936], Art. 247 N 2).

2524 Die Vereinbarung des Schenkungsrückfalls wird als Resolutivbedingung des ursprünglichen Schenkungsvertrags verstanden (Henri Deschenaux [SPR 1989], 661 f.). Die Bezeichnung «Rückfallsrecht des Schenkers» ist mithin ungenau, denn es handelt sich nicht um ein Recht, das durch die Abgabe einer Erklärung ausgeübt wird, sondern um eine mit dem Vorversterben des Beschenkten ohne Weiteres eintretende Rechtsfolge, kraft derer die ursprüngliche Schenkerin wie eine Erbin des Beschenkten ohne Weiteres wieder in ihr ehemaliges Eigentum hineinwächst. Der Schenkerin ist in Analogie zu den erbrechtlichen Vorschriften nach dem Tod des Beschenkten die Befugnis zur Ausschlagung des Schenkungsrückfalls zuzugestehen, dies in Ausdehnung ihrer zu Lebzeiten des Beschenkten bestehenden Möglichkeit zu jederzeitigem Verzicht. Verzicht auf den noch nicht eingetretenen Schenkungsrückfall und Ausschlagung des eingetretenen Rückfalls können von Bedeutung sein, wenn das betreffende Grundstück an Wert verloren oder einen negativen Wert angenommen hat.

2525 Die Möglichkeit, Schenkungen mit Auflagen oder Bedingungen zu verknüpfen, ergibt sich bereits aus Art. 245 Abs. 1 OR. Der Sonderbestimmung von Art. 247 OR kommt nur deshalb eine besondere Bedeutung zu, weil das Gesetz für die Vereinbarung des Schenkungsrückfalls beim Vorabsterben des Beschenkten die Vormerkung im Grundbuch zulässt (Pierre Cavin [SPR 1977], 193; Nedim Peter Vogt/Annaïg L. Vogt [BSK 2015], Art. 247 N 2). Wird der Schenkungsrückfall an andere Voraussetzungen geknüpft, z.B. an die Nichterfüllung einer Auflage, Ehescheidung, Wegzug oder Insolvenz des Beschenkten, so dürfte es sich in der Regel um die Vereinbarung eines obligatorischen Rückforderungsrechts (analog zum Rückkaufsrecht) handeln, nicht um eine Resolutivbedingung des Schenkungsvertrags. Solche Vereinbarungen sind nicht vormerkbar (Fritz Ostertag [BK 1917], Art. 959 N 40; Arthur Homberger [ZK 1938], Art. 959 N 44; Jürg Schmid [BSK 2015], Art. 959 N 41).

2526 Die Vormerkung des Rückfallsvorbehalts im Grundbuch hat zur Folge, dass das Schenkungsobjekt im Falle des Schenkungsrückfalls nicht nur von den Erben des ursprünglich Beschenkten, sondern von jedem Dritterwerber herausverlangt werden kann (Paul Eitel [ZBGR 1992], 138 ff.; Fritz Ostertag [BK 1917], Art. 959 N 42; Arthur Homberger [ZK 1938], Art. 959 N 46).

II. Eintragung der Vormerkung

Der Rückfallsvorbehalt kann sowohl gleichzeitig mit der Schenkung als auch nach Vollzug der Schenkung vereinbart und vorgemerkt werden. 2527

Anmeldende Person ist die Schenkerin. Wurde die Vormerkung nicht gleichzeitig mit der Schenkung beim Grundbuch angemeldet, so muss deren spätere Anmeldung seitens des Beschenkten erfolgen. 2528

Rechtsgrundausweis ist der Vertrag in öffentlicher Urkunde zwischen der Schenkerin und dem Beschenkten über den Schenkungsrückfall und dessen Vormerkung im Grundbuch (Art. 78 Abs. 1 lit. c GBV; FRITZ OSTERTAG [BK 1917], Art. 959 N 40; ARTHUR HOMBERGER [ZK 1938], Art. 959 N 45). 2529

Entgegen dem Wortlaut von Art. 247 Abs. 2 OR ist die Vormerkung des Schenkungsrückfalls nur bei Schenkung von Eigentumsrechten an Grundstücken, nicht aber von anderen dinglichen Rechten (z.B. Dienstbarkeiten oder Grundpfandrechten) möglich (HUGO OSER/WILHELM SCHÖNENBERGER [ZK 1936], Art. 247 N 5; FRITZ OSTERTAG [BK 1917], Art. 959 N 41; teilweise a.M. ARTHUR HOMBERGER [ZK 1938], Art. 959 N 44). 2530

Die Vormerkung des Schenkungsrückfalls ist nach der hier vertretenen Auffassung auch möglich im Zusammenhang mit einer gemischten Schenkung (gl.M. JÜRG SCHMID [BSK 2015]; Art. 959 N 41). Manche Grundbuchämter betrachten die Vormerkung in solchen Fällen jedoch als unzulässig (JGK BE 18.12.2012, [BN 2013], 24 ff.; E 4.2). 2531

III. Löschung der Vormerkung

Die Vormerkung des Schenkungsrückfalls wird gelöscht (A.) aufgrund einer einseitigen Verzichtserklärung der Schenkerin, (B.) nach dem Tod der Schenkerin auf Antrag des Beschenkten und (C.) nach dem grundbuchlichen Vollzug des Rückfalls wegen Gegenstandslosigkeit. 2532

Die Verzichtsmöglichkeit steht im Widerspruch zur Deutung des vormerkbaren Schenkungsrückfalls als einer Resolutivbedingung des ursprünglichen Schenkungsvertrags. Denn die Aufhebung vertraglicher Bedingungen ist eine Vertragsänderung, die der Mitwirkung aller Vertragsparteien bedarf, sofern keine einseitige Verzichtsmöglichkeit vereinbart wurde. Beim Schenkungsrückfall rechtfertigt sich die jederzeitige einseitige Verzichtsmöglichkeit der Schenkerin durch die Annahme, dass der Rückfall für sie nur vorteilhaft, für den Beschenkten und dessen Rechtsnachfolger nur nachteilig ist. 2533

A. Löschung aufgrund einer Verzichtserklärung der Schenkerin

2534 **Anmeldende (verfügende) Person** ist die Schenkerin.

2535 **Rechtsgrundausweis** ist die einseitige Erklärung der Schenkerin in einfacher Schriftform, wonach diese auf den Rückfallsvorbehalt verzichtet und die Vormerkung im Grundbuch zu löschen ist.

B. Löschung infolge des Todes der Schenkerin

2536 **Anmeldende Person** ist der Beschenkte.

2537 **Rechtsgrundausweis** ist der Löschungsantrag des Beschenkten in einfacher Schriftform verbunden mit dem Nachweis des Todes der Schenkerin (z.B. amtlicher Totenschein).

C. Löschung von Amtes wegen im Rahmen des Schenkungsrückfalls

2538 Tritt die Bedingung des Vorversterbens des Beschenkten ein, so fällt der Schenkungsvertrag ex tunc dahin (NEDIM PETER VOGT/ANNAÏG L. VOGT [BSK 2015], Art. 247 N 3). Der Schenkerin steht gegenüber den Erben des Beschenkten ein Anspruch auf Rückübertragung des geschenkten Grundstücks zu (JÜRG SCHMID [BSK 2015], Art. 959 N 40). Der Anspruch ist dinglicher Natur, d.h., es handelt sich um den Vindikationsanspruch auf Herausgabe des Eigentums, nicht um einen vertraglichen Anspruch auf Verschaffung des Eigentums. Hat der Beschenkte das Grundstück an einen Dritten übertragen, so richtet sich der Anspruch auf Rückübertragung gegen diesen Dritten (FRITZ OSTERTAG [BK 1917], Art. 959 N 42; ARTHUR HOMBERGER [ZK 1938], Art. 959 N 46).

2539 **Anmeldende Personen** sind die Rechtsnachfolger des Beschenkten, normalerweise seine Erben, allenfalls Dritte, an die das verschenkte Grundstück zu Lebzeiten des Beschenkten veräussert wurde.

2540 **Rechtsgrundausweis** ist die Eintragungsbewilligung der Rechtsnachfolger des Beschenkten in einfacher Schriftform (Grundbuchanmeldung) verbunden mit dem Nachweis des Todes des Beschenkten (z.B. amtlicher Totenschein) sowie des Überlebens der Schenkerin, sei es, dass sie die Grundbuchanmeldung mitunterzeichnet oder dass ihr Überleben anderweitig belegt wird.

Sofern das Grundstück seit der Schenkung ohne die Zustimmung der Schen- 2541
kerin zusätzlich belastet wurde (z.B. mit Grundpfandrechten oder Dienstbarkeiten), kann die Schenkerin deren Löschung von den Berechtigten verlangen oder nötigenfalls durch Urteil erzwingen (FRITZ OSTERTAG [BK 1917],
Art. 959 N 42; PIERRE CAVIN [SPR 1977], 194).

§ 72 Vormerkung der Mitgliedschaft bei einer Genossenschaft

I. Allgemeines und Begriffliches

Genossenschaften können in ihren Statuten vorsehen, dass die Mitgliedschaft 2542
mit dem Eigentum an bestimmten Grundstücken dergestalt verbunden ist,
dass sie bei einem Handwechsel ohne Weiteres auf den Erwerber übergeht
(MAX GUTZWILLER [ZK 1972], Art. 850 N 2; PETER FORSTMOSER [BK 1974],
Art. 850 N 13 ff.).

Art. 850 Abs. 3 OR erlaubt die Vormerkung dieser Mitgliedschaftsbindung 2543
auf den betreffenden Grundstücken (ausführlich hierzu PETER FORSTMOSER
[BK 1974], Art. 850 N 58 ff.). Der Erwerber eines solchen Grundstücks kann
das Grundstück nicht ohne die Mitgliedschaft erwerben, kann aber die Mitgliedschaft unter Einhaltung der statutarischen Fristen kündigen, falls er nach
seinem Grunderwerb austreten will (Art. 851 OR).

II. Eintragung der Vormerkung

Anmeldende Person ist die Grundeigentümerin. 2544

Rechtsgrundausweis ist der schriftliche Antrag auf Eintragung der Vormer- 2545
kung unter Beilage einer beglaubigten Kopie der Statuten (Art. 78 Abs. 2 GBV;
PETER FORSTMOSER [BK 1974], Art. 850 N 69). Sind die Statuten beim betreffenden Grundbuchamt bereits vorhanden, so brauchen sie kein weiteres Mal
eingereicht zu werden. Das Grundbuchamt prüft nicht, ob das Vormerkungs-
grundstück die statutarischen Eigenschaften eines genossenschaftlichen Mit-
gliedergrundstücks besitzt. Diesbezüglich liegen Prüfung und Entscheid ausschliesslich bei der anmeldenden Eigentümerin.

III. Löschung der Vormerkung

Anmeldende Person ist die Grundeigentümerin. 2546

2547 **Rechtsgrundausweis** ist, sofern die Vormerkung entfällt, weil die Genossenschaft sie nicht mehr verlangt, die beglaubigte Kopie der abgeänderten Statuten (Art. 78 Abs. 2 GBV) oder der beglaubigte Handelsregisterauszug über die Auflösung und Löschung der Genossenschaft. Sofern die Eigentümerin aus der Genossenschaft ausgetreten ist, besteht der Rechtsgrundausweis in der Zustimmung der Genossenschaft zur Löschung oder das richterliche Urteil (vgl. auch PETER FORSTMOSER [BK 1974], Art. 850 N 87 f.).

§ 73 Vormerkung gerichtlicher Anordnungen und vorläufiger Eintragungen

2548 Zur Sicherung von streitigen oder vollziehbaren Ansprüchen sehen die Art. 960 Abs. 1 und 961 ZGB vor, dass eine Behörde (meist ein Gericht) mittels einer Anordnung eine Verfügungsbeschränkung für einzelne Grundstücke bewirken kann (FRITZ OSTERTAG [BK 1917] Art. 960 N 1 ff.; ARTHUR HOMBERGER [ZK 1938], Art. 960 N 1 ff.; JÜRG SCHMID [BSK 2015], Art. 960 N 1 ff.).

2549 Der Rechtsgrundausweis für die entsprechende Vormerkung besteht im vollstreckbaren oder vorläufigen Entscheid der zuständigen Behörde (Art. 79, Art. 77 Abs. 3 GBV). Die Behörde, welche die Anordnung trifft, meldet diese selber beim Grundbuch an (zur Anmerkung von Verfügungsbeschränkungen vgl. N 2591 ff.).

§ 74 Anmerkung privatrechtlicher Rechtsverhältnisse

I. Begründung des Stockwerkeigentums vor Erstellung des Gebäudes

2550 Stockwerkeigentum kann sowohl an Grundstücken mit bereits bestehenden Gebäuden als auch vor Gebäudeerstellung begründet werden. Erfolgt die Eintragung von Stockwerkeigentum vor Erstellung des Gebäudes, so wird von Amtes wegen die Anmerkung «Begründung des Stockwerkeigentums vor Erstellung des Gebäudes» im Grundbuch eingetragen. Diese Anmerkung soll potenzielle Käufer und Grundpfandgläubiger darauf hinweisen, dass die aus dem Grundbuch ersichtlichen Stockwerkeinheiten noch nicht (fertig-)gebaut sind und dass noch keine werthaltige Bausubstanz vorhanden ist (vgl. hierzu ausführlich N 1291 ff.).

II. Anmerkung des Werkbeginns im Hinblick auf Bauhandwerkerpfandrechte

Handwerker und Unternehmer haben gemäss Art. 837 Abs. 1 Ziff. 3 ZGB Anspruch auf Eintragung eines gesetzlichen Grundpfandrechts für ihre Entschädigungsforderungen aufgrund von Bauleistungen (N 1867 ff.). Bei der Pfandverwertung erhalten sie privilegierte Deckung für ihre Forderungen, wobei der Gesetzgeber davon ausgeht, dass ihre Forderungen den von ihnen geschaffenen Mehrwerten entsprechen. 2551

Bauhandwerkerpfandrechte erhalten ihren Rang gemäss Alterspriorität (N 169 ff.). Sie können schon ab Vertragsschluss eingetragen werden (Art. 839 Abs. 1 ZGB). Jedoch pflegen die Handwerker den Eintrag erst zu verlangen, wenn ihre Rechnungen unbezahlt bleiben. Ein früherer Eintrag wird von der Bauherrin als Zeichen des Misstrauens empfunden. Weniger heikel ist die blosse Anmerkung mit dem Inhalt, dass baupfandberechtigte Arbeiten begonnen haben. Die Anmerkung sichert dem Handwerker zwar nicht den Rang seines (eventuell später relevant werdenden Pfandrechts), aber im Zeitraum zwischen dem Eintrag der Anmerkung und dem Ende der Eintragungsfrist für das Pfandrecht können andere Pfandrechte nur als Grundpfandverschreibungen eingetragen werden (Art. 841 Abs. 3 ZGB). Die Anmerkung bewirkt eine beschränkte Grundbuchsperre. 2552

Von der Bestimmung in Art. 841 Abs. 3 ZGB wird kaum Gebrauch gemacht. 2553

III. Anmerkung von Zugehör

Zum Begriff der Zugehör vgl. N 64. 2554

A. Eintragung der Anmerkung

Anmeldende Person ist die Grundeigentümerin. 2555

Beleg ist die schriftliche Erklärung der Grundeigentümerin unter Beifügung eines Inventars, in dem die Zugehörgegenstände einzeln aufgezählt oder in klarer Weise beschrieben werden (FRITZ OSTERTAG [BK 1917], Art. 946 N 25; ARTHUR HOMBERGER [ZK 1938], Art. 946 N 32 ff.; JÜRG SCHMID [BSK 2015], Art. 946 N 33). 2556

Kraft der Anmerkung wird die Zugehörseigenschaft eines Gegenstandes so lange vermutet, als nicht nachgewiesen ist, dass ihm die objektiven Voraussetzungen fehlen. Die Anmerkung vermag jedoch einem Gegenstand, dem 2557 die Zugehörseigenschaft fehlt, diese Zugehörseigenschaft nicht zu verschaffen (JÜRG SCHMID [BSK 2015], Art. 946 N 31 f.). Die Anmerkung von Zugehör dient in erster Linie den Grundpfandgläubigern, da die Zugehör als mitverpfändet gilt, sofern die Parteien des Pfandvertrages nicht ausdrücklich etwas anderes vereinbart haben.

B. Änderung der Anmerkung

2558 Es kann auf das in N 2559 ff. zur Löschung der Anmerkung Gesagte verwiesen werden.

C. Löschung der Anmerkung

2559 **Anmeldende Person** ist die Grundeigentümerin.

2560 **Beleg** ist die Erklärung der Grundeigentümerin in einfacher Schriftform, wonach die Anmerkung zu löschen ist *(Löschungsbewilligung)*.

2561 Da die Anmerkung eine Beweiserleichterung erzeugt, die den Grundpfandgläubigern und gegebenenfalls dem Nutzniesser zugutekommt, ist deren schriftliche Zustimmung für die Löschung der Anmerkung notwendig (JÜRG SCHMID [BSK 2015], Art. 946 N 32; ARTHUR HOMBERGER [ZK 1938], Art. 946 N 37).

IV. Anmerkung der vertretungsberechtigten Personen

A. Eintragung der Anmerkung

2562 Art. 962a ZGB erlaubt, in Konstellationen, in denen eine berechtigte Person nicht selber handeln kann oder darf, deren gesetzlichen oder amtlichen Vertreter anzumerken. Die Anmerkung macht erkennbar, dass die eingetragene Berechtigte nicht mehr selber verfügungsbefugt ist. Dritte können sich demgemäss nicht auf gutgläubigen Rechtserwerb berufen, wenn sie mit der eingetragenen Berechtigten einen Vertrag schliessen; denn auch Anmerkungen gelten kraft des öffentlichen Glaubens des Grundbuchs als jedermann bekannt.

2563 Da das Gesetz den Kreis der eingetragenen Berechtigten, für den solche Vertretungsverhältnisse angemerkt werden können, nicht einschränkt, muss es zulässig sein, bei allen Kategorien von eingetragenen Personen solche Anmerkungen zu machen, also nicht nur bei den Eigentümerinnen, sondern auch bei den

Inhabern beschränkter dinglicher Rechte und bei Personen, die als Inhaber übertragbarer persönlicher Rechte vorgemerkt sind (Vorkaufsberechtigte etc.).

Die Anmerkung zerstört nicht nur den guten Glauben Dritter, sondern ist auch vom Grundbuchamt zu beachten. Erhält das Grundbuch von einer Person, die laut Anmerkung unter umfassender Beistandschaft steht, die Löschungsbewilligung für ein Grundpfand oder für eine Vormerkung der Miete, so tritt es darauf nicht ein. Die Anmeldung ist nicht abzuweisen, sondern als nicht erfolgt zu betrachten. 2564

Anmeldende Person ist der jeweilige Vertreter oder eine Behörde. Von der eingetragenen Berechtigten kann die Grundbuchanmeldung nicht ausgehen, da das anzumerkende Vertretungsverhältnis einen Grund gerade darin hat, dass sie dazu nicht in der Lage ist. Art. 962a ZGB nennt für jede Gruppe von Vertretungsverhältnissen die Person(en), die zur Stellung des Begehrens, d.h. zur Grundbuchanmeldung, befugt ist (sind). 2565

Beleg ist der Nachweis des Vertretungsverhältnisses (z.B. Verfügung der Erwachsenenschutzbehörde, Willensvollstreckerzeugnis etc.). 2566

Die Anmerkung ist kein Beweis für das Vertretungsverhältnis. Urkundspersonen und Grundbuchamt müssen die Zuständigkeit der angemerkten Vertreter bei jedem Geschäft neu prüfen (JÜRG SCHMID [BSK 2015], Art. 962a N 6; RUTH ARNET [2014], 392 f.). 2567

B. Änderung oder Löschung der Anmerkung

Es kann auf das in N 2562 ff. zur Eintragung Gesagte verwiesen werden. 2568

V. Anmerkung von Trustverhältnissen

Zum Begriff des Trusts vgl. N 2367 ff. 2569

A. Eintragung der Anmerkung

Gemäss Art. 149d IPRG kann die Zugehörigkeit eines Grundstücks zu einem Trust im Grundbuch angemerkt werden. Die Anmerkung macht öffentlich, dass der als Eigentümer eingetragene Trustee gemäss ausländischem Recht die Rechtsstellung und die Befugnisse hat, die ihm die Trusturkunde und jenes ausländische Recht verleihen, dem der Trust untersteht. 2570

2571 Aus Art. 137 GBV und aus der in N 1066 zitierten Lehrmeinung von DELPHINE PANNATIER KESSLER ergibt sich, dass man sich schweizerischerseits verpflichtet fühlt, ausländische Settlors und Trust-Begünstigte gegen die potenzielle Untreue ihrer Trustees zu schützen. Jede Trust-Anmerkung gemäss Art. 149d IPRG wird als Auftrag zu einer solchen Beschützerrolle verstanden. Dementsprechend hoch sind die Hürden, die für die Veräusserung von Trust-Grundstücken und für die Löschung von Trust-Anmerkungen aufgerichtet werden. – Ob das sinnvoll ist und den Erwartungen der Beteiligten entspricht, kann dahingestellt bleiben.

2572 Die Anmeldung der Anmerkung kann anlässlich der Einbringung des Grundstücks in den Trust durch den Settlor oder später durch den Trustee erfolgen (Art. 58 Abs. lit. a und b GBV).

1. Anmerkung durch den Settlor

2573 **Anmeldende Person** ist der Settlor anlässlich der Übertragung des Grundstücks an den Trustee (Art. 58 Abs. lit. a GBV). Wird die grundbuchliche Trust-Anmerkung in dem vom Settlor mitunterzeichneten Beleg (siehe hiernach) beantragt, so kann die Grundbuchanmeldung für die Anmerkung auch vom Trustee ausgehen.

2574 **Beleg** ist der Übertragungsvertrag zwischen dem Settlor als Veräusserer und dem Trustee als Erwerber. Aus dem Vertrag muss sich der Wille der Parteien ergeben, das Grundstück auf den Erwerber als Trustee zu übertragen. Im Vertrag ist auf die ausländische Trusturkunde Bezug zu nehmen. Ihr Errichtungsort und ihr Datum sind anzugeben, nicht ihr Inhalt. Fehlen diese Angaben im Übertragungsvertrag, so können sie in anderer Weise belegt werden; in jedem Fall muss aus dem Grundbuch ersichtlich sein, welcher ausländischen Rechtsordnung der angemerkte Trust untersteht.

2575 Gewisse Autoren fordern weitergehend, dass die schweizerische Urkundsperson bei Grundstücksübertragungen, die gemäss Erklärung der Parteien von einem Settlor auf einen Trustee erfolgen, die Richtigkeit dieser Erklärungen durch Einsichtnahme in einschlägige ausländische Urkunden überprüft. Einzufordern seien die Trusturkunde *(Trust Deed)* sowie ein gerichtlicher oder privater Ernennungsbeschluss mit der entsprechenden Annahmeerklärung des Trustees. Immerhin müssten diese Dokumente dem Grundbuchamt nicht eingereicht werden (DELPHINE PANNATIER KESSLER [ZBGR 2011], 98 f.).

2576 Weitgehend Einigkeit besteht unter den Autoren darüber, dass die in der Wegleitung des Bundesamtes für Justiz erwähnte Feststellungsurkunde einer schweizerischen Urkundsperson (BJ [ZBGR 2007], 379) nicht als Beleg für die Anmerkung des Trustverhältnisses anlässlich der Einbringung anerkannt werden kann (DELPHINE PANNATIER KESSLER [ZBGR 2011], 97 f.; BÉNÉDICT FOËX [2009], 261 ff.; STEPHAN WOLF/NADINE JORDI [2008], 68 f.).

2. Anmerkung durch den Trustee

Anmeldende Person ist der Trustee als Grundeigentümer (Art. 58 Abs. lit. b GBV). 2577

Beleg ist die vom Trustee ausgehende Grundbuchanmeldung, verbunden mit weiteren Dokumenten, die die Existenz des Trusts und die Zugehörigkeit des Grundstücks zum Trustvermögen belegen. Infrage kommen in erster Linie eine beglaubigte Kopie oder ein beglaubigter Auszug aus der Trusturkunde. Der Auszug muss insbesondere die Bestimmungen bezüglich des betreffenden Grundstücks, ferner diesbezüglich die Begünstigtenregelung und die Kompetenzen des Trustee enthalten. Ergibt sich die Zugehörigkeit des Grundstücks zum Trustvermögen nicht aus der Trusturkunde, so ist sie in anderer Weise zu belegen (so im Ergebnis ähnlich DELPHINE PANNATIER KESSLER [ZBGR 2011], 99). 2578

B. Löschung der Anmerkung

Anmeldende Person ist der Trustee als Grundeigentümer (Art. 58 Abs. lit. b GBV). 2579

Beleg ist die notarielle Feststellungsurkunde gemäss Art. 137 Abs. 2 GBV oder einer der (alternativ erwähnten) Belege gemäss Art. 137 Abs. 1 lit. a-d GBV. 2580

Art. 137 GBV sieht vor, dass der Trustee nicht ohne Weiteres befugt ist, die Löschung der Anmerkung über die Zugehörigkeit des Grundstückes zu einem Trustvermögen allein vorzunehmen. Der Trustee bedarf hierzu der Zustimmung weiterer Personen (Settlor, Protector oder Beneficiaries) oder Instanzen (ausländische Aufsichtsbehörde oder schweizerisches Gericht). 2581

Nach der Lehre ist die Löschung der Anmerkung ohne weitere Belege möglich, wenn das Grundstück an einen Dritten veräussert wurde (GABRIELLE NATER-BASS/MORITZ SEILER [2013], 226; DELPHINE PANNATIER KESSLER [ZBGR 2011], 105; BÉNÉDICT FOËX [2009], 265; FLORENCE GUILLAUME [ZBGR 2009], 9 f.). In diesem Fall ist das Grundstück offensichtlich nicht länger Teil des Trustvermögens; die Anmerkung verliert ihren Sinn. 2582

VI. Anmerkung der Zugehörigkeit eines Grundstücks zu einem Immobilienfonds

A. Eintragung der Anmerkung

2583 Art. 86 Abs. 2 der Verordnung über die kollektiven Kapitalanlagen (Kollektivanlagenverordnung, KKV) sieht die Möglichkeit vor, die Zugehörigkeit eines Grundstücks zu einem Immobilienfonds im Grundbuch anzumerken. Unter den Begriff des Immobilienfonds fallen offene Kapitalanlagen, die als vertragliche Anlagefonds im Sinne von Art. 36 ff. des Bundesgesetzes über die kollektiven Kapitalanlagen (Kollektivanlagengesetz, KAG) ausgestaltet und deren Mittel in Immobilienwerten im Sinne von Art. 59 KAG angelegt sind.

2584 Die Anmerkung gemäss Art. 86 Abs. 2 KKV dient der erhöhten Publizität bezüglich der in Art. 35 Abs. 1 KAG vorgesehenen Absonderungsrechte im Konkurs der Fondsleitung.

2585 **Anmeldende Person** ist die Fondsleitung als Grundeigentümerin (Art. 86 Abs. 2 KKV).

2586 **Beleg** ist die genaue Bezeichnung des Immobilienfonds, für den die Anmerkung verlangt wird (manche Fondsleitungen verwalten mehrere Immobilienfonds). Sind die erforderlichen Angaben in der Grundbuchanmeldung enthalten, so ist kein separater Beleg erforderlich.

2587 KAG und KKV erlauben den Immobilienfonds nur Anlagen in handelbaren Immobilienwerten, für die ein gewisser Markt besteht (vgl. Art. 59 KAG und Art. 86 KKV). Infrage kommen Liegenschaften, selbständige und dauernde Baurechte und Stockwerkeigentum. Die Anlage in Miteigentumsanteilen ist nur unter gewissen Voraussetzungen zulässig (JOHANNES A BÜRGI/FRANCIS NORDMANN/ELISABETH MOSKRIC [BSK 2016], Art. 59 N 4 ff.).

2588 Urkundspersonen und Grundbuchämter haben indessen nicht darüber zu wachen, ob Immobilienfonds nur in zulässige Immobilienwerte investieren; diese Kontrolle obliegt den Revisionsstellen und der Finanzmarktaufsicht.

2589 Vor dem Inkrafttreten des KAG bestand eine analoge Anmerkungsmöglichkeit gemäss Art. 36 Abs. 2 des Bundesgesetzes vom 18.3.1994 über die Anlagefonds (Anlagefondsgesetz, AFG). Altrechtliche Anmerkungen haben nach der Ablösung des AFG durch das KAG im Jahre 2007 ihre altrechtliche Bedeutung unverändert beibehalten.

B. Änderung oder Löschung der Anmerkung

Es kann auf das in N 2583 ff. Gesagte verwiesen werden. 2590

§ 75 Anmerkung von gesetzlichen Verfügungsbeschränkungen

Zum Begriff der gesetzlichen Verfügungsbeschränkung vgl. N 137 ff. und insbesondere N 143. 2591

Gesetzliche Verfügungsbeschränkungen bestehen ungeachtet ihrer allfälligen Anmerkung im Grundbuch. Die Anmerkung dient der blossen Information. Insofern unterscheiden sich die Verfügungsbeschränkungen, die im Grundbuch angemerkt werden, von jener anderen Gruppe von Verfügungsbeschränkungen, die ihre Wirkung erst kraft einer Vormerkung im Grundbuch entfalten (N 2548 ff.). Ist die Eintragung im Grundbuch erfolgt, so sind die Auswirkungen bei beiden Gruppen die gleichen: Ohne Zustimmung der anmerkungsbegünstigten Person oder Institution kann die Grundeigentümerin über ihr Grundstück nicht mehr verfügen. 2592

Die in der Praxis am häufigsten vorkommenden Anmerkungen von gesetzlichen Verfügungsbeschränkungen werden im nachfolgenden 13. Kapitel über die Verfügungsbeschränkungen ausführlich behandelt. 2593

§ 76 Anmerkung von Grundbuchsperren

Grundbuchsperren werden als vorsorgliche Massnahmen von Gerichten und Strafverfolgungsbehörden, ausnahmsweise von Verwaltungsbehörden verfügt und direkt beim Grundbuchamt angemeldet (vgl. Art. 56 GBV). Laut Art. 56 GBV geht die Anmeldung primär von der Eigentümerin aus; da diese aber Verfügungsgegnerin ist, kann die Behörde es nicht darauf ankommen lassen, ob und wann die Eigentümerin den Gang zum Grundbuchamt unter die Füsse nimmt. 2594

Die Löschung der Anmerkung geht von derselben Behörde aus, die die Eintragung angemeldet hat. 2595

Dreizehntes Kapitel: Verfügungsbeschränkungen

2596 Verfügungsbeschränkungen begrenzen die Möglichkeit der Eigentümerin, über ihr Grundeigentum frei zu verfügen (vgl. N 137 ff. und N 2591 ff.). Sie bestehen entweder von Gesetzes wegen (vgl. N 2598 ff.), aufgrund eines Rechtsgeschäfts (N 2753 ff.) oder aufgrund einer behördlichen Anordnung (N 2594 ff.).

2597 Die gesetzlichen Verfügungsbeschränkungen sind nicht aus dem Grundbuch ersichtlich. Rechtsgeschäftlich entstandene Verfügungsbeschränkungen werden im Grundbuch meist vorgemerkt. Behördlich angeordnete Verfügungsbeschränkungen werden ebenfalls meist vorgemerkt oder angemerkt.

§ 77 Gesetzliche Verfügungsbeschränkungen des Privatrechts

I. Verfügungsbeschränkung betreffend die Familienwohnung

A. Inhalt und Zweck der Verfügungsbeschränkung

2598 Der Gesetzgeber hat zum Schutze der Familie in Art. 169 ZGB angeordnet, dass eine Ehegattin die ihr gehörenden Rechte an Grundstücken nur dann ohne Mitwirkung des andern Ehegatten veräussern kann, wenn die Grundstücke nicht der Familie – insbesondere dem andern Ehegatten – als Wohnung dienen.

2599 Eine analoge Bestimmung findet sich für eingetragene Partnerschaften in Art. 14 PartG.

2600 Die Missachtung der Verfügungsbeschränkung, d.h. die Veräusserung der Familienwohnung ohne Zustimmung des anderen Ehegatten oder des anderen Partners, führt zur Nichtigkeit des Grundstücksgeschäfts (HEINZ HAUSHEER/RUTH REUSSER/THOMAS GEISER [BK 1999], Art. 169 N 59; VERENA BRÄM/FRANZ HASENBÖHLER [ZK 1997], Art. 169 N 69 ff.). Der Vertragspartner der verfügenden Ehegattin kann sich nicht auf guten Glauben berufen (IVO SCHWANDER [BSK 2014] Art. 169 N 22).

2601 Im Anwendungsbereich des bäuerlichen Bodenrechts findet sich zum Schutz der familiären Gemeinschaft sodann eine Bestimmung, wonach eine Eigentümerin ein landwirtschaftliches Gewerbe, das sie zusammen mit ihrem Ehegatten bewirtschaftet, nicht ohne dessen Zustimmung veräussern kann (Art. 40 BGBB).

B. Voraussetzungen für das Bestehen der Verfügungsbeschränkung

Damit ein Geschäft unter die gesetzliche Verfügungsbeschränkung von Art. 169 ZGB oder Art. 14 PartG fällt, müssen die nachfolgenden Voraussetzungen kumulativ erfüllt sein; ist eine dieser Voraussetzungen nicht erfüllt, so muss die Urkundsperson keine weiteren Abklärungen treffen. Die Grundbuchämter haben keine weiteren Nachweise zu verlangen. 2602

1. Verheiratete Person oder Person in eingetragener Partnerschaft

Bei der Verfügenden muss es sich um eine verheiratete Person oder eine Person in eingetragener Partnerschaft handeln. Diesbezüglich gilt eine formelle Betrachtungsweise. So ist die Verfügende während der gesamten Dauer der Ehe oder Partnerschaft, d.h. auch während des Scheidungsprozesses, eine verheiratete Person im Sinne von Art. 169 ZGB oder eine Person in eingetragener Partnerschaft im Sinne von Art. 14 PartG (HEINZ HAUSHEER/RUTH REUSSER/THOMAS GEISER [BK 1999], Art. 169 N 11 ff.; VERENA BRÄM/FRANZ HASENBÖHLER [ZK 1997], Art. 169 N 33; JÜRG SCHMID [ZBGR 2002], 322). 2603

Bei der Abklärung der Frage, ob es sich um eine verheiratete Person oder eine Person in eingetragener Partnerschaft handelt, dürfen sich Urkundsperson und Grundbuchamt auf die Erklärungen der Partei verlassen und brauchen keine Beweismittel einzufordern. Bezeichnet sich eine Vertragspartei wider besseres Wissen als unverheiratet, dann macht sie sich unter Umständen strafbar. 2604

2. Familienwohnung

Beim Grundstück, über das verfügt wird, muss es sich um ein Objekt handeln, das *Wohnraum* enthält. Dies ist offensichtlich nicht der Fall bei unüberbauten Grundstücken oder bei Grundstücken, auf denen ausschliesslich Industrie- oder Gewerbebauten stehen (VERENA BRÄM/FRANZ HASENBÖHLER [ZK 1997], Art. 169 N 23; URS FASEL [2013], Art. 64 N 73). 2605

Sodann muss der Wohnraum als Familienwohnung im Sinne der Hauptwohnung dienen. Zweit-, Wochenend- und Ferienwohnungen fallen nicht unter den Schutzbereich von Art. 169 ZGB und Art. 14 PartG (BGE 118 II 489, E. 2; HEINZ HAUSHEER/RUTH REUSSER/THOMAS GEISER [BK 1999], Art. 169 N 18; VERENA BRÄM/FRANZ HASENBÖHLER [ZK 1997], Art. 169 N 22; URS FASEL [2013], Art. 64 N 72; ROLAND PFÄFFLI [BN 1986], 285; STEPHAN WOLF/GIAN SANDRO GENNA [ZK 2007], Art. 14 N 13 ff.). 2606

2607 Von einer Familienwohnung kann nicht mehr gesprochen werden, wenn ein Ehegatte die eheliche Wohnung aus freiem Entschluss endgültig oder für unbestimmte Zeit verlässt oder wenn sich beide Ehegatten darauf einigen, dass die Familienwohnung aufgegeben werden soll (BGE 136 III 257, E 2.1; BGE 114 II 396, E. 5b).

C. Veräusserung und Beschränkung von Rechten

2608 Als zustimmungsbedürftige Verfügung über die Familienwohnung gilt die Veräusserung des Eigentums und jedes andere Rechtsgeschäft, mit dem die Verfügende ihre Rechte an der Familienwohnung beschränkt. Eine Beschränkung liegt etwa vor bei der Einräumung eines Kaufsrechts oder beim Verzicht auf ein Baurecht, auf eine Nutzniessung, auf ein Benützungs- oder Wohnrecht sowie bei der Begründung einer Nutzniessung oder eines Wohnrechts zugunsten eines Dritten (BGE 118 II 489, E. 3a; JÜRG SCHMID [ZBGR 2002], 322 f.; HEINZ HAUSHEER/RUTH REUSSER/THOMAS GEISER [BK 1999], Art. 169 N 41 ff.; VERENA BRÄM/FRANZ HASENBÖHLER [ZK 1997], Art. 169 N 52; MAX BAUMANN [ZK 1999], Art. 748–749 N 25; MICHEL MOOSER [ZBGR 1996], 348; THOMAS GEISER [ZBGR 1987], 18).

2609 Ein zustimmungsbedürftiges Geschäft liegt auch dann vor, wenn ein *Mehrfamilienhaus* veräussert wird, in dem sich die Familienwohnung befindet (HEINZ HAUSHEER/RUTH REUSSER/THOMAS GEISER [BK 1999], Art. 169 N 20; THOMAS GEISER [1987], 18).

2610 Die Errichtung von Grundpfandrechten ist ihrer Natur nach kein Geschäft, das die Nutzungsrechte der Familie an den Wohnräumen der Familie beschränkt. Die *hypothekarische Belastung* ist nach der hier vertretenen Auffassung kein zustimmungsbedürftiges Geschäft. Es gehört zum Lebensrisiko jeder Familie, aus ihrer Familienwohnung ausziehen zu müssen, wenn der Inhaber der Familienwohnung sich und die Familie finanziell ruiniert. Ob und in welchem Umfang er im Vorfeld des Ruins sein Grundeigentum verpfändet, ändert an diesem Risiko wenig. Wollte man die Errichtung von Grundpfandrechten vom Nachweis abhängig machen, dass keine Familienwohnung gefährdet wird, wie dies in der Lehre teilweise befürwortet wird (allerdings beschränkt auf Ausnahmefälle, vgl. JÜRG SCHMID [ZBGR 2002], 322; HEINZ HAUSHEER/RUTH REUSSER/THOMAS GEISER [BK 1999], Art. 169 N 46 ff.; VERENA BRÄM/FRANZ HASENBÖHLER [ZK 1997], Art. 169 N 53 ff.; STEPHAN WOLF/GIAN SANDRO GENNA [ZK 2007], Art. 14 N 62 ff.), so würde man den Grundstücksverkehr mit Nachweispflichten belasten, deren Voraussetzungen unklar sind und deren

Erfüllung nie wirklich möglich ist. Ein sozialer Mehrwert wird dadurch kaum geschaffen. Die Ausdehnung von Art. 169 Abs. 1 ZGB auf die Verpfändung von Familienwohnungseigentum ist vom Gesetzeswortlaut her nicht zwingend geboten und nach der hier vertretenen Auffassung verfehlt. Demgemäss haben weder Urkundsperson noch Grundbuchamt eine Pflicht, sich bei der Errichtung von Grundpfändern danach zu erkundigen, ob es sich beim Pfandobjekt um die Familienwohnung handelt oder die Frage zu stellen, wozu der Schuldner und Pfandgeber die Hypothekenvaluta zu verwenden gedenkt. Ausnahmsweise kann eine Interventionspflicht der Urkundsperson angenommen werden, wenn zufälligerweise im Beurkundungsverfahren deutlich wird, dass eine über den mutmasslichen Verkehrswert deutlich hinausgehende Belehnung einer Familienwohnung zu Zwecken erfolgt, die mit dem Erhalt der Familie offensichtlich nichts zu tun haben, wie etwa zur Absicherung von fremdfinanzierten Börsenspekulationen oder zur Tilgung von Spielschulden. Verpfändet hingegen ein Unternehmer die Familienwohnung, um sein Geschäft in kritischer Zeit über die Runden zu bringen, so darf ihm dies ungeachtet der Belehnungshöhe nicht gestützt auf Art. 169 ZGB verwehrt werden.

Hat einer der Ehegatten zusammen mit Dritten *gemeinschaftliches Eigentum* an einem Grundstück und überträgt er seine Rechte an diesem Grundstück, so handelt es sich hierbei nicht notwendigerweise um ein zustimmungsbedürftiges Geschäft. Folgende Fälle sind zu unterscheiden: 2611

Steht das Grundstück, das als Familienwohnung dient, im *Miteigentum* des einen Ehegatten (oder eingetragenen Partners) und einer Drittperson und überträgt der Ehegatte (oder eingetragene Partner) seinen Miteigentumsanteil an einen anderen Miteigentümer, so ist hierfür keine Zustimmung des Ehegatten oder Partners notwendig (URS FASEL [2013], Art. 64 N 75; ROLAND PFÄFFLI [BN 1986], 285). Würde bei der Übertragung von Miteigentumsquoten unter Miteigentümern die Zustimmung gemäss Art. 169 ZGB oder Art. 14 PartG verlangt, so könnte dies den Aufhebungsanspruch jedes Miteigentümers gemäss Art. 650 Abs. 1 ZGB vereiteln. Gewisse Autoren vertreten hingegen die Auffassung, dass das Zustimmungserfordernis bei Übertragungen von Miteigentumsquoten nur dann entfalle, wenn ein anderer Miteigentümer die Aufhebung des Miteigentums verlange (HEINZ HAUSHEER/RUTH REUSSER/THOMAS GEISER [BK 1999], Art. 169 N 29; VERENA BRÄM/FRANZ HASENBÖHLER [ZK 1997], Art. 169 N 40 f.; THOMAS GEISER [1987], 18; JÜRG SCHMID [1987], 295 f.). 2612

Steht das Grundstück, das als Familienwohnung dient, im *Miteigentum* des einen Ehegatten (oder eingetragenen Partners) und einer Drittperson und 2613 überträgt der Ehegatte (oder eingetragene Partner) seinen Miteigentumsanteil an einen Dritten, der nicht Miteigentümer ist, so bedarf die Veräusserung des Miteigentumsanteils in jedem Fall der Zustimmung des Ehegatten oder Partners (a.M. URS FASEL [2013], Art. 64 N 73).

2614 Um keine Veräusserung im Sinne von Art. 169 ZGB und Art. 14 PartG handelt es sich, wenn die Verfügende bloss über *interne Quoten* an einer einfachen Gesellschaft, an einer Kollektiv- oder Kommanditgesellschaft oder einer Gemeinderschaft verfügt. Hier steht dem aussenstehenden Ehegatten oder Partner kein Mitspracherecht zu (ROLAND PFÄFFLI [Diss. 1999], 72; HEINZ HAUSHEER/RUTH REUSSER/THOMAS GEISER [BK 1999], Art. 169 N 30, 32; VERENA BRÄM/FRANZ HASENBÖHLER [ZK 1997], Art. 169 N 41 f.; mit gewissen Einschränkungen auch JÜRG SCHMID [ZBGR 2002], 322; a.M. STEPHAN WOLF/GIAN SANDRO GENNA [ZK 2007], Art. 14 N 57).

2615 Ebenfalls um keine Veräusserung im Sinne von Art. 169 ZGB und Art. 14 PartG handelt es sich bei Verfügungen über Grundstücke, die sich im (Gesamt-)Eigentum einer *Erbengemeinschaft* befinden (BGE 118 II 489, E. 3; HEINZ HAUSHEER/RUTH REUSSER/THOMAS GEISER [BK 1999], Art. 169 N 30, 31; VERENA BRÄM/FRANZ HASENBÖHLER [ZK 1997], Art. 169 N 41; STEPHAN WOLF/GIAN SANDRO GENNA [ZK 2007], Art. 14 N 58). Ein solches Zustimmungserfordernis würde dem Liquidationszweck der Erbengemeinschaft zuwiderlaufen (JÜRG SCHMID [ZBGR 2002], 322).

2616 Um keine Veräusserung der Familienwohnung handelt es sich ferner, wenn einem der Ehegatten (oder eingetragenen Partner) gleichzeitig mit der Veräusserung ein dingliches Recht bestellt wird (z.B. Nutzniessung oder Wohnrecht zugunsten eines oder beider Ehegatten Partner), durch das die Familienwohnung hinreichend gesichert bleibt. Eine hinreichende Sicherheit liegt dann vor, wenn nicht aufgrund der dem dinglichen Recht vorgehenden Pfandbelastung von vornherein damit gerechnet werden muss, dass die Dienstbarkeit in einer Zwangsverwertung als Folge des Doppelaufrufs (vgl. N 179 ff.) im Grundbuch gelöscht wird (JÜRG SCHMID [ZBGR 2002], 322; STEPHAN WOLF/GIAN SANDRO GENNA [ZK 2007], Art. 14 N 59).

2617 Schliesslich gilt auch die Begründung eines Vorkaufsrechts nicht als Veräusserung oder Belastung der Rechte an der Familienwohnung, da das Vorkaufsrecht nur zum Zuge kommt, wenn ein das Vorkaufsrecht auslösendes Rechtsgeschäft abgeschlossen wird, für dessen Zustandekommen eine Zustimmung des Ehegatten oder eingetragenen Partners notwendig ist (teilweise a.M. JÜRG SCHMID [ZBGR 2002], 322).

D. Belege bei der Veräusserung einer Familienwohnung

Erklärt eine Partei, sie sei verheiratet oder in eingetragener Partnerschaft, und veräussert oder belastet sie ein Grundstück, das Wohnraum enthält, dann können Urkundspersonen und Grundbuchamt nicht ausschliessen, dass eine Zustimmung erforderlich ist. Bei intakter ehelicher oder partnerschaftlicher Beziehung ist die Zustimmung des Ehegatten/Partners oder seine Bestätigung, dass keine Familienwohnung vorliegt, der einfachste Weg. Verweigert der Ehegatte/Partner die Mitwirkung, dann ist eine *notarielle Feststellungsurkunde* die gegebene Alternative, um sich den Gang an das Zivilgericht zu ersparen (Art. 169 Abs. 2 ZGB; Art. 14 Abs. 2 PartG). Da negative Tatsachen schwer zu beweisen sind, vergewissert sich die Urkundsperson am ehesten positiv davon, dass die Familie ihres Klienten an einem andern Ort wohnt. Dies erlaubt ihr die urkundliche Feststellung, dass das veräusserte Objekt nicht die Familienwohnung der Veräusserin enthält (AB LU 2.12.1988 [ZBGR 1991], 101; ROLAND PFÄFFLI [BN 1986], 285).

2618

Die Erklärung des Ehegatten oder Partners erfolgt in einfacher Schriftform, wonach er der Veräusserung der Familienwohnung zustimmt oder wonach die Familienwohnung von der Verfügung nicht betroffen ist (HEINZ HAUSHEER/RUTH REUSSER/THOMAS GEISER [BK 1999], Art. 169 N 49a; VERENA BRÄM/FRANZ HASENBÖHLER [ZK 1997], Art. 169 N 63; URS FASEL [2013], Art. 64 N 84). Die Erklärung des Ehegatten oder Partners muss sich auf ein konkretes Rechtsgeschäft beziehen. Eine im Voraus erteilte pauschale Zustimmung ist nicht gültig (THOMAS GEISER [1987], 20; STEPHAN WOLF/GIAN SANDRO GENNA [ZK 2007], Art. 14 N 71).

2619

Die Erklärung des Ehegatten oder Partners kann vor oder nach dem Vertragsschluss erfolgen (HEINZ HAUSHEER/RUTH REUSSER/THOMAS GEISER [BK 1999], Art. 169 N 50 f.; VERENA BRÄM/FRANZ HASENBÖHLER [ZK 1997], Art. 169 N 62). Der zustimmungsbedürftige Vertrag kann beim Grundbuch aber nicht angemeldet werden, bevor die Zustimmung vorliegt.

2620

Steht der Ehegatte oder Partner unter Vertretungsbeistandschaft, Mitwirkungsbeistandschaft oder umfassender Beistandschaft (N 633 ff.), so ist zu prüfen, ob die Mitwirkung des Beistands notwendig ist. Im Fall der Vertretungsbeistandschaft und der umfassenden Beistandschaft brauchen die Handlungen des Beistands zusätzlich die Genehmigung der Erwachsenenschutzbehörde (Art. 416 Abs. 1 Ziff. 1 ZGB).

2621

II. Verfügungsbeschränkung betreffend Miteigentum in der Errungenschaftsbeteiligung

A. Inhalt und Zweck der Verfügungsbeschränkung

2622 Steht ein Grundstück im Miteigentum von Errungenschafts-Ehegatten, dann wird nach herrschender Lehre durch Art. 201 Abs. 2 ZGB die allgemeine Regel aufgehoben, wonach (unter Vorbehalt des gesetzlichen Vorkaufsrechts) jeder Miteigentümer über seine Quote frei verfügen kann. Ehegatten als Miteigentümer können dies gemäss dieser Lehre nicht. Vielmehr braucht jeder die Zustimmung des andern. Das ist nicht selbstverständlich, denn Art. 201 Abs. 2 ZGB bezieht sich gemäss seiner Stellung in erster Linie auf das gemäss Art. 200 Abs. 2 zu vermutende Miteigentum an Sachen, deren Zuordnung zum Vermögen des einen oder andern Ehegatten nicht beweisbar ist. Dass sich Art. 201 Abs. 2 ZGB auch auf rechtsgeschäftlich begründetes Miteigentum von Errungenschafts-Ehegatten bezieht, müsste aus dem Gesetz nicht zwingend abgeleitet werden. Grundbuchlich ausgewiesenes Miteigentum ist immer rechtsgeschäftlich begründetes Miteigentum, nie vermutetes Miteigentum im Sinne von Art. 200 Abs. 2 ZGB. – Die von Art. 201 Abs. 2 geforderte Zustimmung kann generell im Voraus (als «andere Vereinbarung» im Sinne des Gesetzes) oder einzelfallweise für ein konkretes Geschäft, vor oder nach dem Vertragsschluss, erteilt werden. Der zustimmungsbedürftige Vertrag kann beim Grundbuch aber nicht angemeldet werden, bevor die Zustimmung vorliegt (vgl. HEINZ HAUSHEER/RUTH REUSSER/THOMAS GEISER [BK 1999], Art. 201 N 29; JÜRG SCHMID [ZBGR 2002], 326).

2623 Eine Missachtung der Verfügungsbeschränkung, d.h. die Veräusserung oder Belastung eines Miteigentumsanteils ohne Zustimmung des anderen Ehegatten, führt zur *Nichtigkeit* des Grundstücksgeschäfts (HEINZ HAUSHEER/REGINA AEBI-MÜLLER [BSK 2014], Art. 201 N 28 sprechen bloss von Ungültigkeit). Der Vertragspartner des verfügenden Ehegatten kann sich nicht auf guten Glauben berufen (HEINZ HAUSHEER/REGINA AEBI-MÜLLER [BSK 2014], Art. 201 N 30).

B. Wirkungen der Verfügungsbeschränkung

2624 Die Verfügungsbeschränkung ist bei jeder lebzeitigen, freiwilligen rechtlichen Verfügung über den Miteigentumsanteil wirksam, nicht jedoch bei Verfügungen von Todes wegen. Letztwillige Anordnungen müssen eventuell aus einem anderen Grund zurücktreten, wenn nämlich der überlebende Ehegatte seinen güterrechtlichen Zuweisungsanspruch gestützt auf Art. 205 Abs. 2 ZGB geltend macht (N 1199 und 2046 ff.). Der güterrechtliche Anspruch geht der erbrechtlichen Verfügung vor (Heinz Hausheer/Ruth Reusser/Thomas Geiser [BK 1999], Art. 201 N 28).

Art. 201 Abs. 2 ZGB wirkt nur bei Miteigentumsverhältnissen zwischen Ehegatten in *Errungenschaftsbeteiligung,* nicht jedoch bei Gütergemeinschaft und Gütertrennung. Die Verfügungsbeschränkung kommt hingegen auch zum Tragen bei *eingetragenen Partnerschaften,* die unter Errungenschaftsbeteiligung leben (Philipp Gremper [ZK 2007], Art. 25 N 108 ff.). 2625

Art. 201 Abs. 2 ZGB kommt nur zur Anwendung, wenn die Ehegatten die einzigen Miteigentümer sind. Gehören weitere Personen zur Miteigentümergemeinschaft, so greift die Verfügungsbeschränkung nicht (Heinz Hausheer/Ruth Reusser/Thomas Geiser [BK 1999], Art. 201 N 37; Heinz Hausheer/Regina Aebi-Müller [BSK 2014], Art. 201 N 23). 2626

C. Aufhebung der Verfügungsbeschränkung

Die Verfügungsbeschränkung entfällt aufgrund einer generellen, im Voraus getroffenen Vereinbarung oder wenn der Ehegatte einer konkreten Veräusserung zustimmt. Die Erklärung ist an keine besondere Form gebunden (Heinz Hausheer/Ruth Reusser/Thomas Geiser [BK 1999], Art. 201 N 33; Jürg Schmid [ZBGR 2002], 327). Im Verkehr mit dem Grundbuch ist jedoch Schriftform geboten. 2627

In der Zustimmung nach Art. 201 Abs. 2 ZGB liegt kein Verzicht auf das gesetzliche Vorkaufsrecht des Miteigentümers gemäss Art. 682 Abs. 1 ZGB. Die Zustimmung gemäss Art. 201 Abs. 2 ZGB ist vielmehr eine Voraussetzung dafür, dass der andere Ehegatte seinen Miteigentumsanteil überhaupt verkaufen und damit den Vorkaufsfall gemäss Art. 682 Abs. 1 ZGB auslösen kann. 2628

Erklärt der vorkaufsberechtigte Ehegatte die Ausübung seines Vorkaufsrechts, dann ist in dieser Erklärung die Zustimmung gemäss Art. 201 Abs. 2 ZGB notwendigerweise mitenthalten und braucht nicht noch separat erklärt und belegt zu werden. Das Gleiche gilt bei der Veräusserung einer im Miteigentum der Ehegatten stehenden Familienwohnung. In der Zustimmung gemäss Art. 169 ZGB ist stillschweigend auch die Zustimmung gemäss Art. 201 Abs. 2 ZGB enthalten, und umgekehrt. 2629

III. Verfügungsbeschränkung gemäss Art. 648 Abs. 3 ZGB

A. Inhalt und Zweck der Verfügungsbeschränkung

2630 Bei Miteigentum und Stockwerkeigentum können gemäss Art. 648 Abs. 3 ZGB auf der «Sache selbst» bzw. auf der Stammparzelle keine neuen Grundpfandrechte eingetragen werden, wenn einzelne Miteigentumsanteile verpfändet sind (vgl. N 346).

B. Anmerkung «Anteile verpfändet»

2631 Um einem fehlerhaften Eintrag auf der Stammparzelle vorzubeugen, trägt das Grundbuchamt dort von Amtes wegen die Anmerkung «Anteile verpfändet» ein, wenn erstmals ein Grundpfandrecht auf einem einzelnen Anteil angemeldet wird (Art. 116 GBV).

2632 Die Anmerkung wird ebenso von Amtes wegen wieder gelöscht, sobald wieder alle Miteigentums- oder Stockwerkeigentumsanteile pfandrechtsfrei sind. Ein Antrag der Miteigentümerinnen oder Stockwerkeigentümerinnen ist nicht notwendig.

IV. Vorkaufsrechte in Miteigentums- und Baurechtsverhältnissen

A. Inhalt und Zweck der Verfügungsbeschränkung

2633 Gesetzliche Vorkaufsrechte bestehen gemäss Art. 682 ZGB zugunsten der Miteigentümerinnen gegenüber jedem Nichtmiteigentümer sowie zugunsten des Baurechtsnehmers an der Bodenparzelle und der Baurechtsgeberin an der Baurechtsparzelle.

2634 Diese gesetzlichen Vorkaufsrechte entstehen als gesetzliche Verfügungsbeschränkungen mit der Begründung des Miteigentums und mit der Errichtung des selbständigen und dauernden Baurechts. Der Bestand der Vorkaufsrechte ist aus dem Grundbuch nicht ersichtlich, sondern ergibt sich aus dem Gesetz und wird deshalb als allgemein bekannt vorausgesetzt. Unkenntnis des Gesetzes ist nicht guter Glaube im Sinne von Art. 3 ZGB (ARTHUR MEIER-HAYOZ [BK 1975], Art. 682 N 36 ff.).

2635 Die gesetzlichen Vorkaufsrechte gehen den vertraglichen Vorkaufsrechten vor (Art. 682 Abs. 3 ZGB).

Das gesetzliche Vorkaufsrecht bei *Miteigentumsverhältnissen* ermöglicht den zu einer Gemeinschaft verbundenen Miteigentümerinnen, sich vor unliebsamen Eindringlingen in das Gemeinschaftsverhältnis zu schützen, und begünstigt damit indirekt die Aufhebung des Miteigentumsverhältnisses und die Wiederherstellung des Alleineigentums (ARTHUR MEIER-HAYOZ [BK 1975], Art. 682 N 11 ff.; ferner zur Änderung und Aufhebung des gesetzlichen Vorkaufsrechts vgl. N 1143 ff.). 2636

Wurde das Miteigentum unterteilt mit der Folge, dass (Unter-)Miteigentum an einem (Ober-)Miteigentumsanteil entstanden ist (N 1140 ff.), und veräussert eine Miteigentümerin der Untergemeinschaft ihren Miteigentumsanteil an einen Dritten, dann steht das gesetzliche Vorkaufsrecht in erster Linie den anderen Miteigentümerinnen der Untergemeinschaft und erst in zweiter Linie den Miteigentümerinnen der Obergemeinschaft zu (PAUL-HENRI STEINAUER [ZBGR 1998], 226). 2637

Gegenstand des gesetzlichen Vorkaufsrechts der Miteigentümerinnen sind nur selbständige Miteigentumsanteile an Grundstücken im Sinne von Art. 655 ZGB. Gemäss Art. 655a Abs. 2 ZGB greift das gesetzliche Vorkaufsrecht nicht, wenn die Miteigentumsanteile subjektiv-dinglich verknüpft sind und wenn zudem die im Miteigentum stehende Sache einem dauernden Zweck gewidmet ist (N 1354 ff.; zur Rechtslage vor Inkrafttreten von Art. 655a ZGB vgl. ARTHUR MEIER-HAYOZ [BK 1975], Art. 682 N 41). 2638

Das gesetzliche Vorkaufsrecht bei *Baurechtsverhältnissen* verfolgt einen ähnlichen Zweck wie dasjenige beim Miteigentum. Es soll sowohl den Baurechtsnehmer als auch die Baurechtsgeberin vor nachteiligen Eigentumswechseln schützen und zudem die Vereinigung von Bodenparzelle und Baurechtsparzelle zum Alleineigentum in einer einzigen Hand (vgl. N 184 f.) fördern (ARTHUR MEIER-HAYOZ [BK 1975], Art. 682 N 48.; ferner zur Änderung und Aufhebung des gesetzlichen Vorkaufsrechts vgl. N 1553 ff.). 2639

Erstreckt sich das Baurecht bloss auf einen Teil der Bodenparzelle, so bezieht sich das gesetzliche Vorkaufsrecht des Baurechtsnehmers ebenfalls nur auf die durch das Baurecht in Anspruch genommene Teilfläche. Der Baurechtsnehmer kann nicht durch Ausübung seines Vorkaufsrechts die Übertragung der gesamten Bodenparzelle beanspruchen (KG GR vom 13.6.2005 [ZBGR 2009], 124 ff., E. 3a, m.w.H.). Da sich keine vernünftige Handhabung denken lässt, ist den Parteien von Baurechtsverhältnissen, die sich auf Liegenschafts-Teilflächen beziehen, dringend zu empfehlen, das Vorkaufsrecht an der Teilfläche von Anfang an wegzubedingen. 2640

2641 Steht das mit dem Baurecht belastete Grundstück, d.h. die Bodenparzelle, im Miteigentum und wird ein Miteigentumsanteil verkauft, so besteht das Vorkaufsrecht des Baurechtsnehmers zusätzlich zum Vorkaufsrecht der Miteigentümerinnen. Der Baurechtsnehmer kann sein Vorkaufsrecht jedoch nur dann geltend machen, wenn keine der Miteigentümerinnen ihr gesetzliches Vorkaufsrecht ausübt; das Gleiche gilt für den umgekehrten Fall, dass ein Miteigentumsanteil an einem Baurecht veräussert wird (PAUL-HENRI STEINAUER [ZBGR 1992], 4; ARTHUR MEIER-HAYOZ [BK 1975], Art. 682 N 48, 51).

2642 Die Verkäuferin eines Grundstücks, an dem ein gesetzliches Vorkaufsrecht besteht, muss sämtliche Vorkaufsberechtigten über den Vorkaufsfall benachrichtigen. Bezüglich Inhalt der Benachrichtigung, Beginn der Ausübungsfrist und Rechtzeitigkeit der Rechtsausübung gilt das für das vertragliche Vorkaufsrecht hievor, N 2410 f., Gesagte.

B. Der Vorkaufsfall

2643 Gesetzliche Vorkaufsrechte können, anders als die vertraglichen Vorkaufsrechte, auch in der Zwangsversteigerung ausgeübt werden, wenn sie an der Steigerung selbst und zu den Bedingungen, zu welchen das Grundstück dem Ersteigerer zugeschlagen wird, geltend gemacht werden (Art. 681 Abs. 1 ZGB und Art. 60a VGZ). Im Übrigen kann hinsichtlich des Vorkaufsfalls auf das in N 2415 ff. zum vertraglichen Vorkaufsrecht Gesagte verwiesen werden (PAUL-HENRI STEINAUER [Bd. II 2012], N 1781 f.).

C. Beleg für die Nichtausübung des Vorkaufsrechts

2644 Als Beleg für die Nichtausübung des Vorkaufsrechts dient eine entsprechende Erklärung des Berechtigten. Wird sie dem Grundbuchamt nicht anlässlich der Anmeldung des Verkaufs als Beilage eingereicht, so macht das Grundbuchamt dem oder den Vorkaufsberechtigten eine Mitteilung in Anwendung von Art. 969 ZGB.

2645 Für die Form der Verzichtserklärung ist massgeblich, ob diese durch die Berechtigten vor oder nach Eintritt eines Vorkaufsfalls abgegeben wird.

2646 Für den Verzicht auf das gesetzliche Vorkaufsrecht *vor Eintritt des Vorkaufsfalls* gelten dieselben Bestimmungen und Formvorschriften *(öffentliche Beurkundung)* wie zur Aufhebung des gesetzlichen Vorkaufsrechts (Art. 681b Abs. 1 ZGB; N 1143 ff.). Formell wird der Vorgang betrachtet wie die Aufhebung des gesetzlichen Vorkaufsrechts in Bezug auf einen bestimmten Vorkaufsfall.

Für die Nichtausübung des gesetzlichen Vorkaufsrechts *nach Eintritt des Vor-* 2647
kaufsfalls genügt die Erklärung sämtlicher Vorkaufsberechtigter in *einfacher*
Schriftform (Art. 681a Abs. 2 ZGB).

V. Verfügungsbeschränkungen nach bäuerlichem Bodenrecht

Das Bundesgesetz vom 4.10.1991 über das bäuerliche Bodenrecht bezweckt, 2648
das bäuerliche Grundeigentum zu fördern und namentlich Familienbetriebe
zu erhalten sowie die Stellung der Selbstbewirtschafter und Pächter zu stärken
(Art. 1 Abs. 1 BGBB; ULRICH ZIMMERLI [ZBGR 1993], 143 f.).

Zur Erreichung dieser Zweckbestimmung stellt das Gesetz sowohl privatrecht- 2649
liche als auch öffentlich-rechtliche Beschränkungen des Verkehrs mit landwirtschaftlichen Gewerben und Grundstücken auf (zu den öffentlich-rechtlichen
Beschränkungen vgl. N 2691 ff.).

Die privatrechtlichen Beschränkungen (Art. 11–57 BGBB) lassen sich in zwei 2650
zentrale Rechtsfiguren unterteilen, nämlich einerseits die *Zuweisungsan-*
sprüche in der Erbteilung und bei Aufhebung von vertraglich begründetem
gemeinschaftlichem Eigentum sowie andererseits die *gesetzlichen Vorkaufs-*
rechte der Verwandten und des Pächters. Diese beiden Rechtsfiguren werden
ergänzt durch die Kaufs- und Rückkaufsrechte der Verwandten sowie durch
den Gewinnanspruch der Miterben gemäss Art. 28, Art. 37 Abs. 4 und Art. 53
BGBB.

Bezüglich der vielschichtigen gesetzlichen Regelungen und praktischen Fra- 2651
gen zu den privatrechtlichen Verfügungsbeschränkungen im bäuerlichen
Bodenrecht wird auf die Spezialliteratur verwiesen (vgl. insbesondere Schwei-
zerischer Bauernverband Treuhand und Schätzungen (Hrsg.), Das bäuerliche
Bodenrecht, Kommentar zum Bundesgesetz über das bäuerliche Bodenrecht
vom 4. Oktober 1991, (2. Aufl.) Brugg 2011; BENNO STUDER/PIUS KOL-
LER [PraxKom 2015], Anhang BGBB; FELIX SCHÖBI [ZBGR 1993], 151 ff.;
ROLAND PFÄFFLI [ZBGR 1993], 179 ff.; PAUL-HENRI STEINAUER [Bd. II 2012],
N 1800 ff.).

§ 78 Gesetzliche Verfügungsbeschränkungen des öffentlichen Rechts

I. Verfügungsbeschränkung gemäss BewG («Lex Koller»)
A. Inhalt und Zweck der Verfügungsbeschränkung

2652 Das heute als «Lex Koller» bezeichnete Bundesgesetz vom 16.12.1983 über den Erwerb von Grundstücken durch Personen im Ausland (Bewilligungsgesetz, BewG) mit der dazugehörenden Verordnung vom 1.10.1984 über den Erwerb von Grundstücken durch Personen im Ausland (BewV) beschränkt den direkten und indirekten Grundstückserwerb in der Schweiz durch die gesetzlich definierten «Personen im Ausland», um die Überfremdung des einheimischen Bodens zu verhindern (vgl. Art. 1 BewG).

2653 Die Verfügungsbeschränkung nach dem Bewilligungsgesetz besteht im Zusammenhang mit Grundstücksgeschäften darin, dass die Eigentümerin eines Grundstücks ihren Grundbesitz nicht an eine «Person im Ausland» veräussern kann, sofern diese der Bewilligungspflicht unterliegt und über keine entsprechende Bewilligung verfügt.

2654 Damit die Verfügungsbeschränkung und das Erwerbsverbot im Einzelfall gegeben sind, müssen die folgenden Voraussetzungen erfüllt sein:

1. Der *Erwerb eines Grundstücks* (Art. 4 BewG) ...
2. ... erfolgt durch eine *Person im Ausland* (Art. 5 BewG), ...
3. wobei *keine Ausnahme von der Bewilligungspflicht* besteht (Art. 2 Abs. 2 und Art. 7 BewG) und
4. *keine Bewilligung* durch die zuständige kantonale Behörde gestützt auf einen Bewilligungsgrund erteilt wurde (Art. 8 ff. BewG).

2655 Liegen die vorgenannten Voraussetzungen vor, so bleibt das Rechtsgeschäft unwirksam (Art. 26 Abs. 1 BewG) oder es wird nichtig, wenn die Bewilligungsbehörde die Bewilligung rechtskräftig verweigert (Art. 26 Abs. 2 lit. b BewG).

2656 Massgeblich für die Prüfung der Voraussetzungen sind grundsätzlich die Verhältnisse im Zeitpunkt des Erwerbs des Grundeigentums bzw. der Rechte an Grundstücken, d.h. meist im Zeitpunkt der Grundbuchanmeldung (BGE 107 Ib 12, E. 2; 106 Ib 11, E. 3a; BGer 2A.22/2000 vom 22.5.2000, E. 3a). In der Praxis ist allerdings anerkannt, dass hinsichtlich des Kriteriums des Wohnsitzes nicht verlangt wird, dass dieser bereits vor dem Erwerb eines Grundstücks in die Schweiz verlegt werden muss (z.B. durch Bezug einer Mietwohnung). Vielmehr wird einer Person im Ausland der Erwerb eines Grundstücks auch dann (bewilligungsfrei) gestattet, wenn sie im Ausland wohnt und beabsichtigt, in die Schweiz zu ziehen (FELIX SCHÖBI [2001], § 8 N 34). Die Person im Ausland ist in diesen Fällen gehalten, eine ausdrückliche Absichtserklärung im Vertrag abzugeben, wonach sie innert einer angemessenen Zeit in die Schweiz ziehe und ihren Lebensmittelpunkt hierher verlege (vgl. VwGer BE 6.2.2012 [ZBGR 2013, 255 ff.], E 4.2.2).

B. Voraussetzungen für das Bestehen der Verfügungsbeschränkung

1. Erwerb von Grundstücken

Als Erwerb von Grundstücken gilt nicht nur der Eigentumserwerb, sondern jedes Rechtsgeschäft, das dem Erwerber eine *eigentümerähnliche Stellung* einräumt. So fallen gemäss Art. 4 BewG auch die Bestellung einer Nutzniessung oder eines Wohnrechts, die Begründung eines Kaufs-, Vorkaufs- oder Rückkaufsrechts etc. unter den Begriff des Erwerbs von Grundstücken. 2657

Die Errichtung eines *Grundpfandrechts* zugunsten eines ausländischen Gläubigers wird nur ausnahmsweise einem Grunderwerb durch den Gläubiger gleichgestellt, dann nämlich, wenn das Grundpfandrecht zur Finanzierung des Kaufs oder der Überbauung eines Grundstücks verwendet wird und wenn die Abreden, die Höhe der Kredite oder die Vermögensverhältnisse des schweizerischen Schuldners zu einer besonderen Abhängigkeit vom ausländischen Gläubiger führen können (Art. 1 Abs. 2 lit. b BewV). Nach der Rechtsprechung kann eine besondere Abhängigkeit dann bejaht werden, wenn die Belastung des Grundstücks das verkehrsübliche Mass deutlich übersteigt und der Eigentümer ein entsprechendes Darlehen von einem unbeteiligten Dritten nicht erhalten würde (BGE 107 Ib 12, E. 4). Bei Wohneigentum liegt diese Belastungsgrenze nach der gängigen Praxis bei rund 80% des Verkehrswertes (BJ [Wegleitung 2009], N 77). 2658

2. Personen im Ausland

Der Begriff der Person im Ausland umfasst sowohl *natürliche als auch juristische Personen*. 2659

Eine *natürliche Person* gilt als Person im Ausland, wenn sie weder über die Schweizer Staatsbürgerschaft verfügt noch ihren rechtmässigen und tatsächlichen Wohnsitz in der Schweiz hat. 2660

Dreizehntes Kapitel: Verfügungsbeschränkungen

2661 Der Begriff des Wohnsitzes deckt sich mit demjenigen in Art. 23 Abs. 1 ZGB: Der *Wohnsitz* einer Person befindet sich dort, wo sie sich mit der Absicht des dauernden Verbleibens aufhält (Art. 2 Abs. 1 BewV). Um den *tatsächlichen Wohnsitz* zu ermitteln, ist somit zu prüfen, wo die betreffende Person ihren persönlichen und beruflichen Lebensmittelpunkt hat (BGE 136 II 405, E. 4.3). Die blosse polizeiliche Anmeldung in der Schweiz begründet noch keinen hiesigen Wohnsitz (BGer 2C.876/2011 vom 20.3.2012, E. 3). Die Frage nach dem *rechtmässigen Wohnsitz* in der Schweiz beantwortet sich nach dem Bundesgesetz vom 16.12.2005 über die Ausländerinnen und Ausländer (Ausländergesetz, AuG) sowie der Verordnung vom 23.5.2001 über die Einführung des freien Personenverkehrs (VEP).

2662 Die folgenden ausländischen Staatsbürgerinnen und Staatsbürger gelten kraft rechtmässigen Wohnsitzes in der Schweiz *nicht als Personen im Ausland* und dürfen uneingeschränkt Grundstücke in der Schweiz erwerben:

- Staatsangehörige eines EU- oder EFTA-Mitgliedstaates mit *Aufenthaltsbewilligung EU/EFTA B oder mit Niederlassungsbewilligung EU/EFTA C* (Art. 2 Abs. 2 BewV), die ihren tatsächlichen Wohnsitz in der Schweiz haben;

- Staatsangehörige anderer Staaten mit *Niederlassungsbewilligung C,* die ihren tatsächlichen Wohnsitz in der Schweiz haben (zur Möglichkeit des bewilligungsfreien Erwerbs von ausländischen Staatsangehörigen mit Aufenthaltsbewilligung B siehe N 2669 ff.);

- Gewisse *Personen im Dienste fremder Staaten* (Botschaften, konsularische Vertretungen, internationale Organisationen u.a.), sofern sie ihren tatsächlichen Wohnsitz in der Schweiz haben (BJ [Merkblatt 2009], 2 f.).

2663 *Juristische Personen* gelten als Personen im Ausland, wenn sie ihren statutarischen oder tatsächlichen *Sitz im Ausland* haben. Dies gilt auch für ausländische Sitzgesellschaften, Stiftungen, Anstalten etc., die Schweizern in der Schweiz gehören und deren Einkommen und Vermögen steuerlich ihren Inhabern zugerechnet und in der Schweiz besteuert wird (VwGer ZH 12.1.2012, [ZBGR 2014], 57 ff., E. 3).

2664 Sodann kann auch eine juristische Person oder eine Personengesellschaft mit *Sitz in der Schweiz* als Person im Ausland qualifiziert werden. Die Ausländer-Eigenschaft von juristischen Personen mit Sitz in der Schweiz wird gemäss Art. 6 Abs. 2 und 3 BewG vermutet,

- wenn Personen im Ausland über *mehr als einen Drittel des Kapitals oder der Stimmrechte* verfügen oder *massgeblich als Kreditgeber* beteiligt sind, oder

§ 78 Gesetzliche Verfügungsbeschränkungen des öffentlichen Rechts

- wenn Personen im Ausland bei einer privatrechtlich konstituierten Stiftung die *Mehrheit der Mitglieder des Stiftungsrates oder der Begünstigten* stellen, oder

- wenn an einer *Personengesellschaft* in der Schweiz eine oder mehrere Personen im Ausland als Gesellschafter beteiligt sind.

Bei der Beurteilung der Ausländer-Eigenschaft im Zusammenhang von Grundstücken, die zu einem *Trust* gehören, ist je nach den Umständen auf die Verhältnisse des *Settlors* oder der Begünstigten *(Beneficiaries)*, nicht auf diejenigen des Trustee abzustellen (N 2379). (Der Trustee hat seinen Sitz oder Wohnsitz in der Regel im ausländischen Staat, dessen Recht der Trust untersteht.) 2665

3. **Ausnahmen von der Bewilligungspflicht**

Die Ausnahmen von der Bewilligungspflicht sind in Art. 2 Abs. 2 und Art. 7 BewG abschliessend aufgezählt. Gemäss Art. 2 Abs. 2 bedarf der Erwerb eines Grundstücks *keiner Bewilligung,* wenn 2666

- das Grundstück einer ständigen Betriebsstätte dient (lit. a; N 2667 f.); oder

- das Grundstück dem Erwerber als Hauptwohnung dient (lit. b; N 2669 ff.); oder

- ein Sachverhalt nach Art. 7 des BewG vorliegt (lit. c; N 2672 ff.).

Unter den Begriff der *Betriebsstätte* fallen Fabrikationsgebäude, Lagerhallen, Bürohäuser, Hotels, Restaurants etc. Mit dem Betriebsstättengrundstück darf eine angemessene Landreserve im Umfang von rund einem Drittel, in besonderen Fällen bis zur Hälfte der gesamten Fläche erworben werden. Dies bedeutet, dass rund zwei Drittel der gesamten Fläche überbaut sein oder kurzfristig, d.h. innert rund einem Jahr, überbaut werden müssen, während rund ein Drittel als Landreserve für einen mittelfristigen Ausbau ungenutzt bleiben kann. Beträgt der unbebaute Landteil mehr als einen Drittel, so ist ein Entscheid der kantonalen Behörde einzuholen (BJ [Merkblatt 2009], 5). 2667

Liegt ein Betriebsstättengrundstück vor, so ist es unerheblich, ob das Grundstück dem Unternehmen des Erwerbers dient oder einem Dritten für die Ausübung einer wirtschaftlichen Tätigkeit vermietet oder verpachtet wird. Betriebsstättengrundstücke können somit auch als blosse Kapitalanlagen erworben werden (BJ [Merkblatt 2009], 5). 2668

Als *Hauptwohnung* gilt ein selbstbewohntes Grundstück am Ort des tatsächlichen und rechtmässigen Hauptwohnsitzes der erwerbenden Person. Unbe- 2669 achtlich ist, ob es sich beim Grundstück um eine Liegenschaft, ein selbständiges und dauerndes Baurecht, einen Stockwerkeigentumsanteil oder einen Miteigentumsanteil handelt. Ebenfalls unbeachtlich ist, ob das Grundstück bebaut ist oder ob es sich um unbebautes Land handelt, sofern in letzterem Fall ein konkretes Bauprojekt vorliegt und innerhalb eines Jahres nach Erwerb des Grundstücks mit dem Bau der Wohnung oder des Hauses begonnen wird. Die Hauptwohnung darf beliebig gross sein, solange es sich um eine einzige Wohneinheit handelt. Schranken ergeben sich hinsichtlich der Grösse, wenn die Vermutung naheliegt, dass es sich nicht um eine Wohnung für den reinen Eigengebrauch handelt, sondern der Grundstückerwerb zumindest teilweise als Kapitalanlage qualifiziert werden muss. Diese Vermutung greift Platz bei Grundstücken mit einer Fläche von mehr als 3000 m^2 (BJ [Merkblatt 2009], 4).

2670 Verlegt die Ausländerin, nachdem sie das Grundstück als Hauptwohnung in der Schweiz erworben hat, ihren Wohnsitz entweder ins Ausland oder in eine andere Gemeinde in der Schweiz, so ist sie nicht verpflichtet, das Grundstück wieder zu veräussern. Sie darf frei über das Grundstück verfügen, d.h., sie darf es weiterveräussern oder behalten. Behält die Person im Ausland das Grundstück, so darf sie dieses entweder selbst weiternutzen oder Dritten unentgeltlich oder entgeltlich überlassen.

2671 Von Bedeutung sind die Bestimmungen über die Hauptwohnung in erster Linie für Personen mit einer *Aufenthaltsbewilligung B, die nicht Staatsangehörige eines EU/EFTA-Mitgliedstaates* sind, da die Staatsangehörigen von EU/EFTA-Mitgliedstaaten mit Wohnsitz in der Schweiz gemäss Art. 5 Abs. 1 lit. a BewG nicht als Personen im Ausland gelten.

2672 In Art. 7 zählt das Gesetz weitere Ausnahmefälle für den bewilligungsfreien Erwerb von Grundstücken durch Personen im Ausland auf. Von besonderer Bedeutung sind die Fälle, bei denen Staatsangehörige eines EU/EFTA-Mitgliedstaats als *Grenzgänger in der Region des Arbeitsortes eine Zweitwohnung* erwerben (Art. 7 lit. j BewG; Art. 18a Abs. 3 BewV), ferner die Fälle des Erwerbs durch *gesetzliche Erben*, durch *Verwandte* in auf- und absteigender Linie sowie durch den *Ehegatten oder den eingetragenen Partner* (Art. 7 lit. a und b BewG).

2673 Der bewilligungsrechtliche Begriff der *gesetzlichen Erben* nach Art. 7 lit. a BewG ist weiter als der entsprechende Begriff im ZGB (Art. 457 ff. ZGB). So fallen unter den bewilligungsrechtlichen Begriff der gesetzlichen Erben alle Verwandten, die als Erben in Betracht fallen können. Somit gelten nach dem Bewilligungsgesetz beispielsweise auch Neffen und Nichten oder Grossneffen und Grossnichten als gesetzliche Erben, wobei es keine Rolle spielt, ob ihnen

§ 78 Gesetzliche Verfügungsbeschränkungen des öffentlichen Rechts

das Grundstück aufgrund gesetzlicher Erbfolge, Erbeinsetzung oder Vermächtnis zufällt (BGE 108 Ib 425, E. 3; BJ [Merkblatt 2009], 7).

Nicht unter den Begriff der gesetzlichen Erben nach Art. 7 lit. a BewG fallen alle nicht verwandten Erben und Vermächtnisnehmer, auch wenn sie als Erben eingesetzt wurden. Ihnen kann aber aufgrund von Art. 8 Abs. 2 BewG der erbrechtliche Erwerb durch die kantonale Behörde unter Auflage gestattet werden (N 2690). 2674

Eine Ausnahme von der Bewilligungspflicht liegt vor beim Erwerb durch Verwandte der Veräusserin in auf- und absteigender Linie sowie durch deren Ehegatten oder eingetragene Partnerin (Art. 7 lit. b BewG). Nicht von der Bewilligungspflicht befreit sind somit Veräusserungen zu Lebzeiten zwischen Geschwistern sowie zwischen Nichten und Neffen etc. 2675

4. Bewilligung der kantonalen Behörde

Ist eine Erwerberin als Person im Ausland zu qualifizieren und liegt keine Ausnahme von der Bewilligungspflicht vor, so kann die Abwicklung des Grundstücksgeschäfts nur erfolgen, wenn die Behörde eine Erwerbsbewilligung erteilt. Allfällige mit der Bewilligung verbundene Auflagen werden im Grundbuch angemerkt. 2676

C. Nachweis der fehlenden Bewilligungspflicht

1. Natürliche Personen als Erwerber

Das problemlose Grundstücksgeschäft ist dadurch gekennzeichnet, dass der Erwerber das Schweizer Bürgerrecht oder den tatsächlichen und rechtmässigen Wohnsitz in der Schweiz hat. 2677

Wollen Ehegatten gemeinschaftliches Wohneigentum in der Schweiz erwerben, so muss die Erwerbsberechtigung für beide Ehegatten (je einzeln) vorliegen und nachgewiesen werden. 2678

Bei Schweizer Staatsangehörigen genügt ein Ausweispapier, um die Erwerbsberechtigung klarzustellen. Bei ausländischen Staatsangehörigen ergibt sich der rechtmässige Wohnsitz aus dem Schweizer Ausländerausweis sowie aus der Erklärung der Erwerbenden über den Ort ihres tatsächlichen Wohnsitzes. 2679

Die Urkundsperson ist bezüglich des tatsächlichen Wohnsitzes nicht verpflichtet, eigene Nachforschungen zu betreiben. Sie darf vielmehr auf die Aussagen der erwerbenden Parteien abstellen, muss die Parteien jedoch auf die zivil- und 2680 strafrechtlichen Sanktionen des Bewilligungsgesetzes aufmerksam machen. Hat die Urkundsperson begründete Zweifel, ob die Aussagen wahr sind, so soll sie entweder zusätzliche Angaben verlangen oder die erwerbende Partei an die Bewilligungsbehörde verweisen (vgl. ferner BJ [Merkblatt 2009], 3).

2681 Aufgrund von Art. 18 Abs. 1 BewG hat das Grundbuchamt jedes Grundstücksgeschäft summarisch auf die Einhaltung der Bestimmungen der Lex Koller zu überprüfen. Kann die Bewilligungspflicht nicht ohne Weiteres ausgeschlossen werden, so darf das Grundbuchamt die Eintragung nicht vornehmen, sondern muss die Erwerberin an die zuständige kantonale Bewilligungsbehörde verweisen. Diese hat drei Optionen: Sie kann feststellen, dass keine Bewilligung nötig ist, oder sie kann die Bewilligung erteilen, oder sie kann sie ablehnen. Lehnt sie das Gesuch rechtskräftig ab, so kommt das Geschäft nicht zustande (Art. 26 Abs. 1 BewG).

2682 Bei der Vorbereitung eines Grundstücksgeschäfts kommt der Urkundsperson die Aufgabe zu, mit der erwerbenden Partei abzuklären, ob für den Erwerb eine Bewilligung einzuholen ist oder nicht. Bedarf das Geschäft einer Bewilligung, so ist diese – aus Gründen der Rechtssicherheit – vor der Beurkundung durch die erwerbende Partei einzuholen.

2683 Ist hingegen keine Bewilligung notwendig, so sollte dieser Umstand für das Grundbuchamt aus den Anmeldungsbelegen klar hervorgehen, um zu vermeiden, dass das Amt die Erwerberin gestützt auf Art. 18 Abs. 1 BewG an die Bewilligungsbehörden verweist. Wird die Erwerberin in den Anmeldungsbelegen als Schweizerin mit Wohnsitz in der Schweiz identifiziert, dann sind keine weiteren Hinweise nötig. Hat die Erwerberin kein Schweizer Bürgerrecht oder keinen Wohnsitz in der Schweiz, dann sollte die Urkundsperson die relevanten Umstände, aufgrund derer die Bewilligungspflicht entfällt, überprüfen und beurkunden.

2. Juristische Personen als Erwerberinnen

2684 Der Grunderwerb durch juristische Personen kann immer dann als problemloses Geschäft betrachtet werden, wenn das erworbene Grundstück als Betriebsstätte (N 2667 f.) dient, was der Erwerber im öffentlich beurkundeten Vertrag erklären soll.

2685 Bezieht sich der Grunderwerb auf ein Wohnobjekt und liegt kein Ausnahmegrund nach Art. 2 Abs. 2 oder Art. 7 BewG vor, so ist die Situation meist nicht offensichtlich problemlos.

In diesem Fall kann der Gang zur Bewilligungsbehörde dadurch vermieden werden, dass die Nichtbewilligungspflicht durch eine schriftliche Erklärung der Revisionsstelle oder der finanzierenden Bank belegt wird, wonach aufgrund einer eingehenden Prüfung festgestellt wurde, dass es sich bei der Erwerberin nicht um eine Person im Ausland handelt. 2686

In der schriftlichen Erklärung ist zu erwähnen, auf welche Unterlagen sich die Erklärung abstützt. Meist handelt es sich hierbei um die Statuten, den Handelsregisterauszug, das Verzeichnis der ausländischen Kreditoren, das Verzeichnis der Anteilsinhaber oder der Mitglieder, ferner um etwaige Gesellschaftsverträge. 2687

Während die Notariats- und Grundbuchpraxis in einzelnen Kantonen eine schriftliche Erklärung der Revisionsstelle oder der finanzierenden Bank für ausreichend erachtet, verlangen andere Kantone formelle Feststellungsurkunden einer Urkundsperson, wonach bei der infrage stehenden juristischen Person keine beherrschende Stellung durch Personen im Ausland besteht (vgl. etwa VERBAND BERNISCHER URKUNDSPERSONEN [Merkblatt 2003], Ziff. 3; ferner CHRISTIAN BRÜCKNER [1993], N 3207 ff.). 2688

Aus der Rechtsprechung des Bundesgerichts lässt sich ableiten, dass die notarielle Feststellungsurkunde den Beweis der nichtausländischen Beherrschung nur dann erbringen kann, wenn die Urkundsperson die Tatsachen, die sie kraft eigener Prüfung als richtig erkannt hat, klar bezeichnet (BGer 2C_219/2015 vom 20.11.2015, E. 6). Dies ist etwa der Fall, wenn die Urkundsperson feststellt, dass aufgrund einer Einsichtnahme ins Aktienbuch und ins Verzeichnis der Kreditoren keine Personen im Ausland zum Kreis der Aktionäre und Gläubiger der Gesellschaft zählen. Keiner Beweiskraft kommen demgegenüber generellen Feststellungen zu, wonach eine Gesellschaft aufgrund der persönlichen Kenntnisse der Urkundsperson nicht als Person im Ausland zu qualifizieren sei. 2689

3. Bewilligung der kantonale Behörde

Ist eine Erwerberin als Person im Ausland zu qualifizieren und liegt keine Ausnahme von der Bewilligungspflicht vor, so kann die Abwicklung des Grundstücksgeschäfts nur erfolgen, wenn die Behörde eine Erwerbsbewilligung erteilt. Allfällige mit der Bewilligung verbundene Auflagen werden im Grundbuch angemerkt. 2690

II. Verfügungsbeschränkungen nach bäuerlichem Bodenrecht

A. Übersicht über die öffentlich-rechtlichen Beschränkungen nach BGBB

2691 Das Bundesgesetz vom 4.10.1991 über das bäuerliche Bodenrecht sieht neben privatrechtlichen auch verschiedene öffentlich-rechtliche Beschränkungen des Verkehrs mit landwirtschaftlichen Gewerben und Grundstücken vor (zum Zweck des BGBB sowie zu den privatrechtlichen Beschränkungen vgl. N 2648 ff.).

2692 Die öffentlich-rechtlichen Beschränkungen umfassen die Vorschriften zur Beschränkung oder *Verhinderung von Realteilungen landwirtschaftlicher Gewerbe und von Zerstückelungen landwirtschaftlicher Grundstücke* (Art. 58 ff. BGBB), die *Bewilligungspflicht* beim Erwerb von landwirtschaftlichen Gewerben und Grundstücken (Art. 61 ff. BGBB) sowie die Schaffung einer *Belastungsgrenze* für die Verpfändung landwirtschaftlicher Grundstücke als Massnahme zur Verhütung der Überschuldung (Art. 73 ff. BGBB).

B. Bewilligungspflicht

2693 Gemäss Art. 61 Abs. 1 BGBB besteht beim Erwerb von landwirtschaftlichen Gewerben und Grundstücken eine Bewilligungspflicht. Dem Erwerb nach Art. 61 Abs. 1 BGBB sind die Rechtsgeschäfte gleichgesetzt, die wirtschaftlich einer Eigentumsübertragung gleichkommen (Art. 61 Abs. 3 BGBB). Zu diesen Rechtsgeschäften zählt insbesondere die Begründung von Bau- und Nutzungsrechten (BEAT STALDER [BGBB 2011], Art. 61 N 22 ff.).

2694 Voraussetzung für die Erteilung einer Erwerbsbewilligung ist gemäss Art. 63 BGBB, dass das landwirtschaftliche Gewerbe oder Grundstück von einer Person erworben wird, die *Selbstbewirtschafterin* ist, ferner, dass das Gewerbe oder das Grundstück *innerhalb des ortsüblichen Bewirtschaftungsbereichs der Erwerberin* liegt und dass die Übertragung zu einem angemessenen (d.h. *nicht übersetzten*) *Erwerbspreis* erfolgt (BEAT STALDER [BGBB 2011], Art. 63 N 1 ff.; MANUEL MÜLLER [ZBGR 1993], 168 ff.; ROLAND PFÄFFLI [ZBGR 1993], 185 ff.).

2695 Das Gesetz enthält zahlreiche *Ausnahmen von der Bewilligungspflicht* in Art. 62 BGBB, so namentlich beim Erwerb durch *Erbgang oder Erbteilung*, bei entgeltlichen oder unentgeltlichen *Übertragungen auf nahe Familienangehörige*, beim Erwerb zum Zwecke der Grenzbereinigung oder bei der Übertragung im Zusammenhang mit einer *Umstrukturierung nach Fusionsgesetz,* sofern die Aktiven des übertragenden oder des übernehmenden Rechtsträgers nicht zur Hauptsache aus einem landwirtschaftlichen Gewerbe oder einem landwirtschaftlichen Grundstück bestehen (vgl. BEAT STALDER [BGBB 2011], Art. 62 N 1 ff.).

Aus wichtigen Gründen kann sodann eine *Ausnahme vom Erfordernis der Selbstbewirtschaftung* gewährt werden (Art. 64 BGBB; ferner BEAT STALDER/ CHRISTOPH BANDLI [BGBB 2011], Art. 63 N 1 ff.). 2696

Die Erwerbsbewilligung wird auf begründeten Antrag hin durch die zuständige kantonale Behörde erteilt. Die rechtskräftige Bewilligung muss dem Grundbuchamt mit den Anmeldungsbelegen eingereicht werden (CHRISTINA SCHMID-TSCHIRREN/MANUEL MÜLLER [BGBB 2011], Art. 81 N 1 ff.; ROLAND PFÄFFLI [ZBGR 1993], 187). 2697

C. Realteilungs- und Zerstückelungsverbot

Nach dem *Realteilungsverbot* von Art. 58 Abs. 1 BGBB ist es der Eigentümerin eines landwirtschaftlichen Gewerbes untersagt, Grundstücke oder Grundstücksteile, die zum landwirtschaftlichen Gewerbe gehören, auszusondern und (stückweise) zu veräussern (MARGRET HERRENSCHWAND/CHRISTOPH BANDLI [BGBB 2011], Art. 58 N 1 ff.; ROLAND PFÄFFLI [ZBGR 1993], 188). 2698

Unter den Begriff der Veräusserung fallen hierbei nicht nur Eigentumsübertragungen, sondern auch die Errichtung von Nutzungsrechten (z.B. von Bau- oder Abbaurechten; vgl. MARGRET HERRENSCHWAND/CHRISTOPH BANDLI [BGBB 2011], Art. 58 N 4 ff.). 2699

Das *Zerstückelungsverbot* gemäss Art. 58 Abs. 2 BGBB besagt, dass landwirtschaftliche Grundstücke nicht in Grundstücke aufgeteilt werden dürfen, die weniger als 25 Aren (10 Aren bei Rebgrundstücken) aufweisen (MARGRET HERRENSCHWAND/CHRISTOPH BANDLI [BGBB 2011], Art. 58 N 7 ff.). 2700

Mit Ausnahme der in Art. 59 und 60 BGBB genannten Fälle umfasst das Zerstückelungsverbot jede Teilung von Grundstücken. Das Verbot gilt somit auch dann, wenn mit der Teilung keinerlei Eigentumsübertragungen verbunden sind (ROLAND PFÄFFLI [ZBGR 1993], 188 f.). 2701

D. Belastungsgrenze

2702 Es wird auf die Ausführungen in N 358 ff. verwiesen.

III. Verfügungsbeschränkung gemäss BVG
A. Inhalt und Zweck der Verfügungsbeschränkung

2703 Das Bundesgesetz über die berufliche Vorsorge (BVG) und die Verordnung über die Wohneigentumsförderung mit Mitteln der beruflichen Vorsorge (WEFV) erlauben der versicherten Person, bei ihrer Vorsorgeeinrichtung bereits vor dem Eintritt des Rentenalters einen Teil der Vorsorgegelder zu beziehen, um den Erwerb oder die Abbezahlung von Wohneigentum für den eigenen Bedarf zu finanzieren (Art. 30c BVG).

2704 Hat eine versicherte Person von dieser Möglichkeit Gebrauch gemacht und Gelder der Vorsorgeeinrichtung zur Finanzierung von selbstgenutztem Wohneigentum bezogen, so dürfen sie oder ihre Erben das Grundstück nur unter den im Gesetz genannten Voraussetzungen wieder veräussern (Art. 30e Abs. 1 BVG). Diese Verfügungsbeschränkung gilt ungeachtet dessen, ob der Vorbezug im Grundbuch angemerkt worden ist oder nicht (vgl. ausführlich hierzu in N 2713 ff.).

2705 Das Bestehen einer Verfügungsbeschränkung nach BVG bezieht sich nur auf das Verfügungsgeschäft. Der Vertrag zur Weiterveräusserung kann jederzeit abgeschlossen, jedoch erst beim Grundbuchamt angemeldet werden, wenn die Anmerkung gelöscht ist (N 2717 ff.) oder wenn es sich um eine Veräusserung handelt, die nicht unter die Verfügungsbeschränkung fällt (N 2712; ferner BETTINA DEILLON-SCHEGG [BN 1999], 57 f.; BJ [Weisung 1994], Ziff. 1.7, 3.1 f.).

B. Finanzierung von selbstgenutztem Wohneigentum mit Mitteln der beruflichen Vorsorge

2706 Unter den Begriff des Wohneigentums für den eigenen Bedarf fällt das selbstgenutzte Wohneigentum im Sinne einer Wohnung oder eines Einfamilienhauses am Hauptwohnsitz (CARL HELBLING [2006], 292 f.). Als zulässige Objekte im sachenrechtlichen Sinne gelten *Liegenschaften, selbständige und dauernde Baurechte, Stockwerkeigentumsanteile und Miteigentumsanteile*. Unbeachtlich ist, ob das Grundstück bebaut ist oder ob es sich um unbebautes Land handelt, sofern in letzterem Fall ein konkretes Bauprojekt vorliegt und innert nützlicher Zeit nach Erwerb des Grundstücks mit dem Bau der Wohnung oder des Hauses begonnen wird (BETTINA DEILLON-SCHEGG [BN 1999], 51). Die Hauptwohnung darf beliebig gross sein, solange es sich um eine einzige Wohneinheit handelt.

Soll das Wohnobjekt zu gesamter Hand gekauft werden, so ist dies nur gemeinschaftlich mit dem Ehegatten oder der eingetragenen Partnerin – nicht aber mit einem Dritten – erlaubt (Art. 2 Abs. 2 lit. c WEFV; BJ [Weisung 1994], Ziff. 2.8; BJ [Richtlinie 1995], Ziff. 2). 2707

Will die versicherte Person einen Vorbezug tätigen, so hat sie gegenüber der Vorsorgeeinrichtung den Nachweis zu erbringen, dass die Voraussetzungen dazu erfüllt sind (Art. 10 WEFV). Meist verlangen die Vorsorgeeinrichtungen einen Entwurf des notariellen Kaufvertrags, aus dem die Beschreibung des Objektes sowie die Vertragsparteien ersichtlich sind. Ist die versicherte Person verheiratet oder lebt sie in einer eingetragenen Partnerschaft, so hat sie ferner die schriftliche Zustimmung des Ehegatten oder der Partnerin beizubringen (HANS-ULRICH STAUFFER [2012], N 1172 ff.). 2708

Wird mit Vorsorgegeldern Wohneigentum finanziert, so muss der bezogene Betrag vom Versicherten oder gegebenenfalls von seinen Erben wieder an die Vorsorgeeinrichtung zurückbezahlt werden, wenn das erworbene Grundstück veräussert wird. Als Veräusserung gilt gemäss Art. 30e Abs. 1 BVG nicht nur die Übertragung des Eigentums, sondern jede Einräumung von Rechten, die wirtschaftlich einer Veräusserung gleichkommen. Hierunter fallen etwa die Einräumung eines Wohnrechts oder die Bestellung einer Nutzniessung sowie eines Baurechts (BETTINA DEILLON-SCHEGG [BN 1999], 59 f.). Eine Rückzahlungspflicht besteht sodann, wenn beim Tod des Versicherten keine Vorsorgeleistungen fällig werden, etwa weil die versicherte Person keine rentenberechtigten Angehörigen hinterlässt (CARL HELBLING [2006], 293 f.; HANS-ULRICH STAUFFER [2012], N 1167). 2709

Die Rückzahlungspflicht bei Veräusserung erstreckt sich auf den gesamten bezogenen Betrag, und zwar auch dann, wenn die Veräusserung unentgeltlich oder bewusst zu einem wesentlich unter dem Marktpreis festgesetzten Preis erfolgt (BSV [Mitteilungen 2015], Nr. 114). Hat das mithilfe des Vorbezugs erworbene Wohneigentum jedoch aufgrund Alterung oder veränderter Marktsituation an Wert verloren, so beschränkt Art. 30d Abs. 5 BVG die Rückzahlungspflicht auf den Erlös (BGE 132 V 332, E. 4). Als solcher gilt der Verkaufspreis abzüglich der hypothekarisch gesicherten Schulden und der mit dem Verkauf verbundenen Steuern und Gebühren. 2710

2711 Um die Rückleistung zu gewährleisten, ist die Vorsorgeeinrichtung verpflichtet, gleichzeitig mit der Auszahlung des Vorbezuges dem zuständigen Grundbuchamt die Anmerkung der Verfügungsbeschränkung nach BVG auf dem betreffenden Grundstück zur Eintragung anzumelden (Art. 30e BVG, Art. 331e Abs. 8 OR). Gemäss Art. 55 Abs. 2 GBV braucht sie dazu aber die Zustimmung der Grundeigentümerin. Sie kann die Auszahlung demgemäss erst auslösen, wenn sie die Zustimmung der Grundeigentümerin in Händen hat.

2712 Eine Ausnahme von der Rückleistungspflicht besteht bei der Veräusserung an eine vorsorgerechtlich begünstigte Person (z.B. an den Ehegatten). Diese wird von der Verfügungsbeschränkung nicht erfasst. Die Anmerkung bleibt in diesem Fall bestehen (Art. 30e Abs. 1 dritter Satz BVG).

C. Anmerkung der Verfügungsbeschränkung gemäss BVG

1. Eintragung der Anmerkung

2713 **Anmeldende Person** ist die Vorsorgeeinrichtung (Art. 55 Abs. 2 GBV).

2714 **Beleg** ist der schriftliche Antrag der Vorsorgeeinrichtung und die Zustimmungserklärung der Grundeigentümerin. Der Antrag der Vorsorgeeinrichtung muss mindestens die eindeutige Bezeichnung des betroffenen Grundstücks, der Eigentümerin sowie der Vorsorgeeinrichtung (Firma, Sitz und UID-Nummer) enthalten. Sind die erforderlichen Angaben in der Grundbuchanmeldung enthalten, so ist kein zusätzlicher Beleg erforderlich (BJ [Weisung 1994], Ziff. 2.6).

2715 Die Anmeldung der Anmerkung kann auch durch die Urkundsperson erfolgen, die den Vertrag zum Eigentumserwerb beurkundet (BJ [Weisung 1994], Ziff. 2.3). Werden Erwerbsgeschäft und BVG-Anmerkung durch die gleiche Urkundsperson betreut, so kann die Zustimmungserklärung der Erwerberin in den Vertrag integriert werden. Der Antrag der Vorsorgeeinrichtung ist in diesem Fall separat zu belegen.

2716 Die materielle Prüfung, ob die Voraussetzungen für einen Vorbezug erfüllt sind und ob das Geld zweckentsprechend verwendet wird, obliegt der Vorsorgeeinrichtung.

2. Löschung der Anmerkung

2717 **Anmeldende Person** ist die Grundeigentümerin oder die Vorsorgeeinrichtung.

Beleg ist der Antrag der versicherten Person, ihrer Erben oder der vorsorgerechtlich begünstigten Personen, die das Grundstück erworben haben, unter Beilage einer Erklärung der Vorsorgeeinrichtung in einfacher Schriftform, wonach eine der Voraussetzungen gemäss Art. 30e Abs. 3 BVG erfüllt ist (BETTINA DEILLON-SCHEGG [BN 1999], 55 f.). Sind die von den Anmeldenden zu machenden Angaben in der Grundbuchanmeldung enthalten, so ist kein separater Antrag erforderlich.

2718

Gemäss Art. 30e Abs. 3 lit. a BVG besteht ein Anspruch auf Löschung der Anmerkung drei Jahre vor Entstehung des Anspruchs auf Altersleistung. Der Nachweis hierfür kann erbracht werden entweder durch eine schriftliche Bestätigung der Vorsorgeeinrichtung oder mittels eines Auszugs aus dem Vorsorgeausweis, gegebenenfalls in Verbindung mit dem Reglement der Vorsorgeeinrichtung.

2719

Gemäss Art. 30e Abs. 3 lit. b BVG besteht sodann ein Anspruch auf Löschung der Anmerkung, wenn ein «anderer Vorsorgefall» eingetreten ist, d.h., wenn etwa das Grundstück auf eine vorsorgerechtlich begünstigte Person übertragen wurde oder wenn es durch Erbgang oder Vermächtnis einer vorsorgeberechtigten Person zugefallen ist. Der Kreis der vorsorgeberechtigten Personen ist in Art. 19, 19a, 20 und 20a BVG abschliessend aufgezählt. Hierzu gehören neben dem überlebenden Ehegatten oder dem eingetragenen Partner die Kinder des Verstorbenen, wenn der Verstorbene für ihren Unterhalt aufzukommen hatte. Dieser Kreis kann ferner gemäss Art. 20a Abs. 1 BVG durch Bestimmungen im Reglement der Vorsorgeeinrichtung auf eine Reihe weiterer Personen ausgedehnt werden. Erfolgt die Übertragung durch Erbgang oder Vermächtnis vor Eintritt des Vorsorgefalls an eine nicht anspruchsberechtigte Person, so kann keine Löschung der Anmerkung erfolgen, und der Vorbezug ist bei einem Verkauf durch die Erben oder Vermächtnisnehmer an die Vorsorgeeinrichtung zurückzuerstatten (HANS-ULRICH STAUFFER [2010], Art. 30e N 8 f.).

2720

Ein Anspruch auf Löschung der Anmerkung besteht sodann bei Barauszahlung der Freizügigkeitsleistung (Art. 30e Abs. 3 lit. c BVG). Die Löschung kann gemäss Art. 5 Abs. 1 FZG auf Antrag der versicherten Person erfolgen, wenn sie die Schweiz endgültig verlässt, wobei eine Einschränkung besteht bei Ausreisen in einen Mitgliedstaat der EU oder EFTA, ferner, wenn die versicherte Person eine selbständige Erwerbstätigkeit aufnimmt und der obligatorischen beruflichen Vorsorge nicht mehr untersteht (HANS-ULRICH STAUFFER [2012], N 1240 ff.).

2721

2722 Ein Anspruch auf Löschung der Anmerkung besteht schliesslich, wenn nachgewiesen wird, dass der in das Wohneigentum investierte Betrag gemäss Art. 30d Abs. 2 BVG an die Vorsorgeeinrichtung des Versicherten zurück- oder an eine Freizügigkeitseinrichtung einbezahlt worden ist (Art. 30e Abs. 3 lit. d BVG). Dieser Löschungsgrund kommt zum Tragen, wenn ein Grundstück, das mit Vorsorgemitteln finanziert worden ist, durch den Versicherten wieder verkauft wird. Hierbei stellt sich das Problem, dass die Vorsorgeeinrichtung die schriftliche Erklärung zur Löschung erst abgeben darf, wenn die Vorsorgemittel effektiv zurückbezahlt worden sind, der Versicherte jedoch die Rückzahlung erst vornehmen kann, wenn er den Kaufpreis vom Käufer erhalten hat. Es ist Sache der Beteiligten, durch gemeinsame Mandatierung einer Treuhandstelle oder in anderer Weise einen pragmatischen Ausweg aus der vom Bundesgesetzgeber konstruierten Zwickmühle zu finden.

2723 Hat die versicherte Person seit dem Vorbezug die Vorsorgeeinrichtung gewechselt, so muss die Rückzahlung an die neue Vorsorgeeinrichtung erfolgen. Die neue Vorsorgeeinrichtung hat sodann den Erhalt der Rückzahlung der alten Vorsorgeeinrichtung zu melden, welche die Zustimmung zur Löschung der Anmerkung erteilt. Als zulässig gilt auch ein vereinfachtes Verfahren, bei dem die neue Vorsorgeeinrichtung die Zustimmung zur Löschung unter dem Hinweis erteilt, dass die versicherte Person früher bei der alten Vorsorgeeinrichtung versichert war (Hans-Ulrich Stauffer [2010], Art. 30e N 10).

IV. Verfügungsbeschränkung gemäss Art. 32d^{bis} USG
A. Inhalt und Zweck der Verfügungsbeschränkung

2724 Gemäss Art. 32d Abs. 1 des Bundesgesetzes über den Umweltschutz vom 7.10.1983 (Umweltschutzgesetz, USG; SR 814.01) trägt der Verursacher die Kosten für Massnahmen zur Untersuchung, Überwachung und Sanierung von Standorten, die mit Schadstoffen belastet sind.

2725 Kann ein Verursacher nicht mehr ermittelt werden oder ist er zahlungsunfähig, so trägt das Gemeinwesen seinen Kostenanteil (Ausfallhaftung: Art. 32d Abs. 3 USG). Um das Risiko einer Ausfallhaftung für das Gemeinwesen zu minimieren, hat der Gesetzgeber eine Bewilligungspflicht bei Veräusserungen oder Teilungen (Parzellierungen) von Grundstücken eingeführt, auf denen sich ein im Kataster eingetragener «belasteter Standort» befindet. Als Veräusserungsgeschäfte gelten neben dem Verkauf auch der Tausch, die Schenkung sowie die Versteigerung (Beatrice Wagner Pfeifer [2014], 155), ferner die Sacheinlage, die Übertragung zwecks Abgeltung güterrechtlicher Ansprüche, die Erbteilung und die Ausrichtung eines Vermächtnisses. Die Bewilligungspflicht gilt ungeachtet dessen, ob der Umstand, dass sich auf dem Grundstück ein belasteter Standort befindet, im Grundbuch angemerkt worden ist oder nicht.

Belastete Standorte sind laut Art. 2 Abs. 1 der Altlastenverordnung Orte, deren Belastung von Abfällen stammt und die eine begrenzte Ausdehnung haben. Die betreffenden Orte sind im kantonalen Kataster der belasteten Standorte eingetragen (Art. 32d^{bis} Abs. 3 und 4 USG). Der einzelne Standort kann sich über ein ganzes Grundstück, über die Teilfläche eines Grundstücks oder über mehrere Grundstücke erstrecken. 2726

Ob ein Grundstück in den Kataster der belasteten Standorte aufgenommen ist, lässt sich aus den speziellen Karten entnehmen, die über die Internetseite des Bundesamtes für Umwelt (BAFU) oder über die kantonalen Geoportale frei eingesehen werden können. Ferner sind die zuständigen Behörden berechtigt, die Aufnahme eines Grundstücks in den Kataster im Grundbuch anmerken zu lassen. 2727

Mit der Bewilligungspflicht soll verhindert werden, dass sich die ursprünglichen Verursacher von Schadstoffbelastungen durch privatrechtliche Rechtsgeschäfte und gesellschaftsrechtliche Umstrukturierungen ihrer finanziellen Verantwortung entziehen. 2728

Ein zwingender Bewilligungsgrund für eine Veräusserung oder Teilung besteht, wenn vom Standort keine schädlichen oder lästigen Einwirkungen zu erwarten sind (Art. 32d^{bis} Abs. 3 lit. a USG). In diesen Fällen steht der Bewilligungsbehörde kein Ermessen zu. Die Bewilligung ist zu erteilen (Beatrice Wagner Pfeifer [2014], 156). 2729

Bei untersuchungs- oder überwachungs-/sanierungsbedürftigen Standorten wird die Bewilligung erteilt, sofern die Kostendeckung für die zu erwartenden Massnahmen sichergestellt ist (Art. 32d^{bis} Abs. 3 lit. b USG) (Beatrice Wagner Pfeifer [2014], 156). 2730

Aufgrund von Art. 32d^{bis} Abs. 3 lit. c USG kann eine Bewilligung schliesslich erteilt werden, wenn ein überwiegendes öffentliches Interesse an der Veräusserung oder Teilung besteht (z.B. Bau öffentlicher Infrastrukturen, Realisierung von Projekten bei Planungsschwerpunkten, Vermeidung unerwünschter Industriebrachen etc.) (Beatrice Wagner Pfeifer [2014], 156 f.). 2731

B. Anmerkung der Verfügungsbeschränkung gemäss Art. 32d^{bis} USG

1. Eintragung der Anmerkung

2732 **Anmeldende Person** ist die zuständige Behörde.

2733 **Beleg** ist der schriftliche Antrag der zuständigen Behörde. Sind die erforderlichen Angaben in der Grundbuchanmeldung enthalten, so ist kein separater Beleg erforderlich.

2734 In den Katastern werden die belasteten Standorte gemäss Art. 5 Abs. 4 AltlV in zwei Kategorien eingeteilt, nämlich in Standorte, bei denen keine schädlichen oder lästigen Einwirkungen zu erwarten sind, und in Standorte, bei denen untersucht werden muss, ob sie überwachungs- oder sanierungsbedürftig sind. Die Einteilung in die eine oder andere dieser Kategorien ist bei der Veräusserung und Teilung bedeutsam, da bei einer Einteilung in die Kategorie «belastet, keine schädlichen oder lästigen Einwirkungen zu erwarten» ein zwingender Grund für die Erteilung der Übertragungsbewilligung vorliegt (N 2729 f.).

2. Löschung der Anmerkung

2735 **Anmeldende Person** ist die Grundeigentümerin oder die zuständige Behörde.

2736 **Beleg** ist die rechtskräftige Verfügung über die Austragung des betreffenden Grundstücks aus dem Kataster der belasteten Standorte.

2737 Die Entlassung von Grundstücken aus dem Altlastenkataster und die Löschung der Anmerkungen im Grundbuch obliegen der gleichen Behörde, die die Aufnahme in den Kataster und den Eintrag der Anmerkung veranlasst hat. Ist die Entlassung eines Grundstücks rechtskräftig verfügt, so kann auch die Eigentümerin die Löschung der Anmerkung anmelden.

2738 Eine *Löschung aus dem Kataster* ist nur vorgesehen, wenn aufgrund konkreter Untersuchungen festgestellt werden konnte, dass keine Belastungen vorhanden sind, oder wenn die vorhandene Belastungen beseitigt wurden (Art. 6 Abs. 2 AltlV; BEATRICE WAGNER PFEIFER [2014], 140).

V. Verfügungsbeschränkung gemäss Art. 172 DBG

A. Inhalt und Zweck der Verfügungsbeschränkung

2739 Natürliche Personen mit Wohnsitz im Ausland und juristische Personen mit Sitz im Ausland, die schweizerisches Grundeigentum veräussern wollen und hier ausschliesslich aufgrund ihres Grundbesitzes beschränkt steuerpflichtig sind, können nach dem Bundesgesetz vom 14.12.1990 über die direkte Bundessteuer (DBG) die grundbuchliche Übertragung des Eigentums auf den Erwerber erst bewirken, nachdem die Zustimmung der Eidgenössischen Steuerverwaltung vorliegt (Art. 172 DBG). Auf diese Weise sichert sich der Bund seine Steueransprüche gegenüber Personen mit Sitz oder Wohnsitz im Ausland, die sich andernfalls der Bezahlung ihrer schweizerischen Steuerschulden entziehen könnten.

Sind die Voraussetzungen für das Bestehen der Verfügungsbeschränkung erfüllt oder kann das Grundbuchamt das Bestehen der Verfügungsbeschränkung nicht ohne Weiteres ausschliessen, so darf das Grundbuchamt den Erwerber nicht ohne die Zustimmung der kantonalen Bundessteuerverwaltung ins Hauptbuch eintragen. 2740

B. Voraussetzungen für das Bestehen der Verfügungsbeschränkung

Damit ein Geschäft unter die gesetzliche Verfügungsbeschränkung fällt, müssen sowohl die subjektiven wie auch die objektiven Voraussetzungen von Art. 172 DBG erfüllt sein. 2741

In subjektiver Hinsicht darf die veräussernde Partei *nur aufgrund ihres Grundeigentums in der Schweiz steuerpflichtig* sein, was nicht der Fall ist, wenn die veräussernde Person aus anderen Gründen in der Schweiz beschränkt oder unbeschränkt steuerpflichtig ist. In objektiver Hinsicht wird insbesondere vorausgesetzt, dass es sich um eine *entgeltliche Übertragung* von Grundeigentum handelt. Rein unentgeltliche oder bloss wirtschaftliche Handänderungen erfüllen die objektive Voraussetzung von Art. 172 DBG nicht (Hans Frey [BSK 2008], Art. 172 N 5 ff.; Felix Richner/Walter Frei/Stefan Kaufmann/Hans Ulrich Meuter [2009], Art. 172 N 5 ff.; JGK BE 22.12.2009 [BN 2010, 285 ff.], E. 4.2). 2742

Da das Vorliegen dieser Voraussetzungen vom Grundbuchamt meist nicht überprüft werden kann, wird die schriftliche Zustimmung der kantonalen Bundessteuerverwaltung in der Praxis immer verlangt, wenn eine Veräusserin ihren Wohnsitz oder Sitz im Ausland hat (Hans Frey [BSK 2008], Art. 172 N 15 f.; Felix Richner/Walter Frei/Stefan Kaufmann/Hans Ulrich Meuter [2009], Art. 172 N 3). Die Prüfung der Voraussetzungen obliegt der kantonalen Bundessteuerverwaltung. 2743

2744 Aufgrund dieser Praxis ist die Zustimmung der kantonalen Bundessteuerverwaltung auch einzuholen bei Schenkungen seitens einer Person, die ihren Wohnsitz im Ausland hat, oder bei Erbteilungen, wenn Erben, die aus dem Eigentum ausscheiden, ihren Wohnsitz im Ausland haben oder wenn die Veräusserung eines Grundstücks durch einen Willensvollstrecker erfolgt und für das Grundbuchamt nicht ohne Weiteres ersichtlich ist, dass sämtliche Erben ihren Wohnsitz in der Schweiz haben (JGK BE 22.12.2009 [BN 2010], 285 ff., E. 4.3 und 5.5).

C. Zustimmung der kantonalen Bundessteuerverwaltung

2745 Die Zustimmung wird meist mit Stempel und Visum des zuständigen Beamten auf der notariellen Vertragsurkunde erteilt.

2746 Die Zustimmung ist ohne Verzug zu erteilen, wenn die Voraussetzungen von Art. 172 Abs. 1 DBG nicht gegeben sind oder keine Sicherstellung notwendig ist, weil keine Steuer geschuldet oder die Steuer bereits bezahlt oder sichergestellt ist.

2747 Sind die Voraussetzungen für die Anwendbarkeit von Art. 172 Abs. 1 DBG erfüllt und besteht eine Steuerschuld, so erfolgt die Zustimmung, sobald die Schuld getilgt oder sichergestellt ist.

VI. Verfügungsbeschränkung gemäss Zweitwohnungsgesetz

2748 Am 1. Januar 2016 ist das Bundesgesetz vom 20.3.2015 über Zweitwohnungen (Zweitwohnungsgesetz, ZWG; SR 702) in Kraft getreten. Das Gesetz geht zurück auf die in der Volksabstimmung vom 11. März 2012 angenommene Initiative «Schluss mit uferlosem Bau von Zweitwohnungen!» und verbietet Gemeinden mit einem Zweitwohnungsanteil von über 20% die Bewilligung neuer Zweitwohnungen (vgl. JONAS ALIG [2016], 227 ff.).

2749 Neue Wohnungen können in diesen Gemeinden im Wesentlichen nur noch errichtet werden, wenn es sich um Erstwohnungen handelt, d.h. um Wohnungen, die das ganze Jahr über bewohnt werden und nicht touristischen Zwecken dienen (Art. 7 Abs. 1 lit. a ZWG), oder wenn es sich um Wohnungen handelt, die touristisch bewirtschaftet werden (Art. 7 Abs. 1 lit. b ZWG). Wird eine Bewilligung zum Bau einer neuen Wohnung gestützt auf Art. 7 Abs. 1 ZWG erteilt, so hat die Baubewilligungsbehörde eine Nutzungsbeschränkung auf dem betreffenden Grundstück im Grundbuch anmerken zu lassen (Art. 7 Abs. 4 ZWG).

Eine weitere Ausnahme vom Verbot neuer Zweitwohnungen findet sich in Art. 8 ZWG für sogenannte *strukturierte Beherbergungsbetriebe*. Diesen Betrieben ist es unter gewissen Voraussetzungen gestattet, neue Zweitwohnungen zu erstellen und zu vermieten. Solche Wohnungen dürfen jedoch nicht veräussert werden, weshalb Art. 8 Abs. 2 ZWG festlegt, dass die zuständige Baubewilligungsbehörde eine Veräusserungsbeschränkung auf dem entsprechenden Grundstück anzumerken hat.

2750

Die Änderungen und Löschungen von Nutzungs- oder Verfügungsbeschränkung obliegen der gleichen Baubewilligungsbehörde, die den Eintrag der Anmerkung veranlasst hat. Ein Anlass für eine Änderung oder Löschung der Anmerkung kann sich namentlich dann ergeben, wenn sich der Zweitwohnungsanteil einer Gemeinde auf 20 Prozent oder weniger verringert hat (vgl. Art. 25 Abs. 3 ZWG; ferner ADRIAN MÜHLEMATTER/STEPHAN STUCKI [2016], 182 f.).

2751

VII. Verfügungsbeschränkung gemäss Enteignungsrecht

Beabsichtigen Bund, Kantone, Gemeinden oder andere mit dem Enteignungsrecht ausgestattete Institutionen die Enteignung privater Grundstücke, so gilt ab der öffentlichen Bekanntmachung der Planauflage der Enteignungsbann: Die von der Enteignung bedrohten Grundeigentümer dürfen von diesem Moment an ohne die Zustimmung des Enteigners keine Verfügungen mehr treffen, welche die Enteignung erschweren (für Enteignungen nach Bundesrecht vgl. Art. 42 Abs. 2 EntG). Meist wird der Enteignungsbann durch das enteignende Gemeinwesen im Grundbuch angemerkt (für den Bund vgl. Art. 43 Abs. 1 EntG).

2752

§ 79 Vertragliche Verfügungsbeschränkungen

Vertragliche Verfügungsbeschränkungen bestehen aufgrund von Vorkaufs-, Rückkaufs- und Kaufsrechten, ferner aufgrund des Einspracherechts der Stockwerkeigentümer. Es wird auf die entsprechenden Ausführungen verwiesen.

2753

Vierzehntes Kapitel:
Teilung und Vereinigung von Liegenschaften

2754 Grundstücksflächen können verändert werden entweder durch die *Teilung* (Parzellierung) oder durch die *Vereinigung* von Grundstücken. Beide Vorgänge werden in einzelnen Kantonen unter dem Oberbegriff der *Mutation* zusammengefasst. Dieser Oberbegriff wird auch in der vorliegenden Arbeit verwendet, obwohl er nicht dem Bundesrecht angehört.

2755 Bei der Teilung und Vereinigung von Grundstücksflächen ändern sich die Eigentumsverhältnisse nicht. Der oder die Eigentümer der bisherigen und der neu entstandenen Grundstücke sind notwendigerweise die gleichen Personen. Demgemäss finden bei der Teilung und Vereinigung von Grundstücksflächen keine Verfügungen statt, sodass keine öffentliche Beurkundung erforderlich ist.

2756 Sollen Grundstücke verschiedener Eigentümerinnen vereinigt werden, so müssen sie vorweg ins Eigentum der gleichen Eigentümerin gebracht werden; dieser Vorgang ist öffentlich zu beurkunden. Werden die aus einer Teilung hervorgehenden neuen Grundstücke anschliessend verschiedenen Eigentümerinnen zugeordnet – etwa nach der Realteilung einer im Miteigentum stehenden Liegenschaft –, so sind auch diese Vorgänge öffentlich zu beurkunden. Eine Ausnahme machen Realteilungen im Rahmen einer Erbteilung: Wird ein Nachlassgrundstück geteilt und auf verschiedene Erben übertragen, so genügt gemäss Art. 634 Abs. 2 ZGB die einfache Schriftform.

§ 80 Teilung

2757 Zum Begriff der Teilung vgl. N 518.

I. Grundbuchlicher Vollzug

2758 **Anmeldende (verfügende) Person** ist die Grundeigentümerin.

2759 **Rechtsgrundausweis** ist der Teilungsantrag der Grundeigentümerin an das Grundbuchamt in einfacher Schriftform unter Beilegung des nachgeführten Plans für das Grundbuch *(Mutationsplan)* (HENRI DESCHENAUX [SPR 1988], 89 f.; URS FASEL [2013], Art. 153 N 10). Der Teilungsantrag kann in die Grundbuchanmeldung integriert werden.

Ist mit der Teilung eine Übertragung von Grundeigentum verbunden (z.B. Kauf, Tausch, Schenkung etc.), so sind die *Formerfordernisse für die Übertragung* zu beachten. 2760

Ist ein Grundstück, das geteilt werden soll, in Miteigentum oder in Stockwerkeigentum aufgeteilt, so müssen sämtliche Miteigentümerinnen oder Stockwerkeigentümerinnen den Mutationsantrag unterzeichnen, da die Teilung alle Miteigentums- und Stockwerkeigentumsparzellen betrifft. Da dieses Erfordernis bei kleinen Mutationen (z.B. Abtretung eines kleinen Abschnitts zur Allmend für eine Strassenkorrektur) unverhältnismässig Schwierigkeiten mit sich bringt, ist es ratsam, im Reglement oder in der Nutzungs- und Verwaltungsordnung eine Regelung vorzusehen, wonach für kleine Mutationen ein Mehrheitsbeschluss ausreicht oder wonach kleine Mutationen in die Kompetenz des Verwalters fallen (JGK BE [Handbuch 1982], 21 f.). 2761

Bei der Teilung sind allfällige *Teilungsverbote* zu beachten. Solche finden sich in der kantonalen Gesetzgebung (z.B. den Planungs- und Baugesetzen) sowie für land- oder forstwirtschaftlich genutzte Grundstücke im bäuerlichen Bodenrecht (N 2700 f.). 2762

II. Bereinigung von Lasten und Rechten
A. Überblick

Gemäss Art. 974a ZGB muss bei einer Mutation für jedes Teilstück die Lastenbereinigung durchgeführt werden, d.h. die Dienstbarkeiten, Vormerkungen und Anmerkungen sind zu bereinigen, wobei die Eigentümerin des zu teilenden Grundstücks dem Grundbuchamt zu beantragen hat, welche Einträge zu löschen und welche auf die Teilstücke zu übertragen sind (Art. 974a Abs. 1 und 2 ZGB; ROLAND PFÄFFLI [2012], 103 f.). Die Eigentümerin hat zudem gegebenenfalls eine Bereinigung der Grundpfandrechte und Grundlasten vorzunehmen. 2763

Art. 974a Abs. 1 ZGB statuiert somit eine *Bereinigungspflicht* (JÜRG SCHMID [BSK 2015], Art. 974a N 3). Die Eigentümerin des zu teilenden Grundstücks ist verpflichtet, für jeden Eintrag zu erklären, was damit zu geschehen hat. Betrifft ein Eintrag nur einen Teil des vormaligen Grundstücks, so ist er nur auf diesem Teil zu belassen und auf dem anderen zu löschen (Art. 974a Abs. 3 ZGB). Es sind die Zustimmungserklärungen aller Drittberechtigten einzureichen, deren Rechte durch die Teilung eingeschränkt, reduziert oder belastet werden, nicht 2764 jedoch von Dritten, die von der Teilung nicht betroffen sind oder lediglich bereichert oder entlastet werden.

2765 Im Einzelnen gilt, was folgt:

B. Dienstbarkeiten

1. Grundsatz

2766 Das Bereinigungsverfahren für Dienstbarkeiten richtet sich nach der Bestimmung von Art. 743 Abs. 1 ZGB, wonach die Dienstbarkeit bei einer Teilung auf allen Teilen weiterbesteht (PAUL-HENRI STEINAUER [Bd. II 2012], N 2310; ROLAND PFÄFFLI [2012], 103). Die gesetzliche Regel gilt bei allen Dienstbarkeiten für das belastete Grundstück, bei Grunddienstbarkeiten auch für das berechtigte Grundstück.

2. Teilung des belasteten Grundstücks

2767 Der Grundsatz, wonach die Dienstbarkeitslasten bei der Teilung auf allen neu entstehenden Grundstücken weiterbestehen, erfährt dann eine Ausnahme, wenn eine Dienstbarkeit aufgrund ihrer örtlichen Beschränkung einen neu entstehenden Grundstücksteil *aus objektiven Gründen* nicht betrifft. In diesem Fall ist sie auf dem betreffenden Grundstücksteil zu löschen, wobei die Löschung auch von Amtes wegen vorgenommen werden kann und die Zustimmung des Berechtigten nicht notwendig ist (Art. 976 Ziff. 3 ZGB; PAUL-HENRI STEINAUER [Bd. II 2012], N 2311h; JÜRG SCHMID [BSK 2015], Art. 974a N 13; ETIENNE PETITPIERRE [BSK 2015], Art. 743 N 2; JGK BE vom 2.8.1999 [ZBGR 2001], 211 ff.).

2768 Objektive Gründe liegen vor, wenn sich die örtliche Beschränkung der Dienstbarkeit eindeutig und zweifelsfrei aus den Grundbuchbelegen oder anhand von anderen Umständen darlegen lässt, so etwa aufgrund eines Plans für das Grundbuch (z.B. bei einem Wegrecht), aufgrund eines eindeutigen Wortbeschriebs (z.B. bei einem Bauverbot entlang der gemeinsamen Parzellengrenze), aufgrund der natürlichen Publizität (z.B. weil sich eine Trafostation oder ein Parkplatz an einer bestimmten Stelle im Gelände befindet (JÜRG SCHMID [BSK 2015], Art. 976 N 11; BETTINA HÜRLIMANN-KAUP [2012], 51 f.).

2769 Soll eine Dienstbarkeitslast nach der Teilung nicht auf sämtlichen Teilen weiterbestehen und liegen keine objektiven Gründe im vorbeschriebenen Sinn vor, so kann die (Teil-)Löschung der Dienstbarkeit nur unter der Voraussetzung von Art. 976a ZGB oder mit Zustimmung des Dienstbarkeitsberechtigten erfolgen (vgl. N 1439 ff.).

3. Teilung des berechtigten Grundstücks

Auch Grunddienstbarkeitsrechte bestehen im Falle einer Teilung des berechtigten Grundstücks grundsätzlich auf allen Teilen weiter (Art. 743 Abs. 1 ZGB; PAUL-HENRI STEINAUER [Bd. II 2012], N 2311; HENRI DESCHENAUX [SPR 1988], 90; ROLAND PFÄFFLI [2012], 103). 2770

Die Eigentümerin des zu teilenden Grundstücks muss gemäss Art. 974a Abs. 2 ZGB dem Grundbuchamt für jede einzelne Dienstbarkeit beantragen, ob diese auf einem der Teile zu löschen ist oder ob diese auf alle Teilstücke zu übertragen ist (PAUL-HENRI STEINAUER [Bd. II 2012], N 2311c; JÜRG SCHMID [BSK 2015], Art. 974a N 11). Wenn ein Dienstbarkeitsrecht – z.B. das Überbaurecht für einen Balkon – aufgrund seiner örtlichen Beschränkung auf einem der neu entstehenden Grundstücksteile aus objektiven Gründen nicht bestehen kann, so reicht zur Löschung die einseitige Erklärung der antragstellenden Eigentümerin des zu teilenden Grundstücks aus. Anderenfalls haben gegebenenfalls weitere am herrschenden Grundstück dinglich Berechtigte ihre Zustimmung zur Löschung zu erteilen (vgl. N 1439 ff.). 2771

Wird ein dienstbarkeitsberechtigtes Grundstück in mehrere Grundstücke aufgeteilt, so führt dies unter Umständen dazu, dass zur Wahrung der bisherigen Nutzungsmöglichkeiten zusätzliche Dienstbarkeiten zu begründen sind, etwa wenn ein wegberechtigtes Grundstück zweigeteilt und zugunsten des nördlichen Teils ein neues Wegrecht über den südlichen Teil benötigt wird, damit dem nördlichen Teil die bisherige Erschliessung erhalten bleibt. 2772

C. Vormerkungen

Wird ein Grundstück geteilt, so bestehen die vorhandenen Vormerkungen grundsätzlich auf allen Teilen weiter (HENRI DESCHENAUX [SPR 1988], 94; JÜRG SCHMID [BSK 2015], Art. 974a N 5). Die Regel gilt auch für Vormerkungen von Verfügungsbeschränkungen und von provisorischen Einträgen. Solange mit der Teilung keine Übertragung von Eigentum verbunden ist, beschlägt sie die Rechte vorgemerkter und provisorisch eingetragener Dritter nicht, sodass von solchen Drittpersonen keine Zustimmungserklärungen erforderlich sind. 2773

D. Anmerkungen

2774 Bei Grundstücksteilungen besteht die Anmerkung meist auf sämtlichen Teilen weiter (HENRI DESCHENAUX [SPR 1988], 94; JÜRG SCHMID [BSK 2015], Art. 974a N 5).

E. Grundpfandrechte und Grundlasten

2775 Art. 974a ZGB verlangt keine Bereinigung der Grundpfandrechte und der Grundlasten. Trotzdem drängt sie sich regelmässig auf.

2776 Meldet die Grundeigentümerin die Teilung des Grundstücks an, ohne den Antrag zu stellen, dass an den auf dem Grundstück lastenden Grundpfandrechten etwas geändert werden soll, so lasten die Grundpfandrechte künftig *als Gesamtpfandrechte auf den neuen Grundstücken,* die aus der Teilung hervorgehen. Sind die gesetzlichen Voraussetzungen für Gesamtpfandrechte nicht erfüllt, so ist nach Art. 833 ZGB zu verfahren, indem das Grundbuchamt von Amtes wegen eine Verteilung der Pfandhaft vornimmt und diese den Grundpfandgläubigern mitteilt (Art. 155 Abs. 3 GBV). Die Pfandhaftverteilung ist in der Praxis jedoch kaum anzutreffen (vgl. N 348).

2777 Stattdessen wird die Grundeigentümerin die Situation der Grundpfandrechte meist selbständig verändern. Wenn sie etwa das eine der beiden neuen Grundstücke vom Pfandrecht befreit und das andere Grundstück (unter Umständen mit herabgesetzter Pfandsumme) in der Pfandhaft belässt, so ist dem Grundbuchamt zusammen mit der Teilung eine vom Grundpfandgläubiger mitunterzeichnete Vereinbarung einzureichen, die diese Absicht verwirklicht. Bei dieser Vereinbarung handelt es sich um eine *Pfandverminderung* (N 1746 ff.), allenfalls verbunden mit einer *Pfanderleichterung* (N 1733 ff.).

2778 Die Bereinigung der *Grundlasten* erfolgt analog zu den Grundpfandrechten (JÜRG SCHMID [BSK 2015], Art. 974a N 8; differenzierter HENRI DESCHENAUX [SPR 1988], 94; ARTHUR HOMBERGER [ZK 1938], Art. 945 N 15 f.).

F. Subjektiv-dinglich verknüpfte Miteigentumsanteile

2779 Ist das zu teilende Grundstück als Hauptgrundstück subjektiv-dinglich mit einem Miteigentumsanteil verknüpft (vgl. hierzu N 1345 ff.), so hat die Verknüpfung mit allen Teilen des Hauptgrundstücks weiterzubestehen, es sei denn, dass sich der dauernde Zweck des verknüpften Miteigentumsanteils bloss auf einzelne Teile des vormaligen Hauptgrundstücks bezieht. Bezüglich der notwendigen Bereinigung kommen die für die Dienstbarkeiten dargelegten Grundsätze zur Anwendung (vgl. N 2766 ff.; BGE 130 III 13, E. 5.2.4; JÜRG SCHMID [BSK 2015], Art. 974a N 10; PAUL-HENRI STEINAUER [ZBGR 1998], 231). Sofern ein Anmerkungs-Miteigentumsrecht wegen Teilung des Hauptgrundstücks fortab von mehreren Hauptgrundstücken dominiert wird, teilt sich das Anmerkungs-Miteigentumsrecht ohne Weiteres in kleinere Miteigentumsanteile auf, von denen je einer einem einzelnen Hauptgrundstück zugeordnet bleibt. Richtigerweise werden die neuen Miteigentumsquoten gemäss den Werten der neuen Hauptgrundstücke festgelegt.

Ergibt sich aus objektiven Gründen, dass sich der abhängige Miteigentumsanteil nur auf einen Teil der Sache beziehen kann (z.B. weil die zu Miteigentum aufgeteilte Zufahrtsstrasse bloss einem der aus der Teilung entstandenen Hauptgrundstücke dient), so hat die Verknüpfung nur mit diesem Teil weiterzubestehen. Die Zustimmung der übrigen Miteigentümerinnen ist nicht notwendig (PAUL-HENRI STEINAUER [ZBGR 1998], 234). 2780

Dient das zu Miteigentum aufgeteilte Grundstück mehreren Teilen des aufgeteilten Grundstücks (z.B. weil die zu Miteigentum aufgeteilte Zufahrtsstrasse allen aus der Teilung entstandenen Hauptgrundstücken dient), so ist der subjektiv-dingliche Miteigentumsanteil auf die neuen Hauptgrundstücke aufzuteilen. Werden die Miteigentumsquoten anteilsmässig auf die neuen Hauptgrundstücke aufgeteilt, so ist die Zustimmung der übrigen Miteigentümerinnen nicht notwendig (BGE 130 III 13, E. 5.2.4; JÜRG SCHMID [BSK 2015], Art. 974a N 10). Wird demgegenüber die Berechtigung am unselbständigen Miteigentum nach anderen Kriterien aufgeteilt, so ist die Zustimmung sämtlicher Miteigentümer des dienenden Grundstücks notwendig (JÜRG SCHMID [ZBGR 2005], 285 f.). 2781

§ 81 Vereinigung

Zum Begriff der Vereinigung vgl. N 519. 2782

I. Grundbuchlicher Vollzug

Anmeldende (verfügende) Person ist die Grundeigentümerin. 2783

Rechtsgrundausweis ist der Vereinigungsantrag der Grundeigentümerin an das Grundbuchamt in einfacher Schriftform unter Beilegung des nachgeführten Plans für das Grundbuch (*Vereinigungsplan* oder – gleichbedeutend – 2784

Mutationsplan oder *Vereinigungspause*). Der Vereinigungsantrag kann in die Grundbuchanmeldung integriert werden (HENRI DESCHENAUX [SPR 1988], 95 f.).

2785   Werden mit der Vereinigung Dienstbarkeitslasten oder Pfandrechte ausgedehnt, so sind die entsprechenden *Formerfordernisse* zu beachten.

2786   Die Vereinigung mehrerer Grundstücke zu einem einzigen Grundstück ist nur möglich, wenn die betreffenden Grundstücke *aneinandergrenzen* und der *gleichen Eigentümerin* gehören sowie wenn die an den einzelnen Grundstücken berechtigten Dritten zustimmen (Art. 974b ZGB, Art. 158 GBV; HENRI DESCHENAUX [SPR 1988], 95). Stehen die zu vereinigenden Grundstücke im Gesamteigentum oder Miteigentum mehrerer Personen, dann haben alle Gesamthänder oder Miteigentümer den Vereinigungsantrag und die Vereinigungspause zu unterzeichnen.

II.   Bereinigung von Lasten und Rechten
A.   Überblick

2787   Gemäss Art. 974b ZGB muss bei jeder Vereinigung eine Bereinigung der vorhandenen Lasten *(Lastenbereinigung)* durchgeführt werden, d.h., die Dienstbarkeiten, Vormerkungen und Anmerkungen, die sich auf den Hauptbuchblättern der zu vereinigenden Grundstücke finden, sind zu bereinigen, wobei die Eigentümerin der zu vereinigenden Grundstücke dem Grundbuchamt zu beantragen hat, welche Einträge zu löschen und welche auf die vereinigte Parzelle zu übertragen sind. Die Eigentümerin hat sodann auch eine Bereinigung der Grundpfandrechte und Grundlasten vorzunehmen.

2788   Im Rahmen der Lastenbereinigung ist der *Rangfolge der Einträge* Beachtung zu schenken (vgl. Art. 91 und 122 GBV). Denn aus den Rängen beschränkter dinglicher Rechte und vorgemerkter persönlicher Rechte auf den bisherigen Grundstücken lässt sich nicht ableiten, in welcher Rangfolge die Rechte auf dem vereinigten Grundstück bestehen sollen. Die Alterspriotitäten der Rechte (vgl. N 169 ff.) auf den bisherigen Grundstücken lassen sich nicht auf das vereinigte Grundstück übertragen. Kein Berechtigter hat Anspruch darauf, gemäss seiner bisherigen Alterspriotität auf dem vereinigten Grundstück eingetragen zu werden. Kein bisher Berechtigter ist verpflichtet, gegen seinen Willen ältere Rechte als Vorrang zu akzeptieren, die unter dem älteren Datum bisher auf einem Nachbargrundstück gelastet hatten. Bestehen auf mehreren bisherigen Grundstücken solche Lasten, dann muss die vereinigungswillige Eigentümerin die Zustimmung (Rangrücktrittserklärung oder Nachgangserklärung) derjenigen Berechtigten erlangen, deren Rechte eine Verschlechterung in der Rangfolge erleiden (N 1791 ff.). Rangrücktrittserklärungen sind ferner auch dann notwendig, wenn beschränkte dingliche Rechte oder vorgemerkte persönliche Rechte im Zuge der Vereinigung von Grundstücken eine materielle Ausdehnung oder Beschränkung erfahren.

Im Einzelnen gilt, was folgt: 2789

B. Dienstbarkeiten

1. Grundsatz

Gemäss den Vorschriften von Art. 974b Abs. 2 und 3 ZGB müssen bei der Vereinigung von Grundstücken Dienstbarkeitsberechtigungen und Dienstbarkeitslasten auf das gesamte vereinigte Grundstück ausgedehnt werden. Hierfür ist grundsätzlich die Zustimmung der jeweils anderen aus der Dienstbarkeit belasteten oder berechtigten Partei(en) erforderlich. Eine Zustimmung ist dann entbehrlich, wenn die Rechtsstellung der anderen Partei(en) nicht beeinträchtigt wird (BGer 5A_478/2007 vom 20.11.2007, E. 2.3.1). 2790

2. Vereinigung berechtigter Grundstücke

Besteht die Dienstbarkeit zugunsten eines Grundstücks, das mit anderen vereinigt werden soll, so gilt: Die Dienstbarkeitsberechtigungen sind auf das ganze vereinigte Grundstück auszudehnen, da die Berechtigung der jeweiligen Eigentümerin des vereinigten Grundstücks zusteht. Bei der Vergrösserung des berechtigten Grundstücks ist zu vermuten, dass sich auch die Last für jene Personen vergrössert, die am belasteten Grundstück als Eigentümerinnen berechtigt sind. 2791

Bedingt die Vereinigung von Grundstücken also eine *Ausdehnung von Dienstbarkeitsberechtigungen* (vgl. N 1425 ff.), so ist die Zustimmung der belasteten Eigentümerin und allfälliger weiterer Berechtigter an den belasteten Grundstücken (z.B. nachrangiger Grundpfandgläubiger) erforderlich. Die Zustimmungserklärung der belasteten Eigentümerin ist öffentlich zu beurkunden (JÜRG SCHMID [BSK 2015], Art. 974b N 7; ROLAND PFÄFFLI [ZBGR 2012], 392). Keine Zustimmung und keine öffentliche Beurkundung ist in jenen Fällen erforderlich, in denen die Vergrösserung des berechtigten Grundstücks für die belasteten Grundstücke offensichtlich und klarerweise keinerlei Erschwe- 2792 rung, d.h. keine materielle Ausdehnung, bringen kann (BGer 5A.478/2007 vom 20.11.2007, E. 2.3.1; Jürg Schmid [ZBGR 2012], 161).

2793 Eine materielle Ausdehnung ist meist dann nicht gegeben, wenn die Ausübung eines Dienstbarkeitsrechts (z.B. aufgrund eines Plans oder aufgrund der tatsächlichen Gegebenheiten) örtlich beschränkt ist (Roland Pfäffli [ZBGR 2012], 391). Besteht beispielsweise zugunsten der Parzelle A und zulasten der Parzelle B ein durch einen Plan klar begrenztes Überbaurecht so führt die Vereinigung der Parzelle A mit der Parzelle C zu keiner Mehrbelastung der Parzelle B. Die Zustimmung der Eigentümerin der belasteten Parzelle ist demzufolge nicht notwendig.

2794 Eine materielle Ausdehnung des Dienstbarkeitsrechts kann ferner verhindert werden, wenn das Dienstbarkeitsrecht bloss formell auf das ganze neue Grundstück übertragen wird, hingegen klar zum Ausdruck kommt, dass das Recht materiell nur der bisher berechtigten Grundstücksfläche zusteht (BGE 114 II 426, E. 2d; Jürg Schmid [BSK 2015], Art. 974b N 7). Auf dem Hauptbuchblatt wird bei der Dienstbarkeit eine entsprechende Bemerkung angefügt (z.B. «Recht nur zugunsten der vormaliger Parzelle X»).

3. Vereinigung belasteter Grundstücke

2795 Besteht eine Dienstbarkeit zulasten eines Grundstücks, das mit anderen vereinigt werden soll, so gilt: Bei Dienstbarkeitslasten auf dem einen oder anderen bisherigen Grundstück besteht meist kein Anlass zur materiellen Ausdehnung auf das ganze vereinigte Grundstück. Man denke an Wegrechte, Baurechte oder Bauverbote. Die Eigentümerin hat kein Interesse daran, den Dienstbarkeitsberechtigten eine Ausdehnung ihrer Rechte auf das vereinigte Grundstück zu schenken. Vielmehr ist es ihr Interesse, diese Lasten materiell nur auf jenem Abschnitt weiterbestehen zu lassen, auf dem sie in der Vergangenheit bestanden haben.

2796 Die Dienstbarkeitslast wird in diesem Fall zwar formell auf die vereinigte Parzelle ausgedehnt; die materielle Belastung wird jedoch dadurch eingeschränkt, dass die Eigentümerin der vereinigten Grundstücke erklärt, die Last bleibe örtlich auf den bisherigen Parzellenabschnitt beschränkt (die Vereinigungspause, aus der die alten und die neuen Parzellen hervorgehen, dient in diesem Fall als Dienstbarkeitsplan; vgl. 1407 ff.). Will die Eigentümerin der vereinigten Parzellen eine materielle Ausdehnung herbeiführen, so ist dies rechtlich ebenfalls möglich, wobei die Zustimmung der berechtigten Dritten immer dann erforderlich ist, wenn ihnen die Ausdehnung ihrer Dienstbarkeitsberechtigungen

§ 81 Vereinigung

zusätzliche Lasten oder Pflichten beschert (z.B. durch Erhöhung der Nebenleistungspflichten).

C. Vormerkungen

Bei der Vereinigung von Grundstücken, auf denen Vormerkungen eingetragen sind, ist nach dem Inhalt des vorgemerkten Rechts zu unterscheiden: 2797

Vormerkungen, die sich auf das Nutzungsrecht der Eigentümerin beziehen (insbesondere Vormerkung der Miete und der Pacht), stehen einer Vereinigung nicht entgegen. Die Vormerkung wird auf das vereinigte Grundstück übertragen, auch wenn sie materiell auf einen bestimmten Teil beschränkt bleibt (FRITZ OSTERTAG [BK 1917], Art. 945 N 22; ARTHUR HOMBERGER [ZK 1938], Art. 945 N 26). 2798

Demgegenüber hindern Vormerkungen, die sich *direkt oder indirekt auf das Verfügungsrecht* der Eigentümerin auswirken (Vorkaufs-, Rückkaufs- und Kaufsrechte, Rückfallsrecht der Schenkerin, Auslieferungspflicht des Vorerben/Vorvermächtnisnehmers etc.), die Vereinigung, es sei denn, die Eigentümerin treffe mit dem aus der Vormerkung Berechtigten eine spezielle Vereinbarung (FRITZ OSTERTAG [BK 1917], Art. 945 N 22; ARTHUR HOMBERGER [ZK 1938], Art. 945 N 26). So lässt sich etwa vereinbaren, dass der Vorkaufsberechtigte sein Recht nur noch bezüglich der ganzen Parzelle ausüben kann oder dass das Vorkaufsrecht im bisherigen Umfang an einem blossen Teil des vereinigten Grundstücks weiterbestehen soll. In letzterem Fall müssten sich die Parteien darauf verständigen, wie das Vorkaufsrecht am Teil eines Grundstücks ausgeübt werden kann. 2799

Werden vorgemerkte Rechte auf das vereinigte Grundstück ausgedehnt, so muss auf das Rangverhältnis geachtet werden: Um zu vermeiden, dass gebrochene Rangverhältnisse entstehen, hat unter Umständen entweder der Berechtigte der auszudehnenden Vormerkung oder es haben sämtliche nachrangig am Grundstück Berechtigten eine Rangrücktrittserklärung (N 1791 ff.) abzugeben (vgl. zum Verbot des gebrochenen Ranges N 382). Soll das vorgemerkte Recht hingegen bloss im bisherigen Umfang weiterbestehen, so muss dies bei der Bereinigung ausdrücklich erwähnt werden. In diesem Fall sind keine Zustimmungen notwendig. 2800

D. Anmerkungen

2801 Die Anmerkung hat Informationscharakter. Sie will auf bestehende Rechtsverhältnisse hinweisen. Sie besteht meist nicht «zugunsten» oder «zulasten» eines Grundstücks, wie Art. 974b ZGB dies unglücklich formuliert. Bei Vereinigungen von Grundstücken sind Anmerkungen meist insgesamt auf das vereinigte Grundstück zu übertragen (HENRI DESCHENAUX [SPR 1988], 98; ARTHUR HOMBERGER [ZK 1938], Art. 945 N 26).

E. Grundpfandrechte und Grundlasten

2802 Art. 974b Abs. 1 ZGB bestimmt, dass mehrere Grundstücke einer Eigentümerin nur vereinigt werden können, wenn entweder keine Grundpfandrechte und Grundlasten bestehen oder wenn die Gläubiger hierzu ihre Zustimmung erteilen.

2803 Will eine Grundeigentümerin ein Grundstück mit einem anderen Grundstück vereinigen, das mit Grundpfandrechten belastet ist, so ist dem Grundbuchamt zusammen mit dem Vereinigungsantrag eine vom Grundpfandgläubiger mitunterzeichnete Vereinbarung einzureichen, wonach die Pfandhaft vom einen Grundstück auf das vereinigte neue Grundstück ausgedehnt wird. Bei dieser Vereinbarung handelt es sich um eine *Pfandvermehrung* (N 1739 ff.), die der öffentlichen Beurkundung bedarf (N 1741; a.M. ROLAND PFÄFFLI [ZBGR 2012], 392, der für die Zulässigkeit der Pfandvermehrung im Rahmen von Vereinigungen in einfacher Schriftform plädiert).

2804 Die Bereinigung der *Grundlasten* erfolgt analog zu den Grundpfandrechten (ARTHUR HOMBERGER [ZK 1938], Art. 945 N 23).

Stichwortverzeichnis

A

Abänderung, *siehe Änderung*

Abbruch, *siehe Stockwerkeigentum, Begründung vor Erstellung des Gebäudes*

Abfall, *siehe belasteter Standort*

Abgeltung güterrechtlicher Ansprüche 2014 ff.; 2725

Abgeschlossenheit von Räumen, *siehe Sonderrecht*

Ablösung, *siehe Grundlast; Grundpfandrecht*

Abschichtung, *siehe Erbteilung*

Abschrift, beglaubigte, *siehe Beglaubigung*

absolutes Eintragungsprinzip, *siehe Eintragungsprinzip*

absolutes Recht, *siehe Recht*

Abspaltung nach FusG
- Anmeldungsfrist 2327 f.
- Begriff 2321
- grundbuchlicher Vollzug 2346 ff.
- kein Vorkaufsfall 2422

Abtausch, *siehe Tausch*

Abtrennung, *siehe Liegenschaft, Teilung*

Abtretung (Zession), *siehe auch andere Personaldienstbarkeit; Baurecht; Gläubigerwechsel; Indossament*
- des Erbanteils an einen Miterben 2159 ff.
- des Erbanteils an einen Nicht-Erben 2163 ff.

Abwehrinteresse, *siehe Eigentum*

Abweisung der Grundbuchabmeldung, *siehe Grundbuchanmeldung*

Abzahlung der Schuld
- bei der Grundpfandverschreibung 1673 ff.
- beim Schuldbrief 1736; 1797 ff.

Administrator, *siehe Trust; Willensvollstrecker*

affirmative Dienstbarkeit, *siehe Dienstbarkeit*

Akkreszenz, *siehe Anwachsung*

Aktiengesellschaft, *siehe auch Abspaltung; Aufspaltung; Fusion; Sacheinlage; Umwandlung; Vermögensübertragung*
- als Inhaberin von Rechten an Grundstücken 711 ff.
- als Partei, *siehe juristische Person*

Akzessionsprinzip 182 f.; 1575

Akzessorietät 400 ff.

Alleineigentum 184 f.

Allmend 476; 481, *siehe auch Enteignung; Impropriation*

Altersleistung, *siehe berufliche Vorsorge*

Alterspriorität (Rangprinzip), *siehe auch Pfandstelle; Rang; Rangänderung*
- Bedeutung in der Pfandverwertung 177 ff.
- Begriff 169 ff.

Altlast, *siehe belasteter Standort*

Amortisation, *siehe Abzahlung; Kraftloserklärung*

amtliche Vermessung, *siehe Vermessung, amtliche*

amtlicher Liquidator, *siehe Liquidator*

Amtssiegel 822; 894 f.; 903

andere Personaldienstbarkeit (Art. 781 ZGB)
- Änderung 1589

- Befristung 255
- Begriff 260; 323 ff.
- Errichtung 1594 ff.
- Löschung 1604 ff.
- Übertragung 1599 ff.
- Umwandlung einer Grunddienstbarkeit in eine - 1432 ff.

Änderung, *siehe unter dem gesuchten Recht*

Aneignung 70; 111 f.

Anfechtung
- einer Verfügung von Todes wegen 1013 f.
- eines Vertrages 544; 787 f.; 801 ff.

Anlagefonds, *siehe Immobilienfonds*

Anleihensobligation mit Grundpfandrecht 426 ff.

anmeldende (verfügende) Person 536

anmeldende Person 536

Anmeldung im Grundbuch, *siehe Anmeldungsbeleg; Grundbuchanmeldung*

Anmeldungsbeleg 546 ff., *siehe auch Eintragungsverfahren*

Anmeldungsfrist
- nach FusG, *siehe unter dem gesuchten Tatbestand nach FusG*
- von mittelbaren gesetzlichen Pfandrechten 1836

Anmeldungsprinzip, *siehe Antragsprinzip*

Anmeldungsverfahren, *siehe Eintragungsverfahren*

Anmeldungszuständigkeit, *siehe anmeldende (verfügende) Person*

Anmerkung 510 ff.; 586 ff.; *siehe auch Anteile verpfändet; Grundbuchsperre; Nutzungs- und Verwaltungsordnung; Reglement; Verfügungsbeschränkung; Werkbeginn; Zugehör*

Anmerkungsgrundstück, *siehe Grundstück; unselbständiges Eigentum*

Anordnung, gerichtliche, *siehe Vormerkung*

Anordnungsentscheid der KESB, *siehe Beistand; Kindes- und Erwachsenenschutzbehörde; Vorsorgevollmacht*

Anrechnung
- an erbrechtliche Ansprüche 2131; 2148 ff.; 2190
- an güterrechtliche Ansprüche 2015; 2061; 2092

Anrechnungswert, *siehe bäuerliches Bodenrecht*

Anteile verpfändet, Anmerkung 2630 ff.

Anteilsrecht der Miterben gemäss BGBB, *siehe bäuerliches Bodenrecht*

Antragsprinzip 552

Antritt 1909 f.

Anwachsung
- bei der Gesamtgutszuweisung, *siehe Gütergemeinschaft*
- beim Gesellschafterwechsel 243 ff.; 2229 ff.; 2274 ff.; 2305
- bei Verzicht auf Miteigentum 1184 ff.

Anwartschaft, *siehe Auslieferungspflicht; Kauf, Vorvertrag*

Anzeigepflicht
- des Grundbuchamtes 610 ff.
- der Stockwerkeigentümer nach Fertigstellung des Gebäudes 1295 ff.

Apostille 596; 1057 ff.

Architektenplan, *siehe Aufteilungsplan; Plan für das Grundbuch*

Archiv
- Grundbucharchiv 467 ff.
- Notariatsarchiv 897

Aufenthaltsbewilligung 2662

Stichwortverzeichnis

Aufhebung, *siehe unter dem gesuchten Recht*

Aufhebungsanspruch der Miteigentümer, *siehe Miteigentum*

Aufhebungsverbot, *siehe Grunddienstbarkeit; Miteigentum*

Auflage, *siehe Bewilligungsgesetz; Schenkung*

Auflösung, *siehe unter dem gesuchten Recht*

Aufnahme von Grundstücken ins Grundbuch, *siehe Grundbuch*

Aufspaltung nach FusG
- Anmeldungsfrist 2327 f.
- Begriff 2321
- grundbuchlicher Vollzug 2342 ff.
- kein Vorkaufsfall 2422

Aufteilung, *siehe Liegenschaft, Teilung; Pfandrechtsverlegung; Pfandrechtszerlegung*

Aufteilungsplan im Stockwerkeigentum
- Anpassung nach Fertigstellung des Gebäudes 1306 ff.
- Begriff 209 ff.
- Bestätigung nach Fertigstellung des Gebäudes 1299 ff.
- als Element des Stockwerkeigentumserrichtungsakts 1227 ff.; 1292

Ausdehnung, *siehe Dienstbarkeit; Liegenschaft; Pfandvermehrung*

Ausfallhaftung gemäss USG, *siehe belasteter Standort*

Ausgleichung, erbrechtliche, *siehe Realkollation*

Auskunftspflicht des Grundbuchamtes, *siehe Grundbuch, Öffentlichkeit*

Ausland
- letzter Wohnsitz im - 1007; 2128 f.
- Person im -, *siehe Bewilligungsgesetz (Lex Koller)*
- Sitz oder Wohnsitz im -, *siehe Bundessteuer, direkte*

Ausländer, *siehe Ehegatten, ausländische; juristische Person*

Auslieferungspflicht des Vorerben/Vorvermächtnisnehmers
- Begriff 2193 ff.; 2198 ff.
- Erwähnung in der Erbgangsbeurkundung 2126
- Löschung der Vormerkung im Rahmen der Auslieferung 2212
- Löschung der Vormerkung infolge Tod des Nacherben/Nachvermächtnisnehmers 2209 ff.
- Vormerkung 2201 ff.

Ausschlagung der Erbschaft 638; 968; 2107; 2124

Ausschluss des Verzichts auf eine Grunddienstbarkeit, *siehe Grunddienstbarkeit*

Ausschlussgemeinschaft, *siehe Gütergemeinschaft*

ausserbuchlicher Rechtserwerb, *siehe Rechtserwerb*

ausserordentlicher Güterstand, *siehe Gütergemeinschaft; Gütertrennung*

Ausstandspflicht (Austritt) 918

Austausch, *siehe Tausch; Pfandänderung, totale*

Austritt, *siehe einfache Gesellschaft, Gesellschafterwechsel; Kollektivgesellschaft, Gesellschafterwechsel*

Austrittsleistung, *siehe berufliche Vorsorge*

Ausübung, *siehe unter dem gesuchten Recht*

Ausübungsverzicht, *siehe unter dem gesuchten Recht*

Auswechseln der pfandgesicherten Forderung, *siehe Pfandrechtserneuerung*

Ausweis
- über den Rechtsgrund, *siehe Rechtsgrundausweis*
- über das Verfügungsrecht 558 ff.

Auszug, beglaubigter, *siehe Beglaubigung; Plan für das Grundbuch*

Autoeinstellhalle 191; 219 ff.; 1347 ff.; 1523 f.

B

Balkon, *siehe Sondernutzungsrecht*

Bank, *siehe Gläubiger; Unterschriftsbeglaubigung*

bäuerliches Bodenrecht
- Anrechnungswert 1200; 2262
- Belastungsgrenze 358 ff.
- Bewilligungspflicht 2693 ff.
- Gewinnanteilsrecht der Miterben 435; 2650
- privatrechtliche Verfügungsbeschränkung 2648 ff.
- Realteilungs- und Zerstückelungsverbot 2698 ff.
- Rückkaufsrecht 2650
- Vorkaufsrecht 2650

Bauhandwerkerpfandrecht 1867 ff.; *siehe auch Werkbeginn*

Baukredit 349 ff.; 368

Baupfandrecht, *siehe Bauhandwerkerpfandrecht*

Baurecht, Begriff 306 ff.

Baurecht, selbständiges und dauerndes; *siehe auch Gesamtbaurecht; Heimfall; Plan für das Grundbuch; unselbständiges Baurecht; Unterbaurecht; Vorkaufsrecht der Baurechtsparteien*
- Änderung 1556 ff.
- Baurechtsvertrag 1519 ff.
- Begriff 272 ff.; 312 ff.
- Errichtung 1511 ff.
- Löschung bei eigenem Grundbuchblatt 1572 ff.
- Löschung ohne eigenes Grundbuchblatt 1583 f.
- Übertragung bei eigenem Grundbuchblatt 1561 ff.
- Übertragung ohne eigenes Grundbuchblatt 1567 ff.
- Verfügungsbeschränkung 274; 1564
- vormerkbare Bestimmungen 1540 ff.

Baurecht, unselbständiges 311; 1586

Baurechtszins 315; 1529; 1537 f.

Baurechtszinspfandrecht, *siehe auch Grundpfandrecht, gesetzliches*
- Begriff 1532 ff.
- Errichtung 1847 ff.

Bauverbotsdienstbarkeit 266

Beanstandung, *siehe Eintragungsverfahren*

Bedeutungslosigkeit des Grundbucheintrags, *siehe Grundbucheintrag*

Befristung, *siehe Grunddienstbarkeit; Grundpfandverschreibung; Kaufsrecht; Mietvormerkung; Vollmacht; Vorkaufsrecht, vertragliches*

Beginn des Werkes, *siehe Werkbeginn*

beglaubigte Abschrift, *siehe Beglaubigung*

Beglaubigung (Vermerkbeurkundung) 833 ff., *siehe auch Apostille; Beurkundung, öffentliche; Urkunde, öffentliche; Unterschriftsbeglaubigung*

Begleitbeistandschaft, *siehe Beistandschaft*

Begründung, *siehe unter dem gesuchten Recht*

Beherbergungsbetriebe, *siehe Zweitwohnung*
Beilage, *siehe Anmeldungsbeilagen; Urkunde, öffentliche*
Beistandschaft, *siehe Kindes- und Erwachsenenschutzbehörde; vertretungsberechtigte Person; Vorsorgevollmacht*
– Begleitbeistandschaft 632; 960
– Mitwirkungsbeistandschaft 633; 962
– umfassende Beistandschaft 635; 963 ff.
– Vertretungsbeistandschaft 634; 963 ff.

Beitragsforderung der Stockwerkeigentümergemeinschaft, *siehe Stockwerkeigentum, Gemeinschaftspfandrecht*
Beitritt, *siehe Eintritt; Schuldbeitritt*
Bekanntmachung, *siehe Versteigerung*
belasteter Standort
– Anmerkung des Eintrags im - 2732 ff.
– Löschung der Anmerkung 2735 ff.
– Verfügungsbeschränkung 2724 ff.

belastetes Grundstück, *siehe Dienstbarkeit; Grundlast; Grundpfandrecht*
Belastungsgrenze, *siehe bäuerliches Bodenrecht*
Beleg, *siehe Anmeldungsbeilage; Grundbuchbeleg; Rechtsgrundausweis*
Belegsammlung, *siehe Grundbuch*
Belehnung, *siehe bäuerliches Bodenrecht, Belastungsgrenze; Schuldbrief, Verwendung*
Bemerkung (im Grundbuch), *siehe Grundbuch*
Benachrichtigung, *siehe Anzeigepflicht; Vorkaufsrecht*
Beneficiary, *siehe Trust*
Benutzungsrecht, *siehe andere Personaldienstbarkeit; Nutzungsrecht; Sondernutzungsrecht*

berechtigtes Grundstück, *siehe Dienstbarkeit; Grundlast*
Bereinigung von Grundbucheintragungen
– bei der Teilung von Liegenschaften 2763 ff.
– bei der Vereinigung von Liegenschaften 2787 ff.

Bergregal 54 ff.
Bergwerk 58 f.
Berichtigung von Grundbucheintragungen 479
berufliche Vorsorge
– Anmerkung der Verfügungsbeschränkung im Grundbuch 2713 ff.
– Löschung der Anmerkung 2717 ff.
– Verfügungsbeschränkung 2703 ff.
– Vorbezug zur Finanzierung von Wohneigentum 2706 ff.
– Zustimmungserfordernis des Ehegatten bei Pfanderrichtung und Pfandbeschwerung 1648

Berufsgeheimnis, *siehe Urkundsperson; Berufspflichten*
Bescheinigung, *siehe Erbenbescheinigung*
Beschenkter, *siehe Schenkung*
Beschlussprotokoll, *siehe Unterschriftsbeglaubigung*
beschränktes dingliches Recht, *siehe Recht, beschränktes dingliches*
Besitz 88 ff.
Besitzantritt, *siehe Antritt*
Bestandteil, *siehe Eigentum*
Bestellung, *siehe unter dem gesuchten Recht*
Beteiligungsrecht, *siehe bäuerliches Bodenrecht, Gewinnanteilsrecht*

Betriebsstättengrundstück, *siehe Bewilligungsgesetz (Lex Koller)*

Beurkundung, öffentliche; *siehe auch Beglaubigung; Erbgangsbeurkundung; Urkunde, öffentliche*
- Ausnahmen vom Beurkundungszwang bei Grundstücksgeschäften 859
- beurkundungsbedürftige Elemente bei Grundstücksgeschäften 856 ff.
- Beurkundungszwang nur betreffend das Verpflichtungsgeschäft 860
- bei Grundstücksgeschäften 837 ff.
- Sachbeurkundung 829 ff.
- Umfang des Formzwangs bei Grundstücksgeschäften 837 ff.
- von Willenserklärungen 828

Beurkundungsverfahren
- gleichzeitige Anwesenheit aller Parteien 881 ff.
- rechtliche Grundlagen 5 ff.; 823 ff.
- Selbstlesung 884 ff.
- Unterbrechung des Beurkundungsvorgangs 888 ff.
- Vorbereitung 862 ff.

Bevollmächtigter, *siehe Vollmacht*

bewegliche Sache, *siehe Sache*

Bewilligungsgesetz (Lex Koller)
- Ausnahmen von der Bewilligungspflicht 2666 ff.
- Beleg zum bewilligungsfreien Erwerb 2677 ff.
- Betriebsstättengrundstück 2667 f.
- Erwerbsauflagen 2674; 2676
- Grundstückserwerb gemäss - 2657 f.
- Hauptwohnung 2669 f.
- Person im Ausland 2659 ff.
- Verfügungsbeschränkung gemäss - 2652 ff.

Bewilligungspflicht nach bäuerlichem Bodenrecht, *siehe bäuerliches Bodenrecht*

Bietender, *siehe Steigerungskauf*

Blatt, *siehe Grundbuchblatt*

Boden, *siehe Bodenparzelle; Liegenschaft*

Bodenparzelle 317

Bodenrecht, bäuerliches, *siehe bäuerliches Bodenrecht*

Bodenverbesserungsmassnahmen, *siehe Grundpfandrecht, gesetzliches*

Bodenvermessung, *siehe Vermessung, amtliche*

Bruchteil, *siehe Quote*

Buchrecht, *siehe Register-Schuldbrief*

Bundessteuern, direkte (Art. 172 DBG) 2739 ff.

Bürgergemeinde, *siehe Person, juristische*

Bürgerort, *siehe Identifikation*

C

call option, *siehe Kaufsrecht*

causa, *siehe Rechtsgrund*

D

Darlehen, *siehe Schuldpflicht*

Dauer, *siehe Befristung*

dauerndes Recht, *siehe Baurecht; Recht*

Deed, *siehe Trust*

deklaratorischer Grundbucheintrag, *siehe Grundbucheintragung*

Dekreszenz 243 ff.

Dereliktion, *siehe Verzicht*

derivativer Rechtserwerb, *siehe Rechtserwerb*

dienendes Grundstück, *siehe Dienstbarkeit; unselbständiges Eigentum*

Dienstbarkeit; *siehe auch Baurecht; Bereinigung von Grundbucheintragungen; Grunddienstbarkeit; Nutzniessung; Personaldienstbarkeit; Plan für das Grundbuch; Rang; Quellenrecht; Wohnrecht*
- Bedingung 1405 f.
- Befristung 1402 ff.
- Begriff 249 ff.
- belastetes und berechtigtes Grundstück 283 ff.
- dinglich wirkende Bestimmungen («wörtliche Fassung») 1384 ff.
- Eigentümerdienstbarkeit 1413; 1465; 1475
- gesetzliche 277 ff.
- Inhalt (Dulden oder Unterlassen) 262 ff.
- aufgrund kantonaler oder kommunaler Gesetzgebung 280 f.
- Konkurrenz- und Gewerbeverbot 267 ff.
- Nebenleistungspflicht 1395 ff.
- negative-(Verbots-/Unterlassungsdienstbarkeit) 265 ff.
- obligatorische Bestimmungen 1387 ff.
- positive (affirmative) - (Duldungs-/Nutzungsdienstbarkeit) 263 f.
- Vergrösserung (Ausdehnung) 1426 ff.; 2792 ff.; 2795 f.
- Vormerkungen bei der -, *siehe andere Personaldienstbarkeit; Baurecht; Grunddienstbarkeit*

Dienstbarkeitsvorrichtung 290; 1443 ff.

dingliches Recht, *siehe Dienstbarkeit; Eigentum; Grundlast; Pfandrecht; Recht, dingliches*

direkte Bundessteuer, *siehe Bundessteuer, direkte*

Dispositionsfähigkeit, *siehe Verfügungsbefugnis; Verfügungsmacht*

dispositives Recht 795 ff.

Doppelaufruf 179 ff.

doppelter Ausweis, *siehe Ausweis über das Verfügungsrecht; Rechtsgrundausweis*

Doppelvertretung, *siehe Stellvertretung*

Drittpfandrecht
- Begriff 336; 1644
- bei gesetzlichen Pfandrechten 436
- bei Übertragung des verpfändeten Grundstücks 1801

Dulden oder Unterlassen, *siehe Dienstbarkeit*

Duldungsdienstbarkeit, *siehe Dienstbarkeit*

Durchleitungsrecht, *siehe Dienstbarkeit; Grunddienstbarkeit; Personaldienstbarkeit*

E

Ehegatten; *siehe auch Abgeltung güterrechtlicher Ansprüche; Familienwohnung; Scheidung*
- ausländische - 667 ff.
- Rechtsgeschäft unter - 2040 ff.

Eheguterrecht, *siehe Errungenschaftsbeteiligung; Gütergemeinschaft; Gütertrennung*

eheliche Wohnung, *siehe Familienwohnung*

Ehescheidung, *siehe Scheidung*

Eigengebrauch, *siehe Zweitwohnung; Bewilligungsgesetz, Hauptwohnung*

Eigengut 664 ff.

Eigentum; *siehe auch Alleineigentum; dingliches Recht; Gesamteigentum; Miteigentum; Stockwerkeigentum; unselbständiges Eigentum*
- Abwehrinteresse 43 ff.
- Ausübung des - 146 ff.
- Begriff 83 ff.; 131 ff.

- Bestandteil 63 ff.; 1894
- Elastizität des - 108
- Privateigentum 69 ff.; 476
- als Recht in den Schranken der Rechtsordnung 137 ff.
- als unbeschränktes dingliches Recht 131 ff.
- Verzicht auf - (Dereliktion) 112
- Zugehör 64 ff.; 2554 ff.

Eigentümerdienstbarkeit, *siehe Dienstbarkeit*

Eigentümerschuldbrief, *siehe Schuldbrief*

Eigentumsbeschränkung; *siehe auch Nutzungsbeschränkung; Verfügungsbeschränkung*
- gesetzliche - 141; 144 f.
- gewillkürte (vertragliche) - 140

Eigentumserwerb, *siehe Rechtserwerb*

Eigentumsparzelle, *siehe Bodenparzelle*

Eigentumsrecht, *siehe Eigentum*

einfache Gesellschaft
- Änderung der Rechtsform 2252 ff.
- Beendigung der - durch Übernahme eines Grundstücks zu Alleineigentum 2258 ff.
- Beendigung der - durch Übernahme eines Grundstücks zu Miteigentum 2263 ff.
- Beendigung der - durch Veräusserung an einen Dritten 2269 ff.
- Begründung der - anlässlich des Grundstückserwerbs 2214 ff.
- Begründung der - durch Einbringung («Illation») 2220 ff.
- Gesellschafterwechsel unter Lebenden 2229 ff.
- als Inhaberin von Rechten an Grundstücken 693 ff.
- als Partei 982 ff.
- Tod eines Gesellschafters 2239 ff.

eingesetzter Erbe, *siehe Erbe*

eingetragene Partnerschaft 661; 2040 ff.; *siehe auch Familienwohnung*

Einlagegegenstand, *siehe Sacheinlage*

Einschreibung, *siehe Grundbucheintragung*

Einsicht ins Grundbuch, *siehe Grundbuch, Öffentlichkeit*

Einspracherecht der Stockwerkeigentümerinnen, *siehe Stockwerkeigentum*

Einstellhalle, *siehe Autoeinstellhalle*

Eintragung, *siehe Grundbucheintragung*

Eintragung, vorläufige, *siehe Vormerkung*

Eintragungsbegehren, *siehe Grundbuchanmeldung*

Eintragungsbestätigung, *siehe Register-Schuldbrief*

Eintragungsbewilligung (Eintragungsermächtigung, Fertigungsermächtigung)
- Begriff 524 ff.
- Integration in den Vertragstext 537 ff.
- Widerruf 540 ff.

Eintragungsfehler, *siehe Berichtigung*

Eintragungsfrist, *siehe Anmeldungsfrist*

Eintragungsprinzip
- absolutes - 165
- relatives - 166 ff.

Eintragungsstand, *siehe Rechtserwerb, ausserbuchlicher*

Eintragungsverfahren; *siehe auch Anzeigepflicht; Eintragungsbewilligung; Grundbuchanmeldung*
- Beanstandung 607 f.
- Prüfungsbereich des Grundbuchamtes 602 ff.

Stichwortverzeichnis

Einwerfung im Rahmen der Ausgleichung, *siehe Realkollation*

Einwohnergemeinde, *siehe Person, juristische*

Einzelunternehmen; *siehe auch Vermögensübertragung nach FusG*
– Anwachsung nach Art. 579 OR 2287 ff.
– nicht eintragbar im Grundbuch 625

Einzelzeichnungsbefugnis, *siehe Vertretung, kaufmännische*

Elastizität des Eigentums, *siehe Eigentum*

elterliche Sorge, *siehe Minderjährige*

Enddatum (Endtermin), *siehe Befristung*

Enteignung 44 ff.; 279; 742; 2752 ff.

Entkräftung des Schuldbriefs, *siehe Schuldbrief*

Entlassung aus der Pfandhaft, *siehe Pfandverminderung*

Erbanfall, *siehe Erbgang*

Erbbescheinigung, *siehe Erbenbescheinigung*

Erbe 638 ff.; *siehe auch Auslieferungspflicht; Vermächtnisnehmer*

Erbenausschlussklausel 2242; 2244; 2312

Erbenbescheinigung
– ausländisches Erbfolgezeugnis 1007; 2128
– Erbenschein im Sinne von Art. 559 ZGB 2117 ff.
– notarielle Erbgangsbeurkundung 2119 ff.

Erbengemeinschaft; *siehe auch Abtretung eines Erbanteils; Erbenbescheinigung; Erbteilung; Nacherbschaft; Realkollation*
– Änderung im Mitgliederbestand bei der - 2130 ff.

– Begriff 864 ff.
– Begründung (Erbgang) 2110 ff.
– Einstimmigkeitserfordernis 996
– als Inhaberin von Rechten an Grundstücken 687 ff.
– als Partei 993 ff.

Erbenpfandrecht, *siehe Miterbenpfandrecht*

Erbenschein, *siehe Erbenbescheinigung*

Erbenvertreter 690 ff.; 999 ff.

Erbfolgezeugnis, *siehe Erbenbescheinigung*

Erbgang, *siehe Erbenbescheinigung; Erbengemeinschaft*

Erbgangsbeurkundung, *siehe Erbenbescheinigung*

erbrechtliche Vorgänge 2107 ff.

Erbschaft, *siehe Abtretung; Ausschlagung*

Erbschaftsverwalter 1016 ff.

Erbschein, *siehe Erbenbescheinigung*

Erbteilung 2130 ff.; *siehe auch Abtretung eines Erbanteils; Erbengemeinschaft; Realkollation*
– Erbteilungsvertrag 2145 ff.
– grundbuchlicher Vollzug 2138 ff.
– Miterbenpfandrecht, *siehe Miterbenpfandrecht*
– subjektiv-partielle - (Abschichtung) 2131

Erdoberfläche, *siehe Liegenschaft; Sache, unbewegliche*

Erhöhung, *siehe Pfandbeschwerung; Zins*

Erlasse
– bundesrechtliche 2 ff.
– kantonale 5 ff.

Erleichterung, *siehe Pfanderleichterung*

Erlöschen, *siehe Löschung*

Ermächtigung, *siehe Eintragungsbewilligung*

Erneuerungsfonds 234; 300

Eröffnung, *siehe Grundbuchblatt*

Errichtung, *siehe unter dem gesuchten Recht*

Errungenschaftsbeteiligung; *siehe auch Abgeltung güterrechtlicher Ansprüche*
- Auflösung durch Tod eines Ehegatten 2054 ff.
- Auflösung durch Übergang zur Gütergemeinschaft 2053
- Auflösung durch Übergang zur Gütertrennung 2044 ff.
- Begriff 663 ff.
- Begründung 2042 f.
- Verfügungsbeschränkung betreffend Miteigentum 2622 ff.
- Vorschlagszuweisung 2060

Ersitzung 111

Ersteigerer, *siehe Steigerungskauf*

Erstwohnung, *siehe Bewilligungsgesetz, Hauptwohnung; Zweitwohnung*

Erwachsenenschutzbehörde, *siehe Kindes- und Erwachsenenschutzbehörde*

Erwerb, *siehe unter dem gesuchten Recht*

Erwerbsbeschränkung, *siehe bäuerliches Bodenrecht; Bewilligungsgesetz*

Erwerbsgrund, *siehe Rechtsgrund*

Estrichabteil, *siehe Stockwerkeigentum*

Etage, *siehe Stockwerk*

Executor, *siehe Trust; Willensvollstrecker*

Expropriation, *siehe Enteignung*

F

Fahrnispfandrecht 340

Familienfideikommiss 651 f.

Familienstiftung
- als Inhaberin von Rechten an Grundstücken 730 f.
- als Partei 1042 ff.

Familienwohnung
- Belege bei der Veräusserung einer - 2618 ff.
- Verfügungsbeschränkung betreffend die - 2598 ff.
- Voraussetzungen für das Bestehen der - 2602 ff.

Faustpfand, *siehe Fahrnispfand*

Ferienwohnung, *siehe Zweitwohnung*

Fertigungsermächtigung, *siehe Eintragungsbewilligung*

feste Pfandstelle, *siehe Rang*

Fideikommiss, *siehe Familienfideikommiss*

Finanzvermögen 72 ff.; 740

Firma, *siehe Identifikation*

Firmenunterschrift 1074; *siehe auch Unterschriftsbeglaubigung*

Foliant 463

Fonds, *siehe Immobilienfonds*

Forderung
- aus dem Grundverhältnis 343; 412 ff.
- Pfandforderung 343

Forderungsabtretung, *siehe Abtretung*

Forderungspfandrecht 327

Forderungsverpfändung, *siehe Grundpfand, indirektes*

Formzwang, *siehe Beurkundung, öffentliche*

Freiheitsbeschränkung 139

Freizügigkeitsleistung, *siehe berufliche Vorsorge*

Funktion des Grundbuchs, *siehe Grundbuch*

Fusion

- Anmeldungsfrist 2327 f.
- Begriff 2320
- kein Vorkaufsfall 2422
- von im Handelsregister eingetragenen Rechtsträgern 2331 ff.
- von nicht im Handelsregister eingetragenen Rechtsträgern 2335 ff.

Fusionsgesetz, *siehe Abspaltung; Aufspaltung; Fusion; Umwandlung; Vermögensübertragung*

G

Gant, *siehe Steigerungskauf*

Garage, *siehe Autoeinstellhalle*

Gebäudeerstellung, *siehe Stockwerkeigentum, Begründung vor Erstellung des Gebäudes*

gebrochener Rang, *siehe Rang*

Geburtsdatum, *siehe Identifikation*

Gegenleistungen und Auflagen bei Grundstückschenkung, *siehe Schenkung*

Gegenstand des Grundeigentums, *siehe Grundstück*

Geheimhaltungspflicht, *siehe Urkundsperson, Berufspflichten*

Gemeinderpfandrecht, *siehe Miterbenpfandrecht*

Gemeinderschaft
- Auflösung 2317
- Begründung 2307 ff.
- als Inhaberin von Rechten an Grundstücken 678 ff.
- als Partei 1026 ff.
- Wechsel im Gemeinderbestand 2311 ff.

Gemeingebrauch 72 ff.

Gemeinnützigkeit der Stiftung, *siehe Stiftung*

gemeinschaftliche Teile, *siehe Stockwerkeigentum*

Gemeinschaftsgüterstand, *siehe Gütergemeinschaft*

Gemeinschaftsordnung, *siehe Nutzungs- und Verwaltungsordnung; Reglement*

Gemeinschaftspfandrecht der Stockwerkeigentümer, *siehe Stockwerkeigentum*

Generalvollmacht, *siehe Vollmacht*

Genossenschaft; *siehe auch Abspaltung; Aufspaltung; Fusion; Sacheinlage; Umwandlung; Vermögensübertragung*
- als Inhaberin von Rechten an Grundstücken 718 ff.
- als Partei, *siehe juristische Person*
- Vormerkung der Mitgliedschaft bei der - 2542
- Wohnbaugenossenschaft 721
- Wohngenossenschaft 719 f.

Geometer, *siehe Vermessung, amtliche*

Geometerplan, *siehe Plan für das Grundbuch*

Gesamtbaurecht 1523 f.

Gesamteigentum; *siehe auch einfache Gesellschaft; Erbengemeinschaft Gemeinderschaft; Gütergemeinschaft; Kollektivgesellschaft; Kommanditgesellschaft*
- Begriff 240 ff.
- Umwandlung in Miteigentum 1128 f.

Gesamtgutszuweisung, *siehe Gütergemeinschaft*

Gesamthand, *siehe Gesamteigentum*

Gesamthandsanteil, *siehe Quote*

Gesamtpfandrecht, *siehe Grundpfandrecht*

Gesamtrechtsnachfolge, *siehe Universalsukzession*

Stichwortverzeichnis

Gesamtüberbauung, Stockwerkeigentum, *siehe Stockwerkeigentum*

Geschäftsführung ohne Auftrag, *siehe Stellvertretung*

Geschäftsliegenschaft, *siehe Betriebsstättengrundstück*

Geschlecht, *siehe Identifikation*

Gesellschaft, *siehe Aktiengesellschaft; einfache Gesellschaft; Gemeinderschaft; GmbH; Kollektivgesellschaft; Kommanditgesellschaft*

Gesellschafterwechsel, *siehe einfache Gesellschaft; Kollektivgesellschaft; Kommanditgesellschaft*

gesetzliche Dienstbarkeiten (Legalservitute), *siehe Dienstbarkeit*

gesetzliche Verfügungsbeschränkung, *siehe Verfügungsbeschränkung, gesetzliche*

gesetzliche Vertretung, *siehe Vertretung, gesetzliche*

gesetzlicher Erbe, *siehe Erbe*

gesetzliches Grundpfandrecht, *siehe Grundpfandrecht, gesetzliches*

gesetzliches Rückkaufsrecht, *siehe Rückkaufsrecht, gesetzliches*

gesetzliches Vorkaufsrecht, *siehe bäuerliches Bodenrecht; Vorkaufsrecht der Baurechtsparteien; Vorkaufsrecht der Miteigentümer*

Gestaltungsfreiheit, *siehe Vertragsfreiheit*

Gewährleistung 797 f.; 1911 ff.

Gewässer, öffentliche 53; 76 ff.; 320 ff.

Gewerbe, landwirtschaftliches, *siehe bäuerliches Bodenrecht*

Gewerbebauten, *siehe Betriebsstättengrundstück*

Gewerbeverbot, *siehe Dienstbarkeit*

Gewinnanteilsrecht der Miterben, *siehe bäuerliches Bodenrecht*

Glaube, guter
– beim Erwerb von Rechten an Grundstücken 1065; 2562 ff.
– beim Schuldbrief 415 ff.; 1797

Glaube, öffentlicher, *siehe Grundbuch; Urkunde, öffentliche*

Gläubigeränderung, *siehe Gläubigerwechsel*

Gläubigerwechsel
– bei der Grundpfandverschreibung 1680
– beim Papier-Schuldbrief 1804 ff.
– beim Register-Schuldbrief 1810 ff.

Gleichrangigkeit, *siehe Rang*

Gleichzeitige Anwesenheit aller Parteien, *siehe Beurkundungsverfahren*

GmbH; *siehe auch Abspaltung; Aufspaltung; Fusion; Sacheinlage; Umwandlung; Vermögensübertragung*
– als Inhaberin von Rechten an Grundstücken 711 ff.
– als Partei, *siehe juristische Person*

Grenze, *siehe Plan für das Grundbuch; Grenzzeichen*

Grenzveränderung, *siehe Liegenschaft*

Grenzzeichen 37

Grundbuch; *siehe auch Anmerkung; Eintragungsbewilligung; Plan für das Grundbuch; Vormerkung*
– Aufbau des - 480 ff.
– Begriff 463 ff.
– Belegsammlung 485 f.
– Bemerkung 513
– Eintragung 504
– Funktion 467 ff.
– Hauptbuch 483 f.; 495 ff.

Stichwortverzeichnis

- öffentlicher Glaube (materielles Publizitätsprinzip) 471 f.
- Öffentlichkeit 473 ff.
- Privatgrundstücke als Gegenstand des - 476
- Tagebuch (Journal) 487 ff.
- Wirkung (positive und negative Rechtskraft) 471 f.

Grundbuchamt 464 ff.

Grundbuchanmeldung
- Abweisung der - 607
- Anforderung an - 546 ff.
- Ausweis über das Verfügungsrecht 558 ff.
- Ausweis über den Rechtsgrund 549 ff.
- Bedingungslosigkeit 546
- Begriff 528 ff.
- Form 546
- Rückzug 545

Grundbuchbereinigung, *siehe Bereinigung*

Grundbuchberichtigung, *siehe Berichtigung*

Grundbuchblatt
- für Miteigentumsanteile 188 ff.
- für selbständige und dauernde Rechte 272 ff.
- bei Teilung eines Grundstücks 518

Grundbucheintragung; *siehe auch Anmerkung; Bemerkung; Bereinigung; Berichtigung; Dienstbarkeit; Eigentum; Eintragungsprinzip Grundpfandrecht; Vormerkung*
- Begriff 500 ff.
- mit deklaratorischer Wirkung 166 ff.
- mit konstitutiver Wirkung 165
- Löschung 567 ff.
- Nachführung (Anpassung) 477 f.
- vorläufige 509; 2548 f.

Grundbuchplan, *siehe Plan für das Grundbuch*

Grundbuchsperre 2594 f.

Grundbuchverwalter, *siehe Grundbuchamt*

Grunddienstbarkeit; *siehe auch Bereinigung; Dienstbarkeit; Plan für das Grundbuch*
- Änderung von dinglich wirkenden Bestimmungen 1421 ff.
- Änderung von obligatorisch wirkenden Bestimmungen 1430 f.
- Aufhebungsverbot 290; 1443 ff.
- Ausschluss des Verzichts (und Vormerkung) 1443 ff.
- Befristung und Bedingung 1402 ff.
- Begriff 251 ff.; 282 ff.
- Errichtung 1376 ff.
- Löschung infolge Verzichts 1439 ff.
- Löschung infolge Zeitablaufs 1442
- Übertragung 1437
- Umwandlung in eine Personaldienstbarkeit 1432 ff.

Grundeigentum, *siehe Eigentum*

Grundeigentumsbeschränkung, *siehe Eigentumsbeschränkung; Verfügungsbeschränkung*

Grundforderung, *siehe Forderung aus dem Grundverhältnis*

Grundlagenirrtum 785 ff.

Grundlast
- Ablösung der - 1632 ff.
- Änderungen 1626
- Art der Leistung 1619 ff.
- Begriff 329 ff.
- Errichtung 1610 ff.
- Gesamtwert 1622
- Löschung infolge des Todes des Berechtigten 1640 ff.
- Löschung infolge Verzichts 1637 ff.
- Löschung infolge Zeitablaufs 1631
- persönliche - 1618
- prädiale - (Realgrundlast) 1618

583

- Übertragung der persönlichen - 1627 ff.
- Übertragung der prädialen - 1630

Grundpfand
- direktes - 422
- indirektes - 423

Grundpfandgläubiger, *siehe Gläubiger*

Grundpfandrecht; *siehe auch Grundpfandverschreibung; Pfandrecht; Pfandstelle; Rang; Schuldbrief*
- Ablösung des - 1906
- Änderung, *siehe Gläubigerwechsel; Pfandänderung; Pfandbeschwerung; Pfanderleichterung Pfandrechtsverlegung; Pfandrechtszusammenlegung; Pfandvermehrung; Pfandverminderung; Schuldbeitritt; Schuldnerwechsel*
- Befristung, *siehe Grundpfandverschreibung, Befristung*
- Begriff 340
- Belastungsgrenze, *siehe bäuerliches Bodenrecht*
- Drittpfandrecht, *siehe Drittpfandrecht*
- Formen, *siehe Grundpfandverschreibung; Schuldbrief*
- Gesamtpfandrecht 348 ff.
- Kapital- und Maximalpfandrecht 362 ff.
- Maximalzins, *siehe Zins*
- Pfandobjekt (Pfandgegenstand) 345 ff.
- Pfandsumme 356 ff.; 1655 ff.; 1673 ff.

Grundpfandrecht, gesetzliches; *siehe auch Bauhandwerkerpfandrecht; Heimfallentschädigung; Miterbenpfandrecht; Stockwerkeigentum; Verkäuferpfandrecht*
- Änderung von mittelbarem - 1873
- Begriff 430 ff.
- Errichtung von mittelbarem - 1835 ff.
- Löschung von mittelbarem - 1875
- mittelbares - 432
- Übertragung von mittelbarem - 1874
- unmittelbares - 431

Grundpfandverschreibung; *siehe auch Grundpfandrecht*
- Änderung 1667
- Auswechslung der pfandgesicherten Forderung (Pfandrechtserneuerung) 1668 ff.
- Befristung 1663
- Begriff 342; 397 ff.
- Errichtung 1644 ff.
- Löschung 1681 ff.
- Schuldpflicht und Schuldsumme 1655 ff.
- Übertragung (Gläubigerwechsel, Schuldnerwechsel) 1680
- Umwandlung in Schuldbrief 1675 ff.
- Wiedererhöhung der Schuldsumme ohne Änderung der Pfandsumme 1673 f.

Grundpfandverwertung 171 ff.; 380 ff.; 424

Grundstück; *siehe auch Baurecht, selbständiges und dauerndes; Miteigentumsparzelle; Stockwerkeigentum, grundbuchliche Darstellung; Liegenschaft*
- Anmerkungsgrundstück, *siehe unselbständiges Eigentum*
- Begriff 35 ff.
- belastetes -, *siehe Dienstbarkeit; Grundpfandrecht, Pfandobjekt*
- herrschendes - (Hauptgrundstück), *siehe unselbständiges Eigentum*
- Stammgrundstück, *siehe Miteigentum*
- Teilung und Vereinigung 515 ff.
- Terminologie des ZGB 56 ff.

Grundstückkauf, *siehe Kauf*

Grundstückschenkung, *siehe Schenkung*

Grundstückserwerb durch Ausländer, *siehe Bewilligungsgesetz, Person im Ausland*

Grundstücksplan, *siehe Plan für das Grundbuch*

Grundstücktausch, *siehe Tausch*
Grundwasser 51 ff.
Gült 1633
guter Glaube, *siehe Glaube, guter*
Gütergemeinschaft
– Auflösung durch Tod eines Ehegatten 2087 ff.
– Auflösung durch Tod eines Ehegatten (Gesamtgutszuweisung) 2096 ff.
– Auflösung durch Vereinbarung eines anderen Güterstandes 2077 ff.
– Ausschlussgemeinschaft 2077; 2084
– Begriff 669 ff.
– Begründung 2066 ff.

güterrechtliche Ansprüche, *siehe Abgeltung güterrechtlicher Ansprüche*
Güterstand, *siehe Ehegatten, ausländische; Errungenschaftsbeteiligung; Gütergemeinschaft; Gütertrennung*
Gütertrennung
– Begriff 674 ff.
– Grundstücke in der - 2106

Güterzusammenlegung, *siehe Liegenschaft, Vereinigung*

H

Handlungsbevollmächtigte, *siehe Vertretung, kaufmännische*
Handlungsfähigkeit, *siehe natürliche Person*
Handlungsfähigkeitszeugnis 941
Handlungsunfähigkeit, *siehe natürliche Person; Minderjähriger*
Handlungsvollmacht, *siehe Vollmacht*
Handwerker, *siehe Bauhandwerker*
Haupt der Gemeinderschaft, *siehe Gemeinderschaft*
Hauptbuch, *siehe Grundbuch*

Hauptbuchblatt, *siehe Grundbuchblatt*
Hauptgrundstück, *siehe unselbständiges Eigentum*
Hauptwohnung, *siehe berufliche Vorsorge; Bewilligungsgesetz; Familienwohnung; Zweitwohnung*
Heimatort, *siehe Identifikation*
Heimfall
– ordentlicher 1331 ff.; 1572 ff.
– vorzeitiger 1571
– wirtschaftliche Tragweite 319

Heimfallentschädigung
– Abschreibungsformel 1544
– Begriff 1576 f.
– Pfandrecht für die - 1843 ff.

herrenlose Sache, *siehe Sache*
herrschendes Grundstück, *siehe Dienstbarkeit; unselbständiges Eigentum*
Hilfsperson, *siehe juristische Person*
Höchstgebot, *siehe Steigerungskauf*
Höchstpfandrecht, *siehe Grundpfandrecht, Maximalpfandrecht*
Höchstzins, *siehe Zins*
Hoheit 51 ff.; 78 ff.
horizontale Ausdehnung, *siehe Liegenschaft*
Hypothek, *siehe Grundpfandverschreibung*

I

Idealkollation 2166 ff.
Identifikation
– von Inhaber von Rechten an Grundstücken 630 ff.
– von juristischen Personen 872
– von natürlichen Personen 870 ff.

Illation, *siehe einfache Gesellschaft*

Immobiliarsachenrecht 156 ff.
Immobilienfonds 2583 ff.
Impropriation 519
Indossament; *siehe auch Abtretung*
- Begriff 1808
- Teilindossament 1768

Inhaber von Rechten an Grundstücken 613 ff.
Inhaberschuldbrief, *siehe Schuldbrief*
Insolvenz, *siehe Grundpfandverwertung*
Interessenkonflikt, *siehe Vertreter; Vorsorgevollmacht; Vollmacht*
Interessenswahrungspflicht, *siehe Urkundsperson; Berufspflichten*

J

Journal, *siehe Grundbuch*
juristische Person; *siehe auch Aktiengesellschaft; Genossenschaft; GmbH; Identifikation; Kommanditaktiengesellschaft; Stiftung; Verein; Vertretung, kaufmännische*
- des ausländischen Rechts 747 f.; 1056 ff.
- Handeln durch Organe und Hilfspersonen 760 ff.; 1067 ff.
- Handeln durch Stellvertreter 770 ff.; 1086 ff.
- in Liquidation 732 ff.
- des schweizerischen öffentlichen Rechts 738 ff.; 1048 ff.
- des schweizerischen Privatrechts 709 ff.; 1029 ff.

K

Kanzleisperre, *siehe Grundbuchsperre*
Kapitalanlage, *siehe Anleihensobligation; Immobilienfonds*

Kapitaleinlage, *siehe Sacheinlage*
Kapitalpfandrecht, *siehe Grundpfandrecht*
Kauf
- Begriff 1878 ff.
- grundbuchlicher Vollzug 1884 ff.
- Grundstückskaufvertrag 1887 ff.
- Verkäuferpfandrecht, *siehe Verkäuferpfandrecht*
- Vorvertrag zum - 1932 ff.

kaufmännische Vertretung, *siehe Vertretung, kaufmännische*
Kaufsrecht, gesetzliches, *siehe bäuerliches Bodenrecht*
Kaufsrecht, vertragliches
- Änderung 2474 ff.
- Ausübung 2469 ff.
- Bedingung und Befristung 2461 f.
- Begriff 542 ff.
- Begründung und Vormerkung 2446 ff.; 2463 ff.
- Kaufsrechtsvertrag 2452 ff.
- Löschung 2482
- Übertragung 2478 ff.

Kaufvorvertrag, *siehe Kauf, Vorvertrag*
Kausalitätsprinzip, *siehe Rechtsgrund*
Kellerabteil, *siehe Stockwerkeigentum*
Kind, *siehe Minderjähriger*
Kindes- und Erwachsenenschutzbehörde; *siehe auch Beistand; vertretungsberechtigte Person; Vorsorgevollmacht*
- Anordnungsentscheid 946
- Personen unter Anordnungen der - 959 ff.
- Unbedenklichkeitsbescheinigung 941
- Vertretung durch - 947; 974 ff.
- Zustimmungserfordernis der - 966 ff.

kirchliche Körperschaft, *siehe Körperschaft*
kirchliche Stiftung 728; 1042 ff.

Kognition, *siehe Eintragungsverfahren, Prüfungsbereich des Grundbuchamtes*

Kollektivgesellschaft
– Begründung 2273
– Fortführung als Einzelunternehmen gemäss Art. 579 OR 2290 f.
– als Inhaber von Rechten an Grundstücken 696 ff.
– als Partei 988 ff.; 2302 ff.
– Übernahme eines Grundstücks zu Alleineigentum 2287 ff.
– Übernahme eines Grundstücks zu Miteigentum 2297 ff.
– Umwandlung der - 2280 ff.; 2353 ff.
– Wechsel im Gesellschafterbestand 2274 ff.

Kollektivunterschrift, *siehe Vertretung, kaufmännische*

Kommanditaktiengesellschaft, *siehe Aktiengesellschaft*

Kommanditgesellschaft
– als Inhaber von Rechten an Grundstücken 704 ff.; 2305
– als Partei 988 ff.

Konkurrenzverbot, *siehe Dienstbarkeit*

Konkurs, *siehe Grundpfandverwertung; Liquidator*

konstitutiver Grundbucheintrag, *siehe Grundbucheintragung*

Kopienbeglaubigung, *siehe Beglaubigung*

Körperschaft
– Begriff 738
– als Inhaberin von Rechten an Grundstücken 744 ff.
– als Partei 1054 f.

Korrektur, *siehe Urkunde, öffentliche*

Kraftloserklärung 410; 1786; 1831

Kreditgeber, *siehe Gläubiger*

L

Landparzelle, *siehe Liegenschaft*

Lastenbereinigung, *siehe Bereinigung*

leere Pfandstelle, *siehe Rang*

Legalservitut, *siehe Dienstbarkeit*

Legat, *siehe Vermächtnis*

Legitimationsbeleg, *siehe Ausweis über das Verfügungsrecht; Identifikation*

Leistungspflicht, nebensächliche, *siehe Dienstbarkeit*

letztwillige Verfügung, *siehe Testament; Erbvertrag*

Lex Koller, *siehe Bewilligungsgesetz*

Liegenschaft
– Begriff 35 f.; 56 ff.
– horizontale Ausdehnung 37 f.
– Teilung 2757 ff.
– Vereinigung 1130; 2782 ff.
– vertikale Ausdehnung 39 ff.

limitiertes Vorkaufsrecht, *siehe Vorkaufsrecht, vertragliches*

Liquidator
– amtlicher 737
– erbschaftsamtlicher 1021 ff.
– bei juristischen Personen 732 ff.

Löschung, *siehe unter dem gesuchten Recht*

M

Mangel, *siehe Gewährleistung*

Markierung, *siehe Grenzzeichen*

materielles Publizitätsprinzip, *siehe Grundbuch*

Maximalpfandrecht, *siehe Grundpfandrecht*

Maximalzins, *siehe Zins*

Mietevormerkung
- Änderung 2510 f.
- Anmeldung der Vormerkung 2498 ff.
- Dauer der Vormerkung 2503 ff.
- Löschung 2513 ff.
- Übertragung 2512
- bei Untermiete 2509
- Wirkung 2494 ff.

Minderjähriger; *siehe auch natürliche Person*
- beschränkte Handlungsfähigkeit 955 ff.
- als Inhaber von Rechten an Grundstücken 629 f.
- Minderjähriger unter Anordnung der Kindesschutzbehörde 631 ff.
- Vertretungsmacht der Eltern 947 ff.

Miteigentum; *siehe auch Aufhebungsanspruch; Nutzungs- und Verwaltungsordnung; Liegenschaft, Vereinigung; Vorkaufsrecht der Miteigentümer*
- Änderung durch Vereinbarung 1181 ff.
- Aufhebung 1192 ff.
- Aufhebungsanspruch 1159 ff.; 1350; 1356
- Begriff 186 f.
- Begründung mittels Weggabe von Quoten 1124 ff.
- Begründung ohne Weggabe von Quoten 1131 ff.
- Erwerb zu - 1119 ff.
- grundbuchliche Darstellung 188 ff.
- Realteilung 1201 ff.
- Übertragung 187; 1901
- Umwandlung von Gesamteigentum in - 1128 ff.
- unselbständiges -, *siehe unselbständiges Eigentum*
- Unterteilen von - 1138 ff.
- Verfügungsbeschränkung betreffend - in der Errungenschaftsbeteiligung 2622 ff.
- Verpfändung, *siehe Anteile verpfändet, Anmerkung; Grundpfandrecht, Pfandobjekt*
- Verzicht auf - 1184 ff.
- Zweckbestimmung 1183

Miteigentümergemeinschaft
- Begriff 193 ff.
- Ober- und Untergemeinschaft 1140

Miteigentümerreglement, *siehe Nutzungs- und Verwaltungsordnung*

Miteigentumsanteil, *siehe Miteigentumsparzelle*

Miteigentumsparzelle
- Anlegen von - 1135 ff.
- Belastung mit Dienstbarkeiten, *siehe Dienstbarkeit, belastetes Grundstück*
- Schliessen von - 1210 ff.

Miterbengewinnanteil, *siehe bäuerliches Bodenrecht*

Miterbenpfandrecht 1862 ff.

Mitgliedschaft bei Genossenschaft, *siehe Genossenschaft*

mittelbares gesetzliches Pfandrecht, *siehe Grundpfandrecht, gesetzliches*

Mitwirkungsbeistandschaft, *siehe Beistandschaft*

Mündigkeit, *siehe natürliche Person*

Mutation, *siehe Liegenschaft*

Mutationsplan, *siehe Plan für das Grundbuch*

N

Nacherbe, *siehe Auslieferungspflicht; Erbe*

Nacherbschaft, *siehe Auslieferungspflicht*

Nachgangserklärung, *siehe Rangrücktrittserklärung*

Nachrückensrecht
– Änderung 1718
– Begriff 374 ff.
– Begründung 1711 ff.
– bei der Grundpfandverschreibung 403; 1672 f.
– Löschung 1719 ff.
– bei Löschung des Schuldbriefes 1833

Nachvermächtnisnehmer, *siehe Auslieferungspflicht; Vermächtnisnehmer*

Name, *siehe Identifikation*

Namen-Register-Schuldbrief, *siehe Register-Schuldbrief*

Namenschuldbrief, *siehe Schuldbrief*

Nationalität, *siehe Identifikation*

natürliche Person; *siehe auch Identifikation; Minderjähriger*
– Handeln durch Vertreter 573 ff.
– handlungsunfähige - 942
– als Inhaberin von Rechten an Grundstücken 627 ff.
– als Partei 938 ff.
– Volljährige unter Anordnung der Erwachsenenschutzbehörde 631 ff.

Nebenabrede, *siehe Schuldbrief*

Nebenleistungspflicht, *siehe Dienstbarkeit*

Nebenrang, *siehe Rang*

Neuerung, *siehe Novation*

Nichtigkeit 606; 799 ff.

Niederlassungsbewilligung 2662

Notar, *siehe Urkundsperson*

Notariatssiegel, *siehe Amtssiegel*

Notarunterschrift, *siehe Urkunde, öffentliche, Gestalt der*

Notbrunnen 277 ff.

Notweg 277 ff.

Novation 421 ff.

numerus clausus; *siehe auch Typengebundenheit*
– der Pfandrechte 341
– der sachenrechtlichen Institute 157 ff.
– der vormerkbaren persönlichen Rechte 126

Nutzniessung
– Änderung 1482
– Begriff 294 ff.
– Errichtung aufgrund einer Verfügung von Todes wegen 1477 ff.
– Errichtung aufgrund eines Rechtsgeschäfts unter Lebenden 1455 ff.
– Errichtung durch Vorbehalt seitens der Schenkerin 1469 f.
– Löschung infolge Todes des Nutzniessers 1489 ff.
– Löschung infolge Verzichts 1485 ff.
– Löschung infolge Zeitablaufs 1488
– zugunsten mehrerer Berechtigter 1466
– Rechte und Pflichten bei der - 297 ff.
– keine Übertragung 1483
– wirtschaftlicher Wert 1467 ff.

Nutzungs- und Verwaltungsordnung
– Änderung 1176 ff.
– Aufhebung 1180
– Begriff 196
– Begründung und Anmerkung 1170 ff.

Nutzungsbefugnis 51; 87 ff.; 96 ff.; 137 ff.

Nutzungsbeschränkung 79; 137 ff.; 142

Nutzungsdienstbarkeit, *siehe Dienstbarkeit, positive*

Nutzungsrecht, besonderes, *siehe Stockwerkeigentum, Sondernutzungsrecht*

O

Obergemeinschaft, *siehe Miteigentümergemeinschaft*

obligatorisches Recht, *siehe Recht, persönliches*

Stichwortverzeichnis

öffentliche Beurkundung, *siehe Beurkundung, öffentliche*
öffentliche Urkunde, *siehe Urkunde, öffentliche*
öffentliche Versteigerung, *siehe Steigerungskauf*
öffentlicher Glaube, *siehe Grundbuch*
Öffentliches Recht, Begriff 11
Öffentlichkeit des Grundbuchs, *siehe Grundbuch*
Option, *siehe Kaufsrecht; Rückkaufsrecht; Verkaufsrecht; Vorkaufsrecht*
ordentlicher Güterstand, *siehe Errungenschaftsbeteiligung*
ordentlicher Heimfall, *siehe Heimfall*
Organ, *siehe juristische Person*
Organbeschluss, *siehe Unterschriftsbeglaubigung*
originärer Rechtserwerb, *siehe Rechtserwerb*

P

Paare, *siehe Ehegatten; eingetragene Partner*
Pacht
- an landwirtschaftlichen Grundstücken, *siehe bäuerliches Bodenrecht, Vorkaufsrecht*
- Vormerkung, *siehe Mietevormerkung*

Partialobligation, *siehe Anleihensobligation*
Partnerschaftsgesetz, *siehe eingetragene Partnerschaft*
Parzelle 483; 495; *siehe auch Baurecht, selbständiges und dauerndes; Liegenschaft; Miteigentumsparzelle; Stammparzelle Stockwerkeigentum, grundbuchliche Darstellung*

Parzellierung, *siehe Liegenschaft, Teilung*
Pensionskasse, *siehe berufliche Vorsorge*
Person im Ausland, *siehe Bewilligungsgesetz*
Person, juristische, *siehe juristische Person*
Person, vertretungsberechtigte, *siehe vertretungsberechtigte Person*
Personaldienstbarkeit; *siehe auch andere Personaldienstbarkeit; Baurecht; Dienstbarkeit; Nutzniessung; Quellenrecht; selbständiges und dauerndes Recht; Wohnrecht*
- Begriff 291 ff.
- irreguläre (unübertragbare) - 260
- reguläre (übertragbare) - 260

Personalgrundlast, *siehe Grundlast*
Personalien, *siehe Identifikation*
Personalservitut, *siehe Personaldienstbarkeit*
Personengemeinschaften, *siehe einfache Gesellschaft; Erbengemeinschaft; Gemeinderschaft; Kollektivgesellschaft; Kommanditgesellschaft*
persönliches Recht, *siehe Recht, persönliches*
Pfandänderung, totale 393; 1338; 1759 ff.; 1873
Pfandberechtigter, *siehe Gläubiger*
Pfandbeschwerung 383; 1726 ff.
Pfandbetrag, *siehe Pfandsumme*
Pfandentlassung, *siehe Pfandverminderung*
Pfanderleichterung 384; 1733 ff.
Pfandforderung 343; 412 ff.; 1680; *siehe auch Pfandschuld;*
Pfandgeber 397 ff.; 1644 ff.; 1699 ff.

Pfandgegenstand, *siehe Grundpfandrecht*

Pfandgläubiger, *siehe Gläubiger*

Pfandhaftverteilung 348

Pfandobjekt, *siehe Grundpfandrecht*

Pfandrecht; *siehe auch Fahrnispfandrecht; Grundpfandrecht*
- Begriff 334 ff.

Pfandrechtsänderung, *siehe unter dem gesuchten Stichwort*

Pfandrechtserneuerung, *siehe Grundpfandverschreibung*

Pfandrechtsgläubiger, *siehe Gläubiger*

Pfandrechtsteilung, *siehe Pfandrechtszerlegung*

Pfandrechtsverlegung 392; 1235; 1754 ff.

Pfandrechtszerlegung 395; 1764 ff.

Pfandrechtszusammenlegung 396; 1770 ff.

Pfandsache, *siehe Grundpfandrecht*

Pfandschuld; *siehe auch Pfandforderung*
- Ablösung oder Übernahme 1906; 1995; 2143

Pfandstelle; *siehe auch Rang*
- Abweichung vom Grundsatz der festen - 374 ff.
- Grundsatz der festen - 369 ff.
- Inanspruchnahme der leeren - 1661
- System der - 369 ff.

Pfandsumme, *siehe Grundpfandrecht; Grundpfandverschreibung; Pfandbeschwerung; Pfanderleichterung*

Pfandvermehrung 385 ff.; 1739 ff.

Pfandverminderung 386 ff.; 1746 ff.

Pfandvertrag, *siehe Grundpfandverschreibung; Schuldbrief*

Pfandverwertung 171 ff.; 382; 424; 1668

Pflanze, rechtliche Verbundenheit mit dem Boden 182 ff.; 306

Plan, *siehe Aufteilungsplan; Plan für das Grundbuch*

Plan für das Grundbuch
- Bedeutung 37 f.; 468 f.; 476; 495
- Begriff 481 f.
- bei Dienstbarkeiten 1407 ff.
- beim selbständigen und dauernden Baurecht 1525
- bei der Teilung von Liegenschaften 2759
- bei der Vereinigung von Liegenschaften 2784

postmortale Vollmacht, *siehe Vollmacht*

Prädialservitut, *siehe Grunddienstbarkeit*

Prinzip der festen Pfandstelle, *siehe Pfandstelle*

private Versteigerung, *siehe Steigerungskauf*

Privatrecht, Begriff 10 ff.

Prokurist 1077 ff.

Protokoll, *siehe Unterschriftsbeglaubigung*

Prüfungsbereich des Grundbuchamtes, *siehe Eintragungsverfahren*

Publikationspflicht, *siehe Anzeigepflicht*

Publizitätsprinzip, *siehe Grundbuch*

Put-Option, *siehe Verkaufsrecht*

Q

Quelle 77

Quellenrecht 136; 254; 260; 320 ff.; 1347 ff.

Quote
- interne (Gesamthandsanteil) 243 ff.; 2220 ff.

- in Miteigentumsverhältnissen 186 ff.; 1119 ff.
- im Stockwerkseigentumsverhältnis 1224 ff.; 1314 ff.

Quotenänderung, *siehe Stockwerkeigentum*

R

Rang; *siehe auch Alterspriorität; Pfandstelle*
- Begriff 172 ff.; 177 ff.
- Bereinigung (Abklärung) 1515; 1518; 2788; 2800
- Nebenrang (Gleichrangigkeit) 175; 373
- Verbot des gebrochenen - 382

Rangänderung
- Begriff des Rangrücktritts 377 ff.
- Begriff des Vorrückens 1787 ff.
- Rangrücktritt bei Änderung von Dienstbarkeitslasten 570; 1424 ff.
- Rangrücktritt bei Änderung von Pfandrechten 1731; 1767; 1773

Rangrücktrittserklärung (Nachgangserklärung) 1791 ff.

Realkollation im Rahmen der erbrechtlichen Ausgleichung 2166 ff.

Realobligation 124, 505

Realteilung, *siehe Miteigentum*

Realteilungsverbot, *siehe bäuerliches Bodenrecht*

Recht
- absolutes - 128
- Ausübung des - 146 ff.
- Begriff 100 ff.
- beschränktes dingliches - 134 ff.
- dingliches - 114 ff.; 131 ff.
- an der ganzen Sache - 26 ff.
- realobligatorisches, *siehe Vormerkung*
- relatives (persönliches, obligatorisches) - 115 ff.; 124 ff. 441 ff.
- selbständig und dauerndes - 272 ff.; 1596
- unbeschränkt dingliches, - *siehe Eigentum*
- Verfügung über das - 149 ff.

Rechtsausübung, *siehe Recht, Ausübung*

Rechtserwerb; *siehe auch Eintragungsprinzip; Rechtsgrund*
- derivativer - 110
- originärer (ursprünglicher) - 111 f.

Rechtsgewährleistung, *siehe Gewährleistung*

Rechtsgrund
- Begriff 549 ff.
- Pflicht zur Nennung des - (Kausalitätsprinzip) 162 ff.

Rechtsgrundausweis 552 ff.

Rechtskraft, *siehe Grundbuch, Wirkung*

Rechtsquellen, *siehe Erlasse*

Rechtsträger, *siehe Abspaltung; Aufspaltung; Fusion; juristische Person; Umwandlung; Vermögensübertragung*

Rechtsübergang, *siehe Universalsukzession*

Register-Schuldbrief; *siehe auch Gläubigerwechsel; Schuldbrief*
- Begriff 408 ff.
- Umwandlung in - 1679; 1782 ff.

Reglement
- Änderung 1282 ff.
- Aufhebung 1287 ff.
- Begriff und Inhalt 233 ff.
- Begründung und Anmerkung 1275 ff.

reglementarisches Sondernutzungsrecht, *siehe Sondernutzungsrecht*

reguläre Personaldienstbarkeit, *siehe Personaldienstbarkeit*

relatives Eintragungsprinzip, *siehe Eintragungsprinzip*
relatives Recht, *siehe Recht*
Rentenalter, *siehe berufliche Vorsorge*
Representative, *siehe Trust*
Resolutivbedingung, *siehe Bedingung*
Richtigstellung, *siehe Berichtigung*
Rückfallsrecht, *siehe Schenkungsrückfall*
Rückkaufsrecht, gesetzliches, *siehe bäuerliches Bodenrecht*
Rückkaufsrecht, vertragliches 456 ff.; 2484 ff.
Rücktritt, *siehe Rangrücktritt*
Rücktrittserklärung, *siehe Rangrücktrittserklärung*
Rückverkauf 787
Rückverkaufsrecht 459
Rückzug der Grundbuchanmeldung, *siehe Grundbuchanmeldung*

S

Sachbeurkundung, *siehe Beurkundung, öffentliche*
Sache; *siehe auch Grundstück; Liegenschaft*
– Begriff 20 ff.
– bewegliche - 31 ff.
– herrenlose - 69 ff.
– öffentliche - 72 ff.
– unbewegliche - 35 ff.
– Verminderung 579 ff.
Sacheinlage 2003 ff.
Sachgewährleistung, *siehe Gewährleistung*
Sachübernahme, *siehe Sacheinlage*
Schadstoffbelastungen, *siehe belasteter Standort*

Scheidung 1199; 2525; 2603
Schenkung
– Begriff 1982 ff.
– Gegenleistung und Auflage 1997 ff.; 2525
– gemischte - 1883; 1995; 1997; 2531
– grundbuchlicher Vollzug 1985 ff.
– Schenkungsvertrag 1989 ff.
Schenkungsrückfall
– Begriff 2522 ff.
– Begründung und Vormerkung 2227 ff.
– Löschung der Vormerkung 2532 ff.
Schliessen einer Miteigentumsparzelle, *siehe Miteigentumsparzelle*
Schulbriefgläubiger, *siehe Gläubiger*
Schuldbeitritt 1825 ff.
Schuldbrief; *siehe auch Grundpfand; Grundpfandrecht; Nachrückensrecht; Register-Schuldbrief; Sicherungsübereignung*
– Abstraktheit der Schuldverpflichtung 407
– Änderung, *siehe Pfandänderung; Pfandbeschwerung; Pfanderleichterung; Pfandrechtsverlegung; Pfandrechtszusammenlegung; Pfandvermehrung; Pfandverminderung;*
– Änderung im Rechtsverhältnis 1797 ff.
– Begriff 343; 404 ff.
– Eigentümerschuldbrief 1699 f.
– Entkräftung 1831
– Errichtung 1787 ff.
– Inhaber-Schuldbrief 408 f.
– Löschung 1829 ff.
– Namen-Schuldbrief 408 f.
– Nebenabrede 1797 ff.
– Papier-Schuldbrief 408 f.
– Übertragung, *siehe Gläubigerwechsel; Schuldnerwechsel; Schuldbeitritt*
– Umwandlung 1776 ff.

Schuldbriefbelastung, *siehe Pfandbeschwerung*

Schuldbriefforderung, *siehe Pfandforderung*

Schuldgrundänderung, *siehe Pfandrechtserneuerung*

Schuldnerwechsel 1817 ff.

Schuldsumme (Pfandsumme), *siehe Grundpfandrecht; Grundpfandverschreibung; Pfandbeschwerung; Pfanderleichterung*

Schuldzinsen, *siehe Zins*

selbständiges und dauerndes Baurecht, *siehe Baurecht, selbständiges und dauerndes*

selbständiges und dauerndes Recht, *siehe Baurecht, selbständiges und dauerndes; Baurecht, unselbständiges; Recht, selbständig und dauerndes*

Selbstkontrahieren, *siehe Vollmacht; Stellvertretung*

Selbstlesung, *siehe Beurkundungsverfahren*

Servitut, *siehe Dienstbarkeit*

Servitutsplan, *siehe Plan für das Grundbuch*

Settlor, *siehe Trust*

Sicherung des Baurechtszinses, *siehe Baurechtszinsenpfandrecht*

Sicherungsrecht, *siehe Grundpfandverschreibung*

Sicherungsübereignung 412 ff.

Siegel, *siehe Amtssiegel*

Sondernutzungsrecht
– Änderung und Aufhebung 1282 ff.; 1290
– Begriff 202; 212 ff.; 220 f.; 234
– Begründung 1285

Sonderrecht
– amtliche Bestätigung über das Vorliegen der gesetzlichen Voraussetzungen 1302; 1712
– Änderung 1311 ff.
– Begriff 205 ff.

Spaltung, *siehe Abspaltung; Aufspaltung*

Spezialvollmacht, *siehe Vollmacht*

Stammgrundstück, *siehe Grundstück*

Steigerungskauf
– Begriff 1941 ff.
– öffentliche Versteigerung 1946 ff.
– private Versteigerung 1958 ff.

Stellvertretung; *siehe auch Vertretung; Vollmacht*
– Doppelvertretung 1109 f.
– Selbstkontrahieren 1109 f.
– Ungereimtheit aus beurkundungsrechtlicher Sicht 757

Steuerpfandrecht, *siehe Grundpfandrecht, gesetzliches*

Stiftung; *siehe auch Familienstiftung; Fusion; kirchliche Stiftung; Vermögensübertragung*
– Errichtung 2023 ff.
– Gemeinnützigkeit der - 1468; 1990; 2034
– Grundstücksgeschäfte bestehender - 2038 ff.
– als Inhaberin von Rechten an Grundstücken 726 ff.
– als Partei, *siehe juristische Person*

Stockwerkeigentum; *siehe auch Anteile verpfändet, Anmerkung; Reglement; Sondernutzungsrecht; Sonderrecht; Vorkaufsrecht*
– amtliche Bestätigung, *siehe Sonderrecht*
– Änderung von Quoten, *siehe Quotenänderung*

- Änderung von Sonderrecht, *siehe Sonderrecht*
- Aufhebung 1335 ff.
- Aufteilungsplan, *siehe Aufteilungsplan*
- Begriff 198 ff.
- Begründung 1214 ff.
- Begründung vor Erstellung des Gebäudes 1228; 1291 ff.
- Einspracherecht 1261 ff.
- gemeinschaftliche Teile 201 ff.
- Gemeinschaftspfandrecht der Stockwerkeigentümer 434; 1838 ff.
- bei Gesamtüberbauungen 215 ff.
- grundbuchliche Darstellung (Stockwerkeigentumsparzelle) 222 ff.
- Keller- und Estrichabteile 219 ff.
- Stockwerkeigentümergemeinschaft 230 ff.; 1902
- Verwalter 231 f.
- Zweckbestimmung 238; 1323

subjektiv-dingliches Miteigentum, *siehe unselbständiges Eigentum*

Substitutionsvollmacht, *siehe Vollmacht, Untervollmacht*

Suspensivbedingung, *siehe Bedingung*

T

Tagebuch (Journal), *siehe Grundbuch*

Tausch
- Begriff 1963 ff.
- grundbuchlicher Vollzug 1968 ff.
- Grundstücktauschvertrag 1972 ff.

Teilindossament, *siehe Indossament*

Teilung, *siehe Erbteilung; Liegenschaft; Realteilung*

Teilungsanspruch im Miteigentum, *siehe Aufhebungsanspruch*

Teilungsplan, *siehe Plan für das Grundbuch*

Teilungsverbot, *siehe bäuerliches Bodenrecht*

Testamentsvollstrecker, *siehe Willensvollstrecker*

Tod, Vollmacht über den - des Vollmachtgebers, *siehe Vollmacht*

totale Pfandänderung, *siehe Pfandänderung*

Trust
- Anmerkung des Trustverhältnisses 2570 ff.
- als Inhaberin von Rechten an Grundstücken 621
- Löschung der Anmerkung 2579 ff.
- als Partei 1064 ff.; 2367 ff.

Typenfixierung, Typengebundenheit, *siehe numerus clausus*

U

Überbaurecht, *siehe Baurecht*

Überbeglaubigung, *siehe Apostille*

Übereilungsschutz, *siehe Beurkundung, öffentliche*

Übertragung, *siehe unter dem gesuchten Stichwort; siehe auch Abtretung; Indossament*

Übertragungsbefugnis, *siehe Verfügungsbefugnis*

Übertragungsbeschränkung, *siehe Verfügungsbeschränkung*

UID-Nummer, *siehe Identifikation*

Umfang des Formzwangs, *siehe Beurkundung, öffentliche*

umfassende Beistandschaft, *siehe Beistandschaft*

Umstrukturierungen nach Fusionsgesetz, *siehe Abspaltung; Aufspaltung;*

Stichwortverzeichnis

Fusion; Umwandlung; Vermögensübertragung

Umwandlung, *siehe unter dem gesuchten Recht*

Umwandlung nach FusG
- Anmeldungsfrist 2327 f.
- Begriff 2322
- grundbuchlicher Vollzug 2353 ff.

Umweltschutz, *siehe belasteter Standort*

Unbedenklichkeitsbestätigung, *siehe Kindes- und Erwachsenenschutzbehörde*

unbeschränktes dingliches Recht, *siehe Eigentum*

unbewegliche Sache, *siehe Sache*

Universalsukzession, *siehe Erbgang; Umstrukturierung nach FusG*

Unmündiger, *siehe Minderjähriger*

Unparteilichkeitspflicht, *siehe Urkundsperson, Berufspflichten*

unselbständiges Baurecht, *siehe Baurecht, unselbständiges*

unselbständiges Eigentum
- Änderung 1363 ff.; 2779 ff.
- Aufhebung 1366 ff.
- Begriff 1345 ff.
- Begründung mit einfacher Verknüpfung 1358 ff.
- Begründung mit Verknüpfung zu einem dauerndem Zweck 219; 1354 ff.; 2683
- dienendes (dominiertes) Grundstück (Anmerkungsgrundstück) 192; 1345
- herrschendes (dominierendes) Grundstück (Hauptgrundstück) 192; 1345

Unterbaurecht 1517; 1539

Unterbevollmächtigte, *siehe Vollmacht*

Unterbrechung des Beurkundungsvorgangs, *siehe Beurkundungsverfahren*

Untergang, *siehe Heimfall*

Untergemeinschaft, *siehe Miteigentum*

Unterhalt
- bei Dienstbarkeiten 262; 1415; 1430
- in Miteigentumsverhältnissen 194
- bei der Nutzniessung 300 f.; 1472
- beim Stockwerkeigentum 234; 1302

Unterlassungsdienstbarkeiten, *siehe Dienstbarkeit*

Untermiete, *siehe Mietvormerkung*

Unternehmenskennzeichnung, *siehe Identifikation*

Unternehmer, *siehe Bauhandwerkerpfandrecht*

Unterpacht, *siehe Pacht*

Unterpfand, *siehe Grundpfandrecht, Pfandobjekt*

Unterschriftsbeglaubigung; *siehe auch Beglaubigung, Beurkundung, öffentliche; Urkunde, öffentliche*
- Begriff 833 ff.
- im Eintragungsverfahren 588 ff.
- kein Beglaubigungserfordernis bei Beschlussprotokollen 591
- Verzicht bei Banken, Versicherungen und Vorsorgeeinrichtungen 593
- bei Vollmachten 757; 1088 ff.

Untervollmacht, *siehe Vollmacht*

Urkunde, öffentliche; *siehe auch Beglaubigung; Beurkundung, öffentliche*
- Arten 827 ff.
- Begriff 816 ff.
- Beilagen 906 ff.
- Gestalt der - 898 ff.
- Korrektur 910 ff.
- öffentlicher Glaube 818

Urkundsperson
- Begriff 809 ff.
- Berufspflichten der - 917 ff.
- örtliche Zuständigkeit 811 ff.

ursprünglicher Rechtserwerb, *siehe Rechtserwerb*
Urteilsfähigkeit 938 ff.; 955 ff.; 1113

V

Veräusserungsbeschränkung, *siehe Verfügungsbeschränkung*
Verbeiständung, *siehe Beistandschaft*
Verbotsdienstbarkeit, *siehe Dienstbarkeit*
Verein; *siehe auch Fusion; juristische Person; Vermögensübertragung*
– als Inhaber von Rechten an Grundstücken 722 ff.
– als Partei 1034 ff.; 1071
Vereinigung von Liegenschaften, *siehe Liegenschaft*
Verfügung, *siehe Recht, Verfügung über das -*
Verfügungsbefugnis (Übertragungsbefugnis) 87 ff.; 137 ff.
Verfügungsbeschränkung; *siehe auch Anteile verpfändet, Anmerkung; bäuerliches Bodenrecht; Baurecht, selbständiges und dauerndes; belasteter Standort; berufliche Vorsorge; Bewilligungsgesetz; Bundessteuern, direkte; Enteignung; Familienwohnung; Miteigentum; Stockwerkeigentum; Vorkaufsrecht; Zweitwohnung*
– gesetzliche 137 ff.; 143; 514; 2591 ff.; 2598 ff.
– vertragliche 2753
– Vormerkung 508 f.; 2548 f.
Verfügungserklärung, *siehe Eintragungsbewilligung*
Verfügungsgeschäft 162; 780 ff.
Verfügungsmacht, *siehe Vertretungsmacht*

Verfügungsrecht, *siehe Grundbuchanmeldung; Verfügungsbefugnis*
Vergrösserung des Pfandobjekts, *siehe Pfandvermehrung*
Verheiratete, *siehe Ehegatten*
Verkauf, *siehe Kauf*
Verkäuferpfandrecht 434; 1854 ff.
Verkaufsrecht (Put-Option) 460 ff.
Verkleinerung des Pfandobjekts, *siehe Pfandverminderung*
Verknüpfung, *siehe unselbständiges Eigentum*
Verlegung, *siehe Pfandrechtsverlegung*
Vermächtnis (Legat), *siehe Auslieferungspflicht; Erbe*
– Ausrichtung durch den Willensvollstrecker 1003 f.; 2185 ff.
– Ausrichtung durch die Erben 2175 ff.
– Begriff 462 ff.; 2172 ff.
– Vor- und Nachvermächtnis 2197 ff.
Vermarchung, *siehe Grenzzeichen*
Vermehrung, *siehe Pfandvermehrung*
Vermerkbeurkundungen, *siehe Beglaubigung*
Vermessung, amtliche 37 f.; 464
Vermessungsplan, *siehe Plan für das Grundbuch*
Vermieter, *siehe Mietvormerkung*
Verminderung der Sache, *siehe Sache*
Verminderung des Maximalzinses, *siehe Zins*
Vermögensübertragung nach FusG
– Anmeldungsfrist 2327 f.
– Begriff 2319
– grundbuchlicher Vollzug 2356 ff.
– kein Vorkaufsfall 2422
Verpfänder, *siehe Pfandgeberin*

Verpfändung mehrerer Grundstücke für die gleiche Schuld, *siehe Gesamtpfandrecht*

Verpfändungsvertrag, *siehe Pfandvertrag*

Versammlungsprotokoll, *siehe Unterschriftsbeglaubigung*

Versteigerung, *siehe Steigerungskauf*

vertikale Ausdehnung der Liegenschaft, *siehe Liegenschaft*

Vertrag 773 ff.; *siehe auch Verfügungsgeschäft; Verpflichtungsgeschäft*
– Inhalt, Grundlagen, Motive 783 ff.
– Typen 792 ff.

Vertragsfreiheit 13; 791 ff.

Vertretung, gesetzliche; *siehe auch Beistandschaft; Kindes- und Erwachsenenschutzbehörde; Minderjähriger; Vorsorgevollmacht*
– Begriff 758

Vertretung, kaufmännische; *siehe auch Prokurist; Stellvertretung; Vollmacht; Zeichnungsberechtigter*
– Begriff 760 ff.; 769; 1067 ff.

Vertretung, kraft Vollmacht, *siehe Stellvertretung; Vollmacht*

Vertretungsbeistandschaft, *siehe Beistandschaft*

vertretungsberechtigte Person, Anmerkung 2562 ff.

Verwalter, *siehe Stockwerkeigentum*

Verwaltungsordnung, *siehe Nutzungs- und Verwaltungsordnung; Reglement*

Verwaltungsvermögen 72 ff.

Verzicht, *siehe unter dem gesuchten Recht*

Volleigentum, *siehe Alleineigentum; Eigentum*

Volljähriger, *siehe natürliche Person*

Vollmacht; *siehe auch Stellvertretung; Unterschriftsbeglaubigung*
– Befristung 1105 f.
– Begriff 754 ff.
– Form, Inhalt, Umfang 1087 ff.
– Generalvollmacht 1096 f.; 1106
– Handeln mittels - 1112 ff.
– postmortale - (über den Tod hinaus) 1101 ff.
– Selbstkontrahieren, Doppelvertretung 1109 f.
– Spezialvollmacht 1094 f.
– Untervollmacht 1107 f.
– als Urkundenbeilage 907 f.

Vorausvermächtnis, *siehe Auslieferungspflicht; Vermächtnis*

Vorerbe, *siehe Auslieferungspflicht; Erbe*

Vorgang, *siehe Rang*

Vorkaufsfall 2415 ff.; 2643

Vorkaufsrecht der Baurechtsparteien
– Änderung 1553 ff.
– Aufhebung 1553 ff.
– gesetzliche Vorkaufsordnung 1553 ff.; 2633 ff.
– Rückkehr zur gesetzlichen Vorkaufsordnung 1553 ff.
– Verzicht auf die Ausübung 2644 ff.

Vorkaufsrecht der Miteigentümer
– Änderung und Aufhebung 1143 ff.
– gesetzliche Vorkaufsordnung 1141 f.; 2633 ff.
– Rückkehr zur gesetzlichen Vorkaufsordnung 1154 ff.
– Verzicht auf die Ausübung 2644 ff.

Vorkaufsrecht der Stockwerkeigentümer
– Änderung 1253 f.
– Ausübung 1252; 2405 ff.
– Begründung 1247 ff.
– gesetzliche Ordnung 1241 ff.
– Löschung 1256 ff.

– Übertragung 1255

Vorkaufsrecht gemäss bäuerlichem Bodenrecht, *siehe bäuerliches Bodenrecht*

Vorkaufsrecht, vertragliches
– Änderung 2430 ff.
– Ausübung 2405 ff.
– Befristung 2398 f.
– Begriff 444 ff.
– Begründung (Vormerkung) 2384 ff.
– Erweiterung des Kreises der Vorkaufsfälle 2396
– Löschung 2440 ff.
– Übertragung 2434 ff.
– Verzicht auf die Ausübung 2429

vorläufige Eintragung, *siehe Vormerkung*

Vorlesung, *siehe Beurkundungsverfahren*

Vormerkung; *siehe auch Auslieferungspflicht; Baurecht; Genossenschaft; Grunddienstbarkeit; Kaufsrecht; Mietvormerkung; Nachrückensrecht; Schenkungsrückfall; Vorkaufsrecht*
– Begriff 505 ff.; 576 ff.; 583 ff.
– gerichtlicher Anordnungen und vorläufiger Eintragungen 2548 f.

Vormundschaft, *siehe Erwachsenenschutzbehörde; Kindesschutzbehörde*

Vorrücken, *siehe Grundpfandrecht; Rangänderung*

Vorschlagszuweisung, *siehe Errungenschaftsbeteiligung*

Vorsorge, berufliche, *siehe berufliche Vorsorge*

Vorsorgevollmacht 636 f.; 977 ff.

Vorstellung, *siehe Vorgang*

Vorvermächtnis, *siehe Nachvermächtnis*

Vorvertrag, *siehe Kauf, Vorvertrag*

vorzeitiger Heimfall, *siehe Heimfall*

W

Wahrheitspflicht, *siehe Urkundsperson; Berufspflichten*

Wald 75; 143

Werkbeginn, Anmerkung 2551 ff.

Wertquote, *siehe Quote*

Willensvollstrecker 1001 ff.; 2185 ff.

Wohnbaugenossenschaft, *siehe Genossenschaft*

Wohnberechtigte, *siehe Wohnrecht*

Wohneigentumsförderung, *siehe berufliche Vorsorge*

Wohngenossenschaft, *siehe Genossenschaft*

Wohnort, *siehe Identifikation*

Wohnrecht
– Änderung 1504
– Begriff 303 ff.
– Errichtung 1496 ff.
– Löschung 1506 ff.
– keine Übertragung 1505

Wohnung der Familie, *siehe Familienwohnung*

Wohnungsmiete, *siehe Mietvormerkung*

X, Y, Z

Zeichnungsberechtigter 1068 ff.

Zerlegung, *siehe Liegenschaft, Teilung; Pfandrechtszerlegung*

Zerstückelungsverbot, *siehe bäuerliches Bodenrecht*

Zession, *siehe Abtretung; Indossament*

Zins
– Erhöhung des Maximalzinses 1795
– Maximalzins (Höchstzins) 1666; 1708
– Reduktion des Maximalszinses 1796
– Pfandsicherheit 365 ff.

Zirkularbeschluss, *siehe Unterschriftsbeglaubigung*

Zivilstand, *siehe Identifikation*

Zugang, eigener, *siehe Stockwerkeigentum, Sonderrecht*

Zugehör
– Anmerkung 2555 ff.
– Begriff 64 f.

Zusammenlegung, *siehe Vereinigung; Pfandrechtszusammenlegung*

Zuschlag, *siehe Steigerungskauf*

Zwangsdienstbarkeit, *siehe Dienstbarkeit, gesetzliche;*

Zwangsversteigerung 1942; 2421; 2643

Zweckbestimmung Stockwerkeigentum, *siehe Miteigentum;*

Zweigniederlassung 624

Zweitwohnung 2748 ff.; *siehe auch Bewilligungsgesetz*